PONTES

CB056172

Ricardo Valeriano

PONTES

oficina de textos

Copyright © 2021 Oficina de Textos

Grafia atualizada conforme o Acordo Ortográfico da Língua Portuguesa de 1990, em vigor no Brasil desde 2009.

Conselho editorial Arthur Pinto Chaves; Cylon Gonçalves da Silva; Doris C. C. Kowaltowski; José Galizia Tundisi; Luis Enrique Sánchez; Paulo Helene; Rozely Ferreira dos Santos; Teresa Gallotti Florenzano.
Capa e projeto gráfico Malu Vallim
Diagramação Luciana Di Iorio
Preparação de figuras Victor Azevedo
Preparação de textos Hélio Hideki Iraha
Revisão de textos Renata de Andrade Sangeon
Impressão e acabamento BMF gráfica e editora

Dados Internacionais de Catalogação na Publicação (CIP)
(Câmara Brasileira do Livro, SP, Brasil)

Valeriano, Ricardo
  Pontes / Ricardo Valeriano. -- 1. ed. -- São Paulo : Oficina de Textos, 2021.

Bibliografia
ISBN 978-65-86235-17-3

1. Concreto armado 2. Engenharia civil 3. Engenharia civil - Estudo e ensino 4. Engenharia civil (Estruturas) 5. Pontes 6. Pontes de concreto - Projetos e construção I. Título.

21-59848   CDD-624.257

Índices para catálogo sistemático:
1. Pontes de concreto armado : Engenharia 624.257

Maria Alice Ferreira - Bibliotecária - CRB-8/7964

Todos os direitos reservados à Editora **Oficina de Textos**
Rua Cubatão, 798
CEP 04013-003 São Paulo SP
tel. (11) 3085 7933
www.ofitexto.com.br   atend@ofitexto.com.br

Sumário

Prefácio 7

1 **Conceitos fundamentais** 9
    1.1 Definições 9
    1.2 Projeto e construção 10
    1.3 Evolução histórica 12

2 **Elementos de composição das pontes** 25
    2.1 Elementos estruturais principais 26
    2.2 Elementos estruturais de extremidade 26
    2.3 Aparelhos de apoio 30
    2.4 Elementos de proteção 43
    2.5 Vistas típicas 46

3 **Sistemas estruturais** 49
    3.1 Sistemas fundamentais 49
    3.2 Sistemas em viga 51
    3.3 Sistema em arco 57
    3.4 Sistema pênsil 60
    3.5 Sistema treliçado 63
    3.6 Sistema estaiado 64
    3.7 Pontes móveis 68
    3.8 Vão máximo 69

4 **Principais ações** 75
    4.1 Ações permanentes 75
    4.2 Ações variáveis 91

5 **Forma e geometria** 109
    5.1 Superestrutura em laje 110
    5.2 Superestrutura em viga 113
    5.3 Geometria viária 123
    5.4 Geometria estrutural 128

6 Comportamento dos materiais 133
6.1 Aço 133
6.2 Concreto 138

7 Propriedades de seção transversal 149
7.1 Seção simétrica 149
7.2 Seção genérica 154
7.3 Definição da mesa colaborante 167

8 Viga sob flexão 173
8.1 Viga em material homogêneo 173
8.2 Viga mista 178
8.3 Viga em concreto armado 183

9 Linhas de influência 222
9.1 Viga isostática 222
9.2 Viga hiperestática 245
9.3 Análise da torção 251

10 Trem-tipo rodoviário 258
10.1 Superestrutura em seção celular 259
10.2 Superestrutura em seção aberta 264

11 Protensão 295
11.1 Comportamento de viga protendida 295
11.2 Cordoalhas de protensão 299
11.3 Barras de protensão 300
11.4 Sistemas de protensão 301
11.5 Ação da protensão 306
11.6 Perdas de protensão 307
11.7 Análise da protensão 308

12 Estados-limites e combinações 312
12.1 Solicitações de projeto 312
12.2 Ações 313
12.3 Estados-limites 313
12.4 Carregamentos 313
12.5 Coeficientes de ponderação 314
12.6 Coeficientes de redução 315
12.7 Tipos de combinações 316
12.8 Estados-limites últimos 317
12.9 Estados-limites de serviço (ELS) 324

Referências bibliográficas 333

Prefácio

O material aqui apresentado é baseado nas aulas do curso de Pontes em Concreto Armado e Protendido, disciplina obrigatória da graduação em Engenharia Civil da Escola Politécnica da Universidade Federal do Rio de Janeiro. Nos primeiros capítulos são expostos os conceitos fundamentais relativos às estruturas típicas de pontes, destacando-se a identificação dos elementos constituintes, a caracterização e o comportamento dos sistemas estruturais das pontes, proporções básicas e formas geométricas das superestruturas mais usuais em lajes e em vigas. Quanto às ações atuantes, são detalhadas apenas aquelas que despertam solicitações importantes no dimensionamento da superestrutura. Para complementar os fundamentos do dimensionamento das estruturas em concreto armado e protendido, são revistos os comportamentos e as propriedades do aço e do concreto, incluindo os conceitos relativos aos fenômenos reológicos. A formulação do modelo estrutural de viga é estendida e adaptada para considerar os diferentes Estádios do concreto armado e um capítulo é dedicado às propriedades geométricas de seção transversal sob flexão. No tópico das linhas de influência, considerado essencial, demonstra-se o princípio de Müller-Breslau para vigas isostáticas e hiperestáticas e são apresentados os fundamentos para determinação e aplicação das linhas de influência de torção. Especial atenção é dada ao estudo da distribuição transversal de cargas móveis nas estruturas em vigas múltiplas, destacando-se a influência da proporção entre rigidez flexional e torcional. Visando introduzir o tema da protensão, apresentam-se de forma sucinta as principais técnicas, equipamentos e materiais, os comportamentos fundamentais e a análise das estruturas protendidas. No último capítulo são abordados os princípios do projeto de estruturas, relativos à caracterização dos estados-limites e combinações de solicitações de acordo com as Normas brasileiras. É importante realçar que se considera que já são adquiridos conhecimentos básicos de análise e dimensionamento de estruturas, principalmente em concreto armado. De qualquer forma, torna-se essencial alguma revisão ou aprofundamento e, assim, justificam-se os capítulos destinados a flexão de vigas em concreto armado nos Estádios I, II e III, propriedades geométricas, estados-limites e comportamentos dos materiais. Embora esses tópicos sejam regularmente tratados em outras disciplinas, seguem-se por princípio a revisão conceitual e o aprofundamento nas aplicações, visando atender as necessidades particulares das estruturas de pontes.

Conceitos fundamentais | 1

"When the history of our time is written, posterity will know us not by a cathedral or temple, but by a bridge."

Montgomery Schuyler, jornalista e crítico de arquitetura (1877)

1.1 Definições

As estruturas típicas de pontes são usualmente classificadas como *obras de arte especiais*, ou simplesmente OAEs, denominação destinada a diferenciá-las das *obras de arte correntes*, que são constituídas basicamente por pontilhões e bueiros. De acordo com o DNIT (2004, p. 3, grifo nosso), têm-se as seguintes definições:

- *Ponte*: estrutura, inclusive apoios, construída sobre uma depressão ou uma obstrução, tal como água, rodovia ou ferrovia, que sustenta uma pista para passagem de veículos e outras cargas móveis, e que tem um vão livre, medido ao longo do eixo da rodovia, de *mais de seis metros*. Ficam incluídos nesta definição viadutos, passagens superiores e passagens inferiores.
- *Pontilhão*: ponte, inclusive apoios, com vão livre igual ou *inferior a seis metros*.
- *Bueiro*: estrutura de drenagem, construída sob a rodovia, atravessando todo o corpo estradal.

Em geral, as obras de arte correntes seguem projetos padronizados, como o bueiro celular exemplificado na Fig. 1.1.

A transposição de um determinado obstáculo, em rodovias, ferrovias ou mesmo hidrovias, dá-se através de estruturas típicas de pontes. Dependendo do obstáculo e da função, as estruturas apresentam denominação específica, identificando-se:

- *ponte*: transposição de obstáculo com massa de água em sua maior parte (rios, lagos etc.);
- *viaduto*: transposição de obstáculo sem massa de água em sua maior parte (vales, vias etc.);
- *elevado*: estrutura que se desenvolve ao longo de obstáculo com ou sem água;

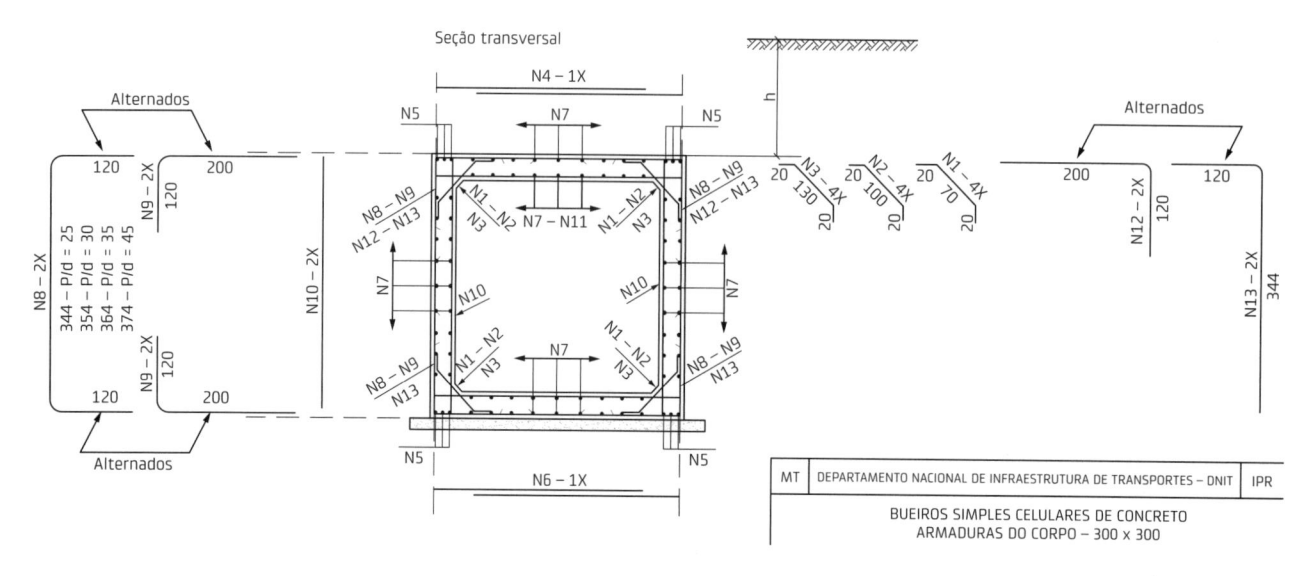

Fig. 1.1 *Projeto-tipo de bueiro celular*
Fonte: DNIT (2006).

- *passarela*: estrutura para transposição de obstáculo visando a passagem de pedestre;
- *aqueduto*: estrutura destinada à transposição de obstáculo para adução de água;
- *cais*: estrutura de atracadouro de embarcações, em geral paralela à costa;
- *píer*: estrutura para acesso a um cais, em geral ortogonal à costa;
- *"ponte verde"* (ou *"ponte viva"*): estrutura para travessia da fauna silvestre.

1.2 Projeto e construção

Entre as várias especialidades envolvidas no projeto de uma ponte, observa-se que algumas são fundamentais e quase obrigatórias, podendo-se destacar as que estão relacionadas na Fig. 1.2.

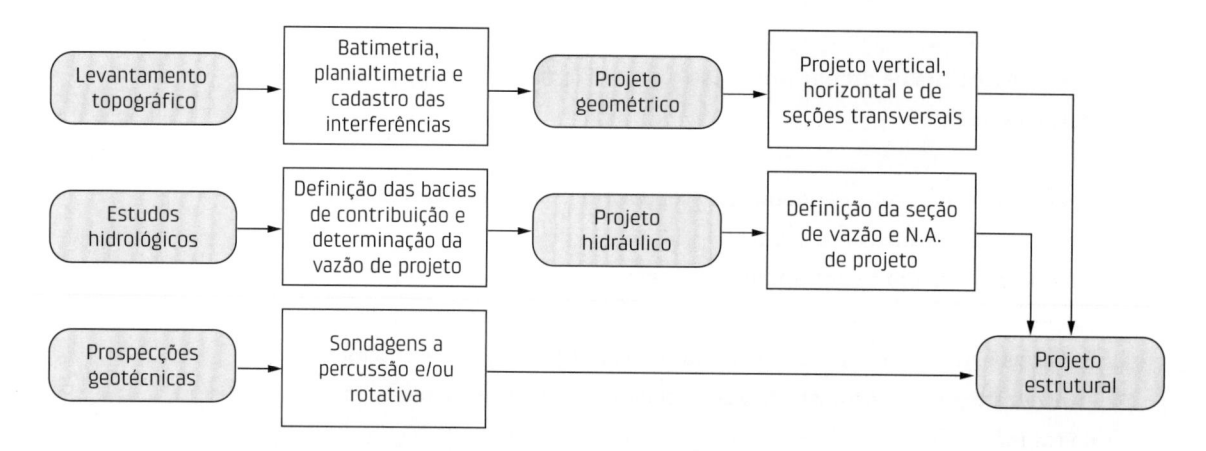

Fig. 1.2 *Principais especialidades envolvidas no projeto de ponte*

Normalmente, a construção de uma OAE é uma decisão governamental, cabendo aos órgãos públicos a contratação e às empresas de engenharia o projeto e a construção. De forma resumida, as diversas atribuições e responsabilidades do processo podem ser apresentadas, muito simplificadamente, como esquematizado na Fig. 1.3.

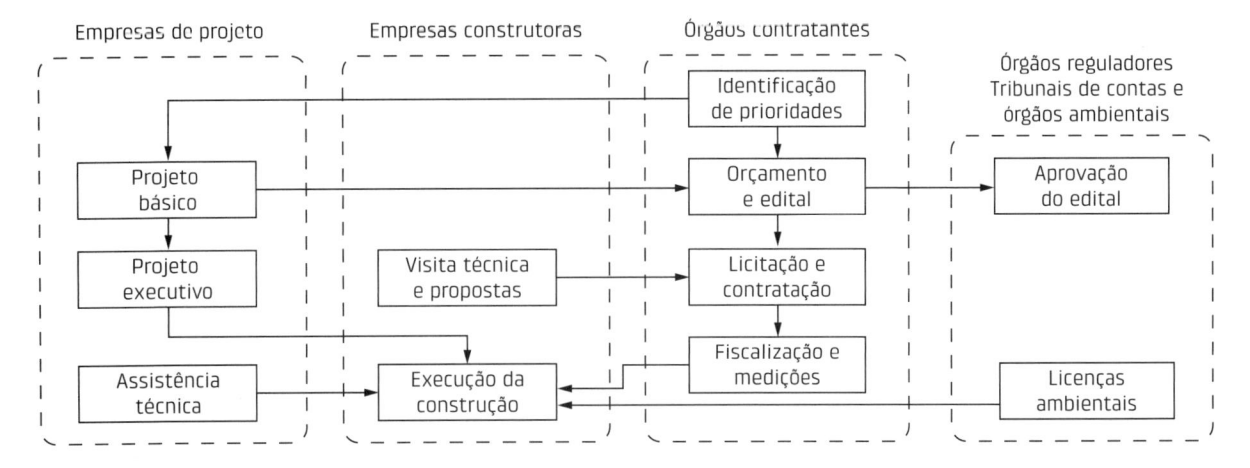

Fig. 1.3 *Atribuições e responsabilidades*

Analisando-se uma estrutura de ponte desde sua origem, pode-se identificar diversas fases, semelhantes às de um ser vivo, como apresentado sinteticamente na Fig. 1.4.

De acordo com a NBR 7187 (ABNT, 2003a), o projeto estrutural deve conter fundamentalmente:

- *Elementos básicos:*
  - Levantamento topográfico com cadastros e batimetria, se necessário.
  - Projeto geométrico completo.
  - Estudos geotécnicos e hidrológicos.
  - Definição dos gabaritos em largura e altura.
- *Memorial descritivo e justificativo:*
  - Descrição da obra.
  - Processos construtivos propostos.
  - Justificativa técnica, econômica e arquitetônica da estrutura adotada.
- *Memorial de cálculo:*
  - Modelo estrutural, com dimensões, características dos materiais e condições de apoio.
  - Cálculos das solicitações.
  - Dimensionamento dos elementos estruturais.
  - Programa(s) utilizado(s), com hipóteses básicas, dados e respostas.
- *Desenhos:*
  - *Localização:*
    o Pontos notáveis nas proximidades (rodovia, rua, construção, rio etc.) e coordenadas UTM (projeção Universal Transversa de Mercator).

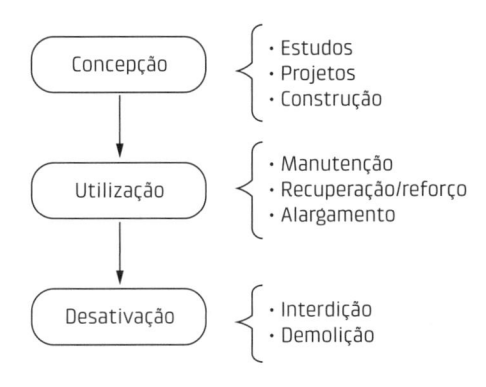

Fig. 1.4 *Etapas da "vida" de uma ponte*

- *Projeto geométrico*:
    - Perfil com cotas do greide, do terreno natural, dos aterros de acesso ou cortes, do obstáculo transposto (curso d'água, rodovia, ferrovia etc.) e gabaritos impostos, em largura e altura. Cotas dos elementos de fundação e do lençol freático e o perfil geológico/geotécnico do terreno.
    - Planta sobre as bases do levantamento topográfico, indicando eventuais aterros e/ou cortes e coordenadas de locação das fundações.
- *Formas*:
    - Plantas, elevações e cortes, com indicações de aberturas provisórias, detalhes de drenagem, de fixação de postes, classe (cargas móveis), especificações dos materiais, cargas em estacas e comprimentos previstos.
- *Armação*:
    - Tipo de aço, quantidade, bitola, dimensões, formas, posição e espaçamento das barras ou cabos, tipos de emendas e ganchos, raios mínimos de dobramento e cobrimentos.
- *Execução*:
    - Sistemática construtiva, planos de concretagem, juntas, tabelas de protensão, deformações previstas, contraflechas, escoramentos e descimbramentos.
- *Especificações*:
    - As especificações são informações necessárias à execução da obra que não constam nos documentos anteriores.

1.3 Evolução histórica

Atualmente o engenheiro dispõe de materiais de construção de alta qualidade, detém conhecimento técnico e científico para projetar com segurança e economia e possui eficientes ferramentas computacionais de cálculo e desenho. A situação atual é resultante de um processo longo e complexo, no qual se pode identificar a maior influência da evolução dos seguintes fatores:

- estradas;
- sistemas estruturais;
- materiais;
- conhecimento científico e tecnológico.

Embora esses aspectos da evolução sejam interdependentes, é possível analisar cada um de forma isolada, como a seguir resumido.

1.3.1 Estradas

A construção de uma ponte decorre basicamente da necessidade de transpor um determinado obstáculo por diversos objetivos, destacando-se comércio, expansão territorial e guerras. A recorrência de desafios estimula o aprimoramento das técnicas de construção, o conhecimento dos materiais e o desenvolvimento de ferramentas e equipamentos.

Embora a construção de pontes ocorra desde os primórdios da humanidade, pode-se observar que apenas as civilizações com rede de estradas dominaram e sistematizaram de fato o processo. Na civilização ocidental, destacam-se os romanos, considerados os primeiros construtores de estradas e pontes em grande escala. No Império Romano, as estradas chegaram a totalizar aproximadamente 400.000 km, percorrendo basicamente a Europa, o Oriente Próximo e o norte da África, como ilustrado na Fig. 1.5.

Nas Américas, a rede de estradas construídas pelo Império Inca chegou a totalizar cerca de 40.000 km, em duas rotas principais, no litoral e na cordilheira. Como os incas não conheciam a roda, as pontes recebiam apenas cargas relativamente leves, de pessoas e animais. A solução para pequenos vãos era o sistema biapoiado em madeira ou em viga de pedra. Nas cordilheiras, os vãos maiores e mais altos eram vencidos com o sistema pênsil, utilizando-se cordas de fibras naturais.

1.3.2 Sistemas estruturais

Para superar um determinado obstáculo, desde a Antiguidade o Homem, inspirado na natureza, utiliza basicamente um dos quatro sistemas estruturais fundamentais ilustrados na Fig. 1.6. É importante observar que as condições de apoio nos sistemas em arco e pênsil devem ser indeslocáveis.

A partir desses sistemas fundamentais, desenvolveram-se as primeiras técnicas construtivas, relativamente semelhantes em diversas partes do mundo, resumidas esquematicamente na Fig. 1.7.

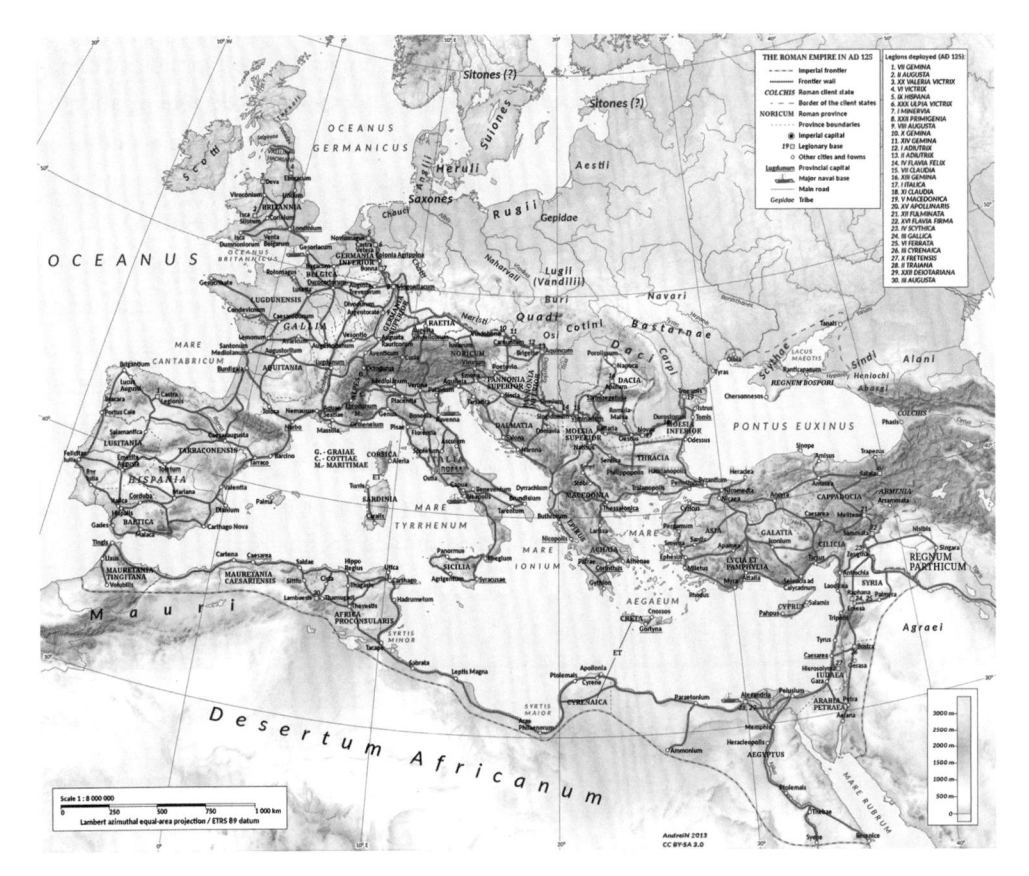

Fig. 1.5 *Rede de estradas do Império Romano*
Fonte: DS28 (CC BY-SA 4.0, https://w.wiki/puQ).

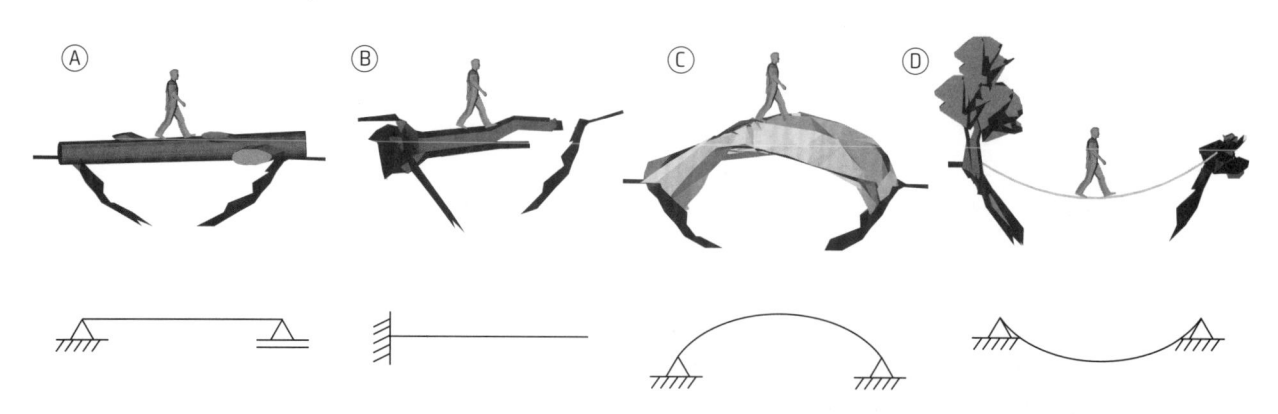

Fig. 1.6 *Sistemas estruturais fundamentais: (A) biapoiado, (B) balanço, (C) arco e (D) pênsil*

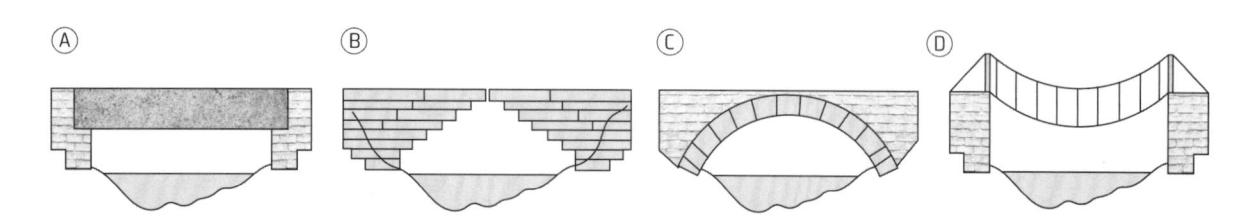

Fig. 1.7 *Aplicação simples dos sistemas estruturais fundamentais: (A) biapoiado, (B) balanço, (C) arco e (D) pênsil*

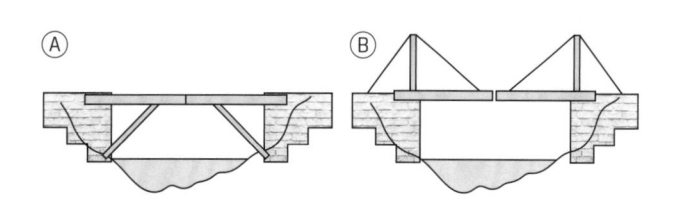

Fig. 1.8 *Variações do sistema em balanço: (A) balanço escorado e (B) balanço estaiado*

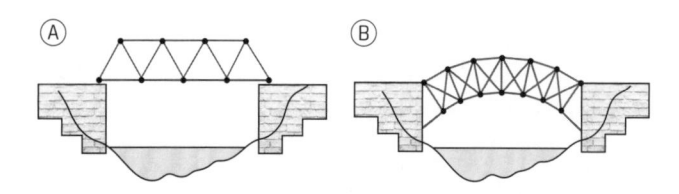

Fig. 1.9 *Sistemas treliçados: (A) viga em treliça e (B) arco em treliça*

Pode-se considerar que o balanço com escora inclinada (mão-francesa) e a estrutura estaiada são evoluções do sistema em balanço, conforme ilustrado na Fig. 1.8.

A evolução dessas variações conduziu naturalmente aos sistemas treliçados, aplicados nos modelos fundamentais em viga e arco, como exemplificado na Fig. 1.9.

Biapoiado

O sistema de viga biapoiada é talvez o mais intuitivo, sendo observado em todas as civilizações antigas, tais como na Mesopotâmia, no Egito, na Grécia e nas Américas (astecas, maias e incas). Nesse sistema, as construções em pedra ficam limitadas a alguns poucos metros de vão, devido à relativamente baixa resistência à flexão. Um exemplo antigo em placa de pedra biapoiada é Tarr Steps (Fig. 1.10), na Inglaterra, cuja construção é considerada pré-histórica.

Fig. 1.10 *Ponte pré-histórica Tarr Steps em placas de pedras biapoiadas*
Fonte: Stefan Kühn (CC BY-SA 3.0, https://w.wiki/Le2).

A solução em viga biapoiada em pedra pode ser encontrada recorrentemente em construções antigas nas Américas (Fig. 1.11A) e no Egito (Fig. 1.11B), assim como nos templos gregos e romanos.

Fig. 1.11 *(A) Construção inca em Machu Picchu e (B) templo de Karnak, no Egito*
Fonte: (A) Mi Perú (https://flic.kr/p/FhWy4o) e (B) Reem Al-Kashif (CC BY-SA 3.0, https://w.wiki/Le6).

Na verdade, as pontes antigas baseadas no sistema de viga simplesmente apoiada eram, quase em sua totalidade, executadas em madeira e, assim, não resistiram aos séculos. Exemplo célebre é a ponte de Júlio César sobre o rio Reno, ilustrada na Fig. 1.12.

Balanço

O sistema em balanço é construído a partir das extremidades fixas, formando balanços independentes que se unem no centro do vão. A ponte de Eleutherna, construída anteriormente ao período romano, na ilha de Creta (Grécia), é um raro exemplo em pedra (Fig. 1.13).

Outro exemplo notável é a ponte de Kampong Kdei, no Camboja, do século XII, com quase 90 m de extensão e considerada a ponte mais extensa em pedra construída no sistema em balanço (Fig. 1.14A). Por vezes, o sistema em balanço apresenta aspecto de arco, como exemplificado na Fig. 1.14B. Nesses casos, é também denominado falso arco ou *corbel arch* (arco em consoles ou arco misulado). É importante observar que, apesar da forma arqueada, as superfícies de contato entre as pedras são sempre horizontais e, assim, não se verifica o comportamento de arco.

Fig. 1.12 *Ponte de César sobre o Reno*
Fonte: Lo Scaligero (https://w.wiki/LeA).

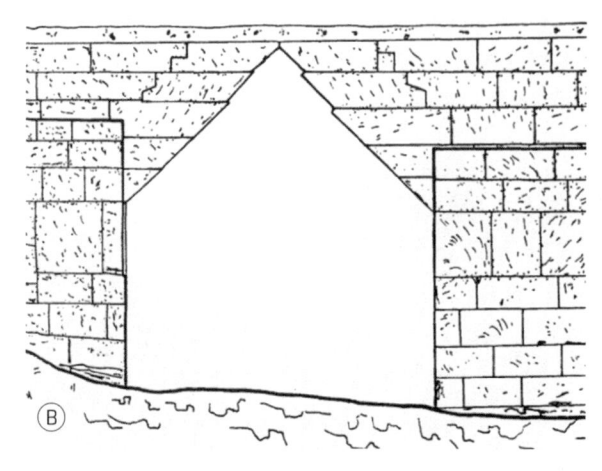

Fig. 1.13 *Ponte de Eleutherna*
Fonte: (A) Nana Koutsandreou (CC BY-SA 3.0, https://w.wiki/LeF) e (B) adaptado de Nakassis (2000).

Fig. 1.14 *(A) Ponte no Camboja e (B) monumento do século XII na Índia*
Fonte: (A) Pierre André Leclercq (CC BY-SA 4.0, https://w.wiki/_D8V) e (B) Matthias Rosenkranz (CC BY-SA 2.0, https://w.wiki/_D8U).

Assim como no caso da viga biapoiada, as antigas soluções estruturais de pontes em balanço também eram construídas em madeira e, desse modo, não resistiram ao tempo. Um exemplo de sistema em balanço construído em madeira, típico da região do Himalaia, é ilustrado na Fig. 1.15.

Arco

Embora a construção dos primeiros arcos seja atribuída aos etruscos, sua aplicação só se deu sistematicamente, no Ocidente, a partir da civilização romana. Em outras civilizações, tais como a grega, o arco era utilizado apenas em pequenos vãos enterrados, na forma de galerias para esgotamento de águas (Levy, 2006).

No arco, o material é solicitado quase que exclusivamente à compressão, praticamente uniforme em toda a seção transversal. Com o melhor aproveitamento do material, a solução em arco permite vãos bem maiores do que a viga.

Fig. 1.15 *Ponte no Tibete baseada no sistema de viga em balanço, construída em madeira*
Fonte: Mikael Häggström (https://w.wiki/LeN).

Diversas pontes romanas em arco podem ainda ser encontradas íntegras na Europa. Uma dessas notáveis obras é a ponte Juliano (Fig. 1.16A), no sul da França, construída há mais de dois mil anos e que só foi retirada de uso no ano de 2005.

No Oriente, o arco também era conhecido pela civilização chinesa desde a Antiguidade. Exemplo ainda em utilização é a ponte de Zhaozhou (Fig. 1.16B), construída por volta do ano 600, em arco abatido com aduelas em pedra, dotadas de chavetas metálicas para resistir a eventuais solicitações cisalhantes.

As construções em pedra, segundo o sistema em arco ou em balanço, podem apresentar aspecto semelhante, porém têm comportamentos diferenciados. No arco, os blocos apresentam superfície de contato em direções radiais, ou seja, um elemento típico tende a apresentar aspecto trapezoidal, como indicado no detalhe do aqueduto de Segóvia (Fig. 1.17A). O contato radial entre as pedras garante o comportamento de arco, resistindo às cargas fundamentalmente por compressão. Já no sistema em balanço, as superfícies de contato são paralelas e horizontais, como marcado sobre a ilustração de uma construção maia, na Fig. 1.17B. Para não despertar solicitações de flexão e corte expressivas nos elementos em balanço, as construções baseadas nesse sistema tendem a apresentar o vão reduzido, definido por ângulo vertical acentuado.

Fig. 1.16 *Arcos de pedra: (A) ponte Juliano, na França, e (B) ponte Zhaozhou, na China*
Fonte: (A) Carole Raddato (CC BY-SA 2.0, https://flic.kr/p/o96T9N) e (B) Zhao 1974 (https://w.wiki/Lei).

Fig. 1.17 *(A) Aqueduto de Segóvia, com superfícies de contato radiais nos arcos, e (B) construção maia, com superfícies de contato paralelas formando balanços*
Fonte: adaptado de (A) Bernard Gagnon (CC BY-SA 3.0, https://w.wiki/pud) e (B) Abel Pardo López (CC BY 2.0, https://w.wiki/puf).

Entre o arco e o balanço, a técnica construtiva também se diferencia bastante. No sistema em balanço, os consoles são posicionados gradualmente a partir dos extremos, sendo o conjunto estável durante todo o processo construtivo, mesmo sem escoramento. Já no arco, as aduelas são ajustadas sobre escoramento, e somente após o posicionamento da pedra de fecho o conjunto adquire estabilidade. As ilustrações da Fig. 1.18 apresentam esquematicamente as sequências construtivas.

Pênsil

O sistema pênsil ou de cabo suspenso é uma solução intuitiva presente em todas as civilizações desde a Antiguidade. Em comparação aos arcos, a ponte pênsil pode vencer vãos bem mais extensos, porém é bastante flexível e tende a apresentar oscilação lateral com a passagem das cargas ou mesmo sob a ação do vento.

O sistema original pênsil, com o estrado côncavo (Fig. 1.19A), evoluiu naturalmente para o tabuleiro retificado, suspenso em cabo pênsil (Fig. 1.19B).

No passado, com os cabos em fibras naturais, as pontes pênseis ficavam limitadas à travessia de pessoas ou até animais. Na prática, as pontes baseadas no sistema pênsil só puderam ganhar capacidade de carga de fato representativa após o advento do cabo de aço e das cordoalhas.

1.3.3 Materiais

A evolução dos materiais de construção é fundamental para compreender o aperfeiçoamento dos sistemas estruturais. Os principais materiais utilizados podem ser agrupados como indicado a seguir:

▶ *Materiais com resistência à compressão bem maior do que a resistência à tração:*
  ♦ *pedra*, na forma bruta ou lapidada até a forma de blocos regulares;
  ♦ *tijolos* cerâmicos, desde os mais simples blocos de argila cozidos ao sol;
  ♦ *concreto*, desde suas formas mais simples empregadas pelos maias e romanos.
▶ *Materiais com resistência à compressão semelhante à resistência à tração:*
  ♦ *madeira*, podendo-se considerar o bambu como um tipo de madeira;
  ♦ *aço*, cujo uso como material de construção só se acentuou após a Revolução Industrial.

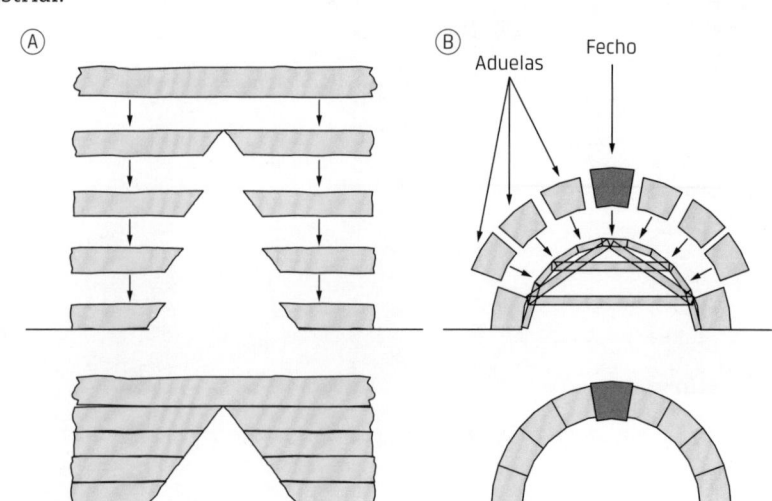

Fig. 1.18 *Comparação entre os sistemas construtivos (A) em balanço e (B) em arco*

Cabo pênsil com estrado

Cabo pênsil

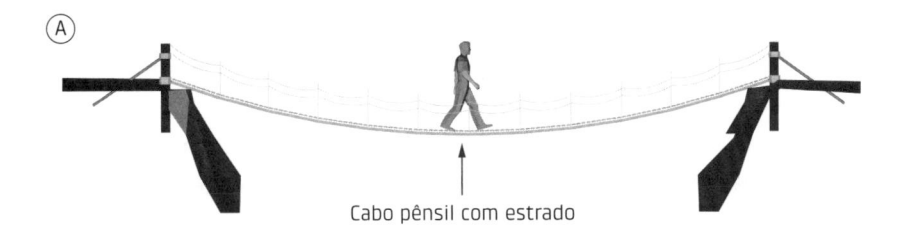

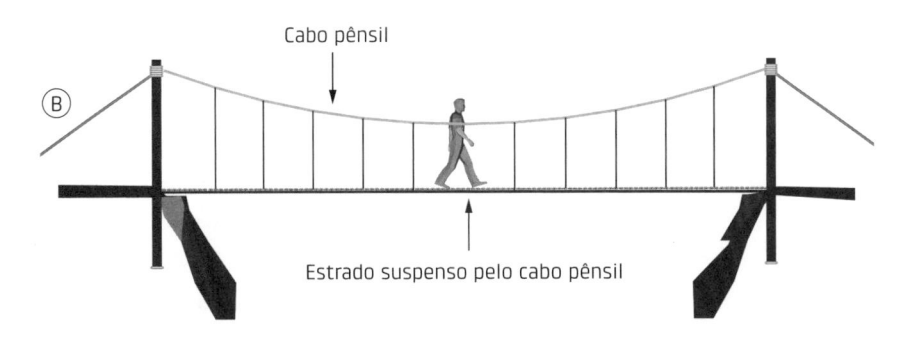

Estrado suspenso pelo cabo pênsil

Fig. 1.19 *Pontes baseadas no sistema pênsil*

Em função das proporções de suas formas geométricas, há ainda os elementos com resistência preponderante à tração, tais como as cordas e as correntes, existentes desde a Antiguidade e atualmente substituídas pelos modernos cabos de aço ou pelas cordoalhas de protensão.

No passado, algumas civilizações conheciam o princípio do concreto, destacando-se a civilização romana, que utilizou o *opus caementicium* por vários séculos com pozolana (cinzas vulcânicas), conforme descrito por Vitruvius (século I a.C.). Entretanto, o concreto apresentava as mesmas limitações da pedra, não permitindo vencer grandes vãos, e, por isso, não era usado para elementos estruturais principais. Exceção impressionante é o Panteão de Roma (Fig. 1.20), cujo domo, com 43 m de diâmetro interno, permanece como o maior vão livre em concreto não armado.

Analisando-se a evolução histórica da construção das estruturas, observa-se que, embora os principais materiais fossem conhecidos por várias civilizações antigas, as limitações na produção do aço impediram o desenvolvimento de sistemas estruturais mais arrojados.

Aço

Ainda que o aço fosse conhecido havia milhares de anos, sua produção antes da Revolução Industrial era praticamente artesanal, sendo então destinado à manufatura de pequenos objetos. A aplicação estrutural do aço se limitava basicamente a barras isoladas, correntes, suportes de apoio e elementos de ligação. Essa limitação só foi vencida a partir do século XVIII, com o avanço da siderurgia, ramo da metalurgia dedicado ao aço.

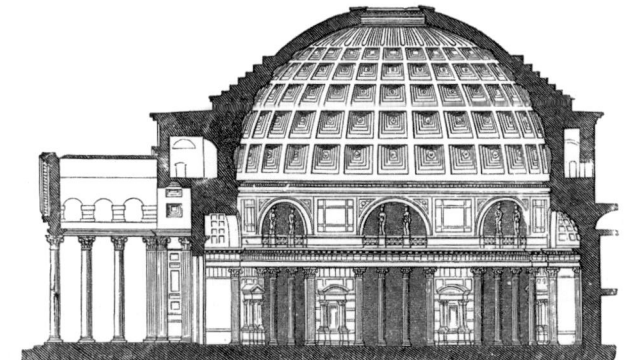

Fig. 1.20 *Panteão de Roma*
Fonte: autoria desconhecida (https://w.wiki/_D8M).

A construção da ponte de Coalbrookdale, na Inglaterra, em 1779, denominada Iron Bridge (Fig. 1.21), é considerada o marco inicial das estruturas metálicas modernas. Na produção do aço, identificam-se basicamente dois processos:

- *redução (remoção do oxigênio)*: o minério de ferro, em geral hematita (Fe_2O_3), é fundido na presença de carbono (queima do carvão), que se combina com o oxigênio, resultando no ferro-gusa;
- *refino (remoção das impurezas)*: o aço é obtido eliminando-se o excesso de carbono e demais impurezas através de um processo de oxidação do ferro-gusa líquido.

Antes de o processo de refino ser aprimorado, as primeiras grandes estruturas metálicas eram em ferro fundido (*cast iron*) ou em ferro pudlado (*wrought iron*), este já bem semelhante ao aço moderno. Somente com o desenvolvimento do primeiro conversor com injeção de ar comprimido, por Henry Bessemer (1813-1898), em 1856, obteve-se finalmente a produção de aço de boa qualidade em grande escala.

A diferença entre aço e ferro fundido é basicamente definida pelo teor de carbono, conforme ilustrado na Fig. 1.22. Em comparação ao aço, o ferro fundido (F^oF^o) apresenta como vantagens menor custo e ponto de fusão mais baixo, entretanto tende a ser mais frágil.

Concreto armado

Observa-se que a verdadeira revolução na concepção e na construção das estruturas, particularmente nas pontes, só ocorreu com a produção do aço em grandes quantidades. Pode-se assim considerar que a invenção do concreto armado também é uma consequência do progresso da indústria siderúrgica.

O cimento Portland, componente fundamental para o concreto moderno, foi patenteado em 1824 pelo empresário inglês Joseph Aspdin (1778-1855). Sua denominação decorreu da semelhança desse cimento com as rochas da ilha britânica de mesmo nome.

Fig. 1.21 *Primeira ponte metálica, construída em Coalbrookdale, na Inglaterra, em 1779*
Fonte: Nilfanion (CC BY-SA 4.0, https://w.wiki/puh).

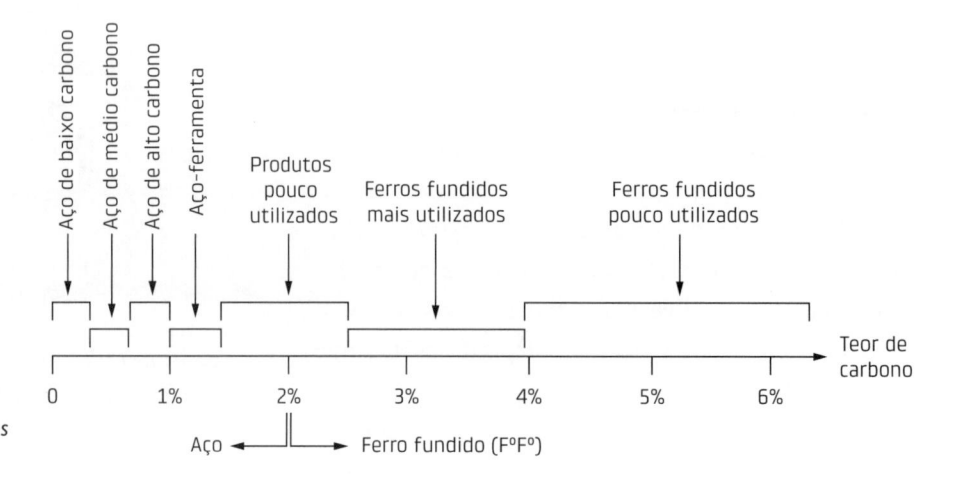

Fig. 1.22 *Aços e ferros fundidos*

Conceitos
fundamentais

Vale registrar a contribuição de Louis Vicat (1786-1861), engenheiro francês da École des Ponts et Chaussées, que desenvolveu um cimento artificial e o empregou na construção da primeira ponte em concreto (não armado) em 1824, sobre o rio Dordogne (Fig. 1.23).

A ideia de incorporação de armadura, fundamento essencial do concreto armado, é atribuída ao francês Joseph-Louis Lambot (1814-1887), que construiu um barco em argamassa armada em 1848. O sistema foi apresentado na Exposição Universal de Paris em 1855, porém não recebeu atenção nessa ocasião.

Fig. 1.23 *Ponte de Souillac em concreto (não armado), concluída em 1824*
Fonte: Alistair Cunningham (CC BY 3.0, https://w.wiki/pup).

A primeira aplicação do concreto armado na construção civil é atribuída ao francês François Coignet (1814-1888), que em 1853 edificou uma casa com quatro pavimentos, ainda íntegra, nos arredores de Paris (CIMbéton, 2009). No entanto, considera-se que as barras de aço não eram posicionadas de forma intencional para resistir às tensões de tração, servindo apenas para a união entre as peças.

O jardineiro francês Joseph Monier (1823-1906) é sempre lembrado como o principal pioneiro no desenvolvimento do concreto armado, sendo por vezes identificado como o inventor desse novo material. Foi ele quem registrou as primeiras patentes para a manufatura de vasos e tubos em argamassa armada em 1867. Os desenhos da patente são reproduzidos na Fig. 1.24.

Posteriormente, Monier iniciou a aplicação da argamassa e/ou concreto armado na construção civil (edificações, pontes, canalização etc.), registrando diversas patentes até o ano de 1891. A primeira estrutura de ponte em concreto armado, com 14,0 m de extensão, foi construída por ele em 1875. Essa estrutura conserva-se ainda no castelo de Chazelet. Monier não possuía formação técnica, porém tinha boa noção das promissoras aplicações do novo material.

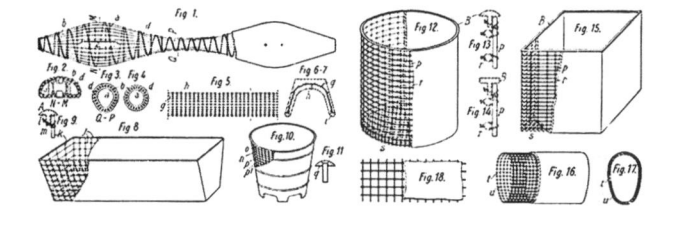

Fig. 1.24 *Desenhos das primeiras patentes de Monier*

É importante lembrar a colaboração do engenheiro francês François Hennebique (1842-1921), que patenteou em 1892 um dos mais difundidos sistemas de construção de estruturas em concreto armado. Atribui-se a ele a consolidação dos principais elementos estruturais (vigas, pilares e lajes), até então independentes, trabalhando em um conjunto monolítico contínuo, como reproduzido na Fig. 1.25.

Concreto protendido

O conceito de protensão consiste em introduzir tensões prévias em um determinado sistema estrutural, usualmente através de cabos ou tirantes

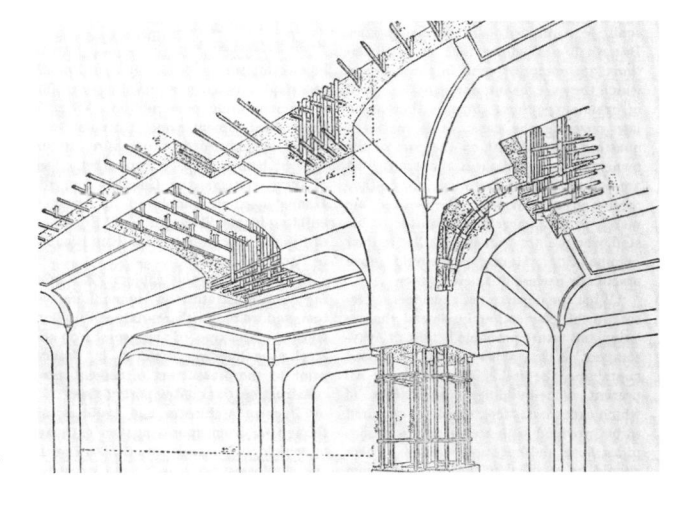

Fig. 1.25 *Esquema do sistema de construção de Hennebique*
Fonte: Internet Archive Book Images (https://flic.kr/p/otpGmU).

tracionados, visando melhor comportamento e aumento da resistência. A ideia é quase intuitiva e está presente em diversas soluções desde a Antiguidade, como nos exemplos a seguir:

- os barcos do Egito antigo com cabo tensionado (por torção) acima do convés (Fig. 1.26);
- os tonéis de madeira, cujas cintas metálicas sob tensão mantêm as talas de madeira pressionadas;
- as rodas com raios previamente tracionados, como as de uma bicicleta.

As primeiras tentativas de aplicar o princípio da protensão às armaduras das estruturas em concreto não foram bem-sucedidas. A protensão apresentava bons resultados inicialmente, porém perdia completamente a eficiência com o passar do tempo. Os fracassos se deviam ao desconhecimento dos fenômenos reológicos do aço (relaxação) e do concreto (retração e fluência). Empregava-se aço com limite de elasticidade da ordem de 220 MPa, cujo alongamento máximo para protensão, cerca de 1,0‰, era totalmente perdido após algum tempo, devido aos fenômenos reológicos.

O engenheiro francês Eugène Freyssinet (1879-1962) foi o responsável pela compreensão dos fenômenos reológicos, tendo registrado a primeira patente, reconhecida como o marco inicial do advento do concreto protendido, em 1928. Freyssinet compreendeu a necessidade de utilizar concreto e aço com resistências mais elevadas para possibilitar maiores alongamentos de protensão. Dessa forma, as tensões de compressão implantadas podiam ser mais expressivas e permaneciam atuantes mesmo após as inevitáveis perdas. Em sua patente, ficaram estabelecidos todos os princípios da chamada pré-tensão, em que o aço é alongado no interior das formas antes da concretagem do elemento estrutural. Depois da cura do concreto, as ancoragens de extremidade são liberadas e a protensão se instala devido à aderência entre o aço e o concreto.

Entre as primeiras realizações em concreto protendido, destaca-se o viaduto de Aue, na Alemanha, construído pelo engenheiro alemão Franz Dischinger (1887-1953)

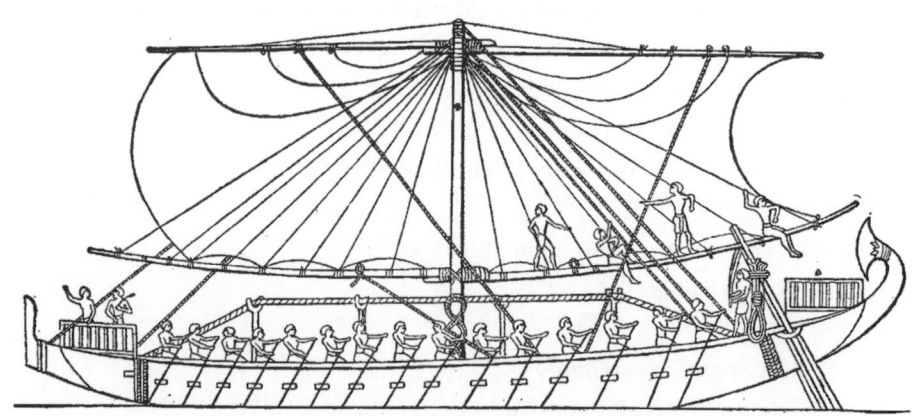

Fig. 1.26 *Barco egípcio com cabo tensionado sobre o convés*
Fonte: H. G. Wells (https://w.wiki/q5c).

Egyptian ship on the Red Sea, about 1250 B.C. [From Torr's "Ancient Ships"].
Mr. Lanton Cole calls attention to the rope truss in this illustration, stiffening the beam of the ship. No other such use of the truss is know until the days of modern engineering

e concluído em 1937 (Fig. 1.27). Entretanto, considera-se que essa obra foi malsucedida, pois Dischinger não empregou aço de alta resistência e, após 25 anos, 75% da protensão inicial se perdeu em virtude da relaxação do aço e da fluência do concreto, resultando numa estrutura essencialmente não protendida (Menn, 1986).

Fig. 1.27 *Viaduto de Aue, na Alemanha, concluído em 1937*
Fonte: Angela M. Arnold (CC BY-SA 3.0, https://w.wiki/pv7).

Na construção da ponte sobre o rio Marne, em Luzancy (França), sob responsabilidade de Freyssinet, foram finalmente aplicados os princípios fundamentais do concreto protendido, utilizando aço de alta resistência. A execução do projeto, datado de 1939, iniciou-se em 1940, tendo sido aplicada pela primeira vez a protensão em aduelas pré-moldadas. Devido à guerra, a ponte só foi concluída em 1946.

1.3.4 Conhecimento científico e tecnológico

Praticamente de forma simultânea ao progresso da siderurgia moderna e ao advento do concreto armado, o conhecimento técnico e científico se desenvolveu acentuadamente, estabelecendo as bases da Engenharia. A evolução do conhecimento pode ser resumida como a seguir apresentado:

- *Até o século XVII*: os resultados das raras investigações a respeito do comportamento estrutural eram limitados ao restrito meio científico. As primeiras pesquisas sobre o comportamento elástico de estruturas simples foram efetuadas por Leonardo da Vinci (1452-1519), Galileu Galilei (1564-1642) e Robert Hooke (1635-1703).
- *Século XVIII*: os resultados científicos começaram a ser aplicados. As primeiras escolas de Engenharia foram fundadas e iniciaram-se as publicações de livros sobre Engenharia de Estruturas. A França foi pioneira, com a fundação da École Nationale des Ponts et Chaussées em 1747, procedência de diversos nomes de importância no desenvolvimento da Engenharia de

Estruturas (Timoshenko, 1953), destacando-se Claude-Louis Navier (1785--1836), Augustin-Louis Cauchy (1789-1857), Eugène Freyssinet (1879-1962) e Jean Courbon (1913-1986). É interessante lembrar que a Escola Politécnica da Universidade Federal do Rio de Janeiro (UFRJ) remonta a essa época, pois tem sua origem na Real Academia de Artilharia, Fortificação e Desenho, fundada em 1792 na mesma cidade. O formalismo do desenho técnico de projeto se consolidou nesse período, evoluindo a partir de desenhos e pinturas artísticas das vistas ortogonais.

▶ *Século XIX*: o desenvolvimento da Engenharia Estrutural exigia capacidade para analisar novos problemas. A construção das primeiras ferrovias foi decisiva para esse avanço. Desenvolveu-se a teoria da elasticidade e suas especializações (estados planos, placas, cascas etc.). Foram estabelecidos métodos para a análise hiperestática de arcos e treliças (Timoshenko, 1953).

▶ *Primeira metade do século XX*: com o surgimento do concreto armado, foram aprimoradas as técnicas de análise de estruturas aporticadas. Desenvolveram-se métodos gráficos, soluções por analogias, e processos aproximados, como o método das diferenças finitas. Já estavam consolidados os métodos de equilíbrio e compatibilidade, bases dos métodos da rigidez e da flexibilidade, para a análise de estruturas de barras. No entanto, os métodos desenvolvidos recaíam em sistemas de equações cuja solução (manual), para uma quantidade razoável de incógnitas, era impraticável. A computação era efetuada basicamente com réguas de cálculo (Timoshenko, 1953).

▶ *Segunda metade do século XX*: com o surgimento dos computadores, foram desenvolvidos os primeiros programas automáticos para a análise de estruturas de barras, baseados no método da rigidez. A generalização do processo de discretização de um sistema estrutural inspirou o desenvolvimento do método dos elementos finitos (MEF). Em 1956, Turner, Clough, Martin e Topp publicaram "*Stiffness and Deflection Analysis of Complex Structures*", considerado o marco fundamental do MEF. Nas últimas décadas do século XX, o desenvolvimento do computador pessoal impulsionou ainda mais a evolução dos métodos numéricos, permitindo a criação e a difusão dos programas de análise, dimensionamento e desenho técnico.

Elementos de composição das pontes | 2

Na composição das estruturas típicas de pontes, pode-se distinguir entre os componentes com função estrutural, ou seja, concebidos e dimensionados de forma a absorver e transmitir forças relativamente expressivas, e os demais elementos sem função estrutural primordial.

Entre os elementos estruturais, pode-se identificar:

- *Elementos estruturais principais:*
  - superestrutura;
  - mesoestrutura;
  - infraestrutura.
- *Elementos estruturais de extremidade:*
  - cortinas e alas;
  - placa de transição;
  - extremos sobre encontro;
  - extremos em balanço;
  - contenção em terra armada.
- *Elementos de apoio:*
  - metálicos;
  - em concreto armado;
  - elastoméricos.
- *Elementos de proteção:*
  - guarda-rodas;
  - barreiras;
  - defensas metálicas;
  - guarda-corpos.

Os elementos sem função estrutural fundamental podem ser identificados como elementos complementares, tais como:

- drenagem (captação e escoamento);
- juntas de dilatação;
- pavimentação;
- sinalização horizontal e vertical;

- iluminação da pista e da estrutura;
- dutos (água, energia elétrica, telefonia etc.).

2.1 Elementos estruturais principais

Os elementos constituintes das estruturas típicas de pontes são usualmente agrupados em superestrutura, mesoestrutura e infraestrutura, conforme ilustrado na Fig. 2.1.

Nas pontes, as vigas apresentam denominação específica, de acordo com a posição, a direção e a função, como indicado na Fig. 2.2, podendo-se identificar:

- *longarinas*: vigas longitudinais que recebem diretamente as ações aplicadas sobre a laje;
- *transversinas*: vigas transversais às longarinas, no apoio ou no vão;
- *travessas*: vigas apoiadas sobre os pilares, destinadas a apoiar as longarinas;
- *vigas de contraventamento (ou de travejamento)*: vigas de união entre pilares.

2.2 Elementos estruturais de extremidade

Nas extremidades da superestrutura, deve-se materializar a interface entre a via de acesso, normalmente sobre o terreno devidamente compactado, e a estrutura apoiada sobre fundações, perfeitamente rígidas em comparação ao solo. Deve-se considerar, assim, algum elemento de transição entre as superfícies da via e da ponte, que apresentam possibilidade de deformação diferenciada ao longo do tempo. Além disso, nas extremidades das superestruturas existem normalmente forças horizontais expressivas, decorrentes dos empuxos de terra dos aterros de acesso.

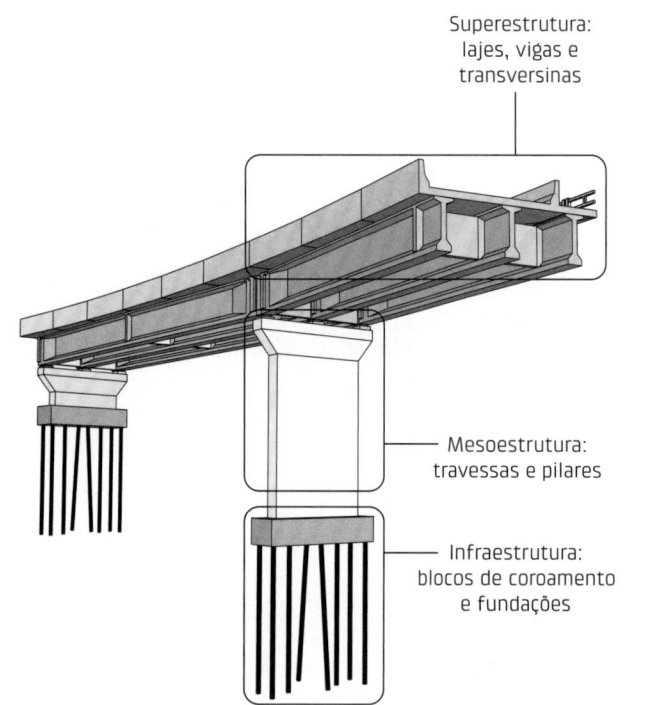

Fig. 2.1 *Super, meso e infraestruturas*

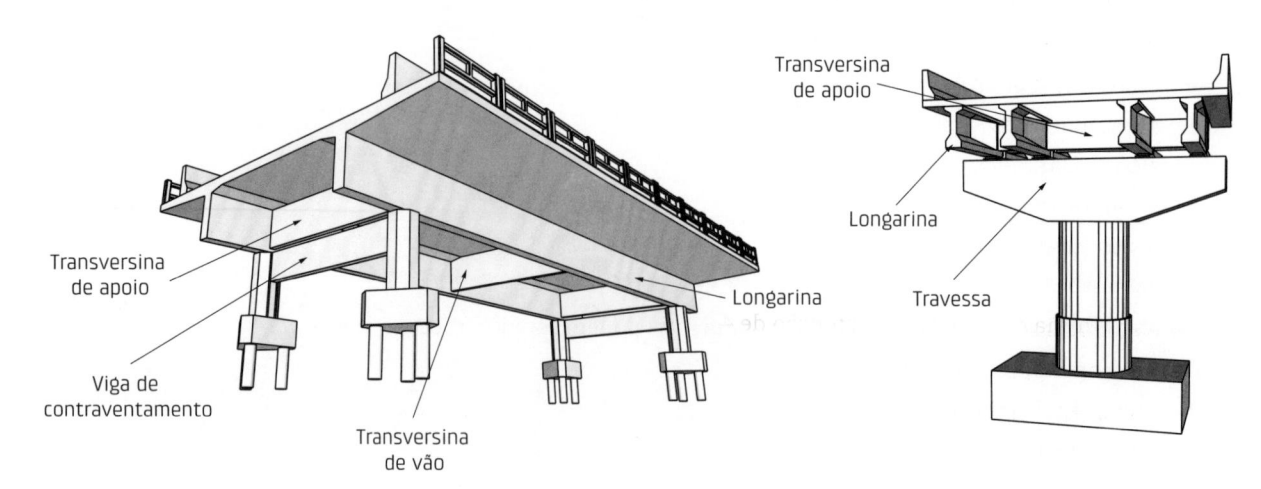

Fig. 2.2 *Tipos de vigas*

2.2.1 Cortinas e alas

Nas extremidades, normalmente existem os aterros de acesso que despertam empuxos que são arrimados pelas cortinas e alas no trecho mais superior, em contato com a superestrutura. Para a contenção lateral do terreno, as cortinas são dotadas de alas ortogonais, com espessura mínima de 25 cm, penetrando ao menos 50 cm no terrapleno, e inclinação semelhante à dos taludes, da ordem de 1,5:1, como indicado na Fig. 2.3.

Em função da forma do terrapleno, as alas podem ainda ser oblíquas ou mesmo coplanares, como ilustrado na Fig. 2.4.

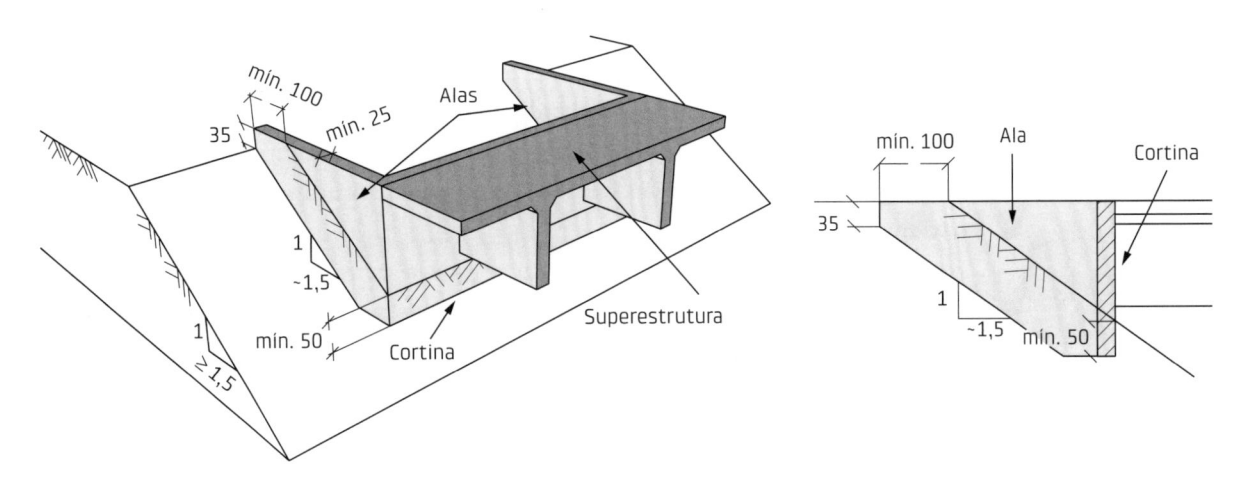

Fig. 2.3 *Cortina e alas – dimensões em cm*

2.2.2 Placa de transição

A interface do aterro de acesso com a superestrutura da ponte se dá por meio das placas (ou lajes) de transição (ou de aproximação), que se apoiam diretamente no aterro e no console da cortina. As lajes de aproximação destinam-se a garantir a transição suave entre a via sobre a terraplenagem, adensável em longo prazo, e a superestrutura sobre apoios rígidos, como ilustra a Fig. 2.5. Evita-se, assim, o surgimento do degrau típico resultante do adensamento do solo. Com a placa, o adensamento ocasiona apenas uma suave rampa. Segundo o DNER (1996), as placas de transição devem estar abaixo de uma camada de brita graduada compactada e apresentar espessura mínima de 25 cm com extensão de 4,0 m.

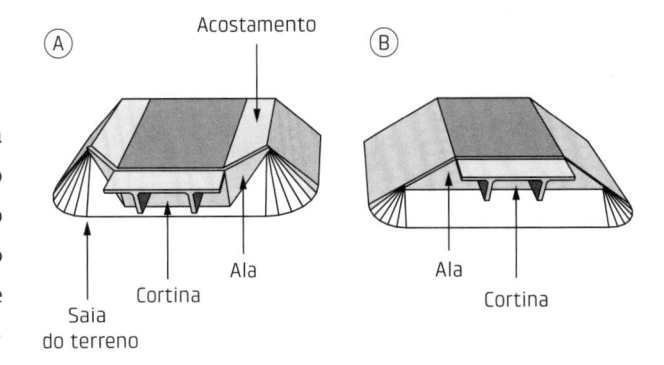

Fig. 2.4 *Alas (A) oblíquas e (B) no mesmo plano da cortina*

2.2.3 Extremos sobre encontro e em balanço

Os apoios de extremidade das pontes, como representado na Fig. 2.4, são denominados *encontro*. A Fig. 2.6 apresenta um corte em perspectiva mostrando o aspecto típico da região de apoio da superestrutura sobre encontro.

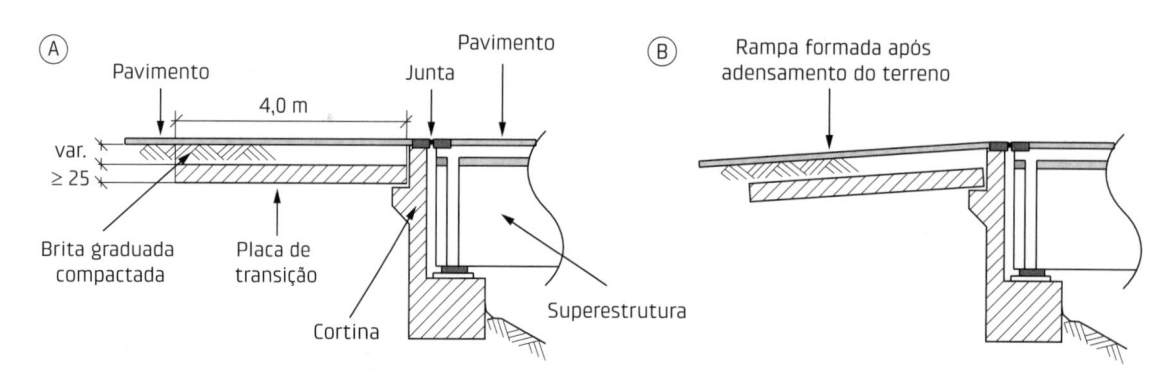

Fig. 2.5 *Detalhe da placa de transição (A) antes e (B) depois do adensamento do solo*

Os extremos podem também se estender em *balanço*, como ilustrado nas Figs. 2.7 e 2.8. É importante observar que, nos extremos sobre encontro, as cortinas são normalmente conectadas aos blocos de coroamento, enquanto nos extremos em balanço as cortinas estão ligadas diretamente à superestrutura. Assim, os empuxos dos aterros transmitem-se ao encontro ou à superestrutura, conforme o tipo de extremo da ponte.

Nos extremos em balanço, verifica-se que a variação de comprimento por dilatação da superestrutura ocorre entre a cortina e a placa de transição. Em pontes curtas, essa dilatação pode ser absorvida elasticamente pelo pavimento sobre a placa ou mesmo despertar fissuras de magnitude aceitável. Para a instalação de junta de dilatação entre a placa de aproximação e o extremo em balanço, deve-se seguir as recomendações do DNER (1996), como indicado na Fig. 2.9. Esse mesmo detalhe de fixação da junta, num ressalto da placa de transição, pode ser utilizado também nos extremos sobre encontro, bastando apoiar a placa diretamente sobre a cortina, que tem, assim, sua altura reduzida.

2.2.4 Tipos de encontros

Além de receberem as ações da superestrutura (verticais e horizontais), os encontros devem absorver as forças dos

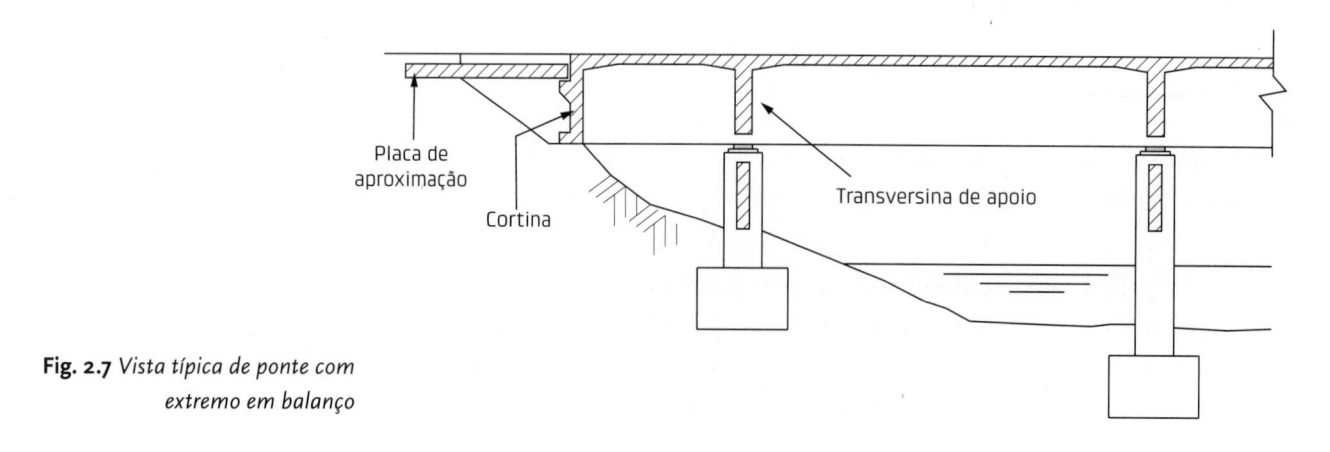

Fig. 2.6 *Corte em perspectiva de extremo apoiado sobre encontro*

Fig. 2.7 *Vista típica de ponte com extremo em balanço*

Elementos de composição das pontes

empuxos de terra dos extremos. Em função da magnitude das forças horizontais a serem absorvidas, os encontros podem ser dos seguintes tipos:

- *Encontros leves*: são utilizados em pontes curtas e aterros de acesso de pequena altura. São constituídos basicamente de cortina, que recebe o apoio da placa de transição, fixada diretamente no bloco de coroamento das estacas, como já ilustrado na Fig. 2.6.
- *Encontros pesados*: são utilizados em pontes extensas e aterros de acesso altos. São constituídos, em geral, de muros que recebem a ação da superestrutura, sendo apoiados sobre o bloco de coroamento, no caso de fundação em estacas, ou sobre a base alargada, no caso de fundação direta, conforme ilustrado na Fig. 2.10.

2.2.5 Contenção em terra armada

Uma solução bastante usual no caso de aterros relativamente altos é a chamada *terra armada*, composta de placas de concreto armado pré-moldado, denominadas *escamas*, ancoradas no aterro por meio de fitas

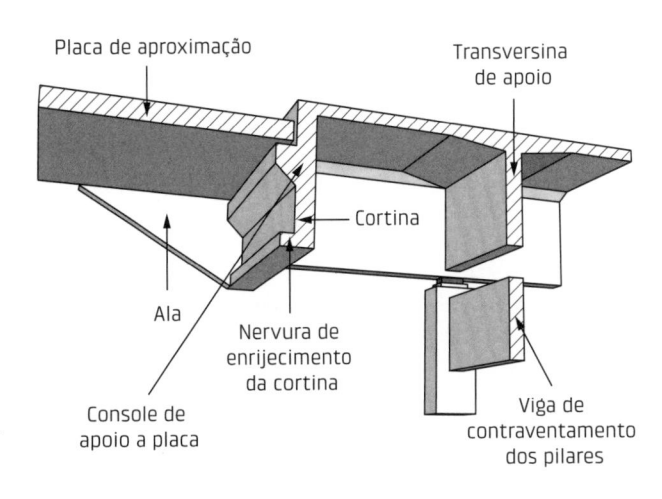

Fig. 2.8 *Corte em perspectiva de extremo em balanço*

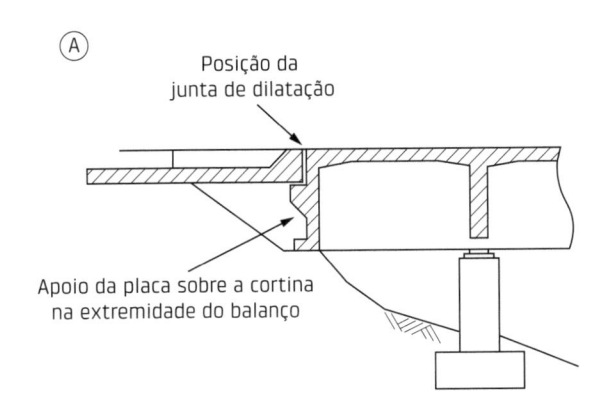

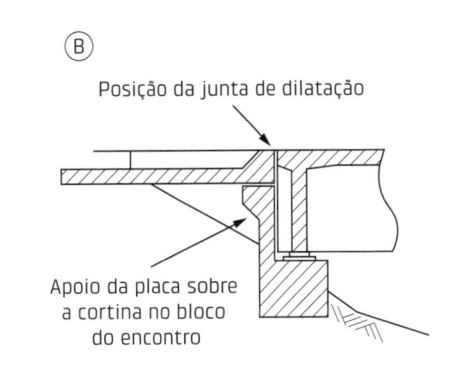

Fig. 2.9 *Ressalto na placa de aproximação para fixação da junta de dilatação: (A) extremidade em balanço e (B) extremidade sobre encontro*

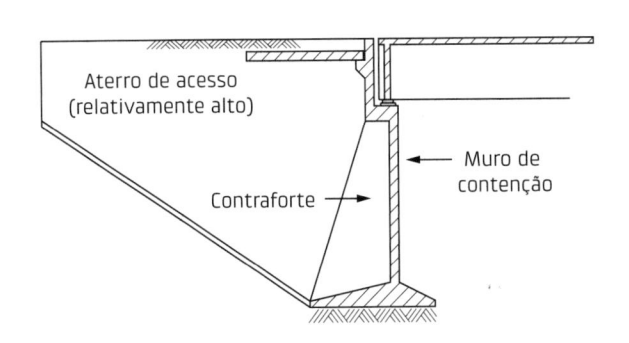

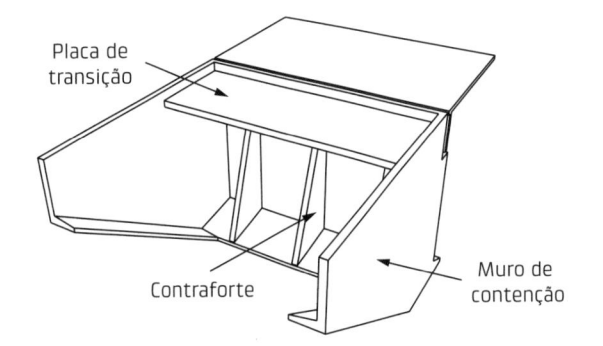

Fig. 2.10 *Exemplo de encontro pesado com muro em concreto armado sobre fundação direta*

metálicas (armaduras) (Fig. 2.11). As fitas são formadas por hastes chatas corrugadas em aço galvanizado, na forma de tiras, unidas às escamas por ligação parafusada. As escamas são posicionadas e aprumadas à medida que se executa o aterro, predominantemente arenoso e isento de matéria orgânica. Esse sistema foi patenteado pelo engenheiro francês Henri Vidal (1924-2007) em 1963, sendo chamado originalmente de *terre armée*. Atualmente, a patente está expirada e a técnica construtiva passou ao domínio público.

2.3 Aparelhos de apoio

Basicamente, a superestrutura pode estar conectada à mesoestrutura de forma monolítica (aporticada) ou simplesmente apoiada. Nas superestruturas simplesmente apoiadas, os deslocamentos horizontais despertados, por exemplo, em decorrência de variação de temperatura podem ocorrer praticamente sem restrições e, assim, não despertam solicitações na mesoestrutura e nas fundações. Já nas superestruturas aporticadas, os deslocamentos horizontais das longarinas não ocorrem livremente, sendo impostas solicitações importantes, de flexão e cortante, nos pilares e até mesmo nas fundações. Na Fig. 2.12 exemplificam-se esquematicamente os comportamentos distintos de uma superestrutura de comprimento L,

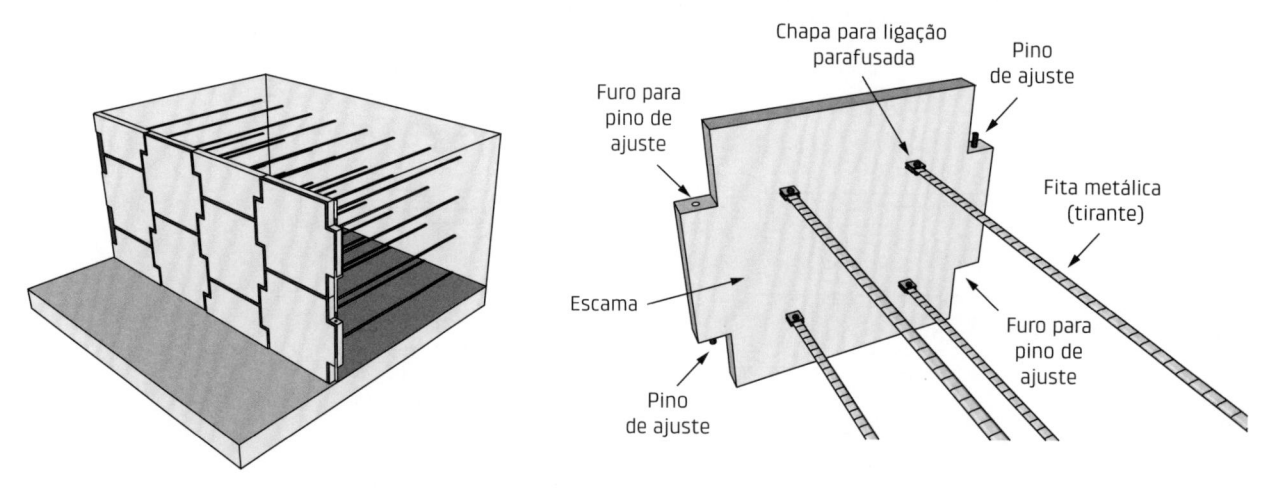

Fig. 2.11 *Contenção em terra armada*

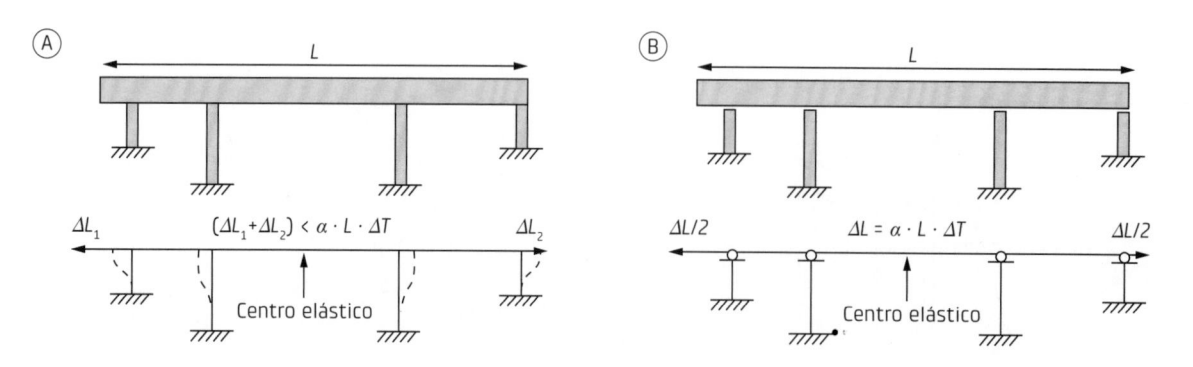

Fig. 2.12 *Superestrutura (A) aporticada e (B) simplesmente apoiada sob variação de temperatura*

aporticada ou simplesmente apoiada, sob efeito de acréscimo de temperatura (ΔT), considerando-se um coeficiente de dilatação térmica α. Observa-se que os deslocamentos máximos por dilatação térmica acontecem em sentidos opostos nos extremos, medidos a partir de um ponto indeslocável, denominado centro elástico. Nas vigas aporticadas, a posição do centro elástico depende da rigidez de cada um dos pilares e a dilatação total da longarina é inferior ao alongamento teórico, ou seja, (ΔL1 + ΔL2) < α · L · ΔT. Nas vigas simplesmente apoiadas, o centro elástico situa-se no centro geométrico da superestrutura e a dilatação total da longarina coincide com o alongamento teórico, isto é, ΔL = α · L · ΔT.

Nas superestruturas simplesmente apoiadas, a análise estrutural da longarina pode assim ser bastante simplificada, adotando-se um modelo unifilar de viga sobre apoios rotulados deslizantes. Para que não se configure modelo hipostático, deve-se restringir os deslocamentos horizontais, considerando um apoio com essa restrição no centro elástico, como indicado na Fig. 2.13.

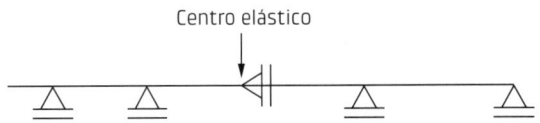

Fig. 2.13 *Modelo unifilar de superestrutura simplesmente apoiada*

Observa-se que as solicitações significativas para o dimensionamento da longarina podem ser determinadas independentemente da posição do centro elástico e, desse modo, basta que se considere um modelo com a restrição horizontal em qualquer dos apoios deslizantes, como ilustrado na Fig. 2.14.

As ligações rotuladas, fixas ou deslizantes, representadas nas figuras anteriores são materializadas empregando-se aparelhos de apoio, que podem ser metálicos, em concreto ou compostos com elastômero (borracha artificial), cuja marca mais conhecida é o Neoprene.

É importante lembrar que a liberação de deslocamentos horizontais é particularmente interessante na implantação da protensão. Nas superestruturas simplesmente apoiadas, a protensão é integralmente implantada na longarina, enquanto nas superestruturas aporticadas uma parcela da protensão é "retida" nos pilares. A situação é análoga ao caso de contração por variação negativa de temperatura.

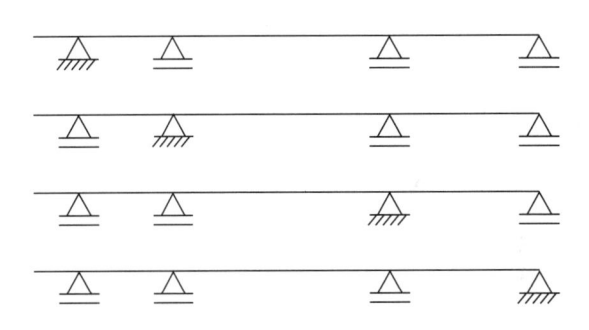

Fig. 2.14 *Modelos equivalentes para análise de superestrutura simplesmente apoiada*

2.3.1 Articulações metálicas

Os apoios sobre cilindros metálicos, ilustrados na Fig. 2.15, constituem uma das formas mais simples de materialização de rótulas deslizantes. Para garantir a direção do rolamento, sem desvio lateral, podem ser adotadas guias, nas bordas ou internas, ou ainda barras de contenção lateral, fixadas no eixo do cilindro. Esses apoios sobre rolos podem ser instalados em superestruturas metálicas ou em concreto, observando-se que as superfícies de rolamento sempre devem ser em chapa de aço, com fixação na superestrutura na face superior e na mesoestrutura na face inferior.

Teoricamente, o contato entre o cilindro e a chapa de aço ocorre ao longo de uma linha, de área nula, o que resultaria em tensão de contato de valor infinito. Na realidade, acontecem deformações elásticas que permitem a formação de uma pequena área de contato, suficiente para que se possa dimensionar o apoio com tensões de trabalho. Problemas de contato dessa natureza foram estudados pelo físico alemão Heinrich Rudolf Hertz (1857-1894), que publicou sua teoria para a determinação das tensões de contato no final do século XIX.

No caso de cilindro em contato com superfície plana, a tensão normal máxima no contato ($\sigma_{máx}$) se distribui de forma elíptica, como ilustrado na Fig. 2.16, e, de acordo com a teoria de Hertz (Timoshenko; Goodier, 1951), pode ser expressa por:

$$\sigma_{máx} = \sqrt{\frac{P \cdot E}{2\pi \cdot r \cdot L(1-v^2)}} \qquad (2.1)$$

em que:
P = carga total aplicada no cilindro;
E = módulo de elasticidade do material;
v = coeficiente de Poisson;
L = comprimento do cilindro;
r = raio do cilindro.

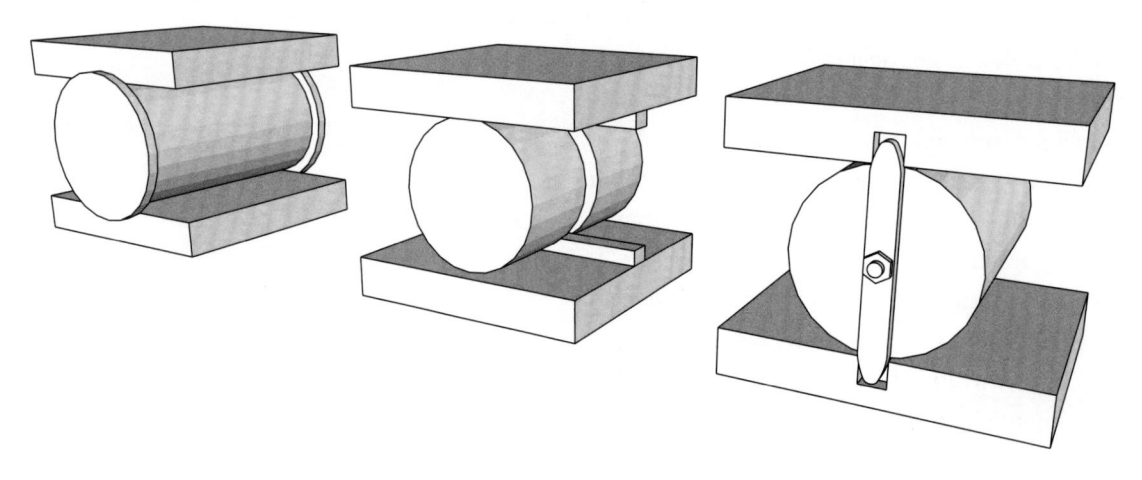

Fig. 2.15 *Aparelhos de apoio em rolo metálico (apoios do 1º gênero)*

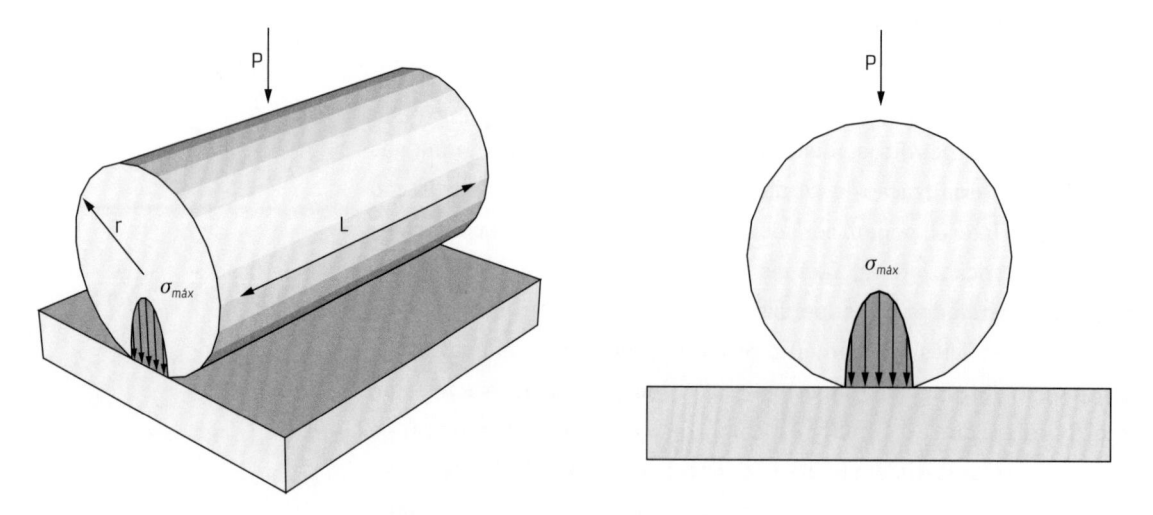

Fig. 2.16 *Tensão de contato de cilindro apoiado sobre superfície plana*

O princípio de funcionamento das articulações deslizantes sobre rolo metálico é apresentado esquematicamente na Fig. 2.17.

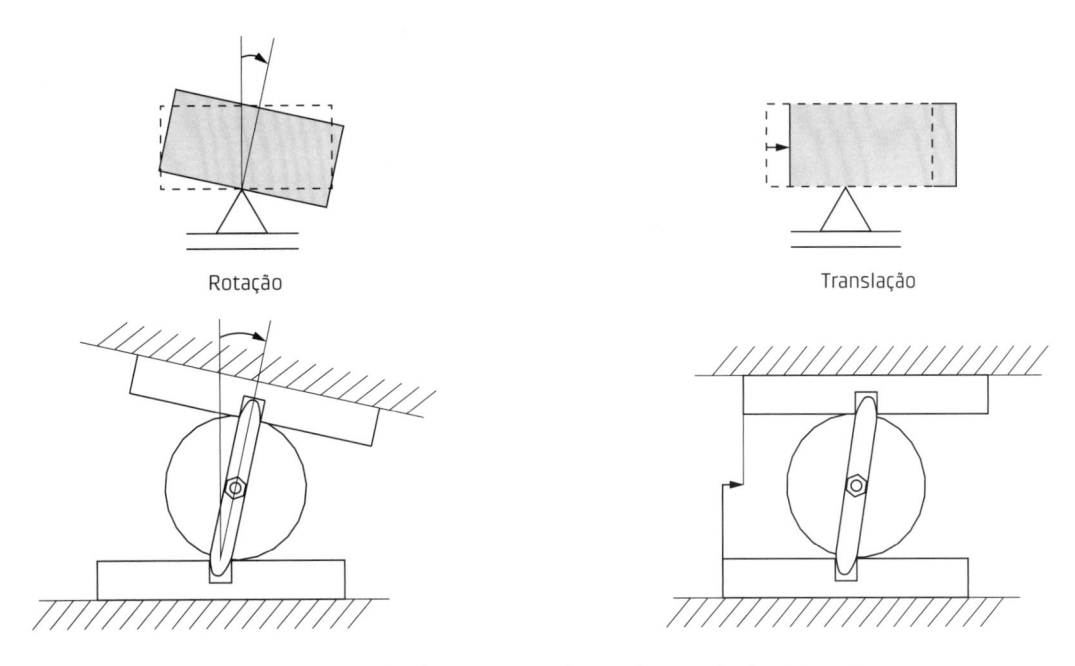

Fig. 2.17 *Graus de liberdade de aparelho de apoio com rolo metálico (apoio do 1º gênero)*

Considerando-se, por exemplo, um aparelho de apoio em rolo metálico para receber reação de 1.000 kN, com 15 cm de raio, e admitindo-se tensão de contato de 25 kN/cm², módulo de elasticidade do aço de 21.000 kN/cm² e coeficiente de Poisson $v = 0{,}30$, tem-se, a partir da Eq. 2.1:

$$25 \text{ kN/cm}^2 = \sqrt{\frac{(1.000 \text{ kN}) \times (21.000 \text{ kN/cm}^2)}{2\pi (15 \text{ cm}) L (1 - 0{,}30^2)}} \Rightarrow L \cong 400 \text{ cm} \qquad (2.2)$$

Observa-se que, em virtude da pequena área de contato, os aparelhos de apoio sobre rolo metálico possuem capacidade de carga relativamente limitada e, assim, podem ser necessários vários cilindros. Para o exemplo apresentado, a região de contato necessária totaliza 4,0 m e pode ser obtida em quatro cilindros com 1,0 m de extensão cada, como ilustrado na Fig. 2.18.

Considerando-se uma reação de 500 kN e fixando-se a extensão da região de contato em 50 cm, tem-se, a partir da Eq. 2.1:

$$25 \text{ kN/cm}^2 = \sqrt{\frac{(500 \text{ kN}) \times (21.000 \text{ kN/cm}^2)}{2\pi \cdot r (50 \text{ cm})(1 - 0{,}30^2)}} \Rightarrow r \cong 60 \text{ cm} \qquad (2.3)$$

Um rolo metálico com 1,20 m de diâmetro seria impraticável, porém as mesmas condições de apoio podem ser obtidas por meio de aparelho de apoio do tipo pendular, como ilustrado na Fig. 2.19. Como os deslocamentos da superestrutura são de ordem

Fig. 2.18 *Aparelho de apoio sobre rolos metálicos na ponte de acesso à Ilha das Cobras (RJ)*

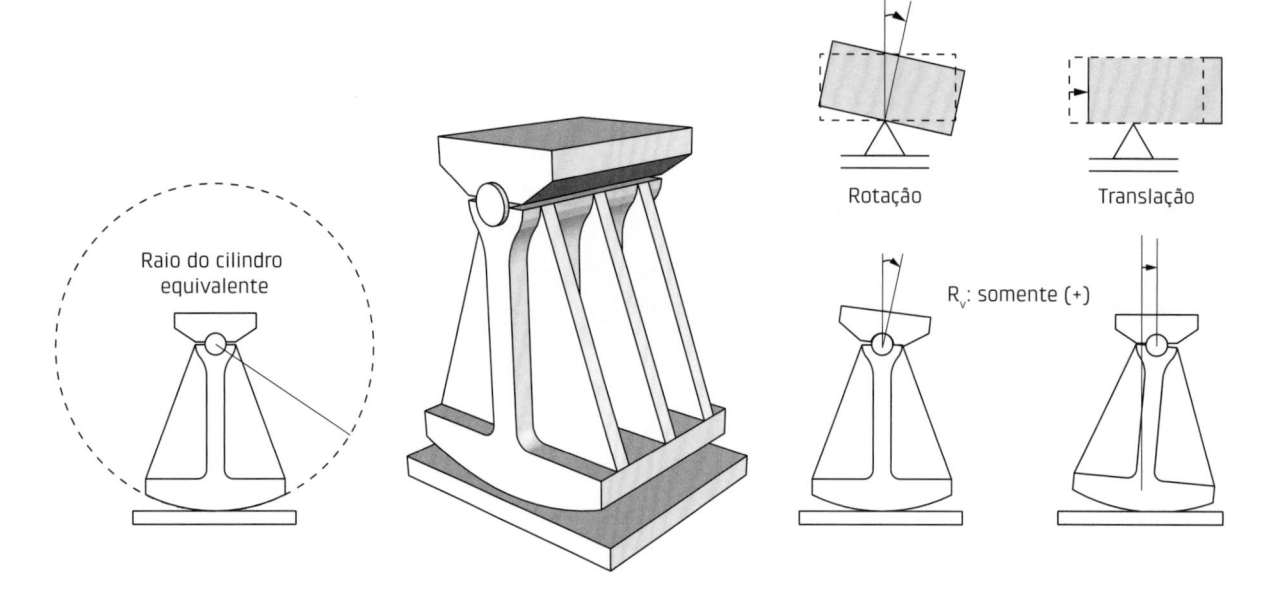

Fig. 2.19 *Aparelho de apoio metálico pendular*

centimétrica, não é necessário contar com uma superfície cilíndrica completa, bastando então um trecho para apoio e rotação. Deve-se observar que o aparelho, simplesmente apoiado sobre a superfície abaulada, admite reações verticais (R_V) exclusivamente no sentido de baixo para cima, indicadas nos detalhes como sentido positivo (+).

Para que sejam absorvidas reações no sentido de cima para baixo (negativas no sentido adotado), o aparelho de apoio deve apresentar o elemento pendular com eixos de rotação fixos, como exemplificado na Fig. 2.20.

Exemplos de aparelhos de apoio metálicos em rótula fixa (apoios do 2º gênero) são ilustrados na Fig. 2.21. Analogamente aos apoios pendulares, observa-se que, para que sejam absorvidas reações no sentido de cima para baixo (negativas no sentido adotado), o eixo de rotação deve estar fixo como indicado.

2.3.2 Articulações em concreto

O mesmo princípio dos apoios sobre superfícies cilíndricas pode ser adotado em concreto, respeitando-se tensões admissíveis bem menores do que as do aço.

Fig. 2.20 *Aparelho de apoio metálico pendular para reações verticais positivas e negativas*

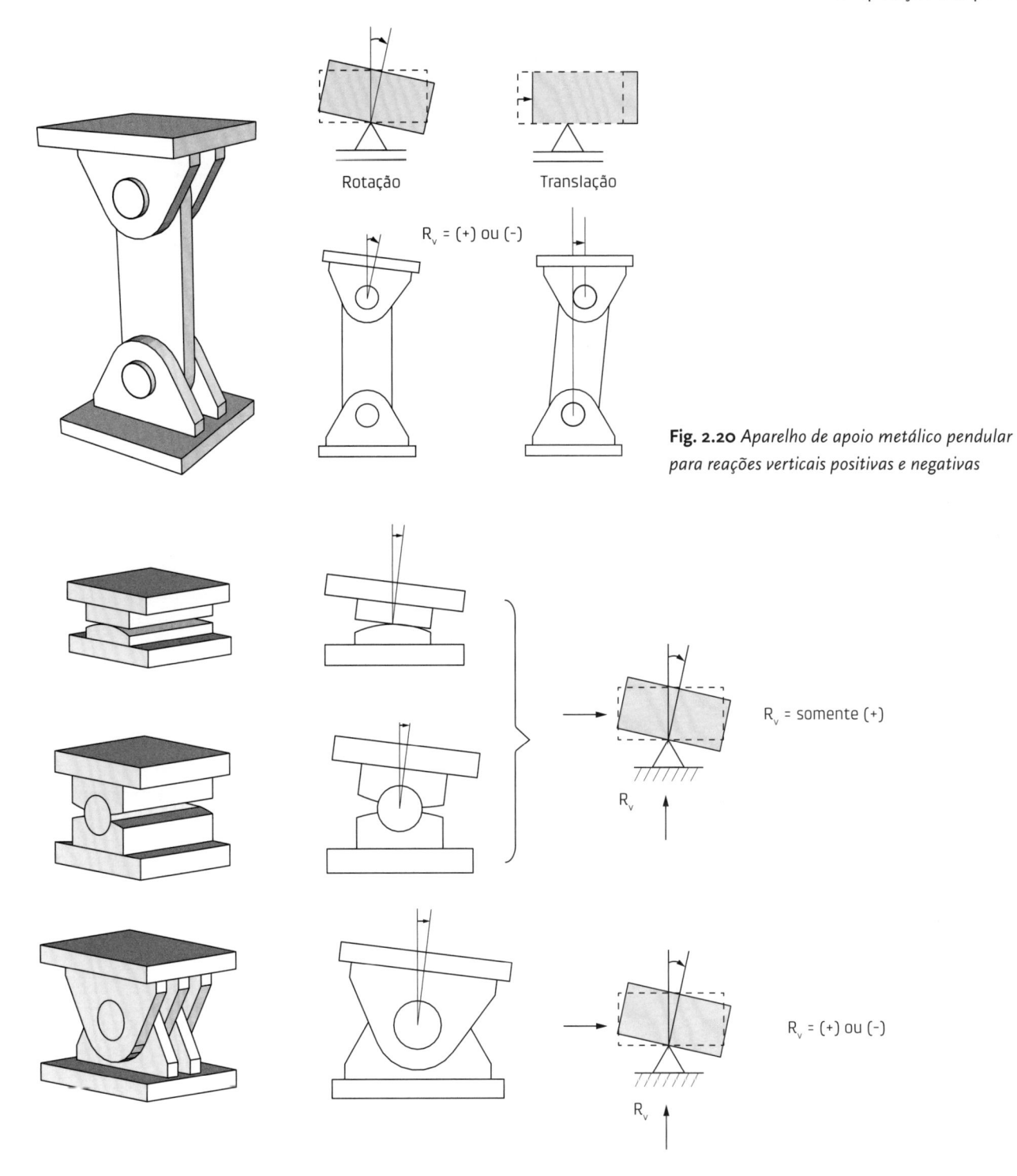

Fig. 2.21 *Aparelhos de apoio metálicos em rótula fixa (apoios do 2º gênero)*

Considerando-se, por exemplo, um apoio para receber reação de 250 kN, com 75 cm de extensão na região de contato, tensão de contato limitada em 25 MPa (2,5 kN/cm²), módulo de elasticidade de 3.000 kN/cm² e coeficiente de Poisson v = 0,20, tem-se, a partir da Eq. 2.1:

$$2{,}5 \text{ kN/cm}^2 = \sqrt{\frac{(250 \text{ kN}) \times (3.000 \text{ kN/cm}^2)}{2\pi \cdot r(75 \text{ cm})(1-0{,}20^2)}} \Rightarrow r \cong 270 \text{ cm} \qquad (2.4)$$

Lembrando que basta que se materialize um trecho da superfície cilíndrica, o apoio pendular em concreto, equivalente ao cilindro com diâmetro da ordem de alguns metros, pode ser definido como ilustrado na Fig. 2.22.

A altura (h = 2r) do apoio pendular pode ainda ser reduzida mantendo-se o raio da superfície cilíndrica e defasando-se os centros de curvatura, como esquematizado na Fig. 2.23.

As tensões de contato podem ser bastante reduzidas adotando-se superfícies de apoio com curvatura, conforme mostrado na Fig. 2.24.

De acordo com a teoria de Hertz, a pressão máxima de contato entre as duas superfícies cilíndricas pode ser expressa como:

$$\sigma_{\text{máx}} = \sqrt{\frac{P \cdot E(R-r)}{2\pi \cdot R \cdot r \cdot L(1-v^2)}} \qquad (2.5)$$

Pode-se demonstrar que o raio de curvatura do pêndulo é significativamente reduzido com a adoção de superfície de apoio côncava. Como exemplo, com os

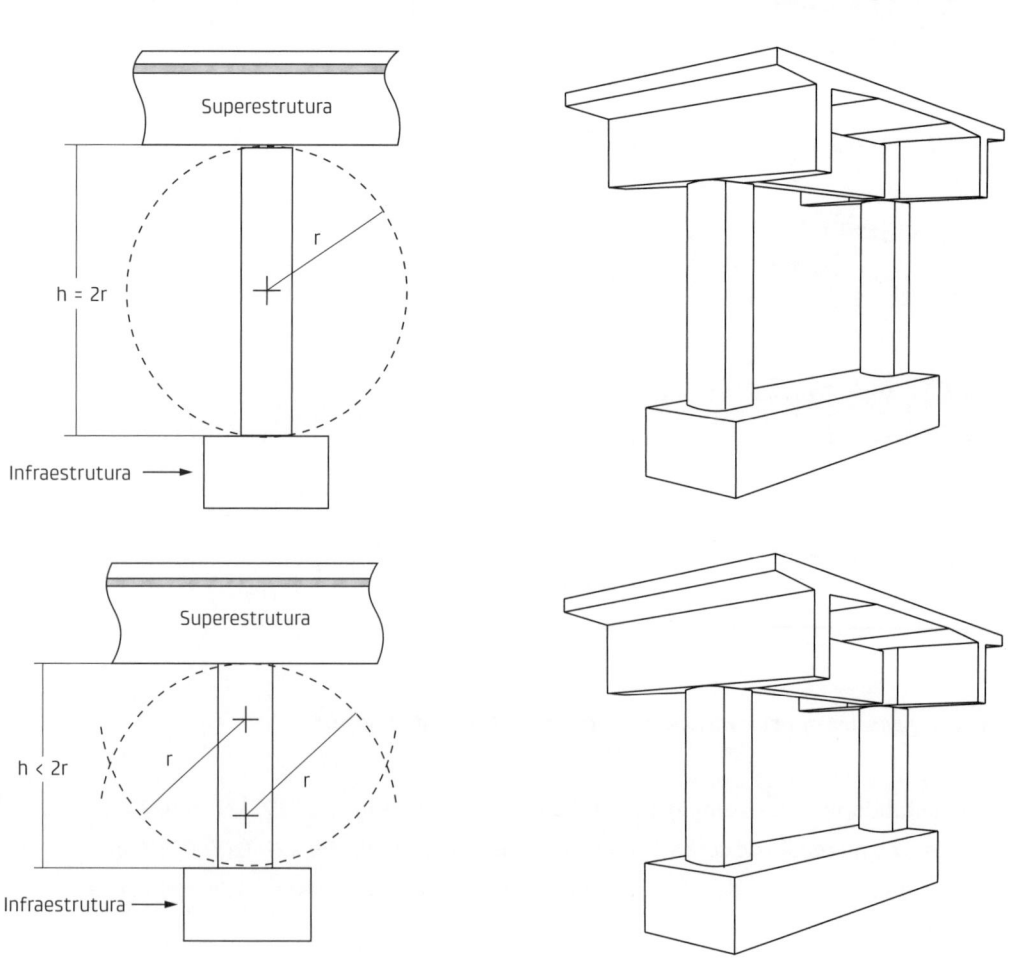

Fig. 2.22 *Aparelho de apoio pendular em concreto armado (apoio do 1º gênero)*

Fig. 2.23 *Aparelho de apoio pendular com altura reduzida (apoio do 1º gênero)*

mesmos dados da Eq. 2.4 e considerando-se que a superfície cilíndrica de contato tenha curvatura definida por R = 200 cm, tem-se, a partir da Eq. 2.5:

$$25 \text{ kN/cm}^2 = \sqrt{\frac{(250 \text{ kN}) \times (3.000 \text{ kN/cm}^2) \times (200 \text{ cm} - r)}{2\pi(200 \text{ cm})(75 \text{ cm})(1 - 0,20^2)}} \Rightarrow r \cong 115 \text{ cm} \quad (2.6)$$

Apoios em contato de superfícies cilíndricas foram utilizados pela primeira vez em 1880 pelo engenheiro alemão Claus Köpcke (1831-1911), que aplicou esse tipo de solução para ligações rotuladas em estruturas em arco, semelhantes às exemplificadas na Fig. 2.25.

É importante observar que os apoios baseados no contato de superfícies cilíndricas em concreto devem apresentar geometria perfeitamente definida e bom acabamento superficial para o funcionamento adequado.

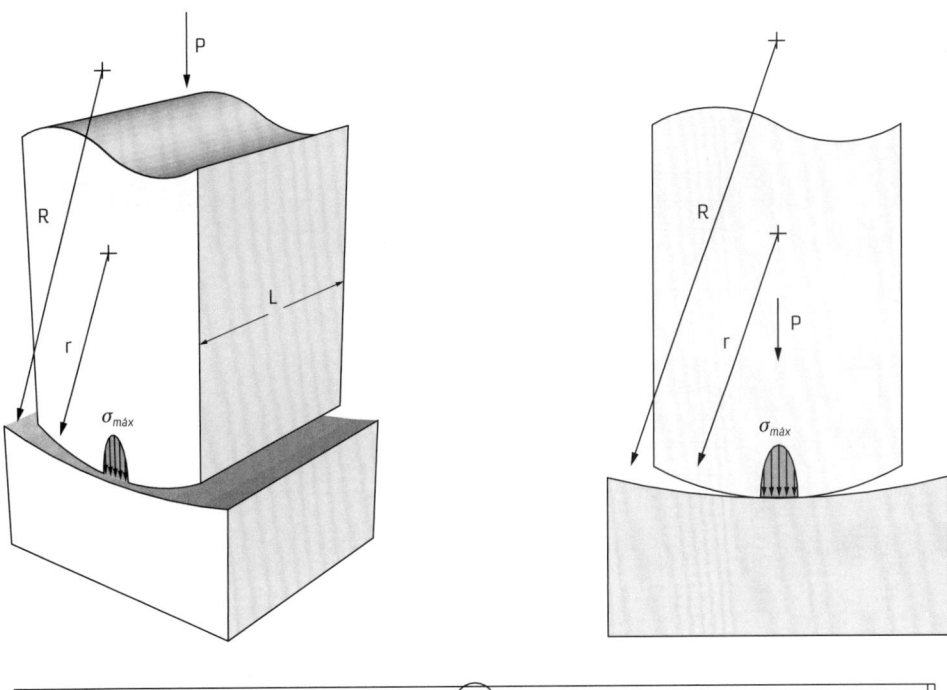

Fig. 2.24 *Tensão de contato entre duas superfícies cilíndricas*

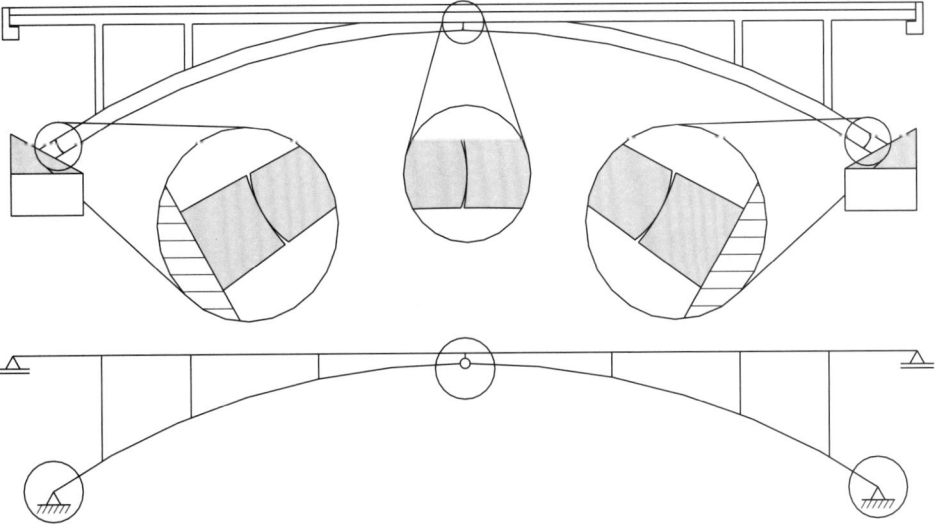

Fig. 2.25 *Exemplo de arco triarticulado com rótulas de contato entre superfícies cilíndricas*

No início do século XX, surgiram as primeiras concepções de articulações do 2º gênero, obtidas a partir do estrangulamento da seção de concreto comprimido. O engenheiro francês Augustin Mesnager (1862-1933) foi um dos pioneiros na concepção desse tipo de articulação, adotando barras de aço que se cruzam na seção estrangulada, como indicado na Fig. 2.26. Na rótula Mesnager, o concreto de envolvimento tem função exclusiva de proteção das armaduras. Várias superestruturas de pontes foram construídas com o uso da ligação Mesnager na Europa, destacando-se algumas das famosas obras do engenheiro suíço Robert Maillart (1872-1940).

Simultaneamente ao desenvolvimento de Mesnager, outro engenheiro francês, Armand Considère (1841-1914), propôs armaduras helicoidais para confinar o concreto na seção estrangulada, como mostrado na Fig. 2.27. Diversas estruturas de pontes foram construídas com articulações Considère nos Estados Unidos a partir da década de 1930 (Schacht; Marx, 2010).

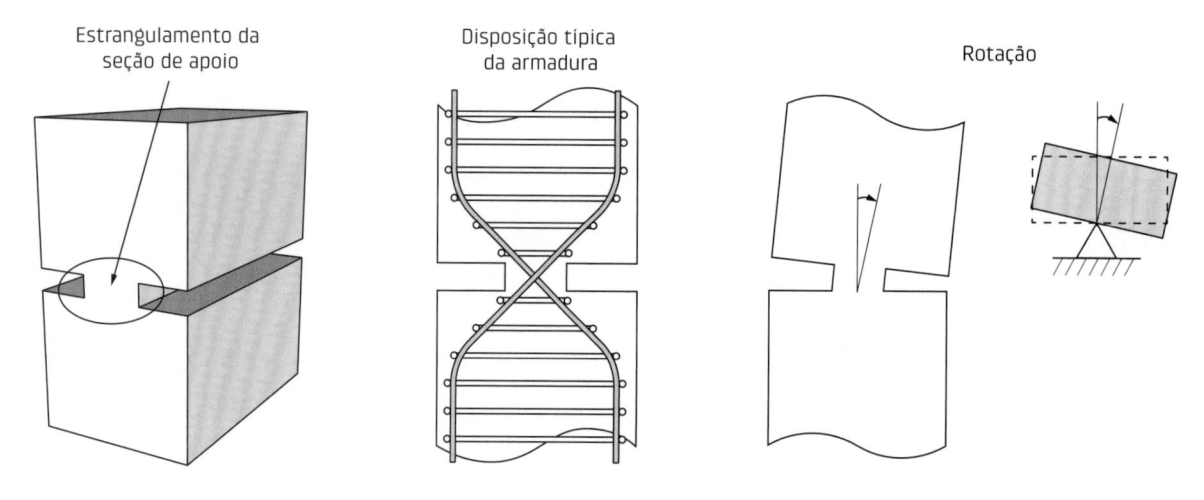

Fig. 2.26 *Ligação rotulada tipo Mesnager*

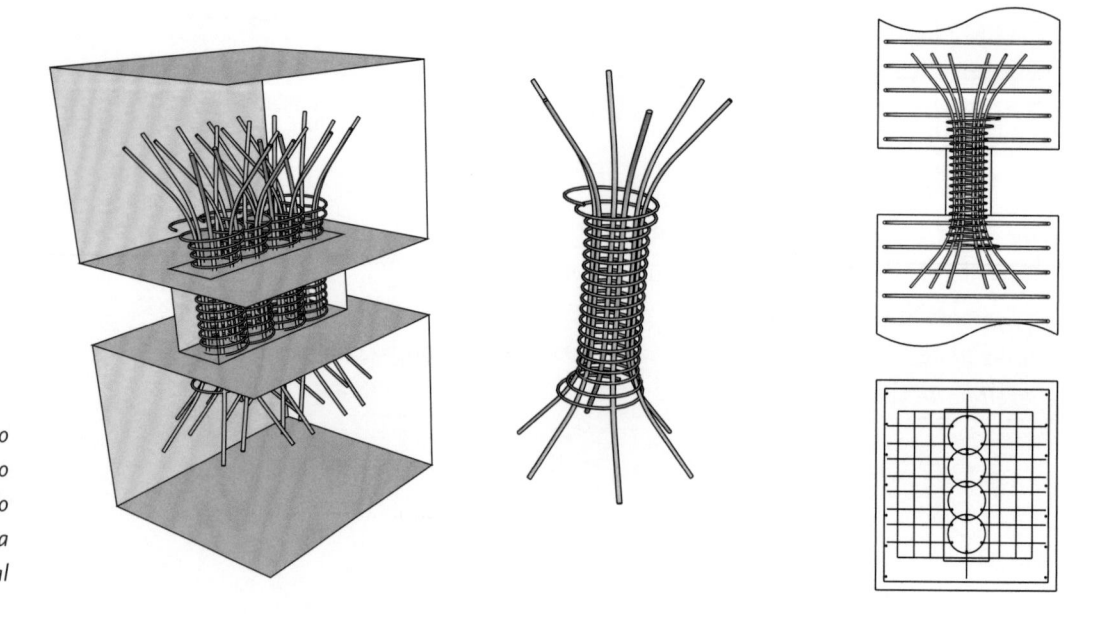

Fig. 2.27 *Ligação rotulada tipo Considère e disposição típica da armadura helicoidal*

Posteriormente à concepção da rótula Mesnager, o engenheiro francês Eugène Freyssinet (1879-1962) concluiu que as armaduras na região estrangulada eram desnecessárias. Em sua concepção (Fig. 2.28), o concreto comprimido em regime plástico permite pequenas rotações, simulando assim uma ligação rotulada, na qual as reações continuam a ser absorvidas pelo concreto sem armadura. No caso de haver reação de apoio negativa, podem ser inseridas armaduras dimensionadas para absorver apenas as forças de tração.

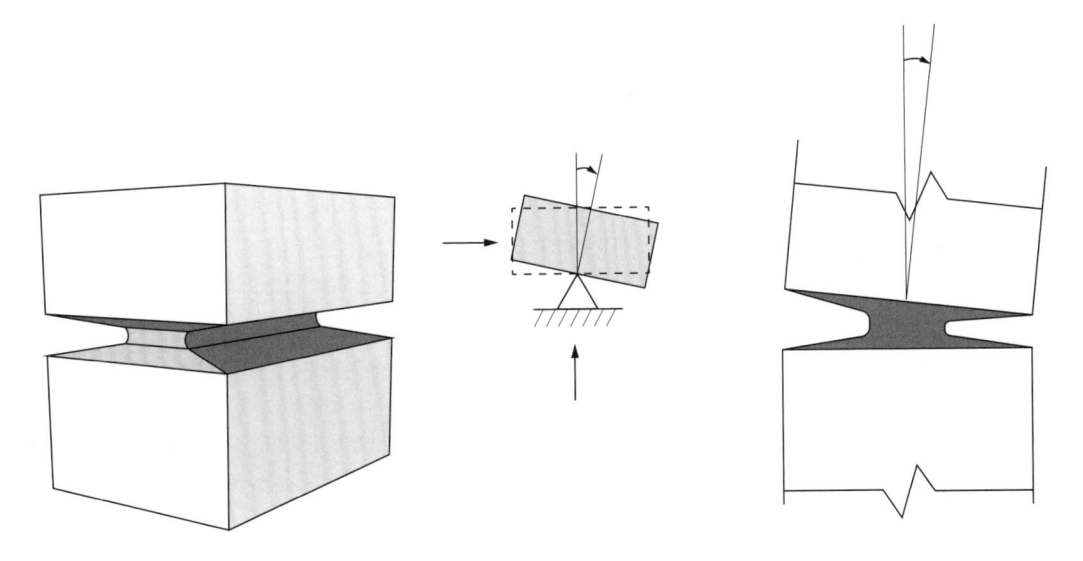

Fig. 2.28 *Ligação rotulada tipo Freyssinet*

Embora as rótulas Mesnager e Considère fossem eficientes, as inevitáveis fissuras no concreto podiam deflagrar o processo de corrosão das armaduras, comprometendo a durabilidade e o funcionamento da articulação. Ao contrário, a ligação Freyssinet, que não dependia fundamentalmente da armadura, não apresentava o risco de corrosão e prevaleceu como solução para articulação em concreto. As ligações Freyssinet foram largamente utilizadas no passado, e diversas superestruturas assim construídas apresentam ainda hoje as rótulas em bom estado de conservação.

Embora os aparelhos de apoio em concreto, comuns no passado, tenham sido praticamente abandonados, o conhecimento dessas articulações é fundamental não só para a correta identificação e caracterização de obras antigas, como também para a concepção de soluções de recuperação e reforço.

2.3.3 Apoios com elastômero

Na década de 1930, a indústria química Dupont desenvolveu uma borracha sintética patenteada com a marca Neoprene, com excelente resistência a intempéries. Em razão do grande sucesso, a marca tornou-se sinônimo do produto, e, assim, os aparelhos de apoio em elastômero logo passaram a ser denominados simplesmente de *neoprene*.

Em sua forma mais usual, os aparelhos de elastômero são formados por sucessivas camadas intercaladas com chapas de aço (fretagem), conforme ilustrado na Fig. 2.29. As espessuras das camadas elementares de elastômero e a fretagem em chapa de aço são dimensionadas basicamente em função dos valores das reações (máximas e mínimas) e da flexibilidade adequada para absorver os deslocamentos horizontais e as rotações estimados no projeto. Todo o aparelho é envolvido com camadas de revestimento, tanto na lateral (~4 mm) quanto nas faces de apoio superior e inferior (~2,5 mm), de forma que as chapas de aço se mantenham protegidas contra corrosão.

Para a liberação do deslizamento horizontal, pode ser fixada uma camada superior de teflon no aparelho de apoio que se mantém em contato com uma chapa de aço inoxidável, fixada na superestrutura, com dimensão em planta maior do que a projeção do aparelho de apoio, como representado na Fig. 2.30.

Para o pré-dimensionamento, pode-se adotar as dimensões apresentadas na Tab. 2.1, baseada no catálogo de um dos principais fornecedores. A tensão de compressão máxima situa-se na faixa entre 0,8 kN/cm², para os aparelhos com menores dimensões, e 1,3 kN/cm², para os maiores.

Por constituírem uma solução relativamente simples, barata e de baixa manutenção, os aparelhos de apoio em elastômero fretado tornaram-se amplamente utilizados e substituíram, com vantagens, as antigas rótulas Freyssinet.

O elastômero pode também ser usado sem fretagem, de forma confinada em um invólucro metálico, como ilustrado na Fig. 2.31. Esse tipo de dispositivo mantém-se fixo e permite rotações, simulando um apoio do 2º gênero, porém com capacidade de absorver reações verticais exclusivamente de baixo para cima.

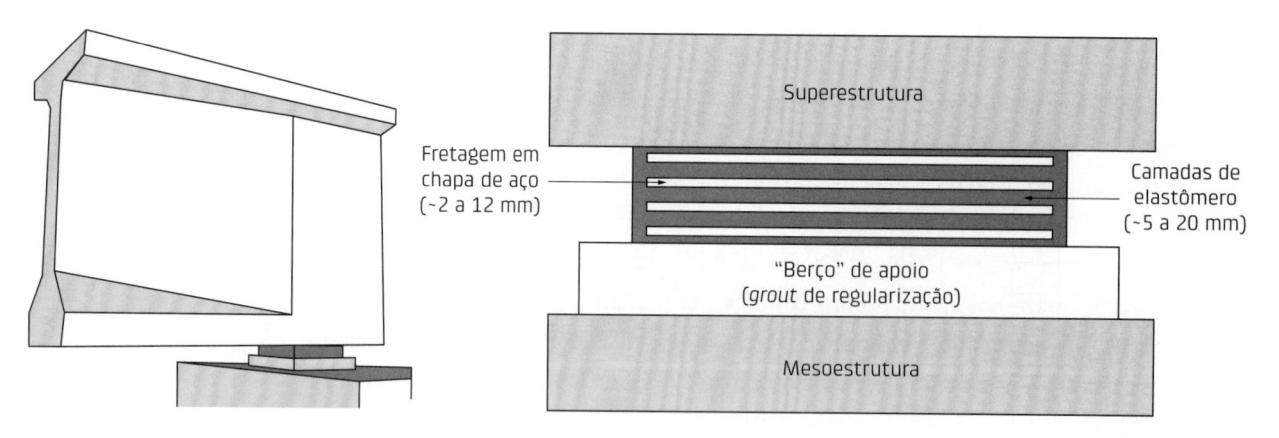

Fig. 2.29 *Detalhe típico de aparelhos de apoio em elastômero fretado*

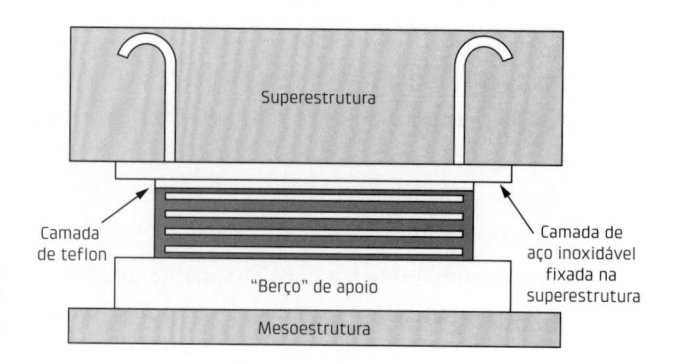

Fig. 2.30 *Aparelho de apoio deslizante em elastômero fretado*

Elementos de composição das pontes

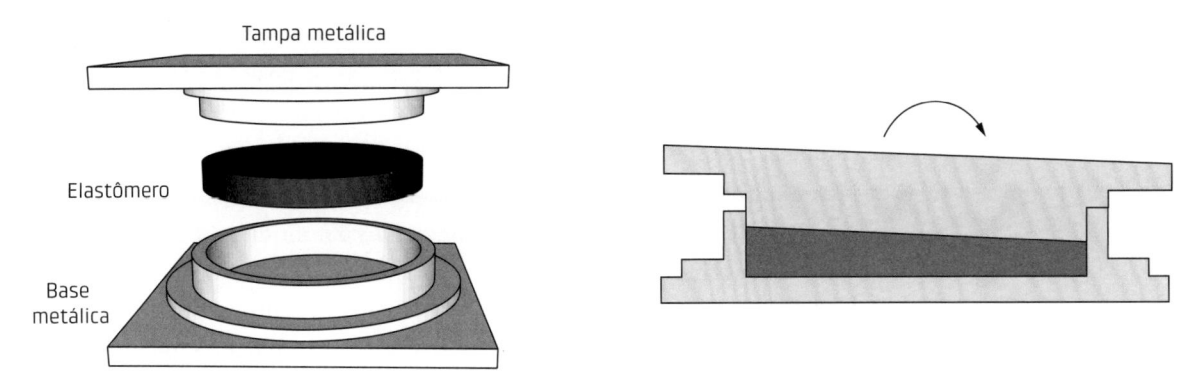

Fig. 2.31 *Aparelho de apoio do 2º gênero em elastômero contido*

Tab. 2.1 Dimensões preliminares de aparelhos de apoio em elastômero fretado

$N_{máx}$ (kN) (aprox.)	Dimensões (mm)			Altura do aparelho (mm) Mín.	Altura do aparelho (mm) Máx.	Camada de elastômero (mm)	Chapa de aço (mm)	Número de camadas Mín.	Número de camadas Máx.
80	100	×	100	14	35	5	2	1	4
120	100	×	150	14	35	5	2	1	4
160	100	×	200	14	35	5	2	1	4
240	150	×	200	21	42	5	2		
300	150	×	250	21	42	5	2		
360	150	×	300	21	42	5	2		
500	200	×	250	30	63	8		2	5
600	200	×	300	30	63	8		2	5
700	200	×	350	30	63	8		2	5
800	200	×	400	30	63	8		2	5
900	250	×	300	30	74	8	3		
1.200	250	×	400	30	74	8	3		
1.500	300	×	400	47	86	10			
1.850	300	×	500	47	86	10			
2.250	300	×	600	47	86	10		3	6
2.000	350	×	450	47	86	10		3	6
2.600	400	×	500	57	105	12	4		
3.100	400	×	600	57	105	12	4		
3.500	450	×	600	57	105	12	4		
3.900	500	×	600	73	105	12	4		
4.700	600	×	600	90	150	15	5	4	7
5.500	600	×	700	90	150	15	5	4	7
6.400	700	×	700	90	150	15	5	4	7
7.300	700	×	800	90	150	15	5	4	7
8.400	800	×	800	102	171	18	5	4	7
10.500	900	×	900	102	171	18	5	4	7

Os aparelhos em elastômero contido (*pot bearing*, em inglês) associados com placa de teflon podem simular apoios do 1º gênero. Têm-se, assim, os aparelhos unidirecionais (deslizantes numa única direção) e multidirecionais (deslizantes no plano horizontal) esquematizados na Fig. 2.32.

Os aparelhos rotulados fixos (2º gênero) e deslizantes (1º gênero) unidirecionais ou multidirecionais podem ser dispostos de forma que os deslocamentos horizontais por variação de temperatura ou mesmo por protensão ocorram em direções predeterminadas pelo projetista. Na Fig. 2.33, apresenta-se um exemplo de disposição de aparelhos de apoio com um único ponto fixo, próximo do centro elástico. Os demais aparelhos de apoio deslizantes, unidirecionais e multidirecionais, permitem que as dilatações ocorram livremente, porém sem que haja risco de a superestrutura apresentar deslocamento de corpo rígido.

Em comparação ao aparelho de apoio em neoprene fretado, o aparelho com neoprene contido de mesmas dimensões admite maiores rotações e absorve cargas verticais mais expressivas.

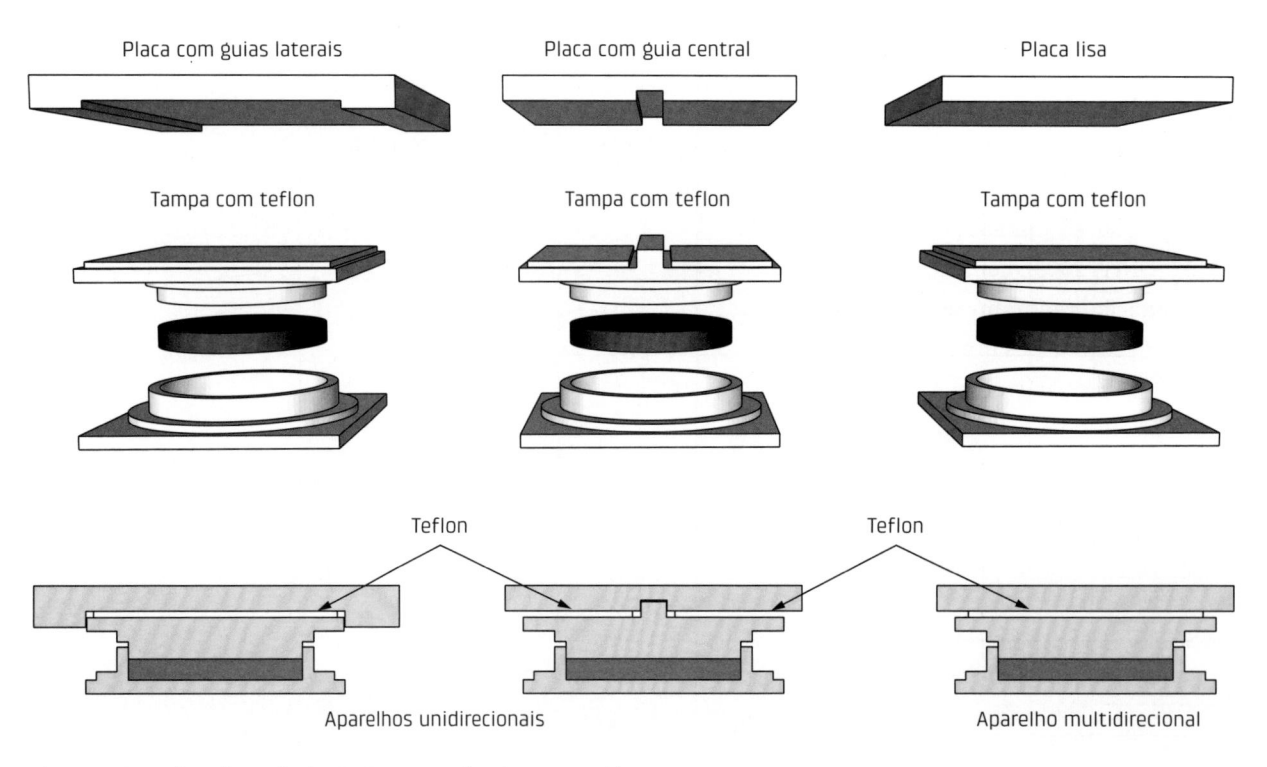

Fig. 2.32 *Aparelhos de apoio do 1º gênero em elastômero contido*

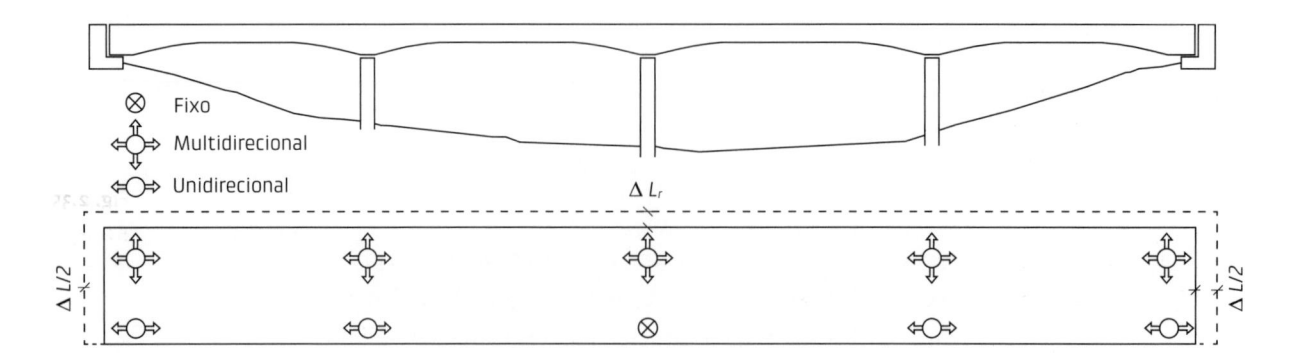

Fig. 2.33 *Exemplo de disposição de aparelhos unidirecionais e multidirecionais*

2.4 Elementos de proteção

Os elementos de proteção destinam-se basicamente a receber os eventuais choques de veículos ou, ainda, proteger os pedestres, como os guarda-corpos.

2.4.1 Guarda-rodas

No passado, a limitação da pista se dava através dos chamados guarda-rodas, que eram apenas simples balizadores de tráfego, como ilustrado na Fig. 2.34, semelhantes ao meio-fio ou guia das vias urbanas. Sua reduzida altura não oferecia, na prática, segurança adequada contra o eventual choque de veículo, cuja proteção se complementava com a presença de um guarda-corpo.

2.4.2 Barreira tipo New Jersey

A partir de pesquisas efetuadas na década de 1950 no estado de New Jersey (EUA), foram desenvolvidas as barreiras rígidas em concreto armado, capazes de impedir que os veículos eventualmente desgovernados saíssem da pista. O padrão New Jersey, adotado no Brasil, segue as dimensões indicadas na norma DNIT n° 109 (DNIT, 2009), conforme reproduzido na Fig. 2.35. Uma variação, denominada tipo F e ilustrada na Fig. 2.36, apresenta dimensões um pouco mais estreitas.

Para que as barreiras possam se prolongar até as extremidades das alas, deve-se prever um aumento

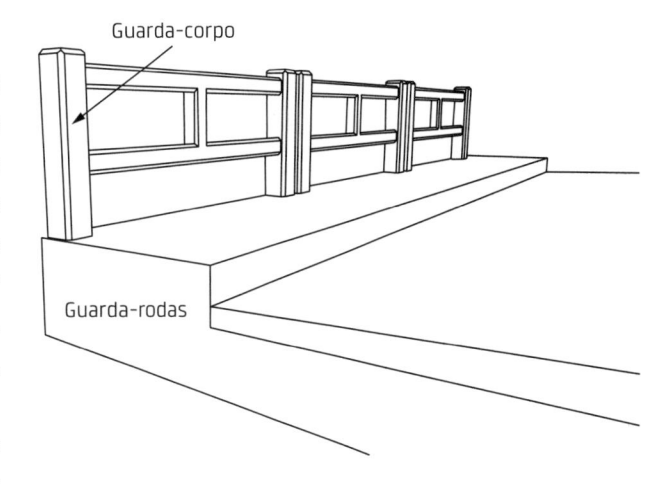

Fig. 2.34 *Guarda-rodas e guarda-corpo – padrão antigo*

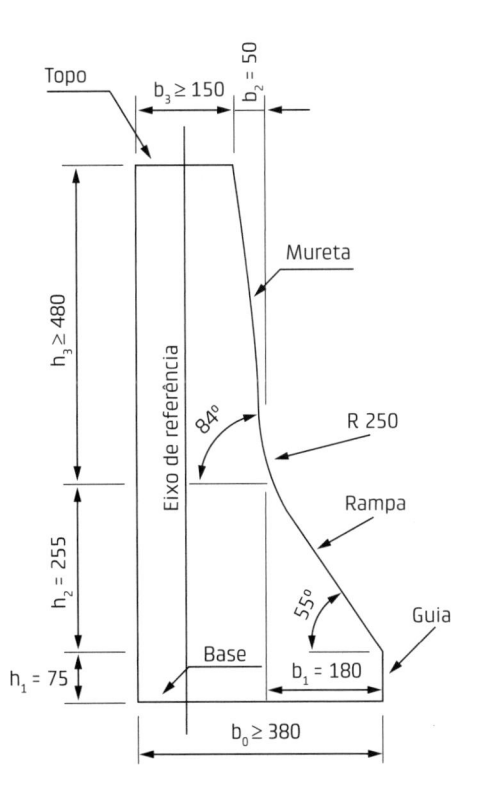

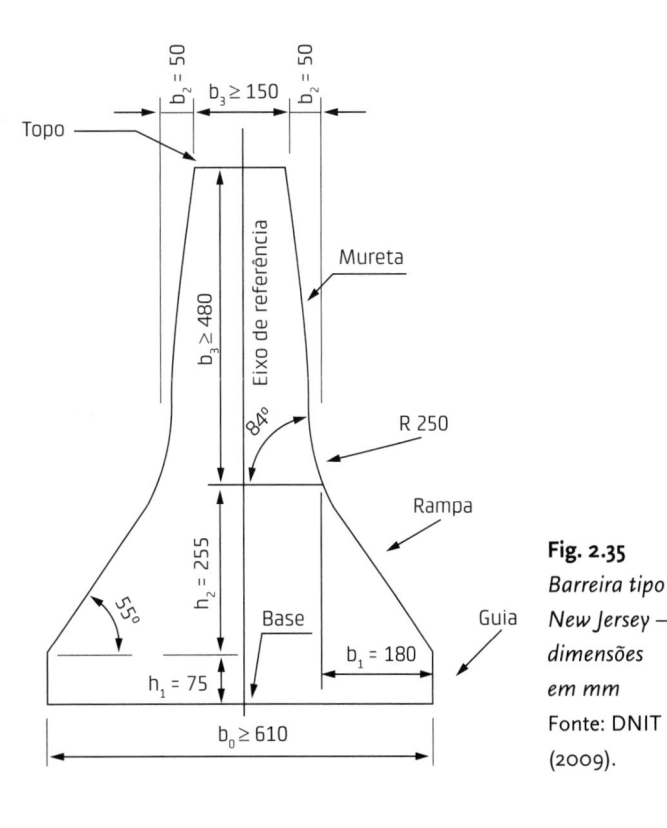

Fig. 2.35 *Barreira tipo New Jersey – dimensões em mm*
Fonte: DNIT (2009).

de espessura localizado na parte superior das alas. A Fig. 2.37 ilustra o detalhe de alargamento de espessura da alma para apoio da barreira.

Fig. 2.36 *Barreira tipo F – dimensões em mm* Fonte: DNIT (2009).

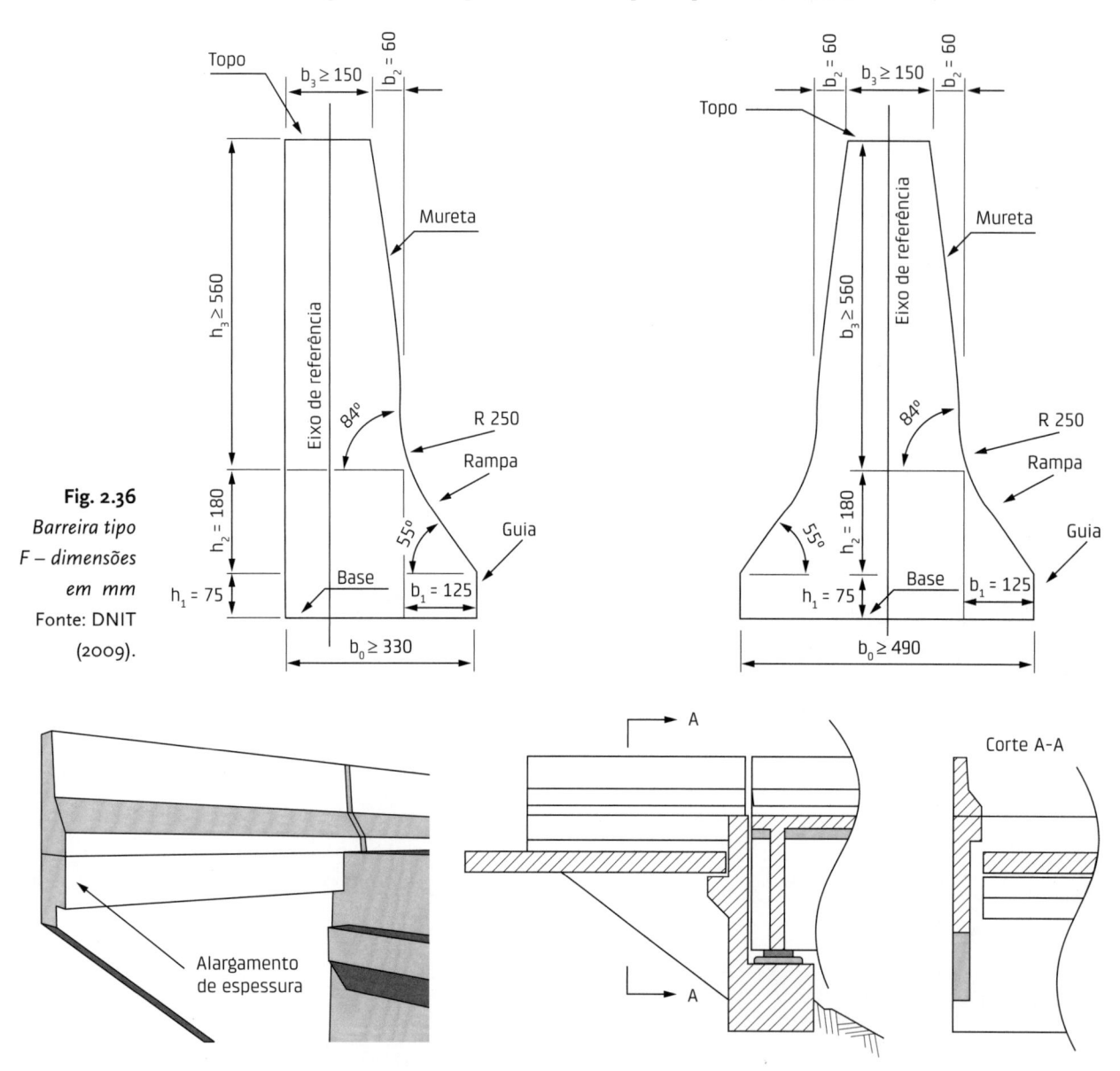

Fig. 2.37 *Detalhe do alargamento da espessura superior da ala*

2.4.3 Defensa metálica

As defensas metálicas, destinadas a absorver o choque de veículos desgovernados, são constituídas de perfis em chapa dobrada com a forma padronizada pela NBR 6971 (ABNT, 2012), apresentada na Fig. 2.38, e fixadas em montantes metálicos conforme exemplificado na Fig. 2.39.

2.4.4 Guarda-corpo

Os guarda-corpos são destinados a limitar os passeios de forma a proteger e conter os pedestres. A limitação entre o passeio e a pista deve se dar,

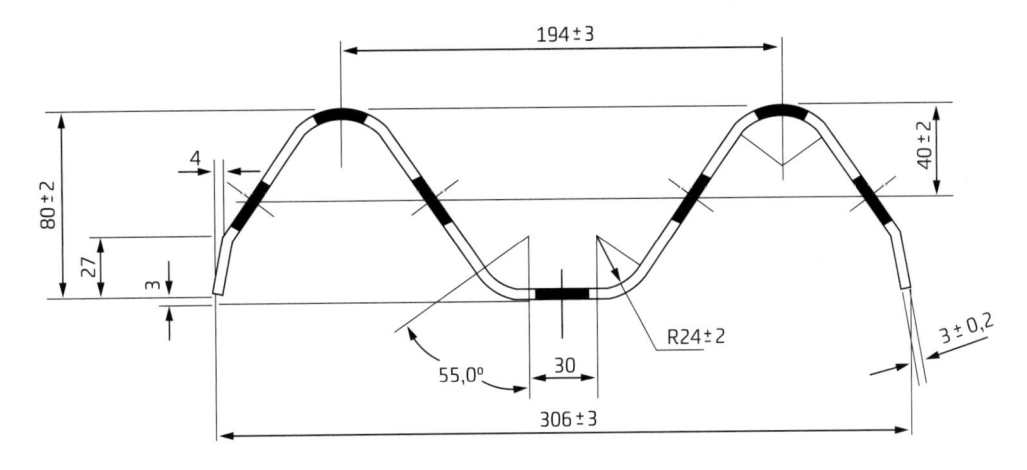

Fig. 2.38 *Perfil para defensa metálica – dimensões em mm*
Fonte: ABNT (2012).

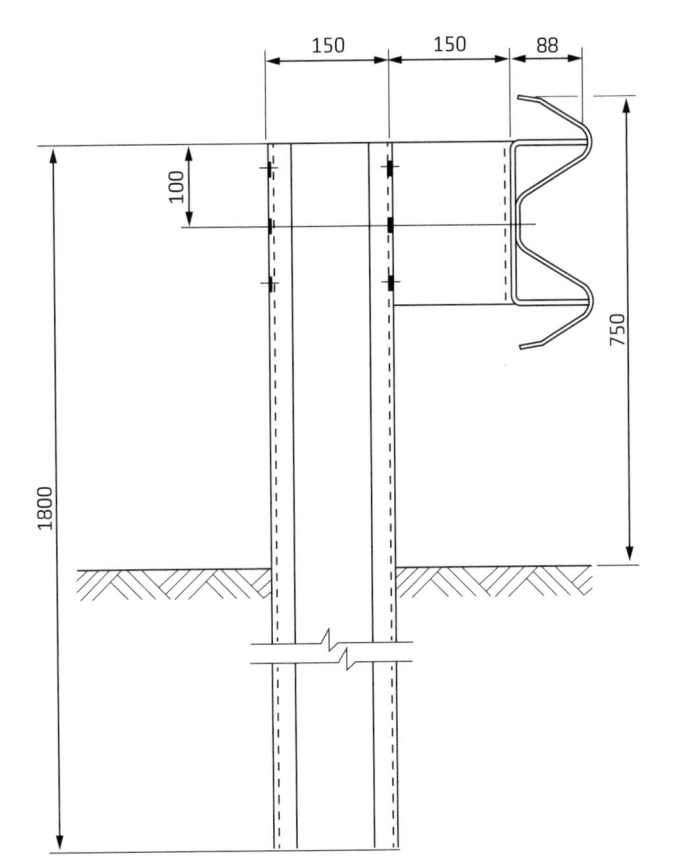

Fig. 2.39 *Exemplo de fixação da defensa metálica – dimensões em mm*
Fonte: ABNT (2012).

preferencialmente, por meio de barreira New Jersey ou por defensa metálica. Os guarda-corpos podem ser metálicos, como ilustrado na Fig. 2.40, ou em módulos em concreto armado, como exemplificado na Fig. 2.41. Na falta de normatização específica para definição dos guarda-corpos de pontes, pode-se adotar a altura mínima de 1,10 m, medida a partir do piso, seguindo as prescrições da NBR 9050 ("Acessibilidade a edificações, mobiliário, espaços e equipamentos urbanos") e da NBR 14718 ("Guarda-corpos para edificação").

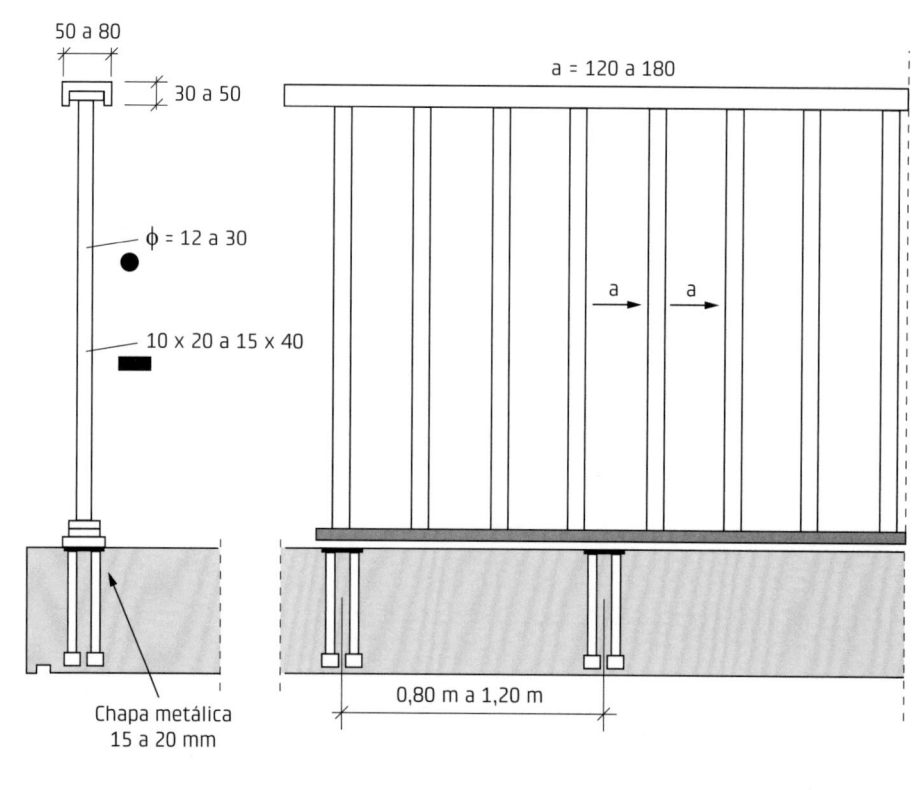

Fig. 2.40 *Exemplo de guarda-corpo metálico*
Fonte: DNER (1996).

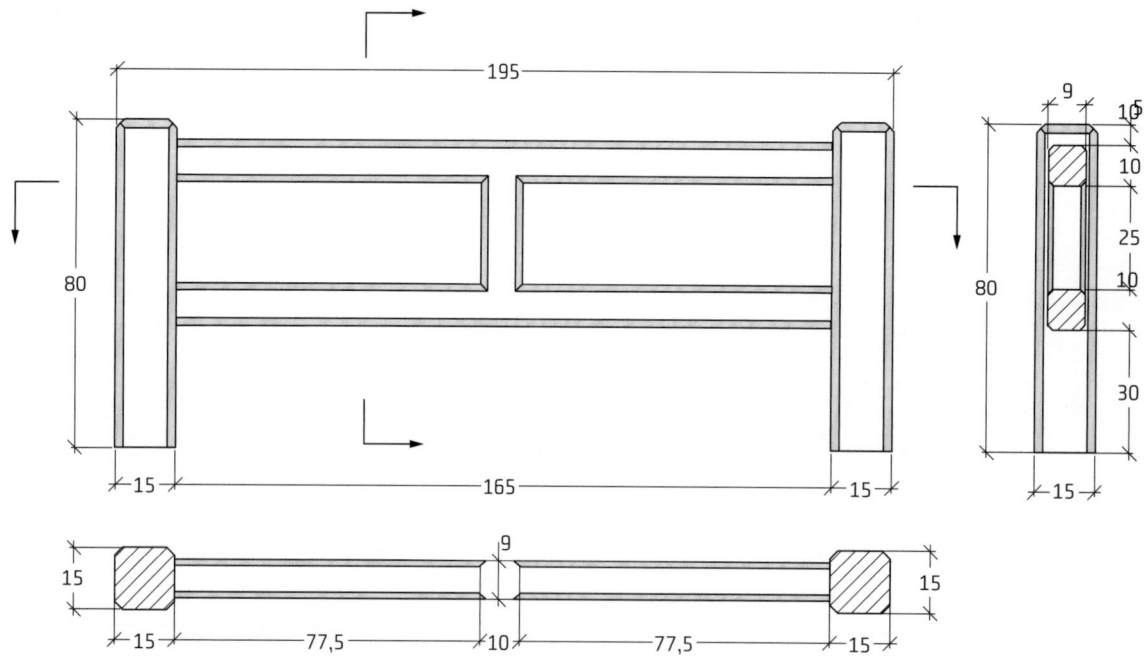

Fig. 2.41 *Guarda-corpo em concreto armado (peso ≅ 1,0 kN/m) – dimensões em cm*

2.5 Vistas típicas

As Figs. 2.42 a 2.45 ilustram vistas típicas de estruturas de soluções mais usuais de formas nas quais podem ser identificados os elementos constituintes descritos neste capítulo.

47
Elementos de composição das pontes

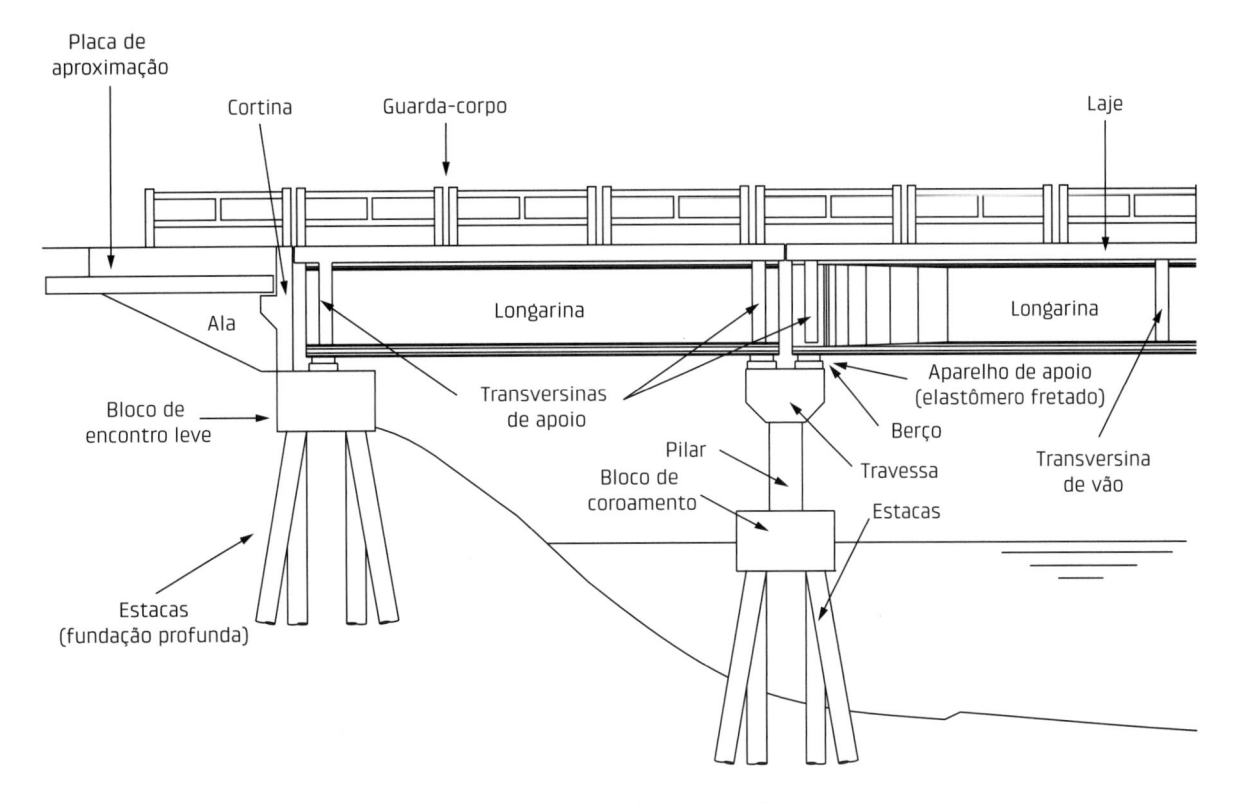

Fig. 2.42 *Superestrutura em viga pré-moldada com extremo sobre encontro leve – vista lateral*

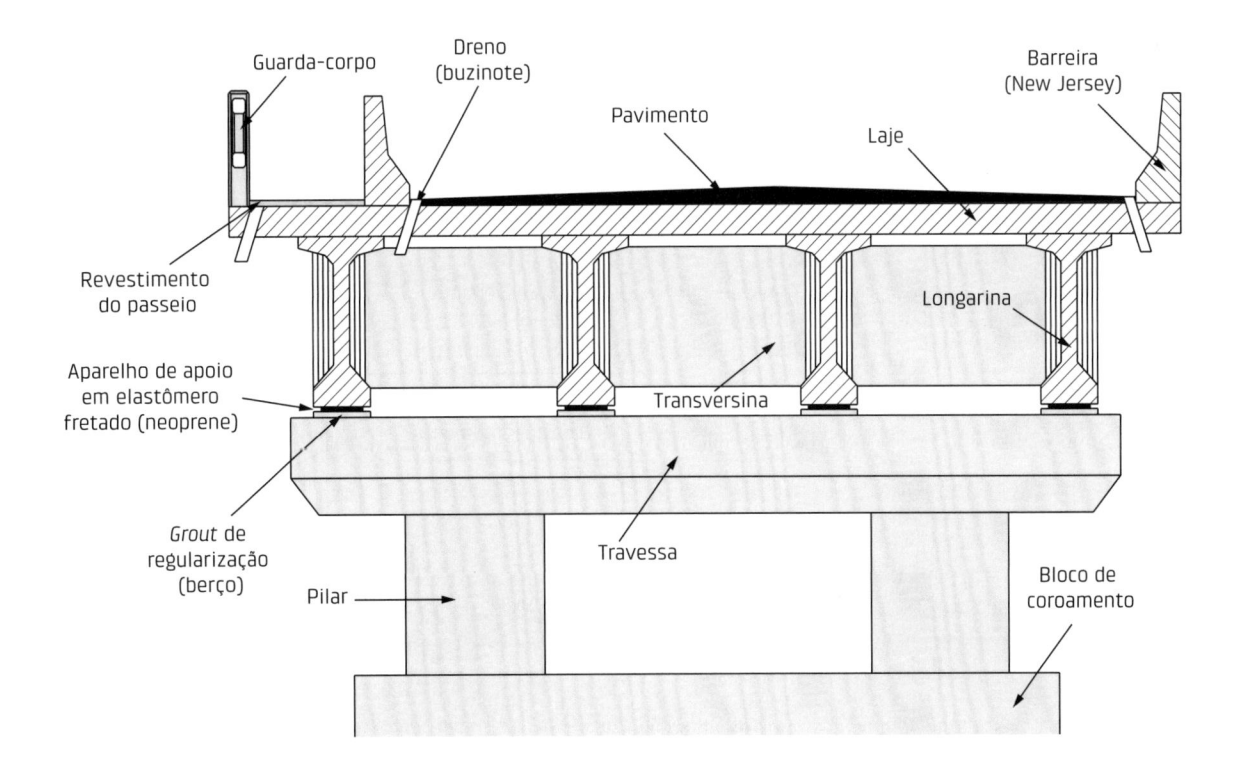

Fig. 2.43 *Superestrutura em viga pré-moldada – vista da seção transversal*

Fig. 2.44 *Superestrutura moldada no local com extremo em balanço – vista em perspectiva*

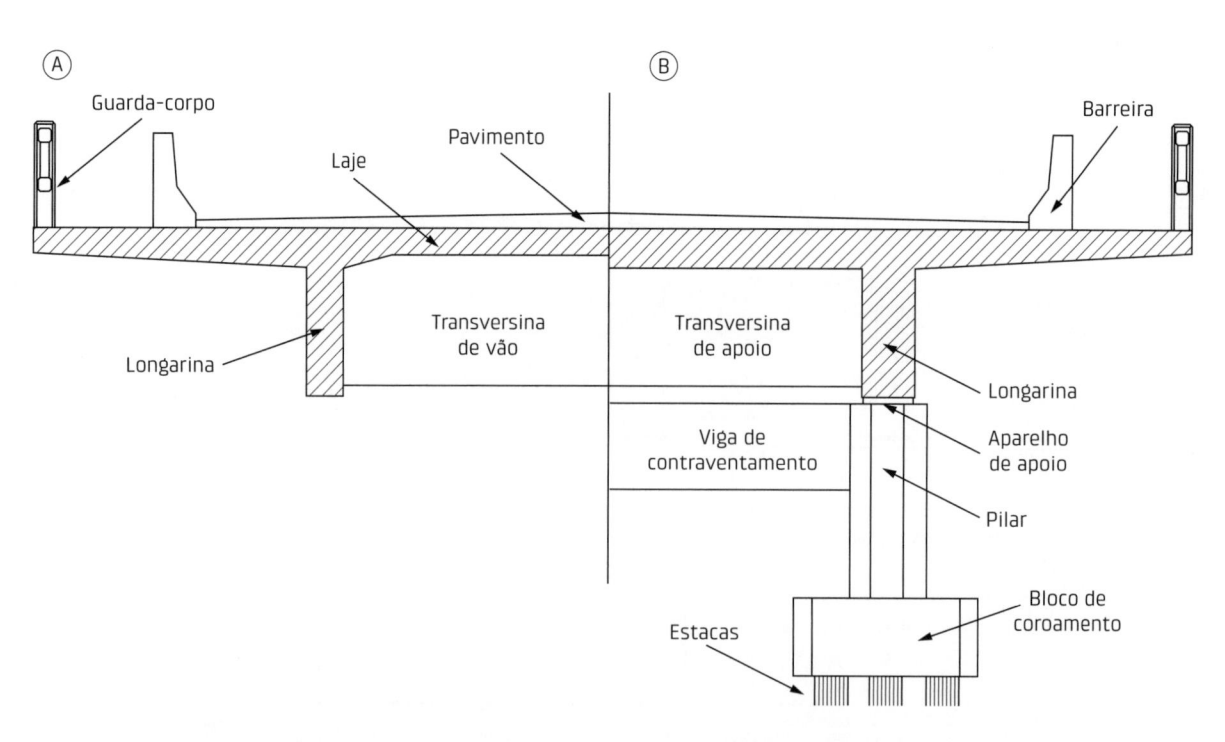

Fig. 2.45 *Superestrutura moldada no local – vistas em seção transversal: (A) meio corte transversal no vão e (B) meio corte transversal no apoio*

Sistemas estruturais | 3

Para superar um obstáculo, a superestrutura deve ser capaz de vencer uma determinada extensão, denominada vão livre. O avanço da Engenharia de Estruturas pode ser definido em função da extensão dos vãos livres superados, cujos valores atingem atualmente cerca de 2.000 m no sistema pênsil. Esse avanço se deve não só ao conhecimento, teórico e prático, consolidado na especialidade da Engenharia de Estruturas, mas também à evolução das técnicas construtivas e dos materiais, principalmente o concreto e o aço, e ainda ao desenvolvimento de máquinas, equipamentos e ferramentas. O limite de vão máximo depende fundamentalmente do sistema estrutural e do processo construtivo. São apresentados neste capítulo os fundamentos e comportamentos dos principais sistemas estruturais na forma como são aplicados na atualidade. São ainda mostradas resumidamente as principais concepções de pontes móveis, os atuais recordes em cada sistema e os fundamentos do conceito de vão ótimo.

3.1 Sistemas fundamentais

Conforme apresentado no Cap. 1, pode-se considerar que os sistemas estruturais atuais derivam de quatro sistemas fundamentais (biapoiado, balanço, arco e pênsil). Observa-se que os sistemas biapoiado e em balanço representam basicamente o mesmo sistema de viga sob flexão. Assim, os sistemas estruturais fundamentais podem ser caracterizados fundamentalmente em função da natureza das solicitações predominantes: flexão nas vigas, compressão nos arcos e tração no sistema pênsil, como resumido nos diagramas do Quadro 3.1.

A distribuição das tensões de compressão nos arcos e de tração nos cabos tende a ser uniforme, resultando assim num aproveitamento pleno do material. Na flexão simples das vigas, as tensões normais, decorrentes dos momentos fletores, apresentam-se linearmente variáveis, assumindo valores reduzidos na região central, próxima do centroide, onde as tensões se anulam. Em compensação, as tensões cisalhantes, decorrentes das solicitações cortantes, são nulas nas faces superior e inferior e atingem valores máximos na região do centroide da seção. O Quadro 3.2 ilustra essas distribuições típicas de tensões.

Quadro 3.1 Sistemas estruturais fundamentais e solicitações preponderantes

Sistema estrutural	Solicitação dominante	Diagrama de momentos fletores	Diagrama de solicitações cortantes	Diagrama de solicitações normais
Viga	Flexão	(+)		
Arco	Compressão	~ 0	~ 0	(+)
Pênsil	Tração	~ 0	~ 0	(+)

Quadro 3.2 Distribuição típica de tensões em arco, cabo e viga

Viga (flexão)		Arco (compressão)	Pênsil (tração)
Tensão normal (σ) por ação do momento fletor (M)	Tensão cisalhante (τ) por ação da solicitação cortante (V)	Tensão cisalhante (σ) por ação da solicitação normal (N)	Tensão cisalhante (σ) por ação da solicitação normal (N)
σ, M	τ, V	σ, N (–)	σ, N (+)

É importante observar que a forma curva, característica do arco e do cabo pênsil, não é suficiente por si só para garantir o comportamento típico desses sistemas. Nos sistemas em arco e no pênsil, é fundamental que os apoios sejam indeslocáveis para que se verifiquem os comportamentos típicos, dominados por solicitações normais. Ao analisar os mesmos exemplos do Quadro 3.1, porém considerando-se livre o deslocamento horizontal de um apoio, tem-se invariavelmente o mesmo comportamento de viga, dominado por flexão (momento fletor e solicitação cortante), como indicado no Quadro 3.3.

Segundo a análise linear elástica, um arco e um cabo com as mesmas características (curvatura, vão, vínculos, cargas, rigidez etc.) apresentariam solicitações normais de mesmo valor, mas com sinais opostos. Na prática, porém, essa situação não ocorre de forma tão simples, já que os cabos apresentam rigidez flexional (produto $E \cdot I$) desprezível, enquanto os arcos, por serem comprimidos, devem ter valores bem maiores de rigidez para evitar o risco de flambagem. Em razão da baixa rigidez flexional, os cabos suspensos apresentam comportamento não linear geométrico, ou seja, a configuração final de equilíbrio é sensivelmente diferente da posição indeformada original, invalidando os fundamentos da análise linear convencional.

Quadro 3.3 Comportamento de vigas com eixo retilíneo e curvo

Sistema estrutural	Solicitação dominante	Diagrama de momentos fletores	Diagrama de solicitações cortantes	Diagrama de solicitações normais
Viga retilínea	Flexão			
Viga arqueada	Flexão			~ 0
Viga côncava	Flexão			~ 0

Assim, a posição final do cabo pênsil é função não só do carregamento aplicado, mas também da força de tensionamento, que é variável ao longo de sua configuração deformada. A forma do cabo suspenso sob carga uniforme pode ser aproximada entre as curvas parabólica e catenária. A parábola é a solução teórica do cabo suspenso, com peso desprezível, sob ação de carga vertical uniformemente distribuída segundo a projeção horizontal. A catenária corresponde à configuração de equilíbrio do cabo submetido a uma carga distribuída uniforme ao longo de seu comprimento deformado, tal como seu peso próprio. Na prática, a diferença entre as duas curvas é quase imperceptível. A Fig. 3.1 resume as duas situações.

3.2 Sistemas em viga

Observando-se a evolução das pontes ao longo da História, constata-se que as obras de maior importância e durabilidade foram, em sua maioria, baseadas no sistema em arco (de pedra ou mesmo em tijolos). Essa situação perdurou até a Revolução Industrial, quando então, com a farta disponibilidade do aço e do concreto, os sistemas em viga tornaram-se dominantes. Os modelos de superestruturas em viga são constituídos por trechos apoiados, isostáticos ou hiperestáticos,

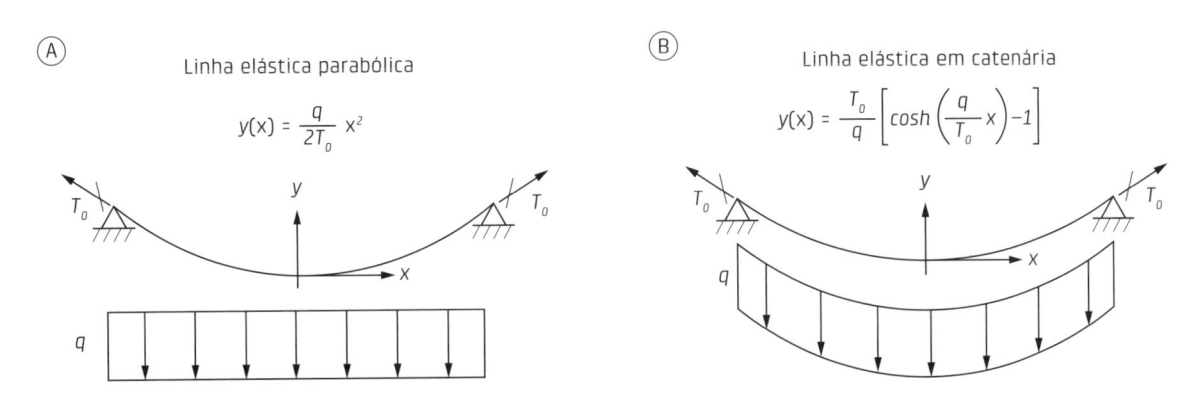

(A) Linha elástica parabólica
$$y(x) = \frac{q}{2T_0} x^2$$

(B) Linha elástica em catenária
$$y(x) = \frac{T_0}{q}\left[\cosh\left(\frac{q}{T_0}x\right) - 1\right]$$

Fig. 3.1 *Soluções analíticas do cabo pênsil sob carga uniforme: (A) curva parabólica e (B) curva catenária*

eventualmente com extremidade em balanço, baseados nos sistemas submetidos preponderantemente à flexão, como resumido na Fig. 3.2.

A Fig. 3.3A ilustra, como exemplo de aplicação do sistema biapoiado, um viaduto rodoviário em vigas múltiplas pré-moldadas. Já o sistema em balanço pode ser bem evidenciado observando-se as etapas construtivas no processo dos "balanços sucessivos", exemplificado na Fig. 3.3B.

3.2.1 Viga biapoiada

As vigas biapoiadas com extremos em encontro ou em balanço, como esquematizado na Fig. 3.4, constituem a solução mais comum e representam aproximadamente 50% das pontes existentes. A solução com extremos em balanço permite a redução do vão principal, o que reflete diretamente no momento fletor máximo. Além disso, o momento fletor negativo das cargas permanentes sobre o apoio tende a aliviar os momentos positivos no vão.

O sistema de viga biapoiada é típico das soluções em vigas pré-moldadas, podendo apresentar vãos consecutivos para vencer maiores extensões. A sequência de dois vãos biapoiados é uma solução comum para viadutos sobre rodovia, como exemplificado na Fig. 3.5. Embora o esquema estrutural seja em geral simétrico,

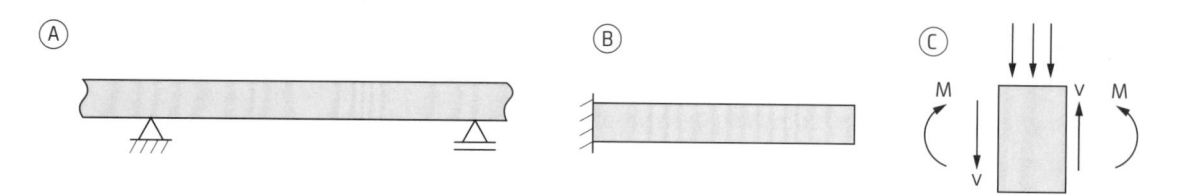

Fig. 3.2 *Sistemas fundamentais em viga: (A) viga biapoiada ou contínua, (B) viga em balanço* (cantilever) *e (C) esquema geral do equilíbrio interno*

Fig. 3.3 *Sistemas estruturais (A) em viga biapoiada e (B) em balanço (etapa construtiva)*

no exemplo da figura apresenta-se uma extremidade em encontro e outra em balanço, visando apenas evidenciar as diferenças entre as duas concepções de extremo.

A concepção de ponte com dois vãos é em geral inadequada, pois resulta em pilar na região mais profunda do rio. Não sendo possível transpor o rio com um único vão, a solução mais adequada tende a ser a adoção de três vãos, cabendo ao vão central vencer o trecho mais profundo do rio, como ilustrado na Fig. 3.6.

Os sistemas estruturais isostáticos, baseados na viga biapoiada, apresentam como vantagem principal a análise estrutural mais simples, principalmente nas

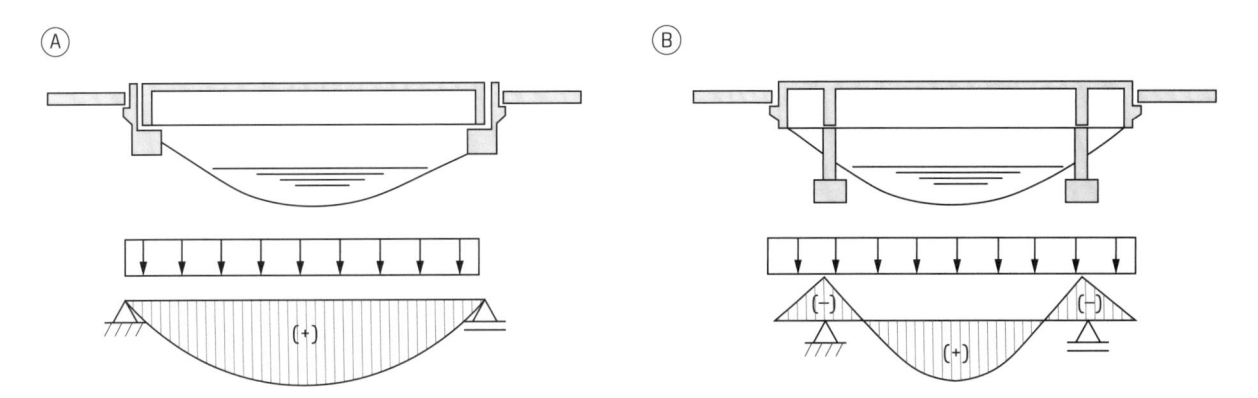

Fig. 3.4 *Pontes em viga biapoiada e diagramas típicos de momentos fletores*

Fig. 3.5 *Viaduto com dois vãos biapoiados e diagrama típico de momentos fletores*

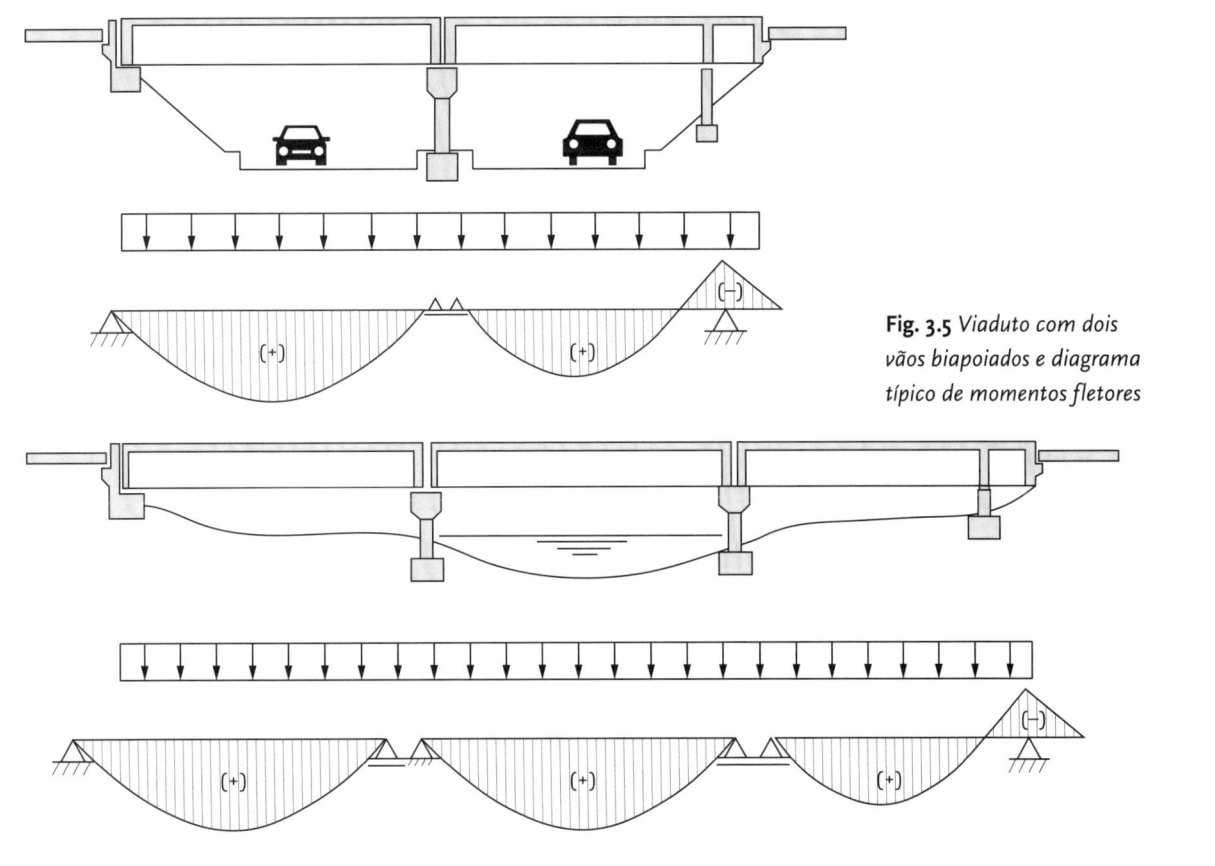

Fig. 3.6 *Ponte com vãos biapoiados e diagrama típico de momentos fletores*

estruturas protendidas. Além disso, nas superestruturas isostáticas as variações de temperatura e os eventuais recalques diferenciais não despertam solicitações, uma vez que as deformações podem ocorrer sem restrições.

3.2.2 Viga Gerber

Essa denominação, em alusão ao sistema patenteado pelo engenheiro alemão Heinrich Gottfried Gerber (1832-1912) em 1866, refere-se ao esquema estrutural caracterizado por rótulas posicionadas nas proximidades dos pontos de momentos fletores nulos de uma viga contínua. A estrutura resultante, exemplificada na Fig. 3.7, apresenta resistência equivalente à da viga contínua e possui as vantagens do modelo isostático. A viga biapoiada sobre as rótulas (dentes Gerber) é denominada viga Gerber.

Embora essa solução tenha sido comum no passado, a construção de superestruturas com dente Gerber está em desuso em razão do risco de ruptura brusca, como já registrado no Brasil e em diversos países. A penetração de água através das juntas é praticamente inevitável, resultando em deterioração da camada de cobrimento e corrosão das armaduras em locais de difícil visualização e acesso. A evolução do processo de colapso do dente Gerber é "silenciosa" e a ruptura ocorre subitamente, sem que se notem deformações expressivas. A Fig. 3.8 apresenta resumidamente o aspecto típico do problema.

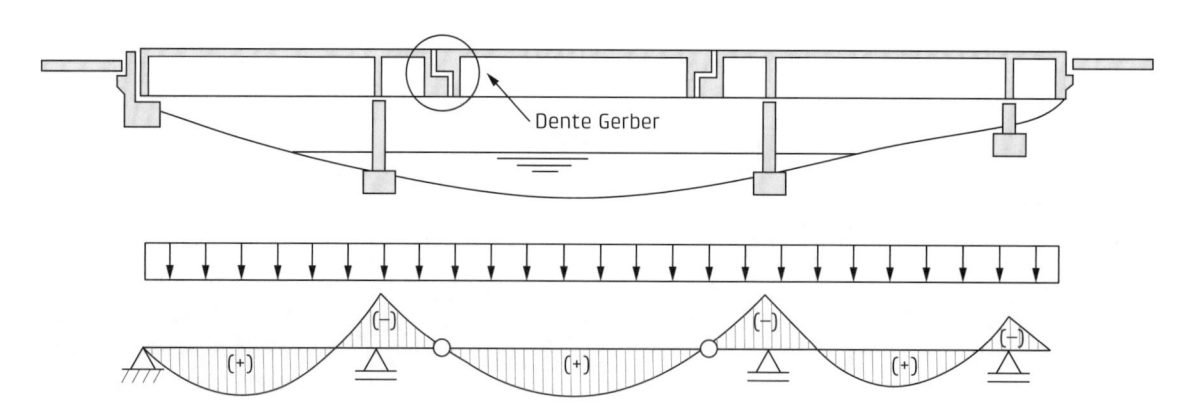

Fig. 3.7 *Ponte com viga Gerber no vão central e diagrama típico de momentos fletores*

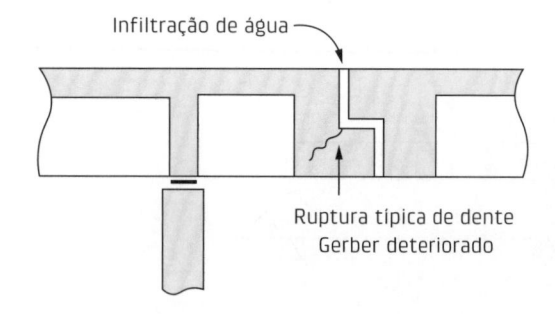

Fig. 3.8 *Aspecto típico do processo de deterioração de dente Gerber*

3.2.3 Viga hiperestática

Os sistemas hiperestáticos mais usuais são as vigas contínuas, nas quais a superestrutura encontra-se simplesmente apoiada sobre a meso ou a infraestrutura. No caso de vãos variáveis, os comprimentos dos vãos tendem a sofrer variação, da ordem de 20% a 30% entre vãos consecutivos. Essa variação visa balancear os momentos fletores negativos e positivos. Assim como na solução em viga biapoiada, são comuns as concepções de viga contínua, com ou sem extremos em balanço, para viadutos sobre pista dupla com canteiro central (Fig. 3.9) e para pontes com três vãos contínuos (Fig. 3.10).

Por serem hiperestáticas, as vigas contínuas de altura variável apresentam a distribuição de momentos fletores "deslocada" para o trecho com maior inércia, como indicado na comparação mostrada na Fig. 3.11. Os momentos fletores negativos maiores, sobre os apoios, aliviam os momentos fletores positivos no centro do vão. Além de esse comportamento ser vantajoso para o dimensionamento, o resultado estético da viga com altura variável tende sempre a ser interessante. É importante observar que tal comportamento não ocorre na viga isostática, cujo diagrama de momentos fletores não é afetado por variação de altura da viga.

Em geral, os viadutos contínuos com rampas de acesso acentuadas, comuns em obras urbanas, como exemplificado na Fig. 3.12, constituem exemplos de aplicação do sistema hiperestático de viga contínua. É importante observar que, apesar do

Fig. 3.9 *Viaduto em viga contínua com dois vãos e diagrama típico de momentos fletores*

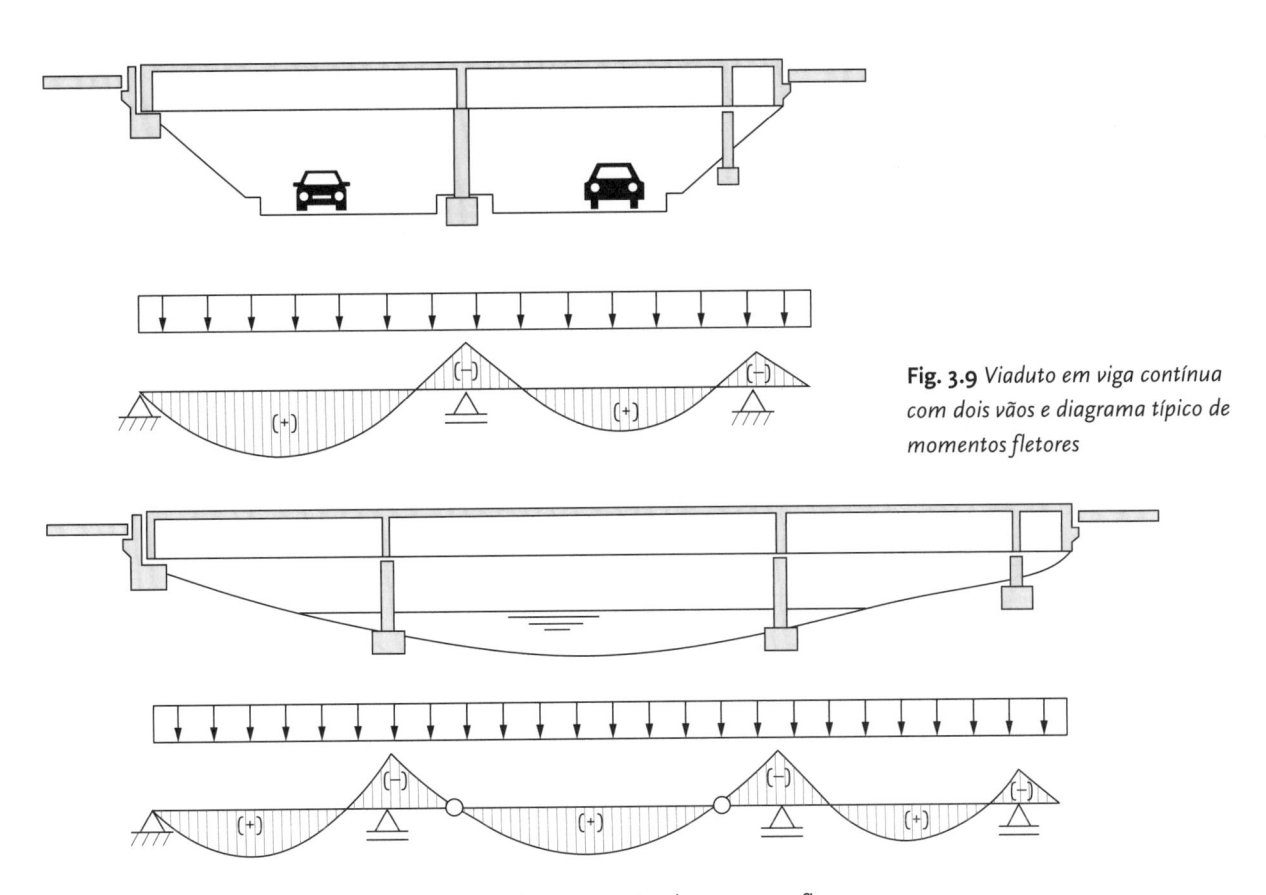

Fig. 3.10 *Ponte em viga contínua com três vãos e diagrama típico de momentos fletores*

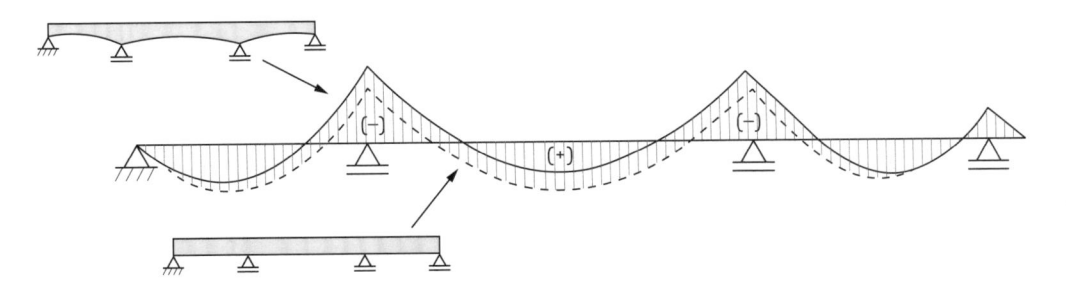

Fig. 3.11 *Momentos fletores em vigas contínuas com altura constante e variável*

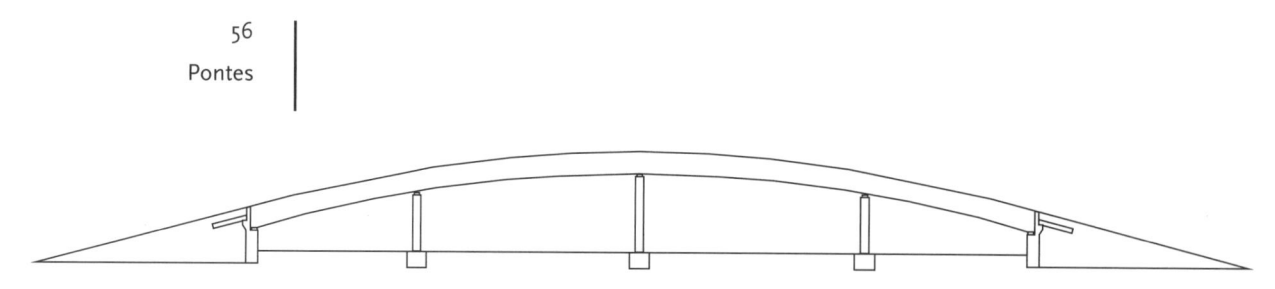

Fig. 3.12 *Superestrutura de viaduto em viga contínua*

aspecto arqueado, resultante das rampas concordadas por curva vertical convexa, o comportamento dessas estruturas é fundamentalmente de viga contínua.

Por vezes, torna-se estruturalmente interessante a ligação aporticada entre viga e pilares, como nas situações de pilares altos ou inclinados (Fig. 3.13). Outra concepção aporticada usual são as passagens inferiores na forma de quadro, como ilustrado na Fig. 3.14.

A solução em concreto moldado no local basicamente pode ser sobre escoramento direto, concretando-se os vãos integralmente, ou em balanços sucessivos, executando-se gradualmente trechos a partir do pilar, denominados aduelas, com extensão da ordem de alguns metros. O processo dos balanços sucessivos apresenta a grande vantagem de permitir a construção sobre um determinado obstáculo (rio, vale etc.) sem a necessidade de escoramento direto. Esse processo foi concebido originalmente pelo engenheiro brasileiro Emílio Henrique Baumgart (1889-1943) para a construção da ponte sobre o rio do Peixe em 1930, entre Herval d'Oeste e Joaçaba, em Santa Catarina. Embora a experiência pioneira tenha sido bem-sucedida, somente depois da consolidação das técnicas de protensão, após a Segunda Guerra, o processo construtivo dos balanços sucessivos tornou-se de fato disseminado.

A superestrutura construída em balanços sucessivos pode ser simplesmente apoiada sobre o pilar, em geral nas situações de pilares menos elevados, ou aporticada, quando o pilar apresenta altura mais expressiva. Na concepção de superestrutura apoiada, podem ser necessários pilares provisórios, como no caso exemplificado na Fig. 3.15.

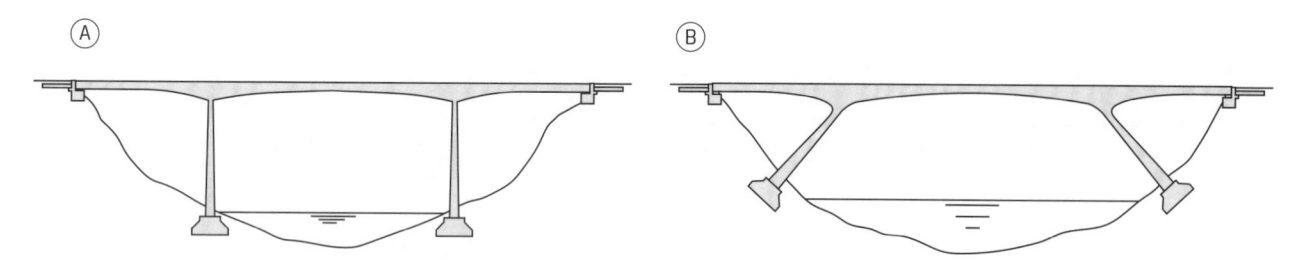

Fig. 3.13 *Pontes aporticadas com pilares (A) altos e (B) inclinados*

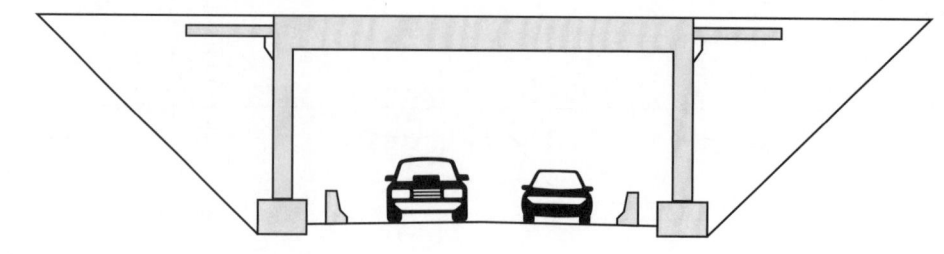

Fig. 3.14 *Concepção aporticada típica de passagem inferior*

3.3 Sistema em arco

Até a Revolução Industrial, o arco era o principal sistema estrutural para a construção de pontes com elevada durabilidade e alta capacidade portante. A maior parte dessas obras foi construída sobre arcos em blocos de pedra, ajustados sequencialmente sobre escoramento, que só podia ser removido depois do posicionamento do fecho, como esquematizado na Fig. 1.18. Estruturas assim construídas, analogamente

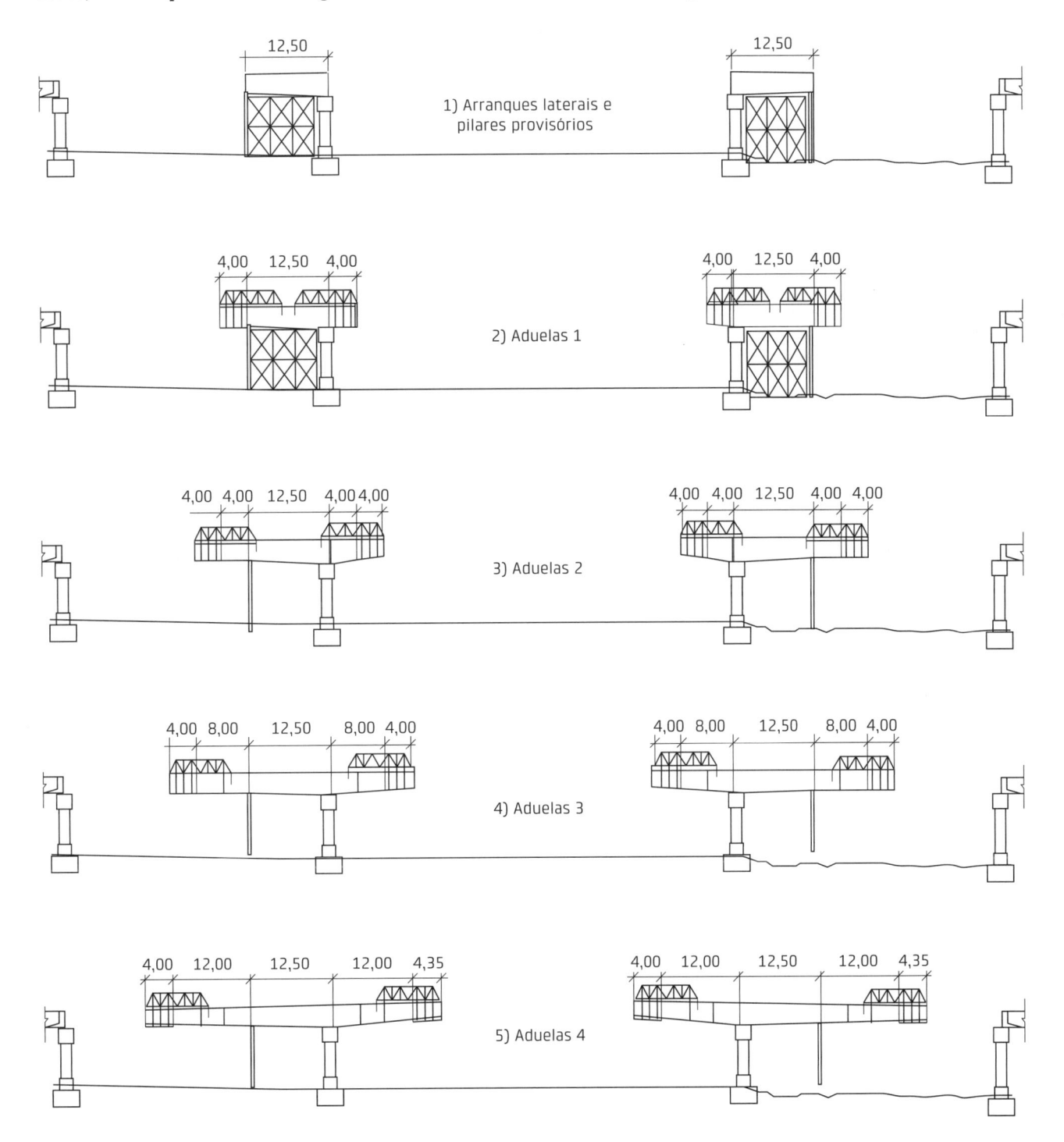

Fig. 3.15 *Sequência construtiva de viaduto urbano pelo processo dos balanços sucessivos*

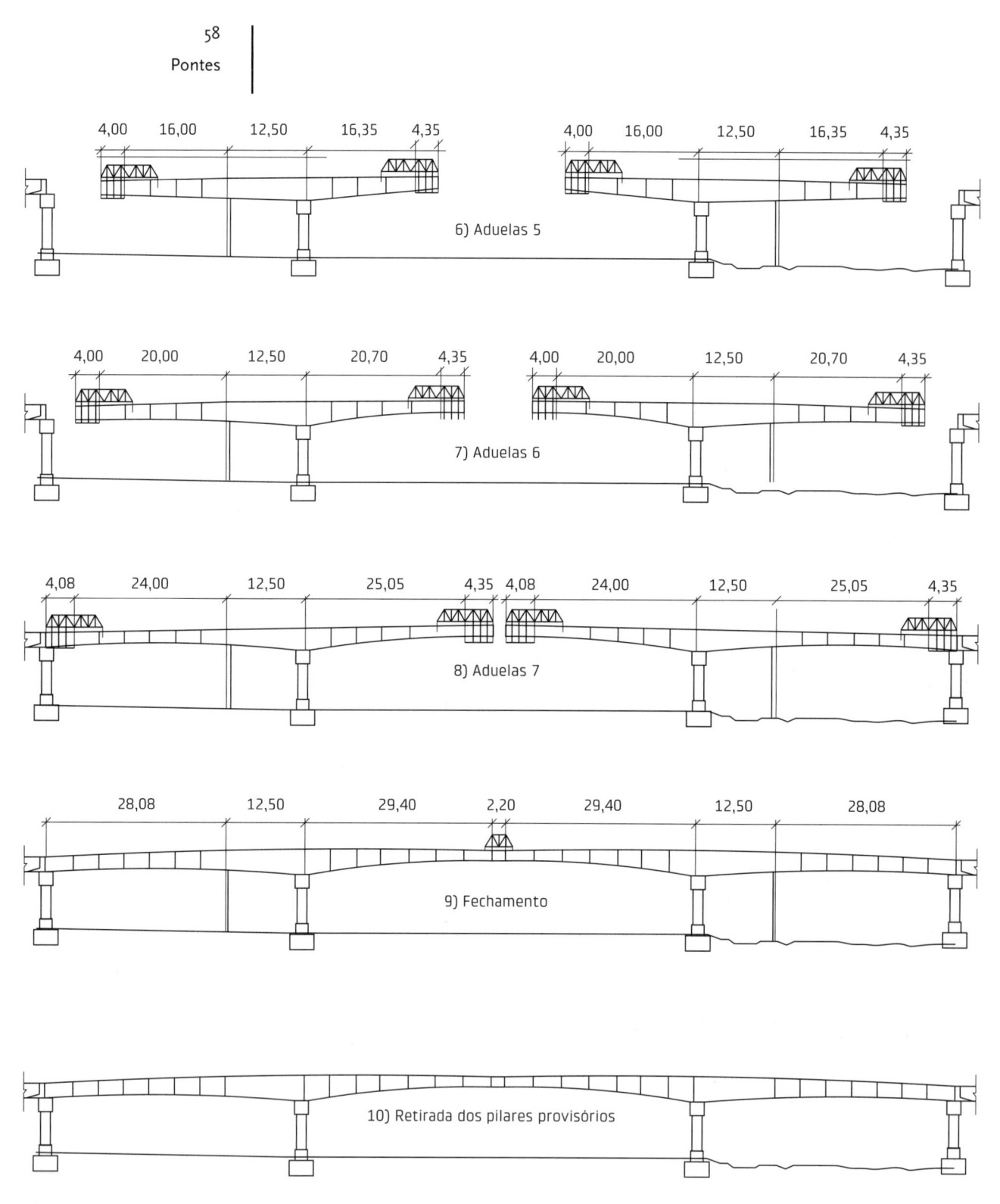

Fig. 3.15 *(continuação)*

às pontes romanas, resultam em obras robustas que, mesmo após séculos de utilização, mantêm-se em ótimas condições, como exemplificado na Fig. 3.16.

É interessante observar que as primeiras pontes construídas após o advento do concreto e do aço seguiram o mesmo sistema em arco (Figs. 1.21 e 1.23). Os arcos em concreto armado foram construídos basicamente com o mesmo método dos arcos de pedra, utilizando escoramento capaz de receber todo o peso próprio do arco durante a concretagem. Atualmente, as pontes em arco apresentam aspecto bem mais leve, podendo-se identificar basicamente três sistemas, em função da posição relativa entre o estrado e o arco, conforme resumido na Fig. 3.17.

O sistema em arco inferior é semelhante ao arco de pedras clássico, porém as cargas do estrado são transmitidas por meio de pilaretes (Fig. 3.18A). Nos sistemas de arco superior e arco intermediário, o estrado é suspenso (inteiramente ou parcialmente) por meio de tirantes, conforme exemplificado na Fig. 3.18B,C.

Fig. 3.16 *Ponte de São Gonçalo, em Amarante (Portugal), construída na década de 1780*

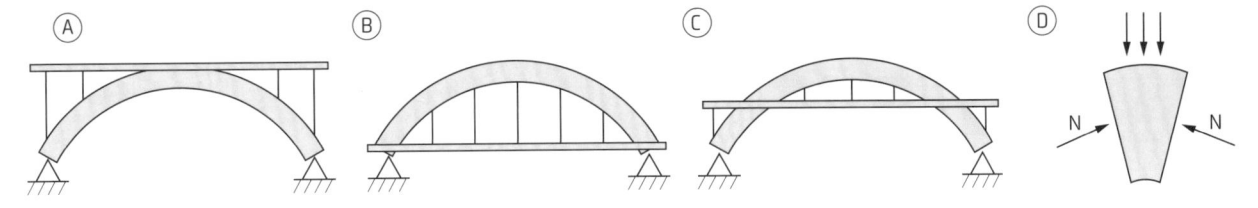

Fig. 3.17 *Sistemas estruturais atuais em arco: (A) estrado superior (ou arco inferior), (B) estrado inferior (ou arco superior), (C) estrado intermediário (ou arco intermediário) e (D) esquema geral do equilíbrio interno*

Fig. 3.18 *Sistemas estruturais em arco: (A) ponte de Kashirajima, no Japão (arco inferior), (B) ponte de Humber Bay, no Canadá (arco superior), e (C) passarela Debilly, na França (arco intermediário)*
Fonte: (A) Thaka (CC BY 3.0, https://w.wiki/LuQ) e (B) Taxiarchos228 (CC BY-SA 3.0, https://w.wiki/LuR).

Com o avanço dos equipamentos e materiais, o método construtivo dos arcos evoluiu bastante, permitindo a construção sequencialmente por trechos em balanços estaiados, como exemplificado na Fig. 3.19. Dessa forma, não são mais necessários os tradicionais escoramentos diretos (volumosos e complexos), que representavam a maior desvantagem do sistema em arco.

No sistema em arco superior, a superestrutura suspensa pode desempenhar função de tirante, autoequilibrado entre os extremos do arco, caracterizando assim o que se denomina de arco atirantado (*tied-arch*) (Fig. 3.20). Desse modo, as expressivas reações horizontais, típicas do sistema em arco, são absorvidas e os apoios não mais necessitam ser indeslocáveis, simplificando significativamente as fundações.

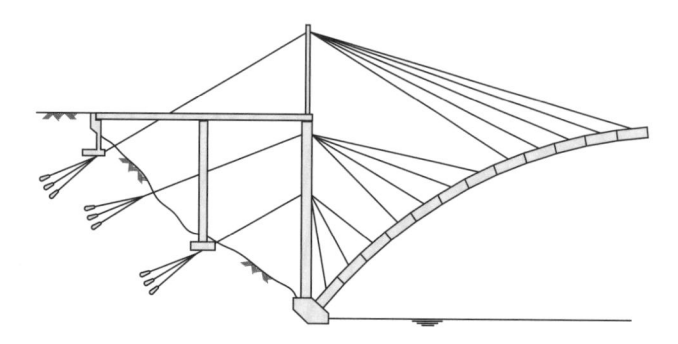

Fig. 3.19 *Técnica moderna de construção de arco sem escoramento direto*

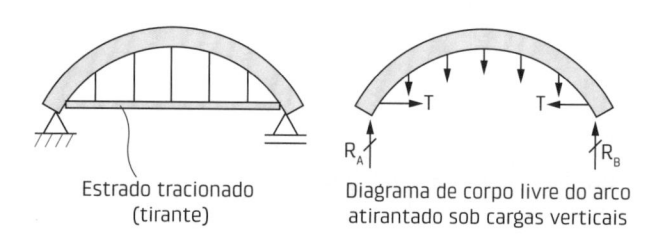

Fig. 3.20 *Arco atirantado e diagrama de corpo livre (DCL) com absorção das reações horizontais (T)*

O arco atirantado pode também ser aplicado no sistema de arco intermediário, permitindo até mesmo o içamento do trecho central já montado, como exemplificado na Fig. 3.21.

3.4 Sistema pênsil

O sistema pênsil tem como elemento portante fundamental o cabo suspenso, ao longo do qual as cargas verticais do estrado são suspensas por cabos pendurais. Entre as variantes do sistema, resumidas na Fig. 3.22, tem-se a ponte pênsil clássica, exemplificada pela Golden Gate (Fig. 3.23), construída na década de 1930. Os sistemas com estrado apoiado sobre o cabo pênsil, com escoras (Fig. 3.22B) ou diretamente (Fig. 3.22C), bem mais raros, são mais propriamente denominados sistemas em lâmina tensionada (*stressed ribbon*).

Alguns dos poucos exemplos de ponte rodoviária em lâmina tensionada são apresentados na Fig. 3.24.

Os cabos de suspensão do estrado podem mais raramente se apresentar em trajetórias diagonais ou ainda combinados com cabos estaiados. A Fig. 3.25 ilustra esquematicamente essas situações menos usuais.

Em sua concepção original, o cabo pênsil é ancorado no solo (ancorado externamente) em suas duas extremidades. São, assim, necessárias fundações relativamente volumosas e custosas, capazes de transmitir as elevadas reações horizontais. Alternativamente, as

Fig. 3.21 *Etapa construtiva da ponte La Vicaria, na Espanha*
Fonte: (B) Luis Martin-Tereso (CC BY-SA 3.0, https://w.wiki/qno).

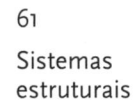

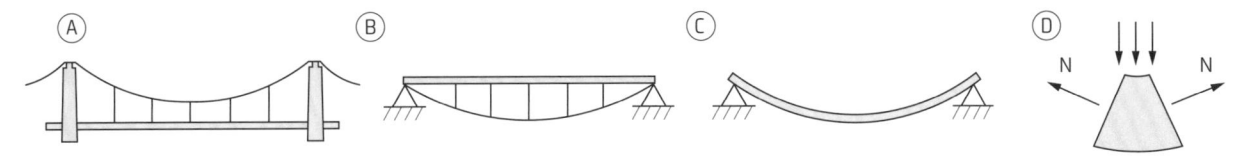

Fig. 3.22 *Sistemas estruturais baseados no cabo pênsil: (A) estrado retilíneo suspenso sob cabo pênsil, (B) estrado retilíneo apoiado sobre cabo pênsil, (C) estrado côncavo diretamente sobre cabo pênsil e (D) esquema geral do equilíbrio interno*

Fig. 3.23 *Sistema estrutural pênsil com estrado suspenso – ponte Golden Gate, nos Estados Unidos*

Fig. 3.24 *Lâmina tensionada: (A) ponte Leonel Vieira, no Uruguai, e (B) ponte de Shiosai, no Japão*
Fonte: (A) adrian (CC BY 2.0, https://w.wiki/Lua) e (B) Tawashi2006 (CC BY-SA 3.0, https://w.wiki/Lub).

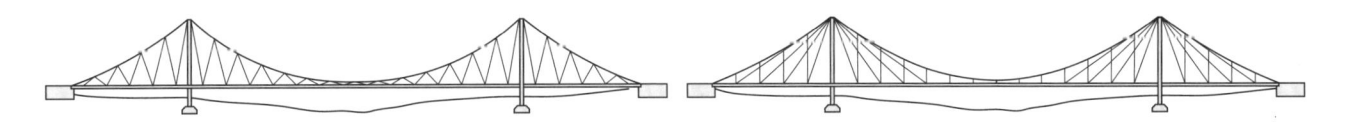

Fig. 3.25 *Variações do sistema pênsil tradicional*

ancoragens do cabo pênsil podem ser posicionadas diretamente nas extremidades do estrado e, desse modo, as reações horizontais se tornam autoequilibradas. Nesse sistema, denominado autoancorado, as reações nos apoios extremos são exclusivamente verticais, simplificando de forma considerável essas fundações. Entretanto, no sistema autoancorado o estrado deve ser montado antes do posicionamento do cabo pênsil, o que representa uma grande desvantagem. Além disso, o estrado é fortemente comprimido pelas reações horizontais e deve, assim, ser dimensionado para receber essas solicitações adicionais. Dessa maneira, o sistema autoequilibrado tende a se tornar viável apenas no caso de vãos pouco extensos, que podem ser executados escorados provisoriamente, sendo raramente aplicado na prática. Os esquemas estruturais dos sistemas ancorado externamente e autoancorado são apresentados na Fig. 3.26.

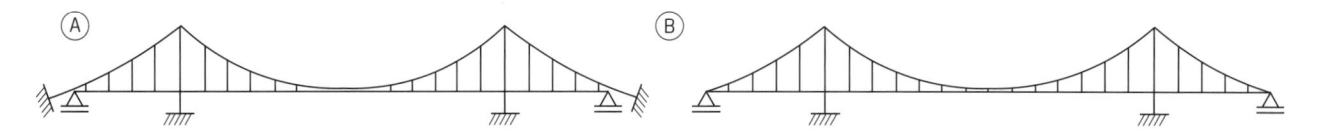

Fig. 3.26 *Esquemas estruturais dos sistemas (A) ancorado externamente e (B) autoancorado*

Após o posicionamento do cabo pênsil no sistema ancorado externamente, pode-se adotar duas sequências para o lançamento das aduelas. Conforme esquematizado na Fig. 3.27, têm-se:

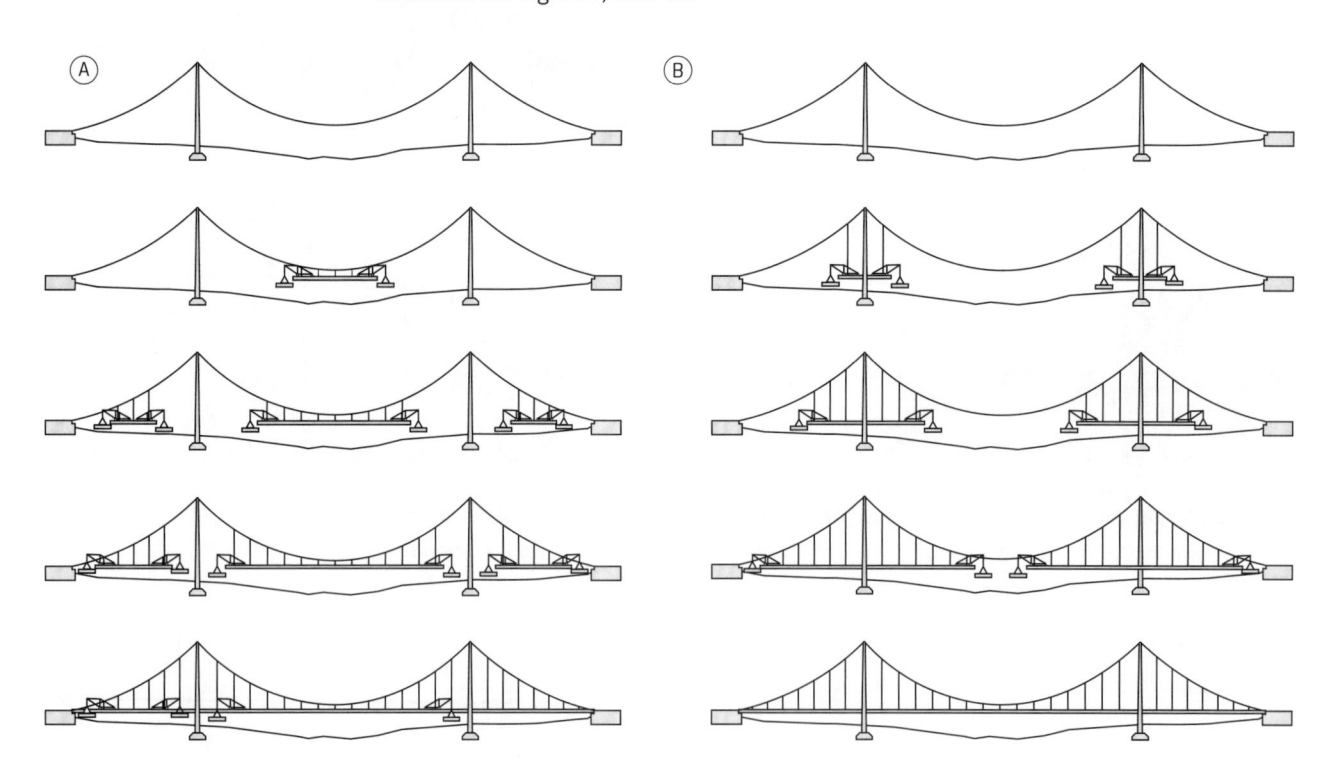

Fig. 3.27 *Sequências construtivas iniciando (A) no centro do vão ou (B) a partir das torres*

- ▸ lançamento das aduelas a partir do centro do vão, seguindo em direção às torres;
- ▸ lançamento das aduelas a partir das torres, seguindo em direção ao centro do vão.

3.5 Sistema treliçado

Os sistemas em treliça permitem concentrar as solicitações nas direções das barras, que, pela seção relativamente pequena, apresentam preponderância de tensões normais uniformes. A análise estrutural de estruturas treliçadas, mesmo considerando as barras rigidamente conectadas entre si, revela que os elementos tendem a se comportar como birrotulados. Sendo assim, as barras das treliças são consideradas tracionadas ou comprimidas, apresentando distribuição de tensão uniforme e pleno aproveitamento do material. Deve-se observar que os sistemas treliçados em madeira constituem solução intuitiva e existem desde a Antiguidade, porém, ao contrário dos arcos em pedra, não resistiram ao tempo.

Com o advento das estruturas metálicas, o sistema em treliça tornou-se uma solução bastante eficiente. Seguindo-se os mesmos princípios dos sistemas fundamentais, as vigas e os arcos podem ser concebidos de forma treliçada, aliviando o peso próprio e otimizando o aproveitamento do material, como esquematizado na Fig. 3.28.

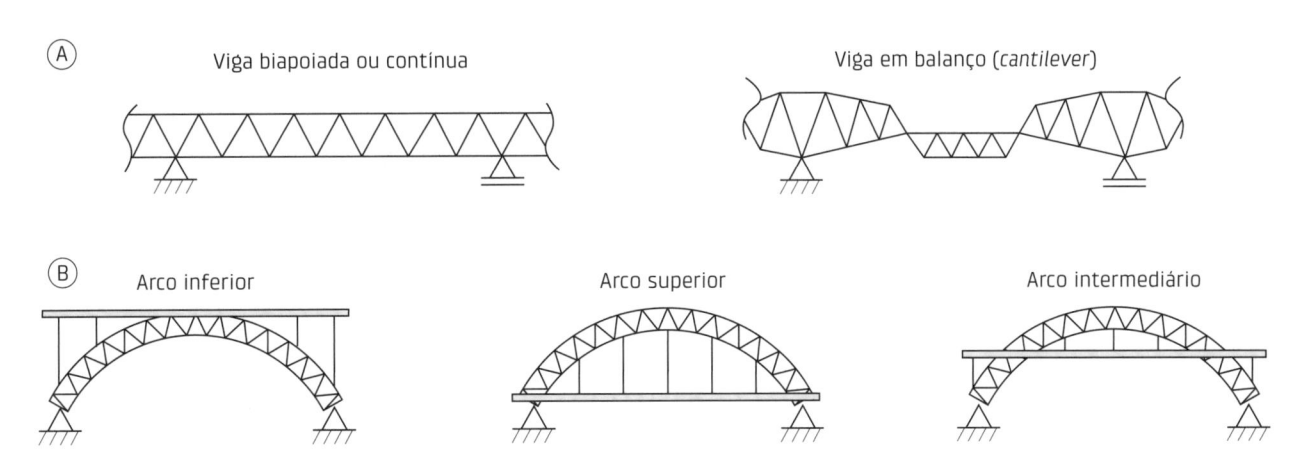

Fig. 3.28 *Sistemas fundamentais treliçados: (A) viga treliçada e (B) arco treliçado*

Um exemplo emblemático de estrutura em treliça metálica, baseada no sistema em balanço, é a ponte de Forth (Fig. 3.29), construída na Escócia na década de 1880 para atender ao tráfego ferroviário.

Fig. 3.29 *Sistema estrutural em treliça metálica – ponte de Forth, na Escócia*
Fonte: Mike McBey (CC BY 2.0, https://flic.kr/p/23ANMgr).

Fig. 3.30 *Princípio do equilíbrio do sistema em balanço*

É interessante registrar que, por ocasião da construção dessa ponte, o princípio fundamental do sistema em balanço foi representado de forma bastante didática, reproduzida na Fig. 3.30.

A ponte Luís I, em Portugal, construída na década de 1880 (Fig. 3.31), é um exemplo de ponte em arco treliçado com a particularidade de apresentar estrados superior e inferior, conectando os núcleos urbanos em dois níveis da cidade do Porto.

Fig. 3.31 *Ponte Luís I, na cidade do Porto (Portugal)*

Entre os diversos modelos de treliça, pode-se destacar os seguintes, resumidos esquematicamente na Fig. 3.32:

- *Treliça Pratt*: caracterizada por diagonais tracionadas e montantes comprimidos.
- *Treliça Warren*: caracterizada por diagonais alternadamente comprimidas e tracionadas.
- *Treliça (ou viga) Vierendeel*, proposta pelo engenheiro belga Arthur Vierendeel (1852-1940): com barras aporticadas e sem diagonais, resultando no aspecto típico formado por quadriláteros. As ligações aporticadas são caracterizadas pelo reforço na forma triangular (*gusset*).
- *Treliça Bailey*: desenvolvida para uso militar durante a Segunda Guerra, é constituída por módulos metálicos padronizados, com ligações pinadas, sendo ainda utilizada como solução provisória ou emergencial.

3.6 Sistema estaiado

As superestruturas estaiadas constituem atualmente um sistema estrutural muito bem caracterizado, formado por pilone, estais e estrado. É importante diferenciar o sistema pênsil, baseado no cabo suspenso ao longo do qual se distribuem as cargas e que apresenta forma curva, do sistema estaiado, cujos vários estais recebem carga apenas nas extremidades e apresentam forma retilínea. Numa ponte

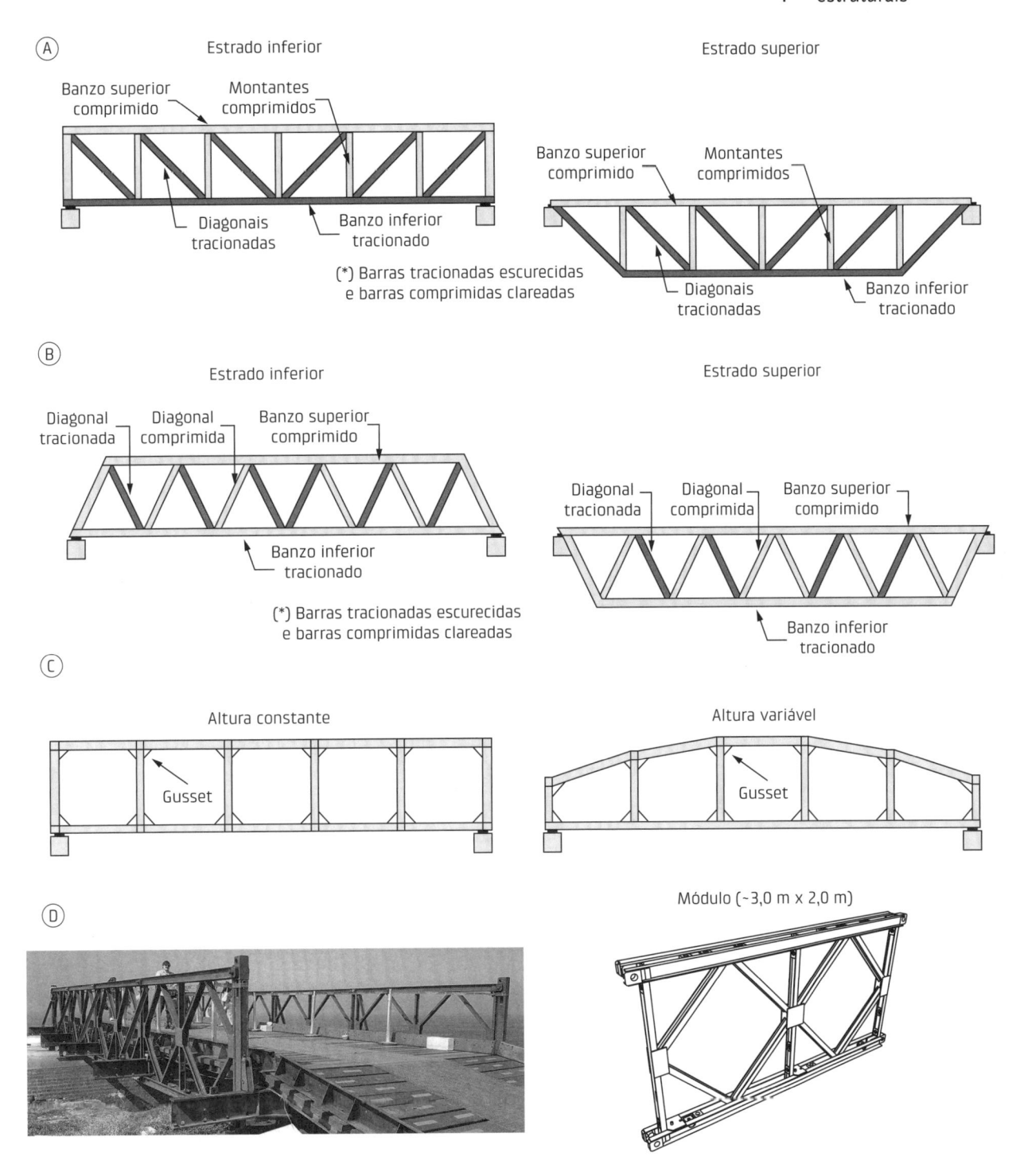

Fig. 3.32 *Principais modelos de treliça: (A) Pratt, (B) Warren, (C) Vierendeel e (D) Bailey*

estaiada, esquematizada na Fig. 3.33, pode-se reconhecer dois sistemas estruturais fundamentais:

- globalmente, o conjunto constituído por pilone, estais e estrado forma um sistema estrutural em balanço;
- localmente, o estrado se comporta como um sistema em viga sobre diversos apoios elásticos, constituídos pelos cabos.

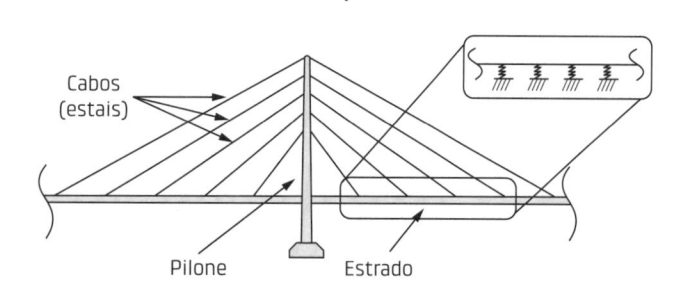

Fig. 3.33 *Componentes fundamentais da ponte estaiada*

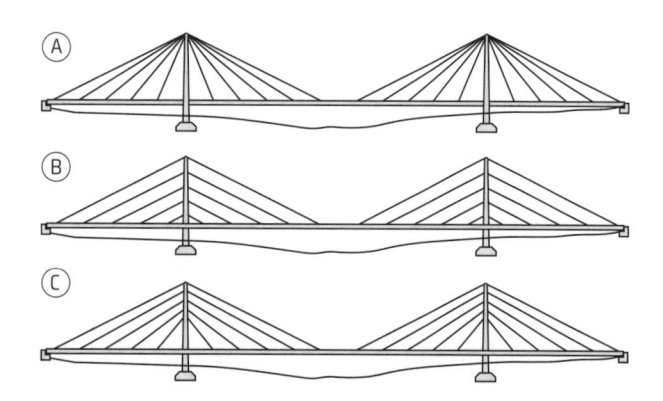

Fig. 3.34 *Disposição dos cabos nas pontes estaiadas: (A) leque, (B) harpa e (C) semi-harpa*

Basicamente, os cabos podem apresentar as seguintes formas de disposição, esquematizadas na Fig. 3.34:

- *leque*: os cabos convergem para um único ponto, situado no topo do pilone;
- *harpa*: os cabos são ancorados (ou desviados) em diversos pontos ao longo da altura do pilone, formando trajetórias paralelas;
- *semi-harpa*: os cabos são ancorados (ou desviados) em diversos pontos ao longo da altura do pilone, formando trajetórias intermediárias entre os sistemas em leque e em harpa.

Na disposição em leque, o conjunto composto por módulos triangulares de pilone, estai e trechos do estrado resulta numa forma treliçada na qual prevalecem as solicitações axiais (tração/compressão). Embora os pilones não sejam solicitados à flexão, a elevada concentração de forças em seu topo representa uma desvantagem do sistema em leque.

No sistema em harpa, as solicitações de flexão nos pilones podem ser minimizadas ou até eliminadas para as cargas permanentes, mas as tensões por flexão decorrentes das cargas móveis são inevitáveis e podem assumir valores elevados, representando uma desvantagem desse sistema.

O sistema em semi-harpa apresenta praticamente as mesmas vantagens dos dois sistemas (leque e harpa), porém com as respectivas desvantagens bastante atenuadas.

Espacialmente, os cabos podem ser dispostos em duas linhas próximas aos bordos da seção transversal, na forma de dois planos verticais paralelos, ou em trajetórias oblíquas em direção ao topo do pilone. Nessas configurações, o estrado suspenso pelos bordos possui boa estabilidade e pode ser bastante esbelto. Para vãos não muito extensos, é ainda possível a adoção de um único plano de estaiamento centralizado, sendo nesse caso necessário que a seção transversal apresente boa rigidez à torção. A Fig. 3.35 ilustra exemplos com essas soluções mais usuais.

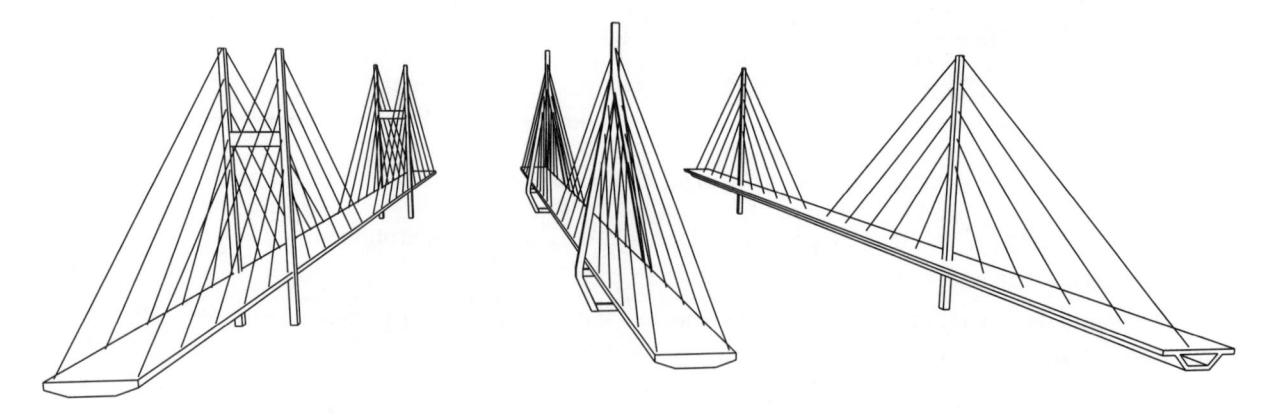

Fig. 3.35 *Exemplos de disposição espacial dos cabos*

Analogamente ao sistema pênsil, são possíveis duas soluções distintas para a ancoragem dos cabos, ou seja, os cabos podem ser ancorados externamente (no solo) ou ancorados no próprio estrado (autoancorados). A Fig. 3.36 mostra esquematicamente o comportamento dos dois sistemas estruturais, que apresentam as seguintes características:

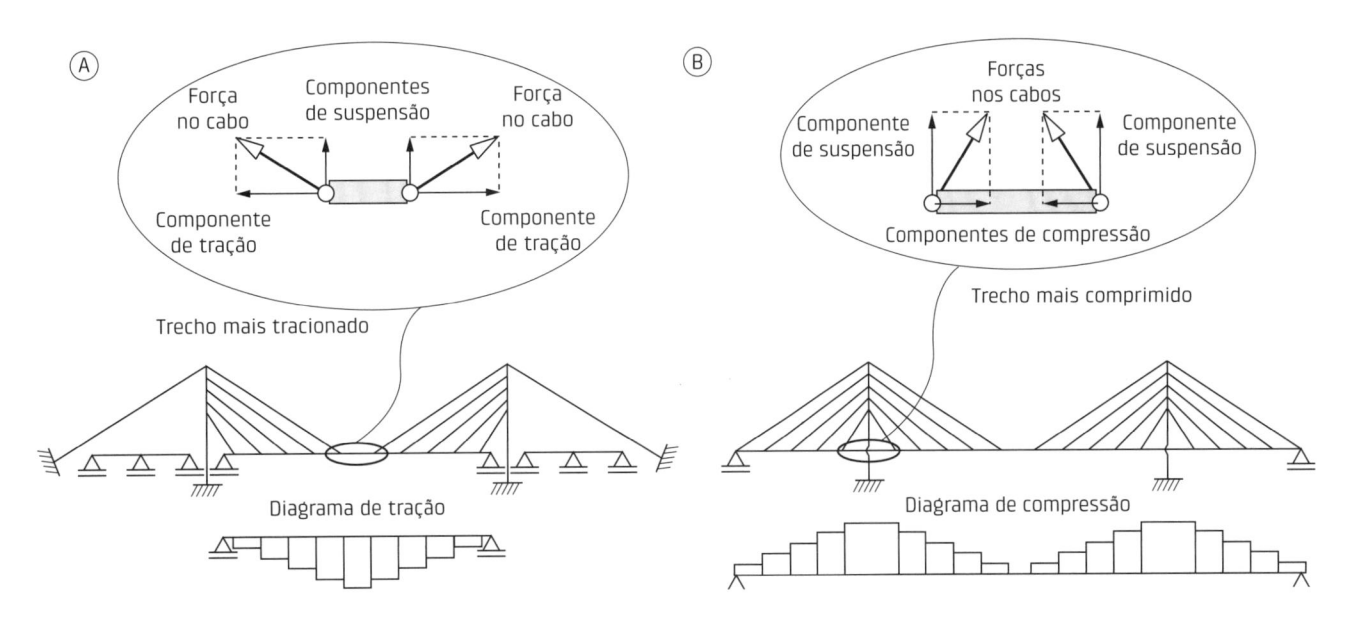

Fig. 3.36 *Solicitações normais nos sistemas (A) ancorado no solo e (B) autoancorado*
Fonte: adaptado de Pipinato (2016).

- no sistema ancorado no solo, o estrado se apresenta tracionado, e a solicitação de tração é gradualmente decrescente a partir do meio do vão, onde seu valor é máximo;
- no sistema autoancorado, o estrado está submetido à compressão, que decresce a partir do valor máximo no trecho sob o pilone.

Ao contrário do sistema pênsil, o sistema ancorado no solo é raramente utilizado em ponte estaiada. O sistema autoancorado é, assim, a solução normalmente adotada, sendo naturalmente adequado ao método construtivo de lançamento e estaiamento simétrico das aduelas, semelhante ao processo em balanços sucessivos, originalmente concebido para as pontes em viga, conforme esquematizado na Fig. 3.37.

Embora o sistema estaiado só tenha encontrado aplicações relevantes na época contemporânea, são surpreendentes os registros de construções primitivas em bambu na ilha de Java seguindo os mesmos fundamentos, como ilustrado na Fig. 3.38.

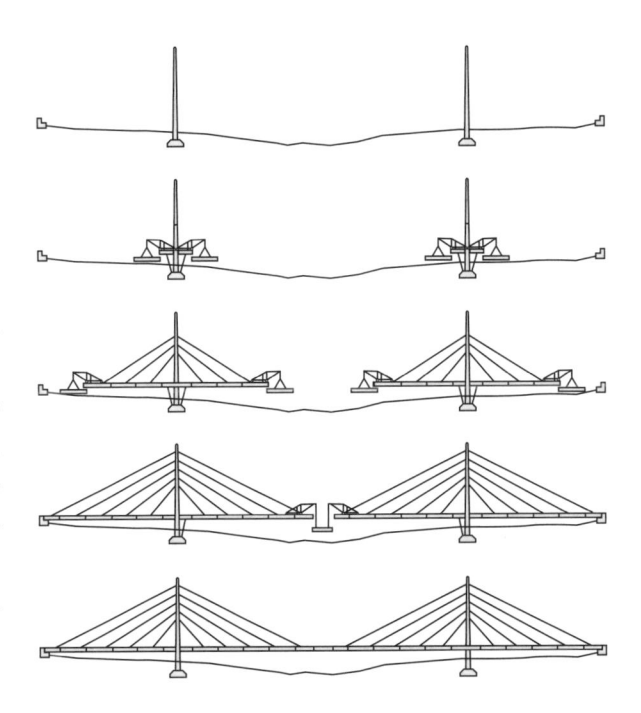

Fig. 3.37 *Sistema construtivo em balanços sucessivos – estais autoancorados*

Fig. 3.38 *Passarela construída em bambu na Ilha de Java*
Fonte: Tropenmuseum/National Museum of World Cultures (CC BY-SA 3.0, https://w.wiki/Ly7).

3.7 Pontes móveis

O conceito de ponte móvel é naturalmente associado à chamada *ponte levadiça* (*drawbridge*), utilizada como forma de proteção em castelos e cidades muradas medievais. No modelo clássico, a movimentação se dá por rotação em torno do eixo horizontal de um dos apoios, conforme mostrado na Fig. 3.39.

Modernamente, as pontes móveis são muito utilizadas para permitir a liberação temporária do gabarito de navegação através da movimentação de um vão. As duas soluções mais usuais atualmente, ilustradas na Fig. 3.40, são baseadas nos seguintes sistemas:

▶ rotação em torno do eixo transversal de apoio, de modo semelhante às antigas pontes levadiças;

▶ translação vertical por suspensão do vão.

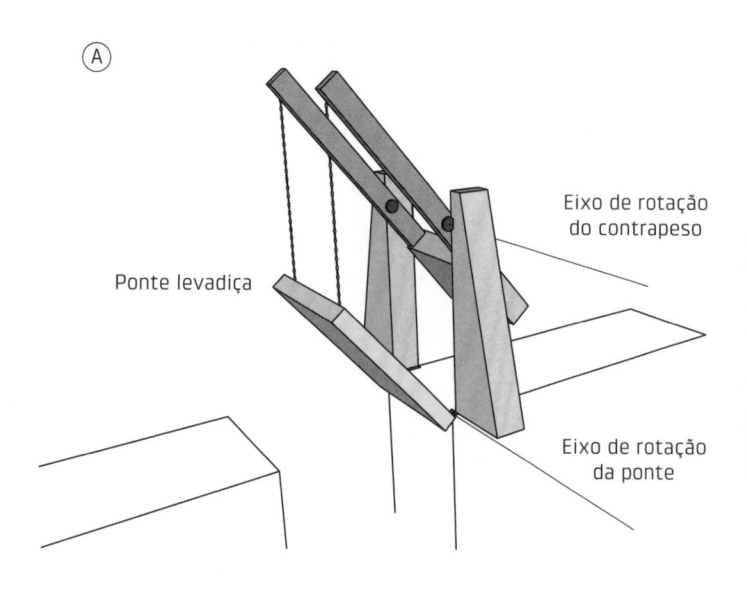

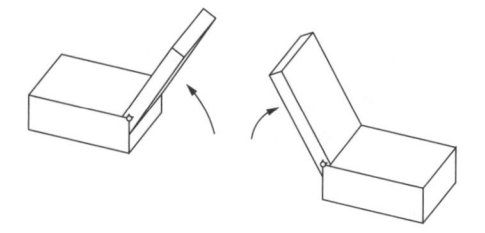

Fig. 3.39 *Ponte levadiça*
Fonte: (B) Georges Jansoone (CC BY-SA 3.0, https://w.wiki/LyB).

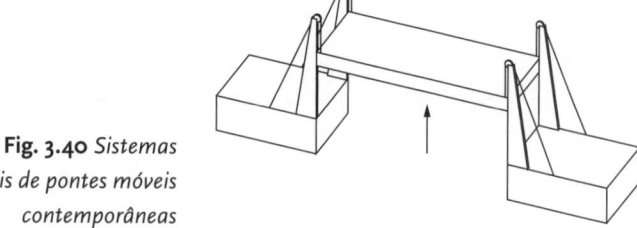

Fig. 3.40 *Sistemas usuais de pontes móveis contemporâneas*

Na Fig. 3.41 apresenta-se o exemplo de ponte móvel em região portuária durante a operação de abertura do vão.

Fig. 3.41 *Operação de ponte móvel na região do porto de Fort Lauderdale, nos Estados Unidos*

Existem ainda as seguintes soluções possíveis, bastante raras, ilustradas na Fig. 3.42:
- rotação em torno do eixo longitudinal (ponte com curvatura em planta);
- rotação em torno do eixo vertical do pilar central;
- translação na direção longitudinal.

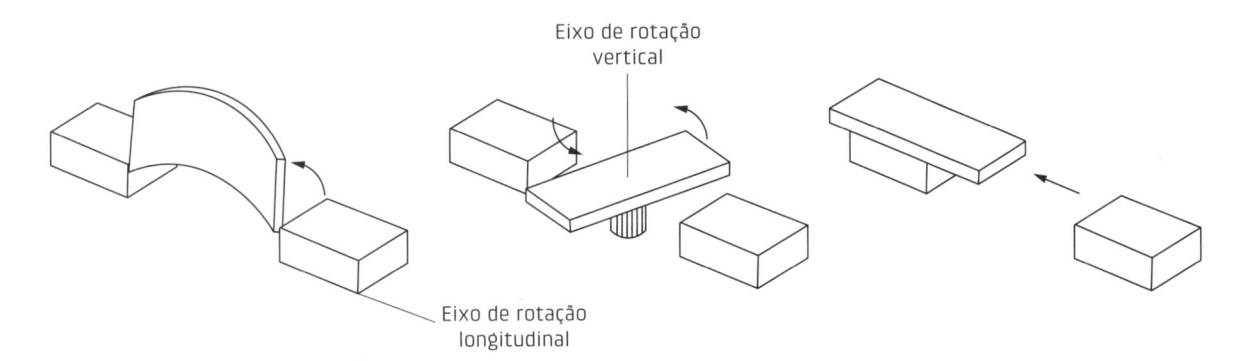

Fig. 3.42 *Sistemas raros de pontes móveis contemporâneas*

3.8 Vão máximo

De forma geral, pode-se considerar que, quanto maior é o vão a ser atingido, maior deve ser a resistência do material empregado. O material de mais alta resistência, utilizado em larga escala na prática, é o aço, que resiste, tanto na tração quanto na compressão, a tensões da ordem de centenas de megapascals. O concreto simples possui resistência à compressão da ordem de dezenas de megapascals, com cerca de 10% da resistência na tração. Comparado com o aço, o concreto tem cerca de 30% da densidade e custa aproximadamente cem vezes menos por unidade de volume. Nas estruturas de concreto armado ou protendido, o aço está sempre presente, porém em proporções relativamente pequenas, não encarecendo demasiadamente o produto. Embora o concreto protendido necessite de menos armadura do que o concreto armado, o aço e os equipamentos necessários para a protensão tornam o produto mais caro por unidade de volume. Isso é compensado pela tendência de o concreto protendido apresentar volume menor do que o concreto armado para vencer um mesmo vão.

Por ordem de resistência e custo, têm-se em resumo:

- *concreto armado*: menos resistente que o concreto protendido;
- *concreto protendido*: mais resistente que o concreto armado e menos resistente que o aço;
- *aço*: bem mais resistente que o concreto protendido ou armado.

Tem-se, assim, que o custo é diretamente proporcional à resistência, podendo-se simplificadamente representar as faixas de aplicação econômica de cada material em função da ordem de grandeza do vão, conforme ilustrado esquematicamente na Fig. 3.43.

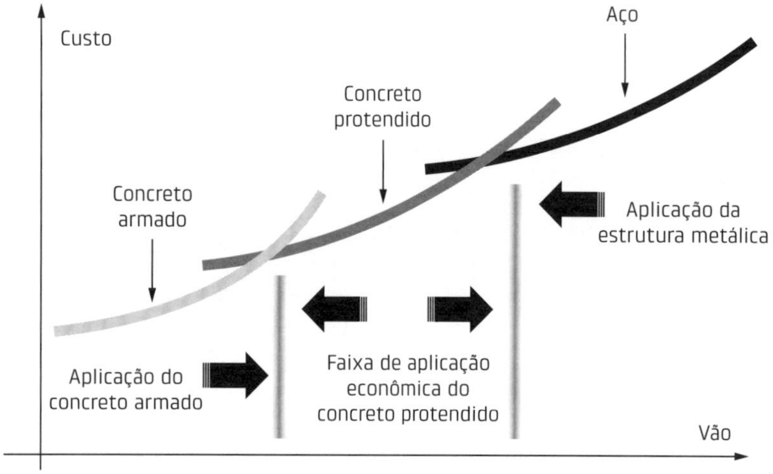

Entre os diversos sistemas estruturais atuais, pode-se destacar os seguintes como os mais utilizados:

- pênsil;
- estaiado;
- arco;
- viga.

Fig. 3.43 *Aspecto das relações custo × vão*

Com o desenvolvimento dos novos materiais, técnicas construtivas e equipamentos, os sistemas em arco, estaiado e pênsil evoluíram muito; no entanto, essas soluções são quase que exclusivamente aplicadas aos grandes vãos. O estudo das estruturas de pontes baseadas nesses sistemas envolve o conhecimento de técnicas avançadas de análise estrutural, estática e dinâmica, métodos construtivos e equipamentos, tratados em especializações da Engenharia Estrutural.

Visando a comparação entre as ordens de grandeza, são apresentadas na Tab. 3.1 as superestruturas de pontes com os vãos mais extensos atualmente em cada sistema estrutural, o material empregado e o ano de conclusão.

Tab. 3.1 Vãos máximos para cada sistema estrutural

Sistema	Obra	Ano de conclusão	Material	Vão (m)
Pênsil	Ponte de Akashi Kaikyo (Japão)	1998	Aço	1.991
Estaiado	Ponte de Vladivostok (Rússia)	2012	Aço	1.104
Arco	Ponte de Chaotianmen (China)	2009	Aço	552
Viga	Ponte de Shibanpo (China)	2006	Concreto protendido e aço	330
	Ponte de Stolmasundet (Noruega)	1989	Concreto protendido	301
	Ponte Rio-Niterói (Brasil)	1974	Aço	300

Para evidenciar a expressiva variação na dimensão dos vãos máximos atingidos em cada um desses sistemas estruturais, na Fig. 3.44 são mostrados os esquemas estruturais na mesma escala.

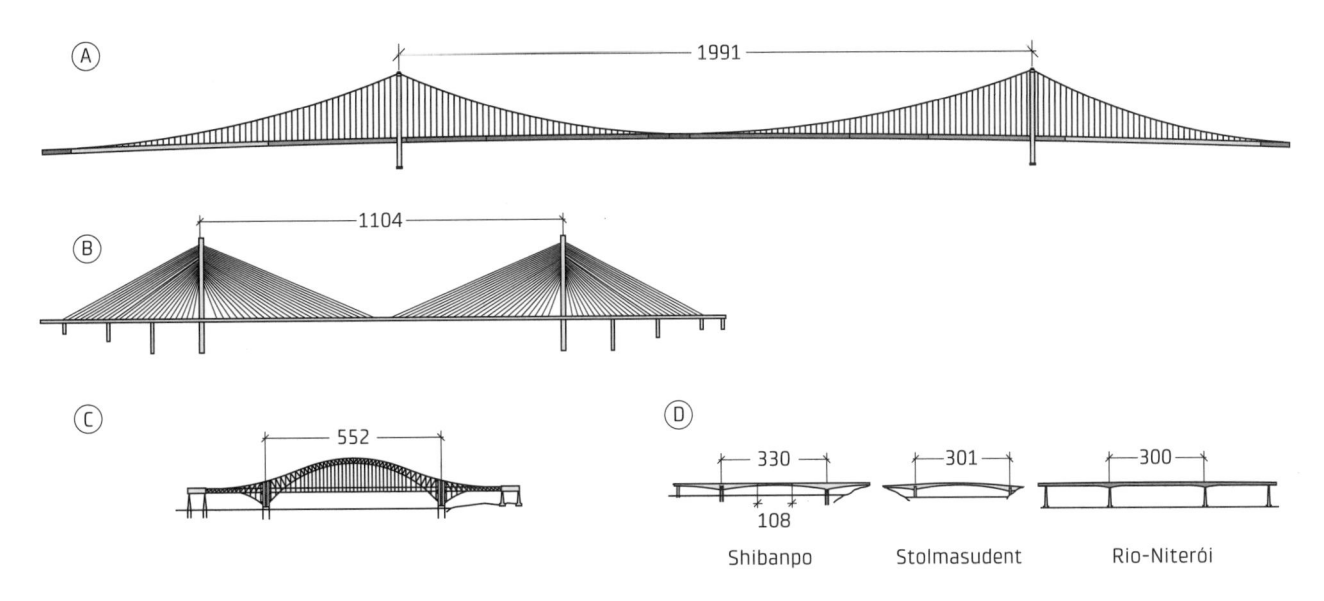

Fig. 3.44 *Pontes atuais com os mais extensos vãos na mesma escala: (A) ponte pênsil de Akashi Kaikyo, (B) ponte estaiada de Vladivostok, (C) ponte em arco treliçado de Chaotianmen e (D) pontes em viga de Shibanpo, Stolmasundet e Rio-Niterói*

Nas Figs. 3.45 e 3.46 apresentam-se mais detalhadamente os exemplos da ponte em arco de Chaotianmen e das pontes em viga de Shibanpo, Stolmasundet e Rio-Niterói, representadas na mesma escala.

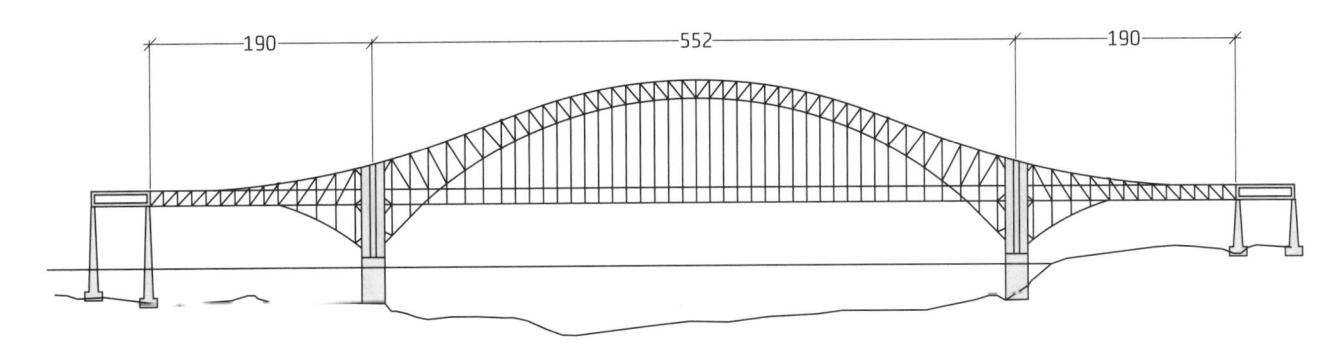

Fig. 3.45 *Ponte em arco treliçado de Chaotianmen*

No caso particular de pequenos vãos ou na situação de geometria em planta mais complexa, a aplicação do sistema estrutural baseado na flexão pode assumir a forma de laje – maciça, alveolar ou nervurada. Considerando as superestruturas em laje, a ordem de grandeza dos vãos nos principais sistemas estruturais pode ser simplificadamente representada como ilustrado na Fig. 3.47.

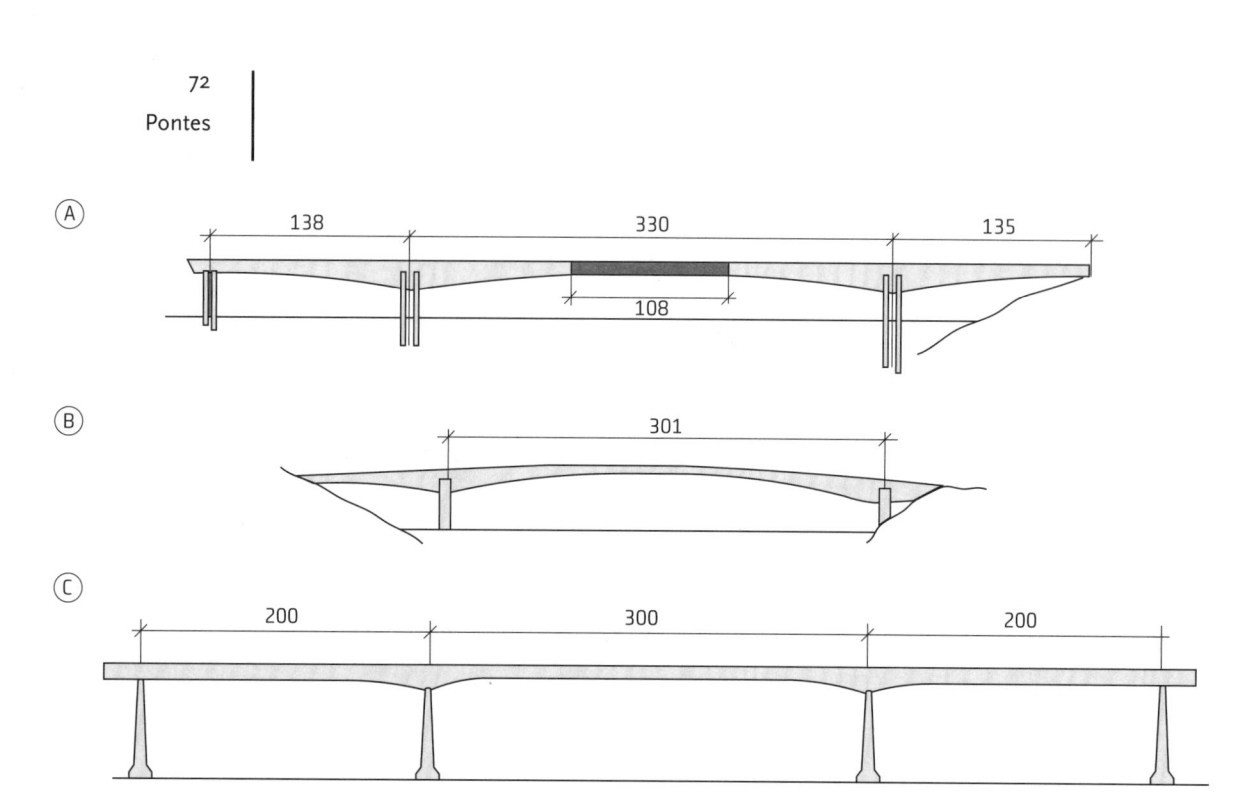

Fig. 3.46 Pontes em viga: (A) Shibanpo, (B) Stolmasundet e (C) Rio-Niterói

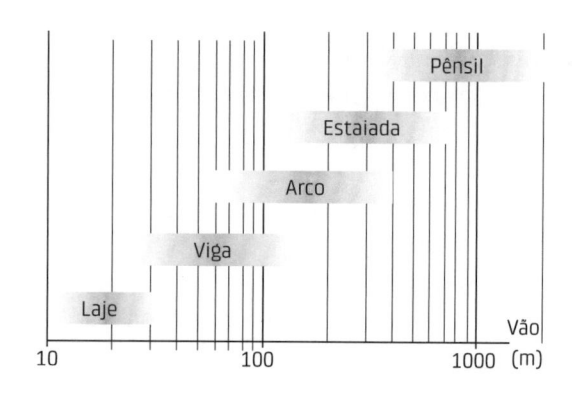

Fig. 3.47 Ordem de grandeza dos vãos nos principais sistemas estruturais

3.8.1 Vão ótimo

No caso de pontes de longa extensão, deve-se buscar a modulação de vão mais econômica, surgindo então o conceito de vão *ótimo*, para o qual o custo total da estrutura atinge o menor valor possível. Para a determinação conceitual do vão ótimo, pode-se considerar, simplificadamente, que o custo total (C_T) seja composto pelos custos da meso e da infraestrutura (C_M), de um apoio típico (pilar com fundações), de um encontro (C_E) e de um vão de superestrutura (C_S) correspondentes a um vão de extensão ℓ, conforme indicado na Fig. 3.48.

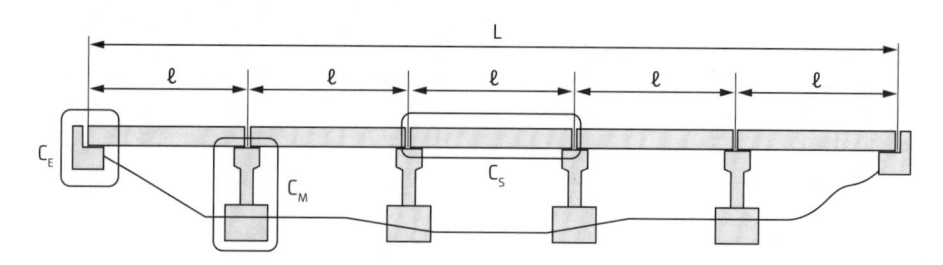

Fig. 3.48 Composição simplificada do custo

Considerando-se N vãos de extensão constante, tem-se:

$$\ell = \frac{L}{N} \tag{3.1}$$

$$C_T = 2C_E + (N-1)C_M + N \cdot C_S \tag{3.2}$$

Por simplicidade, admite-se que o custo de um encontro seja aproximadamente metade do custo de uma meso e infraestrutura típica, ou seja:

$$2C_E = C_M \quad (3.3)$$

O custo total pode, assim, ser simplificadamente expresso por:

$$C_T = N(C_M + C_S) \quad (3.4)$$

Intuitivamente, espera-se que a variação do custo total (C_T) em função do vão ℓ deva apresentar um mínimo, correspondente ao vão ótimo, como representado graficamente na Fig. 3.49.

Com a Eq. 3.1 na Eq. 3.4, tem-se a seguinte expressão para o custo total por unidade de comprimento:

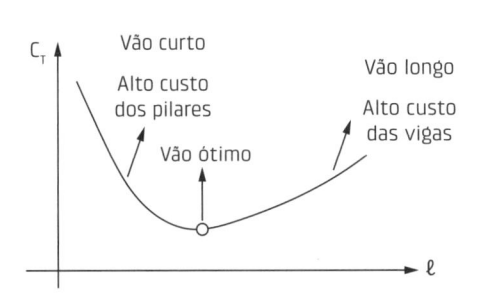

$$\frac{C_T}{L} = \frac{N}{L}(C_M + C_S) = \frac{C_M}{\ell} + \frac{C_S}{\ell} \quad (3.5)$$

Fig. 3.49 *Conceito de vão ótimo*

em que C_M/ℓ é o custo de meso e infraestrutura por unidade de comprimento e C_S/ℓ é o custo da superestrutura por unidade de comprimento.

Pode-se constatar que C_M/ℓ é decrescente em função de ℓ, enquanto C_S/ℓ é crescente. O custo total por unidade de comprimento C_{TM}/L, resultante da soma dos custos C_M/ℓ e C_S/ℓ, apresenta um ponto de mínimo, conforme representado na Fig. 3.50. Tem-se assim representada a regra prática: *para o vão ótimo, os custos da superestrutura e da meso/infraestrutura se equivalem* ($C_S/\ell = C_M/\ell$).

Como exemplo, pode-se admitir os custos fictícios de super (C_S) e meso e infraestruturas (C_M), em função de vãos entre 10 m e 50 m, apresentados na Tab. 3.2. Deve-se observar que, apesar de fictícios, esses valores guardam proporções entre si próximas dos valores reais.

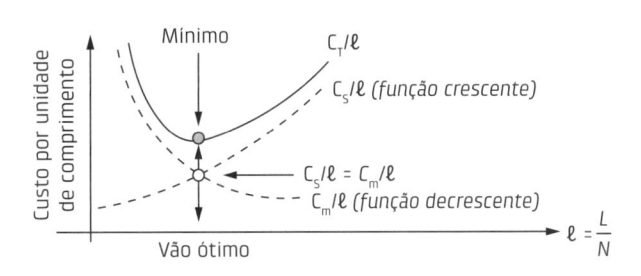

Fig. 3.50 *Variação do custo por unidade de comprimento*

Tab. 3.2 Custos (fictícios) de super, meso e infraestruturas para vãos entre 10 m e 50 m

Vão ℓ (m)	C_S (R$)	C_M (R$)	C_S/ℓ (R$/m)	C_M/ℓ (R$/m)	C_T/L (R$/m)
10	120.000	525.000	12.000	52.500	64.500
20	420.000	590.000	21.000	29.500	50.500
30	930.000	600.000	31.000	20.000	51.000
40	1.650.000	605.000	41.250	15.125	56.375
50	2.600.000	610.000	52.000	12.200	64.200

Examinando-se a variação gráfica desses custos (Fig. 3.51), observa-se que, embora o vão ótimo possa de fato ser definido pela igualdade $C_S/\ell = C_M/\ell$, *o custo total não sofre variação expressiva no entorno do mínimo*. Conclui-se, assim, que o valor teórico do vão ótimo serve na prática apenas como uma orientação para a definição da faixa de valores dos vãos econômicos.

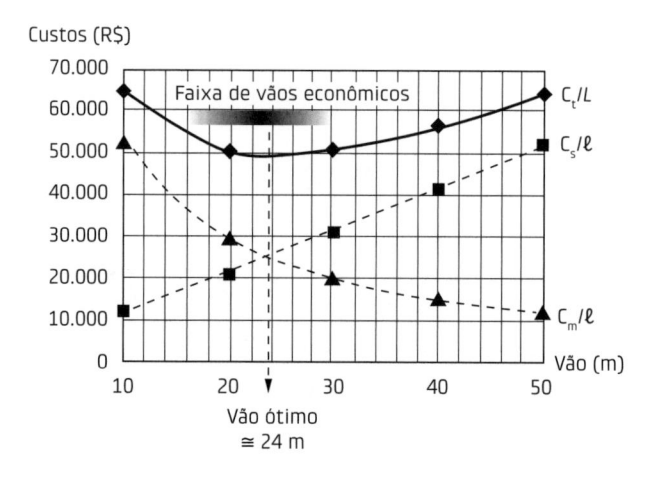

Fig. 3.51 *Determinação gráfica do vão ótimo*

Principais ações | 4

As ações, que podem ser de natureza permanente ou variável, definem os sistemas de forças, usualmente denominados cargas, que são aplicadas no modelo estrutural para determinação das solicitações para dimensionamento. As ações permanentes são em geral definidas de forma única, com valores considerados constantes. Por exemplo, o peso próprio e as sobrecargas permanentes, que correspondem a forças de origem gravitacional conhecidas, têm seus valores determinados e são aplicados em posições bem definidas. Já uma ação variável não apresenta magnitude constante ao longo do tempo, podendo mesmo ser aplicada em posições diversas. Exemplo típico de ação variável é a carga móvel, que corresponde ao peso dos veículos, rodoviários ou ferroviários, agindo sobre a superestrutura.

É importante observar que, embora a maior parte das ações atue diretamente sobre a superestrutura, nem todas despertam solicitações para dimensionamento da viga principal. Por exemplo, as forças de frenagem e aceleração dos veículos não causam solicitações significativas na superestrutura, só sendo importantes no dimensionamento dos pilares, blocos de coroamento e estacas.

De acordo com a NBR 7187 (ABNT, 2003a), além das ações permanentes e variáveis, podem ocorrer ainda ações excepcionais, tais como explosões e choques, ou fenômenos climáticos anormais (imprevisíveis), como sismos, ventos e enchentes catastróficas. Em relação ao choque de veículos rodoviários ou embarcações, a NBR 7187 prescreve que os pilares passíveis de serem atingidos devem ser verificados quanto a essas ações, porém essa verificação pode ser dispensada se existirem dispositivos capazes de proteger a estrutura.

4.1 Ações permanentes

Segundo a NBR 7187, uma ação permanente apresenta intensidade que pode ser considerada constante ao longo da vida útil da construção. Considera-se, ainda, como permanente a ação com alguma variação no tempo, mas que apresente tendência de estabilização, tal como as forças de protensão.

Entre as principais ações permanentes, pode-se destacar:
- ▸ peso próprio dos elementos estruturais, ou seja, lajes, vigas, pilares etc.;

- sobrecarga permanente constituída pelo peso do pavimento, barreiras, guarda-corpos e dispositivos de sinalização, nas obras rodoviárias, e pelo peso dos trilhos, dormentes e lastros, nas pontes ferroviárias;
- empuxos de terra e de água;
- forças de implantação da protensão;
- forças decorrentes de deslocamentos e/ou deformações impostas por fluência, retração, variação de temperatura e movimentação de apoios (recalques de fundação).

4.1.1 Peso próprio dos elementos estruturais

O peso próprio dos elementos estruturais constitui a primeira ação permanente de natureza gravitacional a atuar na superestrutura, sendo usualmente denominado pelo símbolo g_1.

Os pesos próprios das vigas longitudinais, juntamente com os das lajes, são normalmente considerados cargas distribuídas por unidade de comprimento nos modelos estruturais unifilares, tipo viga ou pórtico. A determinação do valor da carga distribuída é função direta da área da seção transversal, considerando-se almas, mísulas e lajes. Admite-se 25 kN/m³ como valor mínimo para o peso específico do concreto armado ou protendido.

Lajes ou vigas, com variações de espessuras, podem ser consideradas cargas distribuídas linearmente variáveis. Já transversinas podem ser consideradas cargas concentradas atuando sobre a viga longitudinal (longarina), e cortinas e alas, cargas concentradas nos extremos. Tome-se como exemplo de superestrutura moldada no local a ponte com duas vigas representada na Fig. 4.1.

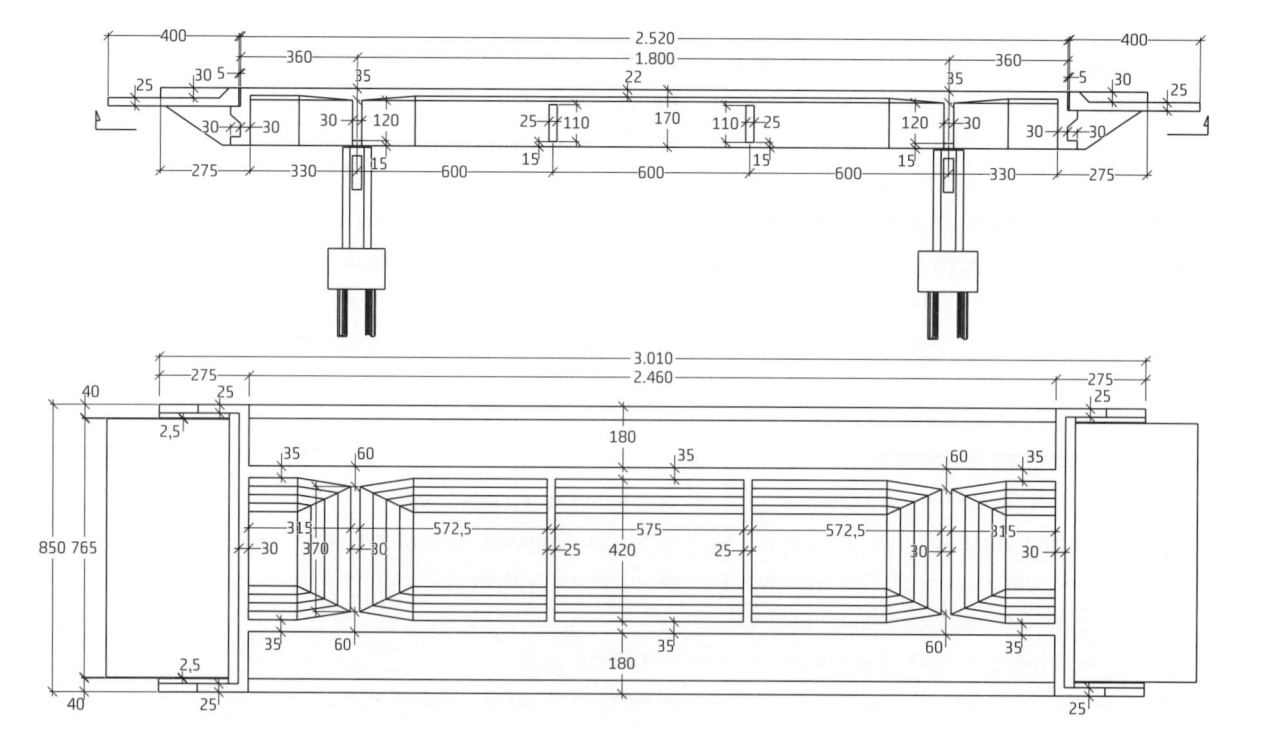

Fig. 4.1 *Cortes em vistas lateral e em planta – medidas em cm*

A seção transversal ao longo do vão e no extremo do balanço, denominada *seção corrente*, é definida conforme ilustrado na Fig. 4.2.

A seção transversal no apoio, com vigas e laje mais espessas, é apresentada na Fig. 4.3. Observa-se que as mísulas do trecho da laje entre as vigas são "absorvidas" pelo aumento de espessura da laje na direção longitudinal.

As variações das espessuras da longarina e da laje podem ser visualizadas mais facilmente no detalhe da vista em perspectiva do corte longitudinal, mostrado na Fig. 4.4.

Na vista em corte da Fig. 4.5, são detalhadas as mísulas de variação linear de espessura da longarina e da laje nas proximidades do apoio sobre o pilar.

Para a definição da carga de peso próprio atuante sobre uma das vigas, considera-se a área de meia seção transversal, cujo valor pode ser determinado a partir de áreas retangulares e trapezoidais, como indicado nos meios cortes mostrados na Fig. 4.6.

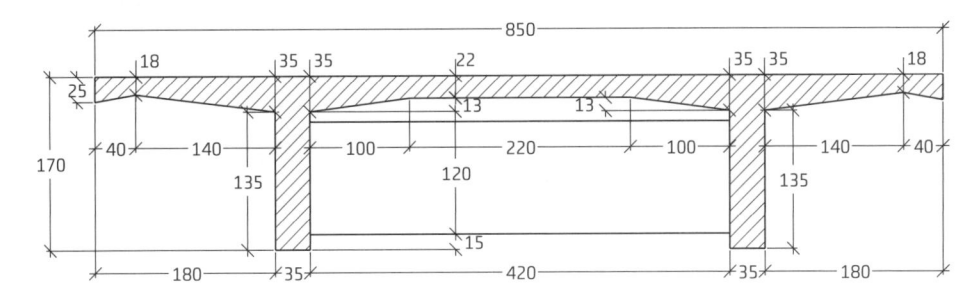

Fig. 4.2 *Seção transversal corrente – medidas em cm*

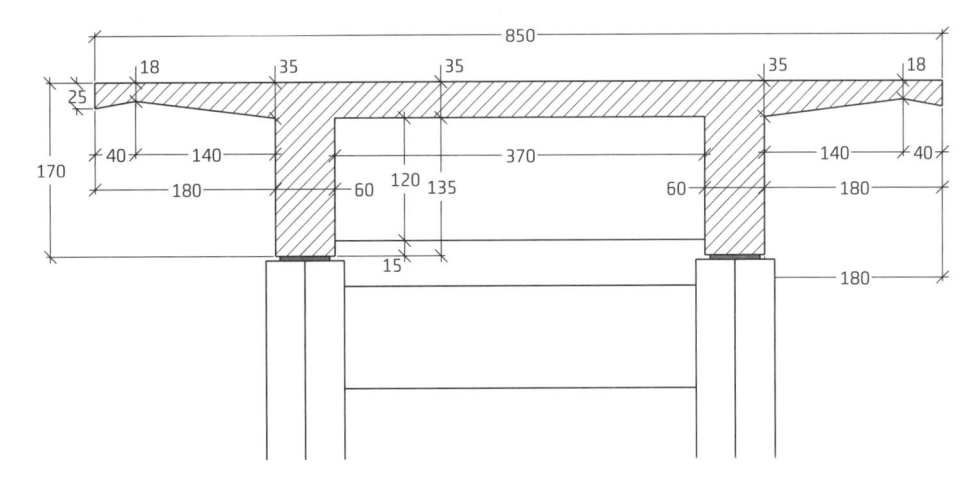

Fig. 4.3 *Seção transversal no apoio – medidas em cm*

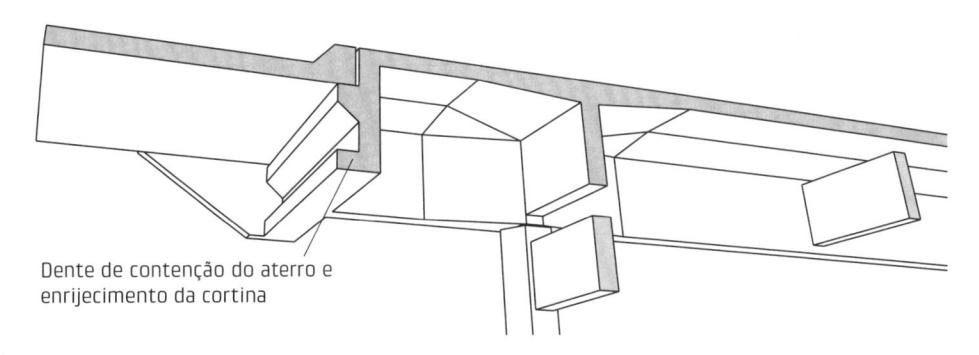

Fig. 4.4 *Detalhe do meio corte longitudinal em perspectiva*

Fig. 4.5 Detalhe do corte longitudinal – medidas em cm

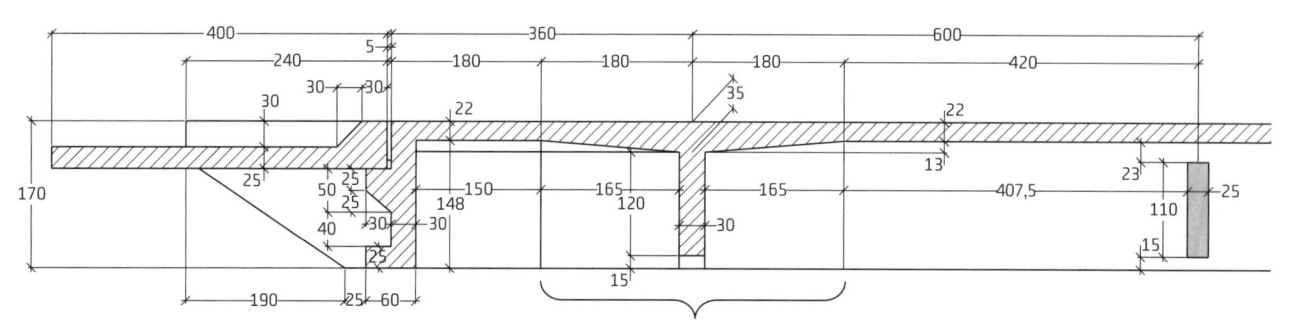

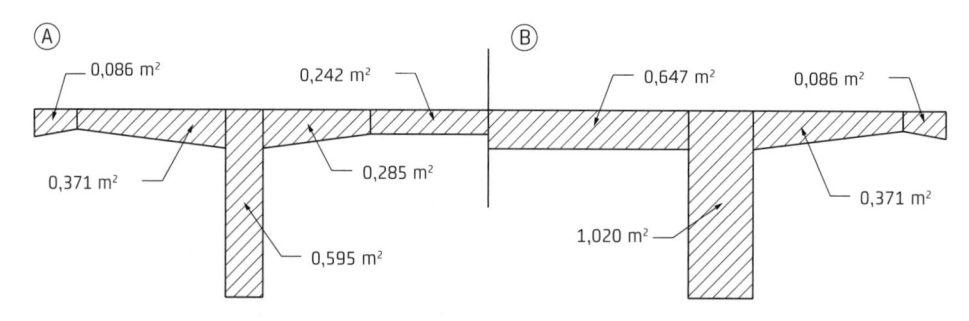

Fig. 4.6 Determinação das áreas das meias seções (A) corrente e (B) no apoio

A carga distribuída de peso próprio agindo sobre uma das vigas no trecho de seção corrente apresenta valor constante e sofre acréscimo na região de alargamento da alma e da laje, atingindo valor máximo na seção de apoio. As cargas podem ser determinadas como indicado na Tab. 4.1.

Tab. 4.1 Cargas de peso próprio sobre uma longarina – exemplo de ponte com duas vigas

	Seção corrente	Seção no apoio
Pingadeira	0,086 m²	0,086 m²
Balanço da laje	0,371 m²	0,371 m²
Viga (longarina)	0,595 m²	1,020 m²
Mísula da laje	0,285 m²	–
Laje central	0,242 m²	0,647 m²
Área total (A)	1,579 m²	2,124 m²
$g_1 = A \cdot (25\ kN/m^3)$	39,5 kN/m	53,1 kN/m

Lembrando que o modelo estrutural representa uma única linha de longarina, considera-se metade do peso de cada transversina como carga concentrada. Têm-se então:

- Dimensões da transversina de vão (cm): seção 25 × 110; comprimento = 420 ÷ 2 = 210.
- Peso de meia transversina de vão:

$$(0{,}25\ m \times 1{,}10\ m \times 2{,}10\ m) \times 25\ kN/m^3 = 14{,}44\ kN \tag{4.1}$$

- Dimensões da transversina de apoio (cm): seção 30 × 120; comprimento = 370 ÷ 2 = 185.
- Peso de meia transversina de apoio:

$$(0,30 \text{ m} \times 1,20 \text{ m} \times 1,85 \text{ m}) \times 25 \text{ kN/m}^3 = 16,65 \text{ kN} \qquad (4.2)$$

O peso próprio de meia cortina é determinado a partir das dimensões brutas (espessura = 0,30 m, altura = 1,70 m e extensão = 8,50 m), lembrando que a projeção da seção transversal da superestrutura, indicada na Fig. 4.7, já foi considerada como carga distribuída de peso próprio e, assim, deve ser descontada. O peso de meia cortina pode então ser determinado como a seguir expresso.

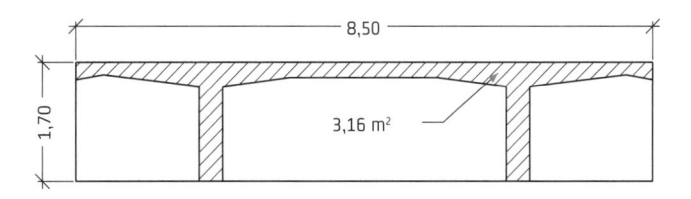

Fig. 4.7 *Área de seção transversal da cortina descontando a superestrutura*

$$\frac{1}{2}[0,30 \text{ m} \times (1,70 \text{ m} \times 8,50 \text{ m} - 3,16 \text{ m}^2)] \times 25 \text{ kN/m}^3 = 42,3 \text{ kN} \qquad (4.3)$$

As cargas de peso próprio da superestrutura, exclusive alas e placa de aproximação, consideradas sobre uma das longarinas, podem ser resumidas como ilustrado no modelo estrutural de viga na Fig. 4.8.

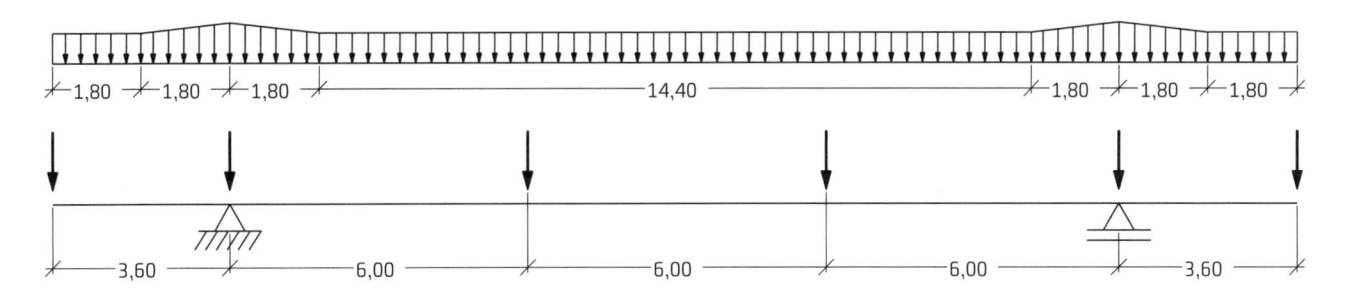

Fig. 4.8 *Cargas de peso próprio de meia superestrutura, exclusive alas e placa de aproximação*

A partir do peso total da superestrutura, é oportuno apresentar o conceito de espessura média, definida como o quociente entre o volume total de concreto estrutural da superestrutura e sua área de projeção em planta. Isso equivale a idealizar a superestrutura como uma laje maciça, com mesmas dimensões em planta, e espessura constante de mesmo valor da espessura média.

Para a determinação da espessura média do exemplo apresentado, pode-se partir da totalização das cargas de peso próprio (Fig. 4.8), consideradas atuantes sobre as *duas longarinas*, como a seguir expresso:

$$2 \times \left[4 \times \frac{(53,1+39,5)}{2} \times 1,80 + 39,5 \times (1,80+14,40+1,80) + \right.$$
$$\left. + 2 \times (42,3+16,7+14,4) \right] = 2.382 \text{ kN} \qquad (4.4)$$

O volume de toda a superestrutura, exclusive alas e placa de aproximação, é então:

$$2.382 \text{ kN} \div 25 \text{ kN/m}^3 = 95,3 \text{ m}^3 \tag{4.5}$$

A espessura média, quociente entre o volume total e a área de projeção em planta, pode então ser determinada como:

$$\frac{95,3 \text{ m}^3}{(25,2 \times 8,50) \text{m}^2} = 0,44 \text{ m} \tag{4.6}$$

Na etapa de pré-dimensionamento de estruturas de concreto, quando não se possui ainda a forma definitiva das vigas, pode-se avaliar o peso próprio estrutural a partir do conceito de espessura média, cujos valores aproximados dependem basicamente do comprimento dos vãos e do tipo do sistema estrutural. No caso de superestrutura em concreto armado ou protendido, com seção aberta e vãos de até algumas dezenas de metros, pode-se adotar valores de espessura média da ordem de 50 cm para estimativas preliminares. Vigas em seção celular, adotadas em geral para vãos mais expressivos, apresentam espessuras médias maiores, podendo-se admitir valores preliminares até 50% superiores, ou seja, até a ordem de 75 cm para vãos com várias dezenas de metros.

Os pesos das alas, do dente da cortina e do console de apoio da placa podem também ser considerados cargas concentradas. A vista em perspectiva na Fig. 4.9 permite observar o detalhe da região superior das alas com espessura de 40 cm. Essa é a solução usual para permitir a ancoragem das barreiras New Jersey, que devem se prolongar nas extremidades. Nota-se ainda o console para apoio da placa de transição com 8,00 m de extensão.

Têm-se então as seguintes cargas referentes a uma linha de longarina:

▶ Peso de meio console para apoio da placa de transição:

$$\left(\frac{0,25+0,50}{2} \times 0,30 \text{ m} \times \frac{8,00 \text{ m}}{2}\right) \times 25 \text{ kN/m}^3 = 11,25 \text{ kN} \tag{4.7}$$

▶ Peso de meio dente de contenção do aterro:

$$\left(0,25 \times 0,30 \text{ m} \times \frac{8,00 \text{ m}}{2}\right) \times 25 \text{ kN/m}^3 = 7,50 \text{ kN} \tag{4.8}$$

▶ Peso do trecho superior da ala, com maior espessura:

$$(0,40 \times 0,45 \times 2,45) \text{m}^3 \times 25 \text{ kN/m}^3 = 11,03 \text{ kN} \tag{4.9}$$

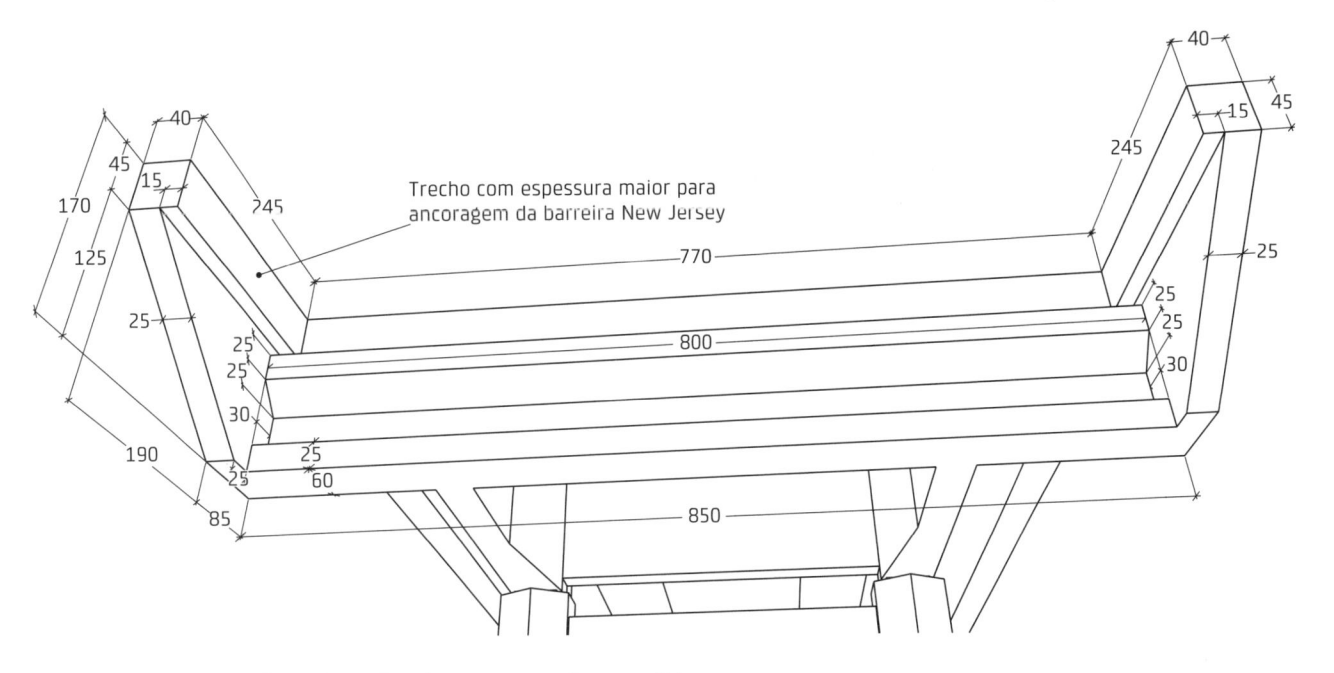

Fig. 4.9 *Vista posterior da cortina e das alas em perspectiva – medidas em cm*

- Peso do trecho trapezoidal de uma ala:

$$\left(\frac{0{,}55+2{,}45}{2}\times 1{,}25\times 0{,}25\right)\mathrm{m}^{3}\times 25\ \mathrm{kN/m}^{3}=11{,}72\ \mathrm{kN} \tag{4.10}$$

Para a consideração dessas cargas no modelo de viga, é mais conveniente aplicar um sistema de forças equivalentes na extremidade, composto pela resultante de força e por um momento, como esquematizado na Fig. 4.10.

A carga de peso próprio da placa de transição é função exclusiva de sua espessura e largura. Essa ação de peso próprio compõe a carga g_1 que deve agir sobre o modelo estrutural observando-se a distribuição pela quantidade total de longarinas, no caso de seção em vigas múltiplas.

De acordo com o DNER (1996), a placa de aproximação pode ser modelada como viga biapoiada, considerando-se um apoio sobre o console na cortina e outro na extremidade da placa, conforme ilustrado na Fig. 4.11, desde que esse modelo resulte em solicitações mais desfavoráveis. Essa modelagem não só visa a determinação de solicitações para dimensionamento da própria placa, mas também permite analisar a transmissão da carga móvel sobre a placa para a superestrutura.

Nas pontes com extremo em balanço, as solicitações mais desfavoráveis devem então ser determinadas analisando-se as respostas de dois modelos: um considerando a laje de transição como viga biapoiada e outro desprezando completamente as ações na placa de aproximação. As duas situações são ilustradas na Fig. 4.12.

Nas pontes com extremo em encontro, a consideração da placa como viga biapoiada pode ser prontamente incorporada ao modelo global da superestrutura,

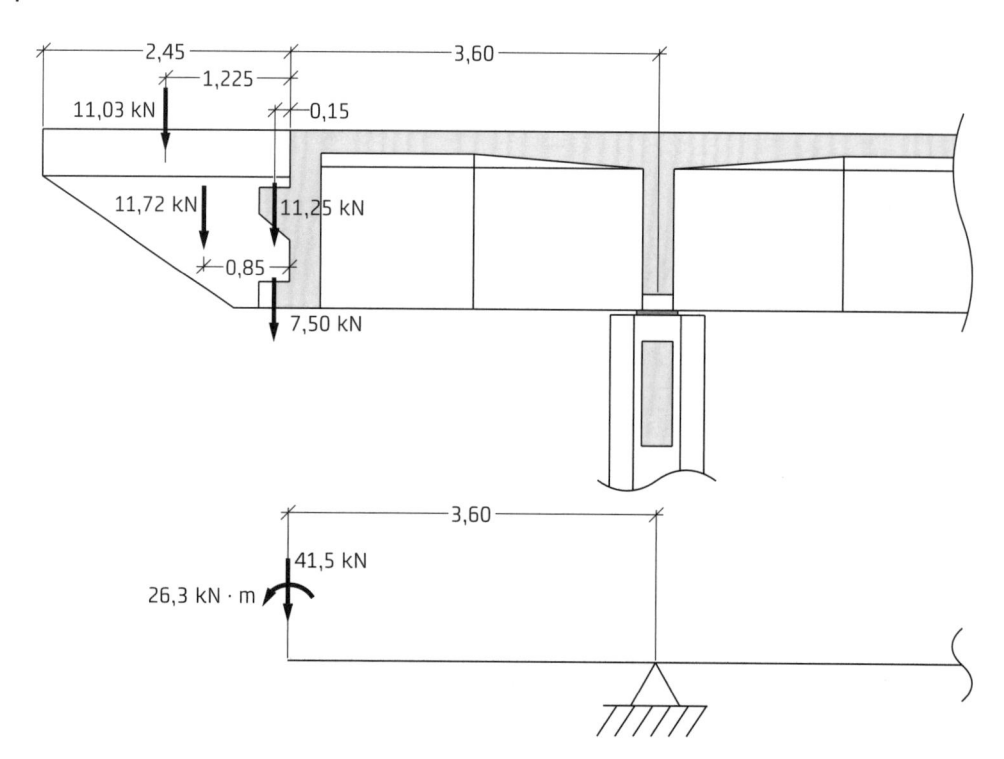

Fig. 4.10 Modelagem da carga de peso próprio de uma ala e meia cortina – medidas em m

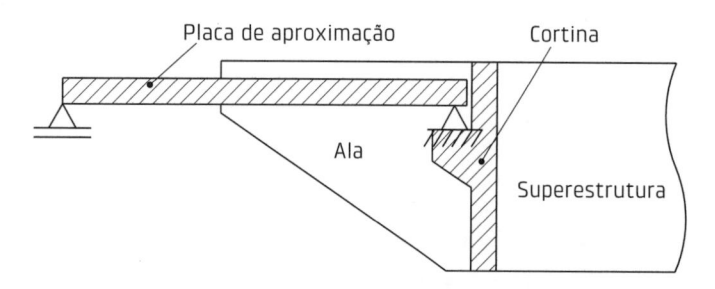

Fig. 4.11 Placa de aproximação modelada como viga biapoiada

levando-se em conta a ligação rotulada sobre o apoio do encontro, como ilustrado na Fig. 4.13. Conclui-se que a placa de aproximação, nesse caso de extremo em encontro, não influi nas solicitações da superestrutura e só acresce as reações de apoio do próprio encontro.

Na Fig. 4.14 apresenta-se uma vista em perspectiva mostrando a placa de aproximação do exemplo com indicação do ressalto para a posterior execução do berço da junta de dilatação.

A partir das dimensões indicadas nas Figs. 4.5 e 4.14, têm-se as seguintes cargas referentes a uma linha de longarina:

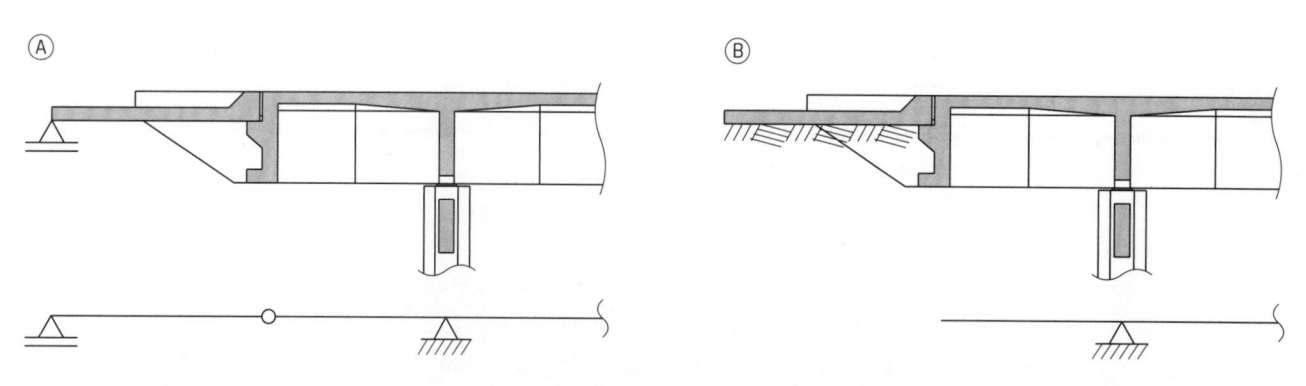

Fig. 4.12 Modelagens do extremo em balanço considerando ou não a placa de aproximação: (A) placa de aproximação apoiada somente nas extremidades e (B) placa de aproximação apoiada completamente sobre o solo

Fig. 4.13 *Modelagem do extremo em encontro considerando a placa de aproximação*

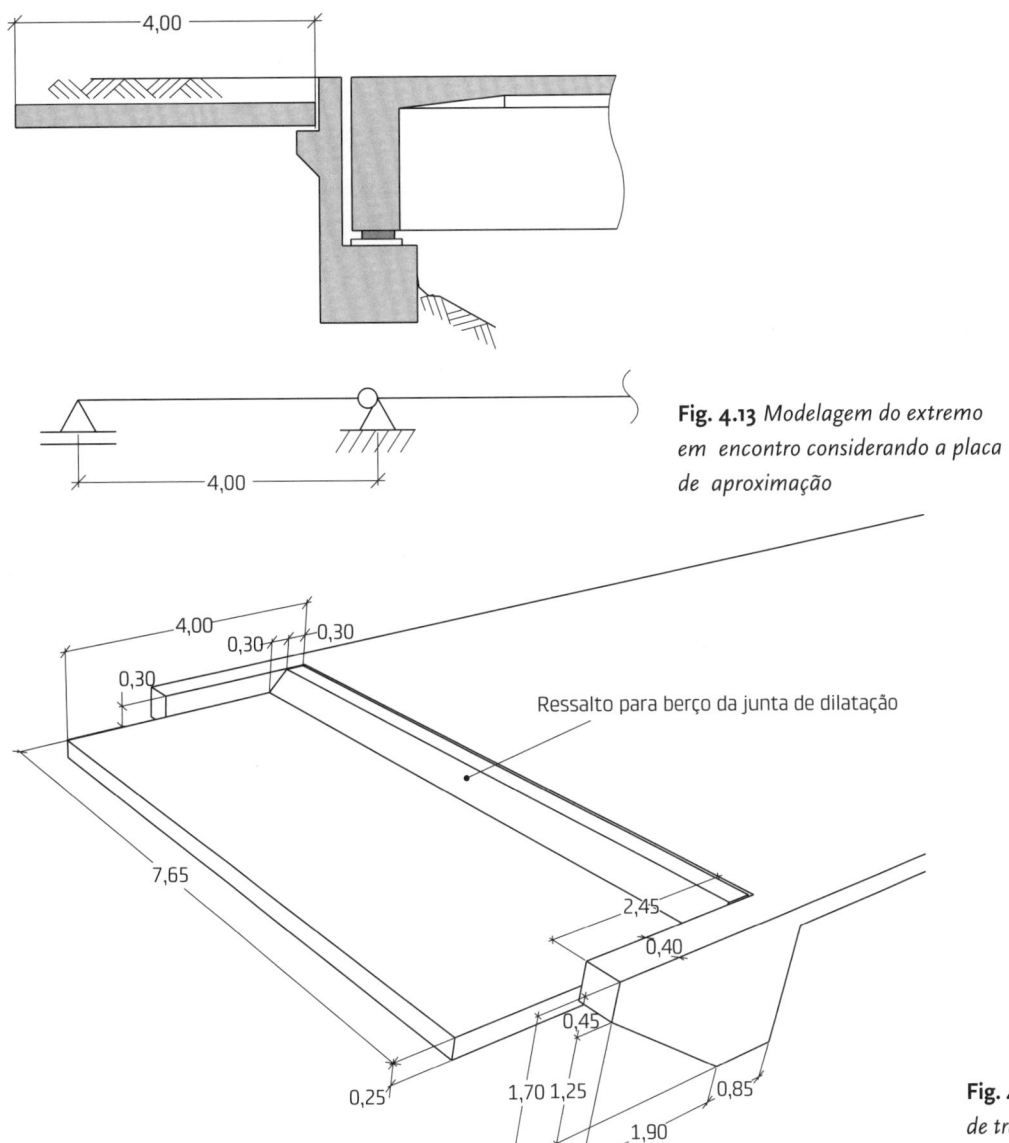

Fig. 4.14 *Vista superior da placa de transição em perspectiva – medidas em m*

▶ Carga distribuída longitudinal referente ao peso de meia placa:

$$\left(0{,}25\ m \times \frac{7{,}65\ m}{2}\right) \times 25\ kN/m^3 = 23{,}9\ kN \tag{4.11}$$

▶ Peso de meio ressalto para berço da junta de dilatação:

$$\left(\frac{0{,}30+0{,}60}{2} \times 0{,}30 \times \frac{7{,}65\ m}{2}\right) m^3 \times 25\ kN/m^3 = 12{,}91\ kN \tag{4.12}$$

As ações de peso próprio de todos os elementos estruturais devem ser analisadas comparando-se as solicitações resultantes a partir dos seguintes dois modelos:

▶ um considerando que a placa de transição está inteiramente apoiada no solo, e, assim, não são transmitidas quaisquer ações para o extremo em balanço;
▶ outro considerando que a placa de aproximação só se apoia em suas extremidades, uma sobre o solo e outra sobre o extremo em balanço.

As cargas nos modelos referentes a essas duas situações, com os diagramas de momentos fletores e de solicitações cortantes, estão apresentadas nas Figs. 4.15 e 4.16.

É importante observar que as mesmas respostas do modelo da Fig. 4.16, com placa de aproximação, podem ser obtidas no modelo da Fig. 4.15, superpondo-se as cargas de apoio das placas nas extremidades dos balanços, como indicado na Fig. 4.17.

Para a definição das solicitações de dimensionamento, deve-se determinar a envoltória dos valores, que pode ser obtida superpondo-se os diagramas, como exemplificado na Fig. 4.18 para os cortantes. Observa-se que os dois diagramas de cortantes, das Figs. 4.15 e 4.16, são praticamente coincidentes, exceto no trecho do balanço, onde os valores sem a consideração da placa de aproximação são indicados

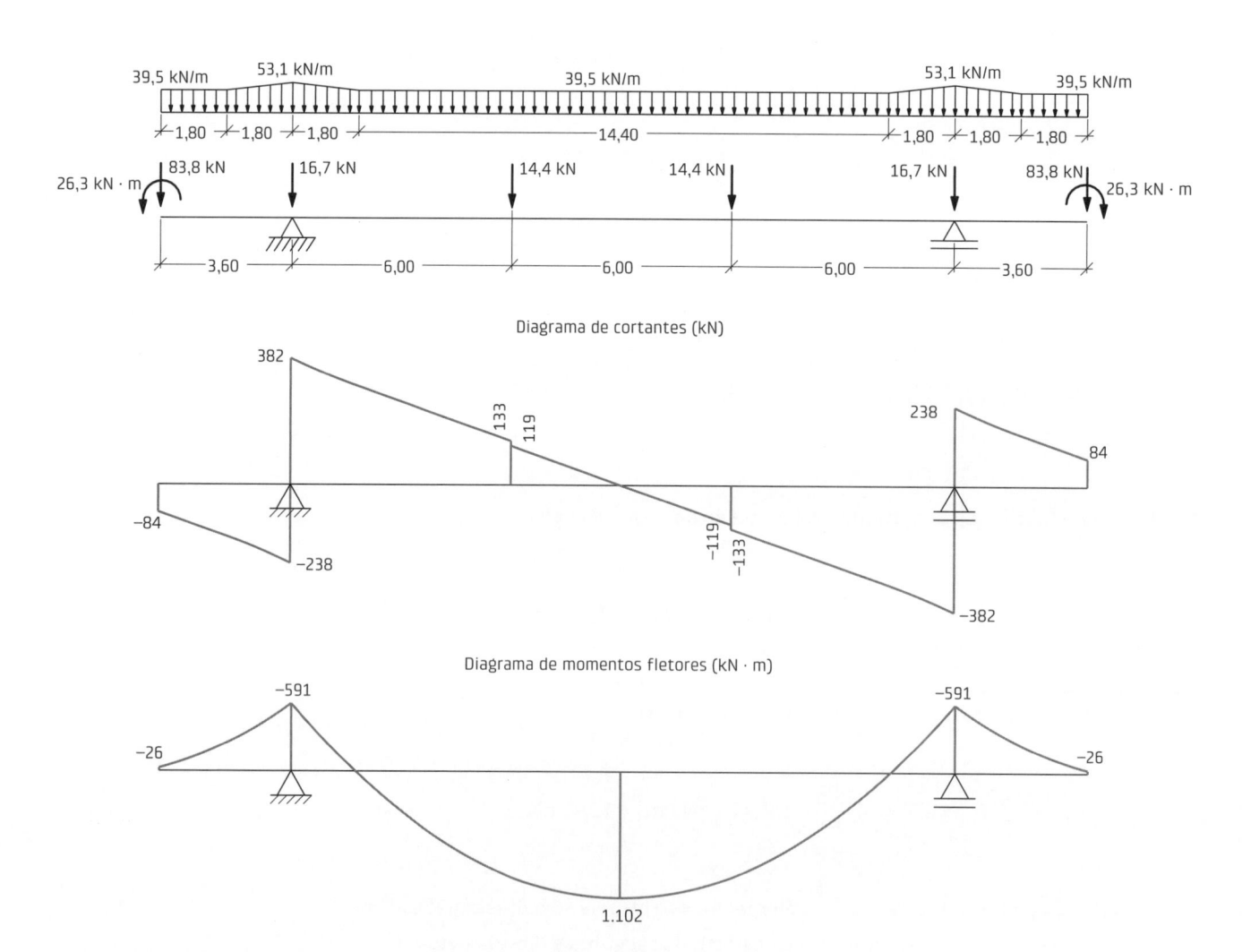

Fig. 4.15 *Diagramas da ação de peso próprio sem a consideração da placa de transição*

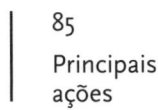

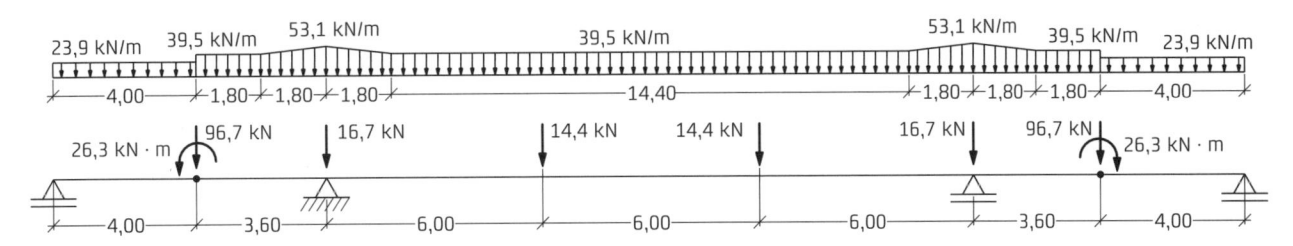

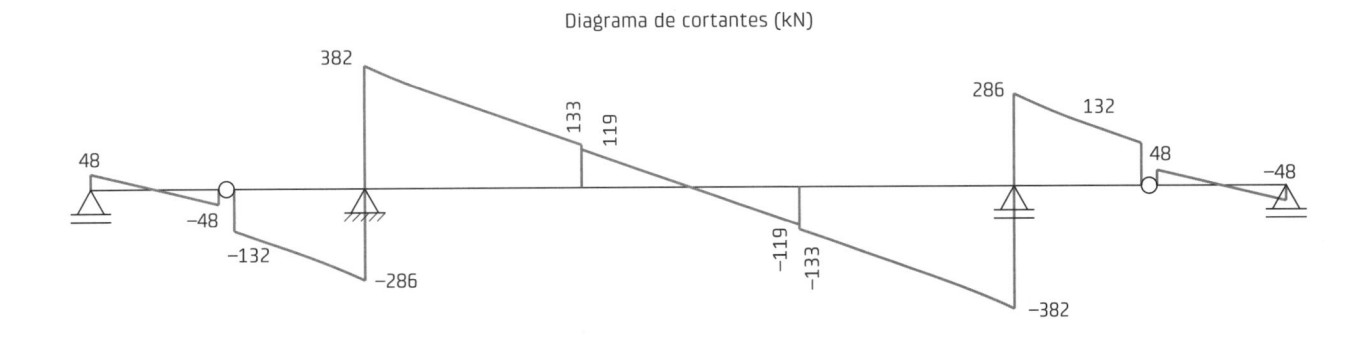

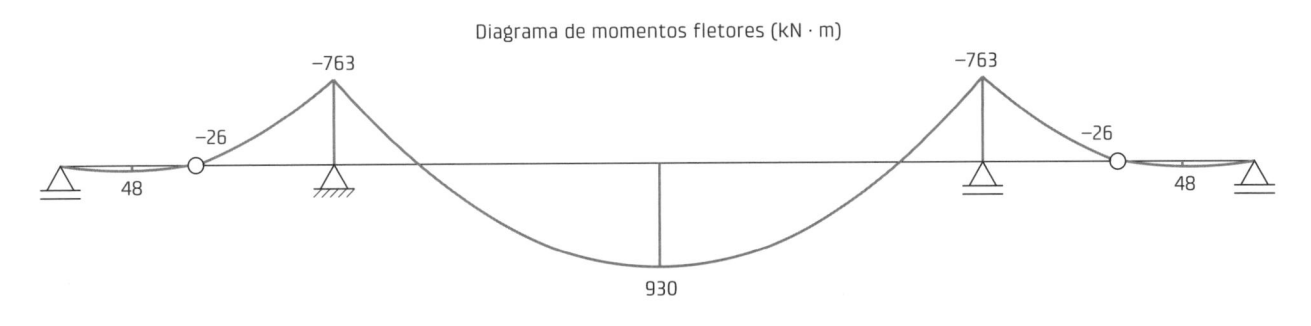

Fig. 4.16 *Diagramas da ação de peso próprio considerando a placa de transição*

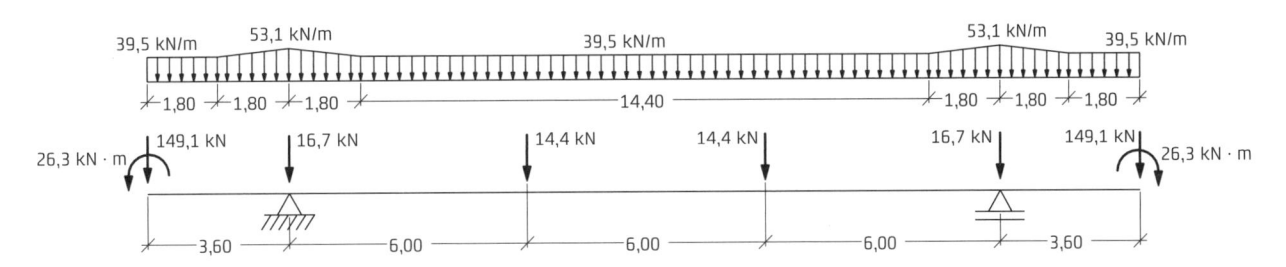

Fig. 4.17 *Modelo para análise de peso próprio considerando as ações sobre a placa de transição*

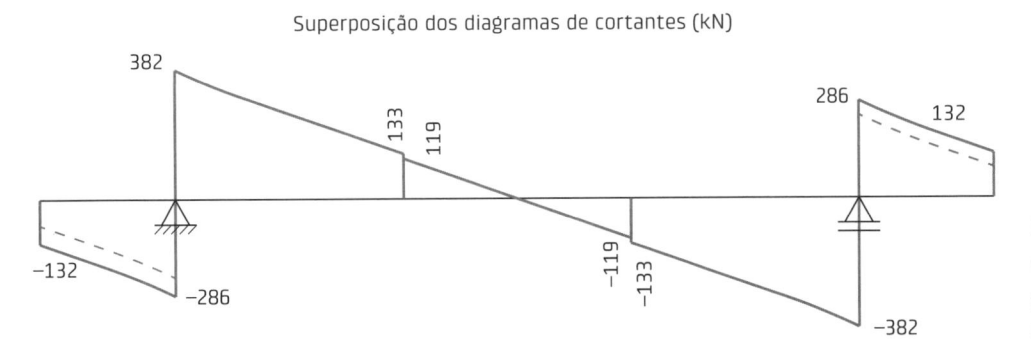

Fig. 4.18 *Definição da envoltória de cortantes por peso próprio em uma longarina*

em tracejado. A envoltória dos cortantes coincide então com o diagrama do modelo considerando a placa de aproximação (Figs. 4.16 ou 4.17).

Analisando-se os diagramas de momentos fletores das Figs. 4.15 e 4.16, conclui-se que a envoltória dos valores positivos da longarina, mostrada na Fig. 4.19, é definida pelo trecho central do diagrama da Fig. 4.15, enquanto os valores negativos, no balanço e próximos aos apoios, são definidos pelo modelo considerando a placa de aproximação, como nas Figs. 4.16 ou 4.17.

É importante observar que, nas superestruturas com vigas pré-moldadas, o peso próprio dos elementos estruturais da superestrutura é materializado em duas etapas. O peso da viga isolada deve então ser considerado separadamente do peso da laje. Essa consideração é fundamental para o dimensionamento, pois o peso próprio da laje atua como carga sobre a seção da viga isolada, sem contar ainda com mesa colaborante. Essa situação ocorre tanto na solução de laje inteiramente pré-moldada como nas lajes moldadas no local, sobre painéis de pré-lajes ou sobre formas e cimbramentos. A seção resistente da viga com mesa colaborante só pode ser admitida como efetiva para os carregamentos posteriores à completa ligação monolítica entre viga e laje.

4.1.2 Sobrecarga permanente

A sobrecarga permanente, aqui denominada com o símbolo g_2 por ser a segunda carga de origem gravitacional, corresponde ao peso dos elementos não estruturais, tais como pavimento, barreiras, revestimento do passeio, guarda-corpos e o aterro sobre as placas de transição. Para o concreto simples, como nos revestimentos de passeio e na pavimentação em concreto asfáltico, admite-se peso específico com valor mínimo de 24 kN/m³. A sobrecarga permanente é função exclusiva do peso dos elementos que compõem a seção viária e, assim, pode ser determinada de forma definitiva antes mesmo do pré-dimensionamento da superestrutura.

De acordo com a NBR 7187, deve-se ainda prever uma carga adicional de 2,0 kN/m² para possível recapeamento, que, no entanto, pode ser dispensada no caso de vãos mais expressivos. Observa-se que a necessidade de consideração dessa carga de recapeamento, realidade comum no passado, tende a ser cada vez menor com o

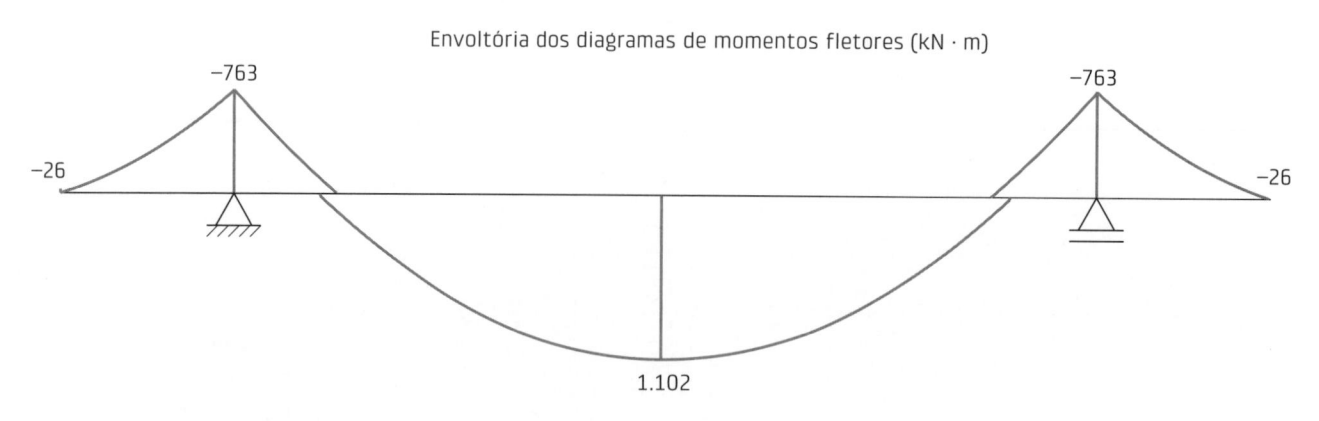

Fig. 4.19 *Envoltória de momentos fletores por peso próprio em uma longarina*

advento das máquinas de fresagem, que removem a camada danificada de pavimento antes de uma nova pavimentação.

Continuando o exemplo anterior, considera-se que a seção viária é composta por duas barreiras e duas faixas de tráfego, como ilustrado na Fig. 4.20, cujo pavimento apresenta caimento para os bordos. O caimento transversal com declividade de 2,0% para cada bordo é materializado no pavimento, que apresenta assim espessura variável entre 12 cm e 5 cm.

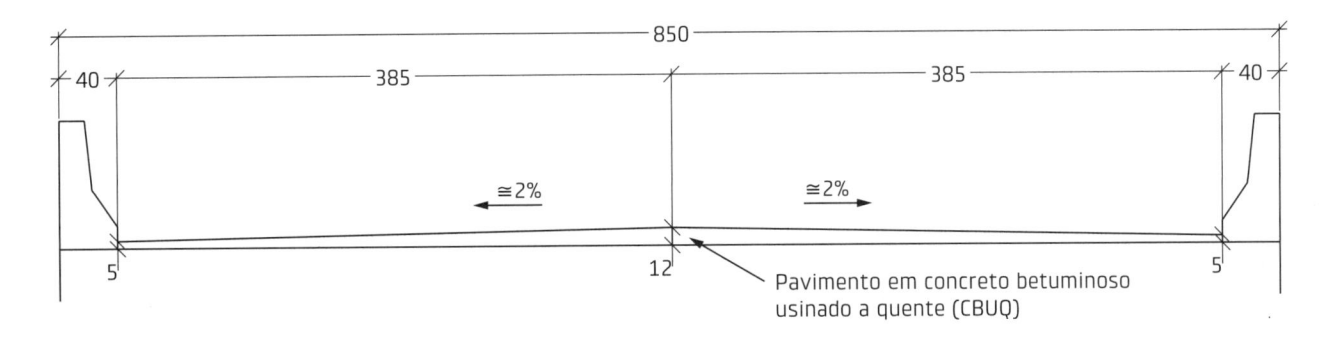

Fig. 4.20 *Definição dos elementos da seção transversal viária – cotas em cm*

Seguindo a prescrição de norma, adota-se o valor de 24 kN/m³ para o peso específico do concreto asfáltico. A carga correspondente, uniformemente distribuída na direção longitudinal, é definida a partir das dimensões da seção transversal do pavimento. Lembrando que se deve dividir o valor pelas duas longarinas, tem-se:

$$\frac{1}{2} \times \left\{ 2 \times \left[\frac{(0,05+0,12)}{2} \times 3,85 \right] m^2 \times 25 \text{ kN/m}^3 \right\} = 8,18 \text{ kN/m} \quad (4.13)$$

Para a previsão de repavimentação, tem-se ainda a seguinte carga em cada longarina:

$$\frac{1}{2} \times (7,70 \text{ m} \times 2,0 \text{ kN/m}^2) = 7,70 \text{ kN/m} \quad (4.14)$$

O peso da barreira New Jersey é determinado a partir de sua área de seção transversal, cuja forma pode ser simplificadamente representada pela Fig. 4.21.

Considerando-se para o peso específico do concreto armado o valor de 25 kN/m³, tem-se a seguinte carga distribuída uniforme para uma linha de barreira:

$$\left\{ \left[\frac{(0,175+0,225)}{2} \times 0,47 \right] + \left[\frac{(0,225+0,40)}{2} \times 0,25 \right] + (0,15 \times 0,40) \right\} m^2 \times 25$$
$$= 5,80 \text{ kN/m} \quad (4.15)$$

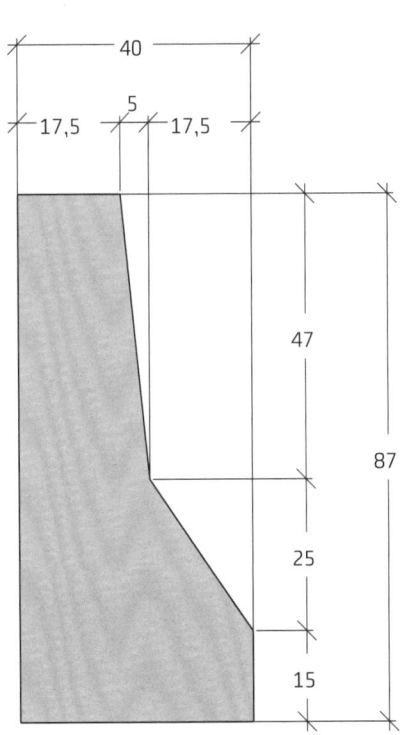

Fig. 4.21 *Barreira New Jersey em concreto armado – dimensões em cm*

Deve-se observar que, na extremidade do balanço, somente o peso das barreiras age sobre as alas, solidárias à superestrutura. A carga de pavimentação, a partir da extremidade da superestrutura, passa a atuar apenas sobre a placa de aproximação, como indicado na Fig. 4.22.

A resultante da sobrecarga do peso da barreira atuante sobre as alas pode ser aplicada no extremo do balanço da superestrutura, juntamente com o momento correspondente, como mostrado na Fig. 4.23.

Tem-se, assim, a definição completa do carregamento de sobrecarga permanente sobre uma linha de longarina. Essas cargas, atuantes sobre o modelo de viga sem a consideração da placa de aproximação, são indicadas na Fig. 4.24.

Como se pode observar na Fig. 4.25, na composição da sobrecarga permanente sobre a placa de aproximação deve-se considerar o peso de aterro juntamente com

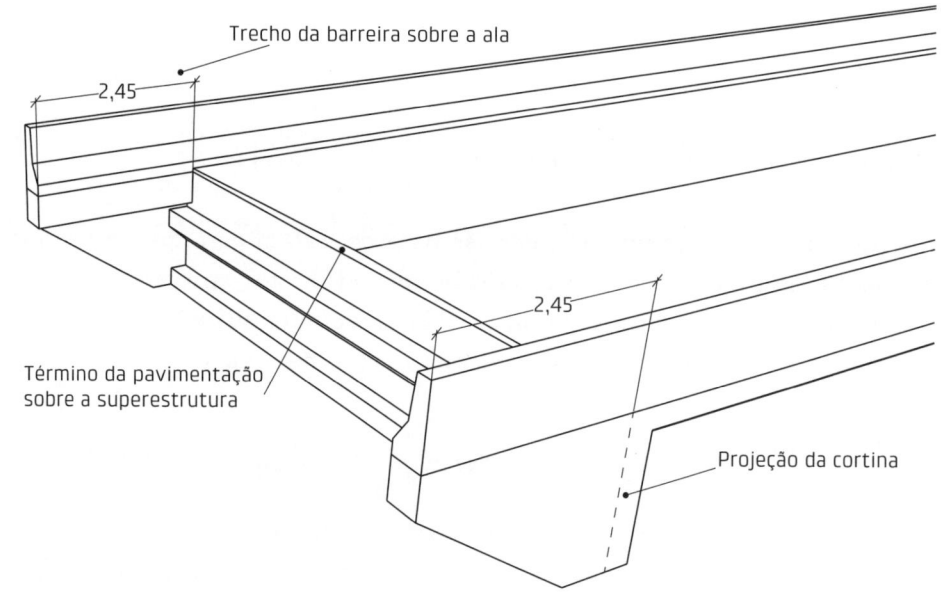

Fig. 4.22 *Detalhe em perspectiva da posição das sobrecargas de pavimentação e barreiras*

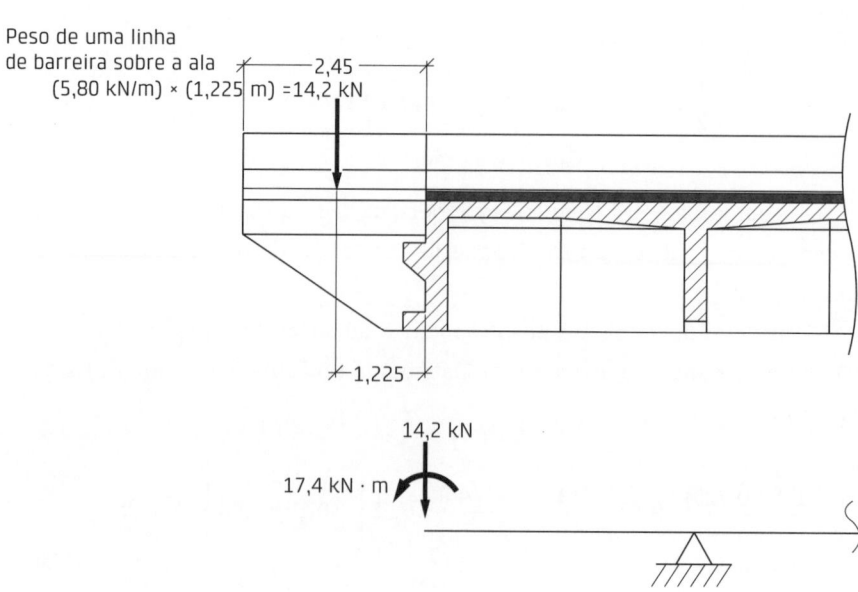

Fig. 4.23 *Detalhe da ação do peso da barreira sobre a ala*

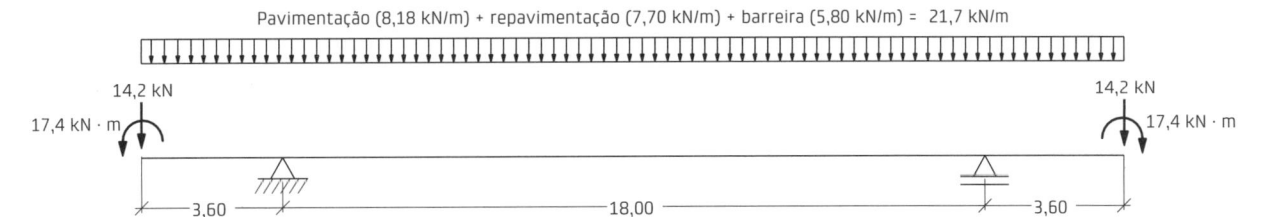

Fig. 4.24 *Ação da sobrecarga permanente sem considerar a placa de transição*

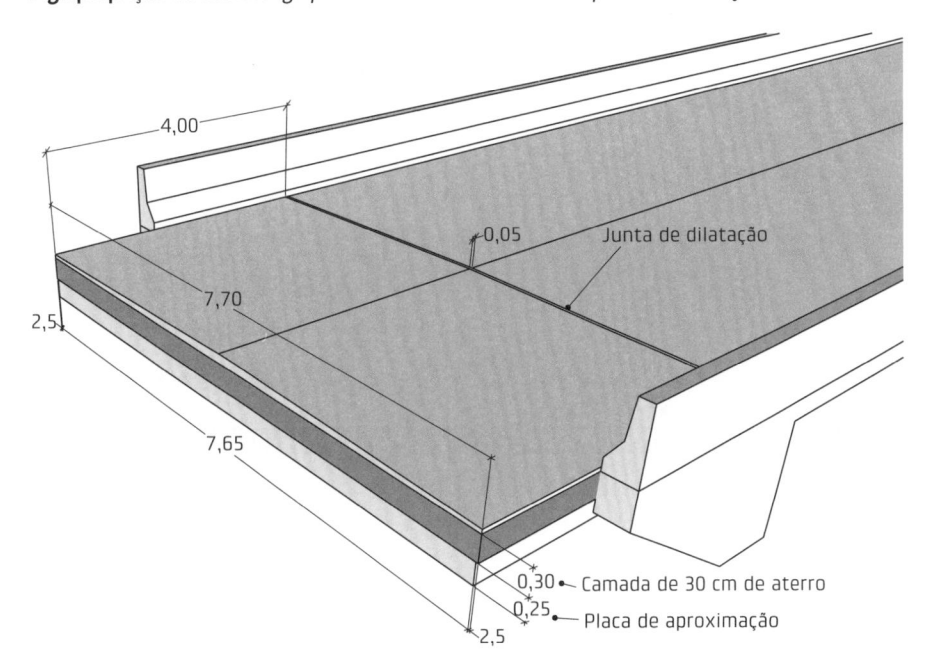

Fig. 4.25 *Detalhe em perspectiva da placa de aproximação com sobrecarga de aterro*

o peso da pavimentação (8,18 kN/m) e da repavimentação (7,70 kN/m). Para a determinação da sobrecarga do aterro, a NBR 7187 define para o peso específico do solo úmido o valor mínimo de 18 kN/m³.

Dessa maneira, chega-se ao seguinte valor para a carga de aterro sobre a placa para uma linha de longarina:

$$\frac{1}{2} \times (0{,}30 \times 7{,}70) \text{ m}^2 \times 18 \text{ kN/m}^3 = 20{,}8 \text{ kN/m} \tag{4.16}$$

A carga de aterro deve ser adicionada ao valor da sobrecarga decorrente da pavimentação e da repavimentação, que pode atuar na forma de carga distribuída no modelo com a placa de aproximação ou como carga concentrada no extremo do balanço, conforme representado na Fig. 4.26.

A partir da carga definida na Fig. 4.26, tem-se o modelo para análise da ação da sobrecarga permanente com a consideração da placa de aproximação como viga apoiada sobre a extremidade do balanço, como indicado na Fig. 4.27.

Para a determinação da envoltória de cortantes e momentos fletores por ação de sobrecarga permanente, são analisados os modelos das Figs. 4.24 e 4.27. Obtêm-se, assim, os diagramas de envoltória apresentados nas Figs. 4.28 e 4.29, referentes a uma linha de longarina.

Fig. 4.26 *Definição da sobrecarga permanente sobre a placa de aproximação*

Pavimento
Aterro

Pavimento + repavimentação: 15,9 kN/m
Aterro sobre a placa: 20,8 kN/m

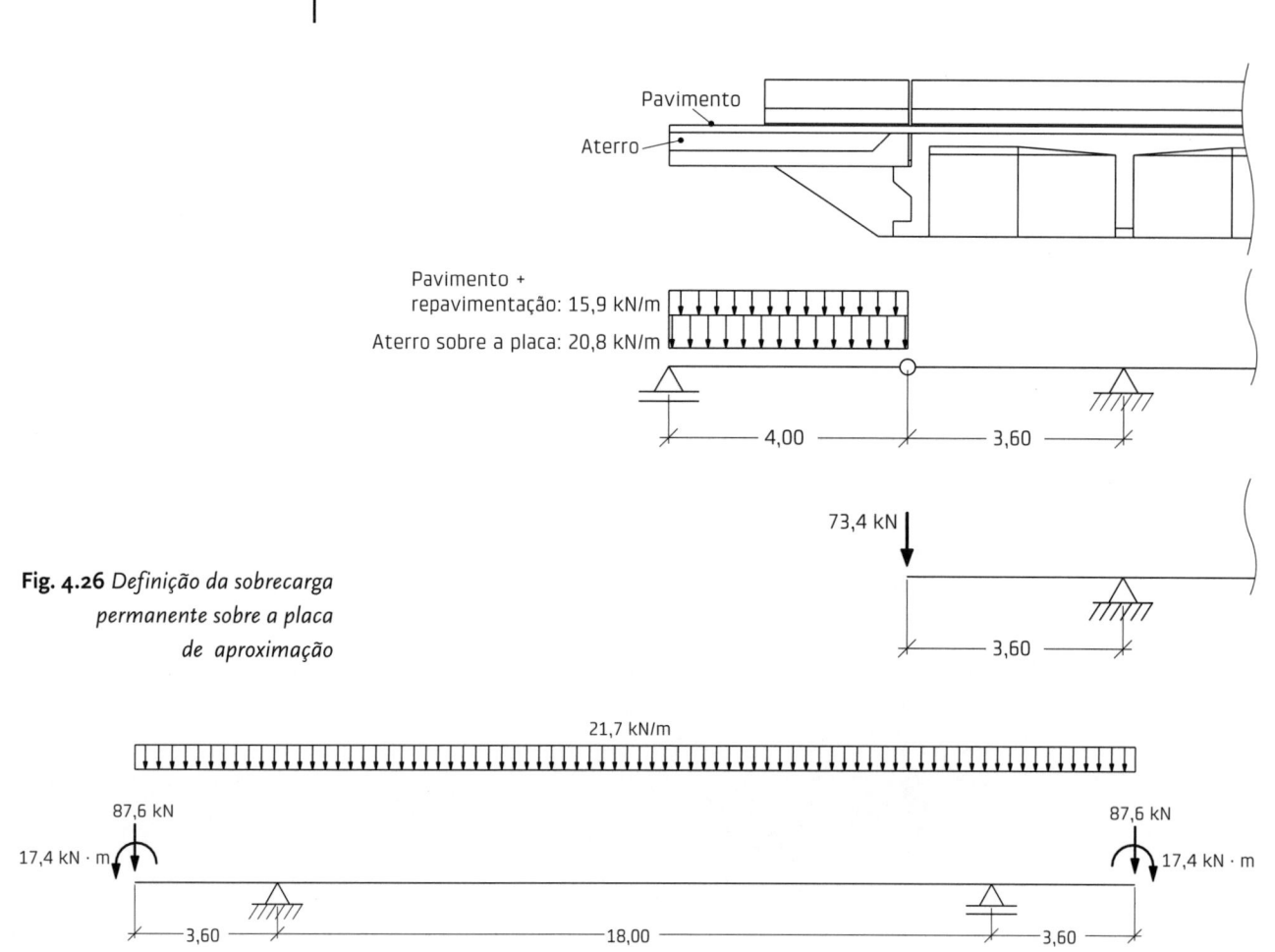

4,00 — 3,60

73,4 kN

3,60

Fig. 4.27 *Ação da sobrecarga permanente com a consideração da placa de transição*

21,7 kN/m

87,6 kN   87,6 kN
17,4 kN · m   17,4 kN · m

3,60 — 18,00 — 3,60

Fig. 4.28 *Envoltória de cortantes por sobrecarga permanente em uma longarina*

Envoltória dos diagramas de cortantes (kN)

195
166
88
-88
-166
-195

Envoltória dos diagramas de momentos fletores (kN · m)

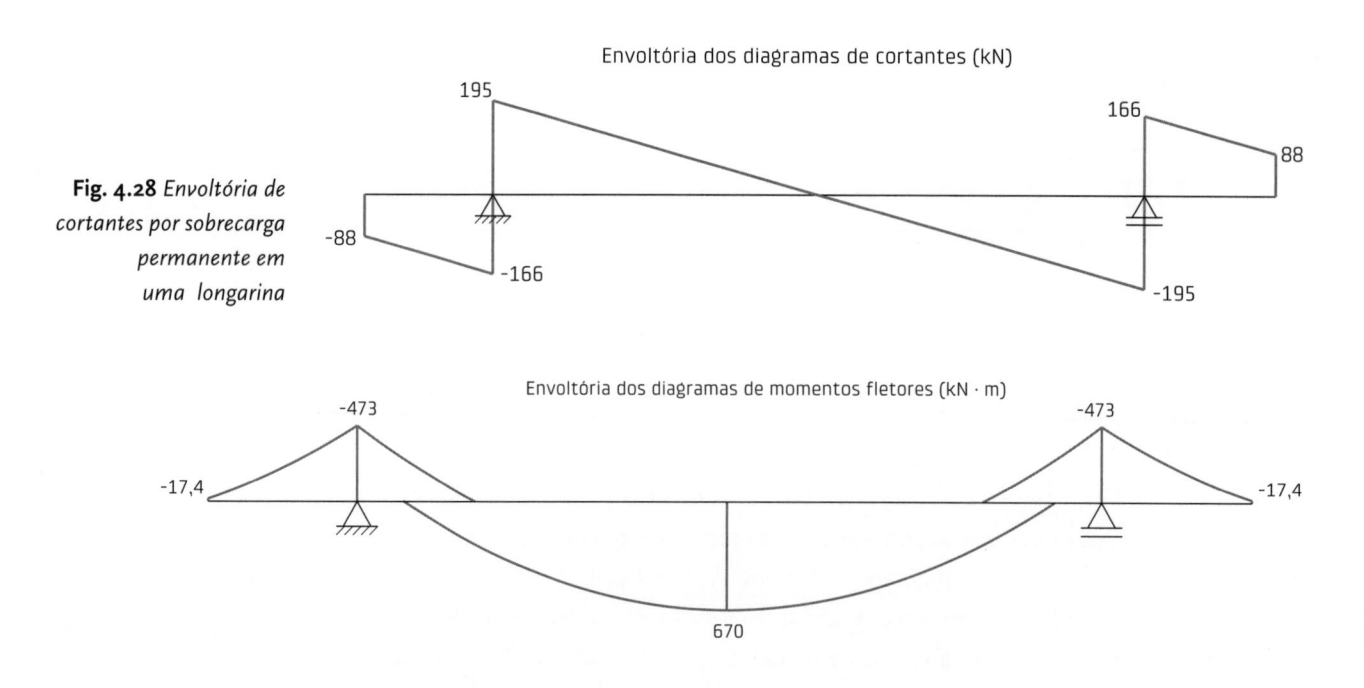

-473   -473
-17,4   -17,4
670

Fig. 4.29 *Envoltória de momentos fletores por sobrecarga permanente em uma longarina*

4.2 Ações variáveis

Entre as ações variáveis que despertam solicitações importantes para o dimensionamento da superestrutura, destacam-se as forças verticais correspondentes aos pesos das cargas móveis. As ações horizontais das cargas móveis (frenagem e força centrífuga), mesmo que atuem sobre a superestrutura, resultam em solicitações importantes para o dimensionamento apenas da meso e da infraestrutura.

Em Engenharia de Estruturas, o arranjo das forças verticais referentes ao peso das cargas móveis é usualmente denominado *trem-tipo*. Normalmente, trata-se de uma sequência de cargas concentradas e distribuídas a serem posicionadas no modelo estrutural de modo a despertar as solicitações mais desfavoráveis, máximas e mínimas. As cargas móveis são definidas nas normas brasileiras em função da natureza ferroviária ou rodoviária, como a seguir detalhado.

4.2.1 Carga móvel ferroviária

O conceito de trem-tipo tem origem nas obras ferroviárias, nas quais as composições se acoplam sequencialmente numa mesma trajetória. O peso dos vagões, carregados ou descarregados, é representado por cargas distribuídas (q ou q'). As cargas concentradas (Q) representando os eixos da locomotiva completam o trem-tipo ferroviário, ilustrado na Fig. 4.30.

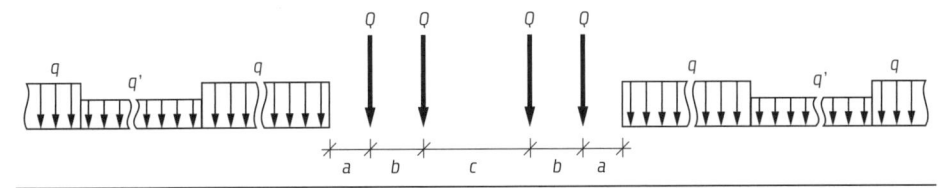

TB	Carregamento			Distâncias		
	Distribuído (kN/m)		Concentrado			
	q (vagão carregado)	q' (vagão descarregado)	Q (kN)	a (m)	b (m)	c (m)
360	120	20	360	1,0	2,0	2,0
270	90	15	270	1,0	2,0	2,0
240	80	15	240	1,0	2,0	2,0
170	25	15	170	1,0	2,5	5,0

Fig. 4.30 *Cargas do trem-tipo ferroviário definidas pela NBR 7189*
Fonte: ABNT (1985).

De acordo com a NBR 7189 (ABNT, 1985), são definidos os seguintes trens-tipos ferroviários (TB):

- TB-360: transporte de minério de ferro ou carregamentos equivalentes;
- TB-270: transporte de carga em geral;
- TB-240: para verificação de estabilidade e projeto de reforço de obras existentes;
- TB-170: transporte de passageiros em regiões metropolitanas ou suburbanas.

Nas pontes ferroviárias com duas vias, o trem-tipo deve ser considerado em dobro. No caso de três ou mais vias, deve-se analisar a mais desfavorável das seguintes situações:

- duas vias carregadas com o TB na posição mais crítica e demais vias descarregadas;
- todas as vias carregadas com TB na posição mais crítica, com cargas afetadas de um fator de redução (ρ) definido em função do número de vias (n), não maior do que 5, conforme resumido na Tab. 4.2.

Tab. 4.2 Fatores de redução para carga móvel ferroviária

n	3	4	5
ρ	0,73	0,66	0,59

De acordo com a NBR 7187, o efeito dinâmico das cargas móveis deve ser analisado aplicando-se os conceitos de dinâmica das estruturas. No entanto, admite-se que as cargas móveis sejam representadas por cargas estáticas multiplicadas por um coeficiente de impacto, que, no caso de obras ferroviárias, é definido pela seguinte expressão:

$$\varphi = 0{,}001 \times (1.600 - 60\sqrt{\ell} + 2{,}25\ell) \geq 1{,}2 \qquad (4.17)$$

em que ℓ é o comprimento, em metros, de cada vão teórico do elemento carregado. No caso de vãos desiguais, em que o menor vão seja superior ou igual a 70% do maior, permite-se considerar a média dos vãos teóricos. No caso de vão em balanço, ℓ é tomado como igual ao dobro de seu comprimento.

É importante observar que a placa de aproximação *não deve ser considerada* como vão para a determinação do coeficiente de impacto.

Como exemplo, apresenta-se a ponte ferroviária em viga contínua da Fig. 4.31.

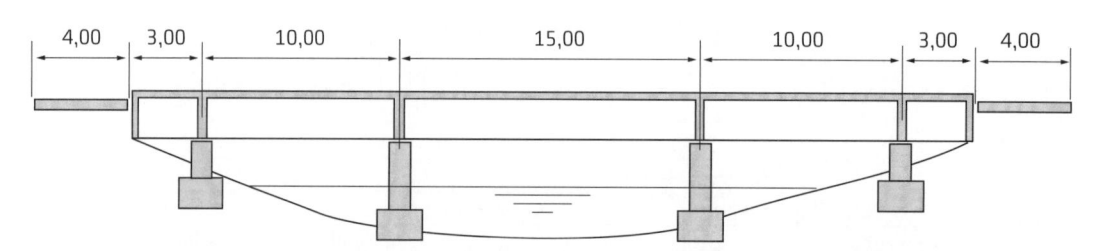

Fig. 4.31 *Exemplo de ponte ferroviária em viga contínua*

Nesse caso, não se pode tomar a média entre vãos (diferença maior do que 70%). Têm-se coeficientes de impacto diferentes em função da posição da seção. Pode-se então definir os seguintes três trechos, conforme indicado na Fig. 4.32.

- Balanço:

$$\varphi = 0{,}001 \times (1.600 - 60\sqrt{2 \times 3{,}0} + 2{,}25 \times 2 \times 3{,}0) \Rightarrow \varphi = 1{,}467 \qquad (4.18)$$

- Vãos de 10 m:

$$\varphi = 0{,}001 \times (1.600 - 60\sqrt{10{,}0} + 2{,}25 \times 10{,}0) \Rightarrow \varphi = 1{,}432 \qquad (4.19)$$

- Vão de 15 m:

$$\varphi = 0{,}001 \times (1.600 - 60\sqrt{15{,}0} + 2{,}25 \times 15{,}0) \Rightarrow \varphi = 1{,}401 \qquad (4.20)$$

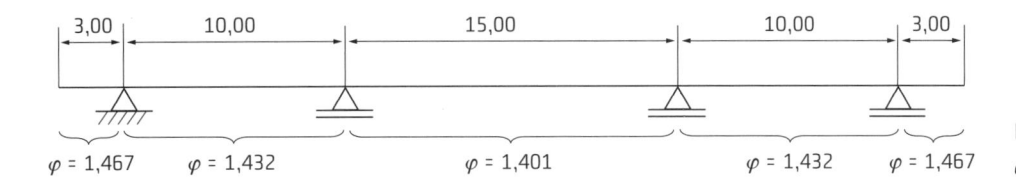

Fig. 4.32 *Valores do coeficiente de impacto ferroviário*

4.2.2 Carga móvel rodoviária

Ao contrário da carga móvel ferroviária, definida na forma de cargas distribuídas por unidade de comprimento e concentradas, as cargas móveis rodoviárias atuam de forma generalizada sobre a superfície de rolamento e, assim, podem agir em variadas posições.

A NBR 7188 (ABNT, 2013) define como carga móvel rodoviária padrão o TB-450, caracterizado por veículo-tipo com 450 kN de peso, circundado por carga distribuída de 5,00 kN/m², conforme reproduzido na Fig. 4.33. Considerando-se uma distribuição uniforme do peso do veículo, cada roda apresenta uma carga $P = 450 \div 6 = 75$ kN, como indicado. No caso de estradas vicinais municipais com uma faixa ou em obras particulares, a NBR 7188 indica que a carga móvel rodoviária seja no mínimo igual à do tipo TB-240 (veículo com peso de 240 kN), com valores e disposição tais como os definidos na antiga NB 6 (ABNT, 1960).

Nos passeios, deve-se considerar uma carga distribuída de 3,00 kN/m², na posição mais desfavorável, concomitante com a carga móvel rodoviária, para a análise estrutural global. Entretanto, para o dimensionamento especificamente do elemento estrutural do passeio, deve-se adotar a carga distribuída no valor de 5,00 kN/m², *sem a*

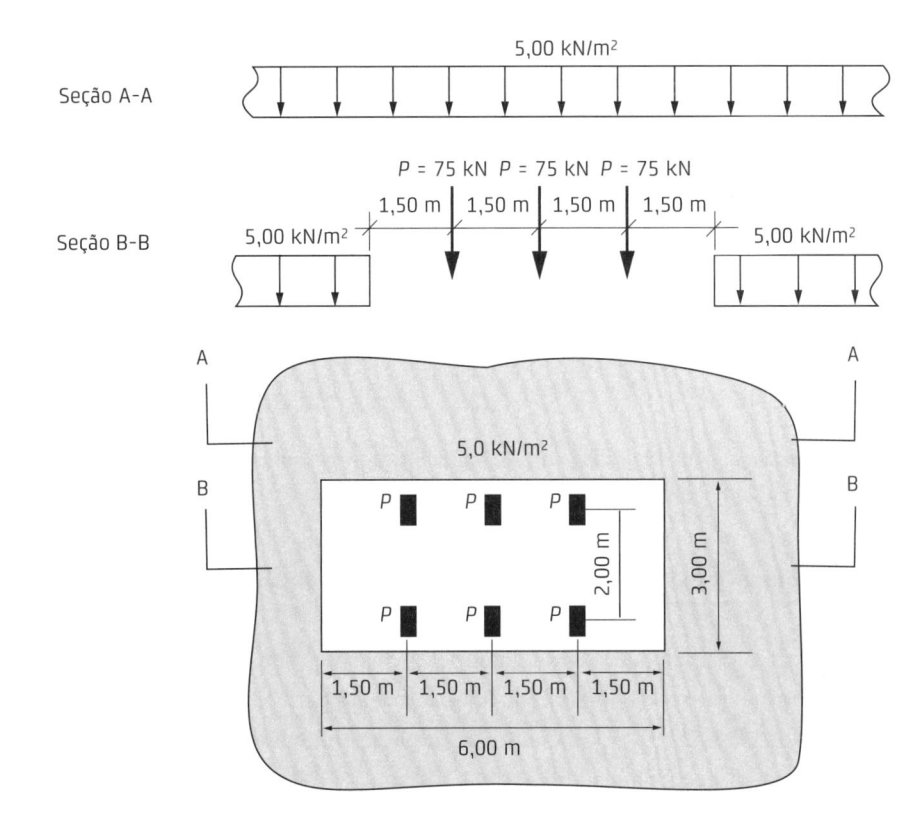

Fig. 4.33 *Definição da carga móvel rodoviária*
Fonte: adaptado de ABNT (2013).

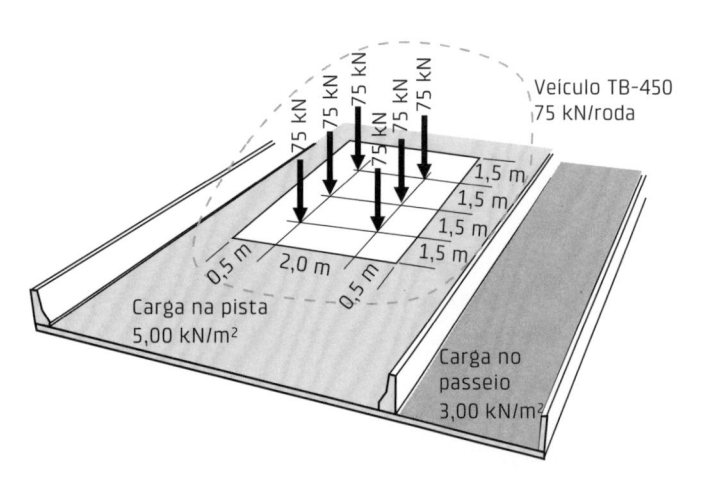

Fig. 4.34 *Carga móvel rodoviária incluindo carga no passeio*

consideração de coeficiente de impacto. A Fig. 4.34 ilustra as cargas móveis rodoviárias descritas.

A carga móvel, conforme definido na Fig. 4.33, pode ser simplificada adotando-se o conceito de veículo homogeneizado, como apresentado na antiga NB 6 (ABNT, 1982). No veículo homogeneizado, a carga distribuída com o valor constante de 5,00 kN/m² é considerada em toda a projeção do veículo (3,00 m × 6,00 m), descontando-se a resultante dessa carga das forças sobre as rodas, conforme indicado na Fig. 4.35. A consideração do veículo homogeneizado permite simplificar bastante a definição do trem--tipo e a integração das linhas de influência.

A carga concentrada por eixo do veículo homogeneizado, desconsiderando-se o impacto, é, portanto:

$$P_h = \frac{(450 \text{ kN} - 5,00 \text{ kN}/\text{m}^2 \times 18,0 \text{ m}^2)}{3 \text{ eixos}} = 120 \text{ kN}/\text{eixo} \quad (4.21)$$

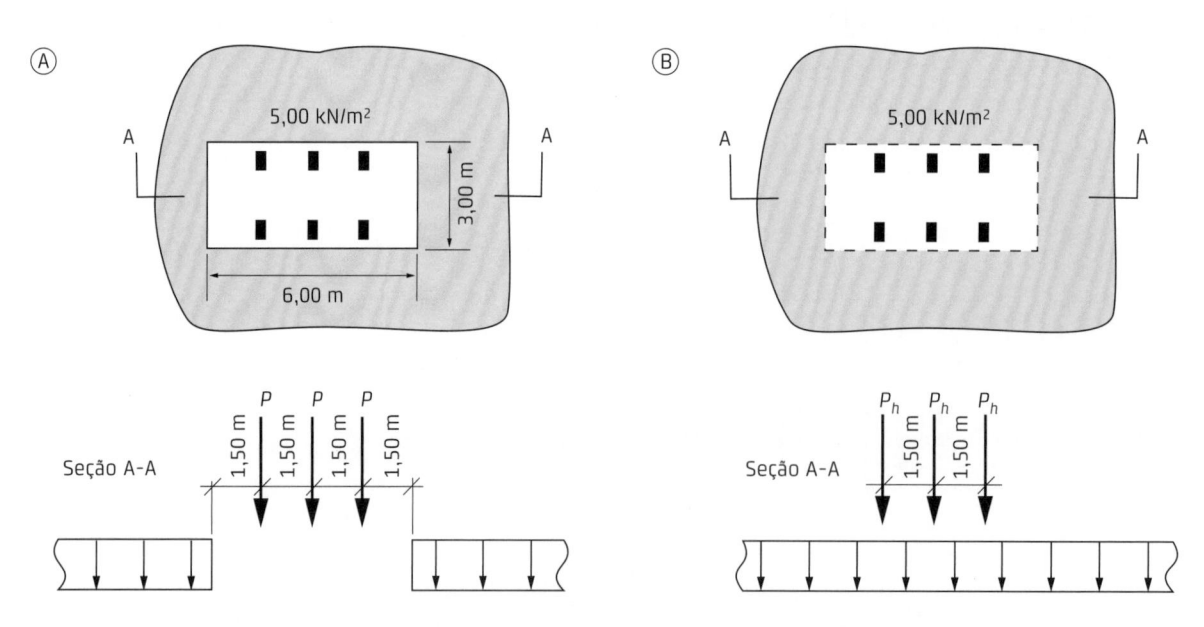

Fig. 4.35 *Definição da carga móvel homogeneizada: (A) veículo-tipo original (ausência de carga em sua projeção) e (B) veículo-tipo homogeneizado (carga de 5,0 kN/m² em sua projeção)*

A Fig. 4.36 exemplifica a disposição das cargas móveis rodoviárias com o veículo homogeneizado.

A partir do ano de 2013, o coeficiente de impacto passou a ser definido pela NBR 7188, substituindo a expressão apresentada anteriormente pela NBR 7187. De acordo com a definição da NBR 7188, o coeficiente de impacto rodoviário é resultante do produto de três fatores, conforme a expressão a seguir.

$$\varphi = CIV \cdot CNF \cdot CIA \qquad (4.22)$$

em que:
CIV = coeficiente de impacto vertical;
CNF = coeficiente de número de faixas;
CIA = coeficiente de impacto adicional.

O coeficiente de impacto vertical (CIV) depende do comprimento do vão considerado, de acordo com a seguinte expressão, *válida para vãos maiores que 10 m e menores que 200 m*:

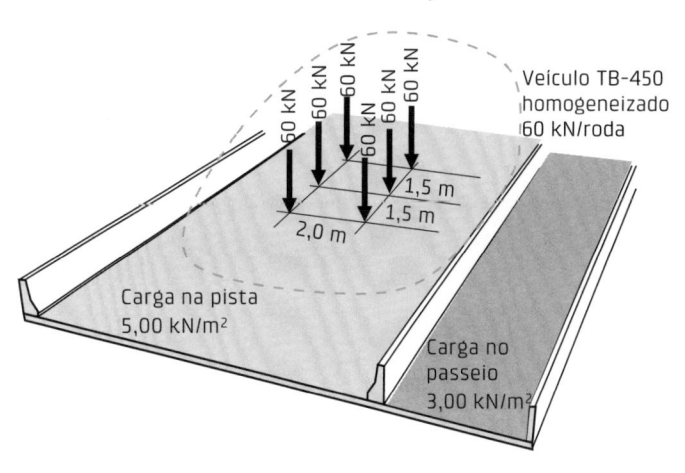

Fig. 4.36 *Carga móvel homogeneizada*

$$CIV = 1,00 + 1,06 \times \left(\frac{20}{Liv + 50}\right) \qquad (4.23)$$

em que Liv é o comprimento do vão, expresso em metros, sendo:
Liv = comprimento do vão, no caso de vão isostático ou em balanço;
Liv = média aritmética dos vãos, no caso de vãos contínuos.

Para vãos menores ou iguais a 10 m, deve-se adotar o valor constante CIV = 1,35.
Para vãos maiores que 200 m, a NBR 7188 recomenda que se realize estudo específico.

O coeficiente de número de faixas (CNF) é definido em função da quantidade (n) de faixas de tráfego, não se considerando acostamentos e faixas de segurança, conforme a seguinte expressão, válida para $n \leq 4$.

$$CNF = 1,00 - 0,05 \times (n - 2) \qquad (4.24)$$

Os valores de CNF podem ser resumidos como indicado na Tab. 4.3.

O coeficiente de impacto adicional (CIA) só é considerado para as seções situadas a uma distância inferior a 5,00 m das juntas ou das descontinuidades estruturais. Para essas seções, o valor do CIA é função do tipo de material.

Para obras em concreto ou mistas:

$$CIA = 1,25 \qquad (4.25)$$

Para obras em aço:

$$CIA = 1,15 \qquad (4.26)$$

Tab. 4.3 Valores de *CNF* em função da quantidade (**n**) de faixas de tráfego

	n = 1	n = 2	n = 3	n = 4
CNF	1,05	1,00	0,95	0,90

Para as seções a uma distância superior a 5,00 m das juntas ou extremidades, basta considerar o CIA com valor unitário ou simplesmente não considerá-lo no cálculo.

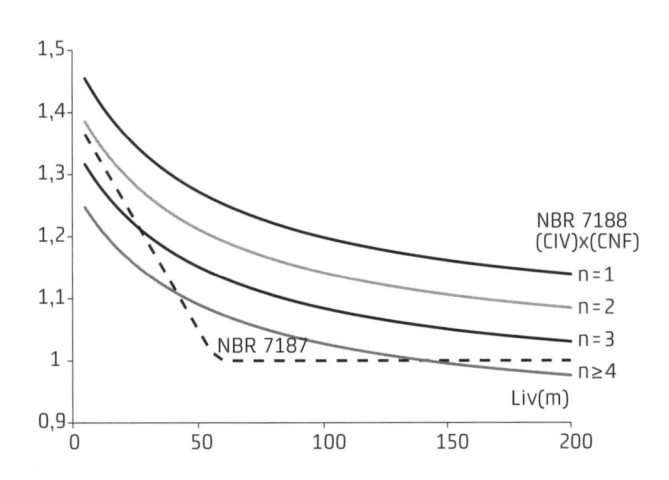

Na Fig. 4.37 apresenta-se a comparação entre os valores de coeficiente de impacto segundo a antiga NBR 7187 e a recente NBR 7188, considerando-se a multiplicação $\varphi = CIV \cdot CNF$, sem o coeficiente de impacto adicional. Observa-se que o coeficiente da NBR 7188 (ABNT, 2013) resulta em valores sempre maiores que os da antiga NBR 7187 (ABNT, 1987) para $n \leq 2$. Destaca-se que, para $Liv > 140$ m ($n \geq 4$), o coeficiente de impacto de acordo com a NBR 7188 é inferior à unidade, sendo, portanto, redutor.

Para exemplo, considera-se a mesma superestrutura em viga contínua da Fig. 4.31 como uma ponte rodoviária em concreto armado com duas faixas de tráfego. Por serem duas faixas, tem-se valor unitário para o coeficiente CNF.

Fig. 4.37 *Comparação entre os valores de coeficiente de impacto segundo a NBR 7188 e a NBR 7187*

Na determinação dos coeficientes de impacto indicados na Fig. 4.38, são identificados os seguintes trechos:

▶ Balanço no trecho distante a menos de 5,00 m da extremidade (CIA = 1,25):

$$Liv = 3{,}0 \text{ m} \Rightarrow CIV = 1{,}0 + 1{,}06 \times \left(\frac{20}{3{,}0 + 50}\right) = 1{,}400 \qquad (4.27)$$

$$\varphi = CIV \cdot CNF \cdot CIA = 1{,}400 \times 1{,}00 \times 1{,}25 \Rightarrow \varphi = 1{,}750 \qquad (4.28)$$

▶ Vão contínuo distante a menos de 5,00 m da extremidade (CIA = 1,25):

$$Liv = \frac{10{,}0 + 15{,}0 + 10{,}0}{3} = 11{,}67 \text{ m} = CIV = 1{,}0 + 1{,}06 \times \left(\frac{20}{11{,}67 + 50}\right) = 1{,}344 \qquad (4.29)$$

$$\varphi = CIV \cdot CNF \cdot CIA = 1{,}344 \times 1{,}00 \times 1{,}25 \Rightarrow \varphi = 1{,}680 \qquad (4.30)$$

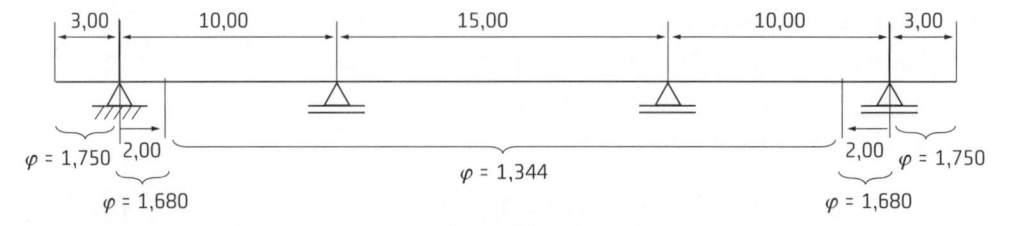

Fig. 4.38 *Valores do coeficiente de impacto rodoviário*

▶ Vãos contínuos distantes a mais de 5,00 m da extremidade (CIA = 1,00):

$$Liv = \frac{10{,}0 + 15{,}0 + 10{,}0}{3} = 11{,}67 \text{ m} = CIV = 1{,}0 + 1{,}06 \times \left(\frac{20}{11{,}67 + 50}\right) = 1{,}344 \qquad (4.31)$$

$$\varphi = CIV \cdot CNF \cdot CIA = 1{,}344 \times 1{,}00 \times 1{,}00 \Rightarrow \varphi = 1{,}344 \qquad (4.32)$$

4.2.3 Variação de temperatura

A exposição da superestrutura à radiação solar provoca expressivo aquecimento da superfície superior, enquanto a parte inferior permanece protegida dessa ação. Assim, as temperaturas nas faces superior (ΔT_s) e inferior (ΔT_i) apresentam valores bem distintos e variam ao longo da altura de forma irregular. Essa situação, de variação não uniforme de temperatura, caracterizada por $\Delta T_s > \Delta T_i$, resulta em expansão maior nas fibras superiores, despertando expressivas solicitações de flexão nas estruturas hiperestáticas.

Para a análise dos efeitos de variação de temperatura, pode-se admitir como modelo simplificado uma distribuição linearmente variável, como representado na Fig. 4.39. A variação linear (trapezoidal) pode ainda ser decomposta em uma variação uniforme, que tende a causar alongamento, e uma variação linear, com valor nulo no centroide, que tende a resultar em deformação típica de flexão. Havendo alguma restrição ao alongamento ou à rotação, são despertadas solicitações normais ou momento fletor. É importante notar que a variação linear, com valor nulo no centroide, pode ser perfeitamente caracterizada pelo gradiente de temperatura, função exclusiva das variações nas fibras extremas e da altura da seção transversal.

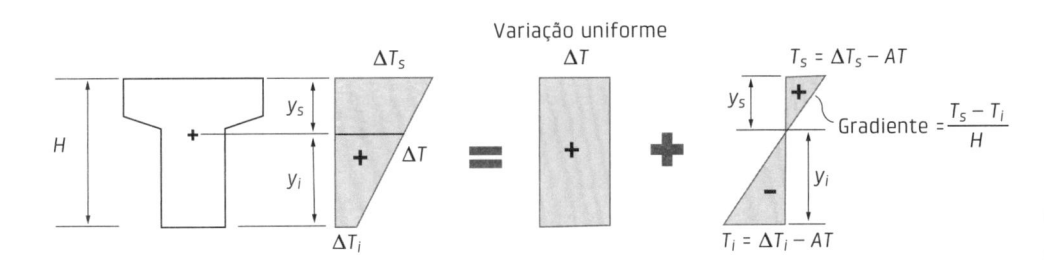

Fig. 4.39 *Decomposição de variação de temperatura linearmente variável*

Para a determinação das deformações por efeito de gradiente térmico, considera-se como corpo livre um elemento infinitesimal de viga, conforme esquematizado na Fig. 4.40.

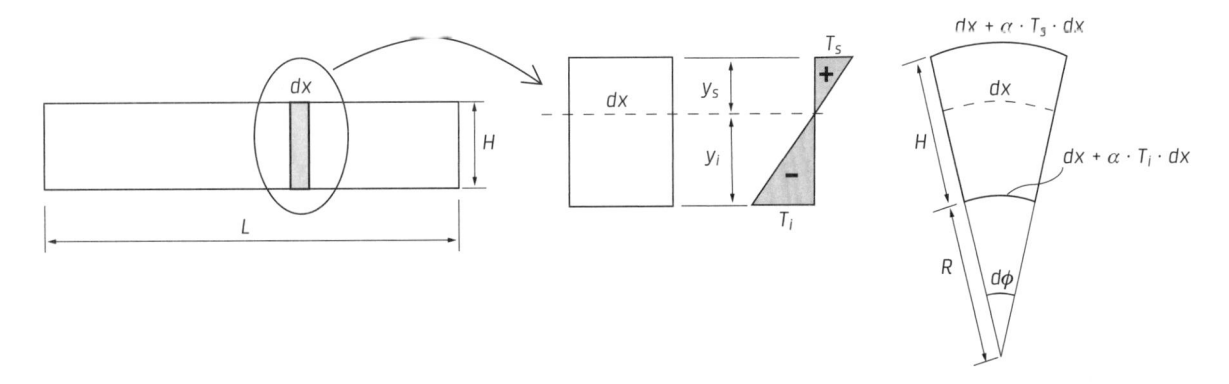

Fig. 4.40 *Efeito do gradiente de temperatura em trecho infinitesimal de viga*

Observando-se essa figura, é possível deduzir as seguintes relações a partir da configuração deformada:

$$R \cdot d\phi = dx + \alpha \cdot T_i \cdot dx \qquad (4.33)$$

$$(R+H)d\phi = dx + \alpha \cdot T_s \cdot dx \qquad (4.34)$$

Com a Eq. 4.33 na Eq. 4.34, tem-se que

$$d\phi = \frac{\alpha(T_s - T_i)dx}{H} \qquad (4.35)$$

Admitindo-se as grandezas envolvidas (α; T_s; T_i; H) como constantes, os efeitos da variação de temperatura, considerada linearmente variável, podem então ser decompostos como resumido na Fig. 4.41, para uma viga analisada como corpo livre.

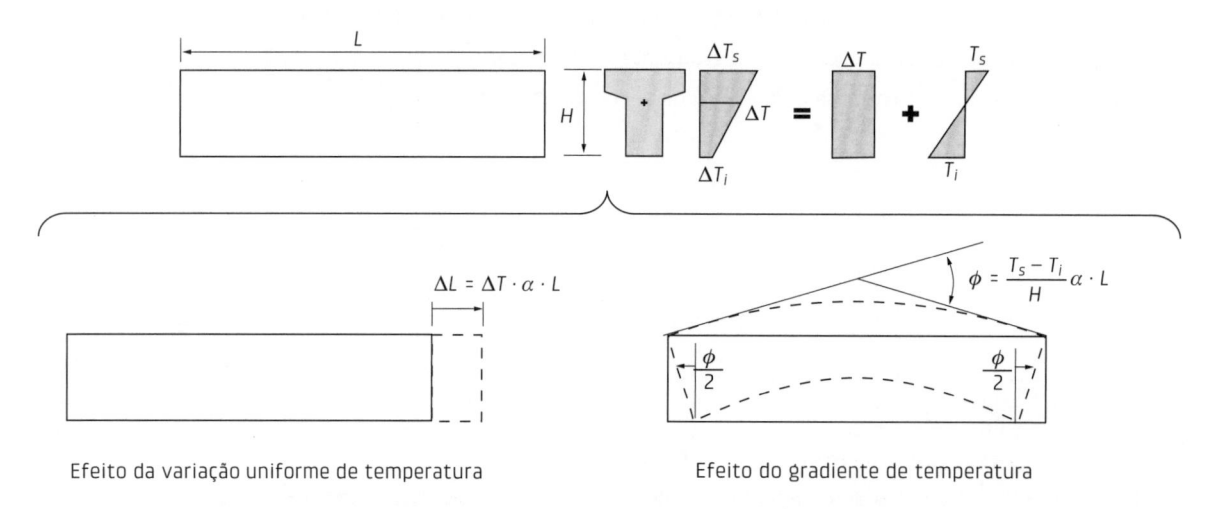

Fig. 4.41 *Efeitos de variação de temperatura em corpo livre*

Nas estruturas isostáticas, as deformações por variação de temperatura são liberadas e, assim, não ocasionam tensões e solicitações. Como exemplo, apresentam-se na Fig. 4.42 as deformações por efeitos térmicos em uma superestrutura biapoiada. Observa-se que as configurações deformadas correspondem às mesmas formas apresentadas nas considerações de corpo livre da Fig. 4.41. Mesmo que na prática o aparelho de apoio não permita uma movimentação absolutamente livre, as forças de reação horizontal despertadas tendem a ser de pequena magnitude, insignificantes para o dimensionamento das vigas.

Nas estruturas em viga hiperestática, é usual que se busque minimizar as restrições aos deslocamentos por efeito de variação uniforme de temperatura. Com essa finalidade, são previstos aparelhos de apoio com flexibilidade adequada ou mesmo superfícies deslizantes para possibilitar deslocamentos horizontais em determinados pontos de apoio da superestrutura. Essas condições de apoio se destinam também a reduzir ou eliminar as solicitações por restrição dos efeitos reológicos e permitir a implantação de protensão, sem que haja restrição ou transferência de ações para a meso e a infraestrutura. Entretanto, nas estruturas hiperestáticas, o gradiente de temperatura sempre desperta momentos fletores significantes, que devem ser considerados no dimensionamento da superestrutura. Na Fig. 4.43 são exemplificadas configurações deformadas típicas de vigas hiperestáticas por efeitos de variação uniforme e gradiente. É importante observar que, ao contrário das vigas contínuas sobre apoios rotulados e/ou deslizantes, nas estruturas hiperestáticas aporticadas as variações uniformes de temperatura tendem a resultar em solicitações importantes.

Como exemplo hiperestático submetido a gradiente de temperatura, apresenta-se na Fig. 4.44 o modelo de viga contínua com três vãos, bastante usual em estruturas de pontes. Considera-se a situação comum de vãos de extremidade iguais e vão central expresso como uma proporção dos vãos extremos.

A análise da viga hiperestática pode ser efetuada considerando-se inicialmente um sistema biapoiado (isostático), livre para se deformar devido ao gradiente térmico. Para respeitar a compatibilidade com as restrições do sistema hiperestático, considera-se a imposição de forças verticais (F) necessárias para anular os

Variação uniforme → Solicitações normais = 0   Gradiente de temperatura → Momentos fletores = 0

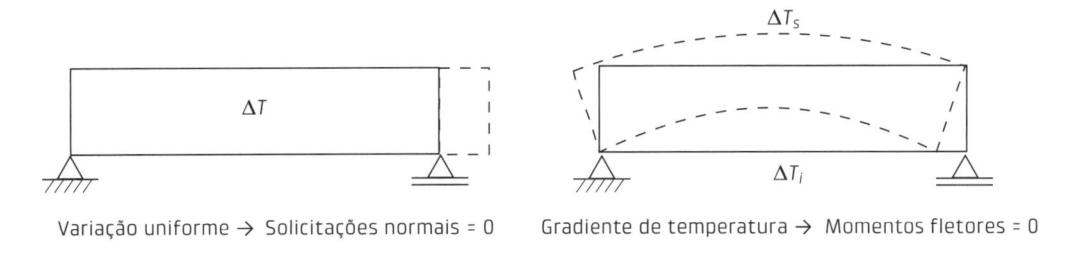

Fig. 4.42 *Efeitos de variação de temperatura em superestrutura isostática*

Variação uniforme → Solicitações normais = 0   Gradiente de temperatura → Momentos fletores ≠ 0

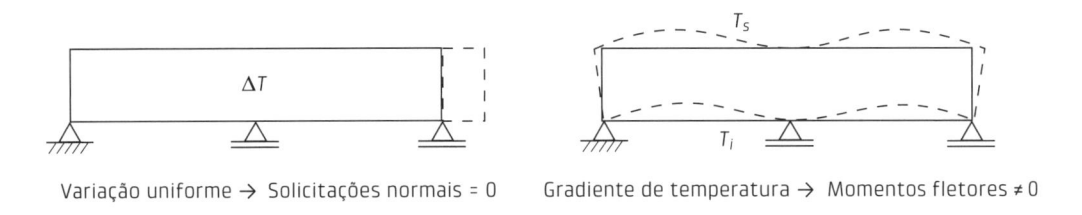

Fig. 4.43 *Efeitos de variação de temperatura em superestrutura hiperestática (apoios deslizantes)*

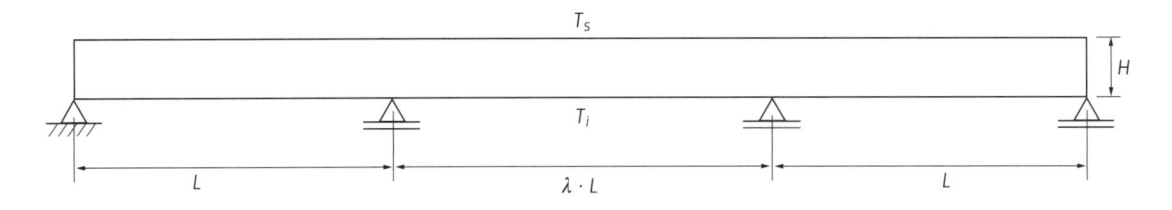

Fig. 4.44 *Viga contínua sob gradiente de temperatura*

deslocamentos verticais (δ), conforme indicado na Fig. 4.45. Tem-se, assim, definida a forma típica de distribuição das solicitações cortantes e dos momentos fletores ilustrada, cujos valores podem ser prontamente determinados, por exemplo, via método das forças.

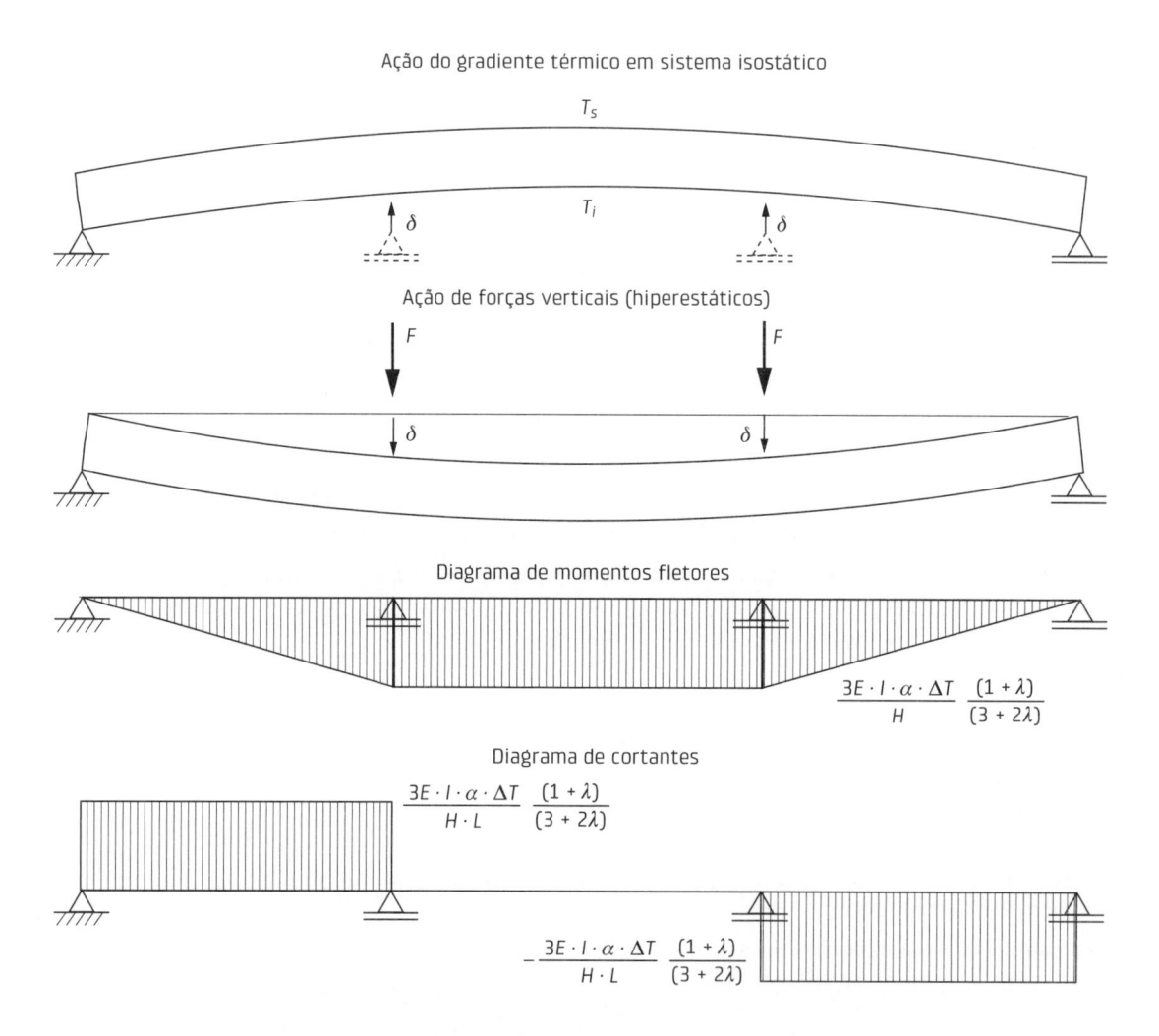

Fig. 4.45 *Solicitações em viga contínua sob gradiente de temperatura*

Para a definição do valor da variação uniforme de temperatura a ser levado em conta no projeto, a NBR 6118 (ABNT, 2014) prescreve que se considere uma oscilação de temperatura em torno da média, definida em função da menor dimensão, conforme a seguir resumido:

- *elementos estruturais com menor dimensão não superior a 50 cm: variação de temperatura de 10 °C a 15 °C;*
- *elementos estruturais maciços ou ocos com menor dimensão superior a 70 cm: variação de temperatura de 5 °C a 10 °C;*
- *elementos estruturais com menor dimensão entre 50 cm e 70 cm: interpolação entre os valores anteriormente mencionados.*

Para a determinação do valor entre os dois limites citados, a NBR 6118 indica que 50% da diferença entre as temperaturas médias de verão e inverno na região da obra seja considerada.

A variação uniforme de temperatura a ser levada em conta pode ser representada sinteticamente, de forma gráfica, pela Fig. 4.46.

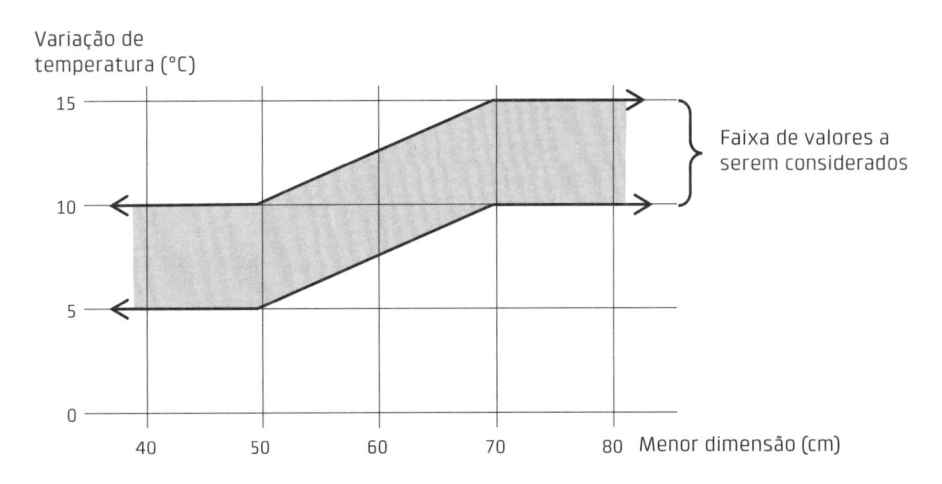

Fig. 4.46 *Definição do valor da variação uniforme de temperatura*

Para a definição da variação não linear de temperatura, a norma brasileira se baseia no Eurocode, que prescreve uma distribuição em três trechos lineares, como reproduzido na Fig. 4.47.

Os valores a serem considerados para as variações não uniformes de temperatura dependem da altura da seção transversal e da espessura do pavimento, como indicado na Tab. 4.4.

A análise estrutural de viga sujeita a variação não uniforme de temperatura representa um problema relativamente trabalhoso, porém, considerando-se que o efeito dessa ação na superestrutura desperta fundamentalmente flexão, pode-se adotar uma variação linear equivalente, como indicado na Fig. 4.48.

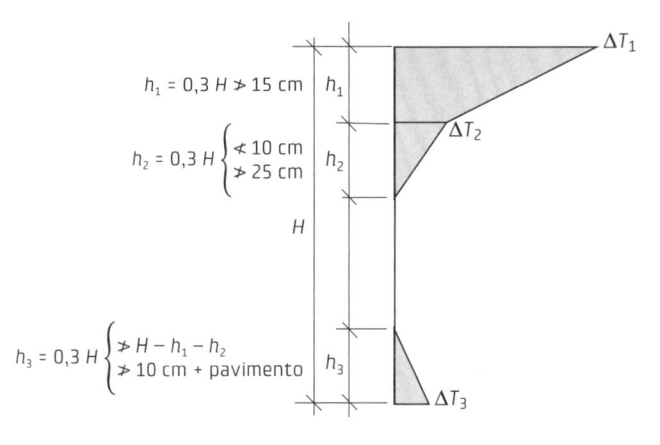

$h_1 = 0{,}3 H \not> 15 \text{ cm}$

$h_2 = 0{,}3 H \begin{cases} \not< 10 \text{ cm} \\ \not> 25 \text{ cm} \end{cases}$

$h_3 = 0{,}3 H \begin{cases} \not> H - h_1 - h_2 \\ \not> 10 \text{ cm} + \text{pavimento} \end{cases}$

Fig. 4.47 *Definição da distribuição da variação não uniforme de temperatura*

Gradiente de temperatura $= \dfrac{T_s - T_i}{H}$

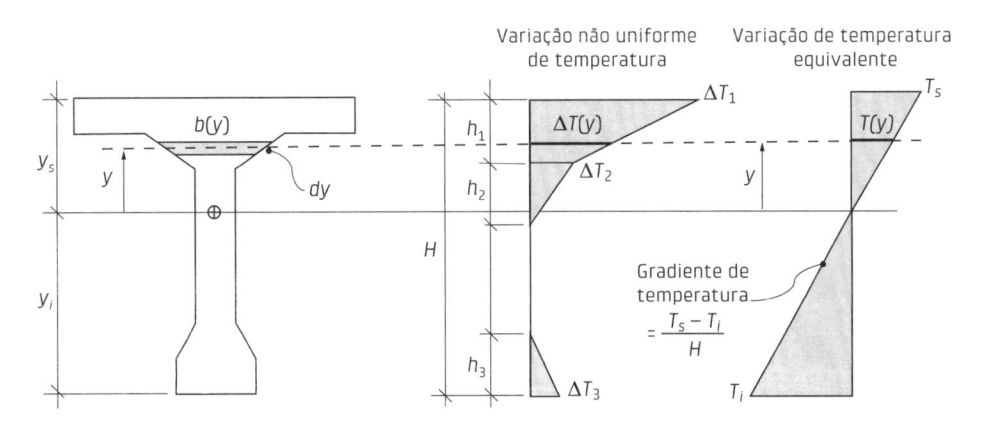

Fig. 4.48 *Variações de temperatura não uniforme e linearizada equivalente*

Tab. 4.4 Valores da variação não uniforme de temperatura

Altura da seção transversal	Espessura da pavimentação	ΔT_1 (°C)	ΔT_2 (°C)	ΔT_3 (°C)
20 cm	0	12,0	5,0	0,1
	5 cm	13,2	4,9	0,3
	10 cm	8,5	3,5	0,5
	15 cm	5,6	2,5	0,2
	20 cm	3,7	2,0	0,5
40 cm	0	15,2	4,4	1,2
	5 cm	17,2	4,6	1,4
	10 cm	12,0	3,0	1,5
	15 cm	8,5	2,0	1,2
	20 cm	6,2	1,3	1,0
60 cm	0	15,2	4,0	1,4
	5 cm	17,6	4,0	1,8
	10 cm	13,0	3,0	2,0
	15 cm	9,7	2,2	1,7
	20 cm	7,2	1,5	1,5
≥ 80 cm	0	15,4	4,0	2,0
	5 cm	17,8	4,0	2,1
	10 cm	13,5	3,0	2,5
	15 cm	10,0	2,5	2,0
	20 cm	7,5	2,1	1,5

Considerando-se o coeficiente de dilatação térmica α, tem-se a seguinte expressão para a deformação na profundidade y decorrente da variação de temperatura não uniforme $\Delta T(y)$:

$$\varepsilon(y) = \alpha \cdot \Delta T(y) \tag{4.36}$$

Caso essa deformação seja restringida, a tensão normal despertada e o respectivo momento fletor resultante serão expressos em função do módulo de elasticidade (E) como a seguir:

$$\sigma(y) = E \cdot \alpha \cdot \Delta T(y) \tag{4.37}$$

$$M = \int_{yi}^{ys} \sigma(y) \cdot b(y) \cdot y \cdot dy = \int_{yi}^{ys} E \cdot \alpha \cdot \Delta T(y) \cdot b(y) \cdot y \cdot dy \tag{4.38}$$

Para a variação linearizada equivalente de temperatura, com gradiente $(T_s - T_i)/H$, têm-se analogamente as seguintes expressões para deformação, tensão normal e momento fletor:

$$\bar{\varepsilon}(y) = \alpha \cdot y \cdot (T_s - T_i)/H \tag{4.39}$$

$$\bar{\sigma}(y) = E \cdot \alpha \cdot y \cdot (T_s - T_i)/H \tag{4.40}$$

$$\bar{M} = \int_{yi}^{ys} \bar{\sigma}(y) \cdot b(y) \cdot y \cdot dy = \int_{A} E \cdot \alpha \cdot y^2 \cdot (T_s - T_i)/H \cdot dA = E \cdot \alpha \cdot I \cdot (T_s - T_i)/H \quad (4.41)$$

Para a equivalência dos efeitos de flexão ($\bar{M}$ = M), tem-se, a partir das Eqs. 4.38 e 4.41:

$$E \cdot \alpha \cdot I \cdot (T_s - T_i)/H = \int_{yi}^{ys} E \cdot \alpha \cdot T(y) \cdot b(y) \cdot y \cdot dy \quad (4.42)$$

Pode-se, assim, definir o gradiente da distribuição de temperatura linearizada como:

$$\boxed{\frac{(T_s - T_i)}{H} = \frac{\int_{yi}^{ys} T(y) \cdot b(y) \cdot y \cdot dy}{I}} \quad (4.43)$$

Têm-se ainda definidas as temperaturas extremas da distribuição linearizada a partir do gradiente, como a seguir expresso.

$$T_s = y_s \frac{(T_s - T_i)}{H} \quad (4.44)$$

$$T_i = -y_i \frac{(T_s - T_i)}{H} \quad (4.45)$$

Para a determinação da integral $\int T(y) \cdot b(y) \cdot y \cdot dy$, pode-se considerar um trecho genérico de seção decomposta em trapézios, admitindo-se larguras (B_1; B_2) e respectivas temperaturas (T_1; T_2), em posições (y_1; y_2) referidas ao centroide, conforme indicado na Fig. 4.49.

Para uma determinada ordenada y, têm-se então as seguintes expressões para a largura da seção b(y) e a temperatura T(y):

$$b(y) = \frac{B_1(y - y_2) + B_2(y_1 - y)}{(y_1 - y_2)} \quad (4.46)$$

Fig. 4.49 *Trecho genérico de área trapezoidal com variação linear de temperatura*

$$T(y) = \frac{T_1(y - y_2) + T_2(y_1 - y)}{(y_1 - y_2)} \quad (4.47)$$

Dessa forma, a integral da Eq. 4.43 pode ser efetuada analiticamente, resultando em:

$$\int_{y_2}^{y_1} T(y) \cdot b(y) \cdot y \cdot dy = \frac{(y_1 - y_2)}{12} \left[(y_1 + y_2)(T_1 \cdot B_2 + T_2 \cdot B_1) \right.$$
$$\left. + T_1 \cdot B_1(3y_1 + y_2) + T_2 \cdot B_2(y_1 + 3y_2) \right] \quad (4.48)$$

Para exemplo de determinação da distribuição linearizada de temperatura, considera-se a seção celular representada com respectivas propriedades geométricas (área, centroide e inércia) na Fig. 4.50.

Para facilitar a visualização da integração, a seção é redesenhada em escala deformada como superposição de formas trapezoidais simétricas, como representado na Fig. 4.51. Na definição dos valores da variação de temperatura, considera-se a camada de pavimentação com 5 cm de espessura (ΔT_1 = 17,8 °C; ΔT_2 = 4,0 °C; ΔT_3 = 2,1 °C). Para a aplicação da expressão de integração por trechos (Eq. 4.48), as larguras intermediárias correspondentes às alturas h_1 e h_2 são definidas. Analogamente, as temperaturas referentes às variações de formas trapezoidais são também definidas (3,2 °C e 1,6 °C).

A partir dos valores indicados na Fig. 4.51, pode-se aplicar a Eq. 4.48 para efetuar as integrações nos trechos trapezoidais da seção, como resumido na Tab. 4.5. É importante notar que as ordenadas (y) para integração devem ser determinadas em relação ao centroide da seção.

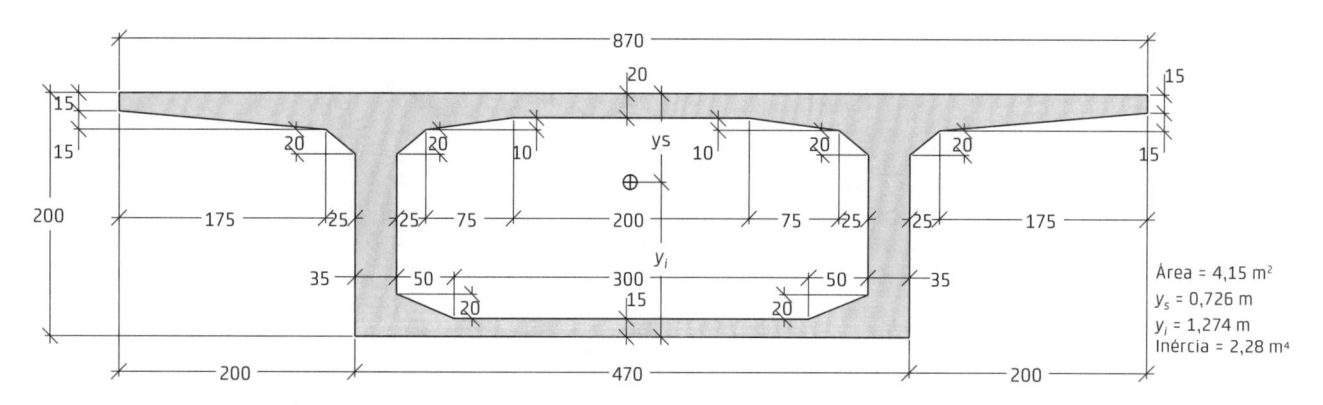

Fig. 4.50 *Exemplo de seção celular para determinação de gradiente térmico – cotas em cm*

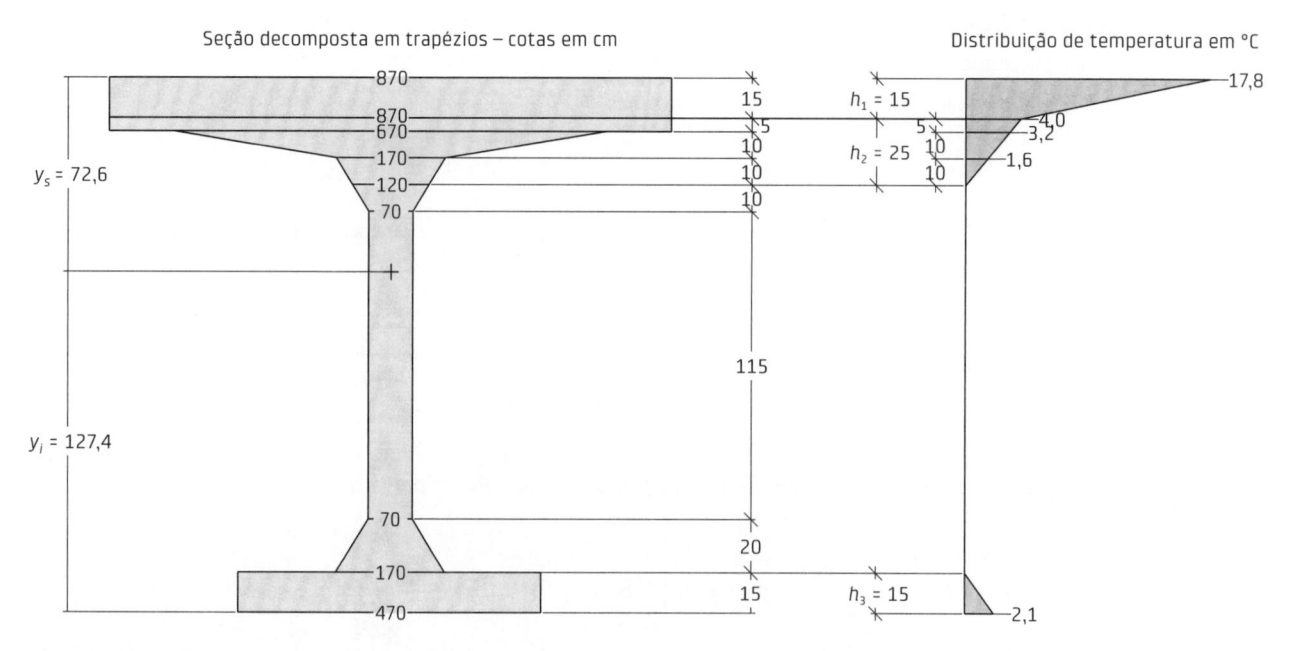

Fig. 4.51 *Seção decomposta em trapézios e distribuição de temperatura*

Tab. 4.5 Integração $\int T \cdot b \cdot y \cdot dy$

B_1 (m)	B_2 (m)	T_1 (°C)	T_2 (°C)	y_1 (m)	y_2 (m)	$\int b \cdot T \cdot y \cdot dy$ (°C · m³)
8,70	8,70	17,8	4,0	0,726	0,576	9,485
8,70	8,70	4,0	3,2	0,576	0,526	0,864
6,70	1,70	3,2	1,6	0,526	0,426	0,527
1,70	1,20	1,6	0	0,426	0,326	0,048
4,70	4,70	0	2,1	−1,124	−1,274	−0,906
						10,02

Tem-se então o gradiente de temperatura para a distribuição equivalente linearizada, a partir da Eq. 4.43:

$$\frac{T_s - T_i}{H} = \frac{1}{I}\int T \cdot b \cdot y \cdot dy = \frac{10{,}02\ °C\ m^3}{2{,}28\ m^4} = 4{,}39\ °C/m \qquad (4.49)$$

As temperaturas extremas da distribuição linearizada são determinadas pelas Eqs. 4.44 e 4.45, como a seguir expresso.

$$T_s = y_s \frac{(T_s - T_i)}{H} = (0{,}726\ m) \times (4{,}39\ °C/m) = 3{,}19\ °C \qquad (4.50)$$

$$T_i = y_i \frac{(T_s - T_i)}{H} = (-1{,}274\ m) \times (4{,}39\ °C/m) = -5{,}59\ °C \qquad (4.51)$$

Deve-se notar que o gradiente de temperatura e a distribuição linearizada assim determinados correspondem aos mesmos valores que seriam obtidos analisando-se apenas meia seção transversal, com as larguras de mesas colaborantes correspondentes a uma única alma, como representado na Fig. 4.52.

Visando estabelecer expressões simplificadas para a determinação do gradiente térmico, considera-se que seções abertas ou celulares sejam simplificadamente

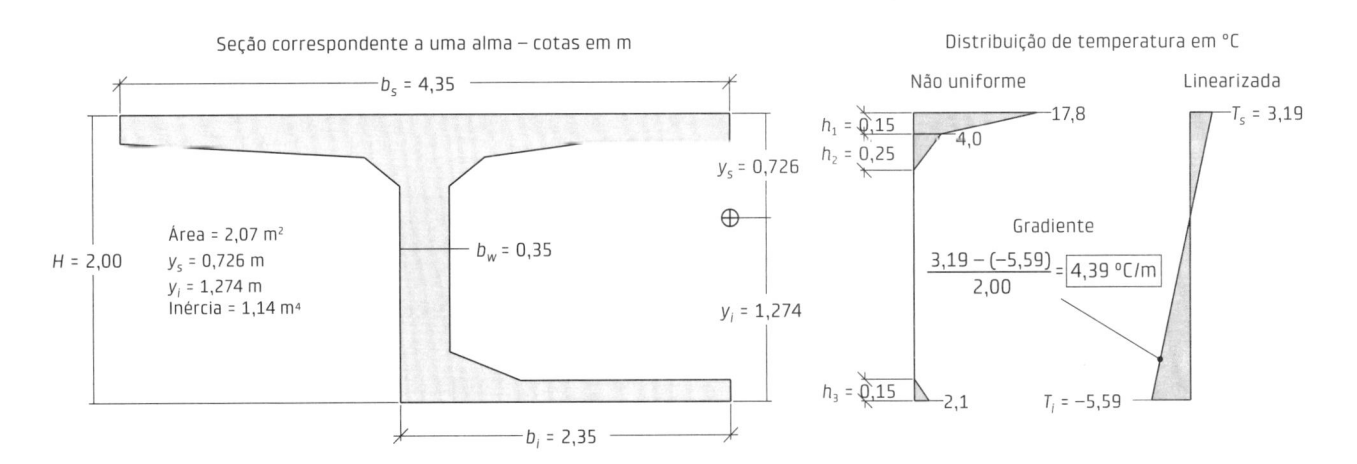

Fig. 4.52 *Resumo da definição do gradiente térmico*

definidas de forma única, como esquematizado na Fig. 4.53. Levando-se em conta exclusivamente os casos mais usuais com altura maior do que 80 cm, têm-se os valores $h_1 = 15$ cm, $h_2 = 25$ cm e $h_3 = 10$ cm $+ h_{pav}$, como indicado.

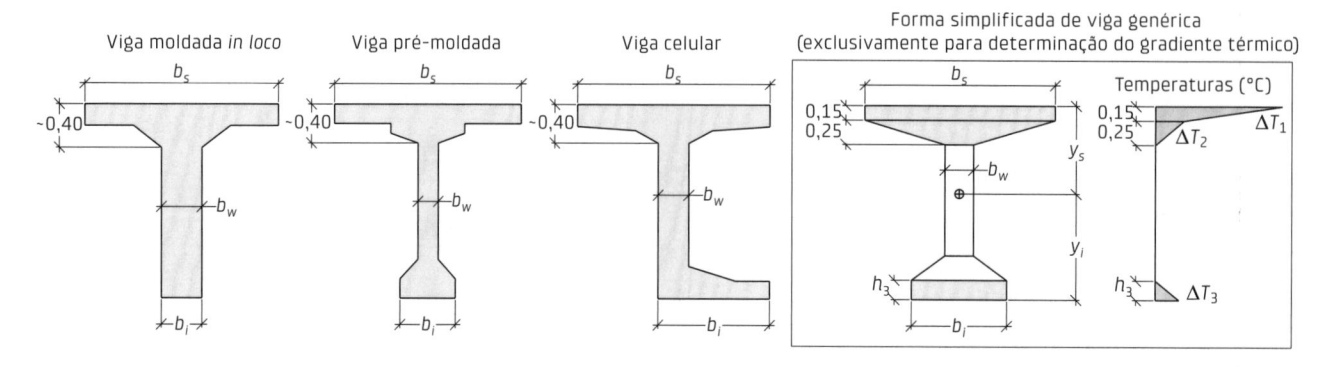

Fig. 4.53 *Seção transversal genérica simplificada*

Efetuando-se as integrais de cada trecho trapezoidal, tomando-se a posição do centroide, y_s e y_i em valor absoluto, obtêm-se as expressões indicadas na Tab. 4.6. É importante observar que as dimensões das grandezas b_s, b_i, y_s, y_i devem ser em metros.

Tab. 4.6 Integração $\int T \cdot b \cdot y \cdot dy$ para a seção simplificada

B_1 (m)	B_2 (m)	T_1 (°C)	T_2 (°C)	y_1 (m)	y_2 (m)	$\int b \cdot T \cdot y \cdot dy$ (°C · m³)
b_s	b_s	ΔT_1	ΔT_2	y_s	$y_s - 0{,}15$	$\dfrac{3b_s[\Delta T_1(20y_s-1)+2\Delta T_2(10y_s-1)]}{800}$
b_s	b_w	ΔT_2	0	$y_s - 0{,}15$	$y_s - 0{,}40$	$\dfrac{\Delta T_2[b_s(80y_s-17)+b_w(40y_s-11)]}{960}$
b_i	b_i	0	ΔT_3	$-y_i + h_3$	$-y_i$	$-\dfrac{\Delta T_3 \cdot b_i \cdot h_3(3y_i - h_3)}{6}$

Assim, admitindo-se a representação simplificada proposta na Fig. 4.53, tem-se a seguinte expressão para o gradiente térmico:

$$\frac{T_s - T_i}{H} \cong \frac{1}{I}\left\{\begin{array}{l} \dfrac{3b_s \cdot \Delta T_1(20y_s-1)}{800} + \dfrac{\Delta T_2[4b_s(19y_s-3)+5b_w(4y_s-1)]}{480} - \\ -\dfrac{\Delta T_3 \cdot b_i \cdot h_3(3y_i - h_3)}{6} \end{array}\right\} \quad (4.52)$$

em que a inércia (I) deve ser em m⁴.

Substituindo-se as características da seção de exemplo, representada na Fig. 4.52 ($b_s = 4{,}35$ m; $b_i = 2{,}35$ m; $y_s = 0{,}726$ m; $y_i = 1{,}274$ m; $I = 1{,}14$ m⁴; $h_3 = 0{,}15$ m), na Eq. 4.52, tem-se:

$$\frac{T_s - T_i}{H} \cong \frac{1}{1{,}14}\left\{\frac{3 \times 4{,}35 \times 17{,}8 \times (20 \times 0{,}726 - 1)}{800} + \right.$$
$$+ \frac{4 \times [4 \times 4{,}35 \times (19 \times 0{,}726 - 3) + 5 \times 0{,}35 \times (4 \times 0{,}726 - 1)]}{480} -$$
$$\left. - \frac{2{,}1 \times 2{,}35 \times 0{,}15 \times (3 \times 1{,}274 - 0{,}15)}{6}\right\} \Rightarrow \frac{T_s - T_i}{H} \cong 4{,}44 \,°C/m \qquad \textbf{(4.53)}$$

Observa-se que, mesmo com a representação simplificada da seção transversal, obtém-se uma resposta aproximada praticamente coincidente com o valor do gradiente determinado na Eq. 4.49, em que se seguiu um procedimento de integração mais rigoroso.

Forma e geometria | 5

Neste capítulo, são apresentados os fundamentos para a definição das formas das superestruturas mais recorrentes em laje e em viga. As concepções de pontes nos demais sistemas, em arco, estaiado e pênsil, menos usuais, não são tratadas. Apresentam-se ainda os fundamentos para o detalhamento geométrico da superestrutura de modo a materializar perfeitamente o projeto geométrico viário.

A concepção da forma da superestrutura depende fundamentalmente da experiência do projetista e decorre, basicamente, da definição do sistema estrutural e do método construtivo. Entre os diversos fatores a serem considerados nessa definição, pode-se destacar:

- *Localização da obra*. Superestruturas em meio urbano devem receber maior atenção quanto à estética do que obras em região rural. Vale lembrar que vigas moldadas no local e em seção celular tendem a apresentar melhor estética do que as soluções em vigas pré-moldadas.
- *Altura máxima dos pilares*. Pilares relativamente baixos permitem a adoção de apoios rotulados para a superestrutura em viga contínua. Pilares com maior altura podem induzir solução em superestrutura aporticada. A altura dos pilares é basicamente função da topografia e do projeto vertical viário. Nas pontes, o greide é definido, em geral, em função da seção de vazão hidráulica e eventualmente do gabarito hidroviário. Nos viadutos e elevados, o greide deve respeitar o gabarito de transposição, rodoviário ou ferroviário.
- *Extensão do vão principal*. Conforme já apresentado, a solução do sistema estrutural é função direta do vão a ser vencido. Em resumo, utilizam-se os sistemas em laje para vãos da ordem de 10 m e os sistemas em viga para vãos da ordem de 100 m. O vão principal é preponderantemente função da seção de vazão hidráulica ou do gabarito hidroviário, no caso de pontes.
- *Tipo de solo*. Solos fracos resultam em fundações mais custosas, que devem ser minimizadas, resultando em solução com vãos maiores. Por outro lado, solos mais resistentes permitem fundações menos custosas, justificando vãos mais curtos. Essas considerações seguem o conceito de vão ótimo, já apresentado.
- *Condicionantes do projeto viário*. Deve-se observar principalmente a extensão total, a largura da seção e o alinhamento da travessia em planta, que pode ser basicamente ortogonal, esconso ou curvo, como esquematicamente ilustrado na Fig. 5.1.

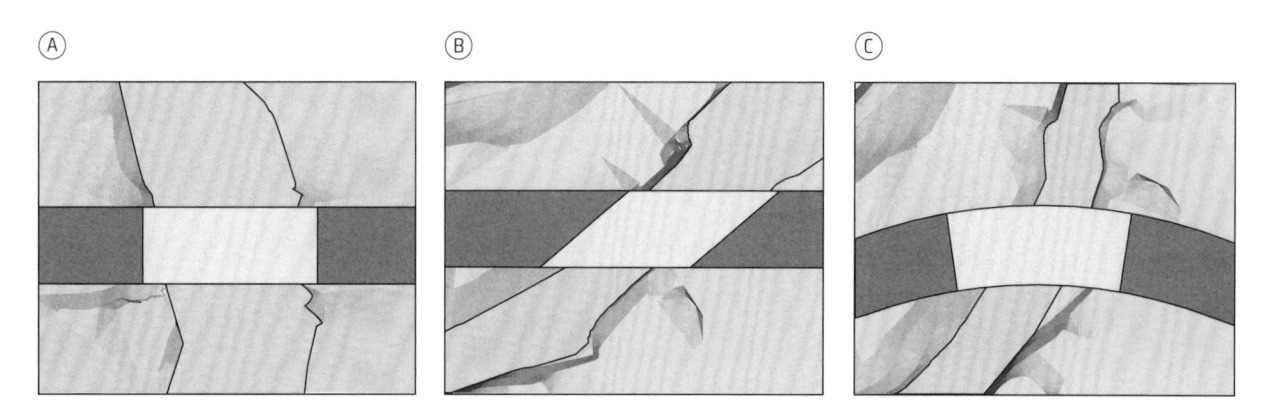

Fig. 5.1 *Forma geométrica em planta: (A) ortogonal, (B) esconsa e (C) curva*

5.1 Superestrutura em laje

As pontes em laje constituem a solução espontânea no caso de vãos de pequena dimensão e quando há a necessidade de pequena espessura por limitação de gabarito. Essa situação ocorre com frequência nos viadutos de transposição de outras vias, como exemplificado na Fig. 5.2. Comparando-se com a superestrutura em viga, a solução em laje permite encontros com aterros mais baixos, o que reduz o desenvolvimento das rampas de acesso.

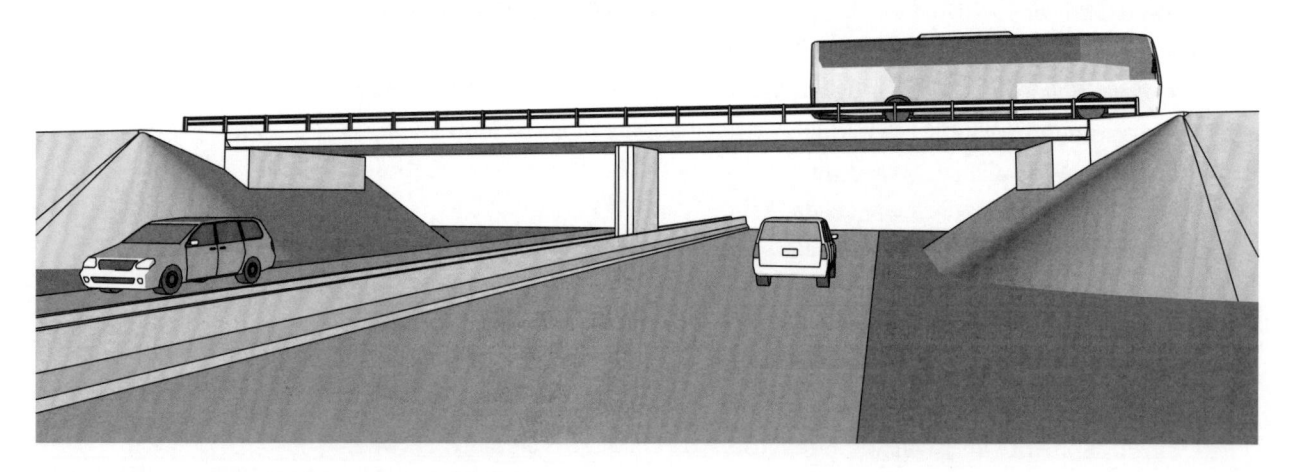

Fig. 5.2 *Viaduto em laje para transposição de rodovia*

As soluções de superestrutura em laje podem ser ainda particularmente interessantes no caso de geometria irregular, com largura variável, esconsidade, curvas ou bifurcações, conforme exemplificado na Fig. 5.3.

As soluções em laje são caracterizadas pela forma da seção transversal e podem ser classificadas como ilustrado na Fig. 5.4.

A principal desvantagem da solução de superestrutura em laje é a análise estrutural relativamente

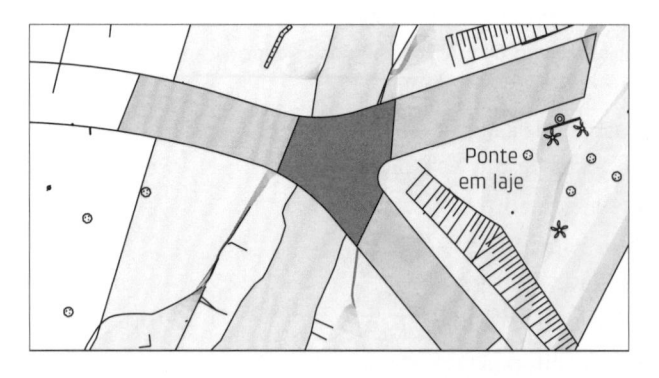

Fig. 5.3 *Exemplo de solução em laje com geometria irregular*

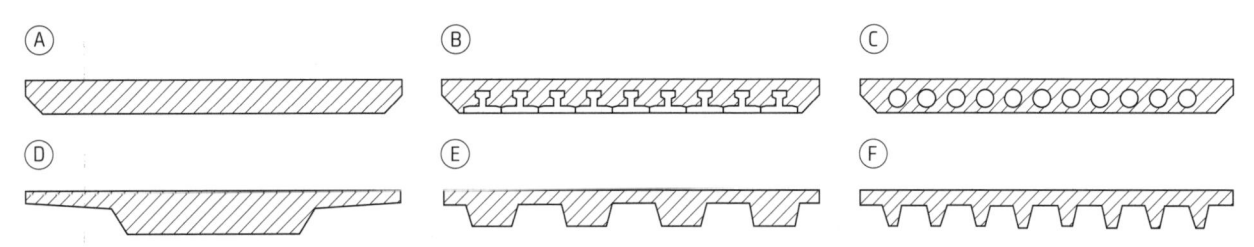

Fig. 5.4 *Seções transversais de superestrutura em laje: (A) laje maciça, (B) laje sobre vigotas pré-moldadas, (C) laje alveolar, (D) laje com balanços, (E) laje nervurada (nervura espessa) e (F) laje nervurada (nervura delgada)*

complexa. Ao contrário dos sistemas estruturais em vigas, as lajes não apresentam direção preponderante de flexão, tornando-se necessária a consideração de modelos mais elaborados, baseados na teoria de flexão de placas. Atualmente, a disponibilidade de programas de análise estrutural baseada no método dos elementos finitos permite a análise das superestruturas em laje com relativa facilidade.

De acordo com a NBR 7187 (ABNT, 2003a), têm-se as seguintes limitações para definições fundamentais, cujas espessuras e distâncias são detalhadas na Fig. 5.5.

Lajes maciças:

- passagem de tráfego ferroviário: $h \geq 20$ cm;
- passagem de tráfego rodoviário: $h \geq 15$ cm;
- demais casos: $h \geq 12$ cm.

Lajes nervuradas ou alveolares:

- espessura da mesa: $h_f \geq 10$ cm ou $h_f \geq a/12$;
- distância entre eixos das nervuras: $a \leq 150$ cm;
- espessura da alma das nervuras: $b \geq 12$ cm;
- espessura da mesa inferior nas lajes alveolares: $h_f \geq 8$ cm.

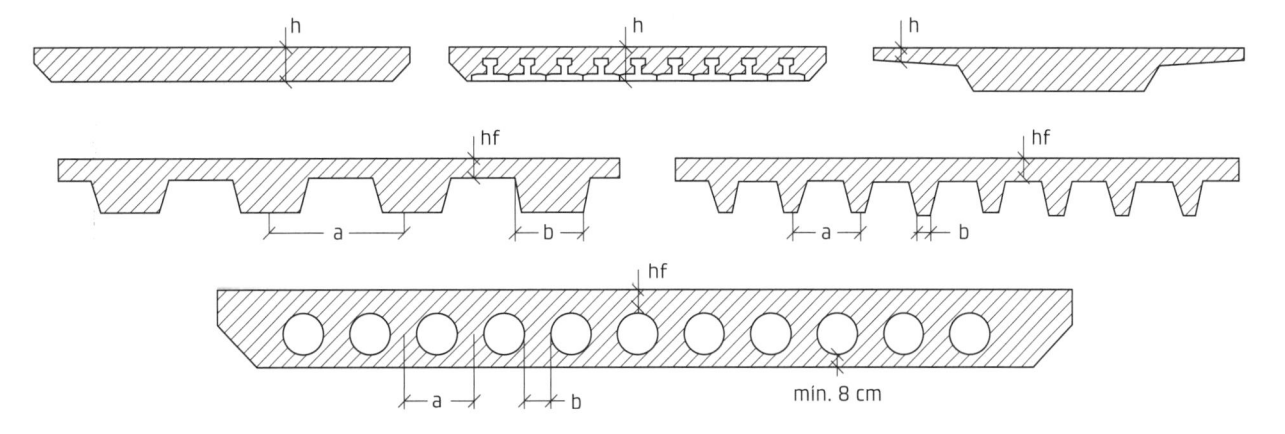

Fig. 5.5 *Limitações da NBR 7187 para superestruturas em lajes*

5.1.1 Proporções preliminares

Na prática, a concepção da superestrutura baseia-se na experiência acumulada pelo projetista, a partir da qual se pode definir o tipo de seção transversal (laje maciça, alveolar ou nervurada) e a espessura do vão principal, em função da esbeltez, expressa pela relação entre altura e vão (h/L). Como orientação para a definição preliminar das espessuras, apresenta-se nos Quadros 5.1 e 5.2 um resumo dos valores indicados por Calgaro e Virlogeux (1991) e Bernard-Gély e Calgaro (1994) para o caso de pontes rodoviárias em laje.

Para a indicação da faixa de vãos mais usual em cada caso, é possível basear-se nos valores apresentados por Petel, Lacoste e Lacombe (2012), resumidos no Quadro 5.3.

Quadro 5.1 Proporções preliminares para pontes em laje com altura constante

Esquema longitudinal (altura constante)	Material	Seção transversal	h/l
(viga biapoiada, vão L)	Concreto armado	(laje maciça)	~1/20
	Concreto protendido	(laje maciça)	~1/25
		(laje alveolar)	~1/22
		(laje com mísula)	~1/22
(viga contínua, dois vãos L)	Concreto armado	(laje maciça)	~1/26
	Concreto protendido	(laje maciça)	~1/28
		(laje alveolar)	~1/25
		(laje com mísula)	~1/25
		(laje nervurada)	~1/25
		(laje nervurada)	~1/15 a 1/20
(viga contínua com balanços 0,80L – L – 0,80L)	Concreto armado	(laje maciça)	~1/28
	Concreto protendido	(laje maciça)	~1/33
		(laje alveolar)	~1/30
		(laje com mísula)	~1/28
		(laje nervurada)	~1/30
		(laje nervurada)	~1/18 a 1/22

Fonte: adaptado de Calgaro e Virlogeux (1991) e Bernard-Gély e Calgaro (1994).

Quadro 5.2 Proporções preliminares para pontes em laje com altura variável

Esquema longitudinal (altura viável)	Seção transversal em concreto protendido	h/l	H/l
		~1/30	~1/20
		~1/30	~1/20
		~1/42	~1/24
		~1/42	~1/24
		~1/35	~1/18

Fonte: adaptado de Calgaro e Virlogeux (1991) e Bernard-Gély e Calgaro (1994).

Quadro 5.3 Faixas de vãos para pontes em laje

Seção transversal		Material	5 m	10 m	15 m	20 m	25 m	30 m	35 m	40 m	45 m
Altura constante		Concreto armado		▓	▓						
					▓	▓					
		Concreto protendido					▓	▓			
							▓	▓			
								▓	▓		
								▓	▓		
								▓	▓		
Altura variável									▓	▓	
									▓	▓	

Fonte: adaptado de Petel, Lacoste e Lacombe (2012).

5.2 Superestrutura em viga

Ao contrário das pontes em laje, as pontes com vigas apresentam comportamento estrutural preponderantemente unidirecional, decorrente da elevada rigidez à flexão da alma da viga. Com isso, as principais solicitações, tais como momentos fletores e cortantes, podem ser analisadas como funções na direção de seu eixo longitudinal. As solicitações são determinadas, em geral, a partir da análise de modelo de viga, grelha ou pórtico, que pode ser efetuada com relativa facilidade com os programas de computador disponíveis para esse propósito.

As principais seções transversais das vigas podem ser classificadas em função do material e do sistema construtivo, destacando-se as seguintes soluções em concreto, ilustradas na Fig. 5.6:

- seção aberta em vigas em concreto armado ou protendido moldado no local;
- seção celular em concreto armado ou protendido, em geral moldado no local;
- seção em vigas múltiplas pré-moldadas em concreto protendido.

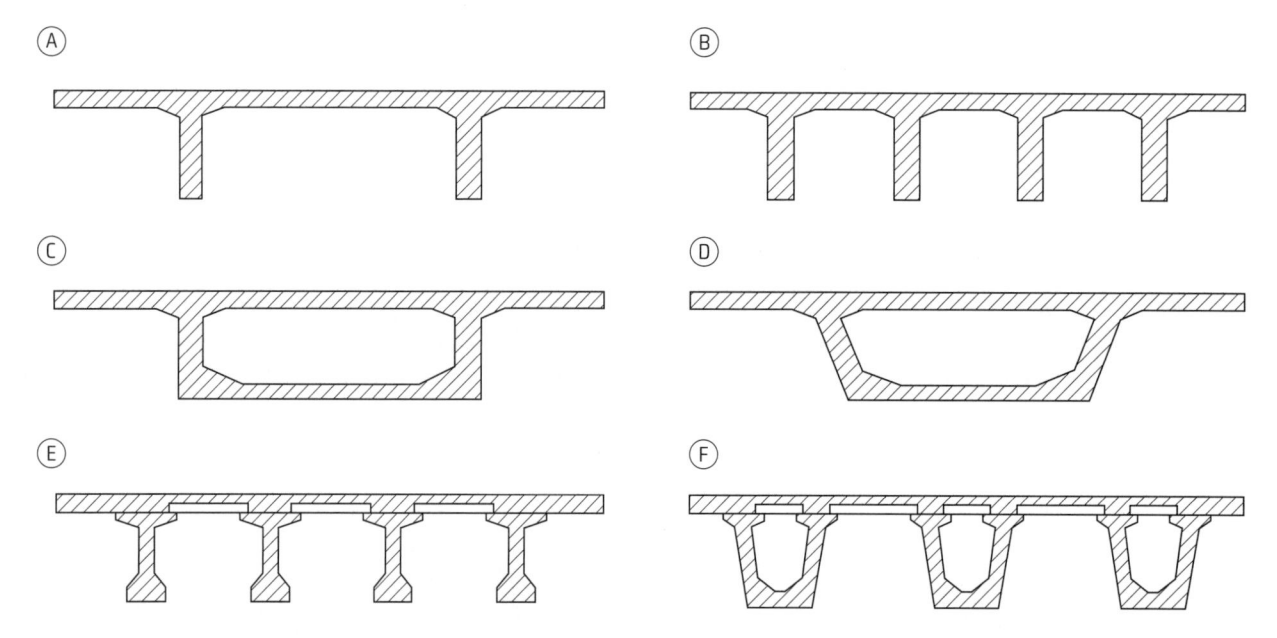

Fig. 5.6 *Seções transversais em viga de concreto armado ou protendido: (A) duas vigas moldadas no local, (B) vigas múltiplas moldadas no local, (C) viga celular com alma vertical, (D) viga celular com alma inclinada, (E) vigas pré-moldadas tipo "I" e (F) vigas pré-moldadas tipo "calha"*

Entre as superestruturas com viga metálica, pode-se identificar, conforme ilustrado na Fig. 5.7, as seguintes soluções:

- seção em viga metálica com laje em concreto armado (*viga mista*);
- seção em viga metálica com placa ortotrópica.

A placa ortotrópica metálica é constituída basicamente de uma superfície horizontal em chapa de aço plano, enrijecida nas direções transversal e longitudinal com vigotas em perfil ou em chapa dobrada. A Fig. 5.8 ilustra o aspecto típico de um trecho de placa ortotrópica.

De acordo com a NBR 7187, têm-se as seguintes limitações fundamentais para a definição das formas em vigas, indicadas na Fig. 5.9:

- vigas concretadas no local: $b_w \geq 20$ cm;
- vigas pré-moldadas com controle de qualidade rigoroso: $b_w \geq 12$ cm.

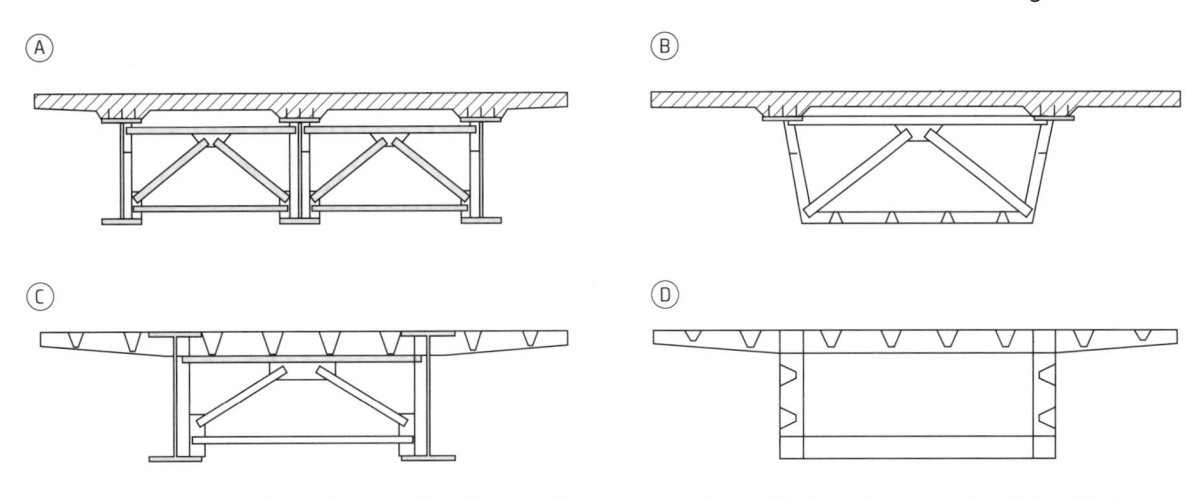

Fig. 5.7 *Seções transversais em viga metálica: (A) viga mista em seção aberta, (B) viga mista em seção celular, (C) viga metálica com placa ortotrópica em seção aberta e (D) viga metálica com placa ortotrópica em seção celular*

Fig. 5.8 *Aspecto típico de placa ortotrópica metálica*

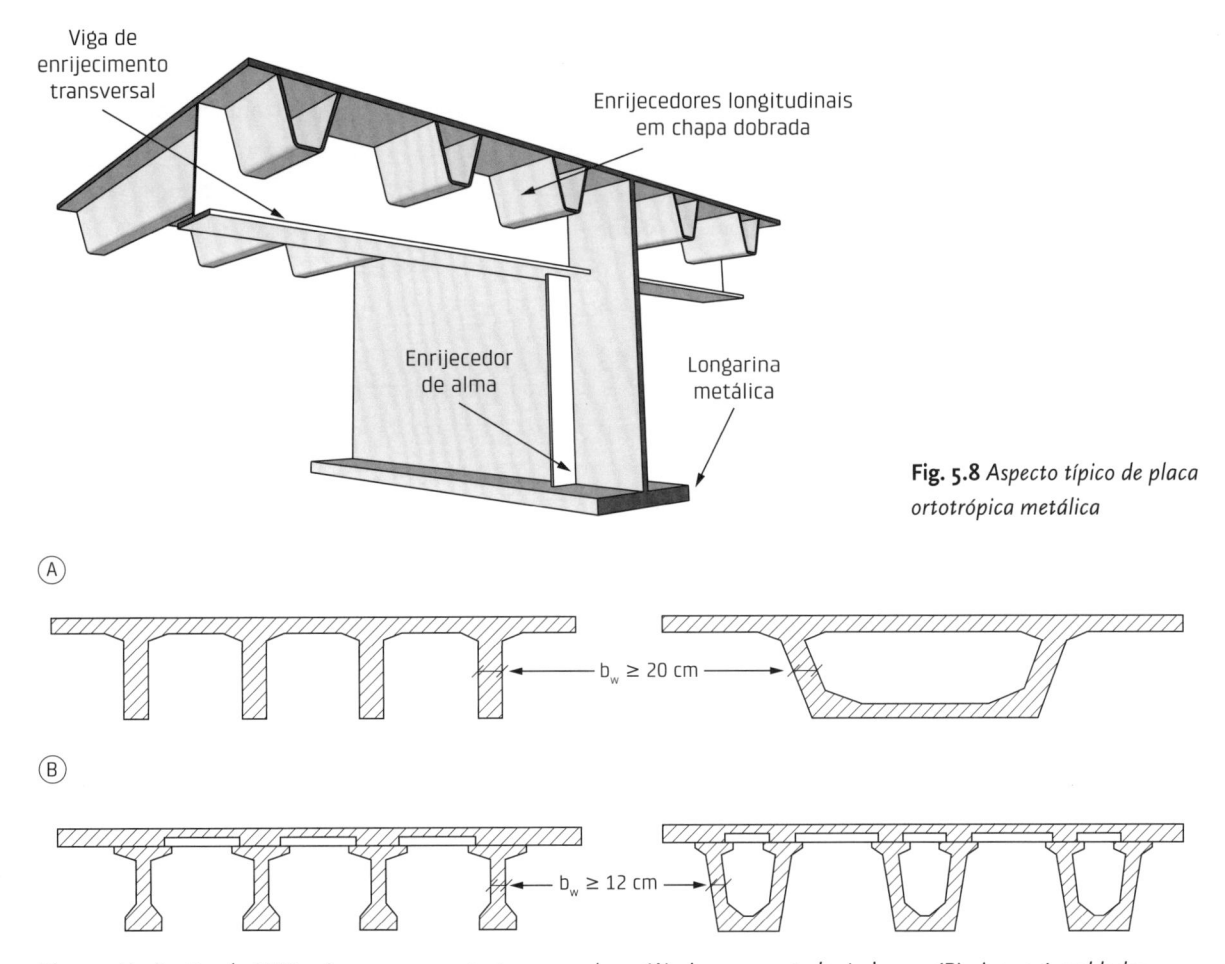

Fig. 5.9 *Limitações da NBR 7187 para superestruturas em vigas: (A) vigas concretadas in loco e (B) vigas pré-moldadas*

Segundo a mesma norma, deve-se também prever no projeto os seguintes tipos de aberturas nas seções celulares:

- *aberturas provisórias* para retirada das formas internas e acesso para eventual protensão no interior da célula;

▶ *aberturas permanentes* para permitir, a qualquer tempo, o acesso ao interior de vigas ou pilares de seção celular, para inspeção e manutenção da estrutura.

Deve-se ainda indicar nas seções celulares, em cada um dos diversos compartimentos, drenos para escoamento de água durante a construção ou mesmo no caso de infiltração de águas pluviais, já com a estrutura concluída. A Fig. 5.10 ilustra as aberturas e o furo para dreno.

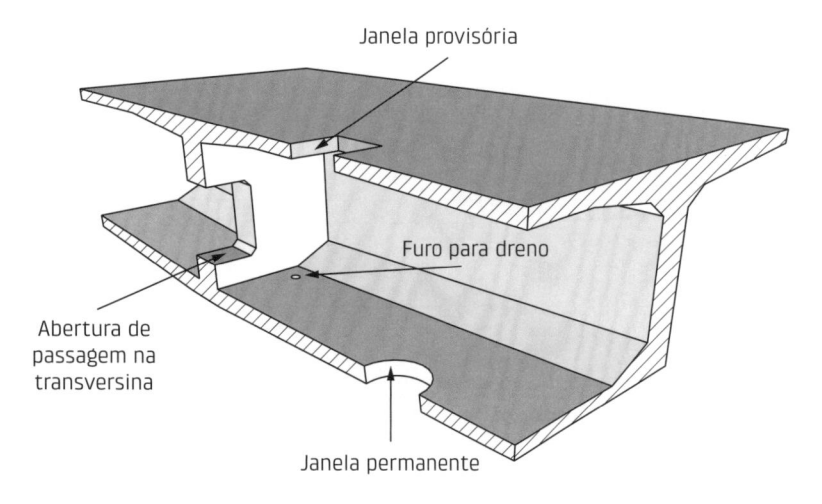

Fig. 5.10 *Aberturas e furo para dreno em seção celular*

5.2.1 Transversinas

As transversinas são vigas transversais ao eixo longitudinal da superestrutura, com espessura inferior à da viga principal. No caso de seção com duas ou mais longarinas, as transversinas formam um sistema em grelha, aumentando expressivamente a rigidez à torção da superestrutura. Como ilustrado nas Figs. 5.11 e 5.12, as transversinas podem ser classificadas quanto à sua posição como:

▶ *transversinas de apoio*: são obrigatórias e utilizadas nas seções de apoio;
▶ *transversinas de vão*: são opcionais e utilizadas em seções intermediárias.

As transversinas nas seções abertas apresentam em geral altura inferior à da longarina, de forma a facilitar o posicionamento da armadura no fundo da seção. Quanto à face superior, têm-se as seguintes opções:

▶ *transversinas ligadas à laje*: solidarizam a laje com as vigas da superestrutura, tornando o conjunto mais rígido;

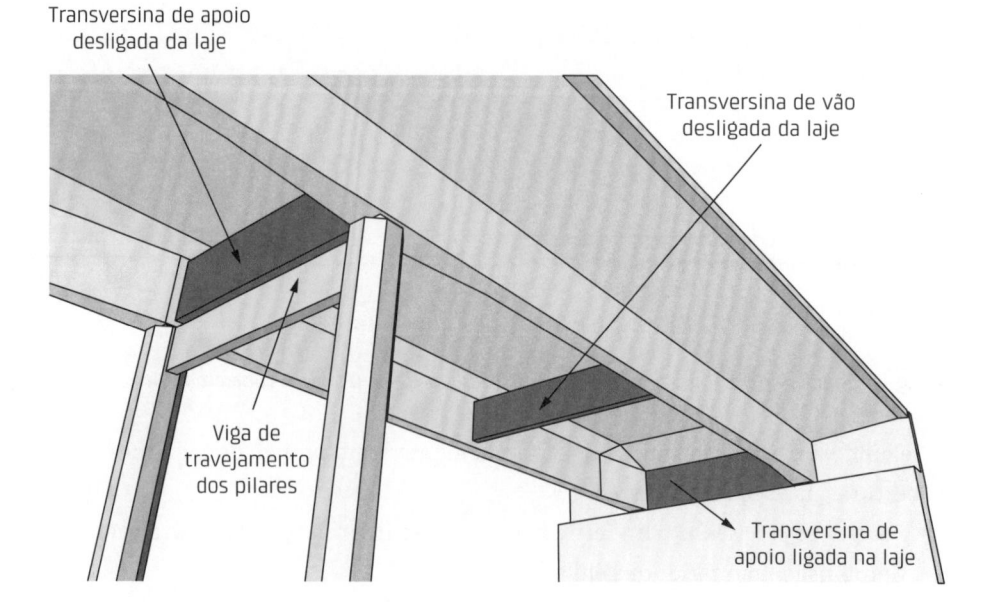

Fig. 5.11 *Tipos de transversinas – vista inferior em perspectiva*

117
Forma e geometria

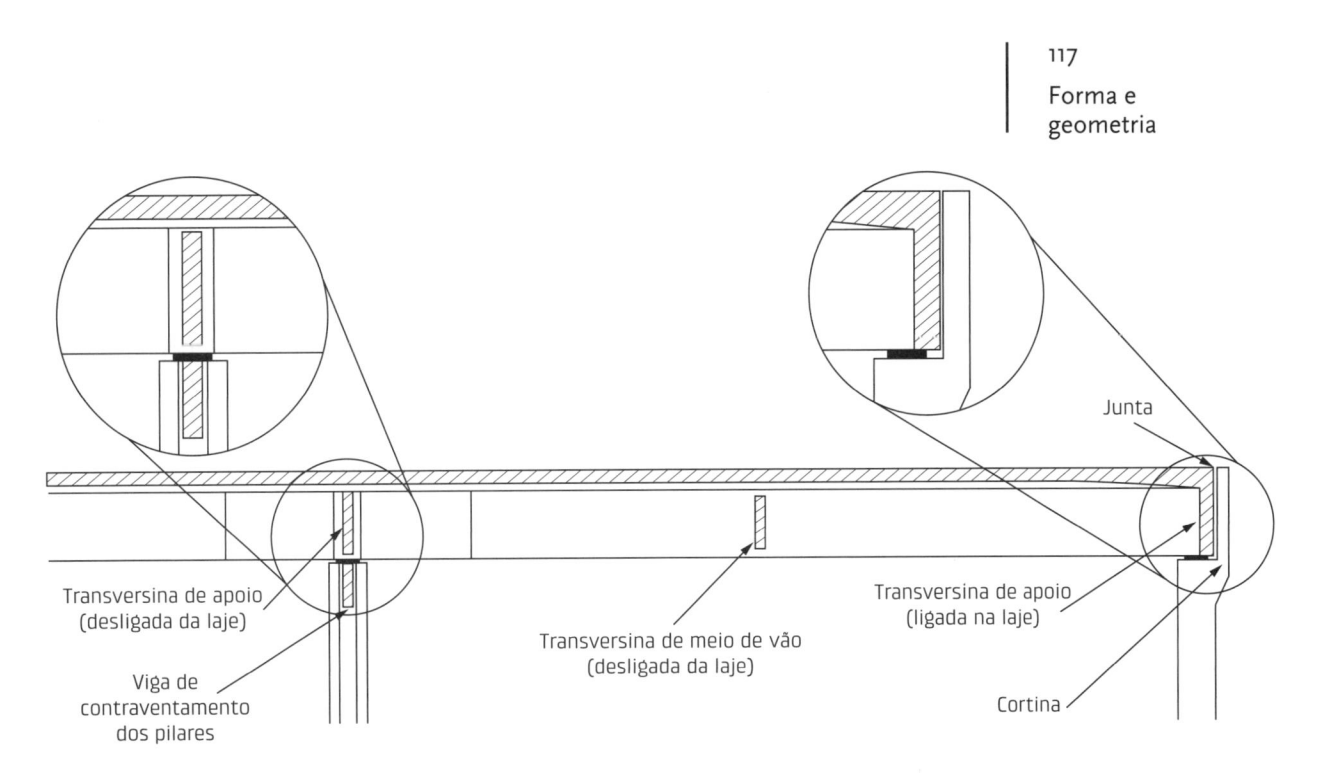

Fig. 5.12 *Tipos de transversinas – vista lateral*

▶ *transversinas desligadas da laje*: simplificam a forma e evitam interferência com as armaduras da laje.

No extremo em balanço, a transversina se confunde com a cortina, como indicado na Fig. 5.13.

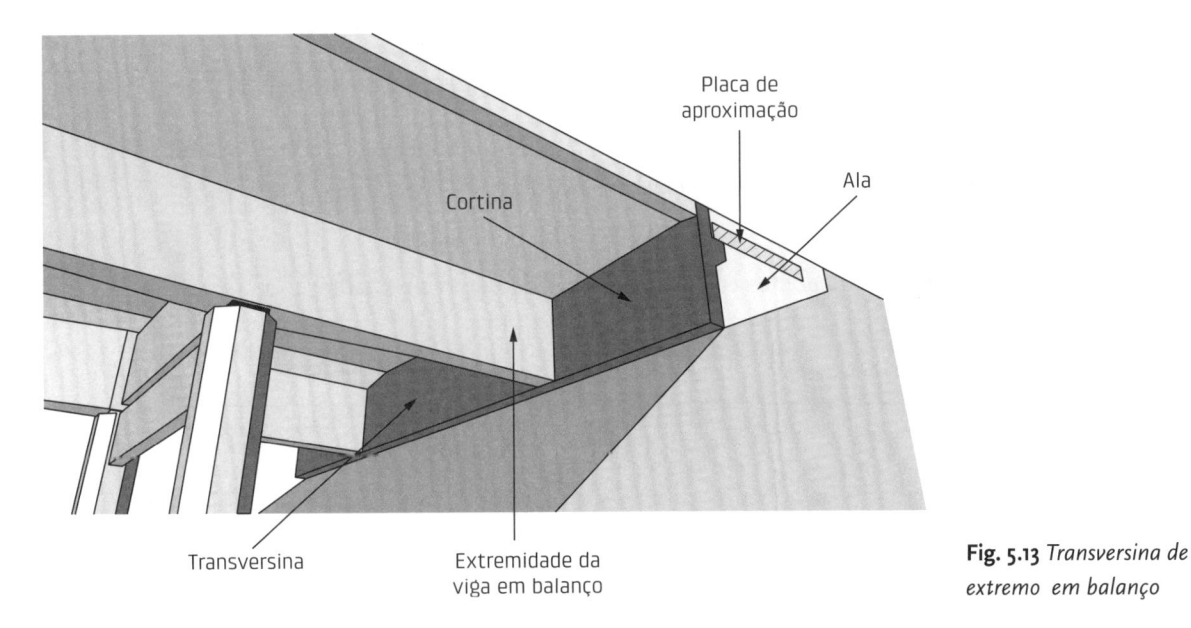

Fig. 5.13 *Transversina de extremo em balanço*

5.2.2 Proporções preliminares

Conforme citado anteriormente, a definição de proporções preliminares é usualmente baseada em experiência prática, e os raros valores apresentados em textos técnicos podem mostrar algumas variações. Com base em valores tradicionais da prática e nas indicações de Petel, Lacoste e Lacombe (2012) e Bernard-Gély e Calgaro (1994), pode-se definir as proporções preliminares para superestruturas rodoviárias em viga resumidas nos Quadros 5.4 a 5.6.

Para a situação mais usual de superestrutura com duas vigas ou com viga celular, concretadas no local, apresentam-se na Fig. 5.14 indicações das proporções nas seções transversais no apoio e no vão.

Quadro 5.4 Proporções preliminares para pontes em viga biapoiada

Esquema longitudinal (biapoiado)	Material	Seção transversal	h/L
	Concreto armado		~1/10
			~1/16
			~1/12
	Concreto protendido		~1/13
			~1/20
			~1/18
			~1/16

Fonte: adaptado de Bernard-Gély e Calgaro (1994) e Petel, Lacoste e Lacombe (2012).

Quadro 5.5 Proporções preliminares para pontes em viga contínua com altura constante

Esquema longitudinal (três vãos contínuos com altura constante)	Material	Seção transversal	h/L
	Concreto armado		~1/12
			~1/15
			~1/12
	Concreto protendido		~1/30

Fonte: adaptado de Bernard-Gély e Calgaro (1994) e Petel, Lacoste e Lacombe (2012).

Forma e geometria

Quadro 5.6 Proporções preliminares para pontes em viga contínua com altura variável

Esquema longitudinal (três vãos contínuos com altura variável)	Material	Seção transversal	h/L	h/L
	Concreto armado	(seção T)	~1/15	~1/10
		(seção com múltiplas almas)	~1/20	~1/10
		(seção caixão)	~1/15	~1/7
	Concreto protendido	(seção caixão)	~1/35	~1/15

Esquema longitudinal: ≮ 0,65 L a 0,8 L ─ L ─ 0,65 L a 0,8 L ≯, com alturas H e h

Fonte: adaptado de Bernard-Gély e Calgaro (1994) e Petel, Lacoste e Lacombe (2012).

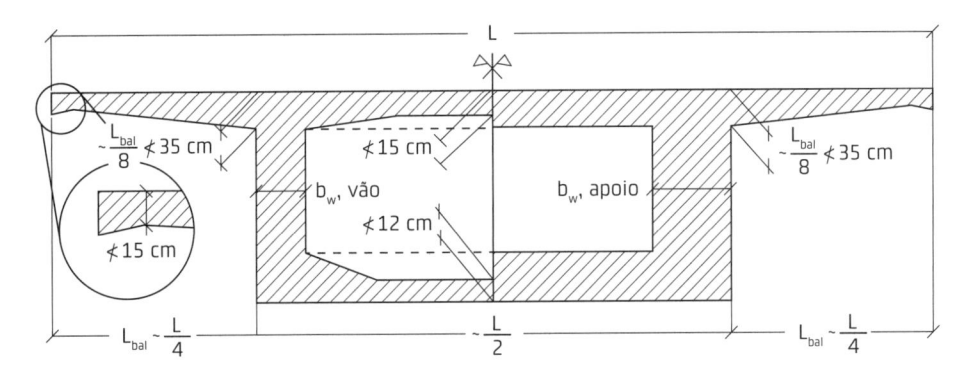

Fig. 5.14 *Proporções em seção transversal moldada* in loco

Dimensões indicadas: $L_{bal} \sim L/4$, $L/2$, $\sim L_{bal}/8$, $\not< 35$ cm, $\not< 15$ cm, $\not< 12$ cm, b_w, vão, b_w, apoio.

Quanto à espessura da alma das vigas concretadas no local, deve-se prever que haja um alargamento nas proximidades da região de apoio, não só para colaborar com a absorção do cortante e do momento negativo, mas também para acomodar os aparelhos de apoio e eventuais ancoragens de protensão. É importante lembrar que, no caso de extremo em balanço, as ancoragens de protensão são posicionadas na extremidade da viga. A Fig. 5.15 ilustra a forma típica do alargamento da viga e indica a ordem de grandeza das proporções em concreto armado ou protendido.

5.2.3 Vigas pré-moldadas

As vigas pré-moldadas são, em geral, na forma de seção "I", com alargamento na região de apoio. O alargamento nas proximidades dos apoios destina-se a colaborar na resistência ao cortante e permite alojar as ancoragens de protensão por pós-tensão. O aspecto típico da viga pré-moldada é detalhado na Fig. 5.16.

As vigas com protensão por pré-tensão podem ser mais esbeltas, já que não há a necessidade de acomodar as bainhas de protensão na seção transversal, nem as ancoragens nos extremos. Normalmente a pré-tensão é efetuada em fábricas com

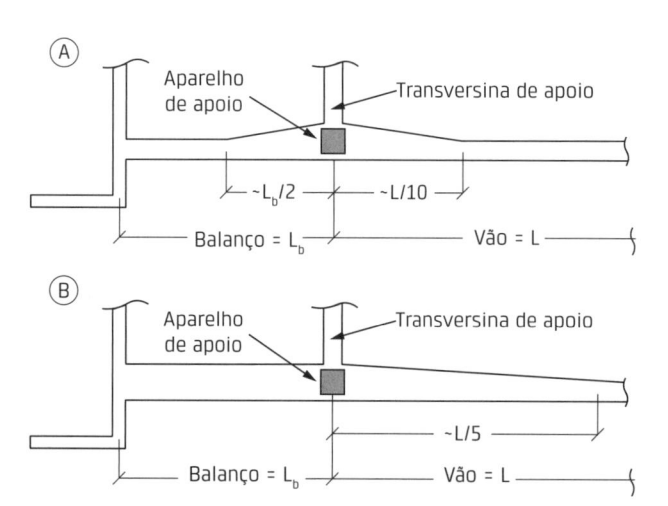

Fig. 5.15 *Alargamento da viga na região do apoio: (A) viga em concreto armado e (B) viga em concreto protendido*

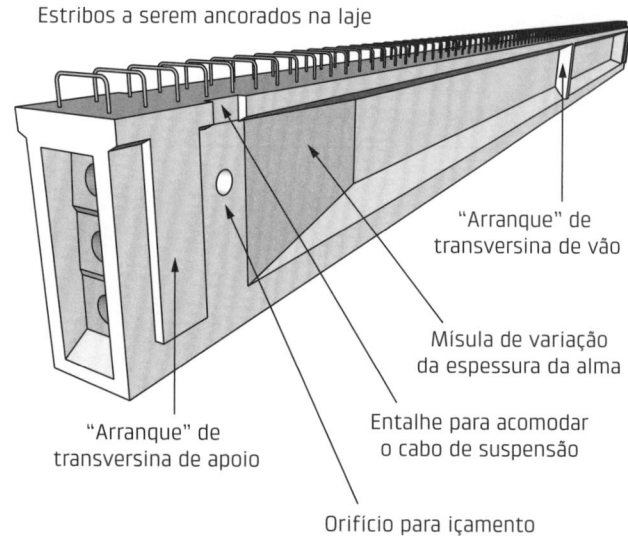

Fig. 5.16 *Viga pré-moldada com protensão por pós-tensão*

pistas de protensão dotadas de blocos de ancoragens de dimensões relativamente grandes nos extremos. O investimento nas pistas, formas e ancoragens é bastante expressivo, só se justificando economicamente para a produção em escala industrial. No Brasil, cada fábrica de vigas pré-moldadas possui seus padrões próprios de formas e dimensões.

Já nos Estados Unidos, as vigas pré-moldadas protendidas, bastante difundidas, seguem em geral os padrões da American Association of State Highway and Transportation Officials (AASHTO). Os seis padrões de vigas AASHTO (tipos I a VI), definidos originalmente em unidades inglesas, são apresentados na Fig. 5.17.

Embora esses padrões não sejam regularmente adotados no Brasil, as vigas AASHTO apresentam proporções adequadas e podem ser tomadas como indicação para a definição de projeto básico. Além disso, ao se adotar uma forma semelhante a um desses padrões, pode-se dispor de farta documentação técnica destinada às vigas AASHTO. As transformações para o sistema métrico seriam imediatas, porém resultariam em valores pouco usuais ("quebrados"), sendo mais interessante arredondar as dimensões de forma que as propriedades geométricas (área, inércia e centroide) sejam praticamente as mesmas que as originais, transformadas para o sistema SI. Exemplos de seções assim definidas, em unidades métricas, são apresentados na Fig. 5.18.

Para uma superestrutura em vigas múltiplas tipo AASHTO, o tipo de seção transversal e o espaçamento entre vigas podem ser determinados, *de forma preliminar*, em função do vão, da resistência característica do concreto e do nível de protensão, a partir dos ábacos das Figs. 5.19 a 5.21.

Deve-se observar que as indicações desses ábacos são baseadas em valores médios de carregamentos e de distribuição transversal das cargas móveis. Com a definição preliminar do tipo de seção, tem-se o peso próprio estrutural da viga, e, com

121
Forma e geometria

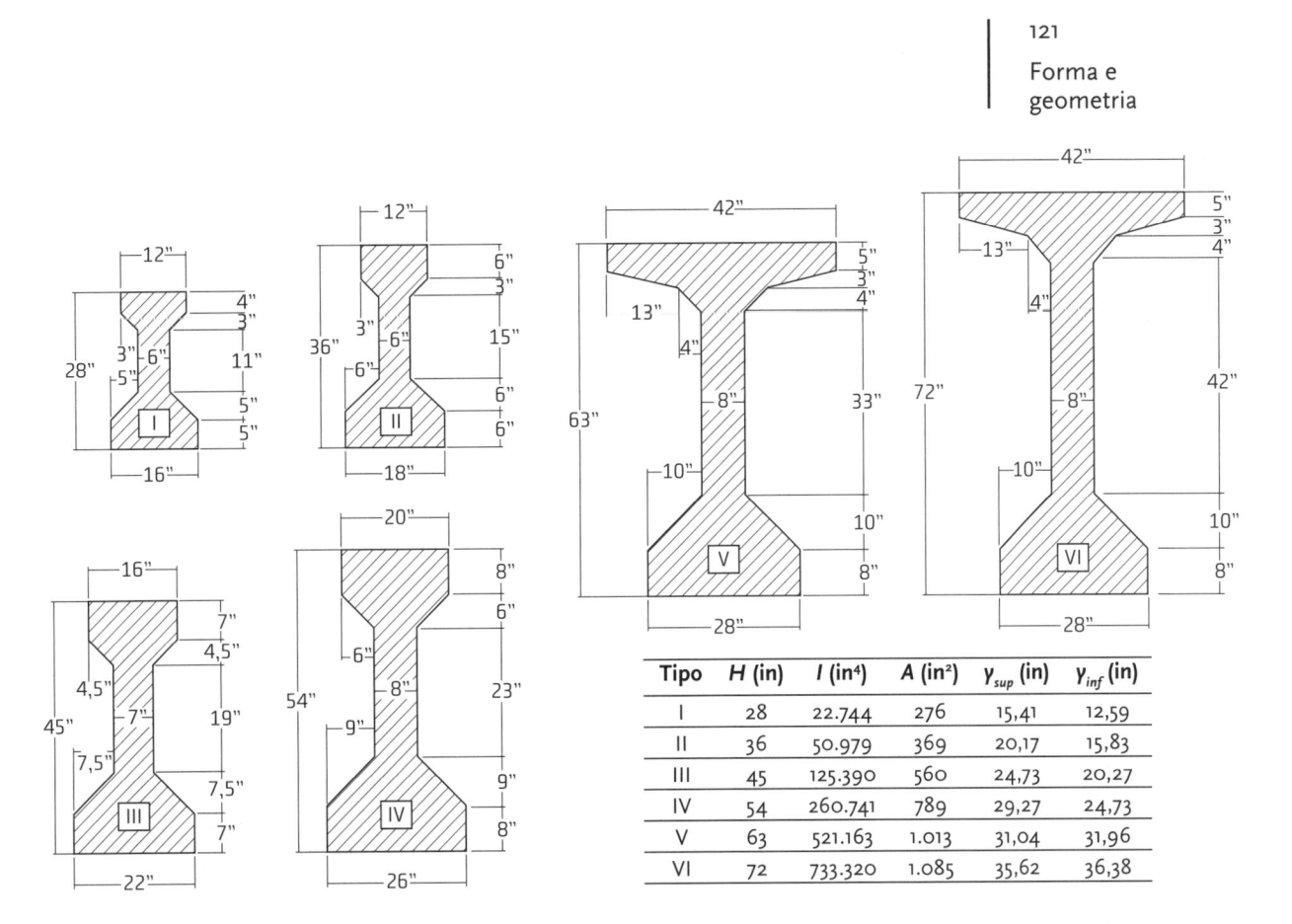

Tipo	H (in)	I (in⁴)	A (in²)	y_{sup} (in)	y_{inf} (in)
I	28	22.744	276	15,41	12,59
II	36	50.979	369	20,17	15,83
III	45	125.390	560	24,73	20,27
IV	54	260.741	789	29,27	24,73
V	63	521.163	1.013	31,04	31,96
VI	72	733.320	1.085	35,62	36,38

Fig. 5.17 *Seções de vigas AASHTO com dimensões em polegadas*

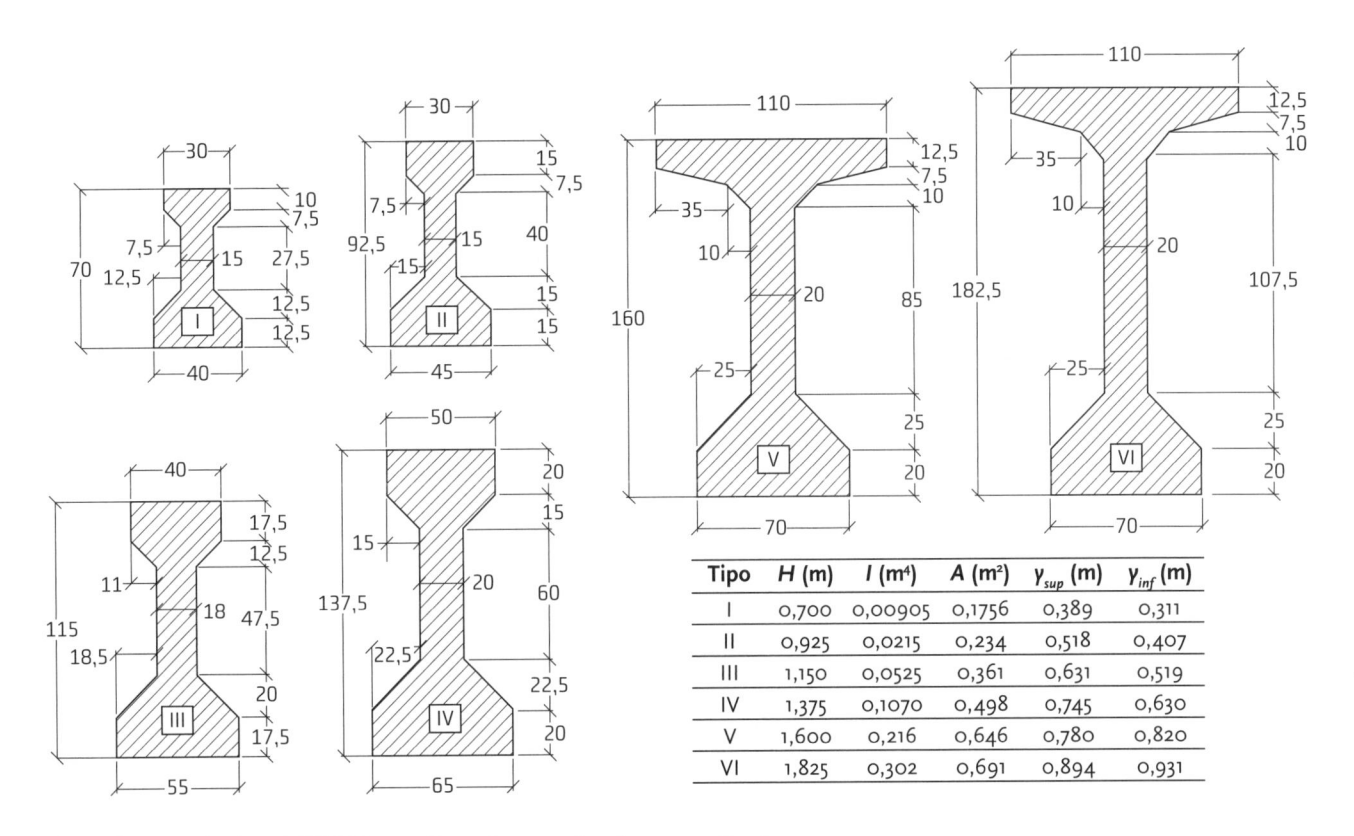

Tipo	H (m)	I (m⁴)	A (m²)	y_{sup} (m)	y_{inf} (m)
I	0,700	0,00905	0,1756	0,389	0,311
II	0,925	0,0215	0,234	0,518	0,407
III	1,150	0,0525	0,361	0,631	0,519
IV	1,375	0,1070	0,498	0,745	0,630
V	1,600	0,216	0,646	0,780	0,820
VI	1,825	0,302	0,691	0,894	0,931

Fig. 5.18 *Seções de vigas AASHTO com dimensões aproximadas em centímetros*

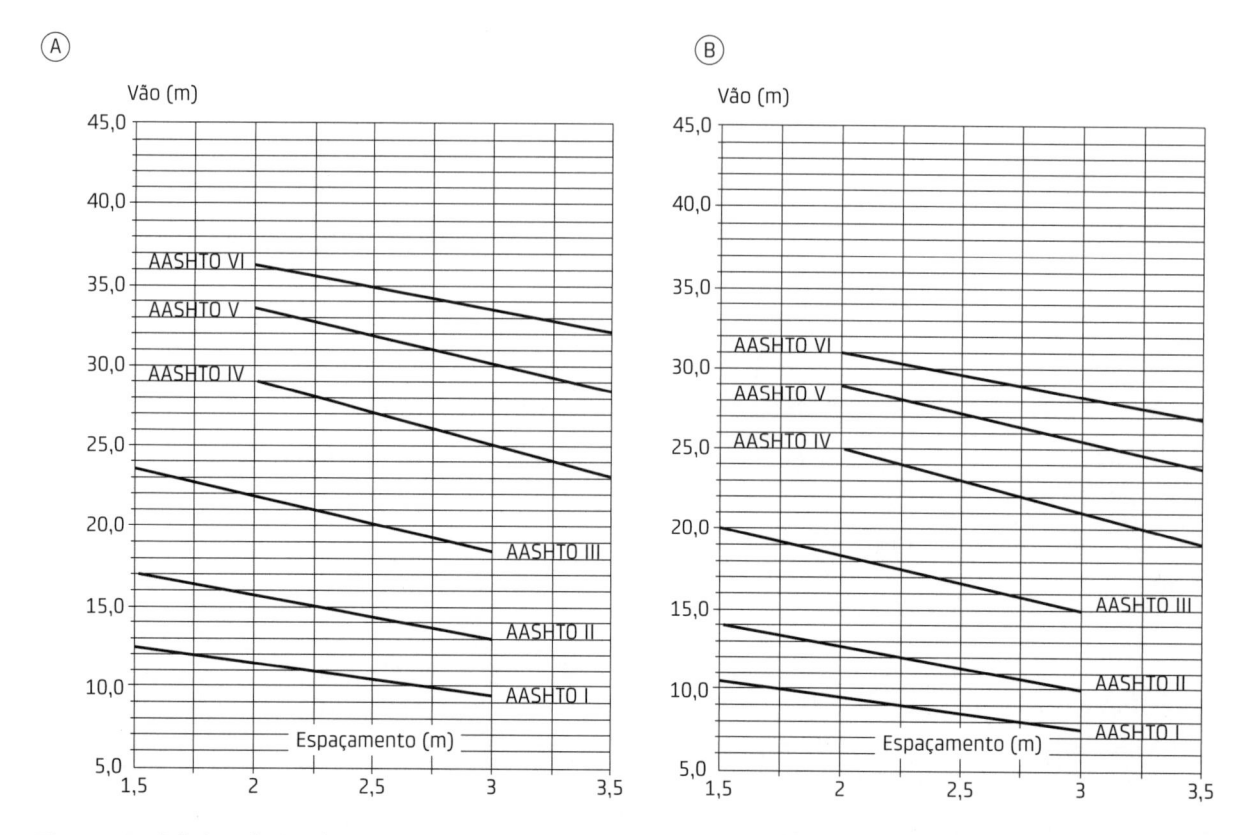

Fig. 5.19 *Predefinição do tipo de seção AASHTO (f_{ck} = 30 MPa): (A) protensão limitada e (B) protensão completa*

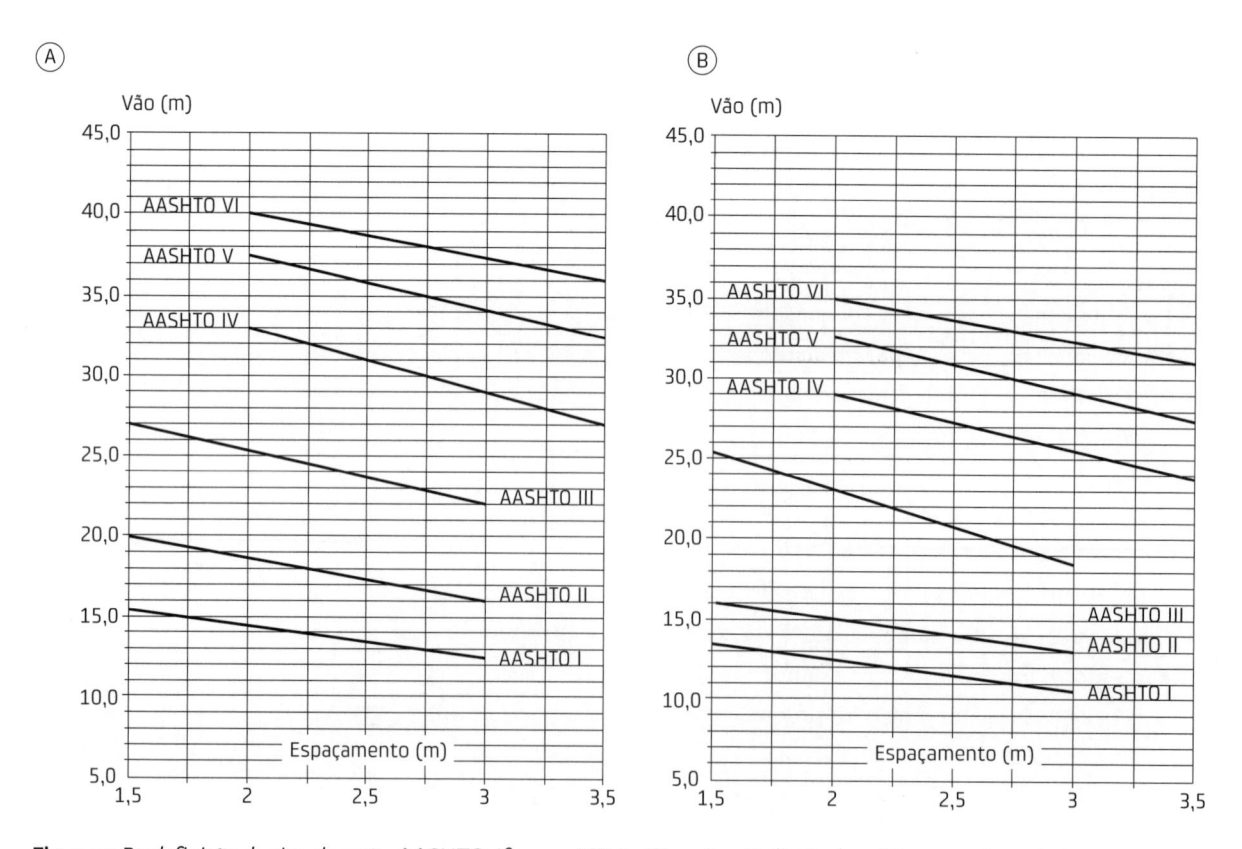

Fig. 5.20 *Predefinição do tipo de seção AASHTO (f_{ck} = 40 MPa): (A) protensão limitada e (B) protensão completa*

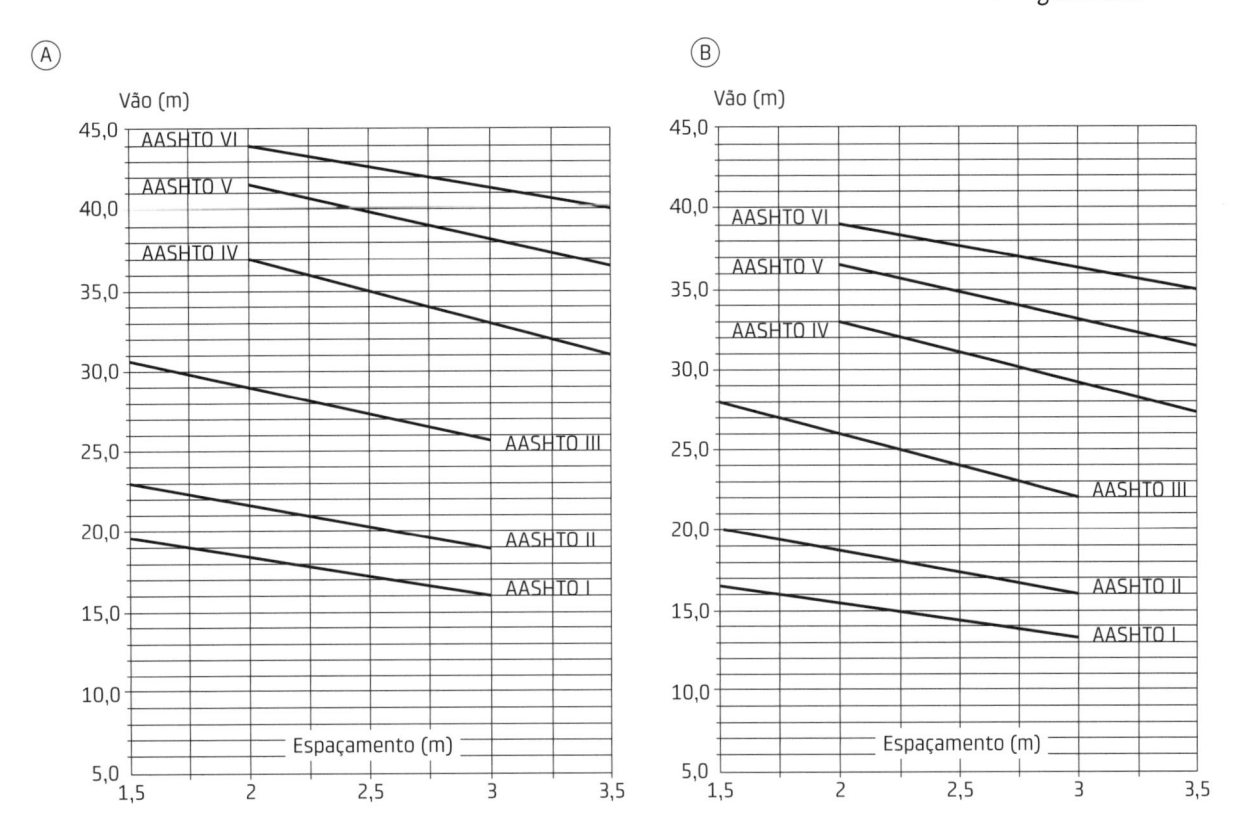

Fig. 5.21 *Predefinição do tipo de seção AASHTO (f_{ck} = 50 MPa): (A) protensão limitada e (B) protensão completa*

o espaçamento entre vigas, pode-se determinar o trem-tipo longitudinal. Só assim todos os carregamentos são definidos com precisão e é possível dimensionar de fato a viga.

As dimensões e as proporções de espaçamento de viga AASHTO indicadas nesses ábacos podem ser utilizadas como valores preliminares para a definição de forma de vigas protendidas tanto por pós-tensão quanto por pré-tensão.

Existem ainda os padrões AASHTO-PCI (Precast/Prestressed Concrete Institute) denominados *bulb-T*, com almas e mesas mais esbeltas, apresentados na Fig. 5.22, adaptando-se as dimensões para o sistema métrico de modo a se obterem propriedades semelhantes às das dimensões originais, em sistema inglês. A numeração após a designação "BT" indica a altura total da viga, medida em polegadas.

5.3 Geometria viária

De acordo com o DNER (1999), as rodovias são classificadas basicamente em função do volume médio diário (VMD) e do tipo de relevo (plano, ondulado ou montanhoso). A partir dessas características são definidas largura de faixa, largura de acostamento, velocidade diretriz e rampa máxima, conforme resumido na Tab. 5.1.

Com base nesses elementos, define-se o projeto geométrico viário, constituído basicamente pelos projetos horizontal, vertical e de seções transversais. O projeto horizontal estabelece o traçado do eixo viário em planta a partir de alinhamentos retos (tangentes) concordados por curvas circulares simples ou com trechos de

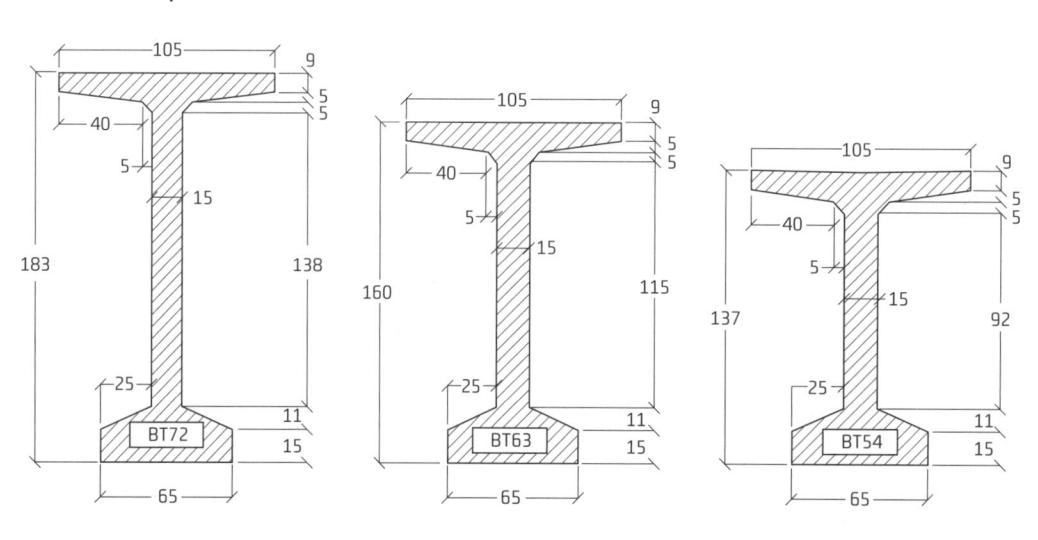

Fig. 5.22 *Seções de vigas AASHTO-PCI bulb-T com dimensões aproximadas em centímetros*

Tipo	H (m)	I (m⁴)	A (m²)	y_{sup} (m)	y_{inf} (m)
BT54	1,370	0,109	0,417	0,665	0,705
BT63	1,600	0,160	0,451	0,780	0,820
BT72	1,830	0,223	0,486	0,895	0,935

Tab. 5.1 Parâmetros para projeto geométrico viário

Classe	Pista	Critério	Largura de faixa (m)			Largura de acostamento (m)			Velocidade (km/h)			Rampa máxima (%)		
			Plano	Ondulado	Montanhoso	Plano	Ondulado	Montanhoso	Plano	Ondulado	Montanhoso	Plano	Ondulado	Montanhoso
0	Dupla	Técnico e/ou administrativo	3,60	3,60	3,60	3,50	3,00	3,00	120	100	80	3,0	4,0	5,0
I-A					3,50	3,00	2,50	2,50						
I-B		VMD > 1.400							100	80	60		4,5	6,0
II		700 < VMD < 1.400		3,50	3,30	2,50	2,50	2,00		70	50		5,0	7,0
III	Simples	300 < VMD < 700	3,50	3,30			2,00	1,50	80	60	40	4,0	6,0	8,0
IV-A		50 < VMD < 200	3,00	3,00	3,00	1,30	1,30	0,80						
IV-B		VMD < 50	2,50	2,50	2,50	1,00	1,00	0,50	60	40	30	6,0	8,0	10,0

Fonte: DNER (1999).

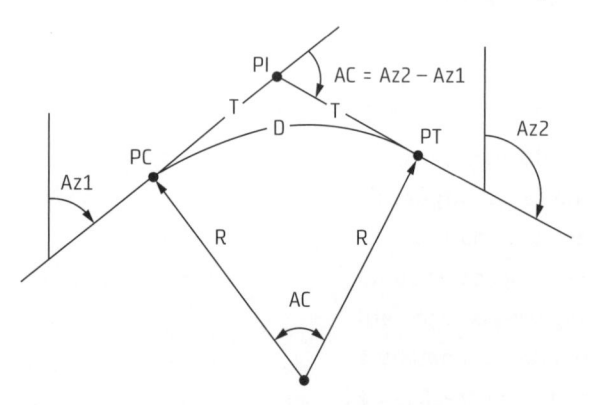

Fig. 5.23 *Concordância horizontal em curva circular*

transição. A concordância horizontal em curva circular é definida por seu raio de curvatura e pelo ponto de interseção entre duas tangentes, denominado PI.

Na concordância em curva circular, denomina-se ponto de curva (PC) o início e ponto de tangência (PT) o final. O ângulo central de uma curva horizontal (AC) é determinado pela variação dos azimutes das tangentes adjacentes, conforme ilustrado na Fig. 5.23. O azimute é definido como o ângulo, medido em sentido horário a partir da direção norte, da direção do alinhamento no sentido crescente do estaqueamento.

As tangentes externas (T) e o desenvolvimento (D) são definidos em função do ângulo central, de acordo com as seguintes expressões:

$$T = R \cdot \tan\left(\frac{AC}{2}\right) \qquad (5.1)$$

$$D = R \cdot AC \text{ (AC em radianos)} \qquad (5.2)$$

A mudança súbita de curvatura ao se entrar numa curva pode causar desconforto ou mesmo representar algum risco. Para eliminar esses problemas, são adotados trechos em transição, particularmente importantes nas ferrovias. Observa-se que nas rodovias a transição pode não ser tão essencial, pois os motoristas tendem a impor naturalmente uma mudança gradual de direção nas curvas. Já nas ferrovias, as composições devem seguir exatamente a trajetória dos trilhos, e a súbita mudança de curvatura pode de fato trazer risco de descarrilamento.

Na concordância com transição em espiral, os pontos notáveis da curva são tangente-espiral (TE), espiral-circular (EC), circular-espiral (CE) e espiral-tangente (ET), sendo o ângulo central decomposto entre os trechos de desenvolvimento circular (θ) e em espiral (s_c), conforme indicado na Fig. 5.24.

Usualmente, a curva espiral adotada é a clotoide, também chamada radioide aos arcos ou espiral de Euler, caracterizada por apresentar a curvatura (inverso do raio) linearmente variável, diretamente proporcional ao comprimento percorrido na curva. As expressões para o cálculo analítico podem ser resumidas como a seguir apresentado (Carvalho, 1957).

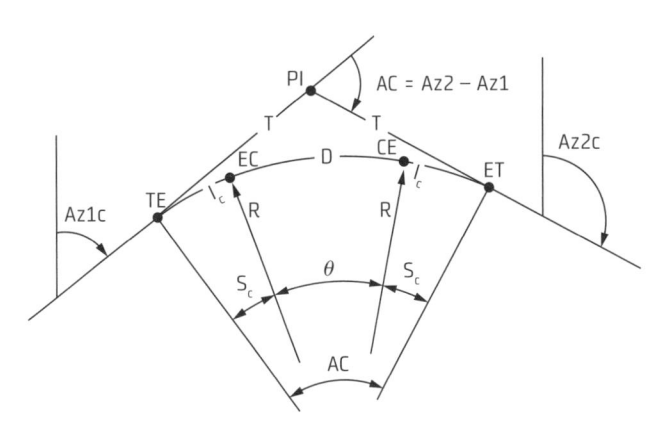

Fig. 5.24 *Concordância horizontal com transição em espiral*

$$s_c = \frac{l_c}{2R} \text{ (s_c em radianos)} \qquad (5.3)$$

$$\theta = AC - 2s_c \qquad (5.4)$$

$$D = R \cdot \theta \text{ (θ em radianos)} \qquad (5.5)$$

$$T = q + (R+p) \cdot \tan\left(\frac{AC}{2}\right) \qquad (5.6)$$

A expressão da tangente externa (T) depende dos parâmetros p e q, definidos por:

$$p = x_c - R(1 - \cos s_c) \qquad (5.7)$$

$$q = y_c - R \cdot \text{sen } s_c \qquad (5.8)$$

Sendo as coordenadas (x_c, y_c) da espiral indicadas na Fig. 5.25 e a seguir expressas:

$$x_c = l_c \left(\frac{s_c}{3} - \frac{s_c^3}{42} + \frac{s_c^5}{1.320} - \ldots \right) \tag{5.9}$$

$$y_c = l_c \left(1 - \frac{s_c^2}{10} + \frac{s_c^4}{216} - \ldots \right) \tag{5.10}$$

O projeto vertical (greide) define as alturas (cotas) do eixo em relação a um determinado referencial. Basicamente, o perfil do eixo é formado por sucessivos trechos de rampas, concordados por curvas parabólicas. A parábola de concordância vertical é caracterizada por sua projeção horizontal y, resultante de dois ramos, estabelecidos a partir do ponto de interseção de duas rampas, denominado ponto de interseção vertical (PIV). Determina-se assim a projeção horizontal y_1 entre o início da concordância, denominado ponto de curva vertical (PCV), e o PIV. Da mesma forma, a projeção horizontal y_2 é definida entre o PIV e o final da concordância, denominado ponto de tangência vertical (PTV). A Fig. 5.26 ilustra os casos de projeção convexa e côncava.

Em geral, as projeções da parábola são idênticas ($y_1 = y_2$) e a parábola é caracterizada exclusivamente pela projeção total ($y = y_1 + y_2$). O cálculo das ordenadas (e_1, e_2), medidas a partir das rampas, como indicado na Fig. 5.26, é feito, mediante lei parabólica, em função da ordenada máxima da parábola (e), conforme as expressões a seguir. Admite-se que as rampas ascendentes são positivas e as descendentes, negativas.

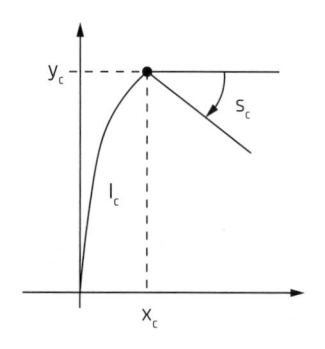

Fig. 5.25 *Definição da espiral (clotoide)*

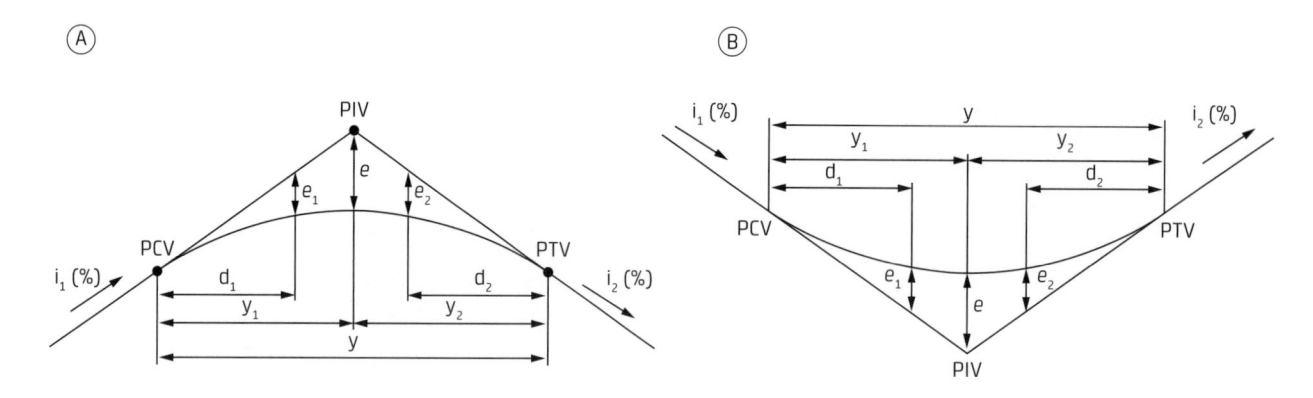

Fig. 5.26 *Concordâncias verticais parabólicas: (A) concordância convexa e (B) concordância côncava*

▶ Parábola simétrica ($y_1 = y_2$):

$$e = \frac{y}{8}(i_1 - i_2) \tag{5.11}$$

$$e_1 = e \left(\frac{2d_1}{y} \right)^2 \tag{5.12}$$

$$e_2 = e\left(\frac{2d_2}{y}\right)^2 \qquad (5.13)$$

- Parábola assimétrica ($y_1 \neq y_2$):

$$e = \frac{y_1 \cdot y_2}{2y}(i_1 - i_2) \qquad (5.14)$$

$$e_1 = e\left(\frac{d_1}{y_1}\right)^2 \qquad (5.15)$$

$$e_2 = e\left(\frac{d_2}{y_2}\right)^2 \qquad (5.16)$$

As concordâncias parabólicas devem obedecer a critérios de conforto e de visibilidade. Como indicador, adota-se o parâmetro K, definido como a distância percorrida, em metros, para uma variação de 1,0% de rampa, expresso como a seguir.

$$K = \frac{y}{(i_1 - i_2)} \qquad (5.17)$$

De acordo com o DNER (1999), os valores-limites do parâmetro K podem ser resumidos como apresentado na Tab. 5.2.

Tab. 5.2 Parâmetro K de concordância vertical em parábola

Velocidade (km/h)		30	40	50	60	70	80	90	100	110	120
Parábola convexa	K mínimo	2	5	9	14	20	29	41	58	79	102
	K desejável	2	5	10	18	29	48	74	107	164	233
Parábola côncava	K mínimo	4	7	11	15	19	24	29	36	43	50
	K desejável	4	7	12	17	24	32	42	52	66	80

Fonte: adaptado de DNER (1999).

O projeto de seção viária define as larguras e as declividades transversais da superfície de rolamento. Nas curvas, a largura da pista pode ainda ser aumentada, impondo-se a *superlargura*. Nos trechos em tangente, a pista deve apresentar ao menos 2,0% de declividade transversal, em geral com um ponto alto central e caimentos para cada um dos bordos. Nos acostamentos, a declividade básica é em geral maior, da ordem de 5,0%. A declividade transversal em tangente tem o objetivo exclusivo de propiciar a drenagem da pista. A seção transversal viária apresenta, além das declividades transversais e das larguras de faixas, eventuais acostamentos e passeios, juntamente com as barreiras e os guarda-corpos, conforme exemplificado na Fig. 5.27.

Nas curvas, deve-se impor declividade adicional, denominada *superelevação*, visando a segurança e o conforto do usuário. A superelevação é imposta variando-se

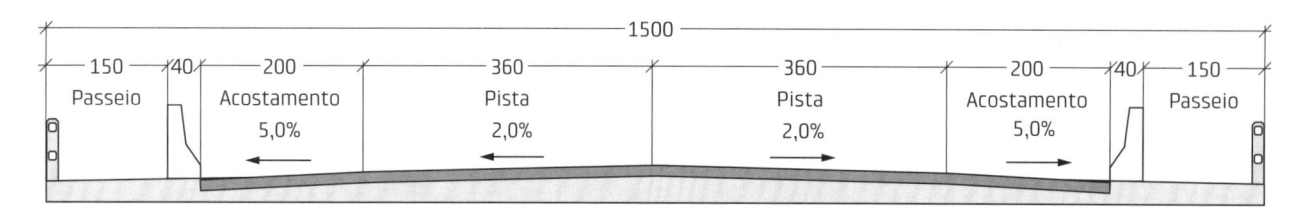

Fig. 5.27 *Exemplo de seção transversal viária – cotas em cm*

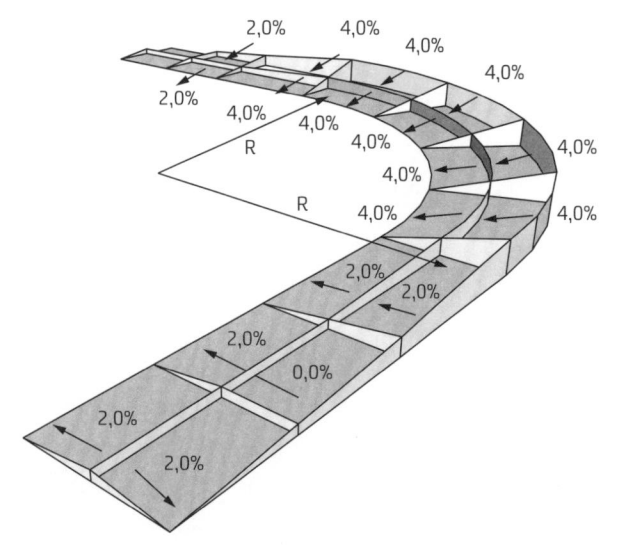

Fig. 5.28 *Exemplo de definição das declividades transversais*

gradualmente a declividade transversal de forma que, no trecho em curva circular, ela apresente caimento constante em direção ao centro da curva. A superelevação é imposta nos trechos adjacentes em tangente ou no comprimento da espiral, nos casos de curva com transição, como ilustrado na Fig. 5.28.

Em função do valor da superelevação e da velocidade diretriz, podem ser definidos os limites de raio mínimo das curvas de concordância horizontal, conforme apresentado na Tab. 5.3.

5.4 Geometria estrutural

Em geral, a materialização do projeto geométrico de uma via se dá, em grande parte de sua extensão, através de serviços de terraplenagem (corte e aterro) efetuados

Tab. 5.3 Raio mínimo de curva circular em função da superelevação

Velocidade (km/h)	Valores de superelevação				
	4%	6%	8%	10%	12%
	Raio mínimo (m)				
30	30	25	25	25	20
40	60	55	50	45	45
50	100	90	80	75	70
60	150	135	125	115	105
70	205	185	170	155	145
80	280	250	230	210	195
90	355	320	290	265	245
100	465	415	375	345	315
110	595	530	475	435	400
120	755	665	595	540	490

diretamente sobre o terreno natural, com o apoio de serviços de topografia. No caso de pontes e viadutos, a superfície de rolamento deve igualmente obedecer fielmente às definições da geometria da via, porém o processo de materialização do projeto é essencialmente diferente das execuções em que se trabalha diretamente sobre o terreno natural. A estrutura de uma ponte deve ser construída progressivamente (de baixo para cima), de forma que o resultado se ajuste com precisão ao restante da via. Nesses casos, o cálculo da geometria estrutural, a locação topográfica e a execução devem ser acompanhados com extremo rigor, pois eventuais erros demandam correção complexa e onerosa, particularmente no caso de obras pré-fabricadas.

Por geometria estrutural compreende-se a definição das dimensões e das posições em planta e em elevação dos diversos elementos estruturais e de ajustes geométricos. Tem-se assim, na definição da geometria estrutural e dos elementos de locação, uma etapa em que se requer especial atenção por parte do projetista.

Os elementos de geometria estrutural são determinados em função do tipo de superestrutura, podendo-se distinguir dois grupos bem caracterizados: obras pré-fabricadas e obras moldadas no local. Em relação à locação de fundações, blocos e pilares, ambas seguem procedimentos análogos, requerendo instrumentos topográficos para a locação a partir de coordenadas e níveis. A distinção nessa etapa se dá no grau de tolerância aos inevitáveis desvios geométricos em relação ao projeto. Variações decorrentes da locação e/ou da execução da infraestrutura refletem diretamente no comprimento dos vãos adjacentes e na excentricidade transversal nos pontos de apoio.

No caso de obras moldadas no local, para vãos de dezenas de metros, alterações de ordem decimétrica podem ser em geral absorvidas com facilidade. Já no caso de obras pré-fabricadas, têm-se tolerâncias limitadas pelas folgas, ou seja, de ordem centimétrica. Deve-se ainda considerar que em geral os elementos pré-moldados encontram-se prontos quando se verificam os eventuais erros no campo. Desse modo, exige-se um maior rigor nas definições geométricas e nas correspondentes implantações nesses tipos de obra.

Em relação à forma da viga principal, têm-se basicamente as opções de altura constante ou variável, com mísula reta ou curva, como ilustrado na Fig. 5.29. A forma geométrica da variação curva entre uma altura menor (h) e a maior altura (H) não altera significativamente o comportamento estrutural, porém essa definição influencia diretamente a estética, o detalhamento das armaduras e a execução das formas.

Normalmente, para as variações curvas, são adotadas leis parabólicas ou hiperbólicas, cujas equações são indicadas na Fig. 5.30. Nota-se que a forma parabólica

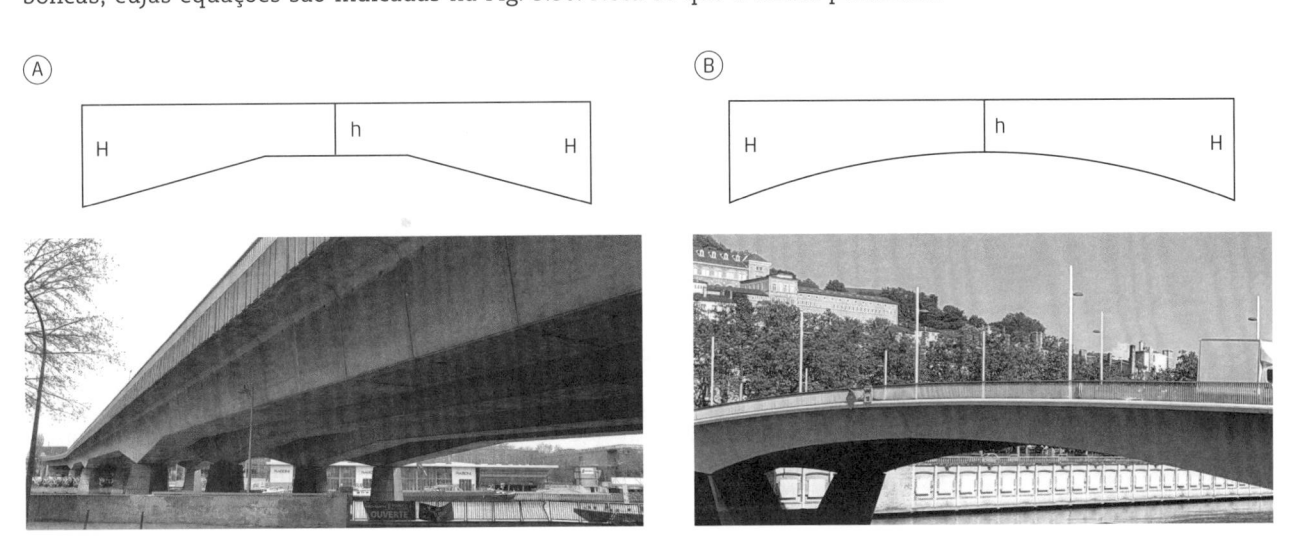

Fig. 5.29 *Formas de variação de altura da superestrutura: (A) variação linear e (B) variação curva*

apresenta redução de altura de maneira um pouco mais acentuada a partir dos extremos. Essa pequena diferença pode ser interessante em superestruturas executadas em balanços sucessivos, em que se deve acomodar algumas ancoragens de protensão nas aduelas.

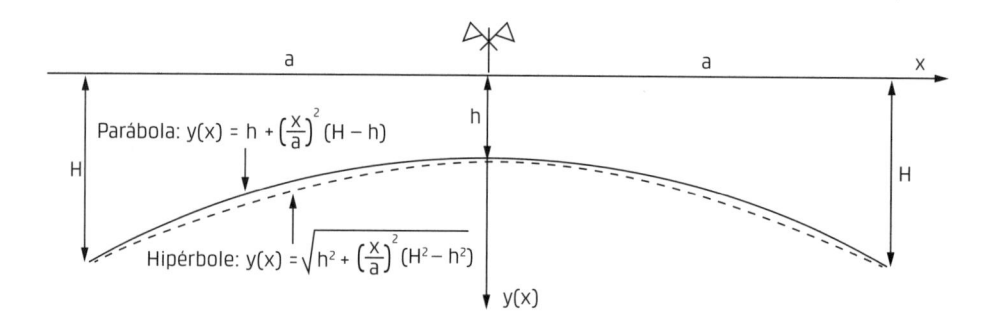

Fig. 5.30 *Definição das variações de altura em curvas parabólica e hiperbólica*

Parábola: $y(x) = h + \left(\frac{x}{a}\right)^2 (H - h)$

Hipérbole: $y(x) = \sqrt{h^2 + \left(\frac{x}{a}\right)^2 (H^2 - h^2)}$

Com as definições dos projetos horizontal, vertical e de seções viárias, é possível determinar os elementos de locação das seções estruturais, como exemplificado na Fig. 5.31. Observa-se que os pontos são calculados em planta por meio das coordenadas na base topográfica (N, E). Em elevação, os pontos são definidos pelas cotas.

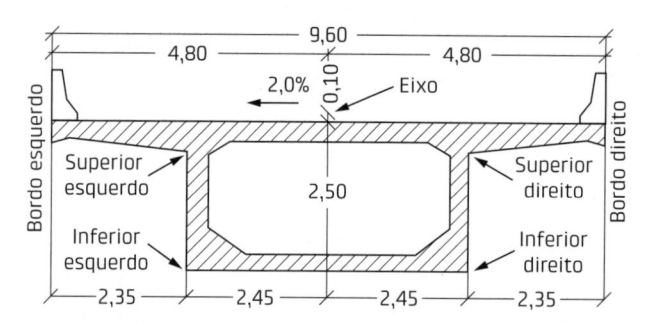

Seção	Estaca	Altura da seção	Ponto	Posição	N	E	Cota na estrutura	Cota no greide
S-09	112+12,000	3,046	Eixo	0,000	7471609,147	678484,401	21,102	21,202
			Bordo esq.	4,800 E	7471612,902	678487,389	21,006	21,106
			Bordo dir.	4,800 D	7471605,393	678481,414	21,198	21,298
			Sup. esq.	2,450 E	7471611,064	678485,927	20,503	
			Sup. dir.	2,450 D	7471607,230	678482,876	20,601	
			Inf. esq.	2,450 E	7471611,064	678485,927	18,007	
			Inf. dir.	2,450 D	7471607,230	678482,876	18,105	

Fig. 5.31 *Exemplo de elementos de locação de seção transversal celular*

As cunhas visam garantir que os aparelhos de apoio sejam posicionados entre planos horizontais e devem fazer parte do detalhamento de geometria estrutural nas superestruturas em viga contínua com declividade longitudinal, como indicado no detalhe da Fig. 5.32. Sem esse cuidado, o apoio em plano inclinado despertaria reações

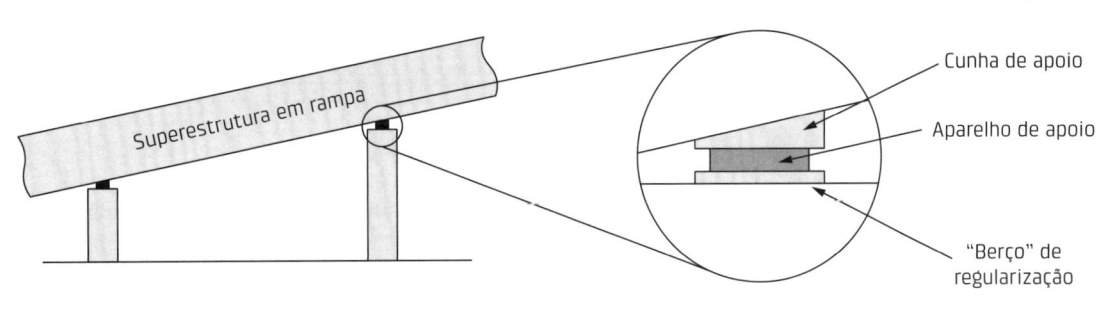

Fig. 5.32 *Geometria de berços e cunhas de apoio*

horizontais que comprometeriam o bom funcionamento e a durabilidade, ocasionando deslocamentos indesejados ou até mesmo a ruptura dos aparelhos de apoio. Os aparelhos de apoio devem ser posicionados preferencialmente sobre "berços", que visam regularizar a superfície de contato e garantir a cota de projeto, difíceis de obter com a precisão adequada durante a concretagem dos pilares e dos encontros.

Nas vigas moldadas *in loco* com superelevação, as cunhas de apoio também devem apresentar inclinação na direção transversal, como indicado na Fig. 5.33, no detalhamento da seção transversal no apoio de uma viga celular.

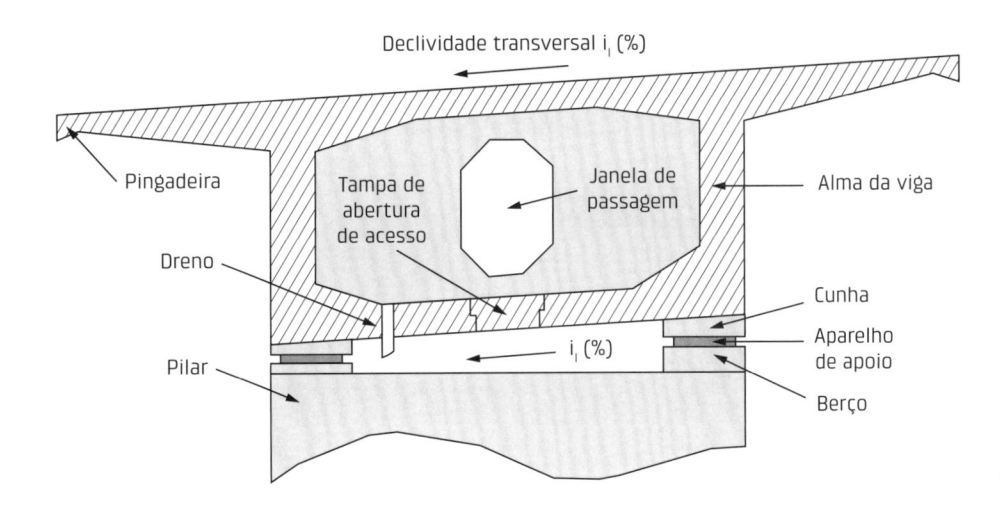

Fig. 5.33 *Apoio de seção celular com superelevação*

Nas superestruturas com vigas pré-moldadas, as cunhas transversais são desnecessárias, pois a superelevação é implantada posicionando-se as vigas sobre berços de apoio com alturas variáveis, como exemplificado na Fig. 5.34.

Havendo greide parabólico com curvatura expressiva, pode ser ainda necessário o uso de preenchimento (em *grout* ou argamassa estrutural) sobre as vigas pré-moldadas para que a laje mantenha espessura constante. A Fig. 5.35 esclarece a situação na vista em perfil com escala deformada.

No caso geral com curvatura em planta, greide parabólico e declividade transversal variável, a determinação dos preenchimentos, cunhas de apoio e berços de implantação das declividades transversais tende a ser relativamente complexa. Essas situações, comuns nos viadutos urbanos em vigas múltiplas, tendem a requerer o auxílio de programas de computador para o cálculo e o detalhamento dos elementos de geometria estrutural (Alves; Alves; Reis, 2005).

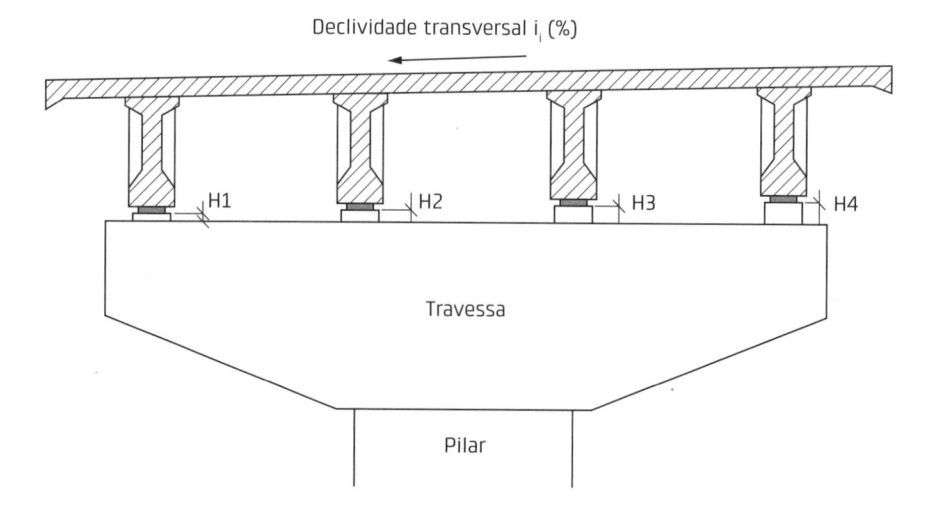

Fig. 5.34 *Apoios de superestrutura em vigas pré-moldadas com superelevação*

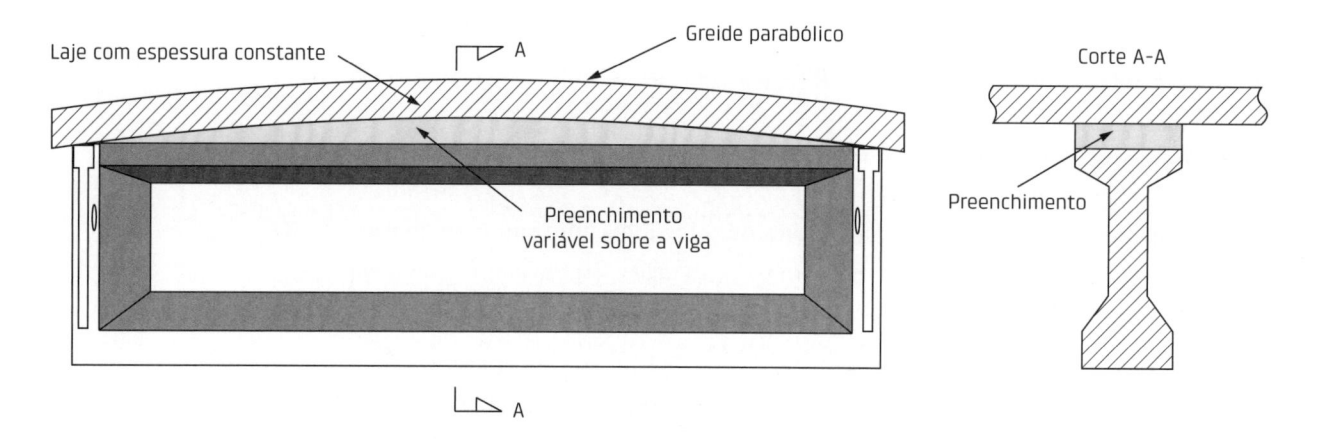

Fig. 5.35 *Preenchimento em viga pré-moldadas com greide parabólico (escala deformada)*

Comportamento dos materiais | 6

Nas estruturas de concreto armado e protendido, é fundamental que se conheça o comportamento dos materiais, não só para a definição das relações tensão-deformação e dos limites de resistência, mas também para a compreensão dos fenômenos reológicos. No concreto protendido, a relaxação do aço e a retração e a fluência do concreto determinam perdas de protensão e influem no comportamento estrutural e na redistribuição de tensões entre aço e concreto. Embora o concreto apresente comportamento complexo, este é definido basicamente por sua resistência característica à compressão f_{ck}, enquanto o aço é caracterizado por sua tensão de escoamento, denominada f_{yk} na armadura convencional e f_{pyk} no aço de protensão.

6.1 Aço

O aço de armadura passiva apresenta comportamento relativamente simples, admitido como elastoplástico perfeito. Para o aço de protensão, sem patamar de escoamento, o endurecimento por deformação (*strain hardening*) é significativo logo após o limite de elasticidade, devendo ser considerado. Além disso, no aço de protensão, que é submetido a deformações expressivas, o fenômeno da relaxação tem significativa importância e deve ser avaliado.

6.1.1 Aço de armadura passiva

No concreto armado, adota-se usualmente o aço CA-50, caracterizado pelo diagrama tensão-deformação típico, obtido através de ensaio de tração, ilustrado na Fig. 6.1. Os valores de referência indicados para f_y, f_u e ε_u correspondem às prescrições da NBR 7480 (ABNT, 2007).

Observa-se o comportamento elástico linear seguido de patamar de escoamento bem definido, perfeitamente plástico, antes do endurecimento por deformação (*strain hardening*). A NBR 6118 (ABNT, 2014, § 8.3.5) define o módulo de elasticidade (E_s) em 210 GPa (= 21.000 kN/cm²). No Brasil, dispõe-se

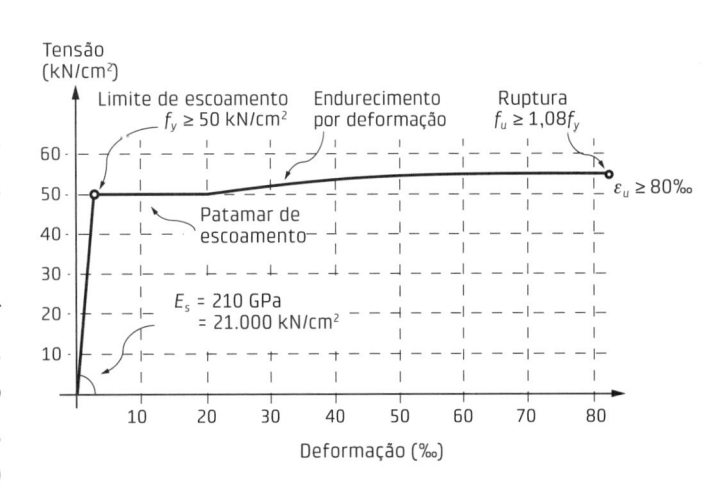

Fig. 6.1 *Diagrama tensão-deformação sob tração típico do aço CA-50*

ainda dos aços das categorias CA-25 e CA-60, com comportamento semelhante ao do CA-50, porém de aplicação mais reduzida.

6.1.2 Aço de protensão

Atualmente, dispõe-se no Brasil de dois tipos de aço de protensão para as cordoalhas, denominados CP-190 e CP-210. De acordo com a NBR 7483 (ABNT, 2008), a denominação indica a tensão mínima de resistência à tração expressa em kgf/mm² (unidade antiga de tensão: 1 kgf/mm² = 0,981 kN/cm²). Admitindo-se $g \cong 10$ m/s², os valores nominais podem ser tomados diretamente em kN/cm², lembrando que 1 kN/cm² = 10 MPa. Na Fig. 6.2 são ilustrados os aspectos típicos dos diagramas tensão-deformação dos aços de protensão, superpondo-se o do aço CA-50 para efeito de comparação.

Ao contrário do aço CA-50, os aços de protensão não apresentam patamar de escoamento bem definido, sendo adotado o limite convencional (f_{py}) na proporção aproximada de 90% da tensão de ruptura (f_{pu}). Após o limite elástico, o endurecimento por deformação plástica (*strain hardening*) é significativo e deve ser considerado. De acordo com a NBR 6118 (§ 8.4.4), o valor do módulo de elasticidade do aço de protensão (E_p) deve ser fornecido pelo fabricante, no entanto, "na falta de dados específicos", pode-se considerar para cordoalhas o valor de 200 GPa. Segundo a NBR 7483, a deformação mínima na ruptura por tração deve ser 35‰.

6.1.3 Diagramas de cálculo

Nas estruturas de concreto armado ou protendido, as deformações de tração são limitadas ao valor de 10‰. Para efeito de dimensionamento e verificações, a consideração desse limite de 10‰ indica a região de interesse para a definição dos diagramas simplificados de cálculo. Então, admitindo-se que o concreto e o aço tenham perfeita aderência, basta considerar o diagrama até 10‰ de deformação para o aço CA-50, desprezando-se assim o endurecimento por deformação. Nas estruturas de concreto protendido, deve-se, no entanto, considerar que as cordoalhas apresentam um pré-alongamento, a partir do qual se deve limitar a deformação em 10‰. Para a definição dos diagramas de cálculo, deve-se então considerar o pré-alongamento, cujo valor máximo é da ordem de 7‰.

De acordo com a NBR 6118, os diagramas de cálculo para os aços de armadura passiva (§ 8.3.6) e de protensão (§ 8.4.5) são definidos conforme ilustrado na Fig. 6.3, sendo:

ε_s = deformação no aço;

σ_s = tensão no aço, definida em função da deformação ε_s;

f_{yk} = tensão de escoamento característica do aço de armadura passiva;

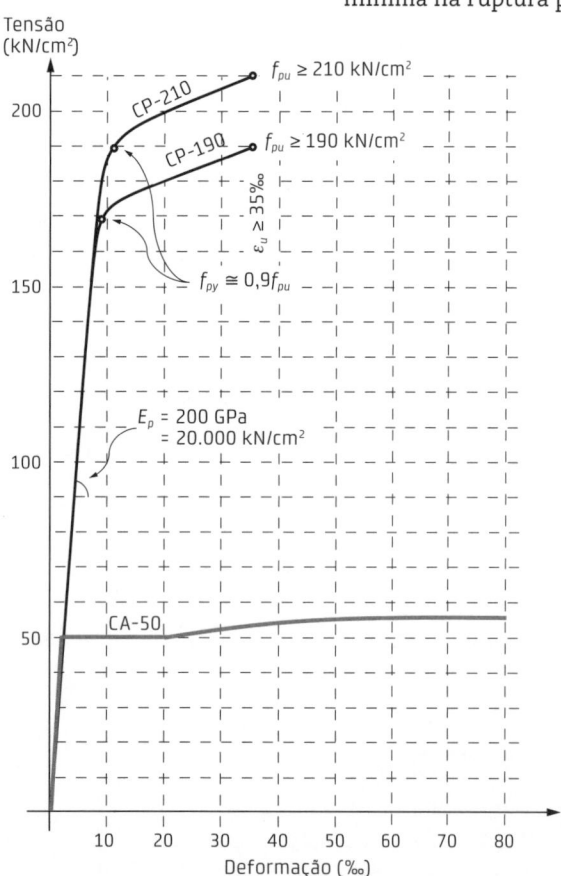

Fig. 6.2 *Diagramas tensão-deformação sob tração típicos dos aços de protensão*

f_{yd} = tensão de escoamento de cálculo do aço de armadura passiva (= $f_{yk}/1,15$);
ε_{yd} = deformação de escoamento de cálculo do aço de armadura passiva (= f_{yd}/E_s);
E_s = módulo de elasticidade do aço de armadura passiva (= 210 GPa);
f_{ptk} = tensão de resistência à tração característica do aço de protensão;
f_{ptd} = tensão de resistência à tração de cálculo do aço de protensão (= $f_{ptk}/1,15$);
f_{pyk} = tensão de escoamento convencional característica do aço de protensão (= $0,9 f_{ptk}$);
f_{pyd} = tensão de escoamento de cálculo do aço de protensão (= $f_{pyk}/1,15$);
ε_{pyd} = deformação de escoamento de cálculo do aço de protensão (= f_{pyd}/E_p);
E_p = módulo de elasticidade do aço de protensão ($\cong$ 200 GPa);
ε_{uk} = deformação de alongamento na ruptura do aço de protensão ($\geq$ 35‰).

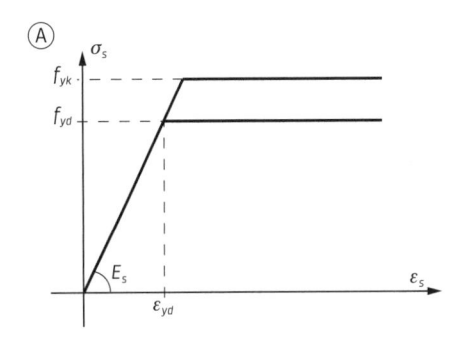

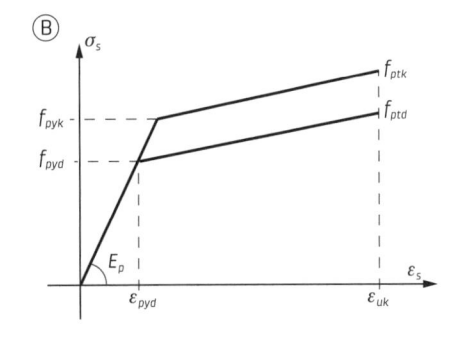

Fig. 6.3 *Diagramas tensão-deformação de cálculo dos aços de armadura (A) passiva e (B) ativa (não proporcionais)*

É possível então determinar os seguintes valores de interesse prático para os aços de armadura passiva, definidos pela tensão característica de escoamento (f_{yk}):

▶ CA-25: $f_{yk} = 25$ kN / cm²

$\Rightarrow f_{yd} = 21,7$ kN / cm² $\Rightarrow \varepsilon_{yd} = 1,04‰$

▶ CA-50: $f_{yk} = 50$ kN / cm²

$\Rightarrow f_{yd} = 43,5$ kN / cm² $\Rightarrow \varepsilon_{yd} = 2,07‰$

▶ CA-60: $f_{yk} = 60$ kN / cm²

$\Rightarrow f_{yd} = 52,2$ kN / cm² $\Rightarrow \varepsilon_{yd} = 2,48‰$

Para os aços de armadura ativa, disponíveis na forma de cordoalhas e definidos pela tensão característica de resistência à tração (f_{ptk}), têm-se:

▶ CP-190: $f_{ptk} = 190$ kN / cm²

$f_{pyk} = 0,9 f_{ptk} = 171,0$ kN / cm²

$f_{ptd} = \dfrac{f_{ptk}}{1,15} = 165,2$ kN / cm²

$$f_{pyd} = \frac{f_{pyk}}{1,15} = 148,7 \text{ kN/cm}^2 \Rightarrow \varepsilon_{pyd} = \frac{f_{pyd}}{E_p} = 7,43‰$$

- CP-210: $f_{ptk} = 210 \text{ kN/cm}^2$

$$f_{pyk} = 0,9 f_{ptk} = 189,0 \text{ kN/cm}^2$$

$$f_{ptd} = \frac{f_{ptk}}{1,15} = 182,6 \text{ kN/cm}^2$$

$$f_{pyd} = \frac{f_{pyk}}{1,15} = 164,3 \text{ kN/cm}^2 \Rightarrow \varepsilon_{pyd} = \frac{f_{pyd}}{E_p} = 8,22‰$$

Para o trecho linear após o escoamento dos aços de protensão, pode-se admitir $\varepsilon_{uk} = 35‰$, e, assim, obtêm-se os seguintes valores para os coeficientes angulares das retas:

- CP-190: $\dfrac{(165,2 - 148,7)}{(35 - 7,43)} \cong 0,60$

- CP-210: $\dfrac{(182,6 - 164,3)}{(35 - 8,22)} \cong 0,68$

O comportamento sob compressão nos aços pode ser considerado simétrico. Os diagramas de cálculo podem então ser definidos conforme apresentado na Fig. 6.4.

6.1.4 Relaxação

Quando o aço se mantém submetido a alongamento constante sob tensões elevadas, observa-se o fenômeno da relaxação, que pode ser caracterizada pela variação da tensão ao longo do tempo sob deformação constante, conforme ilustrado graficamente na Fig. 6.5.

Na prática, a relaxação é significativa apenas no aço de protensão tensionado acima de 50% de sua resistência. A quantificação é baseada em ensaios em que a amostra é mantida a uma deformação constante, correspondente a um determinado nível de tensão, sob temperatura controlada. A relaxação é expressa através do coeficiente $\psi(t,t_0)$, definido por:

$$\psi(t,t_0) = \frac{\Delta\sigma(t,t_0)}{\sigma(t_0)} \qquad (6.1)$$

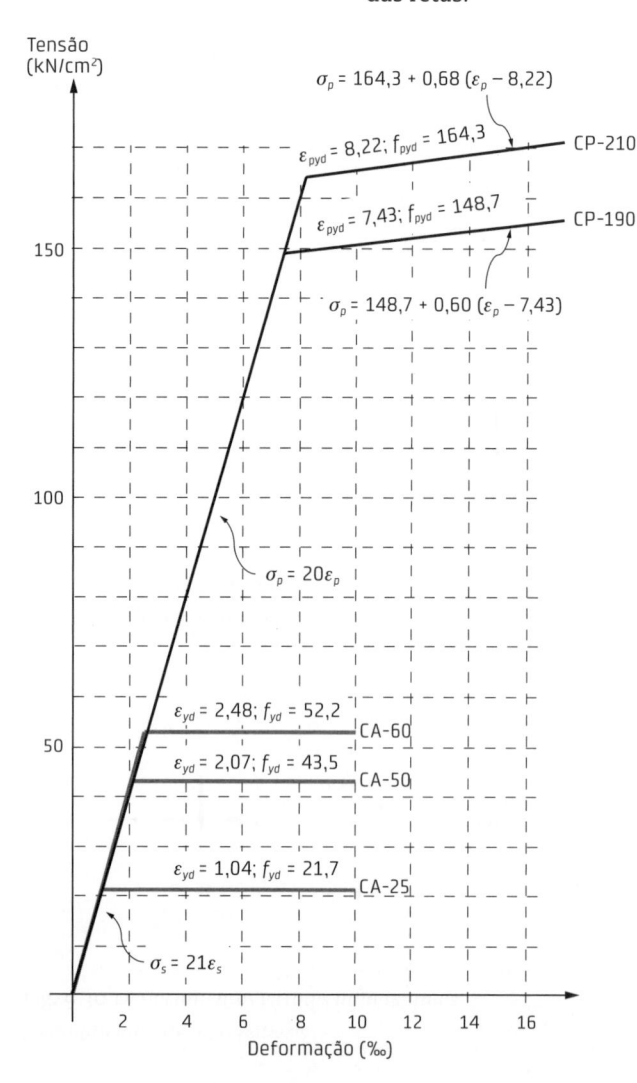

Fig. 6.4 *Diagramas tensão-deformação de cálculo dos aços de armadura passiva e de protensão*

em que:

$\psi(t,t_0)$ = coeficiente de relaxação no tempo t a partir de tensões iniciais em t_0;

$\Delta\sigma(t,t_0)$ = variação de tensão por relaxação no tempo t a partir de tensões iniciais em t_0;

$\sigma(t_0)$ – tensões iniciais no tempo t_0.

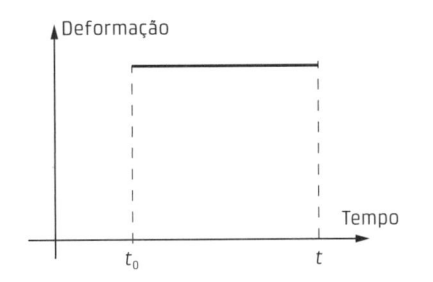

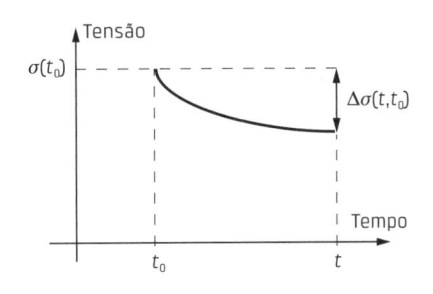

Fig. 6.5 *Caracterização do fenômeno da relaxação*

A variação do coeficiente de relaxação ao longo do tempo pode ser definida a partir de valores (ψ_{1000}) medidos num ensaio de 1.000 horas sob temperatura de 20 °C, considerando-se as expressões a seguir:

$$\psi(t,t_0) = \psi_{1000}\left(\frac{t-t_0}{1.000}\right)^{0,15} \quad \text{(t expresso em horas)} \qquad (6.2)$$

$$\psi(t,t_0) = \psi_{1000}\left(\frac{t-t_0}{41,67}\right)^{0,15} \quad \text{(t expresso em dias)} \qquad (6.3)$$

A NBR 6118 (§ 8.4.8) prescreve os valores médios de ψ_{1000}, reproduzidos na Tab. 6.1, para os aços de protensão na forma de cordoalhas, fios ou barras. Admite-se que a relaxação só apresente valores significativos para tensões iniciais acima de $0,5f_{ptk}$. Para tensões iniciais intermediárias, os valores podem ser interpolados linearmente.

Tab. 6.1 Valores do coeficiente ψ_{1000} para aços de protensão

$\sigma_p(t_o)$	Cordoalhas		Fios		Barras
	RN	RB	RN	RB	
$0,5f_{ptk}$	0	0	0	0	0
$0,6f_{ptk}$	3,5%	1,3%	2,5%	1,0%	1,5%
$0,7f_{ptk}$	7,0%	2,5%	5,0%	2,0%	4,0%
$0,8f_{ptk}$	12,0%	3,5%	8,5%	3,0%	7,0%

em que RN é a relaxação normal, e RB, a relaxação baixa.
Fonte: adaptado de ABNT (2014).

Ainda de acordo com a NBR 6118 (§ 9.6.3.4.5), pode-se admitir que a perda total por relaxação em tempo infinito seja expressa por:

$$\psi(t_\infty,t_0) = 2,5\psi_{1000} \qquad (6.4)$$

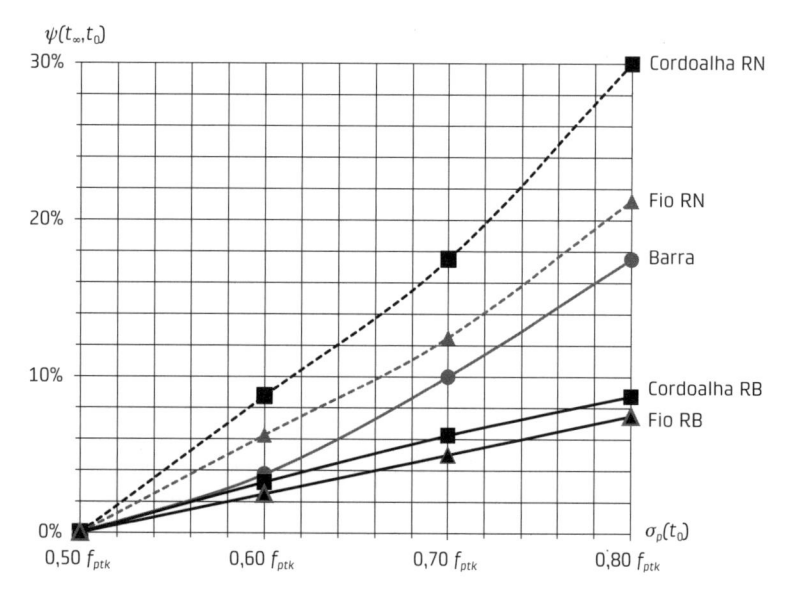

Fig. 6.6 *Coeficiente de relaxação em tempo infinito $\psi(t_\infty, t_0)$ para aços de protensão*

Com a Eq. 6.4 e os valores de referência de ψ_{1000}, os coeficientes de relaxação em tempo infinito, $\psi(t_\infty, t_0)$, em função da tensão inicial (entre $0,5 f_{ptk}$ e $0,8 f_{ptk}$), podem ser representados graficamente conforme indicado na Fig. 6.6.

Observa-se que a relaxação da cordoalha RB, de aplicação mais usual, apresenta variação praticamente linear, podendo ser aproximada pela seguinte expressão, em função da relação entre tensão de protensão aplicada (σ_p) e tensão característica de resistência à tração (f_{ptk}):

$$\psi(t_\infty, t_0)_{cord.RB} \cong 0,30 \frac{\sigma_p}{f_{ptk}} - 0,15 \qquad (6.5)$$

6.2 Concreto

O concreto é um material que apresenta comportamento bem mais complexo que o aço, destacando-se as seguintes particularidades:

- ganho de resistência crescente ao longo do tempo, mesmo após a referência de 28 dias;
- módulos de elasticidade inicial (tangente) variáveis em função da resistência;
- ausência de trecho elástico linear bem definido no diagrama tensão-deformação;
- comportamento sob compressão bem diferente do comportamento sob tração;
- fenômeno da retração durante o processo de cura;
- resistência variável em função da duração do carregamento (efeito Rüsch);
- deformações variáveis em função da duração do carregamento (fluência).

6.2.1 Resistência característica

A resistência característica (f_{ck}) corresponde ao valor da tensão de compressão admissível no concreto aos 28 dias de idade, definida estatisticamente de forma que 95% das amostras apresentem resistência $\geq f_{ck}$. A NBR 6118 (§ 12.3.3) indica que a resistência característica do concreto f_{ckj} correspondente à idade j (em dias) inferior a 28 dias pode ser determinada por:

$$f_{ckj} = f_{ck} \cdot e^{[s(1-\sqrt{28/t})]} \qquad (6.6)$$

sendo o parâmetro s função do cimento utilizado, definido conforme apresentado na Tab. 6.2.

Tab. 6.2 Parâmetro s em função do tipo de cimento

Cimento	s
CP III e CP IV	0,38
CP I e CP II	0,25
CP V-ARI	0,20

O crescimento da resistência do concreto até o período de referência de 28 dias pode ser representado graficamente pela Fig. 6.7.

Observa-se nos gráficos que a resistência do concreto mantém a tendência de crescimento, mesmo após o período de 28 dias. Esse é justamente o comportamento verificado em ensaios de laboratório e na análise de resistência de estruturas antigas. Nota-se que a taxa de crescimento (derivada), em 28 dias, da curva do CP III e IV é mais significativa, indicando que esses cimentos tendem a apresentar ganho de resistência maior com o tempo, após a idade de 28 dias.

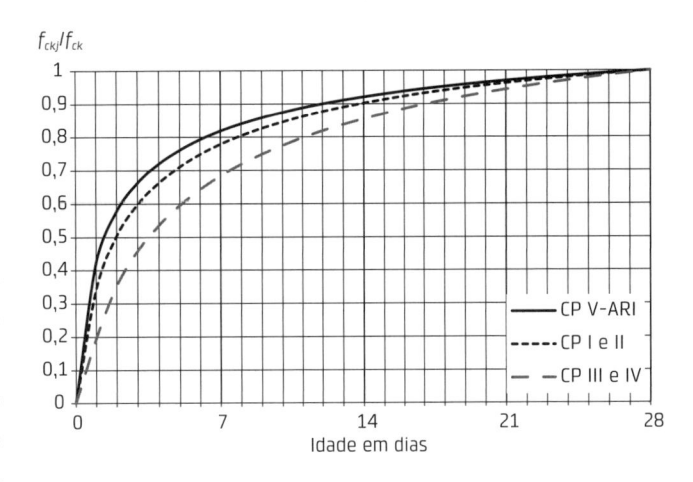

Fig. 6.7 *Variação da resistência do concreto até 28 dias*

6.2.2 Efeito Rüsch

O efeito Rüsch refere-se à redução da resistência do concreto sob carregamento prolongado, sendo assim denominado em razão das pesquisas de Hubert Rüsch (1960). O objetivo fundamental da pesquisa de Rüsch foi estudar os efeitos de carregamentos prolongados não só na fluência do concreto, mas principalmente na perda de resistência à ruptura por compressão.

Através da Fig. 6.8 pode-se apresentar, resumidamente, as conclusões de Rüsch ao efetuar ensaios de compressão em concreto com 56 dias de idade e resistência característica de 5.000 psi ($f_{ck} \cong 35$ MPa). As curvas tensão-deformação, correspondentes a cargas mantidas por 20 minutos, 100 minutos e 7 dias, demonstram que a deformação tende a crescer e a resistência à ruptura tende a diminuir, em função de quanto mais prolongado é o carregamento. Para um tempo de carregamento constante, bastante prolongado, a deformação tende a se estabilizar, caracterizando o limite de fluência indicado no gráfico. Para ensaios com menos de 20 minutos de duração, a curva tensão-deformação tende a ir se aproximando da reta definida pelo módulo de elasticidade na origem. Os pontos de ruptura para sucessivos tempos de carregamento definem o limite de ruptura, que indica tendência assintótica ao limite de fluência.

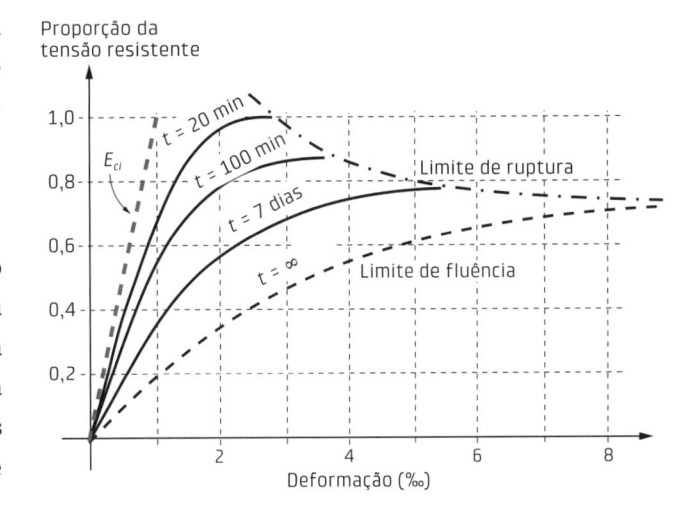

Fig. 6.8 *Influência da intensidade e da duração da carga na deformação do concreto*
Fonte: adaptado de Rüsch (1960).

A expressão do limite de ruptura pode ser definida pelo coeficiente $\beta_{c,sus}(t,t_0)$, apresentado no *Código-Modelo 2010* (fib, 2013) para descrever a redução da resistência do concreto sob carregamento sustentado.

$$\beta_{c,sus}(t,t_0) = 0{,}96 - 0{,}12\{\ln[72(t-t_0)]\}^{0{,}25} \tag{6.7}$$

em que:

t_0 = idade do concreto (em dias) no momento do carregamento;

$(t - t_0)$ = duração da carga para $(t - t_0) > 0{,}015$ dia ($\cong 20$ min).

Porém, deve-se lembrar que o concreto continua a ganhar resistência após a idade de definição do f_{ck} (28 dias), independentemente do carregamento, de acordo com a Eq. 6.6. Embora a NBR 6118 não indique explicitamente que a Eq. 6.6 seja válida após 28 dias, o *Código-Modelo* 2010 adota essa mesma expressão na avaliação da resistência em longo prazo.

Na Fig. 6.9 representa-se a variação da resistência relativa do concreto até uma idade de 50 anos (18.250 dias). Observa-se que o concreto com cimento CP V-ARI é o que apresenta a menor resistência relativa em longo prazo, tendendo a ganhar cerca de 20% após a idade de 28 dias. Os concretos com CP I e II tendem a apresentar resistência um pouco maior, da ordem de 25%, e os concretos com CP III e IV tendem a atingir quase 45% de aumento de resistência em relação ao f_{ck}.

A consideração simultânea da perda de resistência, em função de carregamento prolongado, e do ganho de resistência do concreto ao longo do tempo define o chamado efeito Rüsch, que pode ser avaliado multiplicando-se as Eqs. 6.6 e 6.7 para uma determinada idade do concreto na ocasião de aplicação de carregamento. Considerando-se as hipóteses de um carregamento, de valor expressivo, aplicado a partir das idades de 28 dias e 56 dias e mantido por muitos anos, têm-se os gráficos das Figs. 6.10 e 6.11, nos quais é indicado o valor 0,85, adotado pela NBR 6118 para o efeito Rüsch.

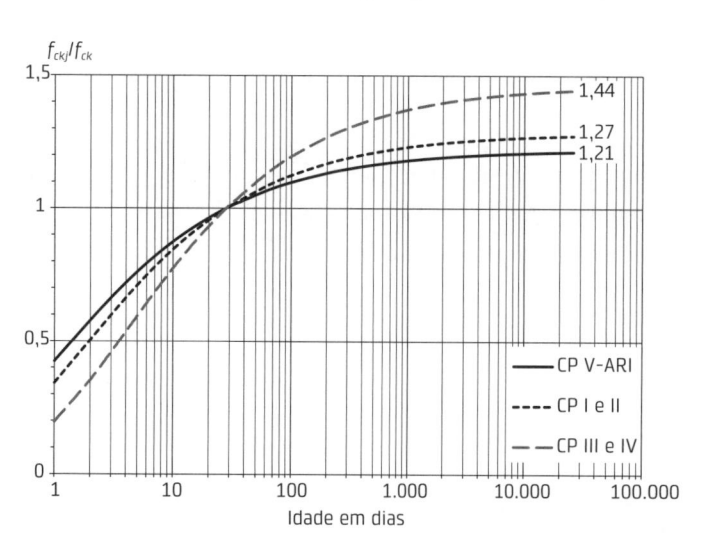

Fig. 6.9 *Ganho de resistência do concreto ao longo do tempo*

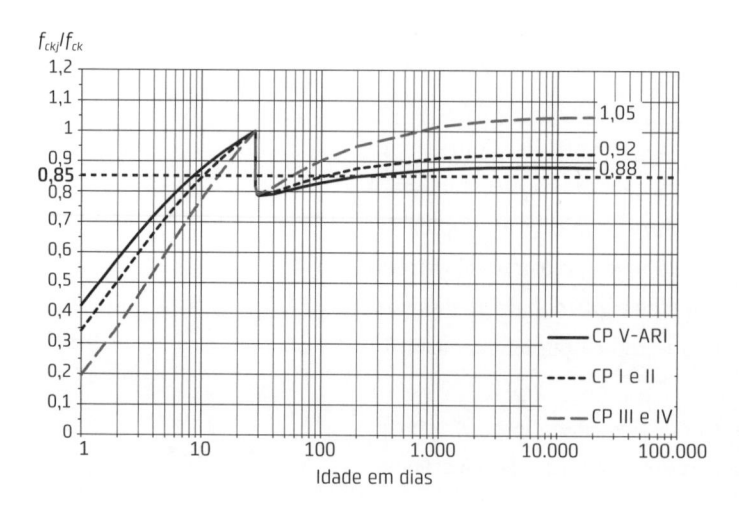

Fig. 6.10 *Avaliação do efeito Rüsch (t_0 = 28 dias)*

Deve-se observar que a avaliação do efeito Rüsch, utilizando-se as Eqs. 6.6 e 6.7, representa uma situação extrema, de baixíssima probabilidade, em que um carregamento que desperta tensões próximas do limite à ruptura seja aplicado e mantido por tempo prolongado. Nas estruturas de pontes, os carregamentos que ocasionam tensões extremas são resultantes de combinações em que as cargas móveis representam parcela importante. Os valores teóricos máximos das cargas móveis de projeto apresentam baixíssima probabilidade de ocorrer e não permanecem por tempo prolongado sobre a estrutura. Sendo assim, conclui-se que o valor 0,85 para o efeito Rüsch pode ser considerado adequado.

Na eventualidade de prova de carga de estruturas recém-concluídas, com idade de 28 dias ou pouco mais, é importante avaliar a redução da resistência, abaixo do valor convencional de 0,85 do efeito Rüsch, para cargas próximas do limite do material, especialmente se permanecerem por tempo prolongado.

A aplicação de cargas prolongadas, próximas da resistência do concreto, em idades inferiores a 28 dias, é comum nas estruturas com idade de alguns dias nas quais a protensão já pode ser aplicada, bem antes de se atingir a resistência característica f_{ck}. Nessa situação, a norma limita as tensões a 70% da resistência característica f_{ckj}, correspondente à idade j (em dias) do concreto. Essa limitação (0,70f_{ckj}) equivale a 0,85f_{cdj}, em que o fator 0,85 corresponde ao efeito Rüsch. Por se tratar de etapa construtiva, adota-se γ_c = 1,20 e, assim, 0,85f_{cdj} = 0,85f_{ckj} ÷ 1,20 ≅ 0,70f_{ckj}. Visando demonstrar a validade do valor 0,85 para o efeito Rüsch, apresenta-se na Fig. 6.12 a variação da resistência do concreto para a aplicação de protensão aos 7 dias.

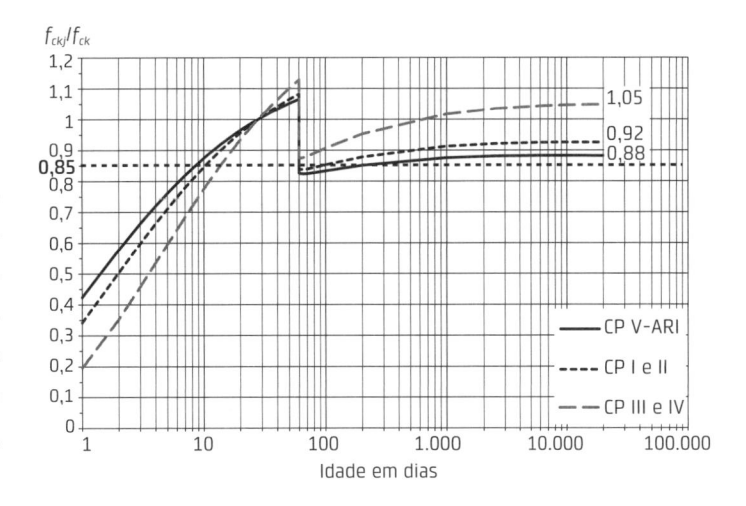

Fig. 6.11 *Avaliação do efeito Rüsch (t_o = 56 dias)*

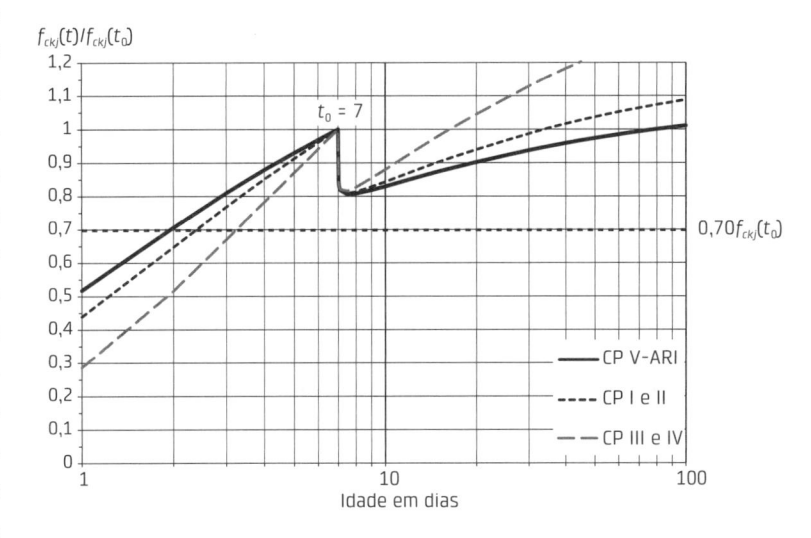

Fig. 6.12 *Avaliação do efeito Rüsch (t_o = 7 dias)*

6.2.3 Módulos de elasticidade

Os diagramas tensão-deformação sob ensaio de compressão de curta duração, para variadas resistências, demonstram comportamento caracterizado por não linearidade física desde a origem, cujos aspectos típicos são ilustrados na Fig. 6.13.

Em virtude do comportamento não linear, são definidos o módulo de elasticidade na origem (E_{ci}) e o módulo de deformação secante (E_{cs}), esquematicamente ilustrados na Fig. 6.14.

O módulo de elasticidade na origem é importante na avaliação dos efeitos reológicos do concreto (retração

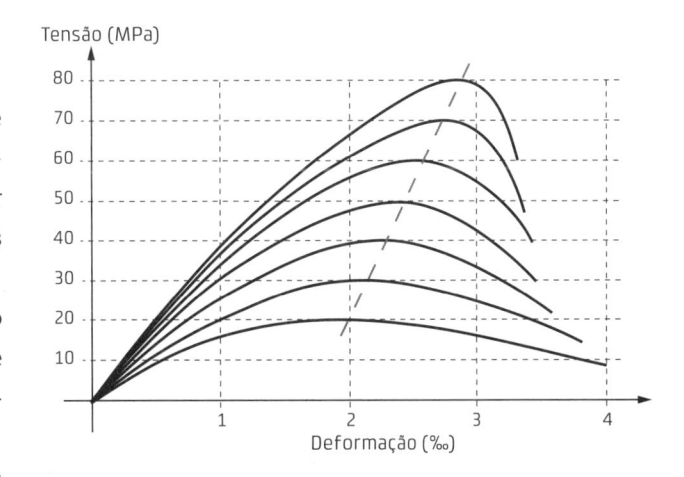

Fig. 6.13 *Diagramas tensão-deformação de concretos sob compressão de curta duração*

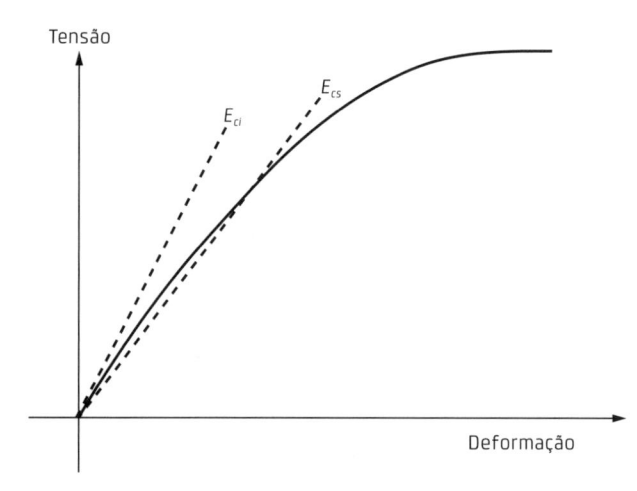

Fig. 6.14 Conceitos de módulo de elasticidade tangente na origem e módulo de deformação secante

e fluência), enquanto o módulo de deformação secante é utilizado para prever o comportamento estrutural nos Estádios I e II. A NBR 6118 permite admitir relação tensão-deformação linear, com o módulo secante, desde que as tensões não ultrapassem 50% da resistência do concreto.

De acordo com a NBR 6118 (§ 8.2.8), o módulo de elasticidade na origem, aos 28 dias, expresso em GPa, pode ser determinado em função da resistência do concreto (f_{ck}) através das expressões a seguir.

$$E_{ci}(\text{GPa}) = 5{,}60\,\alpha_E\sqrt{f_{ck}} \quad (20 \leq f_{ck} \leq 50) \quad (6.8)$$

$$E_{ci}(\text{GPa}) = 21{,}5\,\alpha_E\left(\frac{f_{ck}}{10}+1{,}25\right)^{\frac{1}{3}} \quad (55 \leq f_{ck} \leq 90) \quad (6.9)$$

O parâmetro α_E visa considerar a significativa influência do tipo de agregado no módulo de elasticidade do concreto, como resumido na Tab. 6.3.

Tab. 6.3 Parâmetro α_E em função do tipo de agregado

Agregado	α_E
Basalto ou diabásio	1,2
Granito ou gnaisse	1,0
Calcário	0,9
Arenito	0,7

O módulo de deformação secante é expresso como uma proporção (α_i) do módulo de elasticidade na origem, como a seguir apresentado.

$$E_{cs} = \alpha_i \cdot E_{ci} \quad (6.10)$$

$$\alpha_i = 0{,}8 + \frac{f_{ck}(\text{MPa})}{400} \leq 1{,}0 \quad (6.11)$$

As variações dos módulos na origem e secante em função da resistência característica apresentam o aspecto gráfico ilustrado na Fig. 6.15.

O módulo de elasticidade em idade (t) inferior a 28 dias pode ser expresso em função da resistência na idade j = t (em dias) por meio das expressões a seguir.

$$E_{ci}(t) = \left(\frac{f_{ckj}}{f_{ck}}\right)^{0{,}5} \cdot E_{ci} \quad (20 \leq f_{ck} \leq 45) \quad (6.12)$$

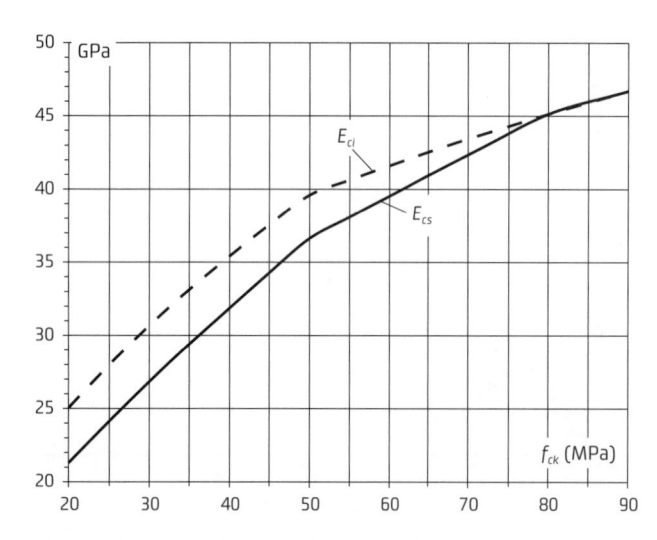

Fig. 6.15 Variações dos módulos na origem e secante em função do f_{ck}

$$E_{ci}(t) = \left(\frac{f_{ckj}}{f_{ck}}\right)^{0,3} \cdot E_{ci} \quad (50 \leq f_{ck} \leq 90) \tag{6.13}$$

Com a Eq. 6.6 nas Eqs. 6.12 e 6.13, têm-se:

$$\frac{E_{ci}(t)}{E_{ci}} = e^{[0,5s(1-\sqrt{28/t})]} \quad (20 \leq f_{ck} \leq 45) \tag{6.14}$$

$$\frac{E_{ci}(t)}{E_{ci}} = e^{[0,3s(1-\sqrt{28/t})]} \quad (50 \leq f_{ck} \leq 90) \tag{6.15}$$

A variação do módulo na origem em idade inferior a 28 dias em relação ao módulo na origem aos 28 dias apresenta então o aspecto gráfico indicado nas Figs. 6.16 e 6.17.

Finalmente, vale lembrar que, de acordo com a NBR 6118 (§ 8.2.9), pode-se tomar para o coeficiente de Poisson o valor de 0,2 e, para o módulo de elasticidade transversal, a relação $E_{cs}/2,4$, considerando-se que o concreto apresente tensões entre f_{ct} e $0,5f_c$.

6.2.4 Diagrama de cálculo

Para tensões de compressão menores que $0,5f_c$, a NBR 6118 (§ 8.2.10.1) permite admitir relação linear entre tensões e deformações, adotando-se para o módulo de elasticidade o valor secante, conforme a Eq. 6.10. Essa situação corresponde aos Estádios I e II. Para tensões de compressão além de $0,5f_c$, o diagrama de cálculo deve ser na forma parábola-retângulo, válido para o Estádio III, conforme apresentado na Fig. 6.18 para concreto com $f_{ck} \leq 50$ MPa, sendo:

ε_c = deformação no concreto;

σ_c = tensão no concreto, definida em função da deformação ε_c;

f_{cd} = valor de cálculo da tensão-limite de compressão do concreto (= f_{ck}/γ_c);

f_{ck} = valor característico da tensão-limite de compressão do concreto;

ε_{c2} = deformação de encurtamento de início da plastificação do concreto;

ε_{cu} = deformação de encurtamento última (ruptura) do concreto.

Para 55 MPa $\leq f_{ck} \leq$ 90 MPa, deve-se considerar os seguintes valores para as deformações:

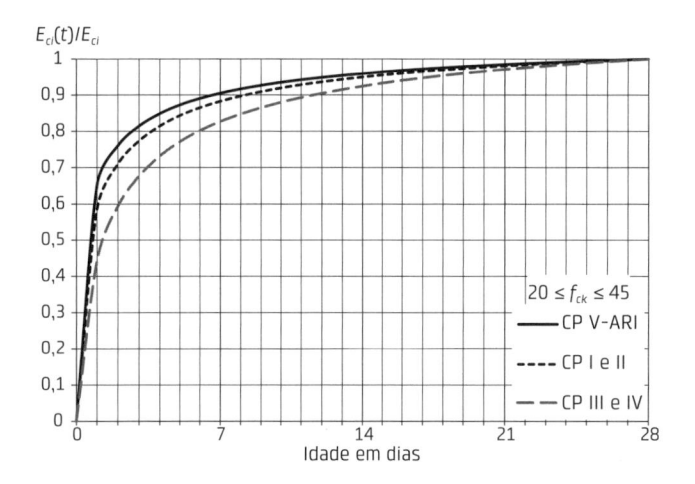

Fig. 6.16 *Variação dos módulos na origem em função do tempo para $20 \leq f_{ck} \leq 45$*

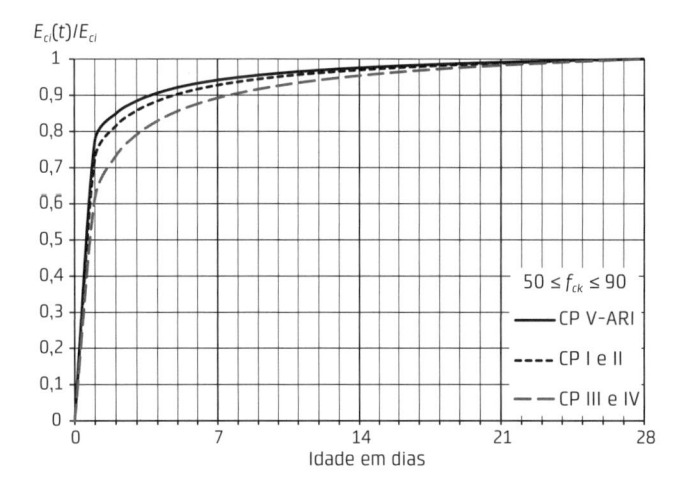

Fig. 6.17 *Variação dos módulos na origem em função do tempo para $50 \leq f_{ck} \leq 90$*

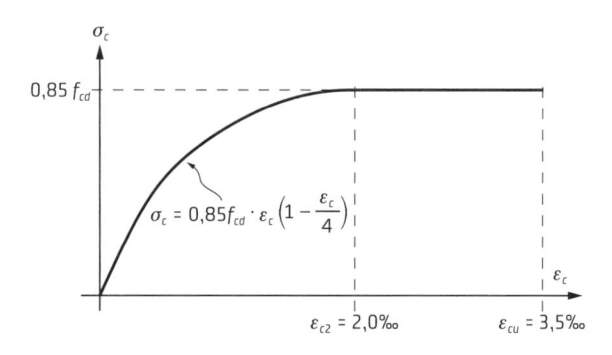

Fig. 6.18 *Diagrama parábola-retângulo para o concreto sob compressão ($f_{ck} \leq 50$ MPa)*

$$\varepsilon_{c2} = 2{,}0‰ + 0{,}085‰ \left(f_{ck} - 50\right)^{0{,}53} \quad (6.16)$$

$$\varepsilon_{cu} = 2{,}6‰ + 35‰ \left(\frac{90 - f_{ck}}{100}\right)^{4} \quad (6.17)$$

O trecho parabólico para 55 MPa $\leq f_{ck} \leq$ 90 MPa é definido por:

$$\sigma_c = 0{,}85 f_{cd} \left[1 - \left(1 - \frac{\varepsilon_c}{\varepsilon_{c2}}\right)^{n}\right] \quad (6.18)$$

$$n = 1{,}4 + 23{,}4 \left(\frac{90 - f_{ck}}{100}\right)^{4} \quad (6.19)$$

6.2.5 Resistência à tração

Mesmo que relativamente pequena, a resistência à tração deve ser avaliada, pois tem aplicações, como na definição da armadura mínima e nas verificações de tensão no concreto protendido. A NBR 6118 define as seguintes resistências à tração:

- f_{ct} = resistência à tração direta;
- $f_{ct,f}$ = resistência à tração por flexão;
- $f_{ct,sp}$ = resistência à tração por compressão diametral.

A NBR 6118 só indica ensaios para a determinação da resistência à tração por flexão e por compressão diametral. Para a determinação da resistência à tração direta (f_{ct}), a norma admite as seguintes proporções com as outras duas resistências à tração:

$$f_{ct} = 0{,}7 f_{ct,f} \quad (6.20)$$

$$f_{ct} = 0{,}9 f_{ct,sp} \quad (6.21)$$

Na falta de ensaios, a NBR 6118 permite a avaliação de um valor médio da resistência à tração direta ($f_{ct,m}$) em função da resistência característica do concreto à compressão (f_{ck}) através das seguintes expressões:

$$f_{ct,m} = 0{,}3 f_{ck}^{2/3} \qquad (f_{ck} \leq 50 \text{ MPa}) \quad (6.22)$$

$$f_{ct,m} = 2{,}12 \ln(1 + 0{,}11 f_{ck}) \qquad (55 \text{ MPa} \leq f_{ck} \leq 90 \text{ MPa}) \quad (6.23)$$

Em função da resistência média à tração direta ($f_{ct,m}$), são ainda definidos os seguintes valores característicos inferior e superior:

$$f_{ctk,inf} = 0{,}7 f_{ct,m} \quad (6.24)$$

$$f_{ctk,sup} = 1{,}3 f_{ct,m} \qquad (6.25)$$

A Fig. 6.19 ilustra a variação gráfica das resistências à tração admitindo-se a determinação da resistência à tração direta em função da resistência característica à compressão do concreto, através das Eqs. 6.22 e 6.23, e das resistências à tração por flexão e por compressão diametral com as Eqs. 6.20 e 6.21.

Ensaio de flexão

De acordo com a NBR 6118, a determinação experimental do valor da resistência à tração por flexão ($f_{ct,f}$) deve ser aferida por meio do ensaio detalhado na NBR 12142 (ABNT, 2010).

A partir da análise do diagrama de momentos fletores, ilustrado na Fig. 6.20, podem ser determinadas prontamente as tensões de tração na fibra inferior.

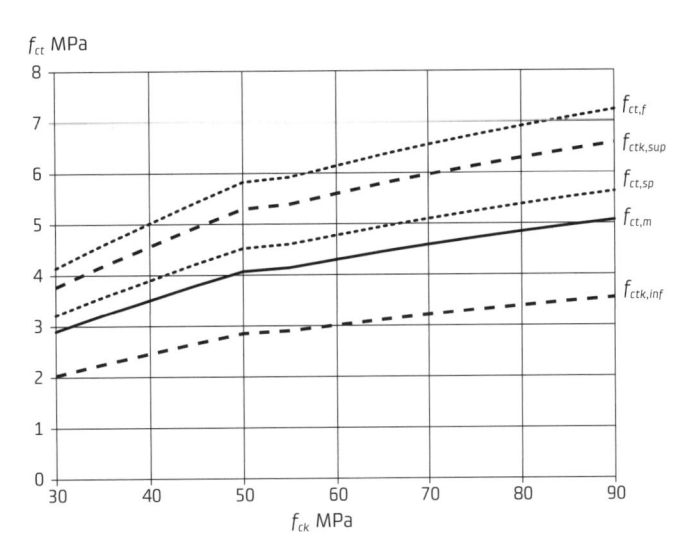

Fig. 6.19 *Variação gráfica das resistências à tração do concreto*

Normalmente, a fissura de ruptura por flexão ocorre no trecho central, com extensão $\ell/3$ e tolerância de 5% ℓ, conforme ilustrado. Nesse caso, o valor da resistência à tração na flexão é definido por:

$$f_{ct,f} = \frac{M}{I} y = \frac{P \cdot \ell}{6 \frac{b \cdot d^3}{12}} \cdot \frac{d}{2} = \frac{P \cdot l}{b \cdot d^2} \qquad (6.26)$$

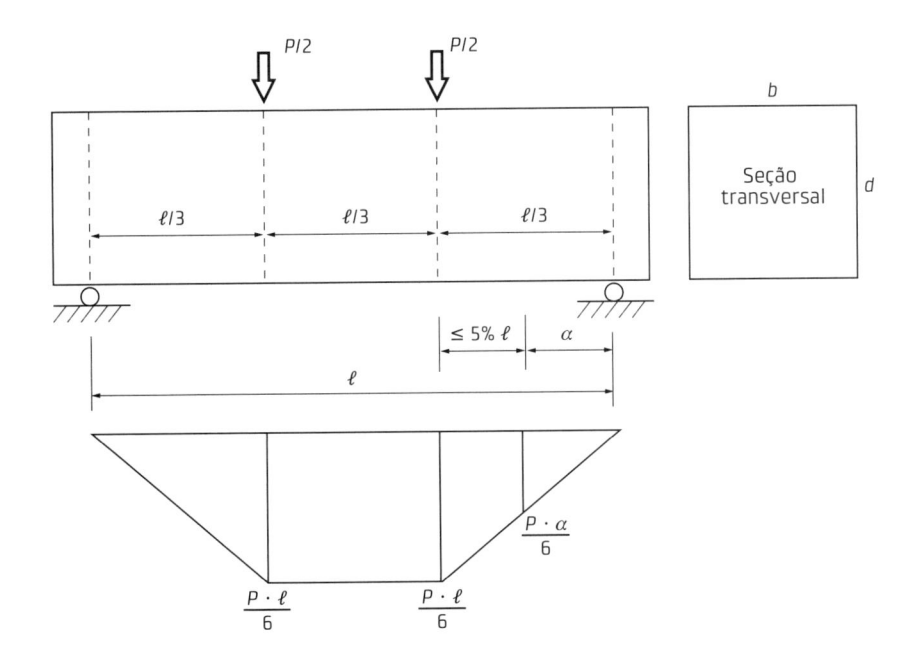

Fig. 6.20 *Diagrama de momentos fletores*

Caso a fissura de ruptura por flexão ocorra fora do terço central, a posição da fissura deve ser caracterizada pela distância *a*, conforme ilustrado, e o valor da resistência à tração na flexão é definido por:

$$f_{ct,f} = \frac{3P \cdot a}{b \cdot d^2} \tag{6.27}$$

Ensaio de compressão diametral

A determinação experimental do valor da resistência à tração por compressão diametral ($f_{ct,sp}$) é efetuada por meio do ensaio denominado *splitting test* (daí o subíndice "sp"), realizado em corpos de prova cilíndricos de diâmetro *d* e comprimento ℓ, conforme detalhado na NBR 7222 (ABNT, 2011).

Para a carga de compressão diametral, a solução analítica da teoria da elasticidade indica tensões de tração constante no plano diametral, como mostrado na Fig. 6.21.

A resistência à tração por compressão diametral é definida a partir da carga de ruptura P por:

$$f_{ct,sp} = \frac{2P}{\pi \cdot d \cdot \ell} \tag{6.28}$$

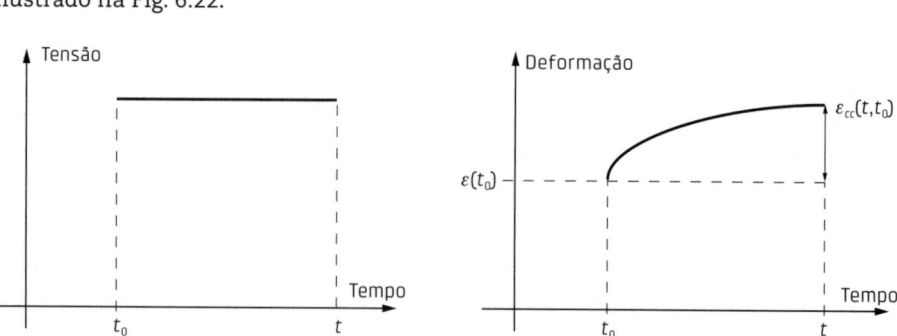

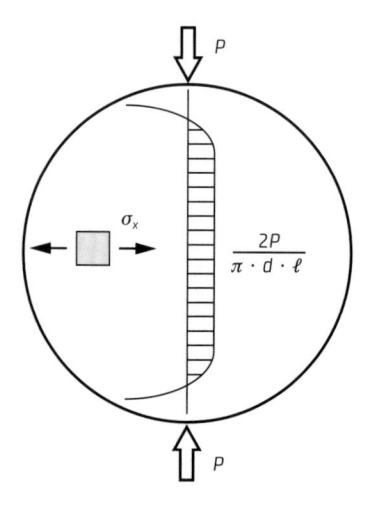

Fig. 6.21 *Variação gráfica das resistências à tração do concreto*

O método para a determinação da resistência à tração por compressão diametral foi idealizado pelo prof. Lobo Carneiro (1913-2001) e apresentado no Brasil em setembro de 1943, sem despertar grande interesse. Em 1947, na reunião de fundação da Réunion Internationale des Laboratoires et Experts des Matériaux (Rilem), o método foi apresentado em Paris e passou a ser utilizado, sendo conhecido como *essai brésilien*. Posteriormente, em 1962, o ensaio foi adotado pela American Society for Testing and Materials (ASTM), sendo referido como *Brazilian test*.

6.2.6 Fluência e retração

Uma das particularidades mais importantes observadas no comportamento do concreto sob compressão é o fenômeno da fluência, caracterizado como o aumento das deformações ao longo do tempo sob efeito de tensão constante, conforme ilustrado na Fig. 6.22.

Fig. 6.22 *Caracterização do fenômeno da fluência*

A deformação por fluência (creep) do concreto (ε_{cc}) depende da idade do concreto (t) no instante considerado e da idade no instante do carregamento (t_0), sendo expressa em função do coeficiente de fluência (φ), definido por meio da seguinte expressão:

$$\varphi(t,t_0) = \frac{\varepsilon_{cc}(t,t_0)}{\varepsilon_c(t_0)} \tag{6.29}$$

A retração (shrinkage) é o fenômeno de redução de volume, resultante principalmente da perda de água não consumida na hidratação do cimento. A retração ocorre mais intensamente durante as primeiras horas de cura do concreto e pode ser atenuada umedecendo-se ou mesmo saturando-se com água a superfície recém-concretada.

Nas situações em que o concreto esteja submetido a tensões de compressão inferiores a $0{,}5f_c$, a NBR 6118 admite que os valores finais do coeficiente de fluência $\varphi(t_\infty,t_0)$ e da deformação de retração $\varepsilon_{cs}(t_\infty,t_0)$ sejam avaliados, sem grande precisão, a partir dos valores reproduzidos na Tab. 6.4. A espessura fictícia ($2A_c/u$) é definida em função da área da seção transversal (A_c) e do perímetro da seção em contato com a atmosfera (u).

Tab. 6.4 Coeficientes de fluência e deformações por retração

Umidade média ambiente (%)			40		55		75		90	
Espessura fictícia $2A_c/u$ (cm)			20	60	20	60	20	60	20	60
$\varphi(t_\infty,t_0)$ Concreto das classes C20 a C45	t_0 (dias)	5	4,6	3,8	3,9	3,3	2,8	2,4	2,0	1,9
		30	3,4	3,0	2,9	2,6	2,2	2,0	1,6	1,5
		60	2,9	2,7	2,5	2,3	1,9	1,8	1,4	1,4
$\varphi(t_\infty,t_0)$ Concreto das classes C50 a C90		5	2,7	2,4	2,4	2,1	1,9	1,8	1,6	1,5
		30	2,0	1,8	1,7	1,6	1,4	1,3	1,1	1,1
		60	1,7	1,6	1,5	1,4	1,2	1,2	1,0	1,0
$\varepsilon_{cs}(t_\infty,t_0)$ (‰)		5	−0,53	−0,47	−0,48	−0,43	−0,36	−0,32	−0,18	−0,15
		30	−0,44	−0,45	−0,41	−0,41	−0,33	−0,31	−0,17	−0,15
		60	−0,39	−0,43	−0,36	−0,40	−0,30	−0,31	−0,17	−0,15

Fonte: ABNT (2014).

Propriedades de seção transversal | 7

Admitidas as hipóteses usuais da teoria de viga em material elástico linear, as tensões por flexão são definidas em função da profundidade da fibra e do momento de 2ª ordem da seção ($\iint y^2 \cdot dA$), tomados em relação ao eixo centroidal. Observa-se que o momento de 2ª ordem apresenta dimensão [L^4]. Convém esclarecer que a grandeza denominada momento de inércia ($\iiint r^2 \cdot dm$), com dimensão [$M \cdot L^2$], é definida na cinética dos corpos rígidos, sendo função direta da massa. Embora essas grandezas sejam de natureza diferente, é comum e aceitável na Engenharia a denominação momento de inércia ou simplesmente inércia associada ao momento de 2ª ordem de seção transversal.

As propriedades geométricas de seção transversal são fundamentais para a análise de tensões de flexão. Basicamente, além da área da seção transversal, deve-se determinar o momento de 2ª ordem da área (inércia) e a posição do centroide, importante também para a definição do eixo do modelo unifilar.

As propriedades geométricas de formas simples, retangulares, triangulares ou trapezoidais podem ser definidas de maneira analítica. Nas vigas das superestruturas, é comum a presença de mísulas e mesas (flanges), resultando em seções transversais que podem ser decompostas em formas simples ou, num caso mais geral, por meio de um polígono de contorno.

Nas estruturas mistas, com viga metálica e laje em concreto, e nas estruturas com vigas em concreto armado ou protendido no Estádio I, o centroide e a inércia equivalente são determinados considerando-se os diferentes módulos de elasticidade, admitindo-se compatibilidade de deformações. Para a análise no Estádio II, o processo é análogo, porém deve-se desconsiderar a área tracionada em concreto para a determinação da inércia da seção fissurada.

7.1 Seção simétrica

Na maioria das situações de interesse prático, as vigas sob flexão reta em torno do eixo horizontal apresentam as seções transversais em forma simétrica em relação ao eixo vertical (Y), ao longo do qual se deve situar o centroide. O eixo horizontal ($\bar{X}$), passando pelo centroide (C), é o eixo principal em torno do qual se define a inércia, relativa às tensões de flexão reta. É importante lembrar que, na flexão pura, a linha

Tensões $\left(\sigma = \dfrac{M}{I} \cdot y\right)$ I → Inércia em relação ao centroide da seção

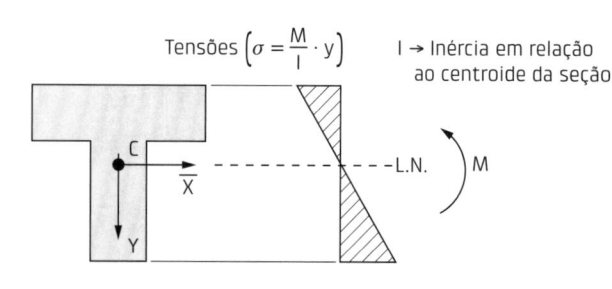

Fig. 7.1 *Tensões por flexão reta em seção com eixo de simetria vertical*

Fig. 7.2 *Seção decomposta em áreas retangulares*

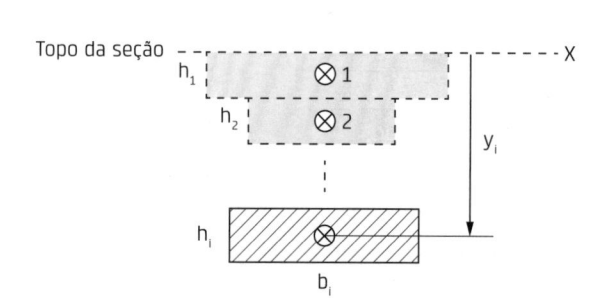

Fig. 7.3 *Área retangular i em relação ao topo da seção*

neutra (L.N.) coincide com o eixo centroidal da seção em material homogêneo, como mostrado na Fig. 7.1.

7.1.1 Decomposição em retângulos

O procedimento de cálculo para a determinação das propriedades geométricas pode ser generalizado pela decomposição de uma seção em áreas retangulares, justapostas sequencialmente a partir da fibra superior, como ilustrado na Fig. 7.2.

Inicialmente, toma-se como referência o eixo horizontal (X), coincidente com a fibra superior. Em relação ao eixo X, são determinados os momentos de 1ª ordem de cada área retangular, definidos em função da profundidade do respectivo centroide, conforme indicado na Fig. 7.3.

Para uma área retangular i, têm-se:

▸ Área:

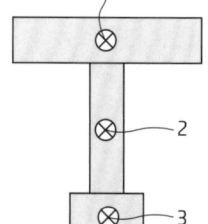

$$A_i = b_i \cdot h_i \tag{7.1}$$

▸ Profundidade do centroide em relação ao topo da seção:

$$y_i = \frac{h_i}{2} + \sum_{j=1}^{i-1} h_j \tag{7.2}$$

▸ Momento de 1ª ordem em relação ao topo da seção:

$$S_{X,i} = A_i \cdot y_i \tag{7.3}$$

A posição do centroide da seção transversal em relação ao topo da seção é então definida como:

$$\boxed{y_c = \frac{S_X}{A}} \tag{7.4}$$

sendo o momento de 1ª ordem da seção transversal determinado acumulando-se as contribuições das N áreas retangulares, como a seguir expresso:

$$S_X = \sum_{i=1}^{N} S_{X,i} \tag{7.5}$$

Conhecida a posição do eixo $\overline{X}$, são definidas as distâncias ao centroide de cada área elementar, como ilustrado na Fig. 7.4 para a i-ésima área elementar.

De acordo com o teorema dos eixos paralelos, o momento de 2ª ordem da seção em relação ao eixo centroidal é determinado por:

Propriedades de seção transversal

$$I_{\bar{X}} = \sum_{i=1}^{N}\left(I_{\bar{x},i} + A_i \cdot d_i^2\right) \quad (7.6)$$

em que

$$I_{\bar{x},i} = \frac{b_i \cdot h_i^3}{12} \quad (7.7)$$

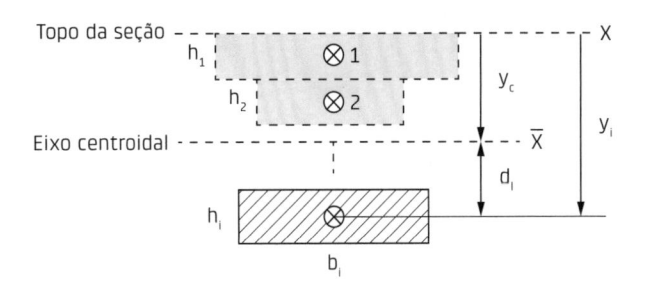

$$d_i = (y_i - y_c) \quad (7.8)$$

Fig. 7.4 *Área retangular i em relação ao eixo centroidal $\bar{X}$ da seção*

Como exemplo, considera-se a área hachurada na Fig. 7.5, com mesas colaborantes superior ($b_{f,sup}$) e inferior ($b_{f,inf}$) em uma viga com seção celular.

No caso de flexão simples reta, observa-se que a seção da Fig. 7.5 apresenta comportamento equivalente ao da seção simétrica representada na Fig. 7.6.

A seção transversal pode ser decomposta em três áreas retangulares, cujas características são definidas pelas Eqs. 7.1 a 7.3. O processo de cálculo pode ser organizado na forma de planilha, como apresentado na Tab. 7.1.

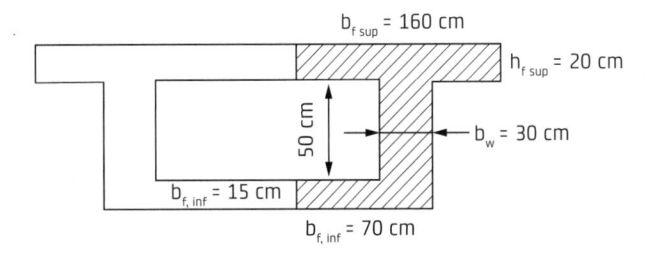

Fig. 7.5 *Exemplo de seção com flanges superior e inferior*

Tab. 7.1 Momento de 1ª ordem em relação ao topo da seção

i	b_i (cm)	h_i (cm)	A_i (cm²) $b_i \cdot h_i$	y_i (cm) ref. topo $\frac{h_i}{2} + \sum_{j=1}^{i-1} h_j$	$S_{X,i}$ (cm³) $A_i \cdot y_i$
1	160	20	3.200	10,0	32.000
2	30	50	1.500	45,0	67.500
3	70	15	1.050	77,5	81.375
	H = 85		A = 5.750		S_X = 180.875

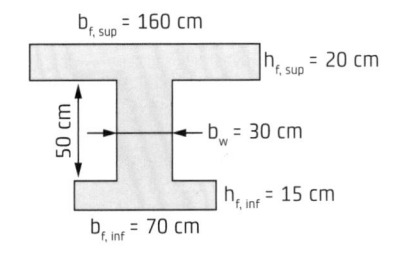

Fig. 7.6 *Seção simétrica de viga com mesas superior e inferior*

O centroide, determinado com base na Eq. 7.4, resulta em:

$$y_c = \frac{S_X}{A} = \frac{180.875 \text{ cm}^3}{5.750 \text{ cm}^2} = 31,5 \text{ cm} \quad (7.9)$$

Com as Eqs. 7.6 a 7.8, define-se a inércia em relação ao eixo centroidal como resumido na Tab. 7.2.

Tab. 7.2 Momento de 2ª ordem em relação ao centroide da seção

i	b_i (cm)	h_i (cm)	A_i (cm²)	d_i (cm) ref. centroide $(y_i - y_c)$	$I_{\bar{X},i}$ (cm⁴) $b_i \cdot h_i^3/12$	$A_i \cdot d_i^2$
1	160	20	3.200	(10,0 − 31,5)	106.667	1.479.200
2	30	50	1.500	(45,0 − 31,5)	312.500	273.375
3	70	15	1.050	(77,5 − 31,5)	19.688	2.221.800
					438.855	3.974.375

Aplicando-se a Eq. 7.6 a partir dos resultados da Tab. 7.2, tem-se:

$$I_{\bar{x}} = 438.85 + 3.974.375 = 4.413.230 \text{ cm}^4 = 0{,}0441 \text{ m}^4 \qquad (7.10)$$

As propriedades da seção transversal podem ser aplicadas na determinação das tensões normais por flexão, como apresentado na Fig. 7.7.

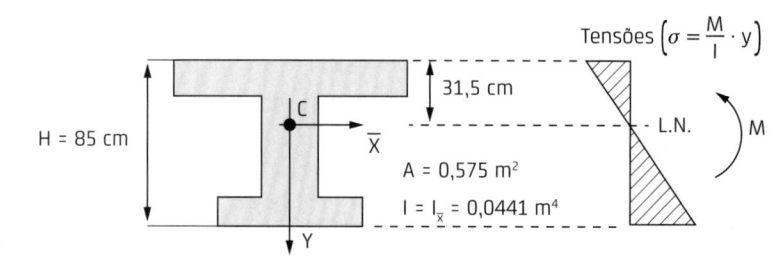

Fig. 7.7 *Distribuição de tensões em seção homogênea com mesas superior e inferior*

7.1.2 Decomposição em trapézios

Em geral, as vigas em concreto apresentam mísulas, como nas seções tipo AASHTO da Fig. 7.8. Nesses casos, a decomposição em formas trapezoidais mostra-se como a solução mais espontânea.

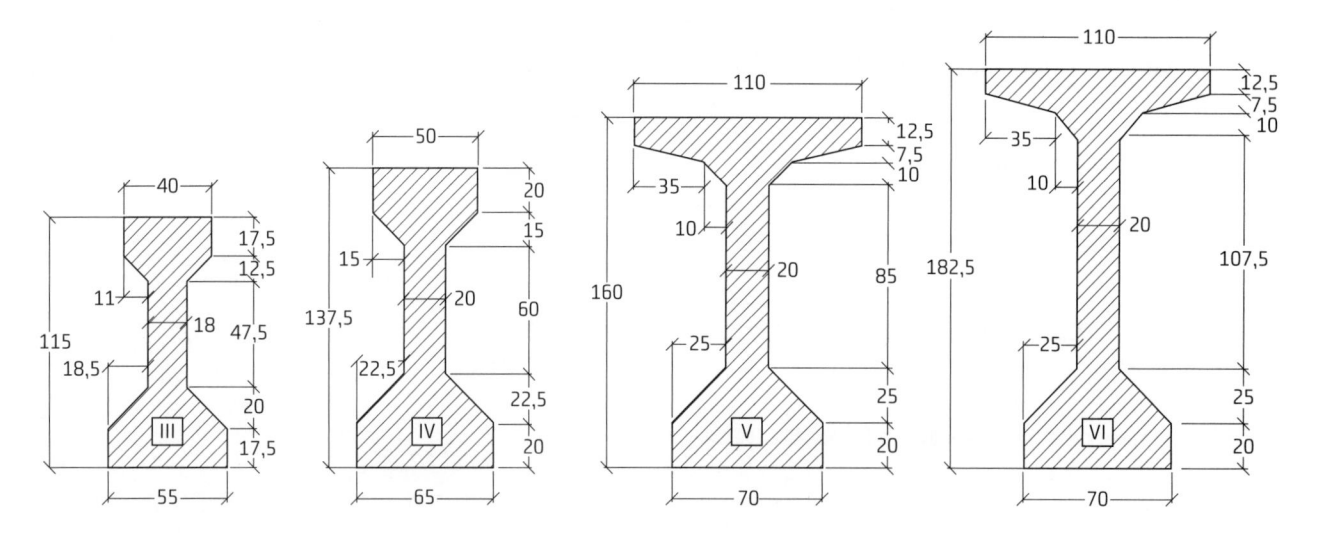

Fig. 7.8 *Exemplos de seções compostas por retângulos e trapézios*

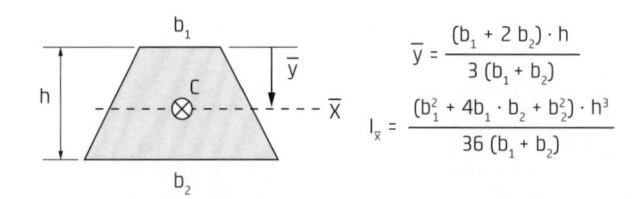

$$\bar{y} = \frac{(b_1 + 2 b_2) \cdot h}{3 (b_1 + b_2)}$$

$$I_{\bar{x}} = \frac{(b_1^2 + 4 b_1 \cdot b_2 + b_2^2) \cdot h^3}{36 (b_1 + b_2)}$$

Fig. 7.9 *Propriedades de área trapezoidal*

Para uma área trapezoidal genérica, a posição do centroide em relação ao topo e o momento de 2ª ordem em relação ao centroide são resumidos na Fig. 7.9.

O procedimento para a decomposição de seção em trapézios é o mesmo apresentado no item anterior, bastando considerar as formas trapezoidais, conforme indicado na Fig. 7.10.

Têm-se assim, para uma área trapezoidal genérica, as seguintes expressões:

- Área:

$$A_i = \frac{(b_{1,i} + b_{2,i})}{2} \cdot h_i \qquad (7.11)$$

- Profundidade do centroide:

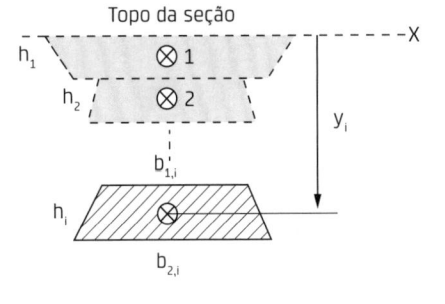

$$y_i = \frac{h_i(b_{1,i} + 2b_{2,i})}{3(b_{1,i} + b_{2,i})} + \sum_{j=1}^{i-1} h_j \qquad (7.12)$$

Fig. 7.10 *Definição de área trapezoidal i genérica*

- Momento de 1ª ordem:

$$S_{x,i} = A_i \cdot y_i \qquad (7.13)$$

Tomando-se como exemplo a seção AASHTO tipo VI, ilustrada na Fig. 7.8, as propriedades geométricas podem ser determinadas com o auxílio de planilha, como apresentado na Tab. 7.3.

Tab. 7.3 Momento de 1ª ordem em relação ao topo da seção

i	$b_{1,i}$ (cm)	$b_{2,i}$ (cm)	h_i (cm)	A_i (cm²) $\frac{(b_{1,i}+b_{2,i})}{2}\cdot h_i$	y_i (cm) ref. topo $\frac{h_i(b_{1,i}+2b_{2,i})}{3(b_{1,i}+b_{2,i})}+\sum_{j=1}^{i-1}h_j$	$S_{x,i}$ (cm³) $A_i \cdot y_i$
1	110	110	12,5	1.375	6,25	8.594
2	110	40	7,5	563	15,67	8.822
3	40	20	10	300	24,4	7.320
4	20	20	107,5	2.150	83,8	180.170
5	20	70	25	1.125	152,3	171.338
6	70	70	20	1.400	172,5	241.500
			182,5	6.913		617.744

Tem-se então a posição do centroide a partir da Eq. 7.9, como a seguir.

$$y_c = \frac{S_x}{A} = \frac{617.744 \text{ cm}^3}{6.913 \text{ cm}^2} = 89,4 \text{ cm} \qquad (7.14)$$

Na Tab. 7.4 apresenta-se a composição da inércia em relação ao eixo centroidal. A inércia em relação ao eixo centroidal é então definida com a Eq. 7.10.

$$I_{\bar{x}} = 2.192.483 + 28.020.914 = 30.213.397 \text{ cm}^4 = 0,302 \text{ m}^4 \qquad (7.15)$$

As propriedades da seção tipo VI assim determinadas estão resumidas na Fig. 7.11. É importante notar que a inércia da seção bruta em concreto é identificada pela NBR 6118 como I_C.

Tab. 7.4 Momento de 2ª ordem em relação ao centroide da seção

i	$b_{1,i}$ (cm)	$b_{2,i}$ (cm)	h_i (cm)	A_i (cm²)	d_i (cm) ref. centroide $(y_i - y_c)$	$I_{\bar{x},i}$ (cm⁴) $\dfrac{\left(b_{1,i}^2 + 4b_{1,i} \cdot b_{2,i} + b_{2,i}^2\right)}{36\left(b_{1,i} + b_{2,i}\right)} \cdot h_i^3$	$A_i \cdot d_i^2$
1	110	110	12,5	1.375	(6,25 – 89,4)	17.904	9.506.643
2	110	40	7,5	563	(15,67 – 89,4)	2.445	3.060.532
3	40	20	10	300	(24,4 – 89,4)	2.407	1.267.500
4	20	20	107,5	2.150	(83,8 – 89,4)	2.070.495	67.424
5	20	70	25	1.125	(152,3 – 89,4)	52.566	4.450.961
6	70	70	20	1.400	(172,5 – 89,4)	46.667	9.667.854
						2.192.483	**28.020.914**

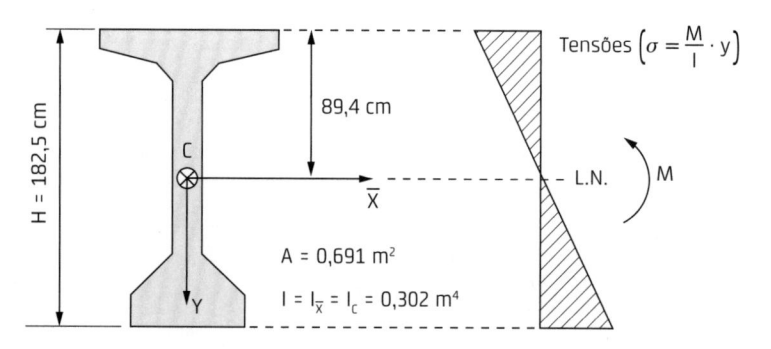

Fig. 7.11 Distribuição de tensões na seção bruta AASHTO tipo VI

$H = 182,5$ cm; 89,4 cm; $A = 0,691$ m²; $I = I_{\bar{x}} = I_c = 0,302$ m⁴; Tensões $\left(\sigma = \dfrac{M}{I} \cdot y\right)$

7.2 Seção genérica

Para uma área genérica definida no plano XY, como ilustrado na Fig. 7.12, podem ser determinadas as seguintes propriedades geométricas:

▶ Momentos de 1ª ordem:

$$S_y = \iint_A x \cdot dA \qquad (7.16)$$

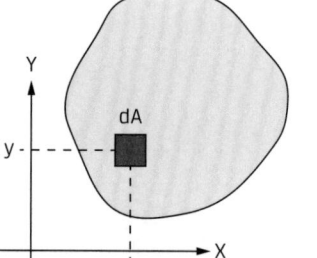

$$S_x = \iint_A y \cdot dA \qquad (7.17)$$

Fig. 7.12 Área genérica definida no plano X Y

▶ Momentos de 2ª ordem:

$$I_x = \iint_A y^2 \cdot dA \qquad (7.18)$$

$$I_y = \iint_A x^2 \cdot dA \qquad (7.19)$$

$$I_{xy} = \iint_A x \cdot y \cdot dA \qquad (7.20)$$

No caso geral, para a determinação das propriedades geométricas, adota-se o seguinte procedimento:

▶ determinação da área e dos momentos de 1ª e 2ª ordens em relação a um referencial inicial (X Y);
▶ determinação do centroide (x_c, y_c) em relação a um referencial inicial (X Y);
▶ translação das propriedades para os eixos centroidais ($\bar{X}$ $\bar{Y}$);
▶ determinação da direção principal (α) dos eixos de inércia (X_p Y_p);
▶ rotação das propriedades para os eixos principais de inércia (X_p Y_p).

A posição desses referenciais pode ser exemplificada tomando-se uma seção em "L", como ilustrado na Fig. 7.13. Deve-se lembrar que a direção principal dos eixos centroidais corresponde à posição em que o produto de inércia ($\iint x \cdot y \cdot dA$) se anula.

A translação das coordenadas originais (referencial X Y) para os eixos centroidais (referencial $\overline{X}\ \overline{Y}$), como indicado na Fig. 7.14, resume-se às seguintes transformações:

$$\overline{x} = x - x_c \tag{7.21}$$

$$\overline{y} = y - y_c \tag{7.22}$$

As características geométricas definidas em relação aos eixos transladados para o centroide podem ser escritas como a seguir desenvolvido.

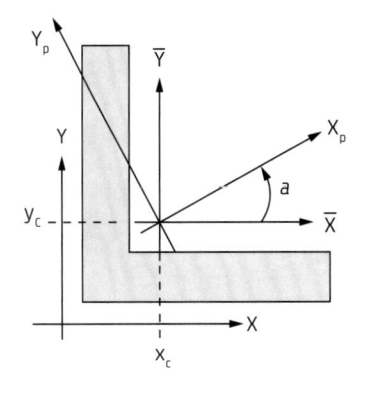

Fig. 7.13 *Eixos centroidais ($\overline{X}\ \overline{Y}$) e eixos principais ($X_p\ Y_p$)*

$$\begin{aligned}
I_{\overline{X}} &= \int \overline{y}^2 \cdot dA \\
&= \int (y - y_c)^2 \cdot dA \\
&= \int (y^2 - 2y \cdot y_c + y_c^2) \cdot dA \\
&= \int y^2 \cdot dA - 2y_c \int y \cdot dA + y_c^2 \int dA \\
&= I_X - 2y_c \cdot S_X + y_c^2 \cdot A \\
&= I_X - 2y_c \cdot y_c \cdot A + y_c^2 \cdot A \\
&\Rightarrow \boxed{I_{\overline{X}} = I_X - y_c^2 \cdot A}
\end{aligned} \tag{7.23}$$

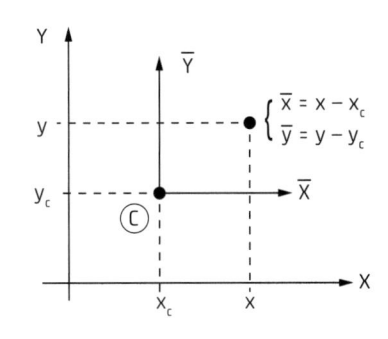

Fig. 7.14 *Translação de coordenadas para os eixos centroidais ($\overline{X}\ \overline{Y}$)*

$$\begin{aligned}
I_{\overline{Y}} &= \int \overline{x}^2 \cdot dA \\
&= \int (x - x_c)^2 \cdot dA \\
&= \int (x^2 - 2x \cdot x_c + x_c^2) \cdot dA \\
&= \int x^2 \cdot dA - 2x_c \int x \cdot dA + x_c^2 \int dA \\
&= I_Y - 2x_c \cdot S_Y + x_c^2 \cdot A \\
&= I_Y - 2x_c \cdot x_c \cdot A + x_c^2 \cdot A \\
&\Rightarrow \boxed{I_{\overline{Y}} = I_Y - x_c^2 \cdot A}
\end{aligned} \tag{7.24}$$

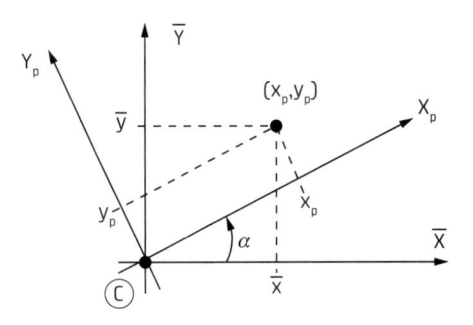

Fig. 7.15 *Rotação de coordenadas para os eixos principais ($X_p\ Y_p$)*

$$\begin{aligned}
I_{\overline{XY}} &= \int \overline{x} \cdot \overline{y} \cdot dA \\
&= \int (x - x_c)(y - y_c) \cdot dA \\
&= \int (x \cdot y - x \cdot y_c - x_c \cdot y + x_c \cdot y_c) \cdot dA \\
&= \int x \cdot y \cdot dA - y_c \int x \cdot dA - x_c \int y \cdot dA + x_c \cdot y_c \int dA \\
&= I_{XY} - y_c \cdot S_Y - x_c \cdot S_X + x_c \cdot y_c \cdot A \\
&= I_{XY} - y_c \cdot x_c \cdot A - x_c \cdot y_c \cdot A + x_c \cdot y_c \cdot A \\
&\Rightarrow \boxed{I_{\overline{XY}} = I_{XY} - x_c \cdot y_c \cdot A}
\end{aligned} \tag{7.25}$$

A rotação das coordenadas para a direção principal (transformação $\overline{X}\ \overline{Y} \rightarrow X_p\ Y_p$) é definida conforme representado na Fig. 7.15, resumindo-se às seguintes transformações:

$$x_p = \overline{x}\cdot\cos\alpha + \overline{y}\cdot\sen\alpha \tag{7.26}$$

$$y_p = -\overline{x}\cdot\sen\alpha + \overline{y}\cdot\cos\alpha \tag{7.27}$$

Os momentos de 2ª ordem em relação aos eixos principais podem então ser escritos de acordo com o desenvolvimento a seguir.

$$\begin{aligned}
I_{Xp} &= \int y_p^2 \cdot dA \\
&= \int(-\overline{x}\cdot\sen\alpha + \overline{y}\cdot\cos\alpha)^2 \cdot dA \\
&= \int(\overline{x}^2\cdot\sen^2\alpha - 2\overline{x}\cdot\overline{y}\cdot\sen\alpha\cdot\cos\alpha + \overline{y}^2\cdot\cos^2\alpha)\cdot dA \\
&= \sen^2\alpha\int\overline{x}^2\cdot dA - 2\sen\alpha\cdot\cos\alpha\int\overline{x}\cdot\overline{y}\cdot dA + \cos^2\alpha\int\overline{y}^2\cdot dA \\
\Rightarrow &\boxed{I_{Xp} = I_{\overline{Y}}\cdot\sen^2\alpha - 2I_{\overline{X}\overline{Y}}\cdot\sen\alpha\cdot\cos\alpha + I_{\overline{X}}\cdot\cos^2\alpha}
\end{aligned} \tag{7.28}$$

$$\begin{aligned}
I_{Yp} &= \int x_p^2 \cdot dA \\
&= \int(\overline{x}\cdot\cos\alpha + \overline{y}\cdot\sen\alpha)^2 \cdot dA \\
&= \int(\overline{x}^2\cdot\cos^2\alpha + 2\overline{x}\cdot\overline{y}\cdot\sen\alpha\cdot\cos\alpha + \overline{y}^2\cdot\sen^2\alpha)\cdot dA \\
&= \cos^2\alpha\int\overline{x}^2\cdot dA + 2\sen\alpha\cdot\cos\alpha\int\overline{x}\cdot\overline{y}\cdot dA + \sen^2\alpha\int\overline{y}^2\cdot dA \\
&= I_{\overline{Y}}\cdot\cos^2\alpha + 2I_{\overline{X}\overline{Y}}\cdot\sen\alpha\cdot\cos\alpha + I_{\overline{X}}\cdot\sen^2\alpha \\
\Rightarrow &\boxed{I_{Yp} = I_{\overline{Y}}\cdot\cos^2\alpha + 2I_{\overline{X}\overline{Y}}\cdot\sen\alpha\cdot\cos\alpha + I_{\overline{X}}\cdot\sen^2\alpha}
\end{aligned} \tag{7.29}$$

$$\begin{aligned}
I_{XpYp} &= \int x_p \cdot y_p \cdot dA \\
&= \int(\overline{x}\cdot\cos\alpha + \overline{y}\cdot\sen\alpha)(-\overline{x}\cdot\sen\alpha + \overline{y}\cdot\cos\alpha)\cdot dA \\
&= \int[-\overline{x}^2\cdot\sen\alpha\cdot\cos\alpha + \overline{x}\cdot\overline{y}\cdot(\cos^2\alpha - \sen^2\alpha) + \overline{y}^2\cdot\sen\alpha\cdot\cos\alpha]\cdot dA \\
\Rightarrow &\boxed{I_{XpYp} = -I_{\overline{Y}}\cdot\sen\alpha\cdot\cos\alpha + I_{\overline{X}\overline{Y}}\cdot(\cos^2\alpha - \sen^2\alpha) + I_{\overline{X}}\cdot\sen\alpha\cdot\cos\alpha}
\end{aligned} \tag{7.30}$$

Para prosseguimento, tornam-se úteis as seguintes transformações trigonométricas:

$$\sen\alpha\cdot\cos\alpha = \frac{1}{2}\sen 2\alpha \tag{7.31}$$

$$\sen^2\alpha = \frac{1}{2}(1 - \cos 2\alpha) \tag{7.32}$$

$$\cos^2\alpha = \frac{1}{2}(1 + \cos 2\alpha) \tag{7.33}$$

Com as Eqs. 7.31 a 7.33, é possível reescrever as Eqs. 7.28 a 7.30 como:

$$I_{X_p} = \frac{I_{\bar{X}} + I_{\bar{Y}}}{2} - \frac{I_{\bar{Y}} - I_{\bar{X}}}{2} \cdot \cos 2\alpha - I_{\overline{XY}} \cdot \text{sen} 2\alpha \quad (7.34)$$

$$I_{Y_p} = \frac{I_{\bar{X}} + I_{\bar{Y}}}{2} + \frac{I_{\bar{Y}} - I_{\bar{X}}}{2} \cdot \cos 2\alpha + I_{\overline{XY}} \cdot \text{sen} 2\alpha \quad (7.35)$$

$$I_{X_p Y_p} = \frac{I_{\bar{X}} - I_{\bar{Y}}}{2} \cdot \text{sen} 2\alpha + I_{\overline{XY}} \cdot \cos 2\alpha \quad (7.36)$$

As direções principais, que correspondem aos valores extremos das inércias (máximo e mínimo), podem ser definidas extremizando-se I_{X_p} e I_{Y_p}, como a seguir.

$$\frac{d}{d\alpha}\left(I_{X_p}\right) = 0 \Rightarrow \left(I_{\bar{Y}} - I_{\bar{X}}\right) \cdot \text{sen} 2\alpha - 2I_{\overline{XY}} \cdot \cos 2\alpha = 0 \Rightarrow \frac{1}{2}\left(\frac{\text{sen} 2\alpha}{\cos 2\alpha}\right) = \frac{I_{\overline{XY}}}{\left(I_{\bar{Y}} - I_{\bar{X}}\right)} \quad (7.37)$$

$$\frac{d}{d\alpha}\left(I_{Y_p}\right) = 0 \Rightarrow \left(I_{\bar{X}} - I_{\bar{Y}}\right) \cdot \text{sen} 2\alpha + 2I_{\overline{XY}} \cdot \cos 2\alpha = 0 \Rightarrow \frac{1}{2}\left(\frac{\text{sen} 2\alpha}{\cos 2\alpha}\right) = \frac{I_{\overline{XY}}}{\left(I_{\bar{Y}} - I_{\bar{X}}\right)} \quad (7.38)$$

Logo, tem-se que:

$$\tan 2\alpha = \frac{2I_{\overline{XY}}}{\left(I_{\bar{Y}} - I_{\bar{X}}\right)} \quad (7.39)$$

As duas soluções possíveis equivalem a ângulos (2α) defasados de π rad (180°), logo as direções principais (α), correspondentes aos valores extremos de inércia, são sempre ortogonais. A partir da Eq. 7.39, tem-se a definição da direção principal:

$$\boxed{\alpha = \frac{1}{2}\tan^{-1}\left(\frac{2I_{\overline{XY}}}{I_{\bar{Y}} - I_{\bar{X}}}\right)} \quad (7.40)$$

No caso particular em que $I_{\bar{Y}} = I_{\bar{X}}$, a direção principal corresponde a $\alpha = \pi/4$ rad (45°).

A relação da Eq. 7.39 pode ser representada graficamente na forma de um triângulo retângulo, conforme indicado na Fig. 7.16, obtendo-se as seguintes expressões:

$$\text{sen} 2\alpha = \frac{2I_{\overline{XY}}}{\sqrt{4I_{\overline{XY}}^2 + \left(I_{\bar{Y}} - I_{\bar{X}}\right)^2}} \quad (7.41)$$

$$\cos 2\alpha = \frac{\left(I_{\bar{Y}} - I_{\bar{X}}\right)}{\sqrt{4I_{\overline{XY}}^2 + \left(I_{\bar{Y}} - I_{\bar{X}}\right)^2}} \quad (7.42)$$

Substituindo-se as Eqs. 7.41 e 7.42 na Eq. 7.36, conclui-se que o valor de $I_{X_p Y_p}$ deve ser nulo nos eixos principais, como a seguir demonstrado.

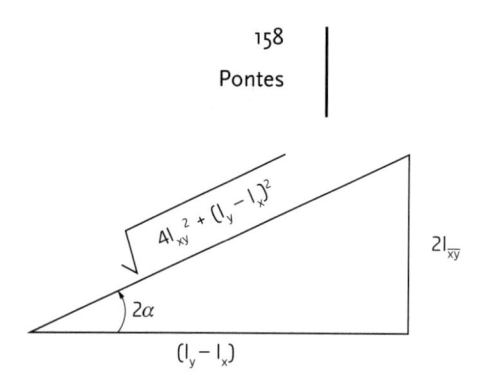

Fig. 7.16 *Representação gráfica da Eq. 7.39*

$$I_{X_p Y_p} = \frac{\left(I_{\bar{X}} - I_{\bar{Y}}\right)I_{\overline{XY}}}{\sqrt{4I_{\overline{XY}}^2 + \left(I_{\bar{Y}} - I_{\bar{X}}\right)^2}} + \frac{\left(I_{\bar{Y}} - I_{\bar{X}}\right)I_{\overline{XY}}}{\sqrt{4I_{\overline{XY}}^2 + \left(I_{\bar{Y}} - I_{\bar{X}}\right)^2}} = 0 \quad (7.43)$$

A substituição das Eqs. 7.41 e 7.42 nas Eqs. 7.34 e 7.35 resulta nas inércias principais ($I_{máx}$; $I_{mín}$), que podem ser assim expressas mais resumidamente como:

$$I_{máx;mín} = \frac{I_{\bar{X}} + I_{\bar{Y}}}{2} \pm \sqrt{I_{\overline{XY}}^2 + \left(\frac{I_{\bar{Y}} - I_{\bar{X}}}{2}\right)^2} \quad (7.44)$$

A Eq. 7.44 permite a determinação imediata das inércias principais. Em geral, pode-se distinguir a inércia máxima da mínima por simples observação da forma geométrica da seção transversal.

Nessa equação, reconhece-se o fundamento do processo gráfico do círculo de Mohr, com centro C e raio R, como ilustrado na Fig. 7.17.

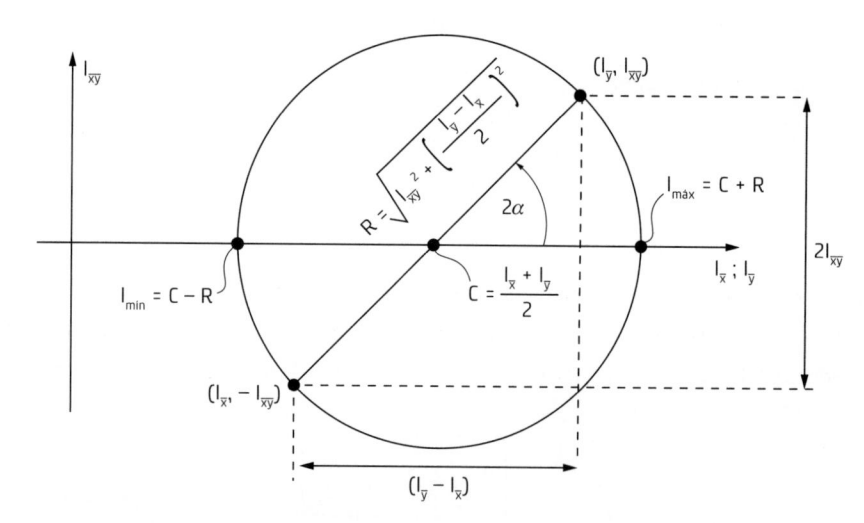

Fig. 7.17 *Círculo de Mohr para determinação das direções e*

7.2.1 Definição na forma poligonal

No caso de formas geométricas mais complexas, torna-se interessante a definição da seção a partir do polígono de contorno. Aplicando-se o teorema de Green, as integrais na área podem ser expressas em termos de integrais no contorno poligonal fechado da seguinte forma:

$$\iint_A \left(\frac{\partial f}{\partial x} - \frac{\partial g}{\partial y}\right) \cdot dx \cdot dy = \oint_c (g \cdot dx + f \cdot dy) \quad (7.45)$$

em que f e g *são funções dependentes das variáveis x e y.*

Por exemplo, considerando-se a definição da área da seção transversal, é válida a seguinte transformação:

$$A = \iint_A dx \cdot dy = \frac{1}{2}\iint_A\left[\frac{\partial(x)}{\partial x} - \frac{\partial(-y)}{\partial y}\right] \cdot dx \cdot dy \qquad (7.46)$$

Observando-se as Eqs. 7.45 e 7.46, são identificadas as funções:

$$f = \frac{x}{2} \qquad (7.47)$$

$$g = \frac{-y}{2} \qquad (7.48)$$

E, assim, a aplicação do teorema de Green (Eq. 7.45) fornece:

$$A = \iint_A \left(\frac{1}{2} + \frac{1}{2}\right) \cdot dx \cdot dy \Rightarrow A = \frac{1}{2}\oint_c (-y \cdot dx + x \cdot dy) \qquad (7.49)$$

Dessa forma, podem ser identificadas, para cada propriedade geométrica, as funções f e g apropriadas para a aplicação do teorema de Green, resultando nas expressões a seguir resumidas:

$$S_y = \iint_A x \cdot dx \cdot dy \left(f = \frac{x^2}{3}; g = \frac{-x \cdot y}{3}\right) \Rightarrow S_y = \frac{1}{3}\oint_c (-x \cdot y \cdot dx + x^2 \cdot dy) \qquad (7.50)$$

$$S_x = \iint_A y \cdot dx \cdot dy \left(f = \frac{x \cdot y}{3}; g = \frac{-y^2}{3}\right) \Rightarrow S_x = \frac{1}{3}\oint_c (-y^2 \cdot dx + x \cdot y \cdot dy) \qquad (7.51)$$

$$I_y = \iint_A x^2 \cdot dx \cdot dy \left(f = \frac{x^3}{4}; g = \frac{-x^2 \cdot y}{4}\right) \Rightarrow I_y = \frac{1}{4}\oint_c (-x^2 \cdot y \cdot dx + x^3 \cdot dy) \qquad (7.52)$$

$$I_x = \iint_A y^2 \cdot dx \cdot dy \left(f = \frac{x \cdot y^2}{4}; g = \frac{-y^3}{4}\right) \Rightarrow I_x = \frac{1}{4}\oint_c (-y^3 \cdot dx + x \cdot y^3 \cdot dy) \qquad (7.53)$$

$$I_{xy} = \iint_A x \cdot y \cdot dx \cdot dy \left(f = \frac{x^2 \cdot y}{4}; g = \frac{-x \cdot y^2}{4}\right) \Rightarrow I_{xy} = \frac{1}{4}\oint_c (-x \cdot y^2 \cdot dx + x^2 \cdot y \cdot dy) \qquad (7.54)$$

A definição do polígono de contorno deve seguir com a área sempre à esquerda do sentido de circulação. Para seção celular, considera-se um corte fictício, como ilustrado na Fig. 7.18.

A reta de um trecho genérico do polígono é expressa como indicado na Fig. 7.19.

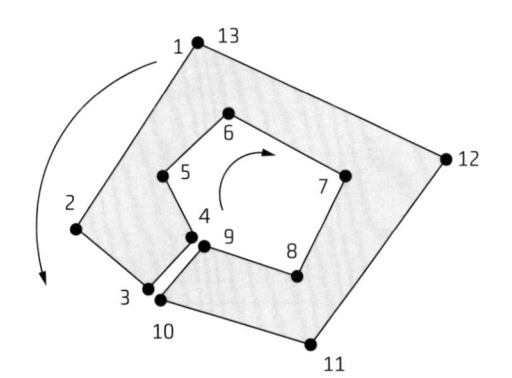

Fig. 7.18 *Sentido de circulação*

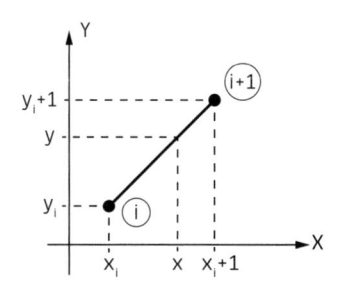

Fig. 7.19 *Definição da reta de um trecho genérico do polígono*

A equação paramétrica da reta entre os pontos (x_i, y_i) e (x_{i+1}, y_{i+1}) pode então ser expressa por:

$$\frac{[y - y_i]}{[y_{i+1} - y_i]} = \frac{[x - x_i]}{[x_{i+1} - x_i]} = t \qquad (7.55)$$

em que o parâmetro t situa-se sempre no intervalo [0,1], ou seja:

$$0 \leq t \leq 1 \qquad (7.56)$$

A partir da equação paramétrica da reta, têm-se:

$$x = (x_{i+1} - x_i)t + x_i \qquad (7.57)$$

$$y = (y_{i+1} - y_i)t + y_i \qquad (7.58)$$

$$\frac{dx}{dt} = (x_{i+1} - x_i) \qquad (7.59)$$

$$\frac{dy}{dt} = (y_{i+1} - y_i) \qquad (7.60)$$

Com essas expressões, as integrais no contorno podem ser reescritas em termos do parâmetro t para cada trecho do polígono, tornando a integração imediata. Por exemplo, substituindo-se as Eqs. 7.57 a 7.60 na Eq. 7.49, a área de uma seção definida pelo polígono de contorno pode ser expressa como:

$$A = \frac{1}{2} \oint_C \left\{ -\left[(y_{i+1} - y_i)t + y_i\right] \cdot (x_{i+1} - x_i)dt + \left[(x_{i+1} - x_i)t + x_i\right] \cdot (y_{i+1} - y_i)dt \right\} \qquad (7.61)$$

Para a definição de um polígono com N lados, basta considerar o somatório das integrais resultantes em cada um dos lados, o que resulta em:

$$\begin{aligned} A &= \frac{1}{2} \sum_{i=1}^{i=N} \int_{t=0}^{t=1} \{-[(y_{i+1} - y_i)t + y_i] \cdot (x_{i+1} - x_i)dt \\ &\quad + [(x_{i+1} - x_i)t + x_i] \cdot (y_{i+1} - y_i)dt\} \\ &= \frac{1}{2} \sum_{i=1}^{i=N} (x_i \cdot y_{i+1} - x_{i+1} \cdot y_i) \\ &\Rightarrow \boxed{A = \frac{1}{2} \sum \Delta_i} \end{aligned} \qquad (7.62)$$

em que

$$\boxed{\Delta_i = (x_i \cdot y_{i+1} - x_{i+1} \cdot y_i)} \qquad (7.63)$$

Analogamente, têm-se as seguintes integrações para as demais propriedades geométricas:

$$S_Y = \frac{1}{3}\sum_{i=1}^{i=N}\int_{t=0}^{t=1}\{-[(x_{i+1}-x_i)t+x_i]\cdot[(y_{i+1}-y_i)t+y_i]\cdot(x_{i+1}-x_i)dt$$
$$+[(x_{i+1}-x_i)t+x_i]^2\cdot(y_{i+1}-y_i)dt\} = \frac{1}{6}\sum_{i=1}^{i=N}(x_i\cdot y_{i+1}-x_{i+1}\cdot y_i)\cdot(x_i+x_{i+1})$$
$$\Rightarrow \boxed{S_Y = \frac{1}{6}\sum \Delta_i\cdot(x_i+x_{i+1})} \quad (7.64)$$

$$S_X = \frac{1}{3}\sum_{i=1}^{i=N}\int_{t=0}^{t=1}\{-[(y_{i+1}-y_i)t+y_i]^2\cdot(x_{i+1}-x_i)dt$$
$$+[(x_{i+1}-x_i)t+x_i]\cdot[(y_{i+1}-y_i)t+y_i]\cdot(y_{i+1}-y_i)dt\}$$
$$= \frac{1}{6}\sum_{i=1}^{i=N}(x_i\cdot y_{i+1}-x_{i+1}\cdot y_i)\cdot(y_i+y_{i+1})$$
$$\Rightarrow \boxed{S_X = \frac{1}{6}\sum \Delta_i\cdot(y_i+y_{i+1})} \quad (7.65)$$

$$I_Y = \frac{1}{4}\sum_{i=1}^{i=N}\int_{t=0}^{t=1}\{-[(x_{i+1}-x_i)t+x_i]^2\cdot[(y_{i+1}-y_i)t+y_i]\cdot(x_{i+1}-x_i)dt$$
$$+[(x_{i+1}-x_i)t+x_i]^3\cdot(y_{i+1}-y_i)dt\}$$
$$= \frac{1}{12}\sum_{i=1}^{i=N}(x_i\cdot y_{i+1}-x_{i+1}\cdot y_i)\cdot(x_i^2+x_i\cdot x_{i+1}+x_{i+1}^2)$$
$$\Rightarrow \boxed{I_Y = \frac{1}{12}\sum \Delta_i\cdot(x_i^2+x_i\cdot x_{i+1}+x_{i+1}^2)} \quad (7.66)$$

$$I_X = \frac{1}{4}\sum_{i=1}^{i=N}\int_{t=0}^{t=1}\{-[(y_{i+1}-y_i)t+y_i]^3\cdot(x_{i+1}-x_i)dt$$
$$+[(x_{i+1}-x_i)t+x_i]\cdot[(y_{i+1}-y_i)t+y_i]^2\cdot(y_{i+1}-y_i)dt\}$$
$$= \frac{1}{12}\sum_{i=1}^{i=N}(x_i\cdot y_{i+1}-x_{i+1}\cdot y_i)\cdot(y_i^2+y_i\cdot y_{i+1}+y_{i+1}^2)$$
$$\Rightarrow \boxed{I_X = \frac{1}{12}\sum \Delta_i\cdot(y_i^2+y_i\cdot y_{i+1}+y_{i+1}^2)} \quad (7.67)$$

$$I_{XY} = \frac{1}{4}\sum_{i=1}^{i=N}\int_{t=0}^{t=1}\{-[(x_{i+1}-x_i)t+x_i]\cdot[(y_{i+1}-y_i)t+y_i]^2\cdot(x_{i+1}-x_i)dt +$$
$$[(x_{i+1}-x_i)t+x_i]^2\cdot[(y_{i+1}-y_i)t+y_i]\cdot(y_{i+1}-y_i)dt\}$$
$$= \frac{1}{24}\sum_{i=1}^{i=N}(x_i\cdot y_{i+1}-x_{i+1}\cdot y_i)\cdot(2x_i\cdot y_i+x_i\cdot y_{i+1}+x_{i+1}\cdot y_i+2x_{i+1}\cdot y_{i+1})$$
$$\Rightarrow \boxed{I_{XY} = \frac{1}{24}\sum \Delta_i\cdot(2x_i\cdot y_i+x_i\cdot y_{i+1}+x_{i+1}\cdot y_i+2x_{i+1}\cdot y_{i+1})} \quad (7.68)$$

Como exemplo, considera-se a seção retangular celular representada na Fig. 7.20, propositalmente inclinada.

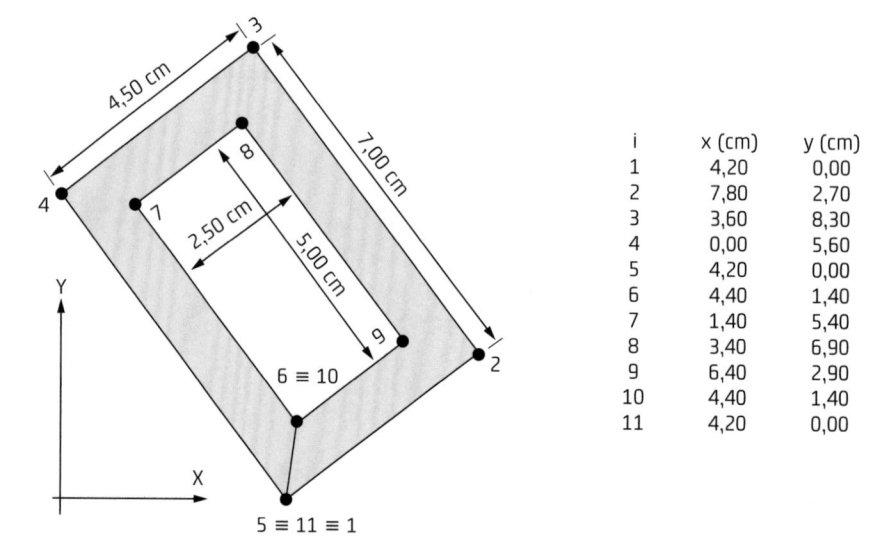

Fig. 7.20 *Seção retangular celular definida por polígono de contorno*

i	x (cm)	y (cm)
1	4,20	0,00
2	7,80	2,70
3	3,60	8,30
4	0,00	5,60
5	4,20	0,00
6	4,40	1,40
7	1,40	5,40
8	3,40	6,90
9	6,40	2,90
10	4,40	1,40
11	4,20	0,00

Observa-se que o perímetro interno da célula é definido a partir de um corte imaginário, conectando-se os pontos 5 e 6, que coincidem com os pontos 10 e 11.

Obviamente, o centroide e as inércias principais podem ser prontamente calculados considerando-se a superposição das duas áreas retangulares, como resumido na Fig. 7.21.

A determinação das propriedades geométricas aplicando-se as integrais de contorno poligonal pode ser efetuada mediante o uso de planilha, como apresentado na Tab. 7.5.

Logo, tem-se a seguinte posição do centroide:

$$x_c = \frac{S_Y}{A} = \frac{74{,}10 \text{ cm}^3}{19{,}00 \text{ cm}^2} = 3{,}90 \text{ cm} \tag{7.69}$$

$$y_c = \frac{S_X}{A} = \frac{78{,}85 \text{ cm}^3}{19{,}00 \text{ cm}^2} = 4{,}15 \text{ cm} \tag{7.70}$$

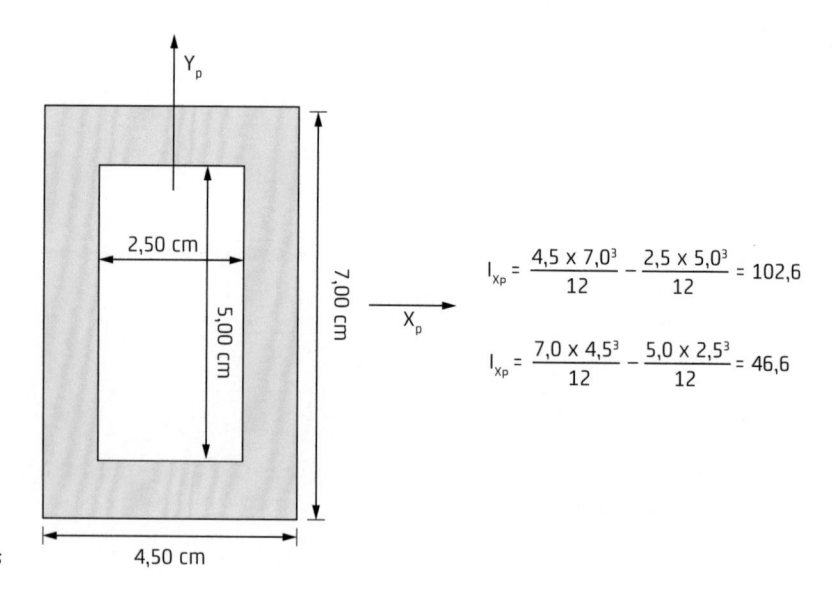

$$I_{Xp} = \frac{4{,}5 \times 7{,}0^3}{12} - \frac{2{,}5 \times 5{,}0^3}{12} = 102{,}6$$

$$I_{Xp} = \frac{7{,}0 \times 4{,}5^3}{12} - \frac{5{,}0 \times 2{,}5^3}{12} = 46{,}6$$

Fig. 7.21 *Inércias principais*

Propriedades de seção transversal

Tab. 7.5 Propriedades geométricas de seção retangular celular (N = 10)

i	x_i (cm)	y_i (cm)	Δ_i (cm²) Eq. 7.63	A_i (cm²) Eq. 7.62	$S_{X,i}$ (cm³) Eq. 7.65	$S_{Y,i}$ (cm³) Eq. 7.64	$I_{X,i}$ (cm⁴) Eq. 7.67	$I_{Y,i}$ (cm⁴) Eq. 7.66	$I_{XY,i}$ (cm⁴) Eq. 7.68
1	4,20	0,00	11,34	5,67	5,10	22,68	6,89	105,12	25,26
2	7,80	2,70	55,02	27,51	100,87	104,54	452,04	467,12	404,26
3	3,60	8,30	20,16	10,08	46,70	12,10	246,51	21,77	67,13
4	0,00	5,60	−23,52	−11,76	−21,95	−16,46	−61,47	−34,57	−23,05
5	4,20	0,00	5,88	2,94	1,37	8,43	0,96	27,19	4,46
6	4,40	1,40	21,80	10,90	24,71	21,07	70,27	49,92	48,29
7	1,40	5,40	−8,70	−4,35	−17,84	−6,96	−82,67	−13,25	−32,65
8	3,40	6,90	−34,30	−17,15	−56,02	−56,02	−217,32	−212,32	−197,31
9	6,40	2,90	−3,80	−1,90	−2,72	−6,84	−4,57	−28,02	−11,27
10	4,40	1,40	−5,88	−2,94	−1,37	−8,43	−0,96	−27,19	−4,46
11	4,20	0,00							
			38,00	A = 19,00	S_X = 78,85	S_Y = 74,10	I_X = 409,67	I_Y = 355,77	I_{XY} = 280,67

As propriedades transladadas para os eixos centroidais são obtidas aplicando-se as relações das Eqs. 7.23, 7.24 e 7.25, como a seguir apresentado.

$$I_{\bar{X}} = I_X - A \cdot y_c^2 = 409{,}67 - 19{,}00 \times 4{,}15^2 = 82{,}44 \text{ cm}^4 \tag{7.71}$$

$$I_{\bar{Y}} = I_Y - A \cdot x_c^2 = 355{,}77 - 19{,}00 \times 3{,}90^2 = 66{,}78 \text{ cm}^4 \tag{7.72}$$

$$I_{\bar{X}\bar{Y}} = I_{XY} - A \cdot x_c \cdot y_c = 280{,}67 - 19{,}00 \times 3{,}90 \times 4{,}15 = -26{,}85 \text{ cm}^4 \tag{7.73}$$

A direção principal é então definida com a Eq. 7.40:

$$\alpha = \frac{1}{2}\tan^{-1}\left(\frac{2I_{\bar{X}\bar{Y}}}{I_{\bar{Y}} - I_{\bar{X}}}\right) = \frac{1}{2}\tan^{-1}\left(\frac{-2 \times 26{,}85}{66{,}78 - 82{,}44}\right) = 36{,}87° \tag{7.74}$$

Os valores das inércias principais podem ser determinados com as Eqs. 7.28 e 7.29.

$$I_{X_p} = 66{,}78\operatorname{sen}^2(36{,}87°) - 2(-26{,}85)\operatorname{sen}(36{,}87°) \cdot \cos(36{,}87°) +$$
$$82{,}44\cos^2(36{,}87°) = 102{,}6 \text{ cm}^4 \tag{7.75}$$

$$I_{Y_p} = 82{,}44\operatorname{sen}^2(36{,}87°) + 2(-26{,}85)\operatorname{sen}(36{,}87°) \cdot \cos(36{,}87°) +$$
$$66{,}78\cos^2(36{,}87°) = 46{,}6 \text{ cm}^4 \tag{7.76}$$

Observa-se que esses mesmos valores podem ser obtidos facilmente aplicando-se a Eq. 7.44:

$$I_{máx;mín} = \frac{82{,}44 + 66{,}78}{2} \pm \sqrt{26{,}85^2 + \left(\frac{66{,}78 - 82{,}44}{2}\right)^2} = 74{,}61 \pm 27{,}97 = \begin{cases} 102{,}6 \\ 46{,}6 \end{cases} \tag{7.77}$$

As propriedades geométricas com as posições dos eixos centroidais e principais são indicadas na Fig. 7.22.

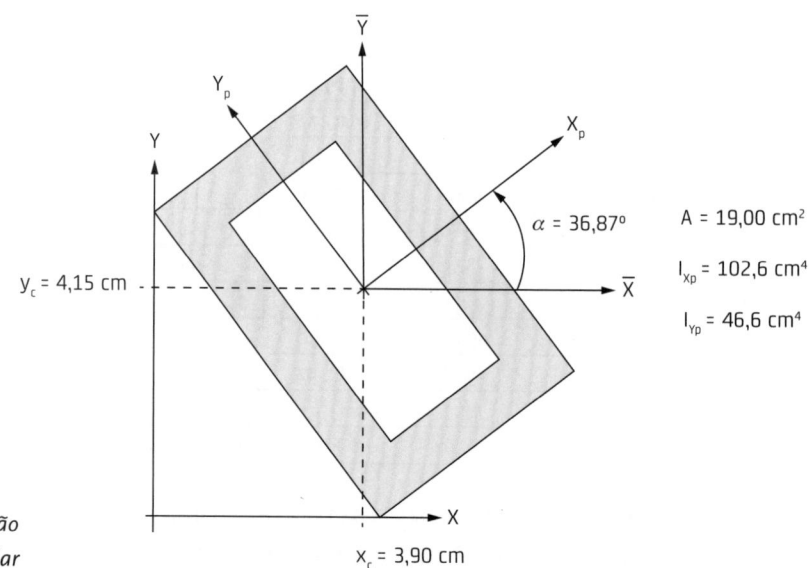

$\alpha = 36{,}87°$
$A = 19{,}00\ cm^2$
$I_{xp} = 102{,}6\ cm^4$
$I_{yp} = 46{,}6\ cm^4$
$y_c = 4{,}15\ cm$
$x_c = 3{,}90\ cm$

Fig. 7.22 *Propriedades geométricas da seção retangular celular*

```
Command: MASSPROP
Select objects: 1 found
Select objects:

----------        REGIONS       ----------

Area:                  18.9995
Perimeter:             40.8272
Bounding box:          X: 0.0000 ---- 7.8000
                       Y: 0.0000 ---- 8.3000
Centroid:              X: 3.9000
                       Y: 4.1501
Moments of inertia:    X: 409.6730
                       Y: 355.7650
Product of inertia:    XY: −280.6636
Radii of gyration:     X: 4.6435
                       Y: 4.3242
Principal moments and X–Y directions about centroid:
                       I : 102.5792 along [0.8000 0 0.6000]
                       J: 46.6444 along [−0.6000 0 0.8000]
```

Fig. 7.23 *Propriedades geométricas determinadas no AutoCAD*

Esse procedimento de cálculo de propriedades geométricas por integrais de contorno poligonal é semelhante ao que se encontra em rotinas de programas de desenho computacional. Por exemplo, o AutoCAD dispõe do comando "MASSPROP" para a determinação de centroide, área e inércias, que, aplicado ao exemplo definido na Fig. 7.20, apresenta os resultados reproduzidos na Fig. 7.23.

O procedimento de cálculo de propriedades geométricas por integrais de contorno é particularmente útil ao considerar seções de pontes celulares com almas inclinadas e/ou com declividade transversal, como exemplificado na Fig. 7.24.

Na Tab. 7.6 apresenta-se a planilha para a determinação dessas propriedades geométricas.

A posição do centroide é:

$$x_c = \frac{S_Y}{A} = \frac{13{,}178\ m^3}{7{,}13\ m^2} = 1{,}848\ m \qquad (7.78)$$

$$y_c = \frac{S_X}{A} = \frac{11{,}592\ m^3}{7{,}13\ m^2} = 1{,}626\ m \qquad (7.79)$$

As propriedades transladadas para os eixos centroidais são:

$$I_{\bar{X}} = I_X - A \cdot y_c^2 = 24{,}679 - 7{,}13 \times 1{,}626^2 = 5{,}828\ cm^4 \qquad (7.80)$$

Propriedades de
seção transversal

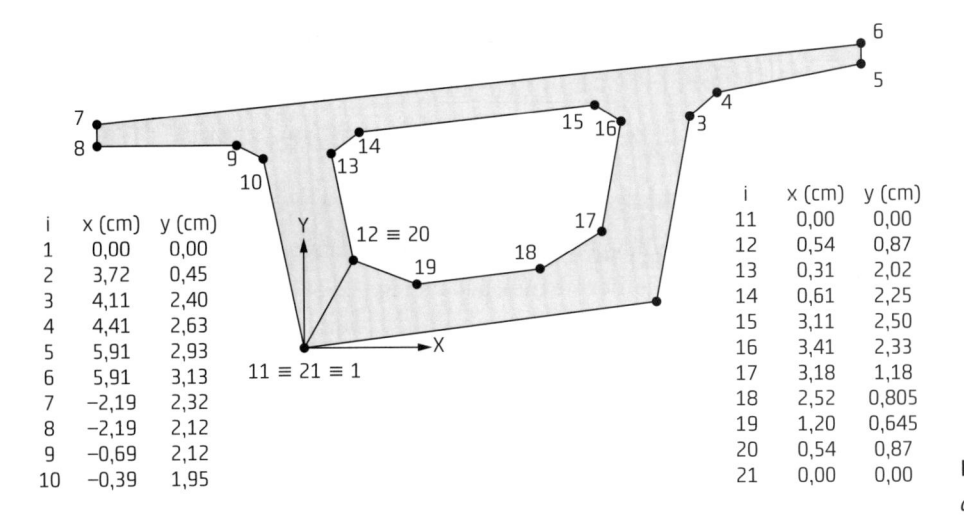

Fig. 7.24 *Seção celular de ponte definida por polígono de contorno*

i	x (cm)	y (cm)
1	0,00	0,00
2	3,72	0,45
3	4,11	2,40
4	4,41	2,63
5	5,91	2,93
6	5,91	3,13
7	-2,19	2,32
8	-2,19	2,12
9	-0,69	2,12
10	-0,39	1,95

i	x (cm)	y (cm)
11	0,00	0,00
12	0,54	0,87
13	0,31	2,02
14	0,61	2,25
15	3,11	2,50
16	3,41	2,33
17	3,18	1,18
18	2,52	0,805
19	1,20	0,645
20	0,54	0,87
21	0,00	0,00

Tab. 7.6 Propriedades geométricas de seção de ponte celular ($N = 21$)

i	x_i (m)	y_i (m)	Δ_i (m²) Eq. 7.63	A_i (m²) Eq. 7.62	$S_{X,i}$ (m³) Eq. 7.65	$S_{Y,i}$ (m³) Eq. 7.64	$I_{X,i}$ (m⁴) Eq. 7.67	$I_{Y,i}$ (m⁴) Eq. 7.66	$I_{XY,i}$ (m⁴) Eq. 7.68
1	0,00	0,00	0,000	0,000	0,000	0,000	0,000	0,000	0,000
2	3,72	0,450	7,079	3,540	3,362	9,237	4,154	27,146	9,985
3	4,11	2,40	0,225	0,113	0,189	0,320	0,357	1,023	0,604
4	4,41	2,63	-2,622	-1,311	-2,430	-4,510	-5,071	-17,576	-9,428
5	5,91	2,93	1,182	0,591	1,194	2,329	2,714	10,321	5,292
6	5,91	3,13	20,566	10,283	18,681	12,751	38,460	45,898	28,871
7	-2,19	2,32	0,438	0,219	0,324	-0,320	0,540	0,525	-0,532
8	-2,19	2,12	-3,180	-1,590	-2,247	1,526	-3,573	-1,798	2,427
9	-0,690	2,12	-0,519	-0,260	-0,352	0,093	-0,537	-0,039	0,143
10	-0,390	1,950	0,000	0,000	0,000	0,000	0,000	0,000	0,000
11	0,00	0,00	0,000	0,000	0,000	0,000	0,000	0,000	0,000
12	0,540	0,870	0,821	0,411	0,395	0,116	0,451	0,038	0,122
13	0,310	2,02	-0,535	-0,268	-0,381	-0,082	-0,610	-0,029	-0,132
14	0,610	2,25	-5,473	-2,737	-4,332	-3,393	-7,724	-5,446	-6,115
15	3,11	2,50	-1,279	-0,640	-1,029	-1,390	-1,865	-3,400	-2,515
16	3,41	2,33	-3,386	-1,693	-1,981	-3,719	-2,700	-9,193	-4,913
17	3,18	1,180	-0,414	-0,207	-0,137	-0,393	-0,103	-0,844	-0,295
18	2,52	0,805	0,659	0,330	0,159	0,409	0,087	0,594	0,225
19	1,200	0,645	0,696	0,348	0,176	0,202	0,101	0,138	0,112
20	0,540	0,870	0,000	0,000	0,000	0,000	0,000	0,000	0,000
21	0,00	0,00							
			14,260	A = 7,13	S_X = 11,592	S_Y = 13,178	I_X = 24,679	I_Y = 47,359	I_{XY} = 23,850

$$I_{\bar{Y}} = I_Y - A \cdot x_c^2 = 47{,}359 - 7{,}13 \times 1{,}848^2 = 23{,}009 \text{ cm}^4 \quad (7.81)$$

$$I_{\bar{X}\bar{Y}} = I_{XY} - A \cdot x_c \cdot y_c = 23{,}850 - 7{,}13 \times 1{,}626 \times 1{,}848 = 2{,}425 \text{ cm}^4 \quad (7.82)$$

A direção principal é:

$$\alpha = \frac{1}{2}\tan^{-1}\left(\frac{2I_{\bar{X}\bar{Y}}}{I_{\bar{Y}} - I_{\bar{X}}}\right) = \frac{1}{2}\tan^{-1}\left(\frac{2 \times 2{,}425}{23{,}009 - 5{,}828}\right) = 7{,}88° \quad (7.83)$$

Finalmente, as inércias são determinadas com a Eq. 7.44:

$$I_{máx;mín} = \frac{5,828 + 23,009}{2} \pm \sqrt{2,425^2 + \left(\frac{23,009 - 5,828}{2}\right)^2} = 14,419 \pm 8,926 = \begin{cases} 23,35 \\ 5,49 \end{cases} \quad (7.84)$$

A inércia principal máxima pode ser identificada, por simples observação, como sendo em torno do eixo Y_p, conforme indicado na Fig. 7.25.

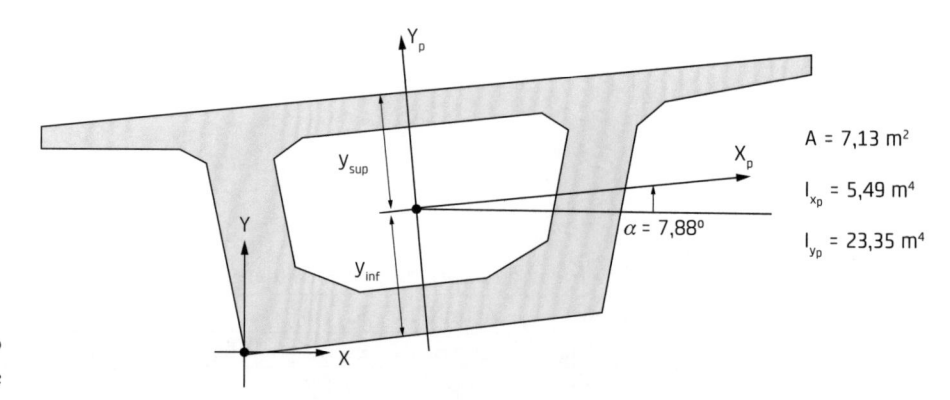

Fig. 7.25 *Propriedades de seção celular de ponte*

$A = 7,13 \text{ m}^2$
$I_{xp} = 5,49 \text{ m}^4$
$\alpha = 7,88°$
$I_{yp} = 23,35 \text{ m}^4$

Embora a principal solicitação de flexão da viga atue em torno do eixo X_p, a inércia em torno do eixo Y_p é importante para a definição da rigidez numa eventual análise com modelo de pórtico espacial. Vale lembrar que a direção principal também é fundamental para a definição do modelo espacial.

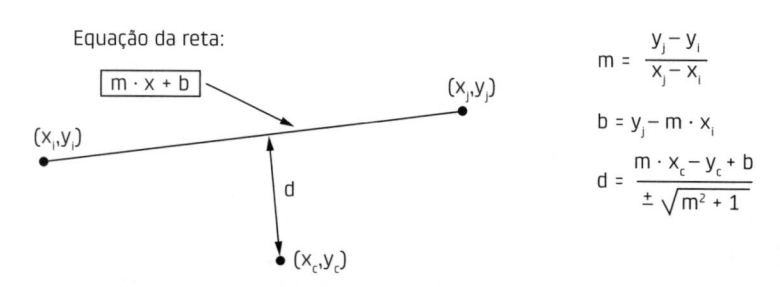

Equação da reta:
$$m \cdot x + b$$

$$m = \frac{y_j - y_i}{x_j - x_i}$$

$$b = y_j - m \cdot x_i$$

$$d = \frac{m \cdot x_c - y_c + b}{\pm \sqrt{m^2 + 1}}$$

Fig. 7.26 *Distância entre ponto e reta*

As distâncias das fibras superior e inferior em relação aos eixos principais são fundamentais para a análise de tensões, como, por exemplo, em vigas protendidas. Nesse caso, pode-se determinar a distância do centroide (x_c, y_c) às retas que definem as faces superior e inferior aplicando-se as expressões resumidas na Fig. 7.26.

As coordenadas dos pontos necessários para a determinação das profundidades das fibras superior e inferior são apresentadas na Fig. 7.27.

Tem-se, assim, a determinação de y_{sup} como a seguir:

$$m = \frac{2,93 - 2,32}{5,91 - (-2,19)} = 0,0753 \quad (7.85)$$

$$b = 2,32 - 0,0753 \times (-2,19) = 2,485 \quad (7.86)$$

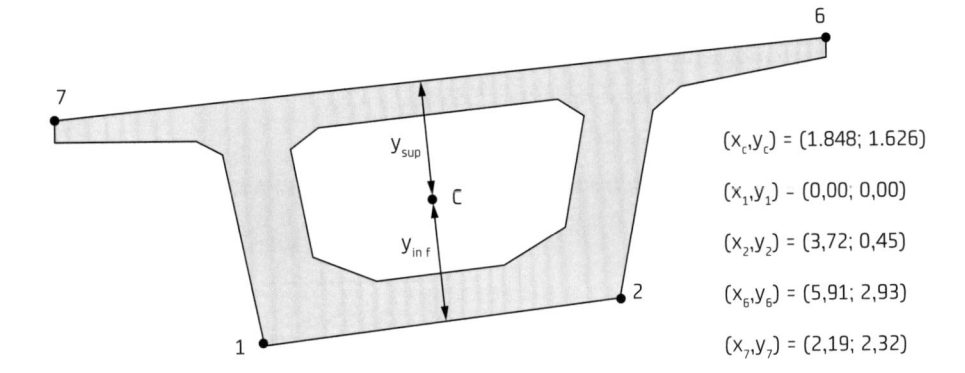

Fig. 7.27 *Pontos para determinação das profundidades das fibras superior e inferior*

$(x_c, y_c) = (1.848; 1.626)$

$(x_1, y_1) = (0,00; 0,00)$

$(x_2, y_2) = (3,72; 0,45)$

$(x_6, y_6) = (5,91; 2,93)$

$(x_7, y_7) = (2,19; 2,32)$

$$y_{sup} = \frac{0,0753 \times 1,848 - 1,626 + 2,485}{\pm\sqrt{0,0753^2 + 1}} \Rightarrow \boxed{y_{sup} = 0,995 \text{ m}} \quad (7.87)$$

Analogamente, tem-se a determinação de y_{inf}:

$$m = \frac{0,45 - 0,00}{3,72 - 0,00} = 0,1210 \quad (7.88)$$

$$b = 0,00 - 0,1210 \times (0,00) = 0,00 \quad (7.89)$$

$$y_{inf} = \frac{0,1210 \times 1,848 - 1,626 + 0,00}{\pm\sqrt{0,1210^2 + 1}} \Rightarrow \boxed{y_{inf} = 1,392 \text{ m}} \quad (7.90)$$

7.3 Definição da mesa colaborante

Nas vigas das superestruturas de pontes, a consideração da laje do tabuleiro resulta sempre em mesa colaborante comprimida para momentos positivos. Analogamente, nas seções celulares, a laje inferior colabora como mesa comprimida para momentos negativos. Em virtude das usuais mísulas de variação de espessura das lajes, nas ligações com a alma da viga, as seções transversais não são exatamente do tipo "T", com mesa de espessura constante. Entretanto, em geral, é possível considerar uma seção "T" equivalente, buscando-se uma espessura de mesa que resulte em área equivalente, como ilustrado na Fig. 7.28.

Para a definição da largura de mesa colaborante, deve-se observar as prescrições da NBR 6118, reproduzidas resumidamente na Fig. 7.29.

Observa-se que a mesa colaborante (b_f) é definida acrescendo-se as menores dimensões das eventuais mísulas à largura da viga (b_w) e considerando-se para cada lado uma determinada largura da laje (b_1; b_3), tomada como 10% da distância (a) entre pontos de momento fletor nulo. Obviamente, essa largura de laje colaborante é também limitada pela dimensão da laje ($b_3 \leq b_4$) ou pela proximidade da viga vizinha ($b_1 \leq 0,5 b_2$). De acordo com a NBR 6118, a distância entre pontos de momento nulo pode ser definida examinando-se os diagramas de momentos fletores da estrutura ou estimada em função do comprimento ℓ do tramo considerado, como a seguir resumido:

- viga biapoiada: $a = 1,00\ell$;
- tramo com momento em só uma extremidade: $a = 0,75\ell$;
- tramo com momento nas duas extremidades: $a = 0,60\ell$;
- tramo em balanço: $a = 2,00\ell$.

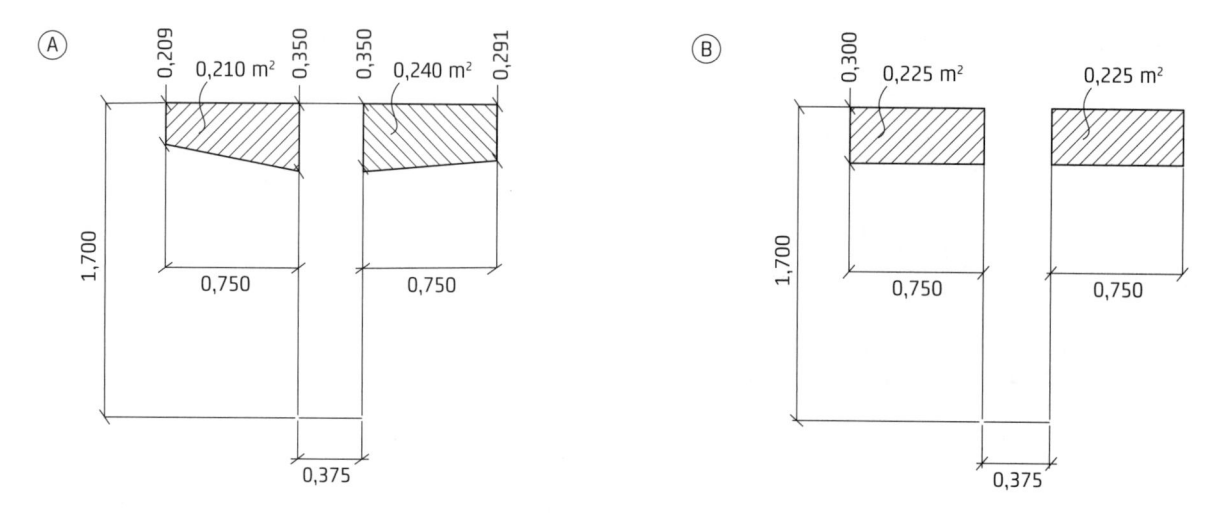

Fig. 7.28 (A) Seção "bruta" real e (B) seção "T" equivalente

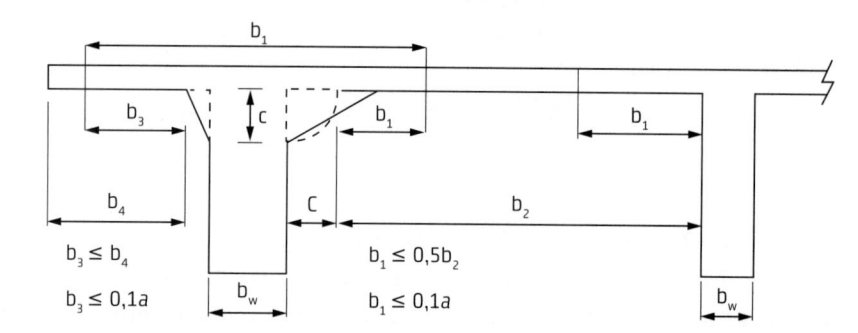

Fig. 7.29 Definição da mesa colaborante segundo a NBR 6118
Fonte: adaptado de ABNT (2014).

$b_3 \leq b_4$
$b_3 \leq 0,1a$
$b_1 \leq 0,5b_2$
$b_1 \leq 0,1a$

Essas estimativas podem ser representadas graficamente conforme resumido na Fig. 7.30.

No caso de vigas contínuas, a NBR 6118 permite que se adote uma largura de mesa colaborante única para todas as seções, inclusive nos apoios sob momentos negativos. Essa largura única deve ser definida a partir do trecho de momentos positivos que resulte na menor mesa colaborante.

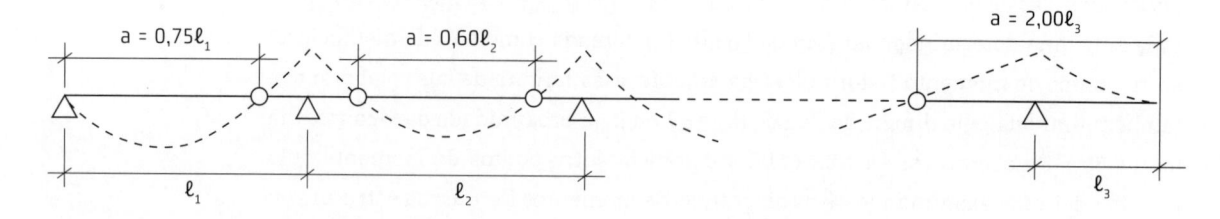

Fig. 7.30 Estimativa da posição dos pontos de momento nulo de acordo com a NBR 6118

Nas superestruturas de seção aberta, ou seja, laje sobre vigas, a configuração da seção bruta se resume sempre a uma viga "T", cuja mesa colaborante é desprezada nos trechos sob momentos negativos, em geral nas proximidades dos apoios. Entretanto, no caso de seção celular, as definições das mesas colaborantes nas regiões sob momentos negativos tornam-se importantes, pois a laje inferior de fato trabalha como região comprimida. Torna-se, assim, essencial a definição das distâncias entre pontos de momento nulo nos trechos sob ação de momento negativo.

Além disso, deve-se lembrar que a largura de mesa colaborante é importante não apenas para a definição de zona comprimida no dimensionamento à flexão na ruptura. A inércia da seção bruta, determinada em função das mesas colaborantes, é também fundamental para a definição do modelo de análise estrutural e para a determinação do módulo de resistência (W_0), necessário para o cálculo da armadura mínima.

Embora a NBR 6118 não indique explicitamente, pode-se deduzir que a extensão entre pontos de momento nulo no trecho de momento negativo sobre os apoios seja estimada como indicado na Fig. 7.31.

Vale notar que as estimativas para a distância a prescritas na NBR 6118 apresentam algumas diferenças em relação às proporções indicadas no Eurocode (CEN, 2004), resumidas na Fig. 7.32. Observa-se que as diferenças em relação aos valores da NBR 6118 resultam da consideração da distância $0,15\ell$ tomada a partir de cada apoio para a estimativa do ponto de momento nulo. Essa estimativa, de acordo com o Eurocode, independe de se tratar de apoio intermediário ou extremo, com ou sem balanço.

Como exemplo, considera-se a viga contínua indicada na Fig. 7.33, com vãos consecutivos com comprimento variando cerca de 20%. Para uma carga distribuída uniforme sobre toda a extensão, os pontos de momento nulo, indicados com precisão de 0,1 m, revelam maior proximidade com as estimativas indicadas pela NBR 6118, exceto para o trecho com influência do balanço, em que a estimativa de $0,15\ell$ do Eurocode resulta em valores mais próximos. A Tab. 7.7 apresenta a comparação entre os valores das distâncias entre pontos de momento nulo.

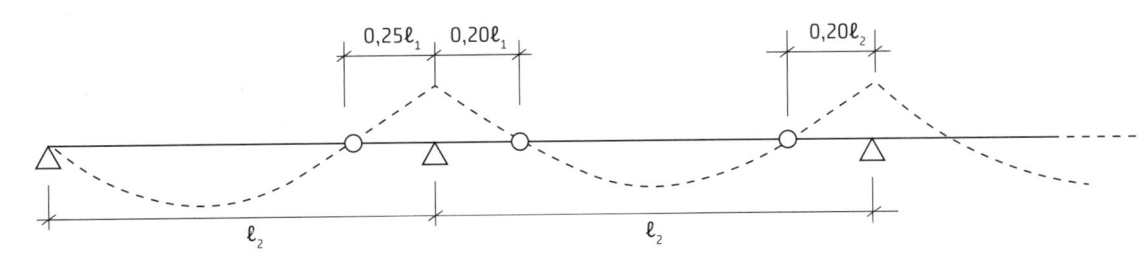

Fig. 7.31 *Estimativa da posição dos pontos de momento nulo nos trechos sobre os apoios de acordo com a NBR 6118*

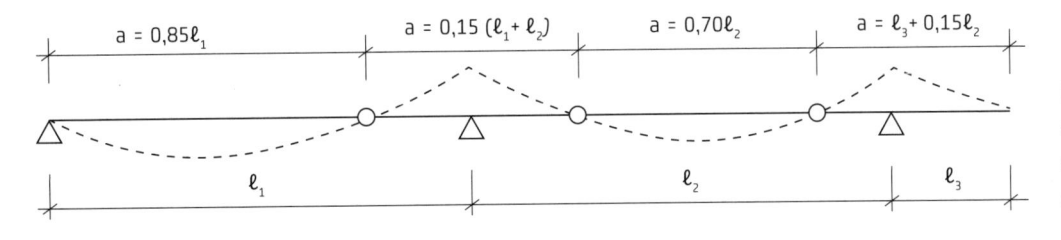

Fig. 7.32 *Estimativa da posição dos pontos de momento nulo de acordo com o Eurocode*

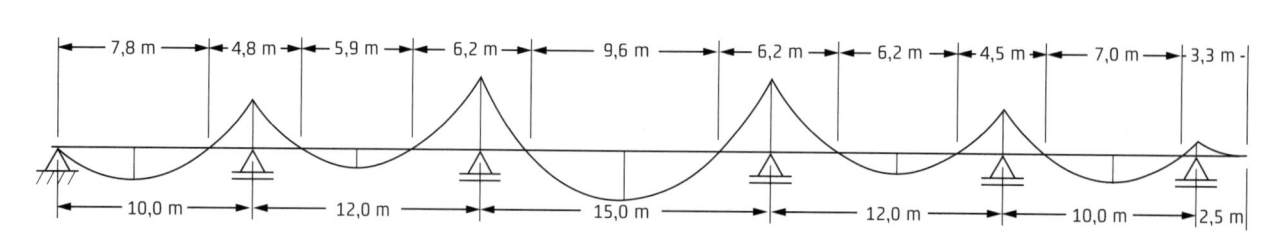

Fig. 7.33 *Exemplo – pontos de momento nulo em viga contínua sob carga uniforme*

Na Fig. 7.34 mostra-se uma comparação gráfica das distâncias entre momentos nulos do exemplo com as estimativas da NBR 6118 e do Eurocode.

Apesar da variação percentual expressiva nas proximidades do balanço, pode-se considerar que os valores das estimativas das distâncias entre pontos de momento nulo de acordo com a NBR 6118 mostram boa correlação com as distâncias medidas diretamente sobre o diagrama do exemplo.

Tab. 7.7 Comparação das distâncias entre pontos de momento nulo

Vão	Trecho	Exemplo Distância a	NBR 6118 Distância a	Variação	Eurocode Distância a	Variação
$\ell_1 = 10,0$ m	M (+)	7,8 m	$0,75\ell_1 = 7,5$ m	−4%	$0,85\ell_1 = 8,5$ m	+9%
	M (−)	4,8 m	$0,25\ell_1 + 0,2\ell_2 = 4,9$ m	+2%	$0,15(\ell_1 + \ell_2) = 3,3$ m	−31%
$\ell_2 = 12,0$ m	M (+)	5,9 m	$0,6\ell_2 = 7,2$ m	+22%	$0,7\ell_2 = 8,4$ m	+42%
	M (−)	6,2 m	$0,2(\ell_2 + \ell_3) = 5,4$ m	−13%	$0,15(\ell_2 + \ell_3) = 4,1$ m	−34%
$\ell_3 = 15,0$ m	M (+)	9,6 m	$0,6\ell_3 = 9,0$ m	−6%	$0,7\ell_3 = 10,5$ m	+9%
	M (−)	6,2 m	$0,2(\ell_3 + \ell_4) = 5,4$ m	−13%	$0,15(\ell_3 + \ell_4) = 4,1$ m	−34%
$\ell_4 = 12,0$ m	M (+)	6,2 m	$0,6\ell_4 = 7,2$ m	+16%	$0,7\ell_4 = 8,4$ m	+35%
	M (−)	4,5 m	$0,2(\ell_4 + \ell_5) = 4,4$ m	−2%	$0,15(\ell_4 + \ell_5) = 3,3$ m	−27%
$\ell_5 = 10,0$ m	M (+)	7,0 m	$0,6\ell_5 = 6,0$ m	−9%	$0,7\ell_5 = 7,0$ m	+6%
	M (−)	0,8 m	$0,2\ell_5 = 2,0$ m	+150%	$0,15\ell_5 = 1,5$ m	+88%
$\ell_6 = 2,5$ m	Balanço	3,3 m	$2\ell_6 = 5,0$ m	+52%	$0,15\ell_5 + \ell_6 = 4,0$ m	+21%

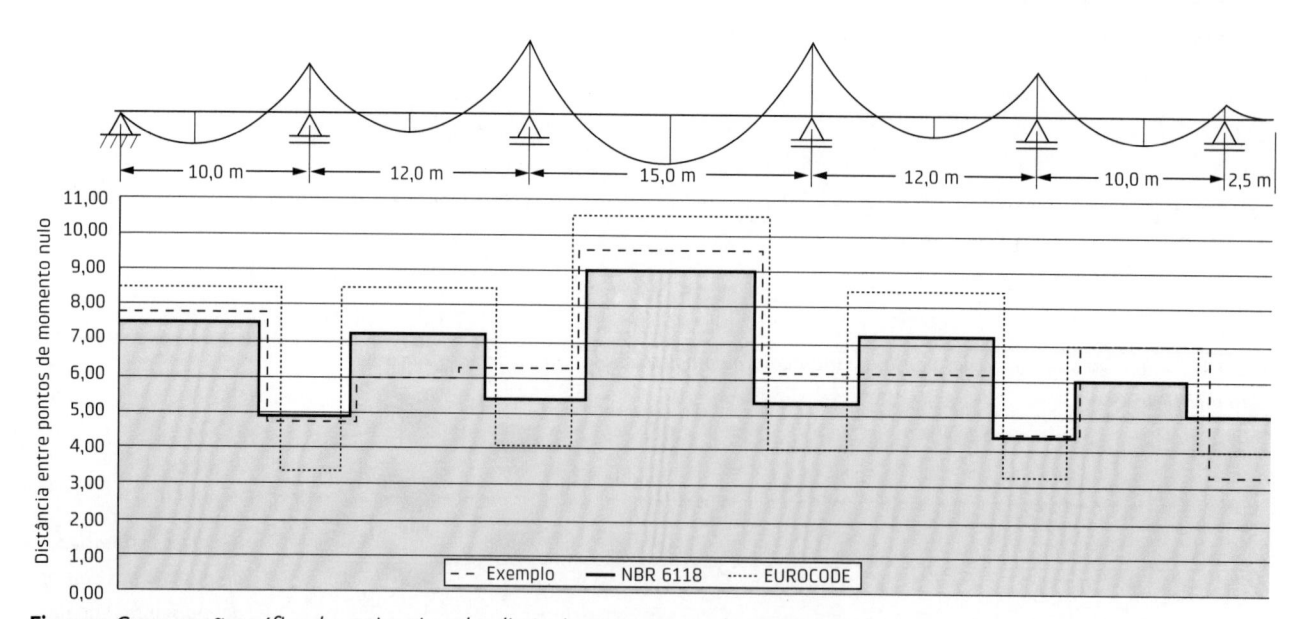

Fig. 7.34 *Comparação gráfica das estimativas das distâncias entre pontos de momento nulo*

Considerando-se que a viga exemplificada apresente seção transversal celular (Fig. 7.35A), as larguras das mesas colaborantes nas lajes superior e inferior são definidas conforme indicado na Fig. 7.35B.

De acordo com a NBR 6118, as seções transversais com mesas colaborantes seriam definidas em cada um dos trechos entre pontos de momento nulo, como indicado na Fig. 7.36.

É importante lembrar que essas seções transversais seriam utilizadas para a definição das inércias consideradas no modelo estrutural e na determinação do módulo de resistência (W_0) para o cálculo da armadura mínima. Além disso, as mesas colaborantes superior e inferior são fundamentais para a consideração da seção tipo "T" no dimensionamento à flexão da seção em concreto armado.

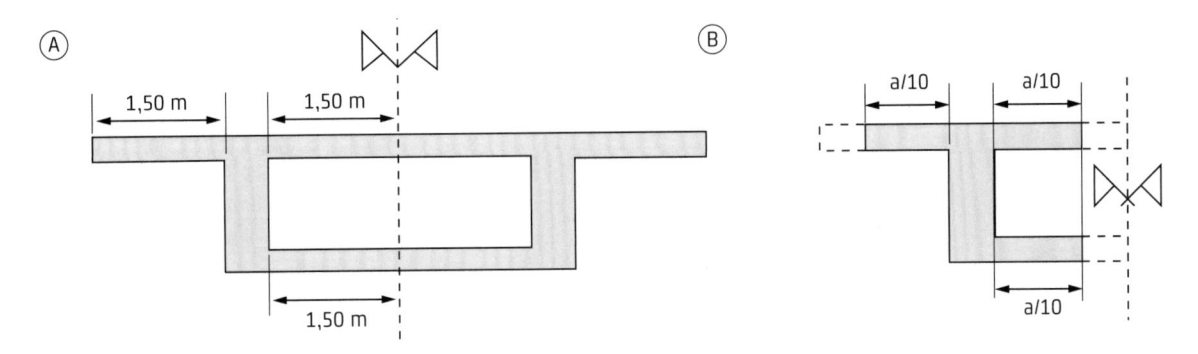

Fig. 7.35 *(A) Exemplo de seção celular e (B) definição das mesas colaborantes*

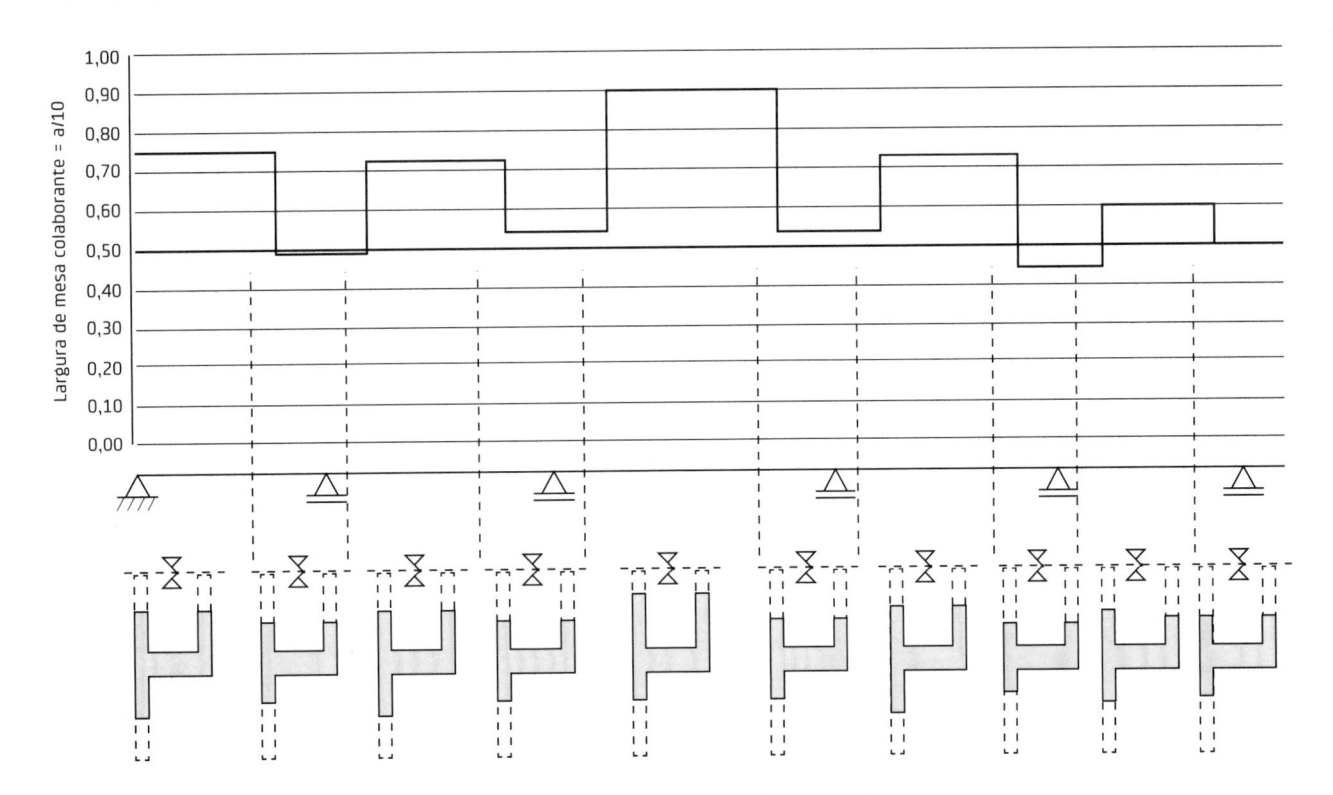

Fig. 7.36 *Exemplo de definição das seções com mesa colaborante ao longo de viga contínua*

Viga sob flexão | 8

O conhecimento do comportamento estrutural dos diversos elementos de uma ponte é fundamental para seu dimensionamento. Entre os componentes estruturais das pontes, pode-se considerar que a superestrutura tem maior importância, sendo o modelo em viga o mais usual. O comportamento estrutural da viga de material homogêneo, elástico e linear, pode ser definido a partir das solicitações internas (momentos fletores e cortantes), com as quais são determinadas prontamente as tensões normais e cisalhantes. Tais tensões definem um estado plano cujas direções e valores principais podem ser determinados via círculo de Mohr. Nas vigas em concreto armado, o comportamento estrutural não pode ser definido de forma tão imediata. A associação dos materiais (aço e concreto) resulta em um comportamento mais complexo, em decorrência das relações tensão-deformação não lineares, dos fenômenos reológicos (retração, fluência e relaxação) e da fissuração. Nas vigas em concreto armado sob flexão simples, o comportamento estrutural é melhor retratado através do diagrama momento-curvatura. Os fundamentos aplicados no estudo das vigas em concreto armado podem ser estendidos para as vigas de concreto protendido, sob flexão composta, considerando-se o estado de tensão (ou deformação) inicial introduzido pela protensão.

8.1 Viga em material homogêneo

Uma viga de material homogêneo, tal como o aço em regime elástico linear, apresenta comportamento estrutural bem definido, podendo ser caracterizado de acordo com a teoria mais usual na Engenharia, que pode ser denominada teoria de Euler-Bernoulli. Essa formulação é baseada na hipótese de seções planas (hipótese de Navier), o que resulta em deslocamentos exclusivamente decorrentes da flexão. São assim desprezadas as distorções por cisalhamento, conforme ilustrado na Fig. 8.1.

Observando-se o detalhe do elemento deformado por flexão, são definidas as seguintes relações geométricas:

- Rotação da seção:

$$\phi(x) = \frac{dv}{dx} = v' \qquad (8.1)$$

▶ Deslocamento axial:

$$u(x,y) = -\phi \cdot y = -v' \cdot y \qquad (8.2)$$

▶ Raio de curvatura do eixo:

$$\rho(x) = \frac{dx}{d\phi} \qquad (8.3)$$

▶ Curvatura do eixo:

$$\kappa(x) = \frac{1}{\rho} = \frac{d\phi}{dx} = v'' \qquad (8.4)$$

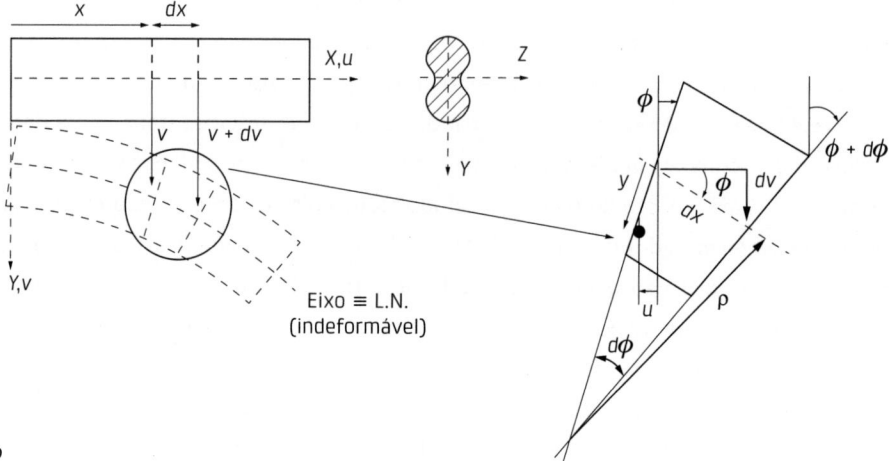

Fig. 8.1 *Viga deformada sob flexão*

Logo, a deformação axial de uma fibra na profundidade y é expressa como a seguir:

$$\varepsilon(x,y) = \frac{d}{dx} u(x,y) = -v'' \cdot y \qquad (8.5)$$

A partir das deformações, têm-se as tensões, definidas pela lei de Hooke:

$$\sigma(x,y) = E \cdot \varepsilon(x,y) = -E \cdot v'' \cdot y \qquad (8.6)$$

Observa-se que, numa seção transversal definida pela abscissa x, as tensões normais, linearmente variáveis, podem ser integradas, resultando nas solicitações internas. Lembrando que na flexão simples não há resultante de solicitação normal (N = 0), tem-se a situação ilustrada na Fig. 8.2.

A integral das tensões normais, que deve ser nula, fornece a posição da linha neutra (L.N.), como a seguir demonstrado.

$$N = \int_A \sigma \cdot dA = -E \cdot v'' \int_A y \cdot dA = 0 \qquad (8.7)$$

Fig. 8.2 *Tensões normais e solicitações em viga sob flexão*

Demonstra-se assim que a linha neutra se situa no eixo centroidal ($\int_A y \cdot dA = 0$).

A integral dos momentos das tensões resulta na solicitação interna de momento fletor, conforme o seguinte desenvolvimento:

$$M(x) = \int_A \sigma \cdot dA \cdot y = -E \cdot v'' \int_A y^2 \cdot dA \qquad (8.8)$$

Define-se ainda a propriedade geométrica de momento de 2ª ordem da seção transversal (inércia) como a seguir expresso:

$$I = \int_A y^2 \cdot dA \qquad (8.9)$$

Com a Eq. 8.9 na Eq. 8.8, tem-se a relação momento-curvatura.

$$\boxed{M(x) = -E \cdot I \cdot v''} \qquad (8.10)$$

Com as Eqs. 8.10 e 8.6, tem-se a relação entre momento fletor e tensões normais por flexão.

$$\boxed{\sigma(x,y) = \frac{M}{I} \cdot y} \qquad (8.11)$$

O equilíbrio entre as cargas transversais e as solicitações internas (cortante e momento fletor) é analisado a partir das resultantes atuando num elemento infinitesimal, como ilustrado na Fig. 8.3.

Verificando-se o equilíbrio das forças verticais:

$$\sum F_y = 0 \Rightarrow \boxed{\frac{dV}{dx} = -q} \qquad (8.12)$$

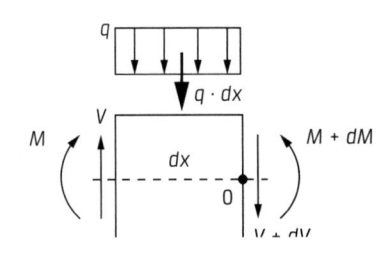

Fig. 8.3 *Equilíbrio interno em um elemento infinitesimal*

Verificando-se o equilíbrio de momentos em torno do ponto O:

$$\sum M_0 = 0 \Rightarrow \boxed{\frac{dM}{dx} = V} \tag{8.13}$$

Com a Eq. 8.13 na Eq. 8.12, obtém-se a relação entre momento fletor e carga distribuída:

$$\frac{d^2M}{dx^2} = -q \tag{8.14}$$

Com a Eq. 8.10 na Eq. 8.13, tem-se o cortante em função do deslocamento transversal:

$$V = -\frac{d}{dx}(E \cdot I \cdot v'') \tag{8.15}$$

Na situação, bastante usual, em que o produto $E \cdot I$ é constante, a relação da Eq. 8.15 pode ser reescrita como:

$$\boxed{V(x) = -E \cdot I \cdot v'''} \tag{8.16}$$

Com a Eq. 8.16 na Eq. 8.12, tem-se finalmente a relação direta entre carga e deslocamentos, válida para a situação em que o produto $E \cdot I$ é constante.

$$\boxed{v'''' = \frac{q}{E \cdot I}} \tag{8.17}$$

Embora as deformações cisalhantes (distorções) tenham sido desprezadas na composição dos deslocamentos, as tensões tangenciais devem ser consideradas, pois resultam nas solicitações cortantes, indispensáveis para o equilíbrio. As tensões cisalhantes podem ser determinadas analisando-se o equilíbrio entre duas seções transversais distantes dx, na profundidade y, como ilustrado na Fig. 8.4.

Verificando-se o equilíbrio de forças na direção axial (x):

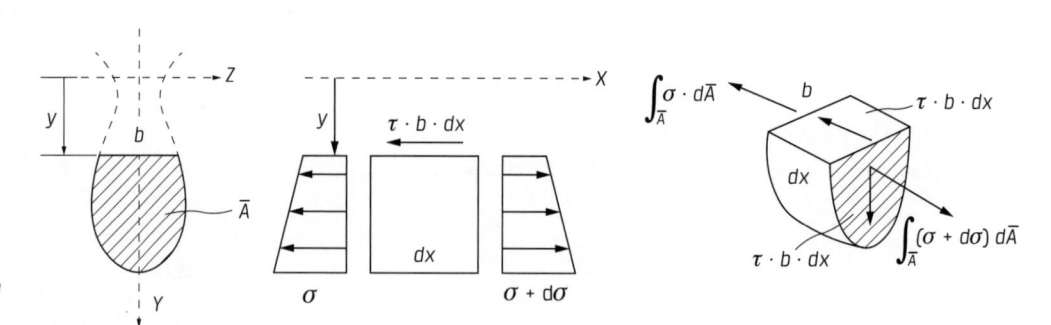

Fig. 8.4 *Resultantes de tensões normais e cisalhantes atuantes num trecho infinitesimal*

$$\sum F_x = 0 \Rightarrow \tau \cdot b \cdot dx = \int_{\overline{A}} d\sigma \cdot d\overline{A} \Rightarrow \tau = \int_{\overline{A}} \frac{d\sigma}{dx} \cdot \frac{d\overline{A}}{b} \qquad (8.18)$$

A partir da Eq. 8.11, pode-se definir a derivada da tensão normal.

$$\frac{d}{dx}\sigma = \frac{d}{dx}\left(\frac{M}{I} \cdot y\right) \qquad (8.19)$$

No caso comum de inércia constante:

$$\frac{d\sigma}{dx} = \frac{dM}{dx}\left(\frac{y}{I}\right) = \frac{V \cdot y}{I} \qquad (8.20)$$

Com a Eq. 8.20 na Eq. 8.18:

$$\tau = \int_{\overline{A}} \frac{V \cdot y}{I \cdot b} \cdot d\overline{A} = \frac{V}{I \cdot b}\int_{\overline{A}} y \cdot d\overline{A} \Rightarrow \boxed{\tau(x,y) = \frac{V \cdot \overline{S}}{I \cdot b}} \qquad (8.21)$$

em que $\overline{S}$ é o momento de 1ª ordem (momento estático) da área limitada pela profundidade y.

A Eq. 8.21 é conhecida como *fórmula de Jourawski* em alusão ao engenheiro russo Dimitri Ivanovich Jourawski, a quem se atribui sua dedução em 1855.

A formulação da teoria de vigas de Euler-Bernoulli pode ser resumida na forma do diagrama apresentado na Fig. 8.5.

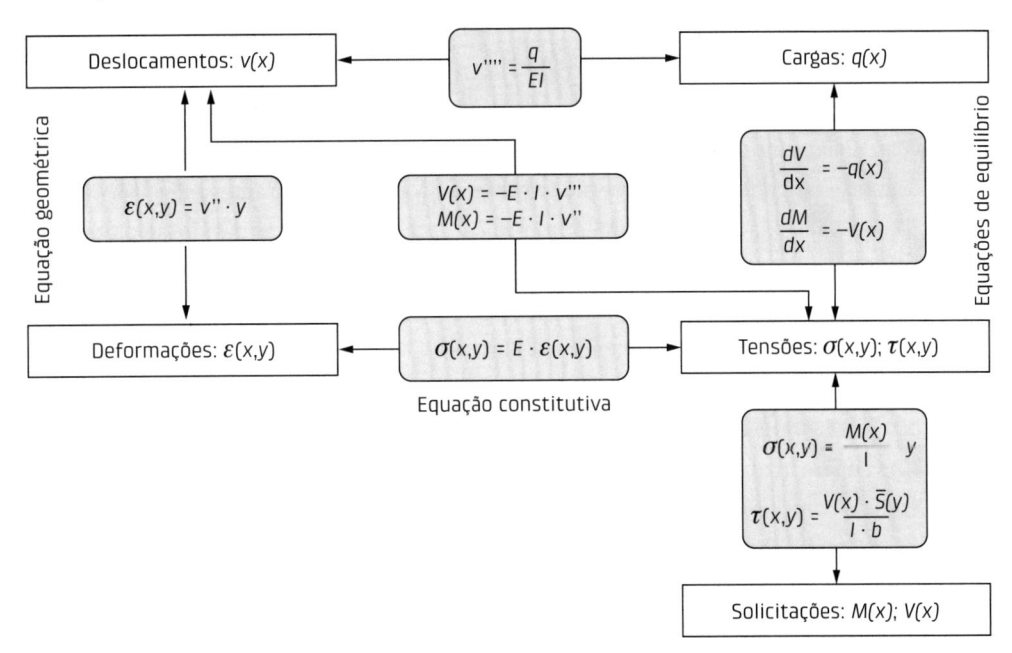

Fig. 8.5 *Teoria de vigas de Euler-Bernoulli*

8.1.1 Diagrama momento-curvatura

Para uma viga homogênea, a relação entre momento fletor (M) e curvatura (v'') é linear, conforme a Eq. 8.10. O diagrama momento-curvatura corresponde

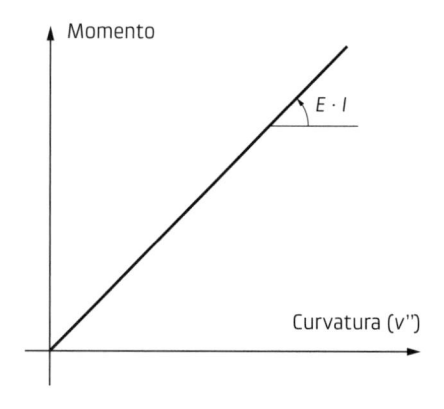

Fig. 8.6 *Relação momento-curvatura em viga homogênea*

graficamente a uma reta com coeficiente angular expresso pelo produto $E \cdot I$, afetado pelo sinal negativo, em função da convenção de sinais adotada. Ou seja, a curvatura associada aos momentos fletores positivos deve ser negativa, uma vez que o centro de curvatura se situa acima do eixo da viga. Entretanto, para a representação gráfica da relação momento-curvatura torna-se mais conveniente relacionar momentos e curvaturas em valores absolutos, obtendo-se o gráfico ilustrado na Fig. 8.6.

A partir da Eq. 8.5 pode-se definir o valor da curvatura em uma determinada abscissa, $v''(x)$, em função das deformações, que, conforme indicado na Fig. 8.7, corresponde à declividade da reta de variação das deformações ao longo da altura da seção (h).

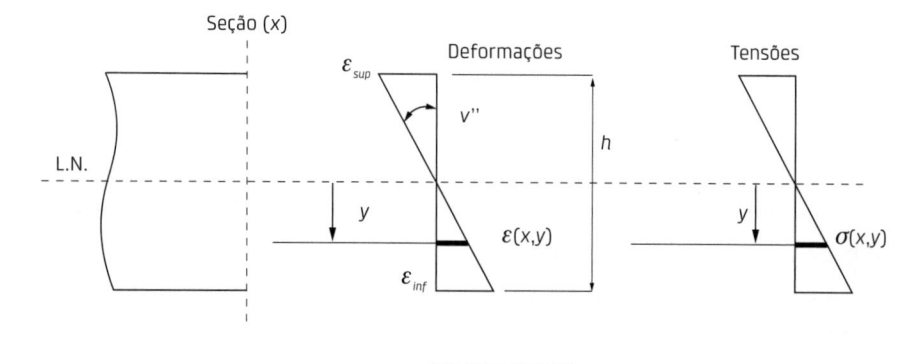

Fig. 8.7 *Relação entre curvatura (v'') e deformações*

$$v''(x) = -\frac{\varepsilon(x,y)}{y} \Rightarrow \boxed{v'' = \frac{\varepsilon_{sup} - \varepsilon_{inf}}{h}} \quad (8.22)$$

8.1.2 Solicitações e tensões

Considerando-se uma viga em material homogêneo, têm-se os diagramas de solicitações típicos (momentos fletores e cortantes) e as respectivas distribuições de tensões (normais e tangenciais) numa seção transversal conforme ilustrado na Fig. 8.8.

Pode-se ainda elaborar um estudo mais detalhado determinando-se as tensões e direções principais, por exemplo via círculo de Mohr. Efetuando-se a análise de tensões em diversos pontos ao longo da viga, é possível obter as trajetórias de tensões principais, como ilustrado na Fig. 8.9.

8.2 Viga mista

As superestruturas em viga mista são caracterizadas por laje em concreto sobre viga metálica, como exemplificado na Fig. 8.10. É importante observar que, nesse caso de viga com dois materiais, a linha neutra não coincide com o centroide da área da seção transversal, que seria definido exclusivamente em função do valor numérico das áreas.

Na face superior do flange são fixados conectores metálicos que garantem a solidarização com a mesa colaborante em concreto e a consequente continuidade de deformações. Assim, considera-se que os dois materiais, aço e concreto, apresentem perfeita união e, consequentemente, o diagrama de deformações da seção se mantém contínuo e linear. Entretanto, ao se considerar a lei de Hooke

179
Viga sob flexão

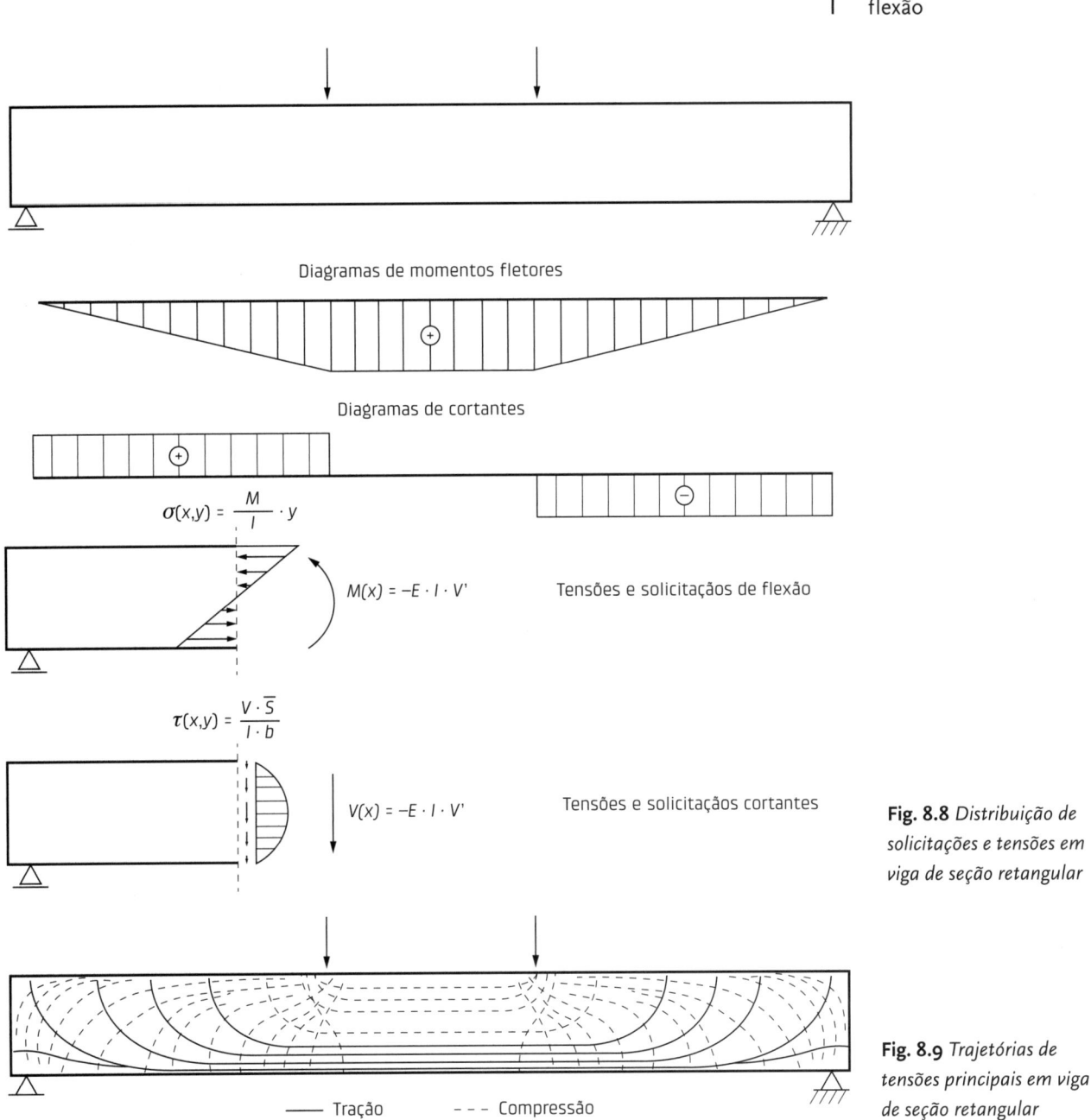

Fig. 8.8 *Distribuição de solicitações e tensões em viga de seção retangular*

Fig. 8.9 *Trajetórias de tensões principais em viga de seção retangular*

($\sigma = E \cdot \varepsilon$), com materiais de módulos de elasticidade diferentes, conclui-se que os diagramas de tensões devem apresentar uma descontinuidade na interface entre os dois materiais. Na Fig. 8.10 são indicados os aspectos típicos dos diagramas de deformações e de tensões numa viga mista sob flexão simples.

Para a determinação da posição da linha neutra, verifica-se a condição de resultante nula de força normal numa seção sob flexão simples, que pode ser expressa por:

$$\sum F_x = 0 \Rightarrow \int_{A_c} \sigma_c \cdot dA_c + \int_{A_s} \sigma_s \cdot dA_s = 0 \qquad (8.23)$$

Aplicando-se a lei de Hooke, a Eq. 8.23 pode ser expressa em termos de deformações:

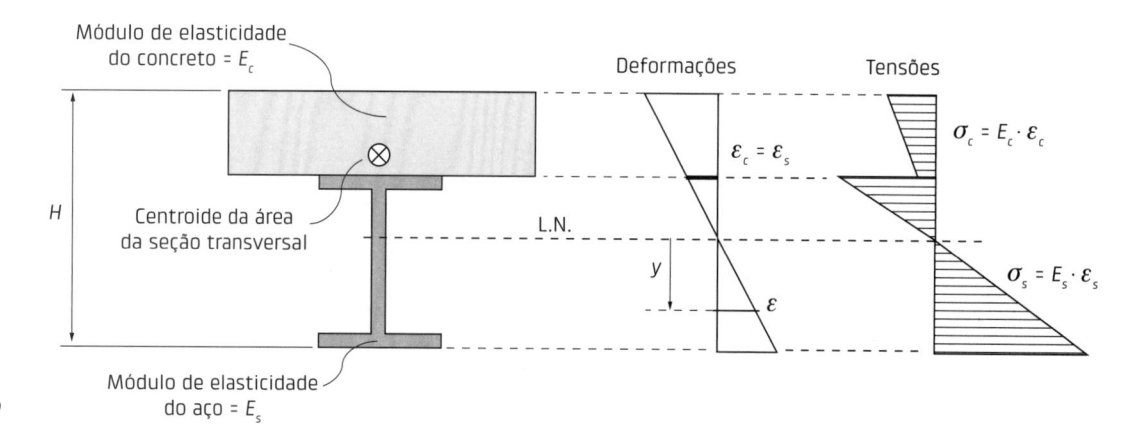

Fig. 8.10 *Seção de viga mista sob flexão simples*

$$\int_{A_c} E_c \cdot \varepsilon_c \cdot dA_c + \int_{A_s} E_s \cdot \varepsilon \cdot dA_s = 0 \qquad (8.24)$$

Lembrando que as deformações no aço e no concreto são idênticas e que estas podem ser escritas em função da curvatura (v″) e da profundidade em relação à linha neutra (y), tem-se:

$$\varepsilon_c = \varepsilon_s = \varepsilon = -v'' \cdot y \qquad (8.25)$$

Substituindo-se a Eq. 8.25 na Eq. 8.24:

$$\int_{A_c} E_c \cdot (-v'') \cdot y \cdot dA_c + \int_{A_s} E_s \cdot (-v'') \cdot y \cdot dA_s = 0 \qquad (8.26)$$

Simplificando-se a Eq. 8.26, tem-se:

$$\int_{A_c} y \cdot dA_c + \int_{A_s} y \cdot n \cdot dA_s = 0 \qquad (8.27)$$

em que n representa a relação entre os módulos de elasticidade:

$$n = \frac{E_s}{E_c} \qquad (8.28)$$

A Eq. 8.27 sugere que a linha neutra pode ser determinada considerando-se que a área em aço seja "transformada" em área equivalente em concreto. Assim, a seção se torna homogeneizada e a linha neutra volta a ser definida no centroide da área.

A seção homogeneizada, como se fosse integralmente em concreto, deve apresentar a mesma altura e teria o aspecto "alargado" ilustrado na Fig. 8.11.

As tensões na seção metálica podem ser determinadas a partir das tensões na seção homogeneizada (em concreto) considerando-se que as deformações são iguais, ou seja:

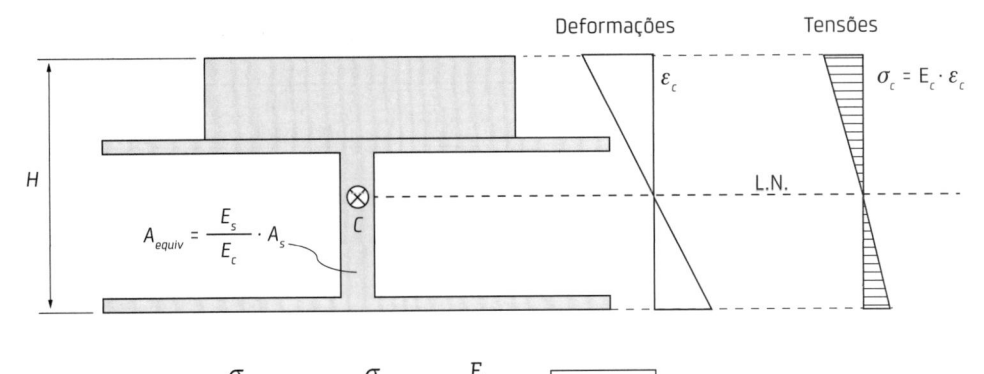

Fig. 8.11 *Seção de viga mista homogeneizada sob flexão simples*

$$\frac{\sigma_c}{E_c} = \varepsilon_c = \varepsilon_s = \frac{\sigma_s}{E_s} \Rightarrow \sigma_s = \frac{E_s}{E_c}\sigma_c \Rightarrow \boxed{\sigma_s = n \cdot \sigma_c} \qquad (8.29)$$

Em relação ao concreto, a NBR 6118 estabelece, no item 8.2.10, que "para tensões de compressão menores que $0{,}5f_c$, pode-se admitir uma relação linear entre tensões e deformações, adotando-se para o módulo de elasticidade o valor secante".

Conforme já apresentado, o módulo de deformação secante (E_{cs}) pode ser determinado em função do módulo de elasticidade inicial (E_{ci}).

Considerando-se para exemplo o concreto com resistência característica $f_{ck} = 35$ MPa com agregado (brita) em granito ($\alpha_E = 1$), tem-se:

$$E_{ci} = 5.600\,\alpha_E\sqrt{f_{ck}} = 5.600\sqrt{35} = 33.130 \text{ MPa} \qquad (8.30)$$

O fator de relação entre E_{cs} e E_{ci} é então determinado como:

$$\alpha_i = 0{,}8 + \frac{f_{ck}(\text{MPa})}{400} \leq 1{,}0 \Rightarrow \alpha_i = 0{,}8 + \frac{35}{400} = 0{,}888 \qquad (8.31)$$

Logo, tem-se o seguinte valor para o módulo de deformação secante:

$$E_{cs} = \alpha_i \cdot E_{ci} = 0{,}888 \times 33.130 = 29.419 \text{ MPa} \Rightarrow \boxed{E_{CS} = 29{,}4 \text{ GPa}} \qquad (8.32)$$

Lembrando que o módulo de elasticidade do aço é $E_s = 210$ GPa, tem-se para $f_{ck} = 35$ MPa a seguinte relação entre os módulos do aço e do concreto:

$$n = \frac{210}{29{,}4} = 7{,}14 \qquad (8.33)$$

Como exemplo, considera-se a viga mista composta por perfil Gerdau W 610 × 174 e mesa colaborante em concreto $f_{ck} = 35$ MPa com 100 cm de largura e 20 cm de espessura, como indicado na Fig. 8.12.

Considerando-se a homogeneização da seção mista, os momentos de 1ª ordem para a determinação do centroide são calculados com o auxílio da Tab. 8.1.

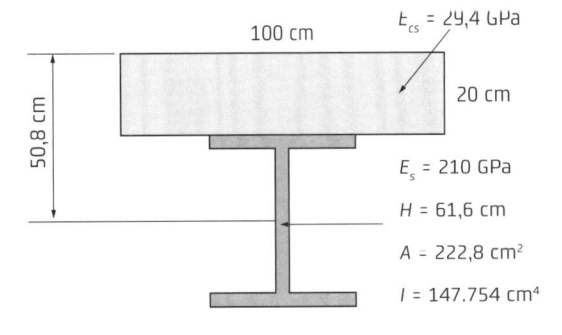

Fig. 8.12 *Seção de viga mista com perfil W 610 × 174*

$E_{cs} = 29{,}4$ GPa
100 cm
20 cm
50,8 cm
$E_s = 210$ GPa
$H = 61{,}6$ cm
$A = 222{,}8$ cm²
$I = 147.754$ cm⁴

Tab. 8.1 Momento de 1ª ordem em relação ao topo da seção homogeneizada

i	n	n · A_i (cm²)	y_i (cm) ref. topo	$S_{x,i}$ (cm³) n · A_i · y_i
1 – Laje em concreto	1,00	2.000	10,0	20.000
2 – Perfil W 610 × 174	7,14	7,14 × 222,8 = 1.591	50,8	80.823
		A = 3.591		S_x = 100.823

Para a seção homogeneizada, a profundidade do centroide é então determinada como:

$$y_c = \frac{S_x}{A} = \frac{100.823 \text{ cm}^3}{3.591 \text{ cm}^2} \Rightarrow \boxed{y_c = 28{,}1 \text{ cm}} \qquad (8.34)$$

Conhecido o centroide da seção homogeneizada, a inércia da seção em relação ao eixo centroidal é calculada com o auxílio da Tab. 8.2, resultando no seguinte valor:

$$I_{\bar{x}} = 1.121.631 + 1.475.046 = 2.596.677 \text{ cm}^4 \Rightarrow \boxed{I_{\bar{x}} = 0{,}0260 \text{ m}^4} \qquad (8.35)$$

Tab. 8.2 Momento de 2ª ordem em relação ao centroide da seção homogeneizada

i	n	n · A_i (cm²)	d_i (cm) ref. centroide ($y_i - y_c$)	$I_{\bar{x},i}$ (cm⁴) n · $I_{\bar{x},i}$	n · A_i · d_i^2
1 – Laje em concreto	1,00	2.000	(10,0 – 28,1)	66.667	655.220
2 – Perfil W 610 × 174	7,14	1.591	(50,8 – 28,1)	7,14 × 147.754 = 1.054.964	819.826
				1.121.631	1.475.046

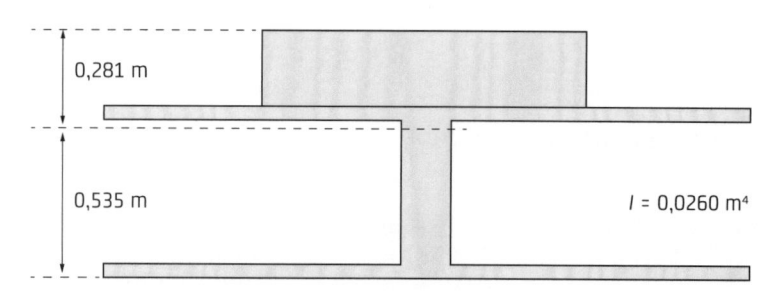

Fig. 8.13 Centroide e inércia da seção homogeneizada

A representação da seção mista homogeneizada, com a indicação da posição do centroide, é apresentada na Fig. 8.13.

As tensões na seção metálica podem ser determinadas a partir das tensões na seção homogeneizada (em concreto) considerando-se a Eq. 8.29.

Para exemplificar, são calculadas as tensões nas fibras superior e inferior da laje e da viga, resultantes da ação do momento fletor M = 100 kN · m, como a seguir apresentado.

▶ Tensões nas fibras superior e inferior da laje em concreto armado:

$$\sigma_{sup,L}(n=1{,}00) = \frac{100 \text{ kN} \cdot \text{m}}{0{,}0260 \text{ m}^4} \times (-0{,}281 \text{ m}) = -1.081 \text{ kPa} = -1{,}10 \text{ MPa} \qquad (8.36)$$

$$\sigma_{inf,L}(n=1{,}00) = \frac{100 \text{ kN} \cdot \text{m}}{0{,}0260 \text{ m}^4} \times (-0{,}081 \text{ m}) = -311{,}5 \text{ kPa} = -0{,}312 \text{ MPa} \qquad (8.37)$$

▶ Tensões nas fibras superior e inferior da viga metálica:

$$\sigma_{sup,L}(n=7{,}14) = 7{,}14 \times \frac{100\,\text{kN}\cdot\text{m}}{0{,}0260\,\text{m}^4} \times (-0{,}081\,\text{m}) = -2.224\,\text{kPa} = -2{,}22\,\text{MPa} \qquad (8.38)$$

$$\sigma_{inf,V}(n=7{,}14) = 7{,}14 \times \frac{100\,\text{kN}\cdot\text{m}}{0{,}0260\,\text{m}^4} \times (-0{,}535\,\text{m}) = 14.692\,\text{kPa} = 14{,}69\,\text{MPa} \qquad (8.39)$$

O diagrama de tensões pode então ser definido conforme apresentado na Fig. 8.14.

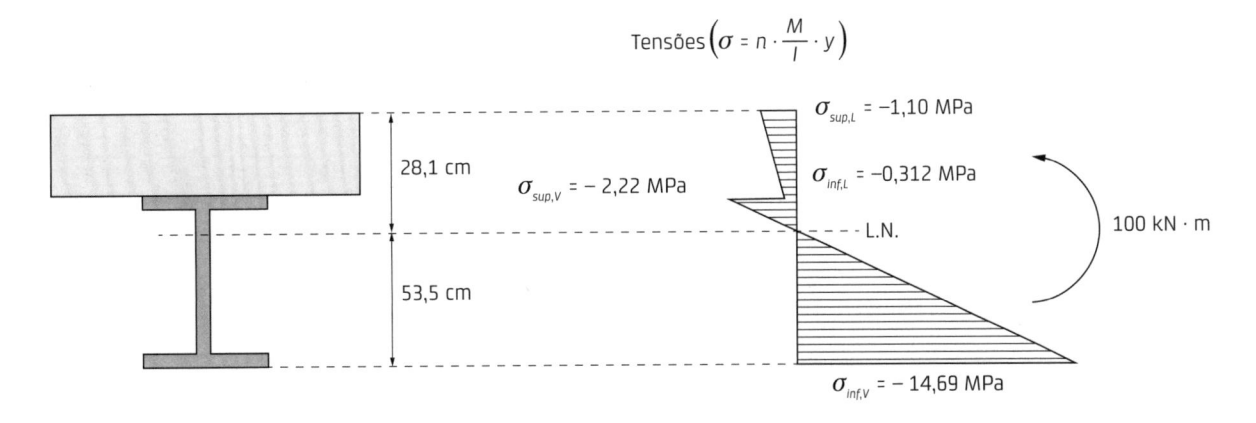

Fig. 8.14 *Tensões em viga mista sob flexão simples*

8.3 Viga em concreto armado

Na Fig. 8.15 apresenta-se a mesma situação descrita na Fig. 8.8, porém considerando-se uma viga em concreto armado, com armaduras longitudinais e estribos. Devido à presença de materiais distintos (aço e concreto) com relação tensão-deformação não linear e ocorrência de fissuras, a viga em concreto armado possui comportamento estrutural bem mais complexo. Entretanto, pode-se observar três comportamentos bem distintos, denominados *Estádios*, identificados na Fig. 8.15 e caracterizados no Quadro 8.1.

8.3.1 Diagrama momento-curvatura

O diagrama momento-curvatura é particularmente interessante para a compreensão do comportamento estrutural nas vigas em concreto armado. Para a determinação da relação entre momento fletor e curvatura, deve-se considerar que, no concreto armado, o módulo de elasticidade não é constante e a inércia da seção varia em função da fissuração.

Quanto ao módulo de elasticidade, é possível obter boas aproximações para seu valor adotando-se o módulo de deformação secante (E_{cs}), válido quando as tensões de compressão são inferiores a 50% da resistência à compressão do concreto (f_c). Essa aproximação está de acordo com o item 8.2.10 da NBR 6118, que define o módulo de deformação secante como uma proporção do módulo de elasticidade tangente inicial (E_{ci}) que pode ser considerada válida nos Estádios I e II.

A inércia no Estádio I, denominada I_I, é definida considerando-se as armaduras, de forma análoga a uma viga mista. Deve-se observar que a inércia no Estádio I apresenta valor superior ao da inércia da seção bruta (I_c), determinada desprezando-se a armadura.

Na transição entre os Estádios I e II, a inércia sofre redução quando a resistência do concreto é ultrapassada ao se atingir o momento de fissuração (M_{fis}).

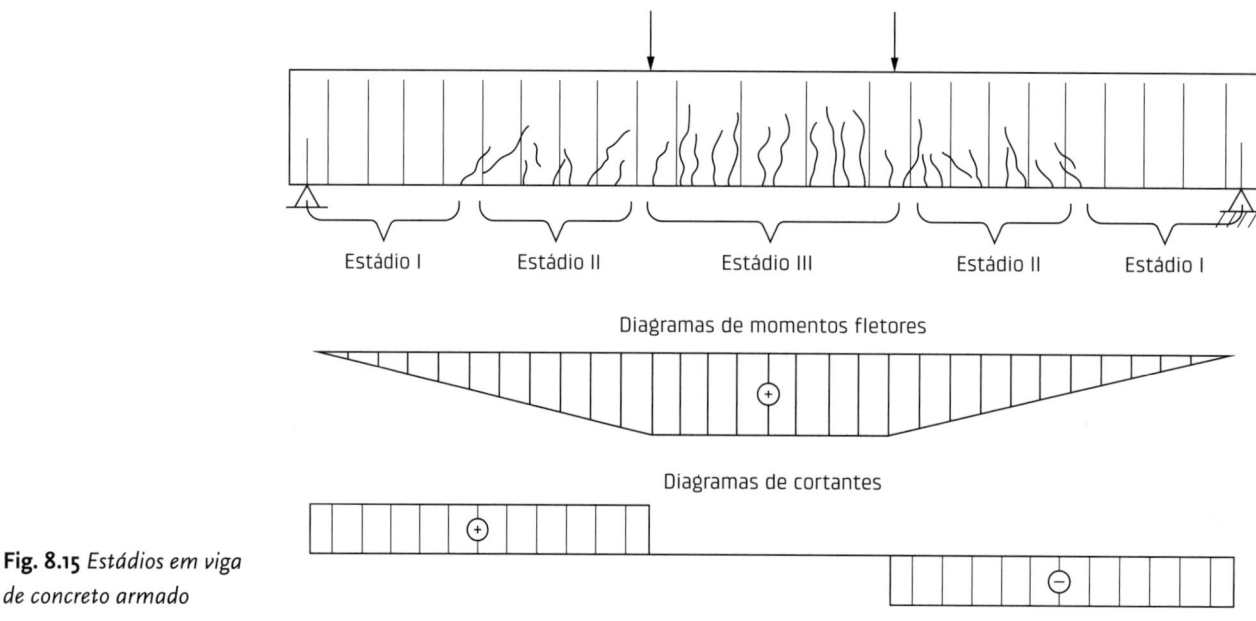

Fig. 8.15 *Estádios em viga de concreto armado*

Quadro 8.1	Caracterização dos Estádios
Estádio I	As tensões de tração são inferiores à resistência do concreto e o comportamento é de material homogêneo elástico linear. Desprezando-se o aço, por simplicidade, o momento fletor solicitante é equilibrado pelo binário formado pela resultante no concreto comprimido (R_{cc}) e pela resultante no concreto tracionado (R_{ct}). O diagrama de tensões no concreto é linear, podendo ser determinado, simplificadamente, a partir da inércia da seção bruta em concreto (I_c).
Estádio II	As tensões de tração ultrapassam a resistência do concreto, sendo este completamente desprezado na região tracionada, abaixo da linha neutra. O diagrama de tensões no concreto comprimido é linear, admitindo-se ainda comportamento elástico linear. A resultante de tração no aço (R_{st}) forma o binário com a resultante de compressão no concreto (R_{cc}), equilibrando o momento fletor solicitante.
Estádio III	A região de concreto tracionado mantém-se desprezada. Na região comprimida, as tensões apresentam comportamento não linear. De acordo com a NBR 6118, a distribuição de tensões pode ser idealizada por um diagrama parábola-retângulo, admitindo-se a distribuição retangular com 80% da altura. O momento fletor é equilibrado pelo binário $R_{cc} = R_{st}$. Observa-se que a linha neutra tende a subir à medida que se avança desde o Estádio I até o Estádio III.

Embora a fissuração ocorra gradualmente, admite-se por simplicidade que a inércia no Estádio II, denominada I_{II}, se materialize subitamente no momento de fissuração e mantenha-se constante. A inércia no Estádio II é definida para a seção homogeneizada desprezando-se a região tracionada do concreto.

No Estádio III, a avaliação do produto $E \cdot I$ torna-se bastante complexa, porém pode-se afirmar que esse valor tende a ser progressivamente reduzido, de forma não linear, até o momento fletor de ruptura (M_{rup}). A não linearidade decorre da redução gradual da inércia, em função da fissuração e da plastificação dos materiais aço e concreto.

Pode-se, assim, admitir que a relação momento-curvatura numa viga em concreto armado apresente, simplificadamente, o aspecto típico, fora de escala, ilustrado na Fig. 8.16.

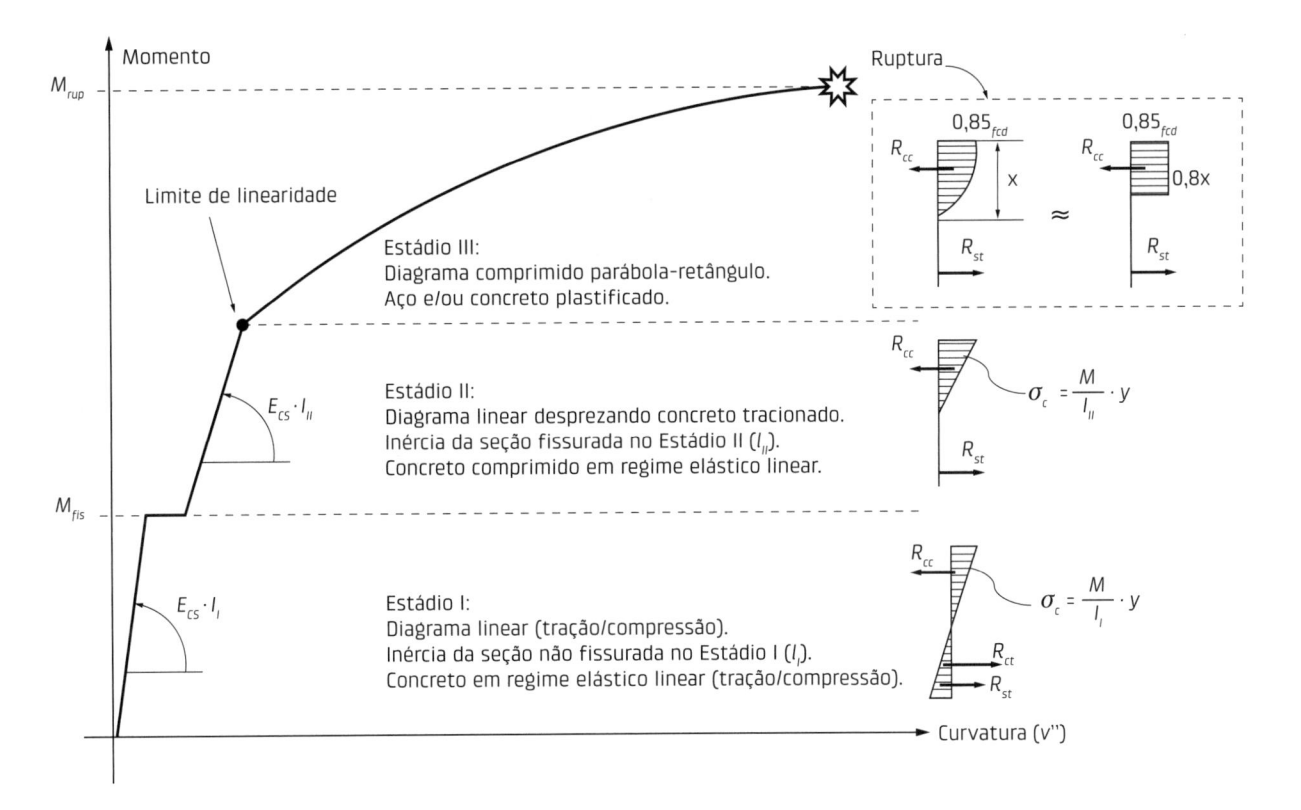

Fig. 8.16 *Diagrama momento-curvatura (simplificado) em viga de concreto armado*

8.3.2 Relação entre módulos de elasticidade

A relação entre os módulos de elasticidade do aço e do concreto é fundamental para determinar a posição da linha neutra e a inércia, essenciais para a definição das tensões normais. Entretanto, o concreto apresenta relação tensão-deformação não linear, variável em função do tempo de aplicação das cargas, e, na prática, torna-se interessante a adoção de um valor representativo médio, mesmo que seja aproximado. A NBR 6118 define o módulo de deformação secante (E_{cs}), válido para tensões de compressão inferiores a 50% da resistência do concreto. Porém, no módulo de deformação secante não são considerados os efeitos da fluência do concreto, que tendem a ser mais acentuados sob efeito das cargas permanentes, preponderantes nas superestruturas. Observa-se que a estimativa da fluência é bastante complexa na etapa de projeto, pois depende não só da intensidade e da velocidade de aplicação dos carregamentos, mas também de fatores ambientais, tais como umidade e temperatura. Para algumas situações específicas em que a fluência é importante, as normas definem valores médios aproximados da relação entre os módulos do aço e do concreto, simbolizada como α_e, conforme resumido a seguir.

Para a determinação das *tensões nas armaduras* no Estádio II:

▶ Visando a verificação do estado-limite de serviço de abertura de fissuras (ELS-W), deve-se adotar $\boxed{\alpha_e = 15}$, conforme item 17.3.3.2 da NBR 6118 e item A-1.1.3 da NBR 7197 (ABNT, 1989).

▶ Visando a verificação do estado-limite último de fadiga (ELU-Fadiga), deve-se adotar $\boxed{\alpha_e = 10}$, conforme item 23.5.3 da NBR 6118.

Para a determinação das *tensões no concreto protendido* no Estádio I:

▶ Visando a verificação dos estados-limites de descompressão (ELS-D) e de abertura de fissuras (ELS-W), deve-se adotar $\boxed{\alpha_e = 10}$ para combinações raras e $\boxed{\alpha_e = 15}$ para combinações frequentes ou quase permanentes, conforme item A-1.1.2 da NBR 7197.

8.3.3 Flexão no Estádio I

Para uma seção em concreto com armadura passiva ou ativa, segue-se basicamente o mesmo procedimento apresentado para a viga mista. Entretanto, deve-se observar que, no concreto armado, as barras estão inseridas na massa de concreto e, assim, as áreas ocupadas pelas armaduras devem ser descontadas da seção de concreto equivalente. Além disso, deve-se observar a distinção entre os Estádios I e II.

O caso de seção retangular em concreto armado, definida genericamente na Fig. 8.17, é bastante frequente, sendo interessante a dedução do centroide e da inércia de forma analítica. Observa-se que em concreto armado é mais usual denominar a profundidade da linha neutra pela variável x, que passa então a ser adotada. Na Fig. 8.17, as armaduras já se apresentam homogeneizadas, ou seja, majoradas através da multiplicação pela relação entre os módulos de elasticidade (n).

A posição da linha neutra considerando-se a seção homogeneizada em concreto é determinada com o auxílio da Tab. 8.3.

Tomando-se a fibra superior como referência, a linha neutra é calculada por:

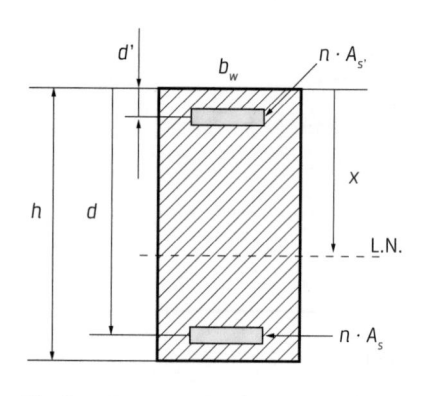

Fig. 8.17 *Seção retangular em concreto armado com armadura dupla*

$$x = \frac{\sum S_i}{\sum A_i} \Rightarrow \boxed{x = \frac{b_w \cdot h^2/2 + n'(A_s \cdot d + A_s' \cdot d')}{b_w \cdot h + n'(A_s + A_s')}} \tag{8.40}$$

Tab. 8.3 Momento de 1ª ordem em relação ao topo da seção no Estádio I

i	n	$n \cdot A_i$ (cm²)	y_i (cm) ref. topo	S_i (cm³) $n \cdot A_i \cdot y_i$
1 – Armadura superior	n	$n \cdot A_s'$	d'	$n \cdot A_s' \cdot d'$
2 – Armadura inferior	n	$n \cdot A_s$	d	$n \cdot A_s \cdot d$
3 – Seção em concreto	1,00	$b_w \cdot h$	$h/2$	$b_w \cdot h \cdot h/2$
4 – Área de concreto ocupada por A_s' (–)	1,00	$-A_s'$	d'	$-A_s' \cdot d'$
5 – Área de concreto ocupada por A_s (–)	1,00	$-A_s$	d	$-A_s \cdot d$

em que

$$n' = n - 1 \qquad (8.41)$$

A inércia em relação à linha neutra pode então ser determinada diretamente, considerando-se cada material, como apresentado na Tab. 8.4. Por simplicidade, a inércia da barra em relação ao próprio centroide ($\pi \cdot D^4/64$) pode ser considerada desprezível.

Tab. 8.4 Momento de 2ª ordem em relação ao centroide da seção no Estádio I

i	n	$n \cdot A_i$ (cm²)	d_i (cm) ref. centroide	$I_{x',i}$ (cm⁴) $n \cdot I_{x',i}$	$n \cdot A_i \cdot d_i^2$
1 – Armadura superior	n	$n \cdot A_s'$	$(x - d')$	—	$n \cdot A_s'(x - d')^2$
2 – Armadura inferior	n	$n \cdot A_s$	$(x - d)$	—	$n \cdot A_s(x - d)^2$
3 – Seção em concreto	1,00	$b_w \cdot h$	$(x - h/2)$	$b_w \cdot h^3/12$	$b_w \cdot h(x - h/2)^2$
4 – Área de concreto ocupada por A_s' (–)	1,00	$-A_s'$	$(x - d')$	—	$-A_s'(x - d')^2$
5 – Área de concreto ocupada por A_s (–)	1,00	$-A_s$	$(x - d)$	—	$-A_s(x - d)^2$

Tem-se, assim, a seguinte expressão para a inércia da seção retangular no Estádio I:

$$I_I = \sum I_i \Rightarrow I_I = \frac{b_w \cdot h^3}{12} + b_w \cdot h\left(x - \frac{h}{2}\right)^2 + n'\left[A_s(x-d)^2 + A_s'(x-d')^2\right] \qquad (8.42)$$

Na ausência de armadura superior, as expressões tornam-se simplesmente:

$$x = \frac{b_w \cdot h^2/2 + A_s \cdot d \cdot n'}{b_w \cdot h + A_s \cdot n'} \qquad (8.43)$$

$$I_I = \frac{b_w \cdot h^3}{12} + b_w \cdot h\left(x - \frac{h}{2}\right)^2 + A_s \cdot n'(x - d)^2 \qquad (8.44)$$

Como exemplo, considera-se a seção indicada na Fig. 8.18.
Admitindo-se $n = \alpha_e = 10$, tem-se, a partir da Eq. 8.40, a profundidade da linha neutra:

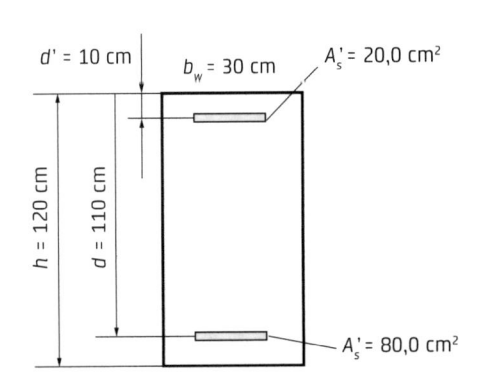

Fig. 8.18 Exemplo de seção retangular com armadura dupla

($d' = 10$ cm; $b_w = 30$ cm; $A_s' = 20,0$ cm²; $h = 120$ cm; $d = 110$ cm; $A_s = 80,0$ cm²)

$$x = \frac{30 \times 120^2/2 + (10-1)(80 \times 110 + 20 \times 10)}{30 \times 120 + (10-1)(80+20)} \Rightarrow \boxed{x = 66{,}0 \text{ cm}} \quad (8.45)$$

Substituindo-se os valores na Eq. 8.42:

$$I_I = \frac{30 \times 120^3}{12} + 30 \times 120\left(66{,}0 - \frac{120}{2}\right)^2$$
$$+ (10-1)\left[80(66{,}0 - 110)^2 + 20(66{,}0 - 10)^2\right]$$
$$\Rightarrow \boxed{I_I = 6.408.000 \text{ cm}^4 = 0{,}06408 \text{ m}^4} \quad (8.46)$$

As características geométricas no Estádio I são resumidas na Fig. 8.19.

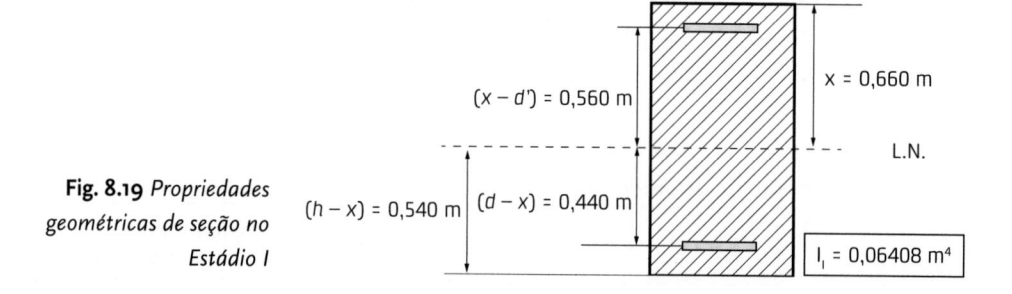

Fig. 8.19 *Propriedades geométricas de seção no Estádio I*

$(x - d') = 0{,}560$ m

$(h - x) = 0{,}540$ m $(d - x) = 0{,}440$ m

$x = 0{,}660$ m

L.N.

$I_I = 0{,}06408$ m^4

Admitindo-se um valor de 3,0 MPa para a resistência à tração do concreto, é possível estimar o momento de fissuração verificando-se a tensão inferior no concreto, como a seguir apresentado.

$$\sigma_{c,inf} = \frac{M_{fis}}{I}(h-x) = 3{,}0 \text{ MPa} \Rightarrow \frac{M_{fis}}{0{,}06408 \text{ m}^4} \times (0{,}540 \text{ m}) = 3.000 \text{ kPa} \Rightarrow$$
$$\boxed{M_{fis} = 356 \text{ kN} \cdot \text{m}} \quad (8.47)$$

Considerando-se a ação do momento de fissuração, que resulta em $\sigma_{c,inf} = 3{,}0$ MPa, e adotando-se *tensão de tração com sinal positivo*, têm-se os seguintes valores:

▶ Tensão na fibra superior do concreto comprimido:

$$\sigma_{c,sup} = \frac{M}{I}x = -\frac{356 \text{ kN} \cdot \text{m}}{0{,}06408 \text{ m}^4} \times (0{,}660 \text{ m}) = -3.667 \text{ kPa} \Rightarrow \boxed{\sigma_{c,sup} = -3{,}67 \text{ MPa}} \quad (8.48)$$

▶ Tensão na armadura $\frac{M}{I}x$ superior (comprimida):

$$\sigma_{s,sup} = n\frac{M}{I}(d'-x) = 10 \times \frac{356 \text{ kN} \cdot \text{m}}{0{,}06408 \text{ m}^4} \times (-0{,}560 \text{ m}) = -31.111 \text{ kPa} \Rightarrow$$
$$\boxed{\sigma_{s,sup} = -31{,}1 \text{ MPa}} \quad (8.49)$$

▶ Tensão na armadura inferior (tracionada):

$$\sigma_{s,inf} = n\frac{M}{I}(d-x) = 10 \times \frac{356 \text{ kN} \cdot \text{m}}{0{,}06408 \text{ m}^4} \times (0{,}440 \text{ m}) = 24.444 \text{ kPa} \Rightarrow$$

$$\boxed{\sigma_{s,inf} = 24{,}4 \text{ MPa}}$$

(8.50)

Admitindo-se que essas tensões correspondem ao momento de fissuração da seção, as tensões no Estádio I imediatamente antes da transição para o Estádio II são representadas graficamente pela Fig. 8.20.

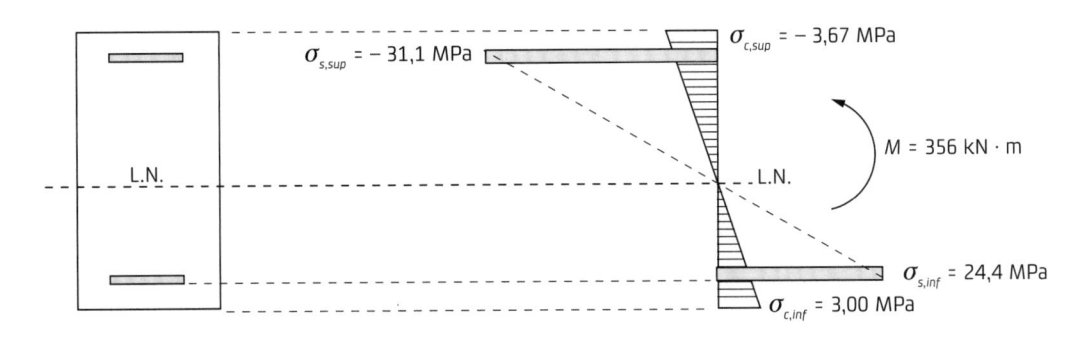

Fig. 8.20 *Tensões no Estádio I no instante da fissuração*

$\sigma_{s,sup} = -31{,}1$ MPa
$\sigma_{c,sup} = -3{,}67$ MPa
$M = 356$ kN · m
$\sigma_{s,inf} = 24{,}4$ MPa
$\sigma_{c,inf} = 3{,}00$ MPa

As respostas podem ser verificadas analisando-se as resultantes de força, conforme o desenvolvimento a seguir.

▶ Resultantes de forças no concreto:

$$R_{cc} = \sigma_{c,sup}\left(\frac{x \cdot b_w}{2}\right) = (3.667 \text{ kPa}) \times \frac{(0{,}660 \text{ m} \times 0{,}30 \text{ m})}{2} = 363 \text{ kN}$$ (8.51)

$$R_{ct} = \sigma_{c,inf}\left[\frac{(h-x)b_w}{2}\right] = (3.000 \text{ kPa}) \times \frac{(0{,}540 \text{ m} \times 0{,}30 \text{ m})}{2} = 243 \text{ kN}$$ (8.52)

▶ Resultantes de forças nas armaduras:

$$R_{sc} = \sigma_{s,sup} \cdot A_s' = (31.111 \text{ kPa}) \times \left(\frac{20}{100^2} \text{ m}^2\right) = 62{,}2 \text{ kN}$$ (8.53)

$$R_{st} = \sigma_{s,inf} \cdot A_s = (24.444 \text{ kPa}) \times \left(\frac{80}{100^2} \text{ m}^2\right) = 195{,}6 \text{ kN}$$ (8.54)

▶ Resultantes de forças nas áreas de concreto ocupadas pelas armaduras:

$$R_{c,As'} = \frac{\sigma_{s,sup}}{n} \cdot A_s' = \frac{(31.111 \text{ kPa})}{10} \times \left(\frac{20}{100^2} \text{ m}^2\right) = 6{,}22 \text{ kN}$$ (8.55)

$$R_{c,As} = \frac{\sigma_{s,inf}}{n} \cdot A_s = \frac{(24.444 \text{ kPa})}{10} \times \left(\frac{80}{100^2} \text{ m}^2\right) = 19{,}56 \text{ kN}$$ (8.56)

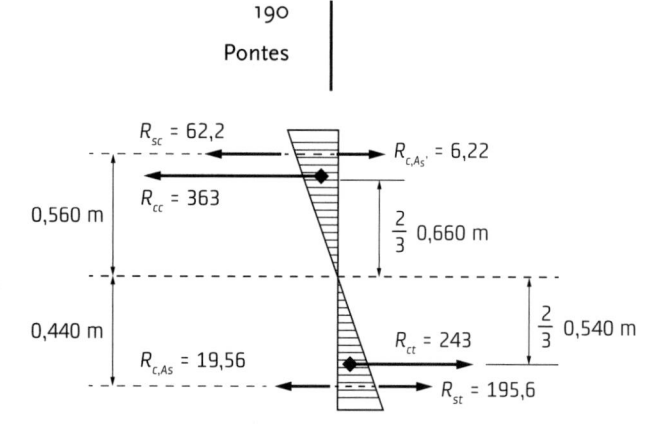

Fig. 8.21 Resultantes de tensões (em kN) no Estádio I

Lembrando que as resultantes no concreto nas áreas ocupadas pelas armaduras devem ser descontadas, as forças posicionadas nas linhas de ação são representadas como indicado na Fig. 8.21.

Verifica-se assim que a resultante de força, normal à superfície da seção transversal, é nula.

$$\sum F = -62{,}2 + 6{,}22 - 363 + 243 - 19{,}56 + 195{,}6 \Rightarrow \boxed{\sum F \cong 0} \quad (8.57)$$

Finalmente, verifica-se que o somatório de momento resulta no momento aplicado.

$$\sum M = (62{,}2 - 6{,}22)0{,}560 + 363 \times \frac{2}{3} \times 0{,}660 + 243 \times \frac{2}{3} \times 0{,}540$$
$$+ (195{,}6 - 19{,}56)0{,}440$$
$$\Rightarrow \boxed{\sum M = 356 \text{ kN} \cdot \text{m}} \quad (8.58)$$

8.3.4 Flexão no Estádio II

No Estádio II, deve-se *desconsiderar totalmente a área de concreto tracionada* para a determinação da posição da linha neutra. Embora seja comum a adoção de seções transversais com formas geométricas mais detalhadas, com mesas tanto superior quanto inferior e mísulas, em geral é possível a assimilação de uma seção equivalente na forma retangular ou tipo "T". Para essas seções genéricas simples, retangular ou "T", podem ser determinadas analiticamente a posição da linha neutra e a respectiva inércia no Estádio II de forma relativamente simples, como a seguir desenvolvido.

Seção retangular

Uma seção genérica retangular em concreto armado sob ação de momento fletor positivo no Estádio II pode ser definida a partir da configuração homogeneizada indicada na Fig. 8.22.

Nesse caso, a posição do centroide é determinada tomando-se o próprio centroide como referência, desprezando-se a a área de concreto tracionado abaixo da linha neutra, como resumido na Tab. 8.5.

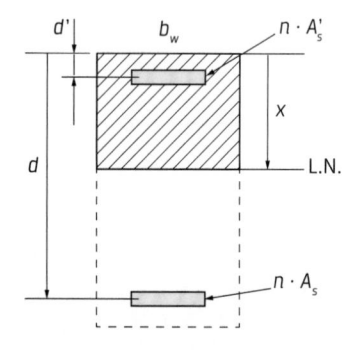

Fig. 8.22 Seção retangular em concreto armado sob momento positivo no Estádio II

Tab. 8.5 Momento de 1ª ordem em relação ao centroide da seção no Estádio II

i	n	$n \cdot A_i$ (cm²)	d_i (cm) ref. centroide	S_i (cm³) $n \cdot A_i \cdot d_i$
1 – Armadura superior	n	$n \cdot A_s'$	$(x - d')$	$n \cdot A_s'(x - d')$
2 – Armadura inferior	n	$n \cdot A_s$	$(x - d)$	$n \cdot A_s(x - d)$
3 – Seção em concreto	1,00	$b_w \cdot x$	$(x - x/2)$	$b_w \cdot x \cdot x/2$
4 – Área de concreto ocupada por A_s' (–)	1,00	$-A_s'$	$(x - d')$	$-A_s'(x - d')$

A determinação da linha neutra pode então ser obtida a partir da seguinte condição:

$$\sum S_i = 0 \Rightarrow b \cdot x^2/2 + n'(x-d')A_s' + n(x-d)A_s = 0 \quad (8.59)$$

Entre as duas raízes da Eq. 8.59, a que resulta em valor pertinente é:

$$\boxed{x = -\frac{(n \cdot A_s + n' \cdot A_s')}{b_w} + \sqrt{\left[\frac{(n \cdot A_s + n' \cdot A_s')}{b_w}\right]^2 + \frac{2(n \cdot A_s \cdot d + n' \cdot A_s' \cdot d')}{b_w}}} \quad (8.60)$$

A inércia em relação à linha neutra, desprezando-se a área em concreto tracionado, é determinada com o auxílio da Tab. 8.6, resultando em:

Tab. 8.6 Momento de 2ª ordem em relação ao centroide da seção no Estádio II

i	n	n · A_i (cm²)	d_i (cm) ref. centroide	I_i (cm⁴) n · I_i	I_i (cm⁴) n · A_i · d_i^2
1 – Armadura superior	n	n · A_s'	(x – d')	—	n · $A_s'(x-d')^2$
2 – Armadura inferior	n	n · A_s	(x – d)	—	n · $A_s(x-d)^2$
3 – Seção em concreto	1,00	$b_w \cdot x$	(x – x/2)	$b_w \cdot x^3/12$	$b_w \cdot x(x/2)^2$
4 – Área de concreto ocupada por A_s' (–)	1,00	$-A_s'$	(x – d')	—	$-A_s'(x-d')^2$

$$I_{II} = \sum I_i \Rightarrow \boxed{I_{II} = \frac{b_w \cdot x^3}{3} + A_s \cdot n(x-d)^2 + A_s' \cdot n'(x-d')^2} \quad (8.61)$$

Para a determinação da linha neutra e da inércia sob ação de momento fletor negativo, pode-se empregar as mesmas Eqs. 8.60 e 8.61, invertendo-se as posições das armaduras superior e inferior.

Como exemplo, considera-se novamente a seção apresentada na Fig. 8.18, agora no Estádio II.

Admitindo-se $n = \alpha_e = 10$, tem-se, a partir da Eq. 8.60, a posição da linha neutra:

$$x = -\frac{(10 \times 80 + 9 \times 20)}{30} + \sqrt{\left[\frac{(10 \times 80 + 9 \times 20)}{30}\right]^2 + \frac{2(10 \times 80 \times 110 + 9 \times 20 \times 10)}{30}}$$

$$\Rightarrow \boxed{x = 51,3 \text{ cm}} \quad (8.62)$$

Substituindo-se a profundidade da linha neutra na Eq. 8.61, determina-se o valor da inércia no Estádio II para ação de momento fletor positivo.

$$I_{II} = \frac{30 \times 51,3^3}{3} + 80 \times 10(51,3-110)^2 + 20 \times 9(51,3-10)^2 = 4.413.633 \text{ cm}^4 \quad 0,04414 \text{ m}$$

$$\Rightarrow \boxed{I_{II} = 0,04414 \text{ m}^4} \quad (8.63)$$

As propriedades da seção exemplificada, sob ação de momento fletor positivo no Estádio II, são resumidas na Fig. 8.23.

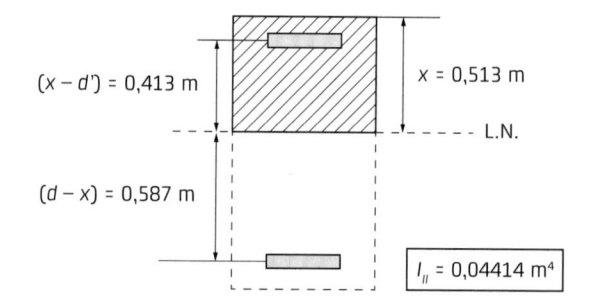

Fig. 8.23 *Centroide e inércia de seção retangular no Estádio II*

$(x - d') = 0{,}413$ m
$x = 0{,}513$ m
L.N.
$(d - x) = 0{,}587$ m
$I_{II} = 0{,}04414$ m^4

Considerando-se a atuação do momento de fissuração, estimado em 356 kN · m, têm-se as seguintes tensões, representadas na Fig. 8.24.

$\sigma_{s,sup} = -33{,}3$ MPa
$\sigma_{c,sup} = -4{,}14$ MPa
L.N.
$M = 356$ kN · m
$\sigma_{s,inf} = 47{,}3$ MPa

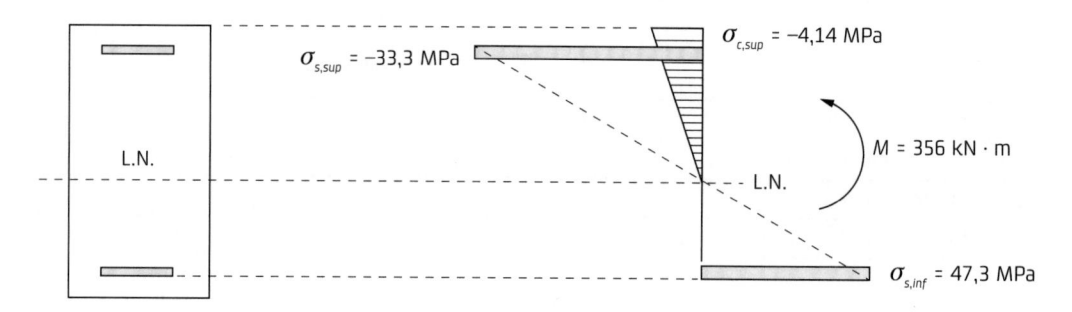

Fig. 8.24 *Tensões no Estádio II no instante da fissuração*

▶ Na armadura inferior (tracionada):

$$\sigma_{s,inf} = n\frac{M}{I}(d-x) = 10 \times \frac{356 \text{ kN} \cdot \text{m}}{0{,}04414 \text{ m}^4} \times (0{,}587 \text{ m}) = 47.343 \text{ kPa} \Rightarrow \boxed{\sigma_{s,inf} = 47{,}3 \text{ MPa}} \quad (8.64)$$

▶ Na armadura superior (comprimida):

$$\sigma_{s,sup} = n\frac{M}{I}(d'-x) = 10 \times \frac{356 \text{ kN} \cdot \text{m}}{0{,}04414 \text{ m}^4} \times (-0{,}413 \text{ m}) = -33.309 \text{ kPa} \Rightarrow \boxed{\sigma_{s,sup} = -33{,}3 \text{ MPa}} \quad (8.65)$$

▶ Na fibra superior do concreto comprimido:

$$\sigma_{c,sup} = -\frac{356 \text{ kN} \cdot \text{m}}{0{,}04414 \text{ m}^4} \times (0{,}513 \text{ m}) = -4.137 \text{ kPa} \Rightarrow \boxed{\sigma_{c,sup} = -4{,}14 \text{ MPa}} \quad (8.66)$$

As resultantes de força, a seguir determinadas, são representadas na Fig. 8.25.
▶ Resultante de compressão no concreto:

$$R_{cc} = \sigma_{c,sup}\left(\frac{x \cdot b_w}{2}\right) = (4.137 \text{ kPa}) \times \frac{(0{,}513 \text{ m} \times 0{,}30 \text{ m})}{2} = 318 \text{ kN} \quad (8.67)$$

▶ Resultantes de forças nas armaduras:

$$R_{sc} = \sigma_{s,sup} \cdot A_s' = (33.309 \text{ kPa}) \times \left(\frac{20}{100^2}\text{m}^2\right) = 66{,}6 \text{ kN} \quad (8.68)$$

$$R_{st} = \sigma_{s,inf} \cdot A_s = (47.343 \text{ kPa}) \times \left(\frac{80}{100^2}\text{m}^2\right) = 379 \text{ kN} \quad (8.69)$$

▶ Resultante de força na área de concreto ocupada pela armadura superior:

$$R_{c,As'} = \frac{\sigma_{s,sup}}{n} \cdot A_s' = \frac{(33.309 \text{ kPa})}{10} \times \left(\frac{20}{100^2}\text{m}^2\right) = 6{,}66 \text{ kN} \quad (8.70)$$

Lembrando que as resultantes no concreto nas áreas ocupadas pelas armaduras devem ser descontadas, tem-se a seguinte resultante de força normal à superfície da seção transversal:

$$\sum F = -66{,}6 - 318 + 6{,}66 + 379 \Rightarrow \boxed{\sum F \cong 0} \quad (8.71)$$

Finalmente, verifica-se que o somatório de momento resulta no momento aplicado.

$$\sum M = (66{,}6 - 6{,}66)0{,}413 + 318 \times \frac{2}{3} \times 0{,}531 + 379 \times 0{,}587 \Rightarrow \boxed{\sum M \cong 356 \text{ kN} \cdot \text{m}} \quad (8.72)$$

Comparando-se as Figs. 8.21 e 8.25, é possível observar a modificação que ocorre na transição entre os Estádios I e II. Nota-se que a linha neutra se desloca em direção à fibra superior, ou seja, a linha neutra "sobe". Além disso, as resultantes de força na região comprimida, tanto no aço quanto no concreto, sofrem variação relativamente pequena, enquanto a armadura inferior apresenta acréscimo expressivo, resultante da perda de contribuição da região de concreto tracionado.

Considerando-se que a relação entre os módulos de elasticidade do aço e do concreto seja tomada como indicado pela NBR 6118, tem-se $n = 10$. Uma vez que esse valor é relativamente elevado, pode-se admitir que $n' \cong n$ e, assim, as Eqs. 8.60 e 8.61 podem ser reescritas de forma um pouco mais simples, como a seguir apresentado.

$$\boxed{x = -\frac{n(A_s + A_s')}{b_w} + \sqrt{\left[\frac{n(A_s + A_s')}{b_w}\right]^2 + \frac{2n(A_s \cdot d + A_s' \cdot d')}{b_w}}} \quad (8.73)$$

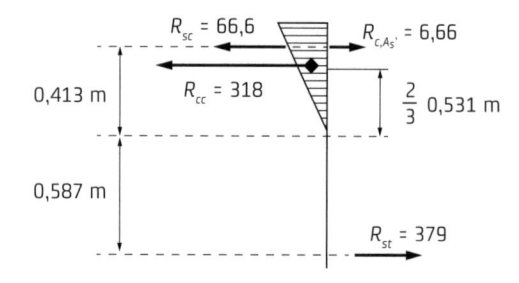

Fig. 8.25 *Resultantes de tensões (em kN) no Estádio II*

$$I_{II} = \frac{b_w \cdot x^3}{3} + n\left[A_s(d-x)^2 + A_s'(d'-x)^2\right] \quad (8.74)$$

No caso em que não existe armadura superior, as expressões tornam-se mais simples.

$$x = \frac{n \cdot A_s}{b_w}\left(-1 + \sqrt{1 + \frac{2b_w \cdot d}{n \cdot A_s}}\right) \quad (8.75)$$

$$I_{II} = \frac{b_w \cdot x^3}{3} + n \cdot A_s(d-x)^2 \quad (8.76)$$

Adotando-se as aproximações representadas pelas Eqs. 8.73 e 8.74 para a determinação da linha neutra e da inércia do mesmo exemplo (Fig. 8.18), obtêm-se os seguintes valores:

$$x = -\frac{10(80+20)}{30} + \sqrt{\left[\frac{10(80+20)}{30}\right]^2 + \frac{2 \times 10(80 \times 110 + 20 \times 10)}{30}} \Rightarrow \boxed{x = 51{,}0 \text{ cm}} \quad (8.77)$$

$$I_{II} = \frac{30 \times 51{,}0^3}{3} + 80 \times 10(51{,}0 - 110)^2 + 20 \times 10(51{,}0 - 10)^2 = 4.447.510 \text{ cm}^4$$

$$\Rightarrow \boxed{I_{II} = 0{,}04447 \text{ m}^4} \quad (8.78)$$

Têm-se assim as seguintes tensões:

$$\sigma_{s,inf} = 10 \times \frac{356 \text{ kN} \cdot \text{m}}{0{,}04447 \text{ m}^4} \times (0{,}590 \text{ m}) = 47.231 \text{ kPa} \Rightarrow \boxed{\sigma_{s,inf} = 47{,}2 \text{ MPa}} \quad (8.79)$$

$$\sigma_{s,sup} = 10 \times \frac{356 \text{ kN} \cdot \text{m}}{0{,}04447 \text{ m}^4} \times (-0{,}410 \text{ m}) = -32.822 \text{ kPa} \Rightarrow \boxed{\sigma_{s,sup} = -32{,}8 \text{ MPa}} \quad (8.80)$$

$$\sigma_{c,sup} = -\frac{356 \text{ kN} \cdot \text{m}}{0{,}04447 \text{ m}^4} \times (0{,}510 \text{ m}) = -4.083 \text{ kPa} \Rightarrow \boxed{\sigma_{c,sup} = -4{,}08 \text{ MPa}} \quad (8.81)$$

É importante observar que, admitindo-se $n' = n$, não é necessário deduzir a parcela referente à área de concreto ocupada pela armadura, e, então, basta que se considerem as seguintes resultantes:

$$R_{cc} = \sigma_{c,sup}\left(\frac{x \cdot b_w}{2}\right) = (4.083 \text{ kPa}) \times \frac{(0{,}510 \text{ m} \times 0{,}30 \text{ m})}{2} \Rightarrow \boxed{R_{cc} = 312 \text{ kN}} \quad (8.82)$$

$$R_{sc} = \sigma_{s,sup} \cdot A_s' = (32.822 \text{ kPa}) \times \left(\frac{20}{100^2} \text{ m}^2\right) \Rightarrow \boxed{R_{sc} = 65{,}6 \text{ kN}} \quad (8.83)$$

$$R_{st} = \sigma_{s,inf} \cdot A_s = (47.231 \text{ kPa}) \times \left(\frac{80}{100^2} \text{ m}^2\right) \Rightarrow \boxed{R_{st} = 378 \text{ kN}} \quad (8.84)$$

Verificando-se o equilíbrio, têm-se:

$$\sum F = -65{,}6 - 312 + 378 \Rightarrow \boxed{\sum F = 0} \qquad (8.85)$$

$$\sum M = 65{,}6 \times 0{,}410 + 312 \times \frac{2}{3} \times 0{,}510 + 378 \times 0{,}590 \Rightarrow \boxed{\sum M = 356 \text{ kN} \cdot \text{m}} \qquad (8.86)$$

Observa-se que a pequena variação nos valores da linha neutra e da inércia não influencia significativamente as tensões, e os equilíbrios de forças e momentos são verificados. Comprova-se, dessa forma, a boa precisão das Eqs. 8.73 a 8.76, que são assim validadas.

Seção "T" com linha neutra na mesa

Uma seção genérica tipo "T" sob ação de momento fletor positivo no Estádio II, com linha neutra situada na mesa, pode ser definida a partir da configuração homogeneizada indicada na Fig. 8.26. Observa-se que, ao se desprezar a área de concreto tracionado, abaixo da linha neutra, a seção "T" com linha neutra na mesa é idêntica a uma seção retangular, bastando considerar $b_f = b_w$.

Logo, admitindo-se $n' \cong n$, têm-se:

$$\boxed{x = -\frac{n(A_s + A_s')}{b_f} + \sqrt{\left[\frac{n(A_s + A_s')}{b_f}\right]^2 + \frac{2n(A_s \cdot d + A_s' \cdot d')}{b_f}}} \qquad (8.87)$$

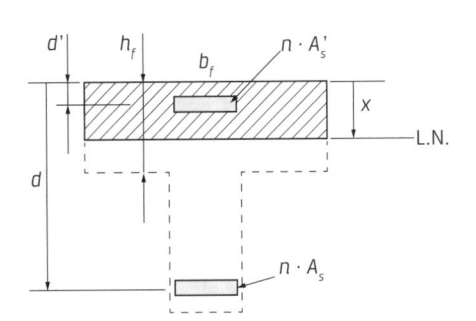

Fig. 8.26 *Seção "T" no Estádio II com linha neutra na mesa*

$$\boxed{I_{II} = \frac{b_f \cdot x^3}{3} + n\left[A_s(x-d)^2 + A_s'(x-d')^2\right]} \qquad (8.88)$$

É importante observar que essas expressões só são válidas se a linha neutra de fato estiver situada na mesa, o que deve ser verificado com a condição $x \leq h_f$.

Como exemplo, considera-se a seção transversal definida na Fig. 8.27.

Admitindo-se $n = \alpha e = 10$, têm-se, a partir das Eqs. 8.87 e 8.88:

$$x = -\frac{10(100+50)}{400} + \sqrt{\left[\frac{10(100+50)}{400}\right]^2 + \frac{2 \times 10(100 \times 90 + 50 \times 5)}{400}}$$

$$\Rightarrow \boxed{x = 27{,}5 \text{ cm}} \qquad (8.89)$$

$$I_{II} = \frac{400 \times 27{,}5^3}{3} + 10\left[100(27{,}5-190)^2 + 50(27{,}5-5)^2\right] = 29.432.292 \text{ cm}^4$$

$$\Rightarrow \boxed{I_{II} = 0{,}294 \text{ m}^4} \qquad (8.90)$$

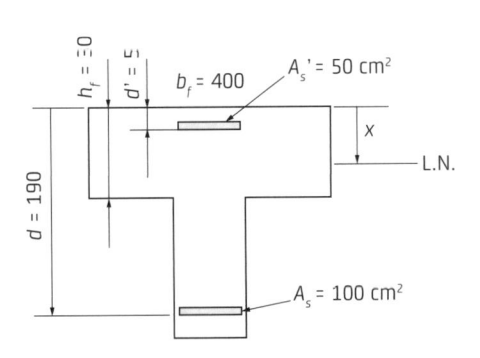

Fig. 8.27 *Exemplo de seção "T" – medidas em cm*

Observa-se que $x \leq h_f$, confirmando assim a hipótese de linha neutra na mesa.

Na Fig. 8.28 são indicadas as propriedades da seção "T" sob ação de momento fletor positivo no Estádio II.

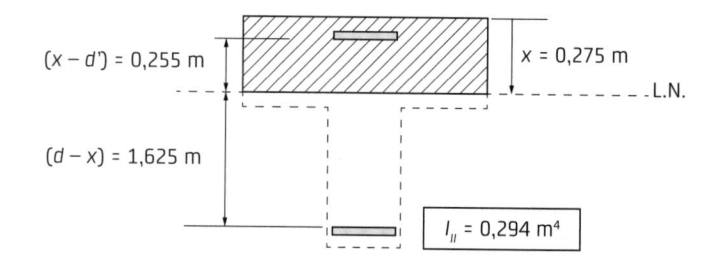

Fig. 8.28 *Centroide e inércia de seção "T" com linha neutra na mesa no Estádio II*

$(x - d') = 0{,}255$ m
$(d - x) = 1{,}625$ m
$x = 0{,}275$ m
L.N.
$I_{II} = 0{,}294$ m^4

Admitindo-se, por exemplo, a atuação de momento fletor no valor de 5.000 kN·m, têm-se as seguintes tensões:

▸ Na armadura inferior (tracionada):

$$\sigma_{s,inf} = n\frac{M}{I}(d-x) = 10 \times \frac{5.000 \text{ kN·m}}{0{,}294 \text{ m}^4} \times (1{,}625 \text{ m}) = 276.361 \text{ kPa}$$

$$\Rightarrow \boxed{\sigma_{s,inf} = 276 \text{ MPa}} \tag{8.91}$$

▸ Na armadura superior (comprimida):

$$\sigma_{s,sup} = n\frac{M}{I}(d'-x) = 10 \times \frac{5.000 \text{ kN·m}}{0{,}294 \text{ m}^4} \times (-0{,}225 \text{ m}) = -38.265 \text{ kPa}$$

$$\Rightarrow \boxed{\sigma_{s,sup} = -38{,}3 \text{ MPa}} \tag{8.92}$$

▸ Na fibra superior do concreto comprimido:

$$\sigma_{c,sup} = \frac{5.000 \text{ kN·m}}{0{,}294 \text{ m}^4} \times (-0{,}275 \text{ m}) = -4.677 \text{ kPa} \Rightarrow \boxed{\sigma_{c,sup} = -4{,}68 \text{ MPa}} \tag{8.93}$$

Seção "T" com linha neutra na alma

Caso a Eq. 8.87 resulte em $x > h_f$, a linha neutra está situada na alma, e a situação genérica pode ser caracterizada como indicado na Fig. 8.29.

Analogamente aos desenvolvimentos anteriores, os momentos de 1ª ordem para essa situação são resumidos na Tab. 8.7.

Fig. 8.29 *Seção "T" no Estádio II com linha neutra na alma*

Tab. 8.7 Momento de 1ª ordem em relação ao centroide da seção no Estádio II

i	n	$n \cdot A_i$ (cm²)	d_i (cm) ref. centroide	S_i (cm³) $n \cdot A_i \cdot d_i$
1 – Armadura superior	n	$n \cdot A_s'$	$(x - d')$	$n \cdot A_s'(x - d')$
2 – Armadura inferior	n	$n \cdot A_s$	$(x - d)$	$n \cdot A_s(x - d)$
3 – Flange em concreto	1,00	$b_f \cdot h_f$	$x - h_f/2$	$b_f \cdot h_f(2x - h_f)/2$
4 – Alma em concreto	1,00	$b_w(x - h_f)$	$(x - h_f)/2$	$b_w(x - h_f)^2/2$
5 – Área de concreto ocupada por A_s' (–)	1,00	$-A_s'$	$(x - d')$	$-A_s'(x - d')$

A determinação da linha neutra é obtida a partir da seguinte condição:

$$\sum S_i = 0 \Rightarrow b_f \cdot h_f (2x - h_f)/2 + b_w (x - h_f)^2 / 2 + n'(x - d') A_s' + n(x - d) A_s = 0$$

$$\Rightarrow \frac{b_w \cdot x^2}{2} + \left[(n \cdot A_s + n' \cdot A_s') + h_f (b_f - b_w) \right] x - 2(n \cdot A_s \cdot d + n' \cdot A_s' \cdot d') -$$

$$h_f^2 (b_f - b_w) = 0 \qquad (8.94)$$

A raiz pertinente da Eq. 8.94 é:

$$x = -\left[\frac{(n \cdot A_s + n' \cdot A_s') + h_f (b_f - b_w)}{b_w} \right] +$$

$$\sqrt{\left[\frac{(n \cdot A_s + n' \cdot A_s') + h_f (b_f - b_w)}{b_w} \right]^2 + \left[\frac{2(n \cdot A_s \cdot d + n' \cdot A_s' \cdot d') + h_f^2 (b_f - b_w)}{b_w} \right]} \qquad (8.95)$$

A inércia em relação à linha neutra é determinada com o auxílio da Tab. 8.8.

Tab. 8.8 Momento de 2ª ordem em relação ao centroide da seção no Estádio II

i	n	$n \cdot A_i$ (cm²)	d_i (cm) ref. centroide	I_i (cm⁴) $n \cdot I_i$	$n \cdot A_i \cdot d_i^2$
1 – Armadura superior	n	$n \cdot A_s'$	$(x - d')$	—	$n \cdot A_s'(x - d')^2$
2 – Armadura inferior	n	$n \cdot A_s$	$(x - d)$	—	$n \cdot A_s(x - d)^2$
3 – Flange em concreto	1,00	$b_f \cdot h_f$	$x - h_f/2$	$b_f \cdot h_f^3/12$	$b_f \cdot h_f(x - h_f/2)^2$
4 – Alma em concreto	1,00	$b_w(x - h_f)$	$(x - h_f)/2$	$b_w(x - h_f)^3/12$	$b_w(x - h_f)^3/4$
5 – Área de concreto ocupada por A_s' (–)	1,00	$-A_s'$	$(x - d')$	—	$-A_s'(x - d')^2$

$$I_{II} = \sum I_i \Rightarrow I_{II} = \frac{b_f \cdot h_f^3}{12} + b_f \cdot h_f \left(x - \frac{h_f}{2} \right)^2 + \frac{b_w \cdot (x - h_f)^3}{3} + n \cdot A_s (d - x)^2 + n' \cdot A_s' (x - d')^2 \qquad (8.96)$$

Desprezando-se a (pequena) contribuição da alma (área 4), têm-se:

$$x = \frac{2(n \cdot A_s \cdot d + n' \cdot A_s' \cdot d') + b_f \cdot h_f^2}{2(n \cdot A_s + n' \cdot A_s' + b_f \cdot h_f)} \qquad (8.97)$$

$$I_{II} = \frac{b_f \cdot h_f^3}{12} + b_f \cdot h_f \left(x - \frac{h_f}{2} \right)^2 + n \cdot A_s (d - x)^2 + n' \cdot A_s' (x - d')^2 \qquad (8.98)$$

Admitindo-se que $n' \cong n$, as expressões deduzidas podem ser simplificadas, resultando em:

$$x = -\left[\frac{n(A_s + A_s') + h_f(b_f - b_w)}{b_w}\right] + \sqrt{\left[\frac{n(A_s + A_s') + h_f(b_f - b_w)}{b_w}\right]^2 + \left[\frac{2n(A_s \cdot d + A_s' \cdot d') + h_f^2(b_f - b_w)}{b_w}\right]} \quad (8.99)$$

$$I_{II} = \frac{b_f \cdot h_f^3}{12} + b_f \cdot h_f \left(x - \frac{h_f}{2}\right)^2 + \frac{b_w(x - h_f)^3}{3} + n\left[A_s(d-x)^2 + A_s'(x-d')^2\right] \quad (8.100)$$

Desprezando-se a pequena contribuição da alma:

$$x = \frac{2n(A_s \cdot d + A_s' \cdot d') + b_f \cdot h_f^2}{2\left[n(A_s + A_s') + b_f \cdot h_f\right]} \quad (8.101)$$

$$I_{II} = \frac{b_f \cdot h_f^3}{12} + b_f \cdot h_f \left(x - \frac{h_f}{2}\right)^2 + n\left[A_s(d-x)^2 + A_s'(x-d')^2\right] \quad (8.102)$$

Como exemplo, considera-se a seção transversal da Fig. 8.30.

Admitindo-se $n = \alpha_e = 10$, tem-se, a partir das Eqs. 8.99 e 8.100:

$$x = -\left[\frac{10(100+50) + 25(200-35)}{35}\right] +$$

$$\sqrt{\left[\frac{10(100+50) + 25(200-35)}{35}\right]^2 + \left[\frac{2 \times 10(100 \times 190 + 50 \times 5) + 25^2(200-35)}{35}\right]} \Rightarrow \boxed{x = 38{,}7 \text{ cm}} \quad (8.103)$$

Como $x > h_f$, fica confirmada a hipótese de linha neutra na alma.

$$I_{II} = \frac{200 \times 25^3}{3} + 200 \times 25\left(38{,}7 - \frac{25}{2}\right)^2 + \frac{35(38{,}7-25)^3}{3}$$
$$+ 10\left[100(38{,}7-190)^2 + 50(38{,}7-5)^2\right]$$
$$\Rightarrow \boxed{I_{II} = 27.963.401 \text{ cm}^4 = 0{,}280 \text{ m}^4} \quad (8.104)$$

Na Fig. 8.31 são indicadas as propriedades da seção "T" no Estádio II.

Admitindo-se a atuação de momento fletor no valor de 5.000 kN · m, têm-se as seguintes tensões:

▶ Na armadura inferior (tracionada):

$$\sigma_{s,inf} = n\frac{M}{I}(d-x) = 10 \times \frac{5.000 \text{ kN}\cdot\text{m}}{0{,}280 \text{ m}^4} \times (1{,}513 \text{ m}) = 270.180 \text{ kPa} \Rightarrow$$
$$\boxed{\sigma_{s,inf} = 270 \text{ MPa}} \quad (8.105)$$

▶ Na armadura superior (comprimida):

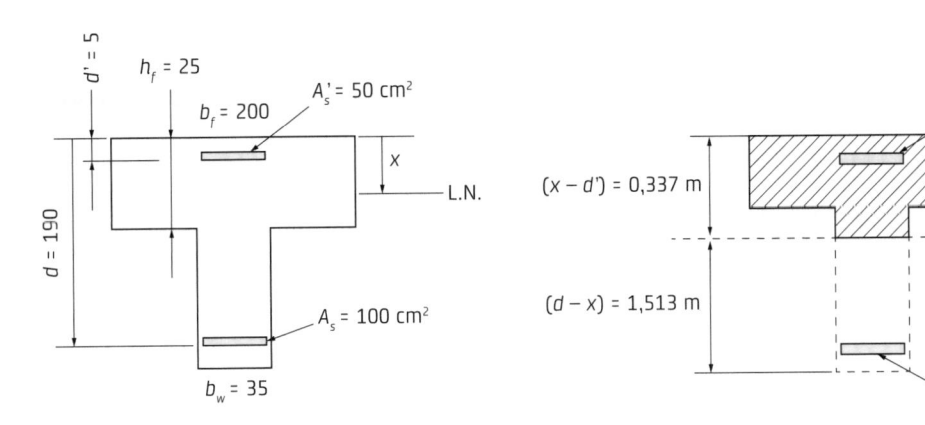

Fig. 8.30 *Exemplo de seção "T" – medidas em cm*

Fig. 8.31 *Centroide e inércia de seção "T" no Estádio II*

$$\sigma_{s,sup} = n\frac{M}{I}(x-d') = 10 \times \frac{5.000 \text{ kN} \cdot \text{m}}{0,280 \text{ m}^4} \times (-0,337 \text{ m}) = -60.180 \text{ kPa} \Rightarrow$$
$$\boxed{\sigma_{s,sup} = -60,2 \text{ MPa}} \tag{8.106}$$

▶ Na fibra superior do concreto comprimido:

$$\sigma_{c,sup} = \frac{5.000 \text{ kN} \cdot \text{m}}{0,280 \text{ m}^4} \times (-0,387 \text{ m}) = -6.910 \text{ kPa} \Rightarrow \boxed{\sigma_{c,sup} = -6,91 \text{ MPa}} \tag{8.107}$$

Desprezando-se a colaboração da alma, têm-se, a partir das Eqs. 8.101 e 8.102:

$$x = \frac{10(100 \times 190 + 50 \times 5) + \left(\frac{200 \times 25^2}{2}\right)}{10(100+50) + (200 \times 25)} \Rightarrow \boxed{x = 39,2 \text{ cm}} \tag{8.108}$$

$$I_{II} = \frac{200 \times 25^3}{3} + 200 \times 25\left(39,2 - \frac{25}{2}\right)^2 + 10\left[100(39,2-190)^2 + 50(39,2-5)^2\right]$$
$$\Rightarrow \boxed{I_{II} = 27.931.577 \text{ cm}^4 = 0,279 \text{ cm}^4} \tag{8.109}$$

Observa-se a pequena variação entre os valores da profundidade da linha neutra e da inércia obtidos através das Eqs. 8.101 e 8.102, simplificadas, sem a consideração da participação da área comprimida da alma.

Ábacos

Nas Figs. 8.32 a 8.34 são apresentados ábacos para a determinação gráfica aproximada da posição da linha neutra, da inércia e da tensão na armadura inferior no Estádio II.

Considera-se a mesma seção retangular já analisada, reapresentada na Fig. 8.35.

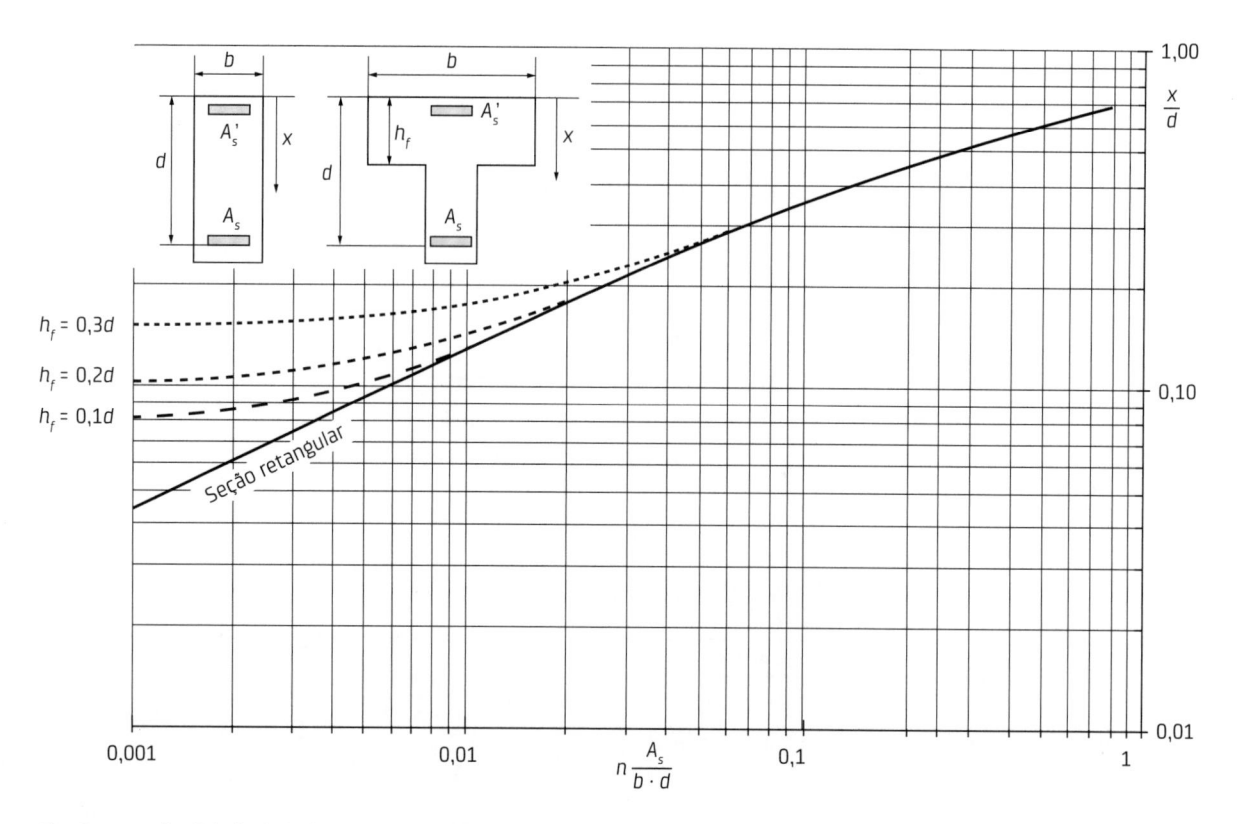

Fig. 8.32 *Profundidade da linha neutra no Estádio II*

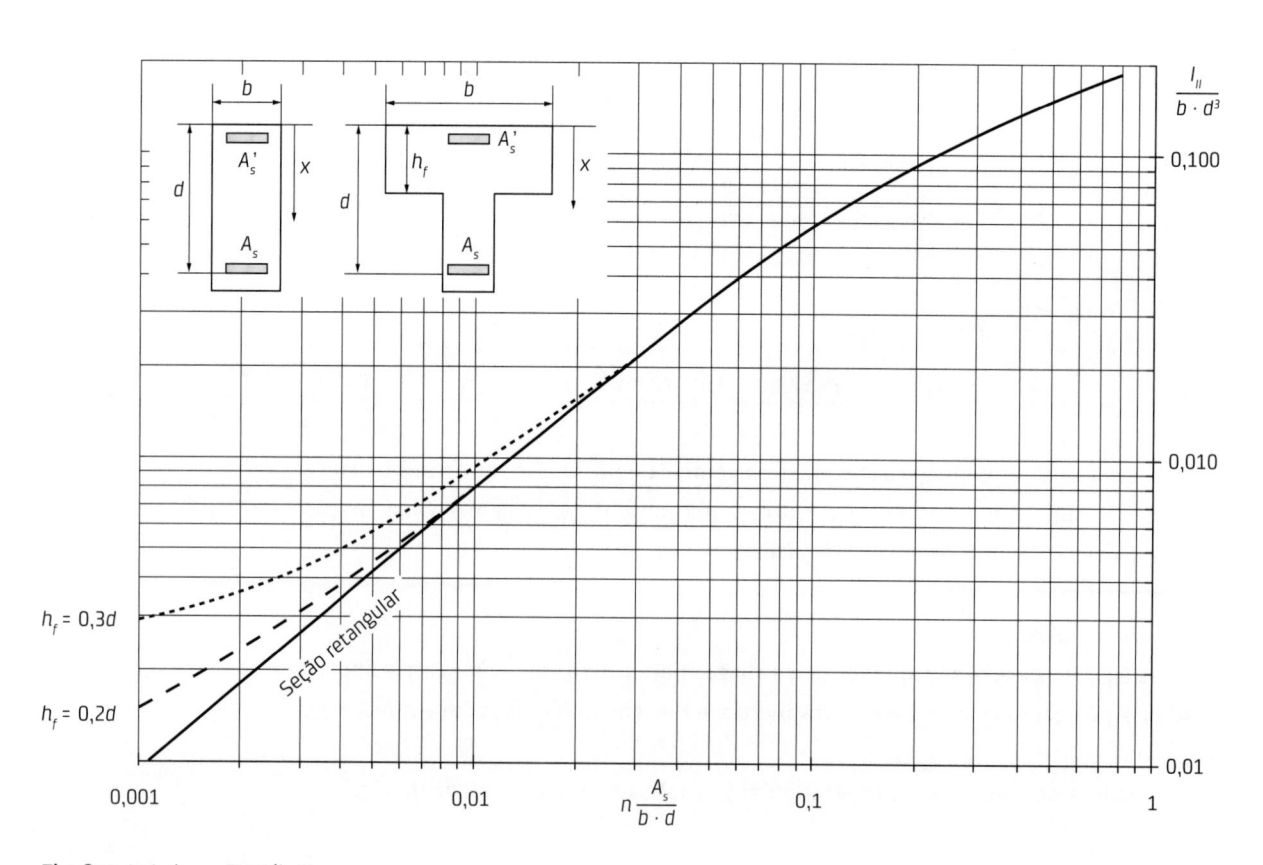

Fig. 8.33 *Inércia no Estádio II*

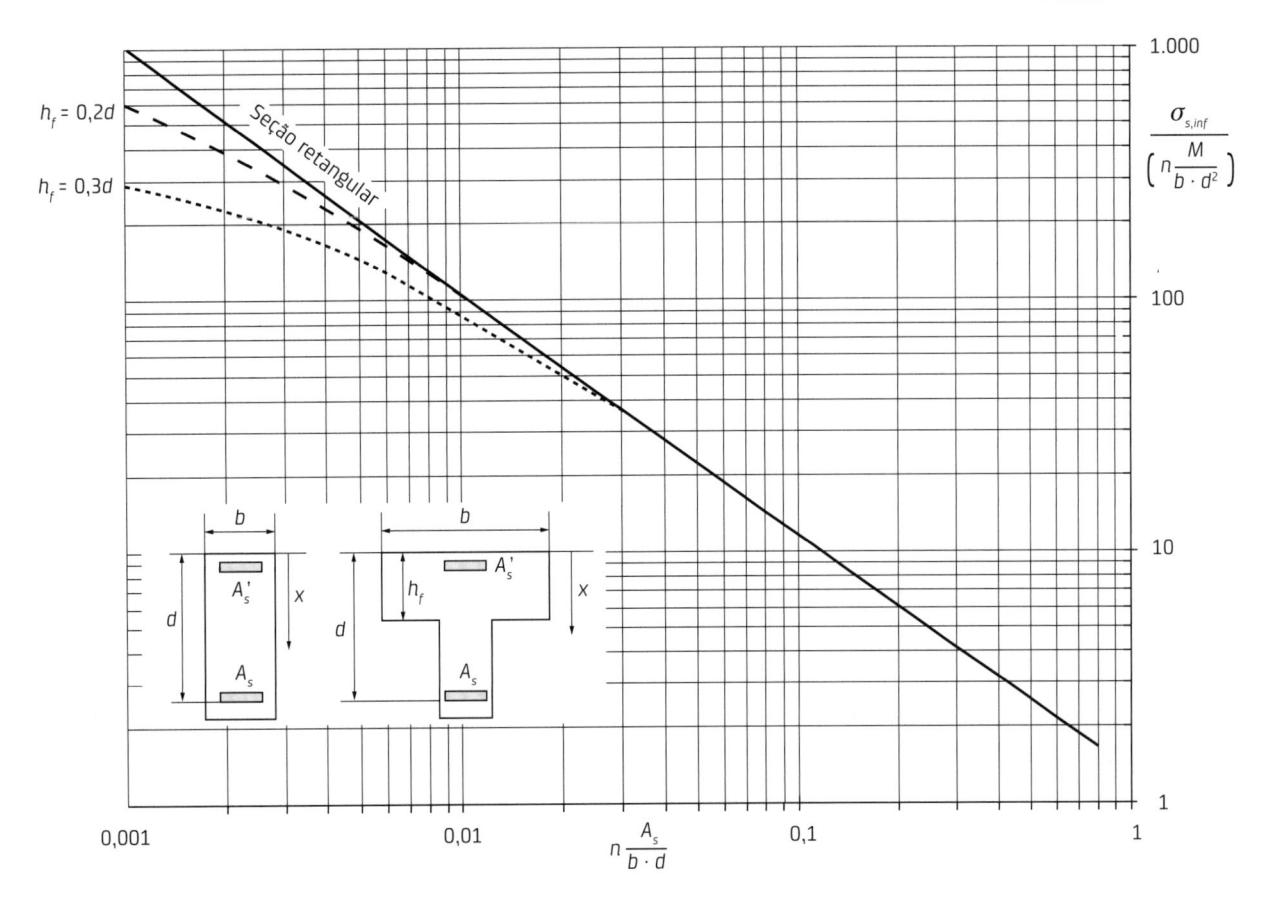

Fig. 8.34 *Tensão na armadura inferior no Estádio II*

Para a aplicação dos ábacos, é necessário que se determine a taxa de armadura inferior em relação à área útil de concreto ($b \cdot d$) na seção homogeneizada, expressa como a seguir:

$$n \frac{A_s}{b \cdot d} = 10 \times \frac{80}{30 \times 110} = 0{,}24 \qquad (8.110)$$

Com esse valor, tomado nas abscissas dos ábacos, pode-se obter leituras aproximadas das variáveis adimensionais da profundidade da linha neutra, da inércia e da tensão na armadura inferior, que resultam nas seguintes estimativas:

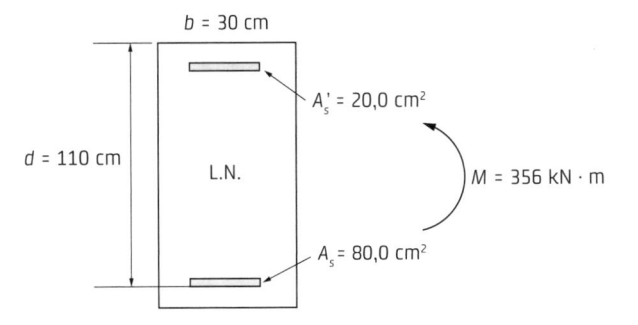

Fig. 8.35 *Seção retangular em concreto armado com armadura dupla*

$$\frac{x}{d} \cong 0{,}5 \Rightarrow x \cong 0{,}55 \text{ m} \qquad (8.111)$$

$$\frac{I_{II}}{b \cdot d^3} \cong 0{,}1 \Rightarrow I_{II} \cong 0{,}040 \text{ m}^4 \qquad (8.112)$$

$$\frac{\sigma_{s,inf}}{\left(n \dfrac{M}{b \cdot d^2}\right)} \cong 5 \Rightarrow \sigma_{s,inf} \cong 49 \text{ MPa} \qquad (8.113)$$

Na Tab. 8.9 são apresentadas as comparações dos resultados da análise de tensões no Estádio II através das expressões analíticas e dos ábacos.

Observa-se que os ábacos fornecem boas aproximações para estimativas preliminares e ajudam na verificação dos resultados analíticos, indicando eventuais erros de cálculo. Deve-se notar que os ábacos são válidos tanto para armadura simples quanto para armadura dupla.

Considera-se agora a seção "T" com linha neutra já determinada analiticamente na mesa, reapresentada na Fig. 8.36.

Tab. 8.9 Comparação de resultados analíticos e através dos ábacos

	Analíticos	Ábacos	Variação
x (m)	$x = 0{,}513$ m	$x \cong 0{,}55$ m	+7%
I_{II} (m⁴)	$I_{II} = 0{,}04414$ m⁴	$I_{II} \cong 0{,}040$ m⁴	−9%
$\sigma_{s,inf}$ (MPa)	$\sigma_{s,inf} = 47{,}3$ MPa	$\sigma_{s,inf} \cong 49$ MPa	+4%

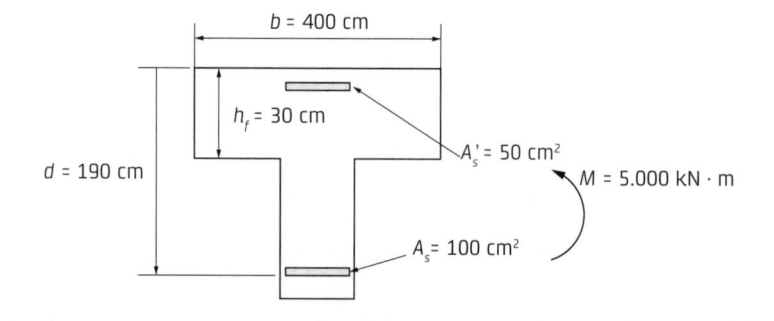

Fig. 8.36 Seção retangular em concreto armado com armadura dupla

A definição da seção "T" se faz através da proporção entre a espessura da mesa e a altura útil, expressa como a seguir.

$$\frac{h_f}{d} = \frac{30}{190} \Rightarrow h_f = 0{,}16 d \tag{8.114}$$

Para a aplicação dos ábacos, tem-se a seguinte taxa de armadura na seção homogeneizada:

$$n \frac{A_s}{b \cdot d} = 10 \times \frac{100}{400 \times 190} = 0{,}013 \tag{8.115}$$

Com esse valor, têm-se, a partir das leituras nos ábacos, interpoladas entre as curvas $h_f = 0{,}1d$ e $h_f = 0{,}2d$, as seguintes estimativas:

$$\frac{x}{d} \cong 0{,}16 \Rightarrow x \cong 0{,}29 \text{ m} \tag{8.116}$$

$$\frac{I_{II}}{b \cdot d^3} \cong 0{,}011 \Rightarrow I_{II} \cong 0{,}30 \text{ m}^4 \tag{8.117}$$

$$\frac{\sigma_{s,inf}}{\left(n \dfrac{M}{b \cdot d^2}\right)} \cong 75 \Rightarrow \sigma_{s,inf} \cong 260 \text{ MPa} \tag{8.118}$$

As comparações entre as aproximações e os resultados analíticos são apresentadas na Tab. 8.10.

Tab. 8.10 Comparação de resultados analíticos e através dos ábacos

	Analíticos	Ábacos	Variação
x (m)	$x = 0{,}275$ m	$x \cong 0{,}29$ m	+5%
I_{II} (m⁴)	$I_{II} = 0{,}294$ m⁴	$I_{II} \cong 0{,}30$ m⁴	+2%
$\sigma_{s,inf}$ (MPa)	$\sigma_{s,inf} = 276$ MPa	$\sigma_{s,inf} \cong 260$ MPa	−6%

Considera-se finalmente a seção "T" com linha neutra já determinada na alma, reapresentada na Fig. 8.37.

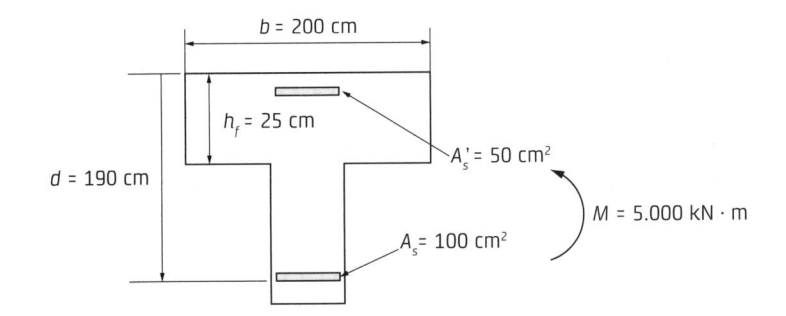

Fig. 8.37 *Seção retangular em concreto armado com armadura dupla*

Para essa situação, têm-se os seguintes parâmetros de entrada nos ábacos:

$$\frac{h_f}{d} = \frac{25}{190} \Rightarrow h_f = 0{,}18d \tag{8.119}$$

Para a aplicação dos ábacos, tem-se a seguinte taxa de armadura na seção homogeneizada:

$$n\frac{A_s}{b \cdot d} = 10 \times \frac{100}{200 \times 190} = 0{,}026 \tag{8.120}$$

A partir dos ábacos, obtêm-se as seguintes estimativas:

$$\frac{x}{d} \cong 0{,}20 \Rightarrow x \cong 0{,}38 \text{ m} \tag{8.121}$$

$$\frac{I_{II}}{b \cdot d^3} \cong 0{,}018 \Rightarrow I_{II} \cong 0{,}25 \text{ m}^4 \tag{8.122}$$

$$\frac{\sigma_{s,inf}}{\left(n\dfrac{M}{b \cdot d^2}\right)} \cong 40 \Rightarrow \sigma_{s,inf} \cong 277 \text{ MPa} \tag{8.123}$$

As comparações entre as aproximações e os resultados analíticos são apresentadas na Tab. 8.11.

Tab. 8.11 Comparação de resultados analíticos e através dos ábacos

	Analíticos	Ábacos	Variação
x (m)	$x = 0{,}387$ m	$x \cong 0{,}38$ m	–2%
I_{II} (m⁴)	$I_{II} = 0{,}280$ m⁴	$I_{II} \cong 0{,}25$ m⁴	–10%
$\sigma_{s,inf}$ (MPa)	$\sigma_{s,inf} = 270$ MPa	$\sigma_{s,inf} \cong 277$ MPa	+3%

Constata-se a boa aproximação dos resultados, observando-se que os ábacos, que não consideram a espessura da mesa, fornecem boas estimativas para linha neutra tanto na mesa quanto na alma.

Decomposição em trapézios

Para os casos de geometria diferente da seção retangular ou "T", a dedução analítica torna-se bem mais complexa. Nessas situações mais genéricas, a análise no Estádio II pode ser efetuada subdividindo-se a seção de concreto em trapézios.

Para a dedução do processo geral, considera-se uma área de concreto trapezoidal interceptada pela linha neutra, para a qual são definidas as variáveis indicadas na Fig. 8.38.

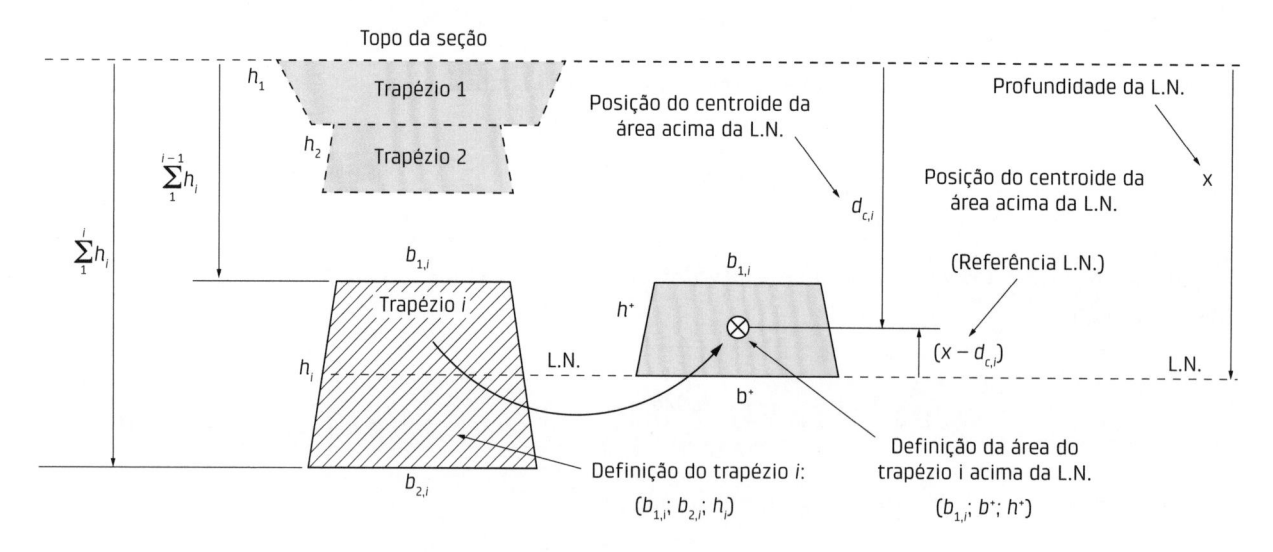

Fig. 8.38 *Área de concreto na forma trapezoidal interceptada pela linha neutra*

A definição da área do trapézio situada acima da linha neutra é função da altura h^*, determinada pelas seguintes condições:

$$\sum_{1}^{i-1} h_i > x \Rightarrow \boxed{h^* = 0} \tag{8.124}$$

$$x > \sum_{1}^{i} h_i \Rightarrow \boxed{h^* = h_i} \tag{8.125}$$

$$\sum_{1}^{i-1} h_i < x < \sum_{1}^{i} h_i \Rightarrow \boxed{h^* = x - \sum_{1}^{i-1} h_i} \qquad (8.126)$$

Em função da altura da área acima da linha neutra, tem-se a definição genérica da base b^* como a seguir expresso:

$$\boxed{b^* = b_{1,i} + \frac{(b_{2,i} - b_{1,i})}{h_i} h^*} \qquad (8.127)$$

Têm-se assim, para a área trapezoidal de concreto genérica $A_{c,i}$, as seguintes expressões:

▶ Área de concreto a ser considerada acima da linha neutra:

$$A_{c,i} = \frac{(b_{1,i} + b^*)}{2} h^* \qquad (8.128)$$

▶ Profundidade do centroide da área de concreto acima da linha neutra:

$$d_{c,i} = \frac{h^*(b_{1,i} + 2b^*)}{3(b_{1,i} + b^*)} + \sum_{j=1}^{i-1} h_j \qquad (8.129)$$

▶ Momento de 1ª ordem da área acima da linha neutra (referência no topo da seção):

$$S_{X,i} = A_{c,i} \cdot d_{c,i} \qquad (8.130)$$

▶ Momento de 1ª ordem da área acima da linha neutra (referência na L.N.):

$$S_{\bar{X},i} = \sum A_{c,i} (x - d_{c,i}) \qquad (8.131)$$

▶ Momento de 2ª ordem da área de concreto acima da linha neutra em torno do próprio centroide:

$$I_{\bar{x}} = \frac{(b_1^2 + 4b_1 \cdot b^* + b^{*2}) h^{*3}}{36(b_1 + b^*)} \qquad (8.132)$$

As áreas de aço ($A_{s,i}$) são definidas considerando-se a profundidade ($d_{s,i}$), medida a partir do topo da seção, como indicado na Fig. 8.39.

A ponderação da área de aço (n_i^*) depende da sua posição em relação à profundidade da linha neutra, como a seguir expresso:

$$d_{s,i} < x \Rightarrow \boxed{n_i^* = n - 1} \qquad (8.133)$$

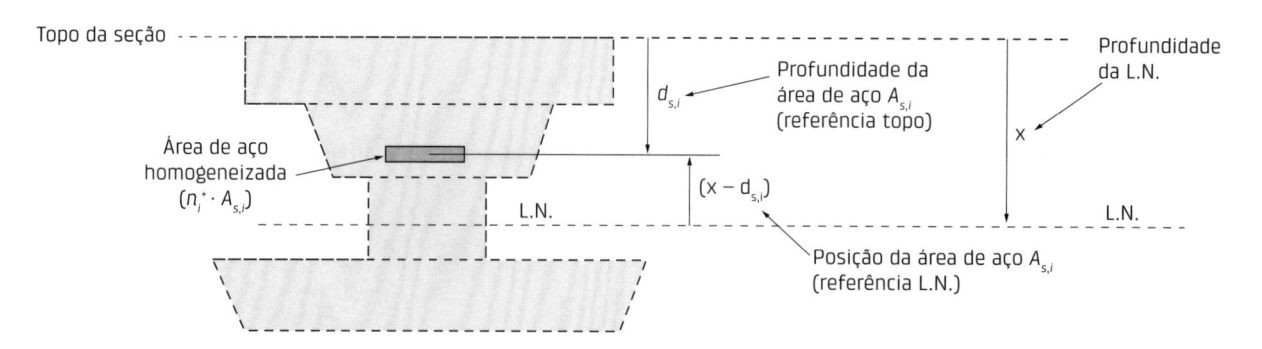

Fig. 8.39 *Definição de área de aço genérica*

$$d_{s,i} > x \Rightarrow \boxed{n_i^* = n}$$ (8.134)

Considerando-se N áreas trapezoidais de concreto com M áreas de aço, lembrando que o momento de 1ª ordem total com referência na linha neutra deve ser nulo, tem-se a seguinte condição:

$$\sum_1^N A_{c,i}(x - d_{c,i}) + \sum_1^M n_i^* \cdot A_{s,i}(x - d_{s,i}) = 0$$ (8.135)

Admitindo-se uma estimativa para a profundidade da linha neutra, indicada por x_k, é definida a seguinte função, cuja raiz deve ser determinada:

$$f(x_k) = \sum_1^N A_{c,i}(x_k - d_{c,i}) + \sum_1^M n_i^* \cdot A_{s,i}(x_k - d_{s,i})$$ (8.136)

Expandindo-se essa função em série de Taylor truncada na 1ª ordem, tem-se uma aproximação (x_{k+1}) expressa por:

$$f(x_k + \Delta x) \approx f(x_k) + f'(x_k) \cdot \Delta x$$ (8.137)

em que

$$\Delta x = (x_{k+1} - x_k)$$ (8.138)

$$f'(x_k) = \sum_1^N A_{c,i} + \sum_1^M n_i^* \cdot A_{s,i}$$ (8.139)

Substituindo-se as expressões anteriores na condição apresentada pela Eq. 8.135, tem-se a fórmula de recorrência característica do método iterativo de Newton-Raphson:

$$x_{k+1} = x_k - \frac{f(x_k)}{f'(x_k)} \Rightarrow \boxed{x_{k+1} = x_k - \frac{\sum_1^N A_{c,i}(x_k - d_{c,i}) + \sum_1^M n_i^* \cdot A_{s,i}(x_k - d_{s,i})}{\sum_1^N A_{c,i} + \sum_1^M n_i^* \cdot A_{s,i}}}$$ (8.140)

Para exemplo de aplicação numérica, considera-se uma seção em concreto armado, com a mesa com armadura dupla, decomposta em trapézios como indicado na Fig. 8.40.

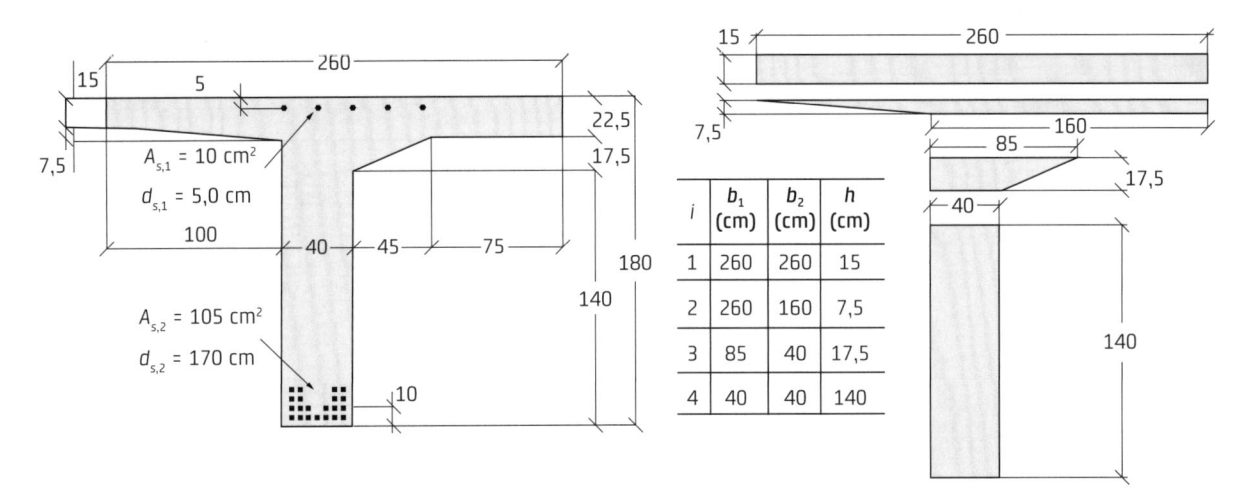

Fig. 8.40 *Seção decomposta em trapézios com armadura dupla – dimensões em cm*

Tomando-se a metade da altura da seção (90 cm) como estimativa inicial para a posição da linha neutra, obtêm-se os valores mostrados na Tab. 8.12.

Tab. 8.12 Determinação do momento de 1ª ordem – estimativa inicial $x_o = 90$ cm

i	$b_{1,i}$ (cm)	$b_{2,i}$ (cm)	h_i (cm)	$\sum h$	h^* (cm)	b^* (cm)	$d_{c,i}$ (cm)	$A_{c,i}$ (cm²)	$A_{c,i}(x_o - d_{c,i})$
1	260	260	15	15	15,00	260,00	7,50	3.900	321.750
2	260	160	7,5	22,5	7,50	160,00	18,45	1.575	112.688
3	85	40	17,5	40	17,50	40,00	30,20	1.094	65.406
4	40	40	140	180	50,00	40,00	65,00	2.000	50.000
							$\sum$	8.569	549.844

i	n	n^*	$A_{s,i}$ (cm²)	$d_{s,i}$ (cm)	$n^* \cdot A_{s,i}$ (cm²)	$n^* \cdot A_{s,i}(x_o - d_{s,i})$
1	10	9	10	5	90	7.650
2	10	10	105	170	1.050	−84.000
				$\sum$	1.140	−76.350

A partir dos somatórios em destaque, chega-se à nova estimativa para a posição da linha neutra.

$$x_1 = x_o - \frac{\sum_1^N A_{c,i}(x_o - d_{c,i}) + \sum_1^M n_i^* \cdot A_{s,i}(x_o - d_{s,i})}{\sum_1^N A_{c,i} + \sum_1^M n_i^* \cdot A_{s,i}} = 90 - \frac{(549.844 - 76.350)}{(8.569 + 1.140)} \Rightarrow \boxed{x_1 = 41,2} \quad (8.141)$$

Repetindo-se o processo com essa nova estimativa, obtêm-se os valores indicados na Tab. 8.13.

Tab. 8.13 Determinação do momento de 1ª ordem – aproximação $x_1 = 41{,}2$ cm

i	$b_{1,i}$ (cm)	$b_{2,i}$ (cm)	h_i (cm)	$\sum h$	h^* (cm)	b^* (cm)	$d_{c,i}$ (cm)	$A_{c,i}$ (cm²)	$A_{c,i}(x_1 - d_{c,i})$
1	260	260	15	15	15,00	260,00	7,50	3.900	131.430
2	260	160	7,5	22,5	7,50	160,00	18,45	1.575	35.828
3	85	40	17,5	40	17,50	40,00	30,20	1.094	12.031
4	40	40	140	180	1,20	40,00	40,60	48	29
							$\sum$	6.617	179.318

i	n	n^*	$A_{s,i}$ (cm²)	$d_{s,i}$ (cm)	$n^* \cdot A_{s,i}$ (cm²)	$n^* \cdot A_{s,i}(x_1 - d_{s,i})$
1	10	9	10	5	90	3.258
2	10	10	105	170	1.050	−135.240
				$\sum$	1.140	−131.982

Com os somatórios em destaque, tem-se a nova estimativa da posição da linha neutra.

$$x_2 = x_1 - \frac{\sum_1^N A_{c,i}(x_1 - d_{c,i}) + \sum_1^M n_i^* \cdot A_{s,i}(x_1 - d_{s,i})}{\sum_1^N A_{c,i} + \sum_1^M n_i^* \cdot A_{s,i}} = 41{,}2 - \frac{(179.318 - 131.982)}{(6.617 + 1.140)} \Rightarrow \boxed{x_2 = 35{,}1} \quad (8.142)$$

Repetindo-se mais uma vez o processo, obtêm-se os valores da Tab. 8.14.

Tab. 8.14 Determinação do momento de 1ª ordem – aproximação $x_2 = 35{,}1$ cm

i	$b_{1,i}$ (cm)	$b_{2,i}$ (cm)	h_i (cm)	$\sum h$	h^* (cm)	b^* (cm)	$d_{c,i}$ (cm)	$A_{c,i}$ (cm²)	$A_{c,i}(x_2 - d_{c,i})$
1	260	260	15	15	15,00	260,00	7,50	3.900	107.640
2	260	160	7,5	22,5	7,50	160,00	18,45	1.575	26.220
3	85	40	17,5	40	12,60	52,60	28,31	867	5.890
4	40	40	140	180	0,00	40,00	40,00	0	0
							$\sum$	6.342	139.750

i	n	n^*	$A_{s,i}$ (cm²)	$d_{s,i}$ (cm)	$n^* \cdot A_{s,i}$ (cm²)	$n^* \cdot A_{s,i}(x_2 - d_{s,i})$
1	10	9	10	5	90	2.709
2	10	10	105	170	1.050	−141.645
				$\sum$	1.140	−138.936

Com os somatórios em destaque, chega-se à nova estimativa da posição da linha neutra, praticamente idêntica à anterior, indicando a proximidade da convergência do processo iterativo.

$$x_3 = x_2 - \frac{\sum_1^N A_{c,i}(x_2 - d_{c,i}) + \sum_1^M n_i^* \cdot A_{s,i}(x_2 - d_{s,i})}{\sum_1^N A_{c,i} + \sum_1^M n_i^* \cdot A_{s,i}} = 35{,}1 - \frac{(139.750 - 138.936)}{(6.342 + 1.140)} \Rightarrow \boxed{x_3 = 35{,}0} \quad (8.143)$$

Outro indicativo da convergência são os somatórios dos momentos de 1ª ordem, que tendem a se anular.

Habilitando-se o recurso de cálculo iterativo na planilha Excel, o processo de Newton-Raphson anteriormente apresentado pode ser programado escrevendo-se a fórmula recursiva a seguir expressa, diretamente na célula da posição da linha neutra.

$$x = x - \frac{\sum_1^N A_{c,i}(x - d_{c,i}) + \sum_1^M n_i^* \cdot A_{s,i}(x - d_{s,i})}{\sum_1^N A_{c,i} + \sum_1^M n_i^* \cdot A_{s,i}}$$ (8.144)

Na Tab. 8.15 apresenta-se o resultado do cálculo iterativo no Excel incluindo a determinação do momento de 2ª ordem.

A partir das totalizações dos momentos de 2ª ordem indicados na Tab. 8.15, determina-se a inércia no Estádio II, como a seguir expresso.

Tab. 8.15 Resultados do cálculo iterativo ($x = 34{,}99$ cm)

i	$b_{1,i}$ (cm)	$b_{2,i}$ (cm)	h_i (cm)	$\sum h$	h^* (cm)	b^* (cm)	$d_{c,i}$ (cm)	$A_{c,i}$ (cm²)	$A_{c,i}(x_2 - d_{c,i})$	$A_{c,i}(x_2 - d_{c,i})^2$	$I_{\bar{x}}$
1	260	260	15	15	15,00	260,00	7,50	3.900	107.216	2.947.480	73.125
2	260	160	7,5	22,5	7,50	160,00	18,45	1.575	26.049	430.812	7.243
3	85	40	17,5	40	12,49	52,88	28,26	861	5.796	39.010	10.994
4	40	40	140	180	0,00	40,00	40,00	0	0	0	0
							$\sum$	6.336	139.060	3.417.302	91.363

i	n	n^*	$A_{s,i}$ (cm²)	$d_{s,i}$ (cm)	$n^* \cdot A_{s,i}$ (cm²)	$n^* \cdot A_{s,i}(x_2 - d_{s,i})$	$n^* \cdot A_{s,i}(x_2 - d_{s,i})^2$
1	10	9	10	5	90	2.699	80.952
2	10	10	105	170	1.050	−141.759	19.138.755
				$\sum$	1.140	−139.060	19.219.708

$$I_{II} = 3.417.302 + 91.363 + 19.219.708 \Rightarrow \boxed{I_{II} = 22.728.373 \text{ cm}^4 = 0{,}227 \text{ m}^4}$$ (8.145)

Esses resultados podem ser aferidos admitindo-se uma seção "T" aproximadamente equivalente, como representado na Fig. 8.41.

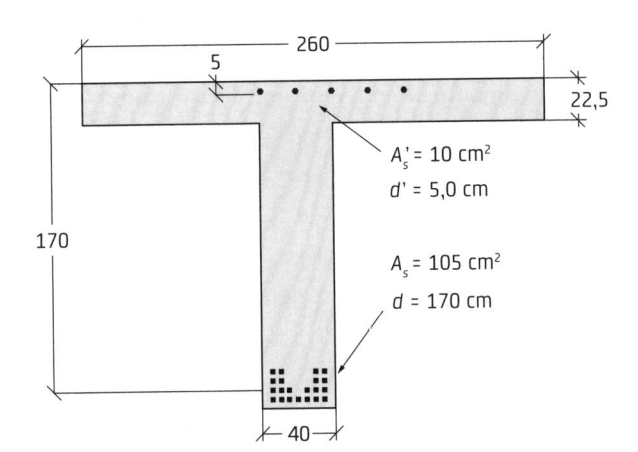

Fig. 8.41 Seção "T" aproximadamente equivalente com armadura dupla

Desprezando-se a contribuição da alma, a posição da linha neutra pode ser determinada aplicando-se a Eq. 8.101.

$$x = \frac{2n(A_s \cdot d + A_s' \cdot d') + b_f \cdot h_f^2}{2\left[n(A_s + A_s') + b_f \cdot h_f\right]} = \frac{2 \times 10(105 \times 170 + 10 \times 5) + 260 \times 22{,}5^2}{2\left[10(105 + 20) + 260 \times 22{,}5\right]} \Rightarrow \boxed{x = 34{,}5 \text{ cm}}$$ (8.146)

Com esse valor substituído na Eq. 8.102, tem-se:

$$I_{II} = \frac{b_f \cdot h_f^3}{12} + b_f \cdot h_f \left(x - \frac{h_f}{2}\right)^2 + n\left[A_s(d-x)^2 + A_s'(x-d')^2\right] =$$

$$= \frac{260 \times 22{,}5^3}{12} + 260 \times 22{,}5 \left(34{,}5 - \frac{22{,}5}{2}\right)^2 + 10\left[105(170-34{,}5)^2 + 10(34{,}5-5)^2\right]$$

$$\Rightarrow \boxed{I_{II} = 22.774.375 \text{ cm}^4 = 0{,}228 \text{ m}^4} \quad (8.147)$$

Para a aplicação dos ábacos, têm-se os seguintes parâmetros:

$$\frac{h_f}{d} = \frac{22{,}5}{170} \Rightarrow h_f = 0{,}13d \quad (8.148)$$

$$n\frac{A_s}{b \cdot d} = 10 \times \frac{105}{260 \times 170} = 0{,}024 \quad (8.149)$$

A partir dos ábacos das Figs. 8.32 e 8.33, obtêm-se as seguintes estimativas:

$$\frac{x}{d} \cong 0{,}20 \Rightarrow \boxed{x \cong 34 \text{ cm}} \quad (8.150)$$

$$\frac{I_{II}}{b \cdot d^3} \cong 0{,}018 \Rightarrow \boxed{I_{II} \cong 0{,}23 \text{ m}^4} \quad (8.151)$$

Comprova-se assim a validade das expressões analíticas e dos ábacos, mesmo na análise de seções mais complexas que possam ser assimiladas à seção "T".

8.3.5 Flexão no Estádio III

Na prática, o estudo do comportamento de uma seção em concreto armado no Estádio III se resume à situação de esgotamento do concreto e/ou do aço, o que corresponde ao estado-limite último (ELU) de ruptura. Essa situação se define a partir de determinados limites de deformação de encurtamento para o concreto e de alongamento para o aço, que, no caso mais usual de concretos até classe C50 (f_{ck} = 50 MPa) e aço CA-50 (f_{yk} = 50 kN/cm²), assumem os seguintes valores:

- deformação de encurtamento de plastificação no concreto = 2,00‰;
- deformação de encurtamento de ruptura no concreto = 3,50‰;
- deformação máxima de alongamento do aço = 10,0‰;
- deformação de escoamento do aço ε_{yd} = 2,07‰.

Em função desses limites de deformação, são definidos, de acordo com a NBR 6118, cinco domínios, indicados simplificadamente na Fig. 8.42, entre os quais apenas os três centrais, *Domínios 2, 3 e 4, correspondem ao ELU de ruptura sob flexão (simples ou composta)*. A definição do Domínio 4a destina-se apenas a realçar o caso particular em que ocorre compressão na armadura inferior. No Domínio 2, ocorre a ruptura (convencional) por deformação plástica excessiva do aço, enquanto nos

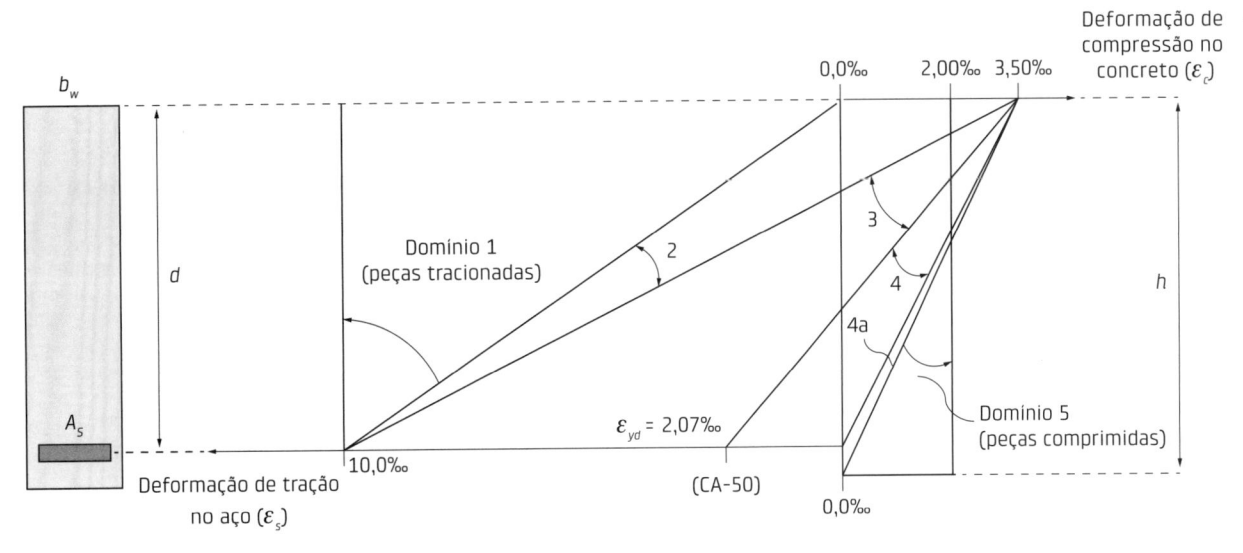

Fig. 8.42 *Domínios no ELU de ruptura (Estádio III)*

Domínios 3 e 4 a ruptura se dá por encurtamento-limite do concreto. É importante notar que no Domínio 3 o aço mantém-se escoado, enquanto no Domínio 4 o aço ainda se encontra na fase elástica, portanto antes do escoamento.

No dimensionamento na ruptura por flexão simples, faz-se a seguinte classificação das vigas, em função das deformações máximas de compressão no concreto (ε_c) e de tração no aço (ε_s):

- vigas normalmente armadas: $\varepsilon_c < 3{,}5\text{‰}$; $\varepsilon_s = 10\text{‰}$ (Domínio 2);
- vigas subarmadas: $\varepsilon_c = 3{,}5\text{‰}$; $\varepsilon_{yd} < \varepsilon_s < 10\text{‰}$ (Domínio 3);
- vigas superarmadas: $\varepsilon_c = 3{,}5\text{‰}$; $\varepsilon_s < \varepsilon_{yd}$ (Domínio 4).

As vigas não devem ser dimensionadas no Domínio 4, pois nas peças superarmadas o aço se mantém abaixo do limite de escoamento e a ruptura ocorre no concreto, caracterizando assim a *ruptura frágil*.

Seção retangular

Para o dimensionamento à flexão no ELU de ruptura, considera-se o concreto no Estádio III, admitindo-se que o diagrama parábola-retângulo seja simplificado por um diagrama retangular com 80% da altura comprimida, conforme ilustrado na Fig. 8.43 para o caso de seção retangular.

Nessa figura estão representadas as seguintes grandezas:

A_s = área de aço tracionado;
M_d = momento fletor de projeto no ELU;
R_{cc} = resultante de compressão no concreto;
R_{st} = resultante de tração no aço;
ε_c = deformação máxima de compressão no concreto;
ε_s = deformação de tração no aço;
L.N. = linha neutra;

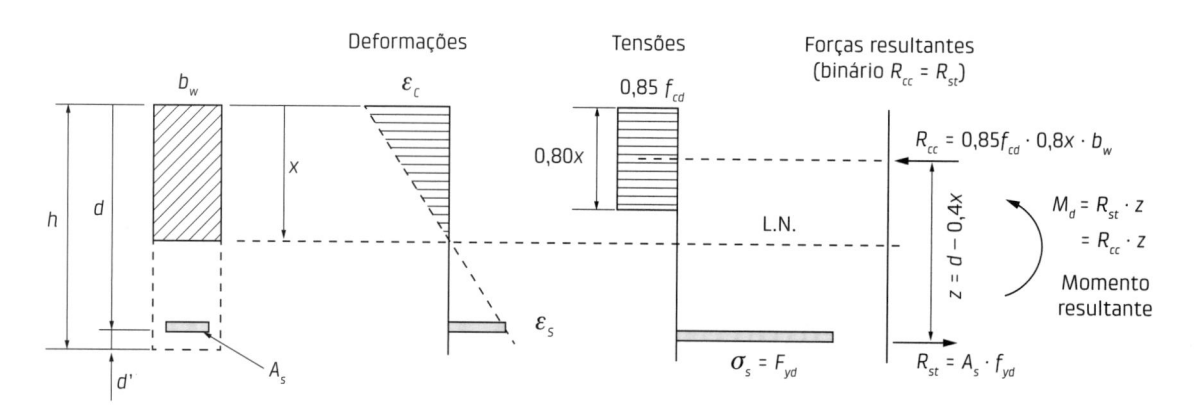

Fig. 8.43 *Flexão simples em seção retangular no ELU*

h = altura da seção;
b_w = largura da seção;
d' = posição do centroide da armadura tracionada;
d = altura útil ($d = h - d'$);
z = braço de alavanca do binário $R_{cc} = R_{st}$;
x = profundidade da L.N. = altura comprimida;
f_{cd} = resistência de cálculo do concreto;
f_{yd} = tensão de escoamento de cálculo do aço;
σ_s = tensão de tração no aço.

No dimensionamento de viga em concreto armado sob flexão, deve-se determinar a profundidade da linha neutra (x) para a qual a resultante de compressão do concreto (R_{cc}) se equilibra com a resultante de tração no aço (R_{st}). Com o braço de alavanca (z) do binário ($R_{cc} = R_{st}$), tem-se o equilíbrio do momento solicitante (M_d) e finalmente a definição da área de armadura necessária (A_s), determinada em função da tensão no aço, em geral na condição de escoamento.

Nos casos mais usuais de seção retangular ou mesmo tipo "T", o dimensionamento pode ser simplificado adotando-se os seguintes parâmetros adimensionais:

$$\boxed{k_z = \frac{z}{d}} \tag{8.152}$$

$$\boxed{k_x = \frac{x}{d}} \tag{8.153}$$

Admitindo-se o diagrama retangular, o braço de alavanca pode ser expresso por:

$$z = d - 0{,}4x \tag{8.154}$$

Com as Eqs. 8.152 e 8.153 na Eq. 8.154, têm-se:

$$k_z = 1 - 0{,}4k_x \tag{8.155}$$

$$k_x = 2,5(1-k_z) \quad (8.156)$$

A resultante de compressão no concreto pode então ser expressa como:

$$R_{cc} = (0,8x)(0,85f_{cd})b_w = 0,68k_x \cdot f_{cd} \cdot b_w \cdot d \quad (8.157)$$

Com a resultante de compressão e o braço de alavanca, tem-se o momento fletor resultante:

$$M_d = R_{cc} \cdot z \quad (8.158)$$

Substituindo-se as Eqs. 8.154 e 8.157 na Eq. 8.158, pode-se definir o seguinte parâmetro adimensional associado ao momento fletor de dimensionamento:

$$\boxed{k_{md} = \frac{M_d}{f_{cd} \cdot b_w \cdot d^2}} = 0,68k_x \cdot k_z \quad (8.159)$$

Os parâmetros adimensionais nos limites entre os domínios da flexão simples assumem os seguintes valores:

• Limite entre os Domínios 2 e 3:

$$k_x = \frac{3,50}{3,50 + 10,0} = 0,26 \quad (8.160)$$

$$k_z = 1 - 0,4 \times 0,259 = 0,896 \quad (8.161)$$

$$k_{md} = 0,68 \times 0,259 \times 0,896 = 0,158 \quad (8.162)$$

• Limite entre os Domínios 3 e 4:

$$k_x = \frac{3,50}{3,50 + 2,07} = 0,628 \quad (8.163)$$

$$k_z = 1 - 0,4 \times 0,628 = 0,749 \quad (8.164)$$

$$k_{md} = 0,68 \times 0,628 \times 0,749 = 0,320 \quad (8.165)$$

Visando garantir vigas com comportamento dúctil, a NBR 6118 (§ 14.6.4.3) limita a posição da linha neutra até a profundidade máxima correspondente a $k_x = 0,45$. Assim, o dimensionamento à flexão de vigas na ruptura fica limitado entre as regiões intermediárias dos Domínios 2 e 3, como indicado no sombreado da Fig. 8.44.

Substituindo-se a Eq. 8.155 na Eq. 8.159, tem-se a seguinte equação do 2° grau:

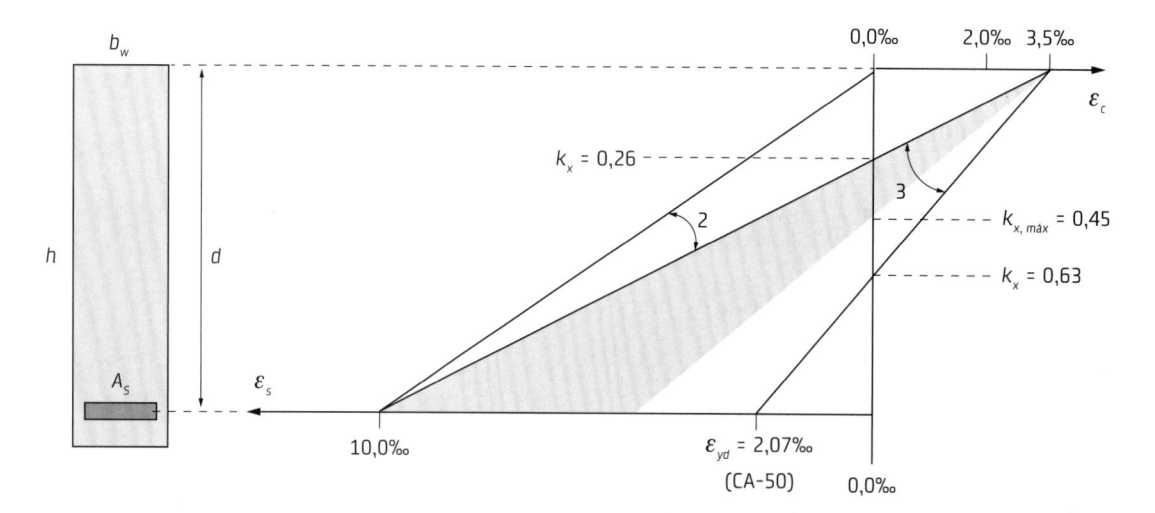

Fig. 8.44 *Domínios 2 e 3 na flexão simples*

$$k_{md} = 0,68 \times 2,5(1-k_z)k_z \Rightarrow k_z^2 - k_z + \frac{k_{md}}{1,7} = 0 \qquad (8.166)$$

A raiz pertinente da Eq. 8.165 permite expressar k_z em função de k_{md}:

$$\boxed{k_z = 0,5 + \sqrt{0,25 - \frac{k_{md}}{1,7}}} \qquad (8.167)$$

A expressão simplificada a seguir, exclusivamente para a determinação de k_z, pode ser interessante para cálculos manuais:

$$\boxed{k_z \cong 1 - \frac{k_{md}}{1,4}} \qquad (8.168)$$

Conhecendo-se o parâmetro k_z, tem-se o braço de alavanca, e a determinação da armadura torna-se imediata, como a seguir.

Lembrando que na flexão simples as resultantes de tração e de compressão devem se equilibrar, tem-se a seguinte condição a ser atendida:

$$R_{cc} = R_{st} \qquad (8.169)$$

No Domínio 2 ou 3, o aço já se encontra no escoamento, logo a resultante de tração pode ser expressa como:

$$R_{st} = A_s \cdot f_{yd} \qquad (8.170)$$

Com as Eqs. 8.169 e 8.170 na Eq. 8.158, tem-se:

$$M_d = A_s \cdot f_{yd} \cdot z = A_s \cdot f_{yd} \cdot k_z \cdot d \qquad (8.171)$$

Assim, a área de armadura pode ser expressa como:

$$A_s = \frac{M_d}{k_z \cdot d \cdot f_{yd}} \quad (8.172)$$

Com as Eqs. 8.159 e 8.155, define-se o valor máximo de k_{md} para respeitar a profundidade máxima da linha neutra limitada em $k_x = 0{,}45$:

$$k_{md} = 0{,}68 k_x \cdot k_z = 0{,}68 k_x (1 - 0{,}4 k_x) = 0{,}68 \times 0{,}45 (1 - 0{,}4 \times 0{,}45) \Rightarrow$$
$$\boxed{(k_{md})_{máx} = 0{,}25} \quad (8.173)$$

Caso $k_{md} > 0{,}25$, tem-se como alternativa alterar a largura (b_w) e/ou a altura (h) da seção para resultar em $k_{md} \leq 0{,}25$. Caso não seja possível alterar a geometria da seção, resta ainda a possibilidade de adotar armadura de compressão para subir a linha neutra e garantir $k_{md} \leq 0{,}25$.

Como exemplo, considera-se o dimensionamento de uma seção retangular (1,80 m × 0,40 m) submetida a um momento fletor de cálculo $M_d = 3.500$ kN · m. Admite-se concreto $f_{ck} = 30$ MPa e armadura em aço CA-50. Estima-se inicialmente o centroide da armadura (d') 10 cm acima do fundo da viga. Para a adoção das unidades em kN e cm, os dados do problema podem ser resumidos como a seguir:

$$M_d = 350.000 \text{ kN} \cdot \text{cm} \quad (8.174)$$

$$f_{cd} = \frac{f_{ck}}{1{,}40} = \frac{30 \text{ MPa}}{1{,}40} = 21{,}4 \text{ MPa} = 2{,}14 \text{ kN/cm}^2 \quad (8.175)$$

$$f_{yd} = \frac{f_{yk}}{1{,}15} = \frac{50 \text{ kN/cm}^2}{1{,}15} = 43{,}5 \text{ kN/cm}^2 \quad (8.176)$$

$$d = h - d' = 170 \text{ cm} \quad (8.177)$$

$$b_w = 40 \text{ cm} \quad (8.178)$$

Inicialmente, determina-se o parâmetro k_{md}:

$$k_{md} = \frac{M_d}{f_{cd} \cdot b_w \cdot d^2} = \frac{350.000}{2{,}14 \times 40 \times 170^2} = 0{,}1415 \, a \quad (8.179)$$

Verificando-se que $k_{md} < 0{,}25$, o parâmetro do braço de alavanca é calculado com a Eq. 8.167 ou 8.168:

$$k_z = 0{,}5 + \sqrt{0{,}25 - \frac{k_{md}}{1{,}7}} = 0{,}5 + \sqrt{0{,}25 - \frac{0{,}1415}{1{,}7}} \Rightarrow k_z = 0{,}908 \quad (8.180)$$

$$k_z \cong 1 - \frac{k_{md}}{1,4} = 1 - \frac{0,1415}{1,4} \Rightarrow k_z \cong 0,90 \qquad (8.181)$$

Observa-se que a Eq. 8.168 fornece boa aproximação, sendo o pequeno desvio a favor da segurança. A área de aço é então determinada com a Eq. 8.172:

$$A_s = \frac{M_d}{k_z \cdot d \cdot f_{yd}} = \frac{350.000}{0,908 \times 170 \times 43,5} \Rightarrow A_s \cong 52,1 \text{ cm}^2 \qquad (8.182)$$

Na Fig. 8.45 apresenta-se um resumo dos dados e a resposta do exemplo.

Seção "T"

A consideração de seção com mesa colaborante (seção "T"), de espessura h_f e largura b_f, ocorre no dimensionamento à flexão sob momento positivo quando a laje, solidária à alma da viga, participa da região comprimida.

Para o dimensionamento de seção "T", deve-se inicialmente determinar se a profundidade da região comprimida no ELU (0,8x) está limitada na mesa. Para isso, define-se o momento fletor $\overline{M_d}$ correspondente à resultante de compressão, indicada por $\overline{R_{cc}}$, com a totalidade do flange comprimido, conforme apresentado na Fig. 8.46.

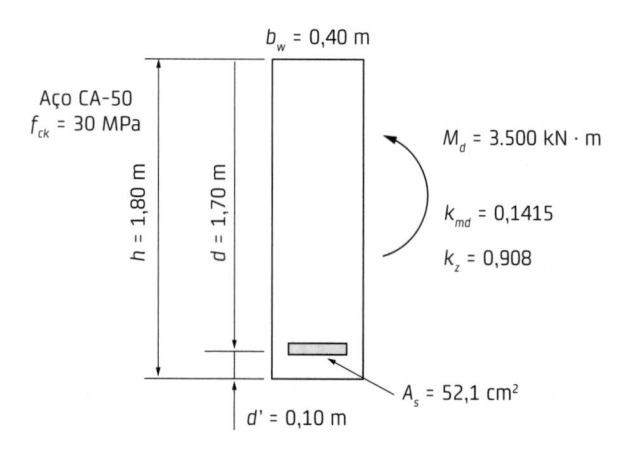

Fig. 8.45 *Exemplo de dimensionamento de seção retangular sob flexão simples*

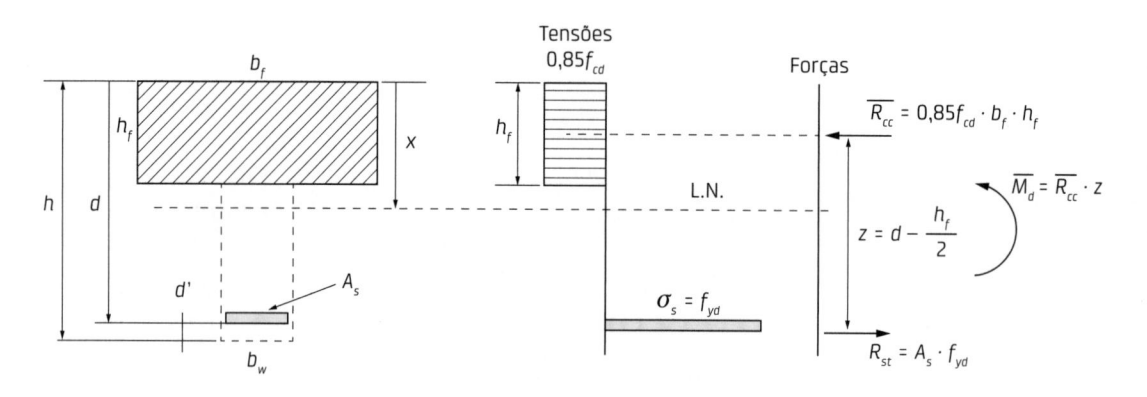

Fig. 8.46 *Seção "T" com região comprimida coincidente com a mesa*

Tem-se, assim, a expressão para a definição do momento fletor absorvido na situação de mesa totalmente comprimida:

$$\overline{M_d} = \overline{R_{cc}} \cdot z = 0,85 f_{cd} \cdot b_f \cdot h_f \left(d - \frac{h_f}{2} \right) \qquad (8.183)$$

217

Viga sob flexão

O momento fletor $\overline{M_d}$ pode então ser tomado como parâmetro de referência para determinar se a região comprimida situa-se exclusivamente na mesa ou se a alma também participa como zona de compressão.

Ou seja, caso $M_d \leq \overline{M_d}$, pode-se considerar no ELU que a situação é idêntica à de uma seção retangular de dimensões $b_f \times h$, sob momento de projeto M_d, conforme ilustrado na Fig. 8.47.

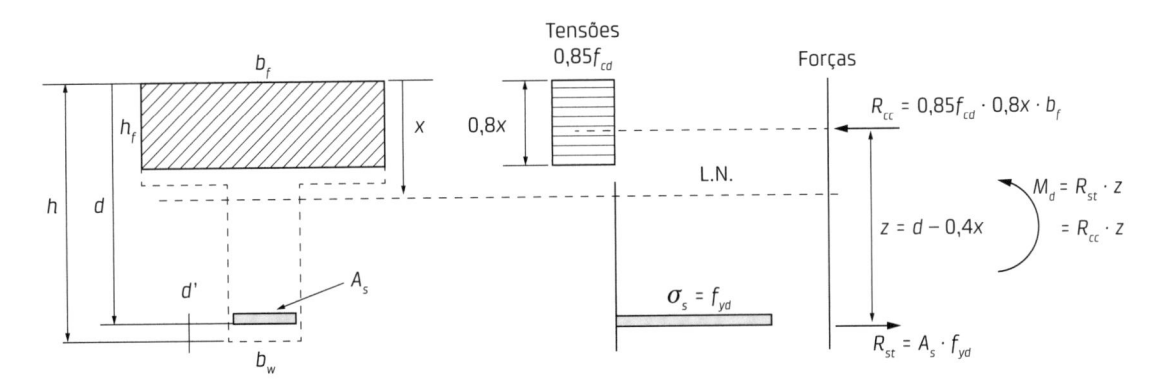

Fig. 8.47 *Flexão simples em seção "T" com região comprimida situada na mesa*

Como exemplo, considera-se o dimensionamento da seção retangular "T" representada na Fig. 8.48.

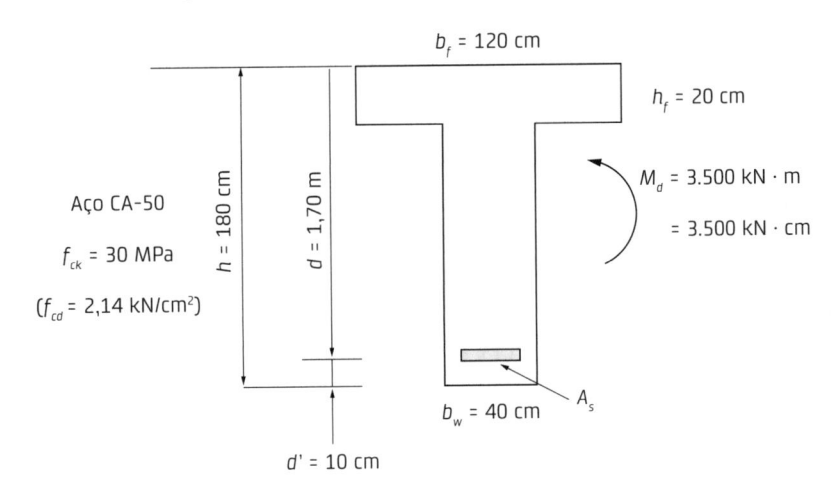

Aço CA-50

f_{ck} = 30 MPa

(f_{cd} = 2,14 kN/cm²)

b_f = 120 cm

h_f = 20 cm

h = 180 cm

d = 1,70 m

M_d = 3.500 kN·m

= 3.500 kN·cm

b_w = 40 cm

d' = 10 cm

Fig. 8.48 *Exemplo de dimensionamento de seção "T" sob flexão simples*

Inicialmente, determina-se o momento fletor ($\overline{M_d}$) absorvido pela mesa totalmente comprimida.

$$\overline{M_d} = 0{,}85 f_{cd} \cdot b_f \cdot h_f \left(d - \frac{h_f}{2}\right) = 0{,}85 \times 2{,}14 \times 120 \times 20 \left(170 - \frac{20}{2}\right)$$

$$\Rightarrow \overline{M_d} = 698.496 \text{ kN·cm} \tag{8.184}$$

Como $M_d < \overline{M_d}$, a região comprimida está limitada ao flange e, assim, a situação se reduz ao dimensionamento de uma seção retangular com largura b_f. Tem-se então a mesma sequência de cálculos do exemplo anterior:

$$k_{md} = \frac{M_d}{f_{cd} \cdot b_f \cdot d^2} = \frac{350.000}{2{,}14 \times 120 \times 170^2} = 0{,}0472 \qquad (8.185)$$

$$k_z = 0{,}5 + \sqrt{0{,}25 - \frac{k_{md}}{1{,}7}} = 0{,}5 + \sqrt{0{,}25 - \frac{0{,}0472}{1{,}7}} \Rightarrow k_z = 0{,}971 \qquad (8.186)$$

$$k_z \cong 1 - \frac{k_{md}}{1{,}4} = 1 - \frac{0{,}0472}{1{,}4} \Rightarrow k_z \cong 0{,}97 \qquad (8.187)$$

$$A_s = \frac{M_d}{k_z \cdot d \cdot f_{yd}} = \frac{350.000}{0{,}971 \times 170 \times 43{,}5} \Rightarrow A_s \cong 48{,}7 \text{cm}^2 \qquad (8.188)$$

Caso contrário, quando $M_d > \overline{M_d}$, pode-se ainda seguir o dimensionamento de seção retangular, bastando abater do momento de projeto (M_d) o valor do momento absorvido pelas abas do flange (M_f), como mostrado na Fig. 8.49.

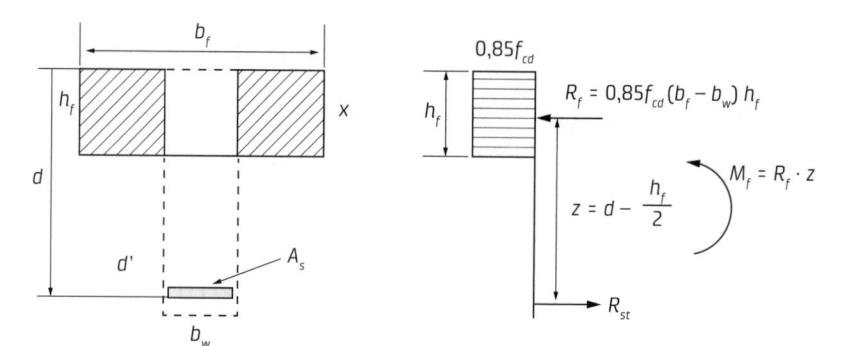

Fig. 8.49 *Momento absorvido pelas abas do flange*

O momento fletor M_f é expresso em função da resultante da compressão das abas do flange (R_f), como a seguir indicado.

$$R_f = 0{,}85 f_{cd} \left(b_f - b_w \right) h_f \qquad (8.189)$$

$$M_f = R_f \left(d - \frac{h_f}{2} \right) \qquad (8.190)$$

Para o dimensionamento, considera-se então a superposição das duas situações, representadas na Fig. 8.50:
- ação de ($M_d - M_f$) na seção retangular $b_w \times h$, resultando na área de aço A_{s1};
- ação de M_f comprimindo as abas da seção "T", resultando na área de aço A_{s2}.

Para a seção "T", pode-se assim estabelecer a sequência de cálculo resumida na forma do fluxograma da Fig. 8.51.

Como exemplo, considera-se a mesma seção "T" da Fig. 8.48, com um momento fletor de cálculo $M_d = 750.000$ kN · cm. Nesse caso, o momento fletor absorvido pela mesa

Viga sob flexão

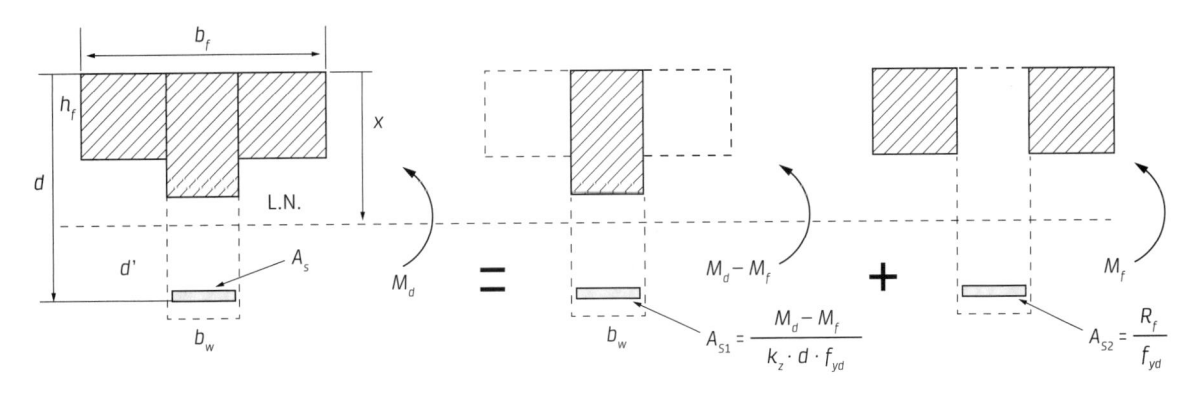

Fig. 8.50 *Seção "T" com alma comprimida – decomposição do momento M_d*

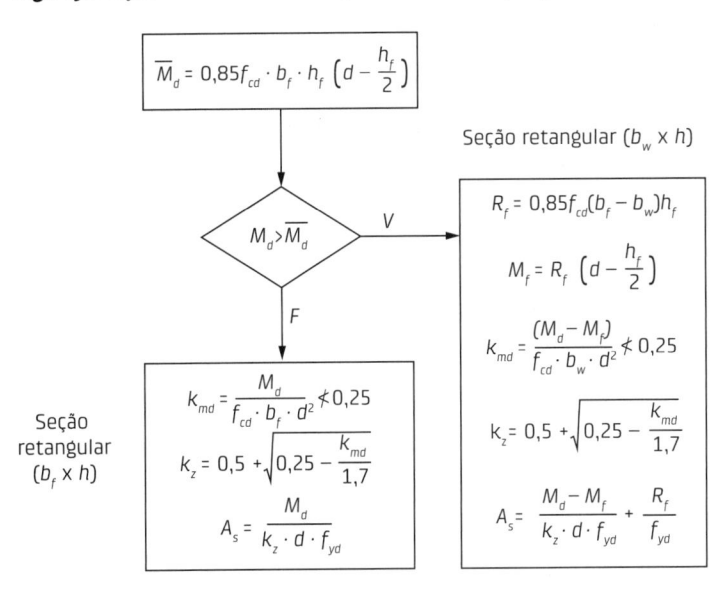

Fig. 8.51 *Fluxograma para dimensionamento de seção "T"*

totalmente comprimida, já determinado na Eq. 8.184, é menor do que o momento de cálculo, o que indica que a região comprimida ultrapassa o flange. Define-se então a reação de compressão absorvida pelas abas (R_f) do flange e o momento correspondente (M_f):

$$R_f = 0{,}85 f_{cd}(b_f - b_w)h_f = 0{,}85 \times 2{,}14(120-40)20 \Rightarrow R_f = 2.910 \text{ kN} \tag{8.191}$$

$$M_f = R_f\left(d - \frac{h_f}{2}\right) = 2.910\left(170 - \frac{20}{2}\right) \Rightarrow M_f = 465.600 \text{ kN} \cdot \text{cm} \tag{8.192}$$

Essa parcela de resultante absorvida pela aba do flange demanda uma área de aço (R_f/f_{yd}), e o momento restante ($M_d - M_f$) atua na seção retangular da alma ($b_w \times d$). A determinação do braço de alavanca para a absorção desse momento restante segue o mesmo roteiro de uma seção retangular.

$$k_{md} = \frac{(M_d - M_f)}{f_{cd} \cdot b_w \cdot d^2} = \frac{(750.000 - 465.600)}{2{,}14 \times 40 \times 170^2} = 0{,}1150 \tag{8.193}$$

$$k_z = 0,5 + \sqrt{0,25 - \frac{k_{md}}{1,7}} = 0,5 + \sqrt{0,25 - \frac{0,1150}{1,7}} \Rightarrow k_z = 0,927 \tag{8.194}$$

$$k_z \cong 1 - \frac{k_{md}}{1,4} = 1 - \frac{0,0472}{1,4} \Rightarrow k_z \cong 0,92 \tag{8.195}$$

Para a definição da área de aço, deve-se adicionar o valor de equilíbrio da compressão das abas do flange, conforme indicado na Fig. 8.50.

$$A_s = \frac{M_d}{k_z \cdot d \cdot f_{yd}} + \frac{R_f}{f_{yd}} = \frac{(750.000 - 465.600)}{0,927 \times 170 \times 43,5} + \frac{2.910}{43,5} \Rightarrow A_s \cong 108,4 \text{ cm}^2 \tag{8.196}$$

Decomposição em trapézios

Para a decomposição de seção genérica de concreto armado no Estádio III, considera-se uma área trapezoidal interceptada pela limitação da altura comprimida (0,8x), como esquematizado na Fig. 8.52.

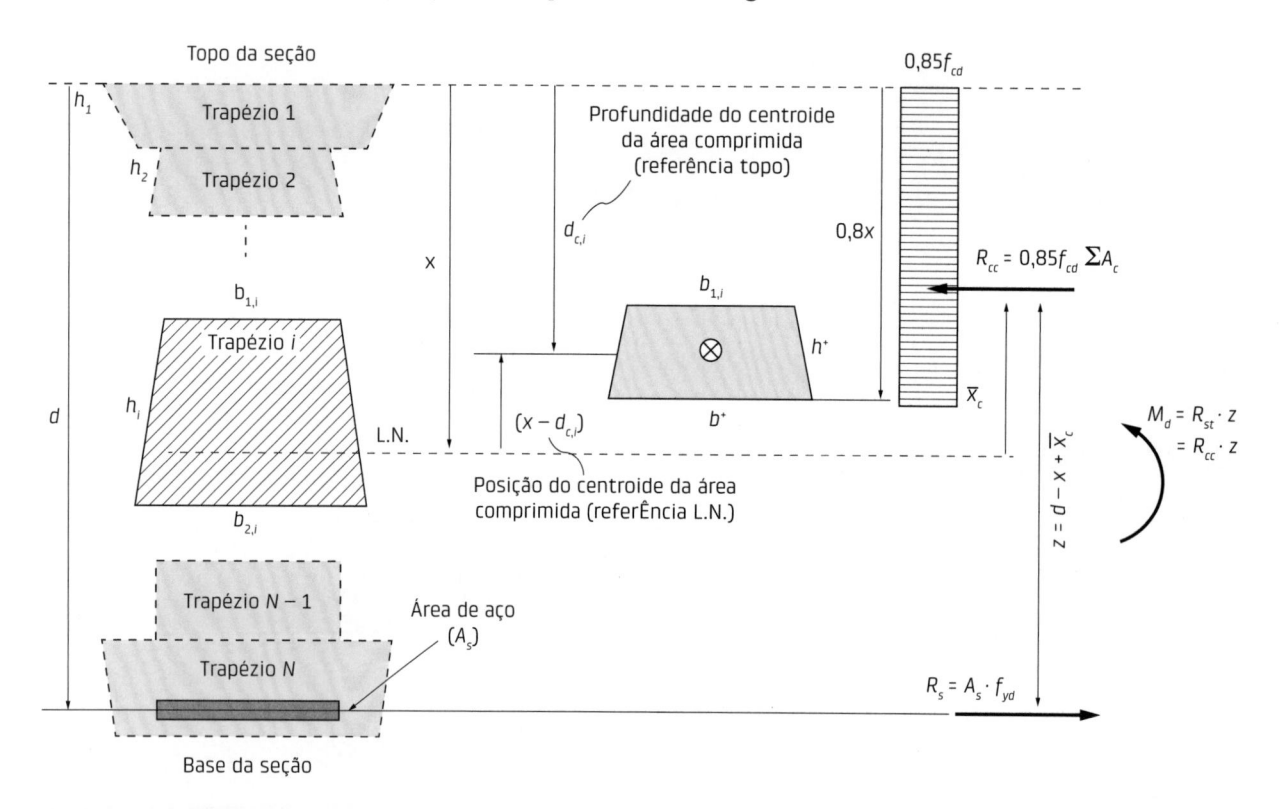

Fig. 8.52 *Seção genérica de concreto armado no Estádio III*

Observa-se que a situação é análoga à da análise no Estádio II, da Fig. 8.38, porém a delimitação da área a ser considerada deixa de ser na linha neutra (x) e passa a ser a região comprimida (0,8x). Logo, para a definição da altura h^*, deve-se observar as seguintes condições:

$$\sum_1^{i-1} h_i > 0,8x \Rightarrow \boxed{h^* = 0} \tag{8.197}$$

$$0,8x > \sum_1^{i-1} h_i \Rightarrow \boxed{h^* = h_i} \tag{8.198}$$

$$\sum_1^{i-1} h_i < 0,8x < \sum_1^{i} h_i \Rightarrow \boxed{h^* = x - \sum_1^{i-1} h_i} \tag{8.199}$$

Embora as Eqs. 8.127 a 8.129 permaneçam válidas para o cálculo da base b^*, da área de concreto $A_{c,i}$ e do centroide da área comprimida $(d_{c,i})$, a definição da posição da linha neutra no Estádio III torna-se mais complexa, pois não é função apenas da disposição geométrica das áreas e da relação entre módulos de elasticidade. Como se pode observar na Eq. 8.167, a relação entre o braço de alavanca e o momento de cálculo é não linear. No Estádio III, a posição da linha neutra depende do equilíbrio das forças de compressão no concreto e de tração no aço. No concreto sob flexão, admite-se que as tensões acima da linha neutra sejam tomadas com o valor constante $0,85f_{cd}$. O aço nos Domínios 2 e 3 apresenta sempre tensão de escoamento f_{yd}.

No dimensionamento à flexão no Estádio III, têm-se basicamente como variáveis a profundidade da linha neutra e a área de aço. Como não se dispõe de todas as derivadas explícitas em função da profundidade da linha neutra, o algoritmo de Newton-Raphson não é mais apropriado. Embora seja possível buscar solução numérica para aproximação das derivadas, por exemplo com algum método secante, a solução mais fácil é determinar por tentativa e erro a profundidade da linha neutra (x) que define a resultante de compressão no concreto suficiente para equilibrar o momento de cálculo (M_d) e, assim, determinar a área de aço (AS) necessária.

Tomando-se como exemplo a mesma seção da Fig. 8.40, submetida a um momento fletor de cálculo $M_d = 7.500$ kN · m, e buscando-se a profundidade da linha neutra para equilibrar o momento de cálculo, obtém-se, por tentativas, $x = 11,982$ cm, conforme os valores indicados na Tab. 8.16.

Tab. 8.16 Dimensionamento no Estádio III: tentativa $x = 11,982$ cm

i	$b_{1,i}$ (cm)	$b_{2,i}$ (cm)	h_i (cm)	$\sum h$	h^* (cm)	b^* (cm)	$d_{c,i}$ (cm)	$0,85f_{cd} \cdot A_{c,i}$	$0,85f_{cd} \cdot A_{c,i}(x_0 - d_{c,i})$
1	260	260	15	15	9,59	260,00	4,79	4.539	32.635
2	260	160	7,5	22,5	0,00	260,00	15,00	0	0
3	85	40	17,5	40	0,00	85,00	22,50	0	0
4	40	40	140	180	0,00	40,00	40,00	0	0
							$\sum$	$R_{cc} = 4.539$ kN	32.635

$$x_c = \frac{\sum 0,85f_{cd} \cdot A_{c,i}(x - d_{c,i})}{\sum 0,85f_{cd} \cdot A_{c,i}} \Rightarrow \quad x_c = 7,19 \text{ cm}$$

$$A_s = \frac{R_{st}}{f_{yd}} = \frac{R_{cc}}{f_{yd}} \Rightarrow \quad \mathbf{A_s = 104,4 \text{ cm}^2}$$

$$z = d - x + x_c \Rightarrow \quad z = 165,2 \text{ cm}$$

$$M_d = R_{cc} \cdot z \Rightarrow \quad \mathbf{M_d = 7.500 \text{ kN} \cdot \text{m}}$$

9 | Linhas de influência

A ação das cargas de veículos, rodoviários ou ferroviários, resulta em solicitações com valores expressivos e bastante variáveis em função da posição das forças. Na maioria das seções de análise, as cargas móveis podem ser consideradas posicionadas de forma a despertar solicitações em sentidos inversos. A determinação dessas solicitações é fundamental para compor as combinações de dimensionamento na ruptura e na verificação da fadiga. Para a definição dos valores extremos (máximos e mínimos) de determinada solicitação despertada pelas cargas móveis, tal como momento fletor ou cortante, torna-se imprescindível o domínio dos conceitos de linhas de influência e suas aplicações, objetivo deste capítulo.

9.1 Viga isostática

A partir da análise de um sistema isostático biapoiado, podem ser facilmente apresentados os conceitos envolvidos no traçado e no emprego das linhas de influência (L.I.), cujas ordenadas são obtidas sem dificuldade. Os fundamentos estabelecidos para as linhas de influência isostáticas podem ser estendidos para a definição do aspecto das linhas hiperestáticas, cujas ordenadas, entretanto, são de determinação mais trabalhosa.

O conceito de linha de influência pode ser estabelecido analisando-se os valores das solicitações (momentos fletores e cortantes) numa seção de estudo em uma viga submetida à ação de carga vertical unitária deslocando-se ao longo do vão.

Como exemplo, considera-se uma viga biapoiada com 7,50 m de extensão que, por simplicidade, é analisada apenas com as quatro seções de estudo (S_1, S_2, S_3 e S_4), indicadas na Fig. 9.1.

Para a análise da carga móvel unitária que se desloca ao longo do vão, considera-se a ação da força sobre cada uma das seções de estudo. Visando o estudo da seção S_2, as solicitações nessa seção apresentam-se destacadas, para diversas posições da carga unitária, em cada um dos diagramas da Fig. 9.2.

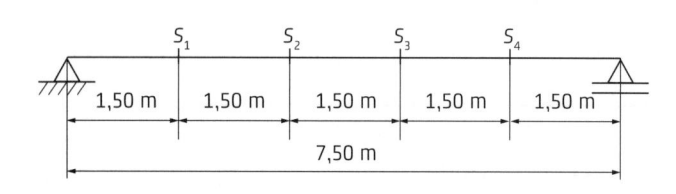

Fig. 9.1 *Exemplo de seções de estudo em viga biapoiada*

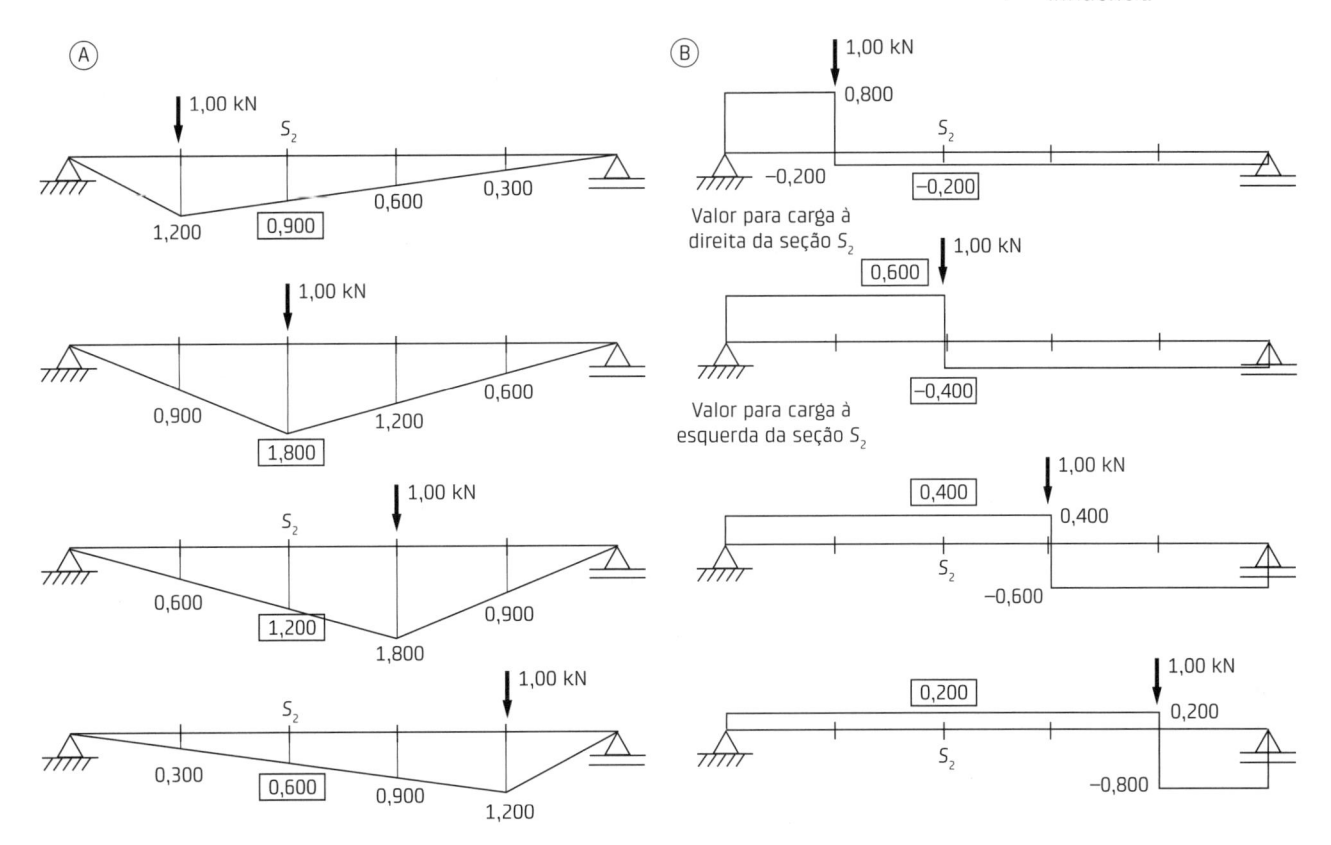

Fig. 9.2 *(A) Diagramas de momentos fletores em kN · m e (B) diagramas de solicitações cortantes em kN para carga móvel unitária*

9.1.1 Linha de influência de momentos fletores

Com base nos valores indicados nos diagramas da Fig. 9.2, é possível traçar a linha de influência de momentos fletores para a seção S_2 ($L.I.M_{S2}$), como ilustrado na Fig. 9.3. Cada ordenada da linha de influência corresponde ao valor do momento fletor na posição da carga unitária.

A partir da linha de influência, a determinação do momento fletor na seção S_2 causado por uma carga concentrada em qualquer posição pode ser feita multiplicando-se a ordenada da linha de influência pelo valor da carga. Conclui-se então que as ordenadas da linha de influência de momentos fletores devem ser expressas na *unidade de comprimento adotada*, para que o produto entre carga (kN) e ordenada (m) resulte na unidade de momento (kN · m).

Fig. 9.3 *Linha de influência de momentos fletores na seção S_2 ($L.I.M_{S2}$)*

Por exemplo, para uma carga de 150 kN aplicada no meio do vão, basta multiplicar essa força pela ordenada da $L.I.M_{S2}$ nessa mesma posição, indicada na Fig. 9.4, como a seguir expresso.

$$M_{S2} = (150 \text{ kN}) \times (1{,}500 \text{ m}) = 225 \text{ kN} \cdot \text{m} \quad (9.1)$$

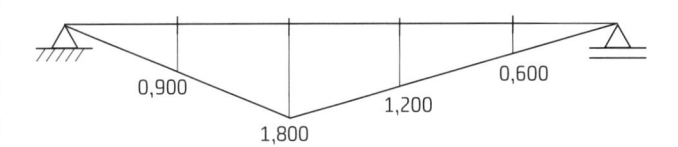

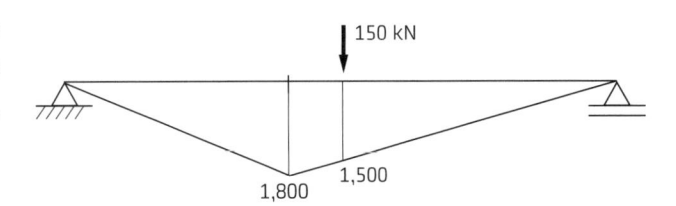

Fig. 9.4 *Efeito de carga concentrada no meio do vão sobre a $L.I.M_{S2}$*

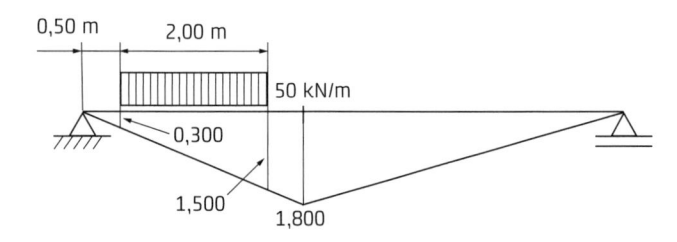

Fig. 9.5 *Efeito de carga distribuída sobre a L.I.M$_{S_2}$*

Para a determinação do momento fletor causado por uma carga distribuída em qualquer posição, basta multiplicar a respectiva área da linha de influência pelo valor da carga. Por exemplo, para uma carga uniforme de 50 kN/m entre as abscissas 0,50 m e 2,50 m (Fig. 9.5), o momento fletor na seção S_2 pode ser definido, considerando-se a área limitada sob a linha, como a seguir:

$$M_{S2} = (50 \text{ kN/m}) \times \frac{(0{,}300 \text{ m} + 1{,}500 \text{ m}) \times 2{,}00 \text{ m}}{2} = 90 \text{ kN} \cdot \text{m} \quad (9.2)$$

Os resultados obtidos podem ser verificados observando-se o diagrama de momentos fletores da viga com os dois carregamentos (Fig. 9.6), concentrado (150 kN) e distribuído (50 kN/m), agindo simultaneamente (M_{S2} = 225 + 90 = 315 kN · m).

O traçado da linha de influência pode ser estendido para a consideração de balanços nos extremos. Por exemplo, admitindo-se que a viga biapoiada tenha balanços com 1,50 m de extensão em cada lado, a ação da carga unitária resulta nos diagramas de momentos fletores esquematizados na Fig. 9.7.

Observando-se os diagramas da Fig. 9.7, têm-se as ordenadas nos extremos dos balanços. Logo, a linha de influência de momentos fletores para a seção S_2 assume o traçado ilustrado na Fig. 9.8.

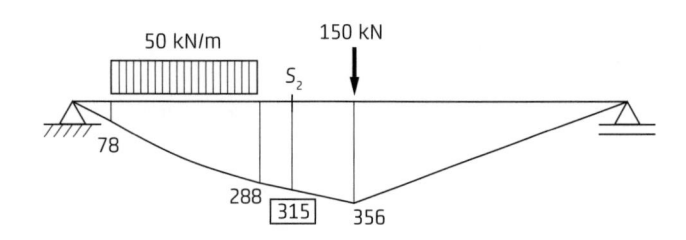

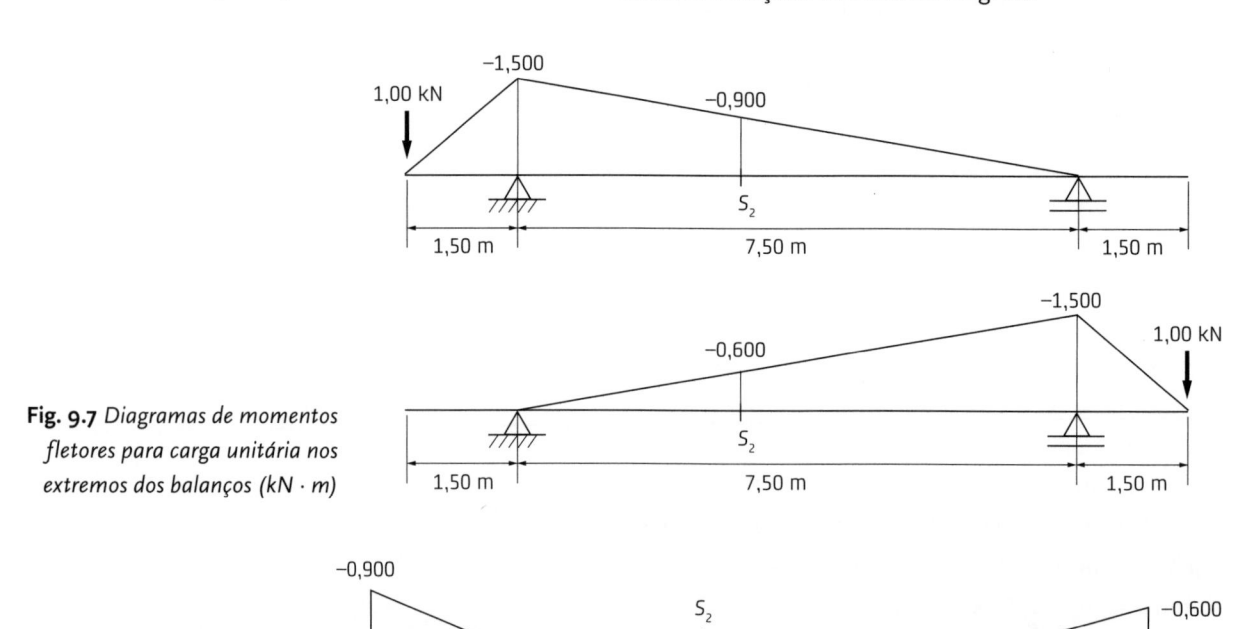

Fig. 9.6 *Diagrama de momentos fletores da viga sob carga concentrada e distribuída (kN · m)*

Fig. 9.7 *Diagramas de momentos fletores para carga unitária nos extremos dos balanços (kN · m)*

Fig. 9.8 *Linha de influência de momentos fletores para a seção S_2*

Conclui-se que a linha de influência de momentos da viga biapoiada é formada por dois trechos retilíneos, que graficamente podem ser definidos como esquematizado na Fig. 9.9.

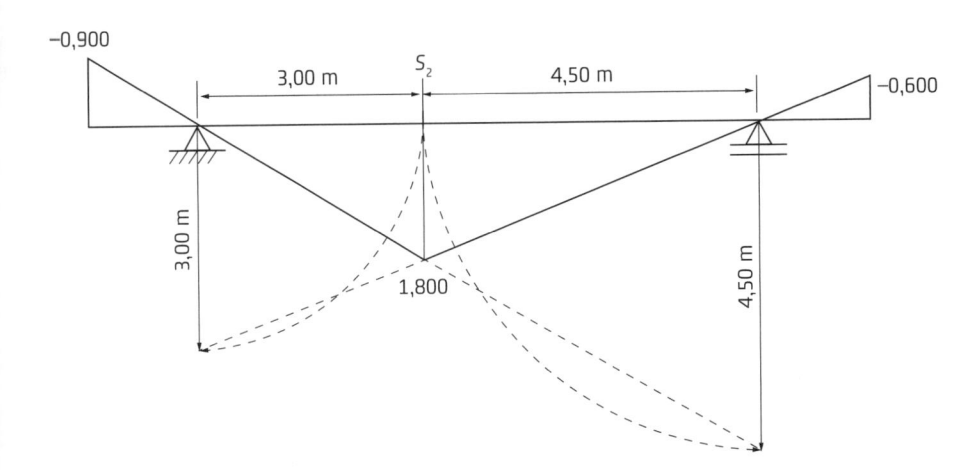

Fig. 9.9 *Definição gráfica da linha de influência de momentos fletores*

Considerando-se o estudo de uma seção S situada no trecho em balanço, a uma distância x do apoio, têm-se os aspectos gerais de linha de influência de momentos resumidos na Fig. 9.10. Observa-se que a linha de influência de momentos fletores para uma seção no balanço sempre apresenta aspecto triangular com ordenadas negativas, de valor máximo igual ao comprimento de balanço, medido até a seção.

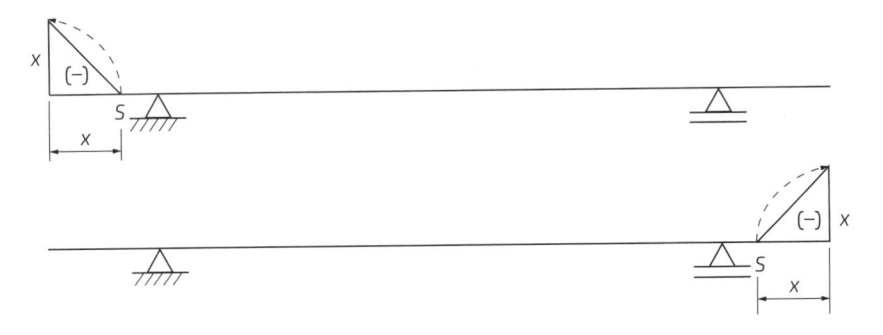

Fig. 9.10 *Linhas de influência de momentos de seções situadas no balanço*

É importante observar que qualquer linha de influência de seção em balanço assume sempre o mesmo aspecto, independentemente de o restante da estrutura ser isostática ou hiperestática. Obviamente, o traçado dessas linhas de influência é sempre limitado entre a seção de estudo e o extremo do balanço, ou seja, cargas fora desse trecho não causam solicitação na seção do balanço.

9.1.2 Linha de influência de cortantes e de reações

A partir dos diagramas da Fig. 9.2, observando-se a descontinuidade na seção S_2, é definida a linha de influência de cortantes para a seção S_2 (L.I.V_{S2}), como ilustrado na Fig. 9.11.

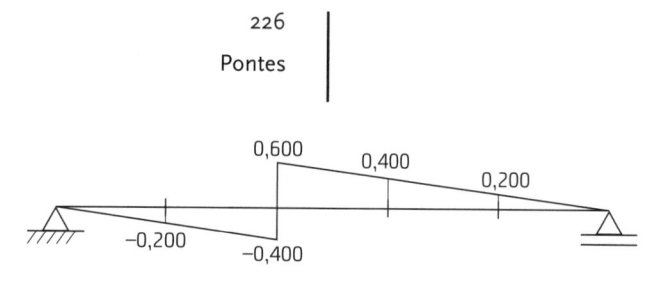

Fig. 9.11 *Linha de influência de cortantes para a seção S_2 (L.I.V$_{S2}$)*

A determinação de cortantes despertados por carga concentrada ou distribuída segue o mesmo procedimento, multiplicando-se a força pela ordenada ou pela área. Conclui-se, assim, que as ordenadas da linha de influência de cortantes devem ser *adimensionais* para que o produto entre a carga (força) e a ordenada (adimensional) resulte na unidade da solicitação cortante (força). Logo, os valores das ordenadas da linha de influência de cortantes são independentes da unidade de comprimento adotada.

Considerando-se os balanços com 1,50 m nos extremos da viga biapoiada, têm-se os diagramas de cortantes da Fig. 9.12.

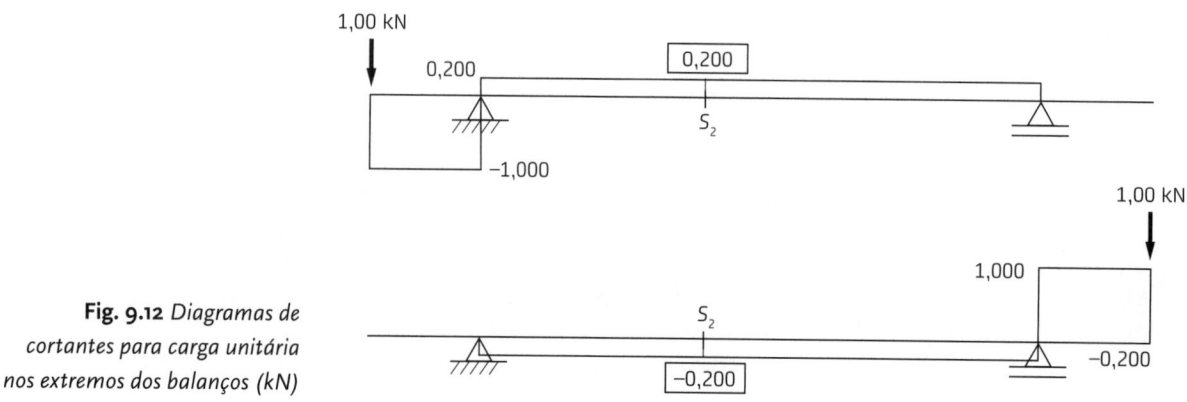

Fig. 9.12 *Diagramas de cortantes para carga unitária nos extremos dos balanços (kN)*

Logo, a linha de influência de cortantes para viga biapoiada com balanços apresenta a forma indicada na Fig. 9.13.

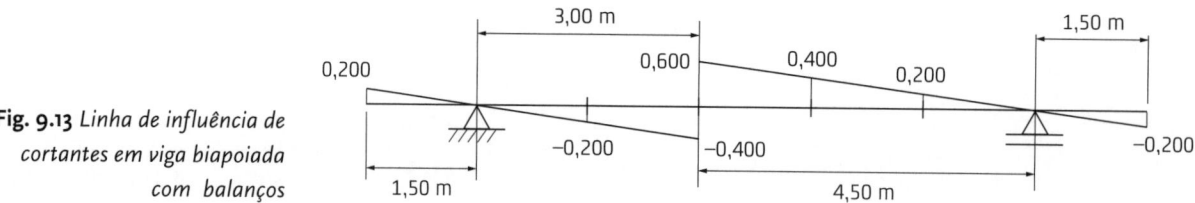

Fig. 9.13 *Linha de influência de cortantes em viga biapoiada com balanços*

Observa-se que a linha de influência de cortantes de viga biapoiada é formada por dois trechos retilíneos, que podem ser graficamente definidos como esquematizado na Fig. 9.14.

A aplicação da linha de influência de cortantes para a determinação de solicitações é análoga ao caso de linha de influência de momentos fletores. Torna-se, assim,

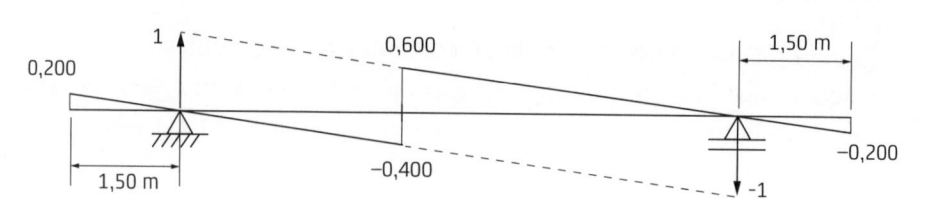

Fig. 9.14 *Definição gráfica da linha de influência de cortantes*

imediata a pesquisa de solicitações máximas, positivas ou negativas, "carregando-se" os trechos positivos ou negativos da linha de influência.

Para o carregamento de linhas de influência em pontes rodoviárias, considera-se o *trem-tipo* rodoviário, normalmente composto de uma carga distribuída e três cargas concentradas, igualmente espaçadas. A carga distribuída representa o peso dos veículos em geral, que podem ser posicionados sobre quaisquer trechos, sem necessidade de continuidade. As cargas concentradas, espaçadas de 1,50 m, não podem ser separadas e representam os eixos de *um único* veículo pesado, denominado *veículo-tipo*. Um exemplo de trem-tipo longitudinal é apresentado na Fig. 9.15.

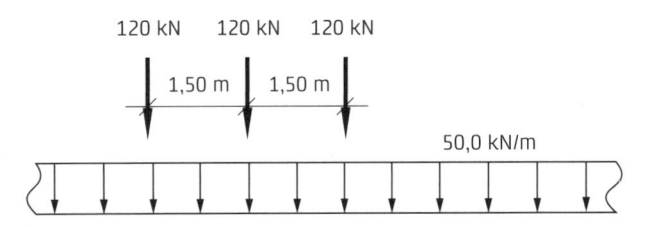

Fig. 9.15 *Exemplo de cargas de trem-tipo rodoviário*

Considerando-se esse trem-tipo, é possível definir os valores dos cortantes máximos (positivo e negativo) para a seção S_2 "carregando-se" os trechos positivos e negativos da linha de influência de cortantes, conforme indicado na Fig. 9.16.

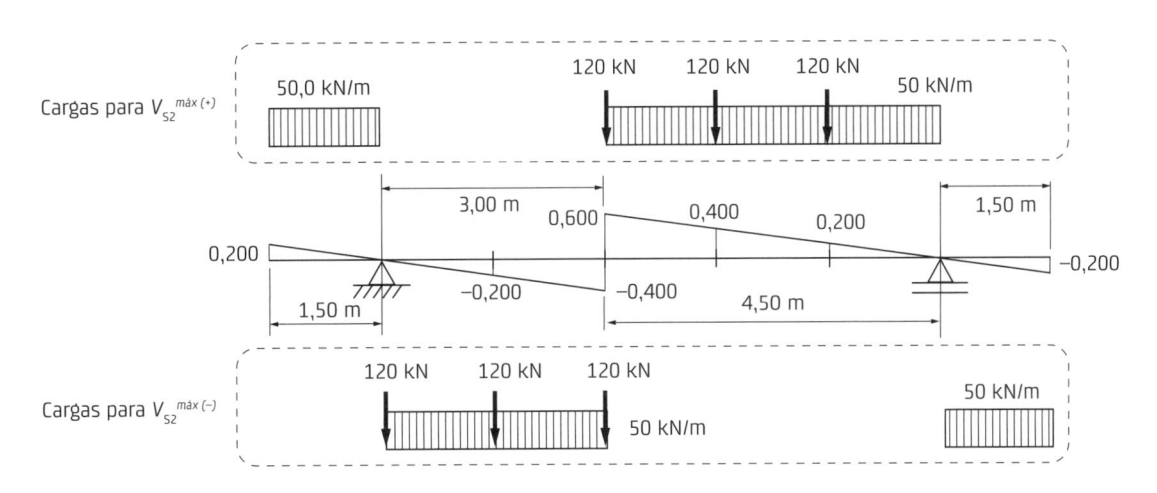

Fig. 9.16 *"Carregamento" da linha de influência de cortantes da seção S_2*

A partir dessa figura, têm-se os seguintes valores máximos para os cortantes por carga móvel:

$$V_{S2}^{máx(+)} = (0,600 + 0,400 + 0,200) \times 120 \text{ kN} + \left[\left(\frac{0,200 \times 1,50 \text{ m}}{2}\right) + \left(\frac{0,600 \times 4,50 \text{ m}}{2}\right)\right] \times 50 \text{ kN/m} = 219 \text{ kN} \quad (9.3)$$

$$V_{S2}^{máx(-)} = -(0,200 + 0,400) \times 120 \text{ kN} - \left[\left(\frac{0,400 \times 3,00 \text{ m}}{2}\right) + \left(\frac{0,200 \times 1,50 \text{ m}}{2}\right)\right] \times 50 \text{ kN/m} = -109,5 \text{ kN} \quad (9.4)$$

Os resultados podem ser verificados analisando-se a viga para cada um dos carregamentos, como mostrado nas Figs. 9.17 e 9.18.

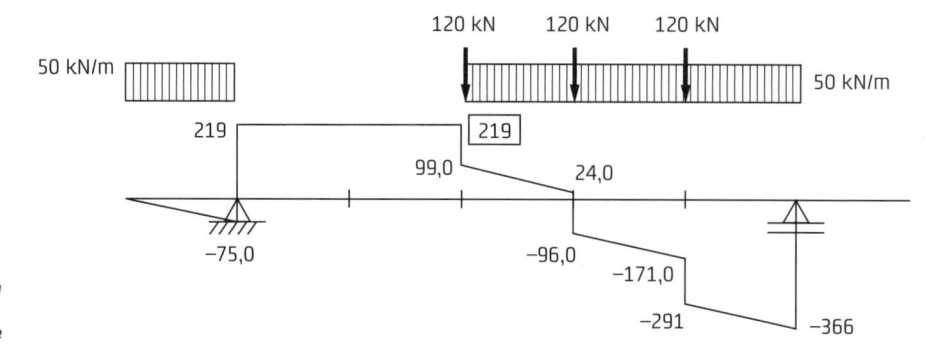

Fig. 9.17 *Diagrama de cortantes para máximo positivo na seção S_2*

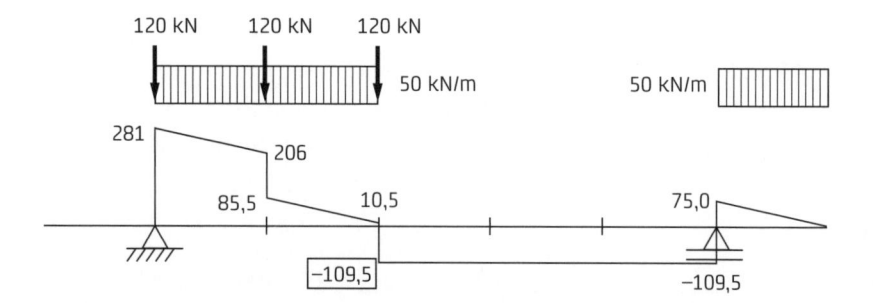

Fig. 9.18 *Diagrama de cortantes para máximo negativo na seção S_2*

As linhas de influência de cortantes para seções situadas em trecho de balanço assumem os aspectos típicos representados na Fig. 9.19. Nesses casos, a linha de cortantes sempre apresenta valor unitário constante, com ordenadas negativas ou positivas, conforme a posição da extremidade do balanço, à esquerda ou à direita da seção.

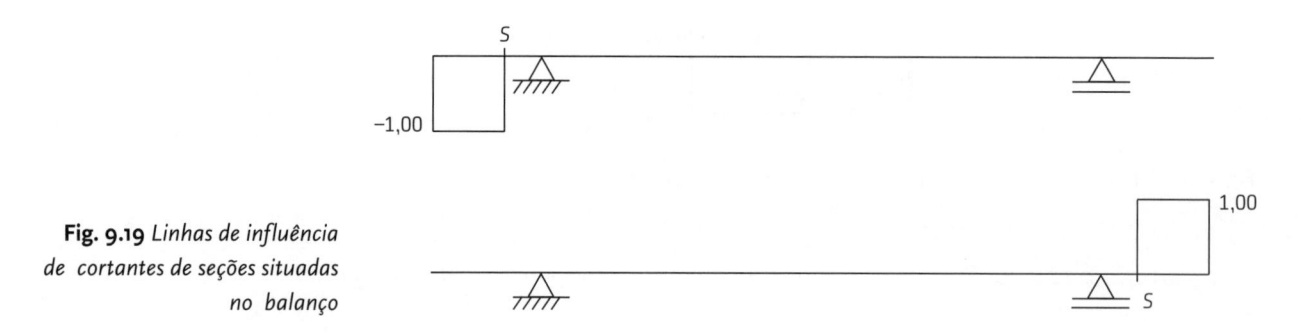

Fig. 9.19 *Linhas de influência de cortantes de seções situadas no balanço*

Para o estudo das reações de apoio, consideram-se as ações da carga móvel unitária em várias posições, como resumido na Fig. 9.20.

A partir dos valores indicados nessa figura, são traçadas as linhas de influência das reações de apoio, apresentadas na Fig. 9.21.

Pode-se observar que as linhas de influência de reações são graficamente definidas como um caso particular das linhas de cortantes, considerando-se ordenadas unitárias (adimensionais) na seção de apoio em estudo. Assim como nas linhas de cortantes e momentos, basta prolongar a linha de influência no caso de balanço.

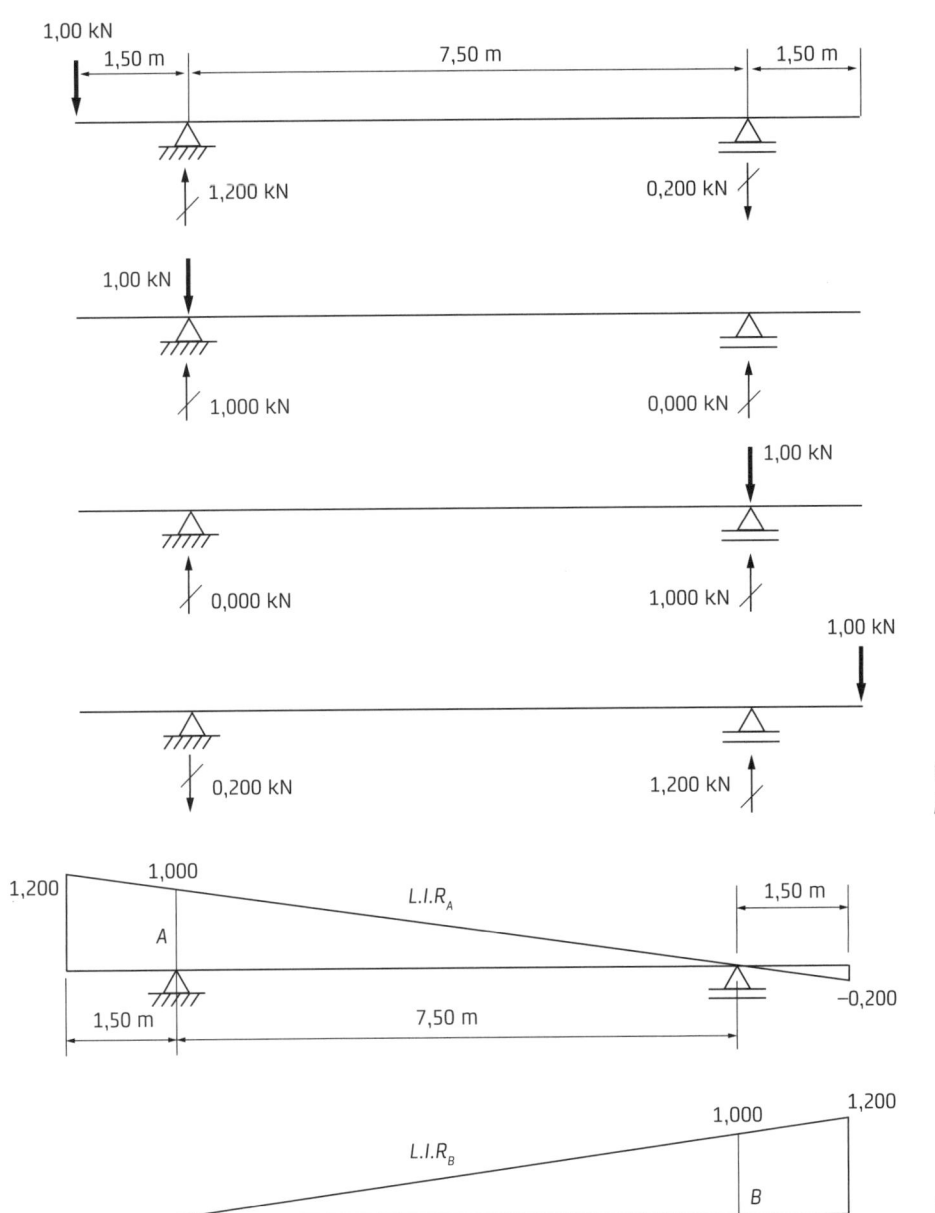

Fig. 9.20 *Reações de apoio em viga biapoiada sob carga unitária*

Fig. 9.21 *Linhas de influência de reações de apoio em A e em B*

9.1.3 Princípio de Müller-Breslau

O princípio proposto pelo engenheiro alemão Heinrich Müller-Breslau (1851-1925) estabelece que a linha de influência de uma determinada solicitação corresponde à configuração deformada da estrutura, cujo vínculo a essa solicitação na seção de estudo é liberado, impondo-se deslocamento infinitesimal na direção do vínculo rompido.

O princípio de Müller-Breslau pode ser aplicado a qualquer tipo de estrutura formada por barras, permitindo estabelecer o traçado das linhas de influência de forma bastante simples e intuitiva. Nos modelos isostáticos, a liberação de um vínculo origina sempre estrutura hipostática, que assim se comporta como mecanismo, resultando em "deformada" poligonal, de fácil determinação. Nos modelos hiperestáticos, a liberação de um vínculo não é suficiente para transformar toda a estrutura em mecanismo. Assim, a imposição de deslocamento infinitesimal resulta em linha elástica curva, de cálculo mais complexo.

Linha de influência de momentos fletores

O princípio de Müller-Breslau pode ser demonstrado analisando-se o momento fletor numa seção S na viga biapoiada submetida a uma carga concentrada P, como indicado na Fig. 9.22.

Admitindo-se que na seção de estudo S o vínculo à flexão seja rompido, a viga passa a apresentar uma ligação rotulada. Para obter o mesmo diagrama de momentos da Fig. 9.22, basta admitir a atuação do momento M_S aplicado na rótula, conforme indicado na Fig. 9.23. Observa-se que a liberação de um vínculo numa estrutura isostática resulta na formação de uma estrutura hipostática (mecanismo).

Por se tratar de um mecanismo, a relação de equilíbrio entre os momentos MS atuantes na rótula e a carga concentrada P pode ser mais facilmente determinada aplicando-se o princípio dos trabalhos virtuais (PTV). Para isso, considera-se uma configuração resultante de deslocamentos infinitesimais (virtuais) cinematicamente admissíveis, impostos a partir da configuração de equilíbrio, como esquematizado na Fig. 9.24. Deve-se observar que a configuração virtual não é decorrente das cargas, sendo apenas uma configuração (infinitesimal) qualquer permitida pelos vínculos.

De acordo com o PTV, o trabalho virtual das forças ativas deve ser nulo. Logo, tem-se a seguinte equação de equilíbrio:

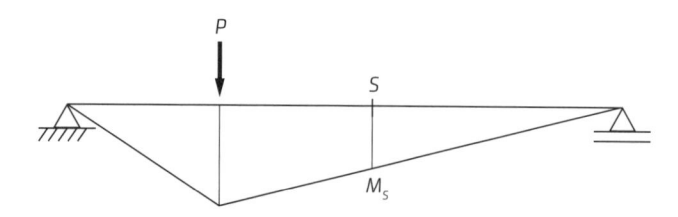

Fig. 9.22 *Diagrama de momentos fletores de viga sob carga concentrada*

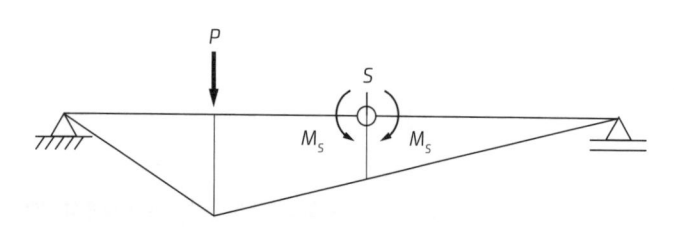

Fig. 9.23 *Diagrama de momentos fletores de viga com rótula interna*

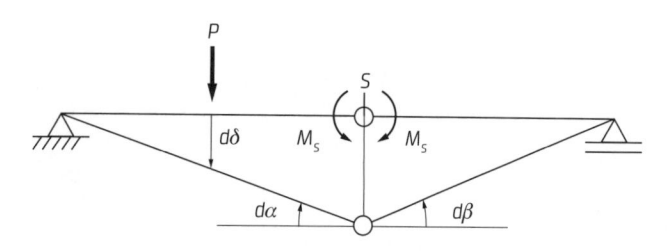

Fig. 9.24 *Deslocamentos virtuais infinitesimais cinematicamente compatíveis*

$$P \cdot d\delta - M_S \cdot d\alpha - M_S \cdot d\beta = 0 \Rightarrow M_S = \frac{P \cdot d\delta}{(d\alpha + d\beta)} \tag{9.5}$$

Considerando-se que a carga concentrada seja unitária (P = 1) e admitindo-se que a rotação total (infinitesimal) também assume valor unitário ($d\alpha + d\beta = 1$), tem-se que o valor do momento M_S corresponde (numericamente) ao mesmo valor do deslocamento virtual no ponto de aplicação da carga concentrada, ou seja,

$$M_s = d\delta \tag{9.6}$$

Tem-se, assim, a expressão do princípio de Müller-Breslau: a linha de influência de momentos fletores corresponde à configuração da estrutura, com vínculo a momento liberado na seção de estudo, impondo-se uma rotação relativa ($d\alpha + d\beta$) de natureza *infinitesimal*, *de valor unitário*, na direção do vínculo rompido.

Ao aplicar o princípio de Müller-Breslau, obtém-se o aspecto genérico da linha de influência de momentos fletores para uma seção no vão de viga biapoiada, como ilustrado na Fig. 9.25.

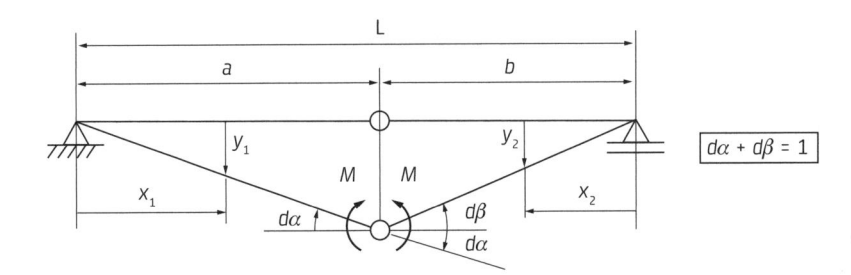

Fig. 9.25 *Linha de influência de momentos fletores pelo princípio de Müller-Breslau*

As relações geométricas para a definição dos ângulos e ordenadas devem ser de natureza infinitesimal, conforme as expressões a seguir.

$$d\alpha = \frac{b}{L}; d\beta = \frac{a}{L} \tag{9.7}$$

$$y_1 = d\alpha \cdot x_1 \Rightarrow \boxed{y_1 = \frac{b}{L} \cdot x_1}; y_2 = d\beta \cdot x_2 \Rightarrow \boxed{y_2 = \frac{a}{L} \cdot x_2} \tag{9.8}$$

A configuração da linha de influência é definida pelas duas barras que se conectam na rótula. Como a estrutura original é isostática, a consideração da rótula resulta em um mecanismo e, assim, as barras articuladas se movimentam como corpos rígidos, mantendo suas formas retilíneas e com mesma extensão, indeslocáveis nos pontos de apoio.

Para a consideração de balanços, basta prolongar as extremidades das barras além dos apoios, como mostrado na Fig. 9.26.

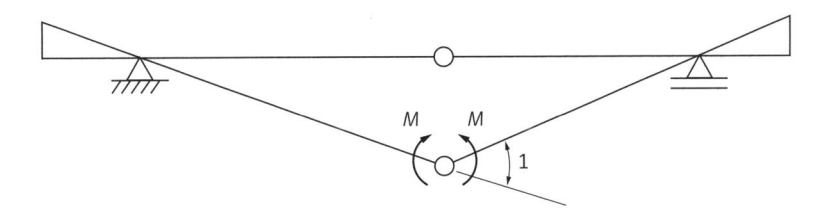

Fig. 9.26 *Princípio de Müller-Breslau: L.I. de momentos fletores em viga biapoiada com balanços*

É importante observar que o valor unitário atribuído ao deslocamento virtual (no caso, uma rotação) *não implica que o valor dessa rotação seja 1,0 rad*, pois esse valor não seria infinitesimal.

Nas seções situadas no trecho em balanço, a consideração de rótula torna apenas o restante do balanço em mecanismo, enquanto a viga permanece isostática, não sofrendo assim nenhuma influência da rotação unitária imposta, conforme resumido na Fig. 9.27.

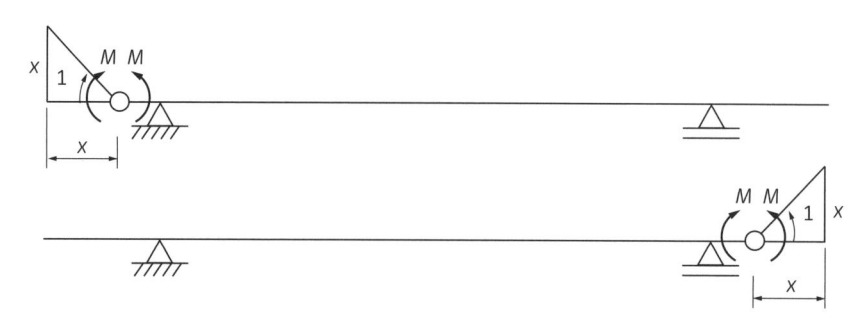

Fig. 9.27 *Princípio de Müller-Breslau: L.I. de momentos fletores – seções no balanço*

Linha de influência de cortantes e reações

Para a demonstração do princípio de Müller-Breslau aplicado à análise de solicitação cortante, considera-se a seção S na viga biapoiada submetida a uma carga concentrada P, como indicado na Fig. 9.28.

Admitindo-se que na seção de estudo (S) seja rompido o vínculo de transmissão de força cortante, é possível obter o mesmo diagrama considerando-se a atuação do cortante VS, aplicado imediatamente à esquerda e à direita da liberação, conforme ilustrado na Fig. 9.29. A ligação entre as barras com vínculo de cortante rompido pode ser idealizada como duas pequenas hastes birrotuladas paralelas, indicadas no detalhe da mesma figura. É importante lembrar que a liberação de um vínculo na estrutura isostática resulta sempre na formação de um mecanismo.

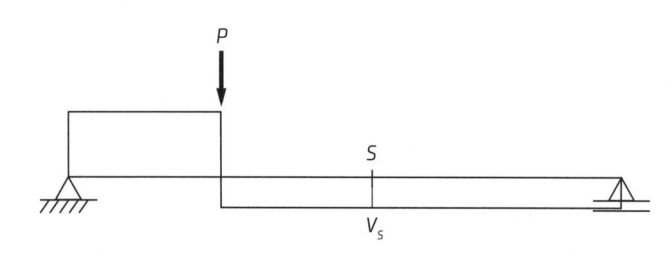

Fig. 9.28 *Diagrama de solicitação cortante em viga sob carga concentrada*

Fig. 9.29 *Diagrama de cortantes de viga com liberação interna*

Para a determinação da relação entre a carga P e a solicitação cortante V_S, aplica-se novamente o PTV. Para isso, considera-se uma configuração resultante de deslocamentos infinitesimais (virtuais) cinematicamente admissíveis, impostos a partir da configuração de equilíbrio, como esquematizado na Fig. 9.30.

Como a continuidade de momentos fletores na seção S é mantida, a rotação infinitesimal $d\theta$ deve ser idêntica nos dois trechos. Com isso, os alinhamentos dos dois trechos, à esquerda e à direita da liberação a cortante, são paralelos.

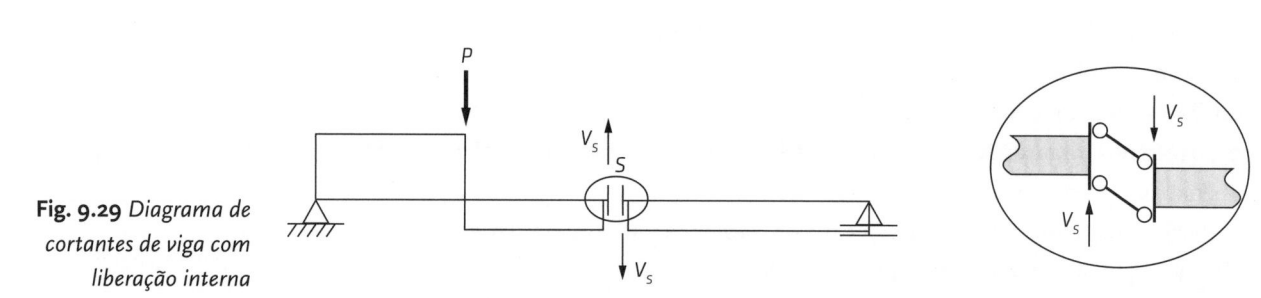

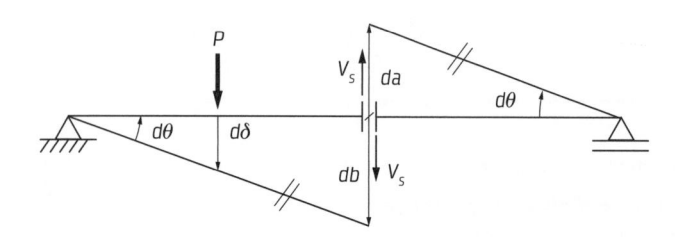

Fig. 9.30 *Deslocamentos virtuais infinitesimais cinematicamente compatíveis*

De acordo com o PTV, o trabalho virtual das forças ativas deve ser nulo, o que resulta na seguinte equação de equilíbrio:

$$P \cdot d\delta - V_s \cdot da - V_s \cdot db = 0 \Rightarrow V_s = \frac{p \cdot d\delta}{(da + db)} \tag{9.9}$$

Considerando-se que a carga concentrada seja unitária (P = 1) e que o deslocamento infinitesimal total também seja unitário (da + db = 1), tem-se, a partir da Eq. 9.9, que o cortante V_s corresponde ao valor do deslocamento virtual no ponto de aplicação da carga concentrada, ou seja,

$$V_s = d\delta \tag{9.10}$$

Tem-se, assim, demonstrado o princípio de Müller-Breslau: a linha de influência de solicitação cortante corresponde à configuração da estrutura, com vínculo a cortante liberado na seção de estudo, impondo-se deslocamento infinitesimal unitário (da + db = 1) na direção do vínculo rompido.

Para a definição da linha de influência de cortantes com a aplicação do princípio de Müller-Breslau, deve-se então admitir que o vínculo a cortante seja liberado na seção de estudo, aplicando-se forças autoequilibradas correspondentes a um cortante positivo. A deformada infinitesimal, que no mecanismo assume a forma poligonal, é resultante do deslocamento relativo unitário na seção em estudo, como esquematizado na Fig. 9.31.

Como a liberação do vínculo deve ocorrer exclusivamente na direção do cortante, a continuidade de rotação deve ser preservada. Lembrando que a geometria é infinitesimal, têm-se as seguintes relações:

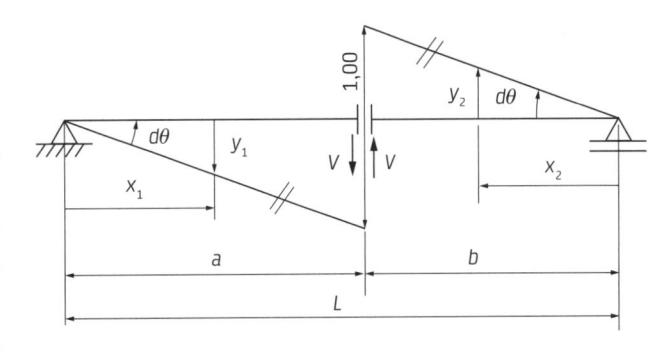

Fig. 9.31 *Linha de influência de cortantes pelo princípio de Müller-Breslau*

$$d\theta = \frac{1}{L} \tag{9.11}$$

$$y_1 = d\theta \cdot x_1 \Rightarrow \boxed{y_1 = \frac{x_1}{L}}; y_2 = d\theta \cdot x_2 \Rightarrow \boxed{y_2 = \frac{x_2}{L}} \tag{9.12}$$

Pode-se considerar extremos em balanços da mesma forma como na linha de momentos fletores, prolongando-se as linhas, conforme esquematizado na Fig. 9.32.

Analogamente às linhas de momentos fletores nas seções situadas no trecho em balanço, a liberação a cortante torna apenas o restante do balanço em mecanismo, enquanto a viga permanece isostática, sem nenhuma influência do deslocamento unitário imposto, como indicado na Fig. 9.33.

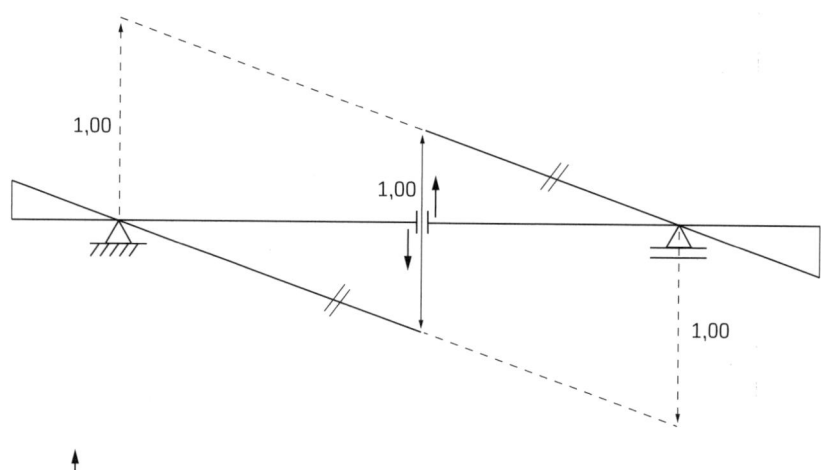

Fig. 9.32 *Princípio de Müller-Breslau: L.I. de cortantes em viga biapoiada com*

Fig. 9.33 *Princípio de Müller-Breslau: L.I. de cortantes – seções no balanço*

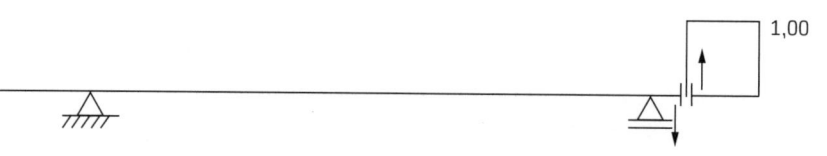

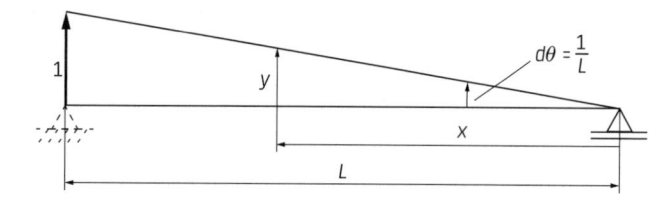

Fig. 9.34 *Princípio de Müller-Breslau: L.I. de reação de apoio – viga biapoiada*

A linha de influência de reação de apoio pode ser definida de modo semelhante, considerando-se um deslocamento infinitesimal unitário na direção da reação, imaginando-se a ausência de apoio, conforme ilustrado na Fig. 9.34.

Para a viga biapoiada com balanços, basta então considerar o prolongamento da barra, como apresentado na Fig. 9.35.

Fig. 9.35 *Princípio de Müller-Breslau: L.I. de reação de apoio – viga biapoiada com balanços*

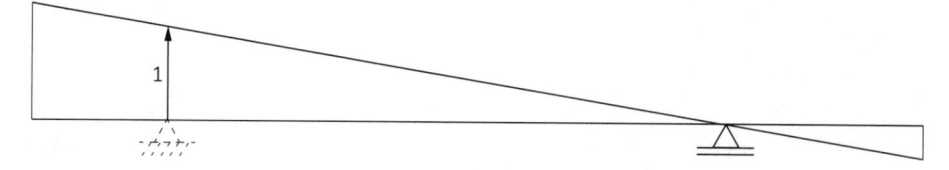

9.1.4 Exemplo de viga biapoiada

Como exemplo de aplicação dos conceitos fundamentais apresentados, considera-se a viga biapoiada com placas de aproximação mostrada na Fig. 9.36. Embora as superestruturas sejam, em geral, simétricas, admite-se no exemplo uma extremidade em encontro e outra em balanço, exclusivamente para fins didáticos.

Deve-se observar que, embora a placa de aproximação seja um elemento secundário, de baixa rigidez relativa, sua consideração no modelo estrutural é importante para determinar as cargas transmitidas à superestrutura.

Considera-se a superestrutura sobre aparelhos de apoio elastoméricos e as placas de aproximação apoia-das

Fig. 9.36 *Ponte biapoiada com placas de aproximação – cotas em m*

somente em suas extremidades (desprezando-se o solo abaixo). Tem-se, assim, o modelo unifilar de viga ilustrado na Fig. 9.37, onde são indicadas as seções de estudo a cada décimo de vão, numeradas de S_0 a S_{10}.

De acordo com o princípio de Müller-Breslau, o traçado da linha de influência de cortantes pode ser obtido impondo-se um deslocamento vertical unitário, liberando-se o vínculo a cortante na seção em estudo. Como exemplo, apresenta-se na Fig. 9.38 a definição da linha de cortantes para a seção S_3. É importante observar que a natureza infinitesimal do deslocamento unitário garante que as hastes do mecanismo permaneçam inextensíveis e ligadas aos apoios. A rótula do apoio da placa no balanço permite a formação de ponto anguloso, resultando na forma poligonal típica das linhas de influência de estruturas isostáticas.

Lembrando que o deslocamento relativo unitário é infinitesimal, as ordenadas à esquerda e à direita da seção podem ser determinadas a partir do ângulo $d\theta$, como a seguir apresentado.

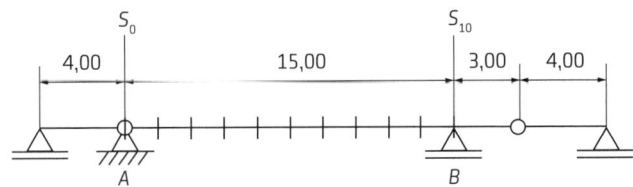

Fig. 9.37 *Modelo de viga biapoiada com balanços e placas de aproximação – cotas em m*

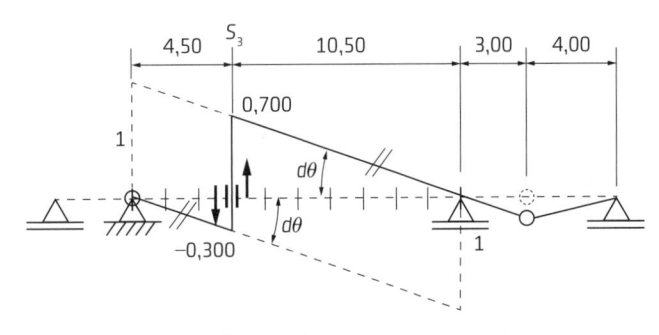

Fig. 9.38 *Linha de influência de cortantes na seção S_3 – cotas em m*

$$d\theta = \frac{1,00}{15,00} \qquad (9.13)$$

Ordenada à esquerda:

$$4,50 \times \frac{1,00}{15,00} = 0,300 \qquad (9.14)$$

Ordenada à direita:

$$10,50 \times \frac{1,00}{15,00} = 0,700 \qquad (9.15)$$

Para a definição dos cortantes máximos positivo e negativo, são posicionadas as cargas do trem-tipo como indicado na Fig. 9.39. A partir das ordenadas principais, são determinadas, por interpolação linear, ordenadas intermediárias nas posições das três cargas concentradas.

Os valores dos cortantes máximos são então calculados como:

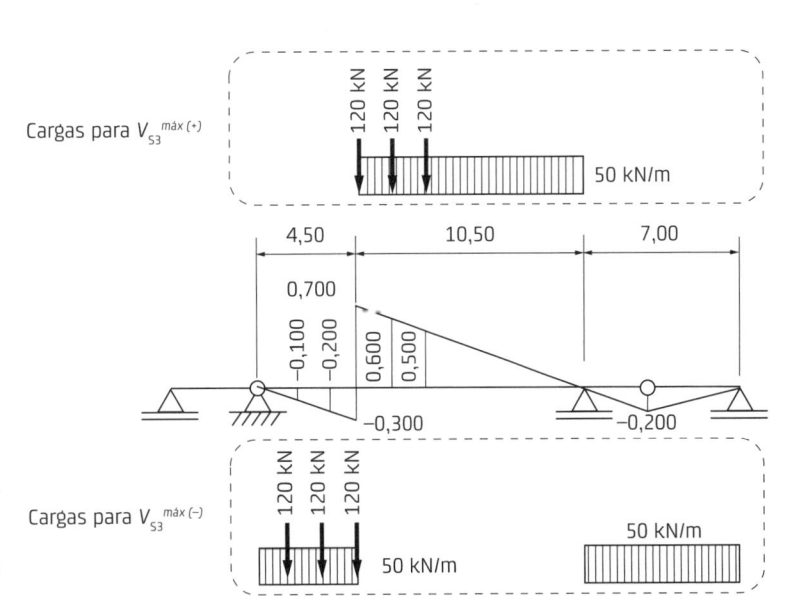

Fig. 9.39 *Posicionamento das cargas para definição de cortantes máximos na seção S3*

$$V_{S3}^{máx(+)} = (0{,}700 + 0{,}600 + 0{,}500) \times 120 + \left(\frac{0{,}700 \times 10{,}50}{2}\right) \times 50 = 400 \text{ kN} \qquad (9.16)$$

$$V_{S3}^{máx(-)} = -(0{,}100 + 0{,}200 + 0{,}300) \times 120 - \left(\frac{0{,}300 \times 4{,}5}{2} + \frac{0{,}200 \times 7{,}0}{2}\right) \times 50 = \qquad (9.17)$$
$$-140{,}8 \text{ kN}$$

A partir do traçado típico indicado na Fig. 9.38, pode-se definir as linhas de influência de cortantes nas seções-limites do vão $\overline{AB}$, ou seja, imediatamente à direita do apoio A $\left(\text{L.I.V}_A^{DIR}\right)$ e à esquerda do apoio B $\left(\text{L.I.V}_B^{ESQ}\right)$, apresentadas nas Figs. 9.40 e 9.41.

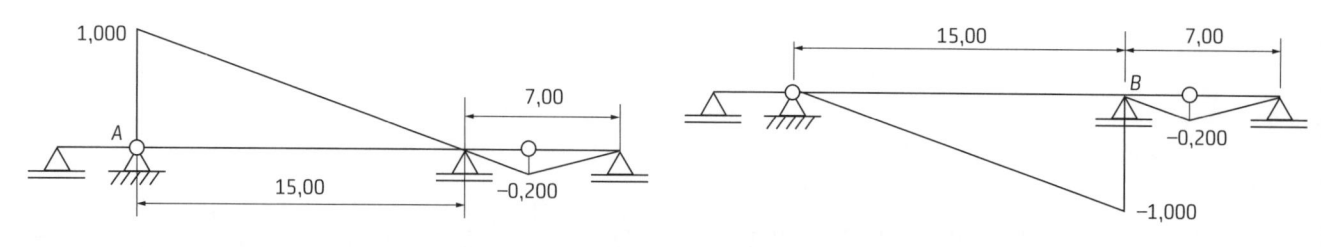

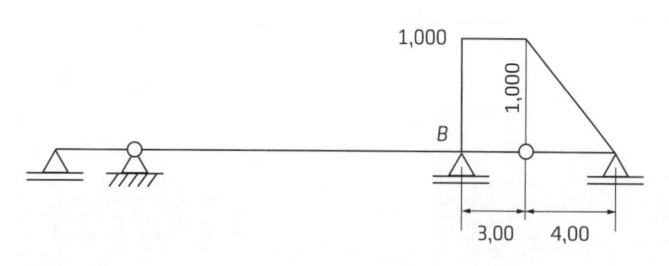

Fig. 9.40 Linha de influência de cortantes à direita do apoio A – cotas em m

Fig. 9.41 Linha de influência de cortantes à esquerda do apoio B – cotas em m

Na Fig. 9.42, é mostrada esquematicamente a definição das linhas de influência de cortantes em qualquer seção no vão $\overline{AB}$ considerando-se a superposição das linhas de cortantes à direita e à esquerda dos apoios que limitam o vão.

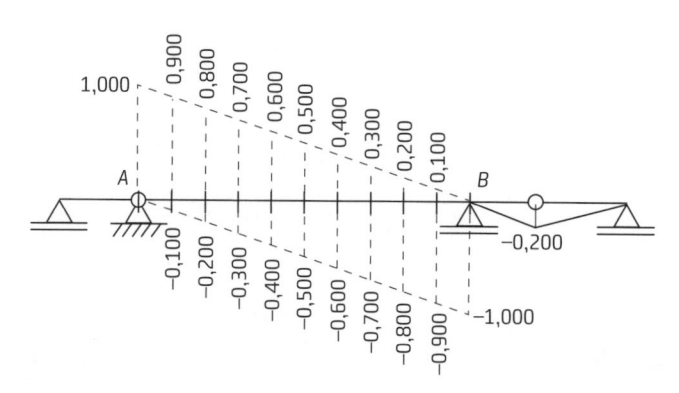

Fig. 9.42 Definição de linhas de influência de cortantes nas seções do vão $\overline{AB}$

Aplicando-se o princípio de Müller-Breslau, é possível estabelecer o traçado da linha de influência de cortantes para a seção imediatamente à direita do apoio B $\left(\text{L.I.V}_B^{dir}\right)$, levando-se em conta um deslocamento infinitesimal unitário, como indicado na Fig. 9.43.

Analogamente, o traçado da linha de influência de reação de apoio pode ser obtido considerando-se que o vínculo vertical no apoio foi rompido, impondo-se nessa direção um deslocamento vertical infinitesimal unitário, conforme indicado na Fig. 9.44.

Lembrando que a reação de apoio em A corresponde à resultante dos cortantes à esquerda e à

Fig. 9.43 Linha de influência de cortantes à direita do apoio B – cotas em m

direita do apoio, tem-se que a linha de influência de reações de apoio corresponde à soma das linhas de influência dos cortantes em A à esquerda e à direita, observando-se a convenção de sinais, o que pode ser expresso como:

$$L.I.R_A = L.I.V_A^{dir} - L.I.V_A^{esq} \qquad (9.18)$$

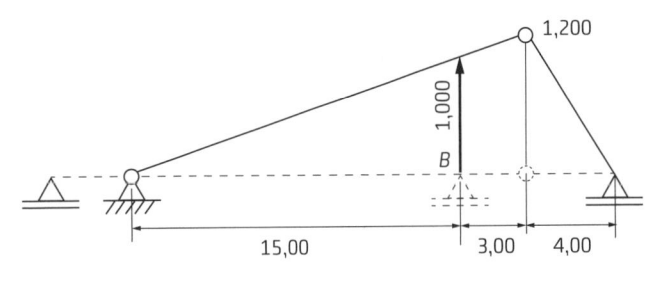

Fig. 9.44 *Linha de influência de momentos reação no apoio B – cotas em m*

A validade da Eq. 9.18 pode ser constatada superpondo-se as linhas de cortantes como apresentado na Fig. 9.45, com a linha à direita em traço contínuo e a linha à esquerda, com sinal invertido, em tracejado.

Tomando-se para estudo de momentos fletores a seção S_3, a aplicação do princípio de Müller-Breslau, em conjunto com a definição gráfica da linha de influência de momentos fletores, resulta no traçado esquematizado na Fig. 9.46.

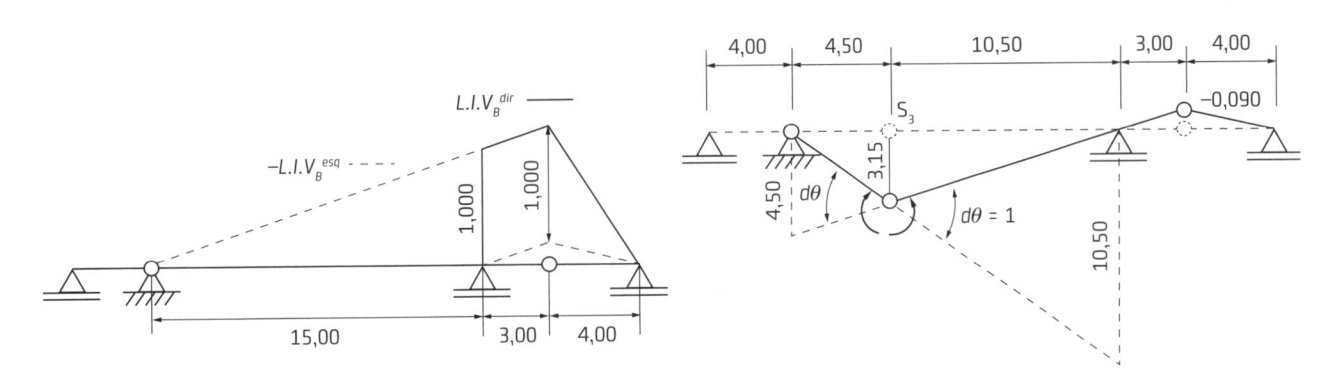

Fig. 9.45 *Composição da linha de reação por superposição das linhas de cortantes*

Fig. 9.46 *Linha de influência de momentos fletores na seção S_3 – cotas em m*

Para a determinação dos valores máximos de momentos fletores, as cargas móveis do trem-tipo devem ser posicionadas como indicado na Fig. 9.47.

Os valores dos momentos fletores máximos são então calculados como a seguir apresentado.

$$M_S^{máx(+)} = (3{,}15 + 2{,}70 + 2{,}25) \times 120 + \left(\frac{3{,}15 \times 15{,}0}{2}\right) \times 50 = 2.153 \text{ kN} \cdot \text{m} \qquad (9.19)$$

$$M_S^{máx(-)} = -(0{,}450 + 0{,}900 + 0{,}563) \times 120 - \left(\frac{0{,}90 \times 7{,}0}{2}\right) \times 50 = 2.171 \text{ kN} \cdot \text{m} \qquad (9.20)$$

Para a seção imediatamente sobre o apoio B, a linha de influência de momentos fletores assume a forma típica de seção no balanço, como mostrado na Fig. 9.48. Observa-se que as características do restante do sistema estrutural não interferem na linha de seção no balanço.

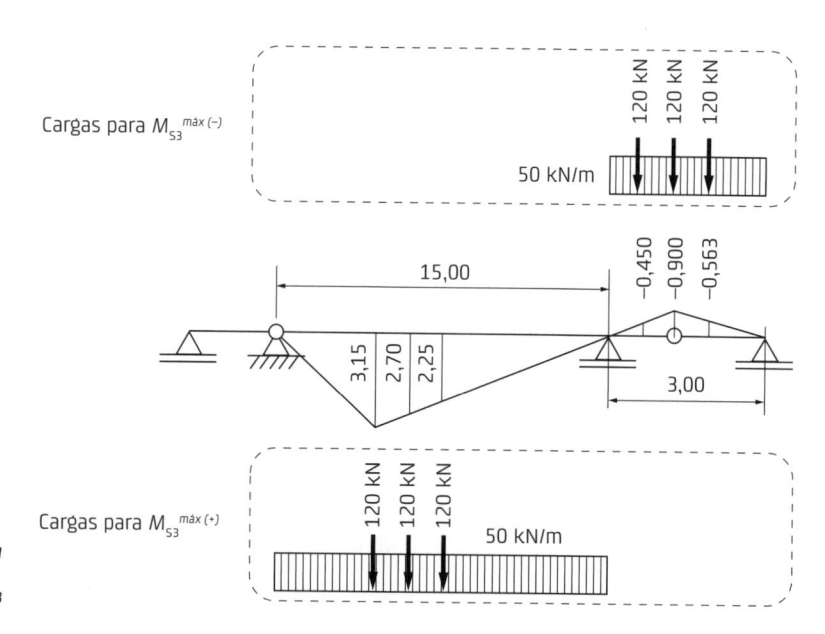

Fig. 9.47 *Posicionamento das cargas para determinação de momentos máximos na seção S_3*

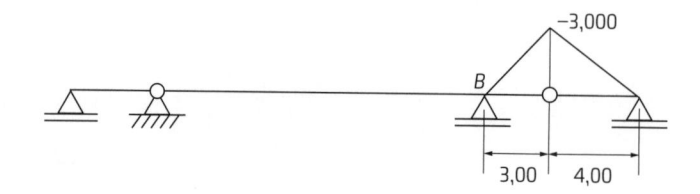

Fig. 9.48 *Linha de influência de momentos fletores na seção do apoio B – cotas em m*

9.1.5 Exemplo com viga Gerber

Embora as vigas Gerber estejam em desuso, é comum que as obras existentes com essa concepção necessitem de readequação às necessidades modernas, sendo assim importante o estudo desses sistemas. Considera-se como exemplo a superestrutura em viga sobre apoios em elastômero fretado, com placas de aproximação, apresentada na Fig. 9.49. Visando exemplificar as formas possíveis de extremos, levam-se em conta uma extremidade em encontro e outra em balanço.

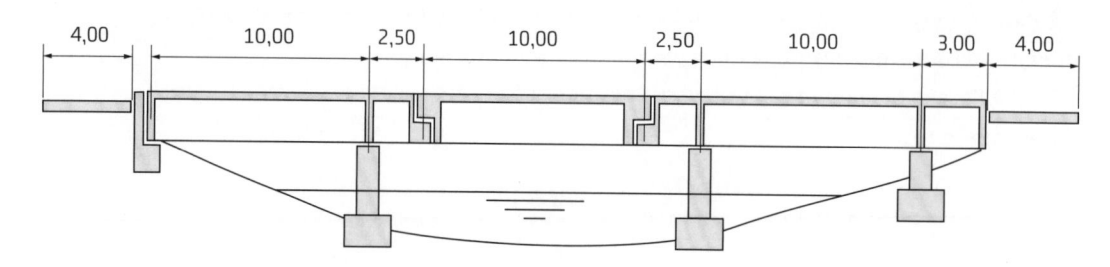

Fig. 9.49 *Superestrutura isostática com vão Gerber – cotas em m*

Para esse exemplo, o modelo unifilar é ilustrado na Fig. 9.50, na qual é ainda indicada a divisão usualmente adotada para as seções de análise, tomadas a cada décimo de vão.

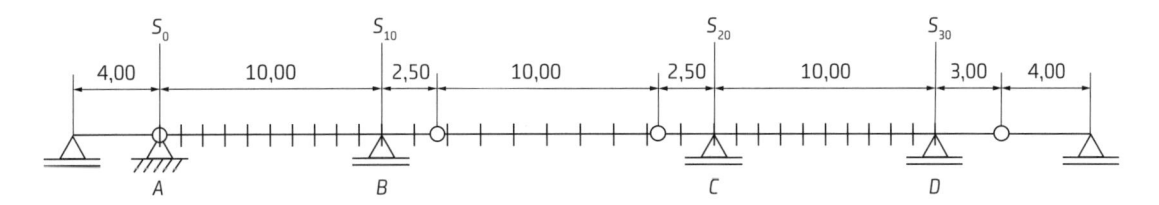

Fig. 9.50 *Modelo unifilar de viga com vão Gerber – cotas em m*

A superestrutura pode ser desmembrada, considerando-se as placas de aproximação e o vão Gerber como vigas apoiadas sobre as duas vigas principais biapoiadas, conforme indicado na Fig. 9.51.

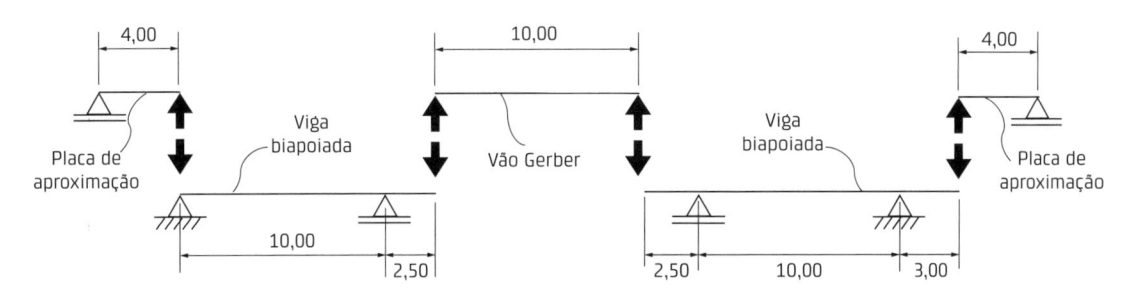

Fig. 9.51 *Desmembramento do sistema estrutural isostático – cotas em m*

As linhas de influência de cortantes, nas seções dos vãos biapoiados principais, e as linhas de reação da placa de transição e da viga Gerber podem ser consideradas superpostas, como esquematizado na Fig. 9.52, para a seção S_3. Para a composição da linha de influência completa da superestrutura, as ordenadas das linhas de reação da placa de transição e da viga Gerber devem ser multiplicadas pela ordenada correspondente da linha da viga biapoiada, imediatamente abaixo.

A linha de influência de cortantes assim resultante é apresentada na Fig. 9.53.

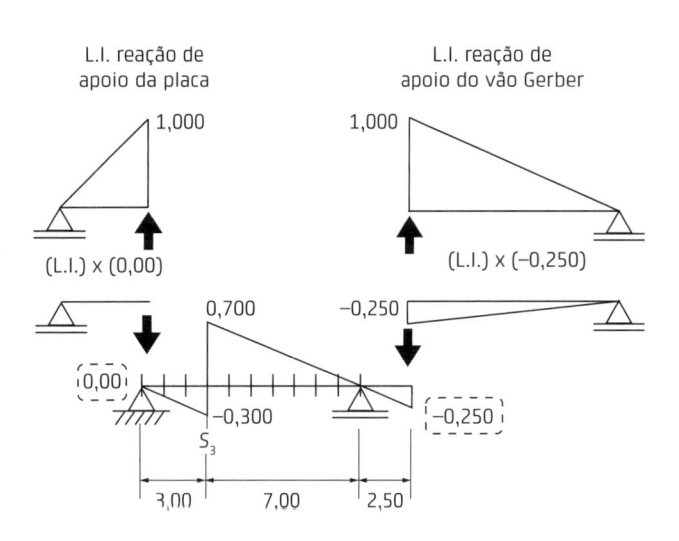

Analogamente, para a composição da linha de influência de cortantes na seção S_{23}, considera-se a superposição das linhas de cortantes e reações, como esquematizado na Fig. 9.54.

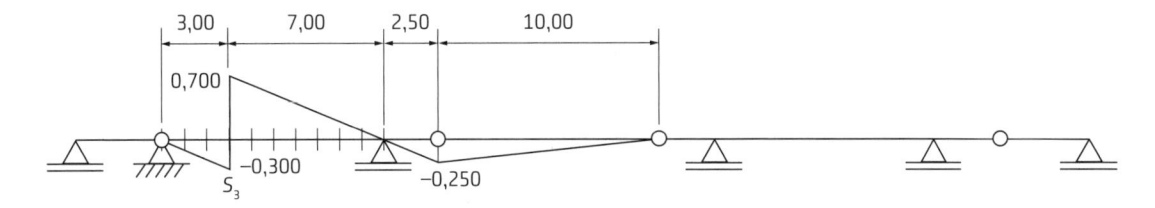

Fig. 9.52 *Composição da linha de influência de cortantes na seção S_3 – cotas em m*

Fig. 9.53 *Linha de influência de cortantes na seção S_3 – cotas em m*

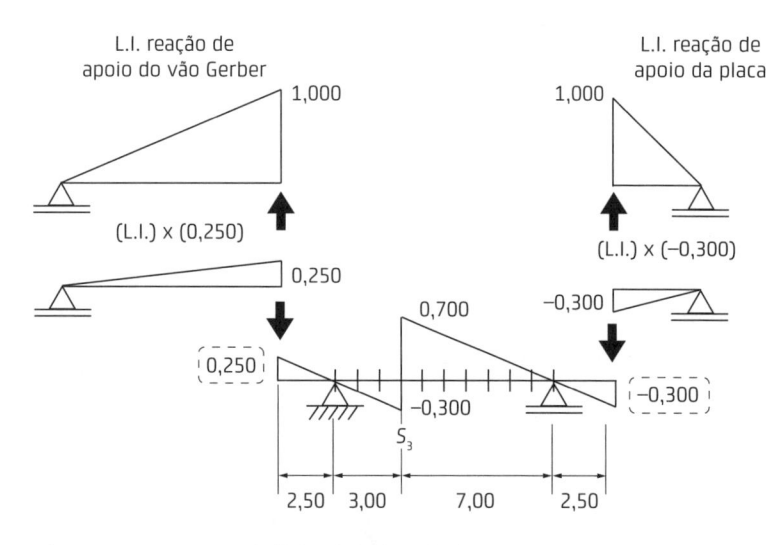

Fig. 9.54 *Composição da linha de influência de cortantes na seção S_{23} – cotas em m*

Observa-se que a determinação de linhas de influência analisando-se a estrutura decomposta, como apresentado, tem a vantagem de permitir a visualização e a compreensão do comportamento estrutural, porém não é um procedimento prático. A aplicação do princípio de Müller-Breslau, em conjunto com as sistemáticas de definição gráfica, permite o traçado da linha de forma mais direta, como resumido na Fig. 9.55.

As linhas de influência de cortantes nas seções imediatamente à direita do apoio A e à esquerda do apoio B, mostradas nas Figs. 9.56 e 9.57, constituem casos particulares da linha no vão biapoiado $\overline{AB}$.

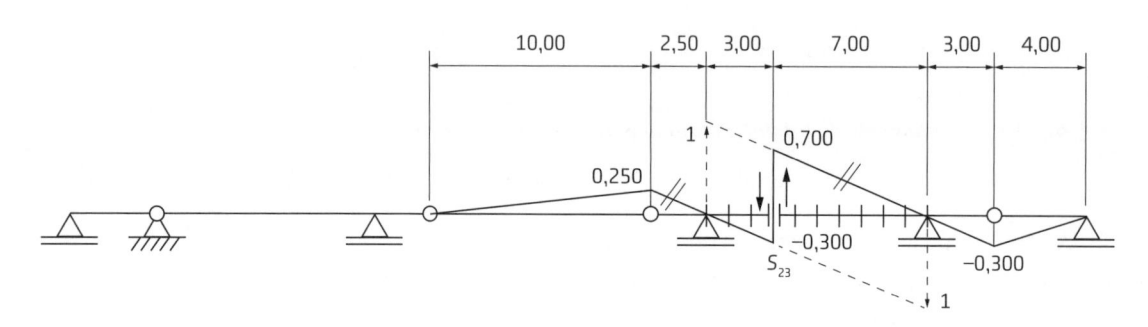

Fig. 9.55 *Linha de influência de cortantes na seção S_{23} – cotas em m*

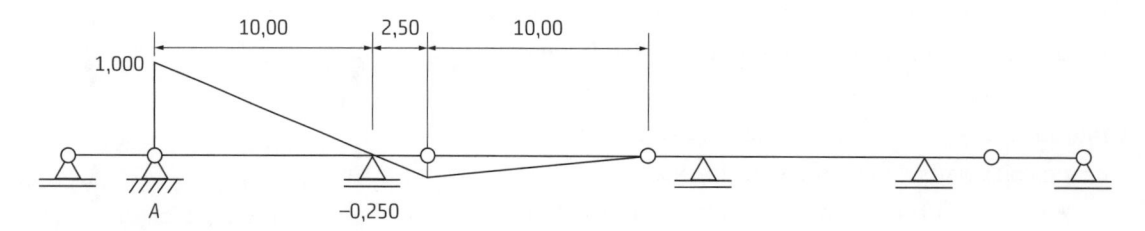

Fig. 9.56 *Linha de influência de cortantes à direita do apoio A – cotas em m*

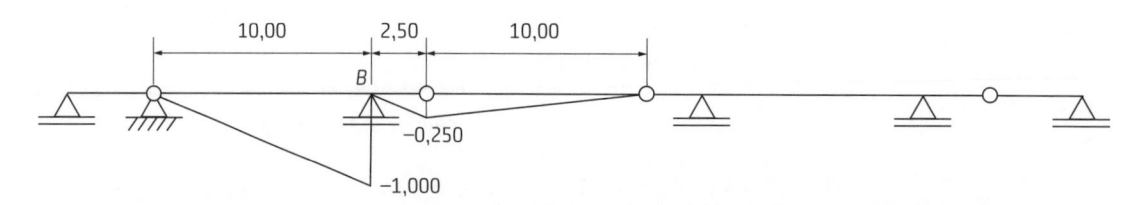

Fig. 9.57 *Linha de influência de cortantes à esquerda do apoio B – cotas em m*

Analogamente, as linhas de influência de cortantes nas seções à direita de C e à esquerda de D, mostradas nas Figs. 9.58 e 9.59, são casos particulares da linha no vão biapoiado $\overline{CD}$.

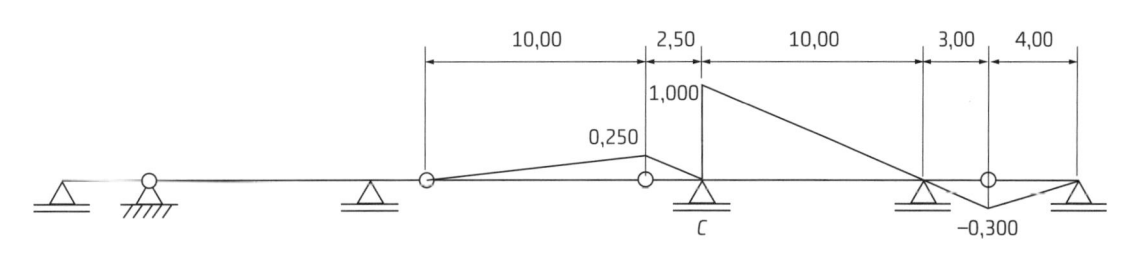

Fig. 9.58 *Linha de influência de cortantes à direita do apoio C (L.I.V$_C^{dir}$)*

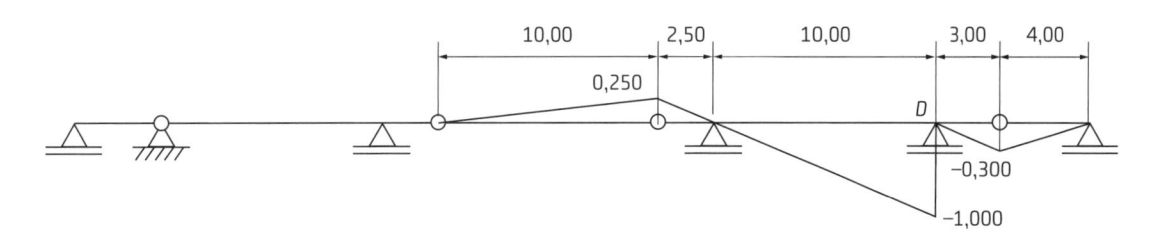

Fig. 9.59 *Linha de influência de cortantes à esquerda do apoio D (L.I.V$_D^{esq}$)*

Nas Figs. 9.60 e 9.61, mostra-se esquematicamente como podem ser definidas as linhas de influência de cortantes nas seções dos vãos $\overline{AB}$ e $\overline{CD}$ a partir da superposição das linhas de cortantes à direita e à esquerda dos apoios que limitam os vãos.

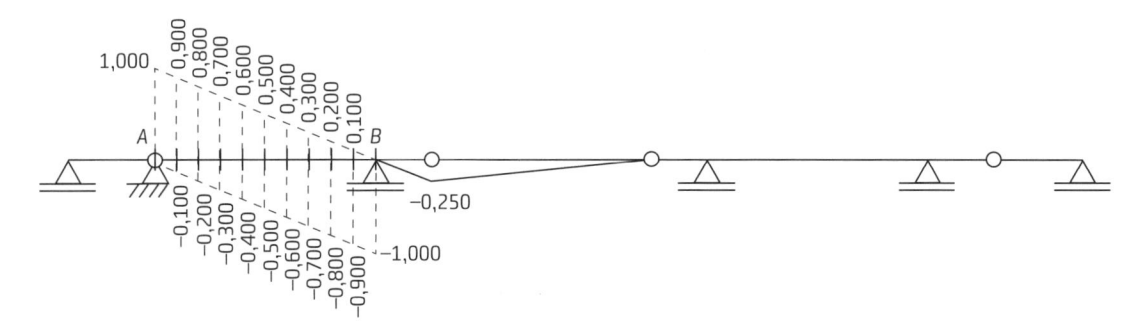

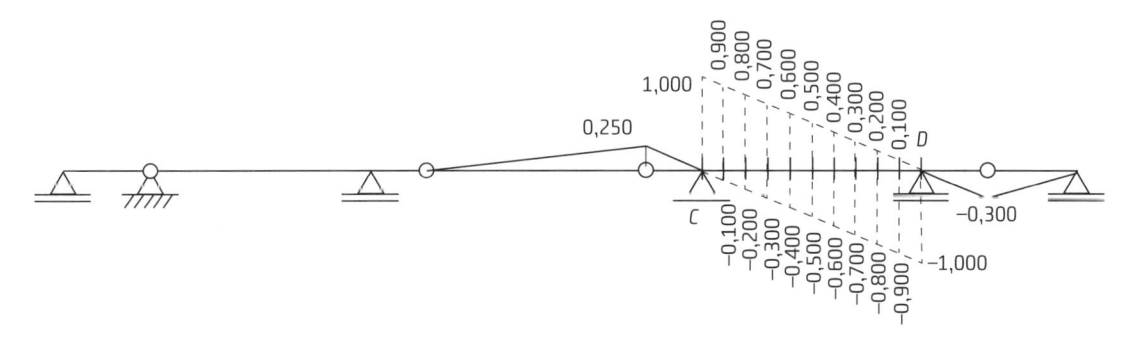

Fig. 9.60 *Definição de linhas de influência de cortantes em seções no vão $\overline{AB}$*

Fig. 9.61 *Definição de linhas de influência de cortantes em seções no vão $\overline{CD}$*

As linhas de cortantes nos trechos em balanço que sustentam o vão Gerber são traçadas conforme os procedimentos apresentados para viga biapoiada, devendo-se apenas considerar a presença do vão Gerber, como exemplificado nas Figs. 9.62 e 9.63 para as seções S_{11} e S_{19}.

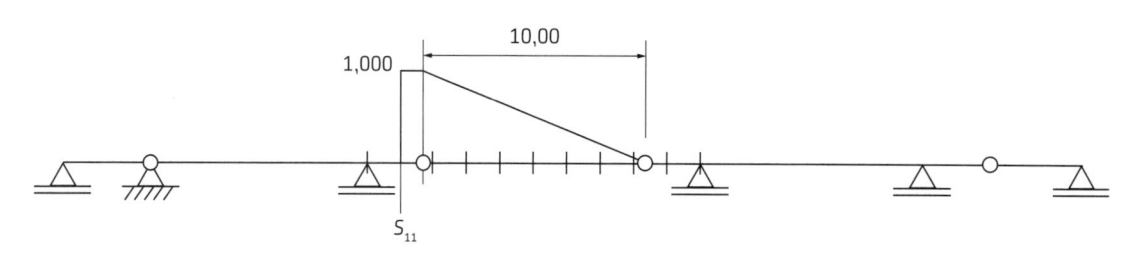

Fig. 9.62 *Linha de influência de cortantes em seção no trecho em balanço (L.I.V$_{S_{11}}$)*

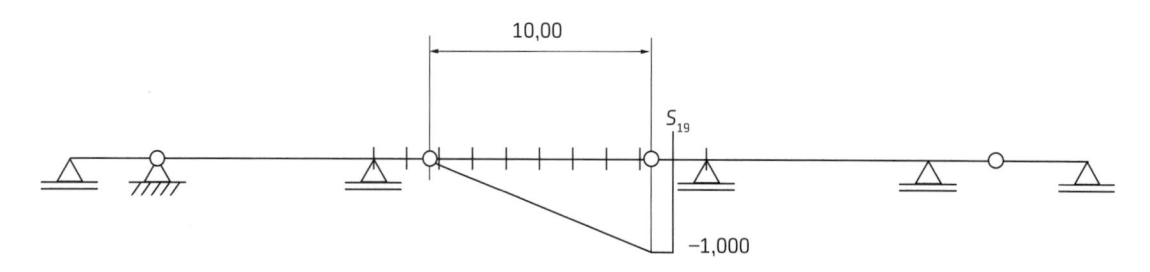

Fig. 9.63 *Linha de influência de cortantes em seção no trecho em balanço (L.I.V$_{S_{19}}$)*

Observa-se que as linhas de influência de cortantes à direita de B e à esquerda de C, representadas nas Figs. 9.64 e 9.65, são definidas por prolongamento das linhas de seção nos balanços.

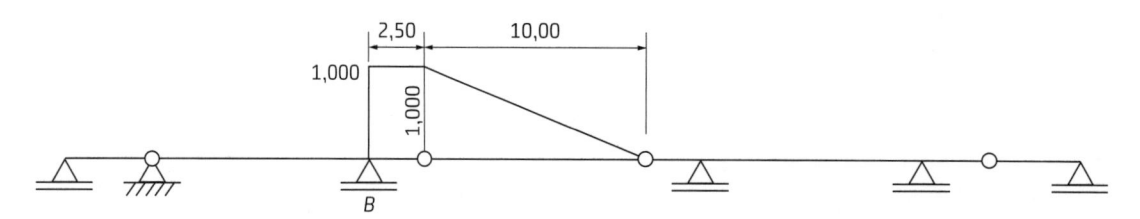

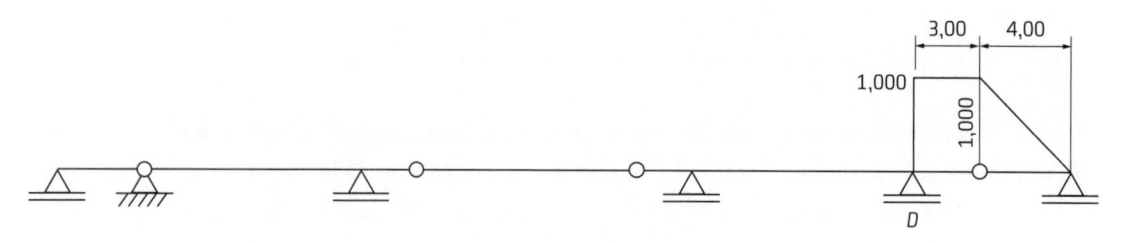

Fig. 9.64 *Linha de influência de cortantes imediatamente à direita do apoio B (L.I.V$_B^{dir}$)*

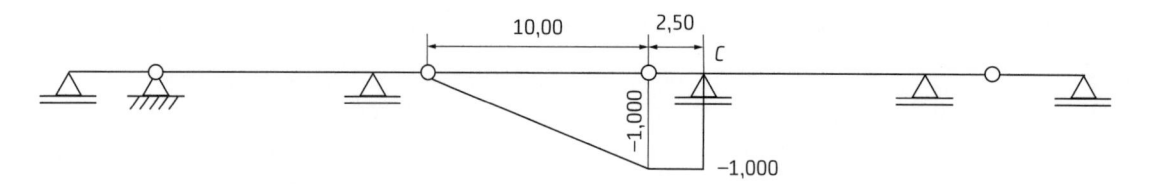

Fig. 9.65 *Linha de influência de cortantes imediatamente à esquerda do apoio C (L.I.V$_C^{esq}$)*

A linha de influência de cortantes imediatamente à direita do apoio D, situada também em trecho de balanço, análoga às duas anteriores, é indicada na Fig. 9.66.

Fig. 9.66 *Linha de influência de cortantes imediatamente à direita do apoio D (L.I.V$_B^{dir}$)*

A linha de influência de cortantes imediatamente à esquerda do apoio A, na Fig. 9.67, resume-se a um caso de linha em viga biapoiada.

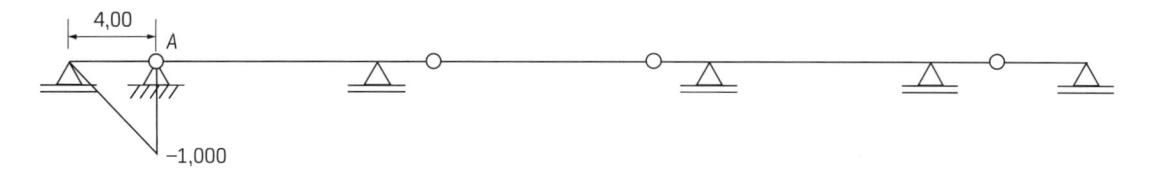

Fig. 9.67 *Linha de influência de cortantes imediatamente à esquerda do apoio A (L.I.V$_A^{esq}$)*

As linhas de influência de reações de apoio em A e em B podem ser determinadas, pelo princípio de Müller-Breslau, levando-se em conta deslocamentos unitários nas respectivas direções das reações, cujos apoios são considerados rompidos, resultando nos traçados apresentados nas Figs. 9.68 e 9.69.

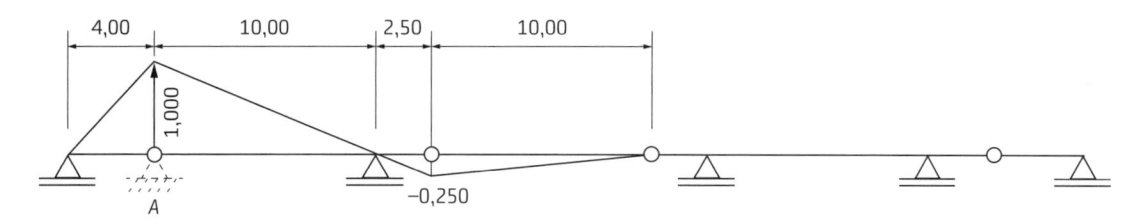

Fig. 9.68 *Linha de influência de reações de apoio em A*

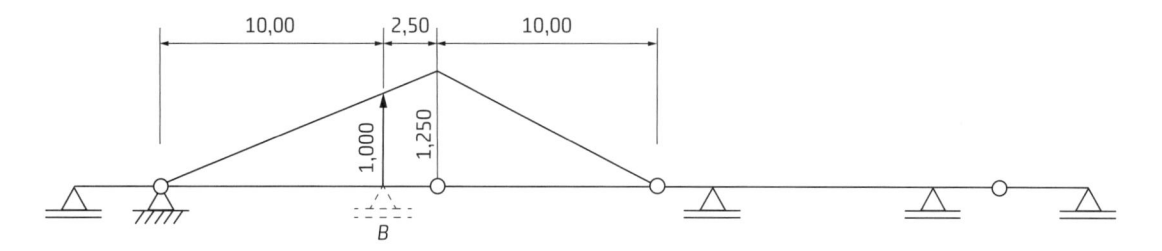

Fig. 9.69 *Linha de influência de reações de apoio em B*

Observa-se mais uma vez que as linhas de reação de apoio podem ser obtidas superpondo-se as linhas de cortantes imediatamente à esquerda e à direita, conforme mostrado na Eq. 9.18.

As linhas de cortantes nas seções do vão Gerber são simplesmente linhas de vigas biapoiadas, como exemplificado na Fig. 9.70 para a seção de meio de vão S_{15}. Vale lembrar que as linhas de influência de seções no vão Gerber não se estendem além dos seus apoios.

As linhas de cortantes nas rótulas de apoio do vão Gerber, representadas na Fig. 9.71, correspondem às linhas de reação de apoio de viga biapoiada, sendo também o caso particular das linhas de cortantes para seção no limite do balanço, semelhantes às linhas de influência das seções S_{11} e S_{19}.

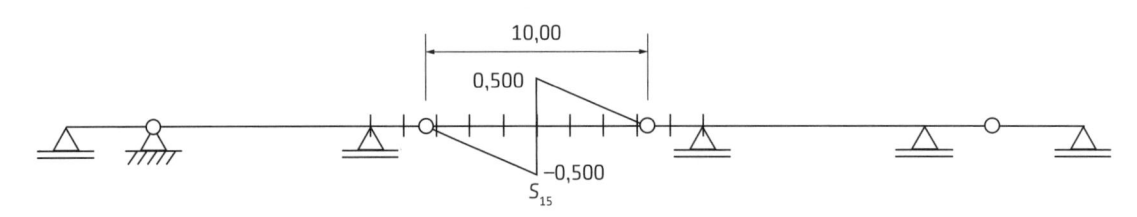

Fig. 9.70 Linha de influência de cortantes na seção no centro do vão Gerber (L.I.V$_{S15}$)

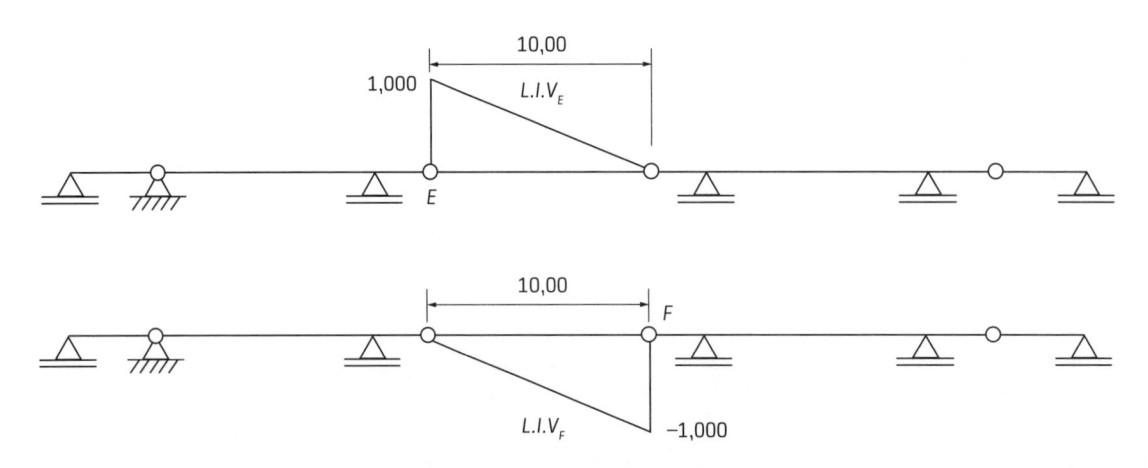

Fig. 9.71 Linhas de influência de cortantes nas seções de apoio do vão Gerber

As linhas de influência de momentos fletores nas seções dos vãos biapoiados principais são traçadas como exemplificado para as seções S_3 e S_{23} nas Figs. 9.72 e 9.73.

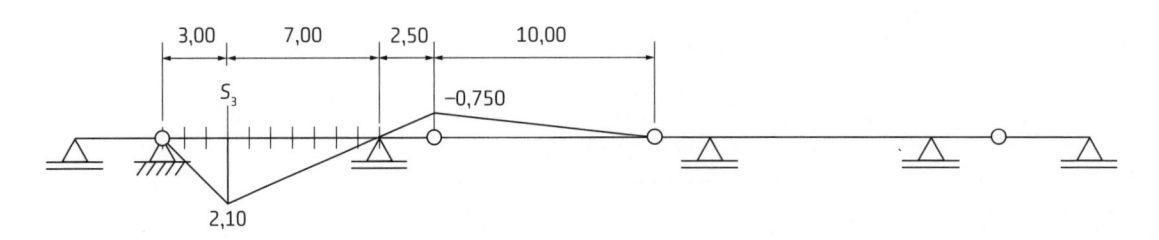

Fig. 9.72 Linha de influência de momentos fletores em seção no vão biapoiado (L.I.M$_{S3}$)

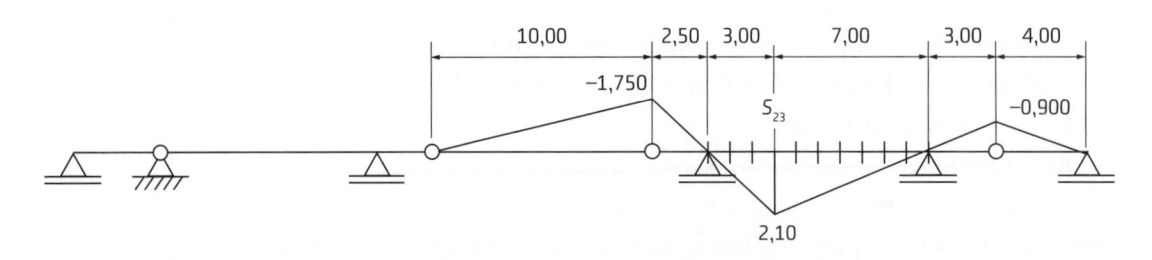

Fig. 9.73 Linha de influência de momentos fletores em seção no vão biapoiado (L.I.M$_{S23}$)

As linhas de momentos fletores nos trechos em balanço possuem a mesma forma típica triangular, porém apresentam a influência do vão Gerber, como indicado nas Figs. 9.74 e 9.75 para as seções nos apoios B e C.

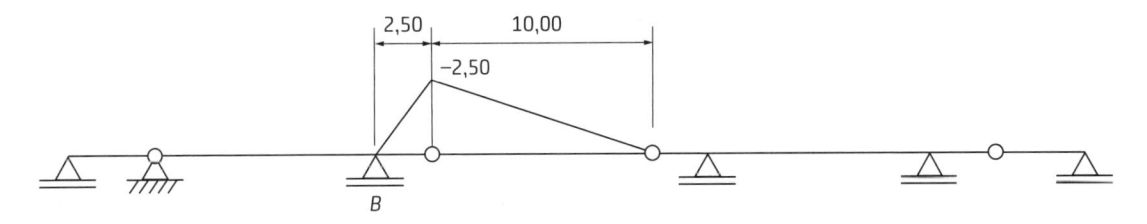

Fig. 9.74 Linha de influência de momentos fletores no apoio B (L.I.M_{S10})

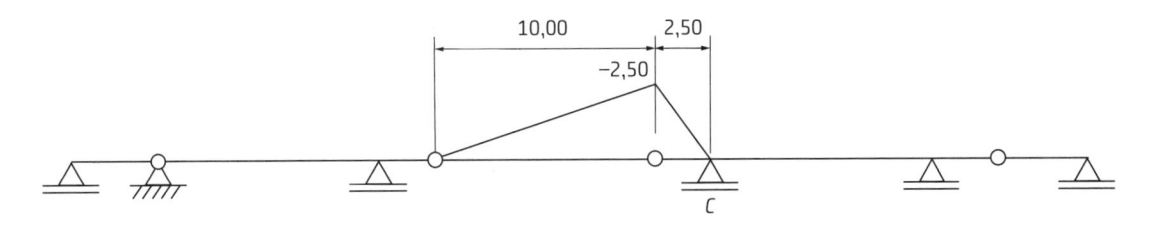

Fig. 9.75 Linha de influência de momentos fletores no apoio C (L.I.M_{S20})

A linha de influência de momentos fletores no apoio D, também no balanço, resulta na mesma forma básica triangular, conforme ilustrado na Fig. 9.76.

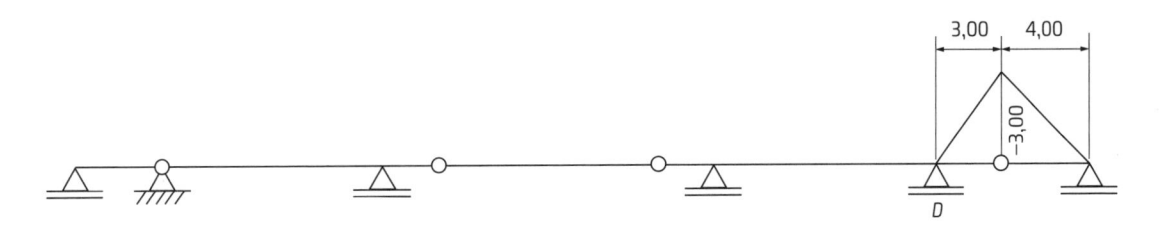

Fig. 9.76 Linha de influência de momentos fletores no apoio D (L.I.M_{S30})

Como já descrito, as linhas de influência nas seções da viga Gerber recaem no caso simples de viga biapoiada e se limitam ao próprio vão. Como exemplo, apresenta-se na Fig. 9.77 a linha de influência de momentos fletores para a seção de meio de vão S_{15}.

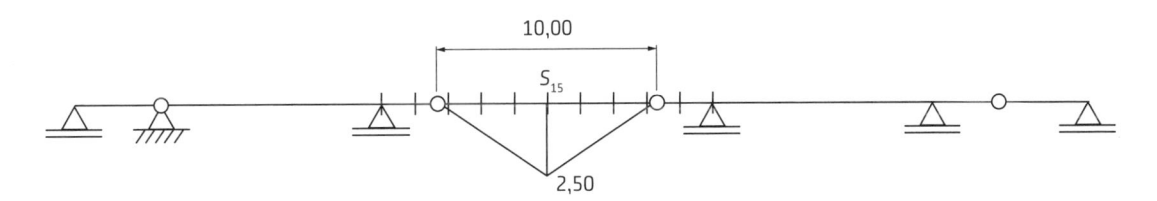

Fig. 9.77 Linha de influência de momentos fletores na seção no centro do vão Gerber (L.I.M_{S15})

9.2 Viga hiperestática

Visando demonstrar a validade do princípio de Müller-Breslau na análise de estruturas hiperestáticas, considera-se o momento fletor na seção S na viga contínua da Fig. 9.78, submetida a carga concentrada P.

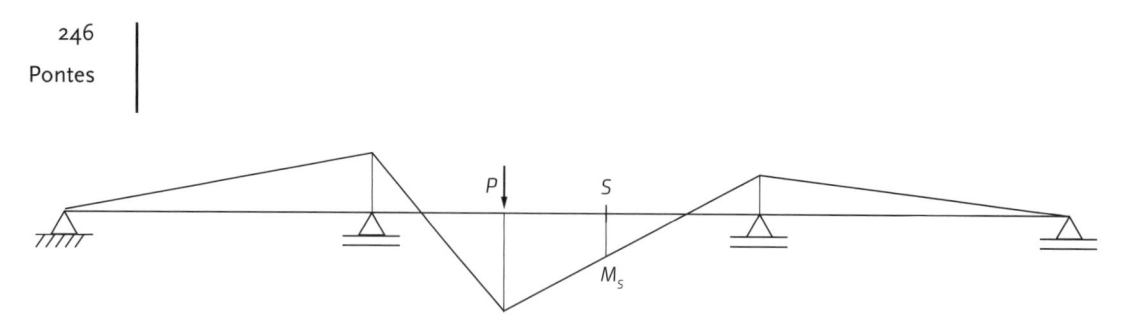

Fig. 9.78 *Diagrama de momentos fletores de viga hiperestática sob carga concentrada*

Admitindo-se que na seção de estudo (S) o vínculo a momento fletor seja rompido, é possível obter o mesmo diagrama de momentos fletores considerando-se a atuação do momento M_S na rótula, como mostrado na Fig. 9.79. Observa-se que a liberação de um vínculo numa estrutura hiperestática não resulta na formação de uma estrutura hipostática (mecanismo).

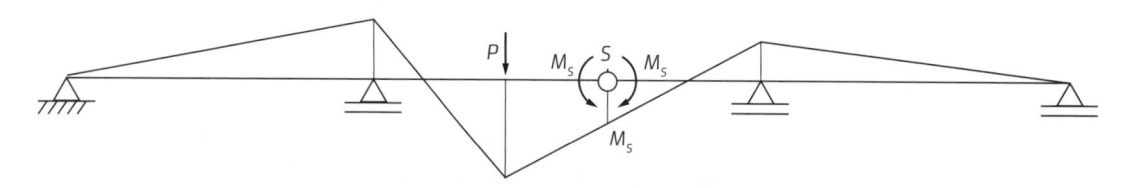

Fig. 9.79 *Diagrama de momentos fletores de viga com rótula interna*

A relação entre a carga concentrada P e o momento M_S aplicado na rótula é, mais uma vez, determinada através do PTV. Com esse fim, considera-se a configuração resultante de deslocamentos infinitesimais (virtuais) cinematicamente admissíveis, impostos a partir da configuração de equilíbrio, esquematizada na Fig. 9.80.

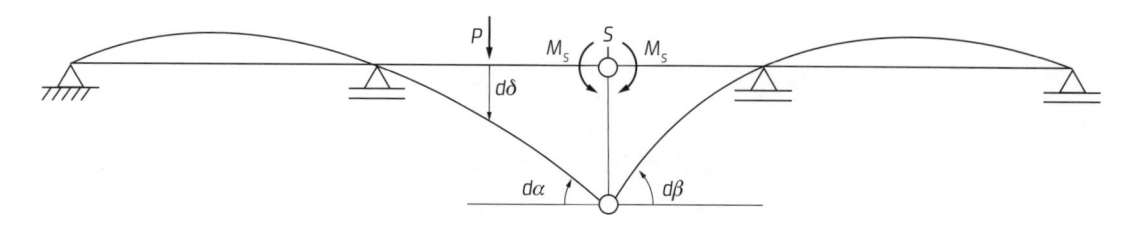

Fig. 9.80 *Deslocamentos virtuais infinitesimais cinematicamente compatíveis*

Ao aplicar o PTV, tem-se:

$$P \cdot d\delta - M_S \cdot d\alpha - M_S \cdot d\beta = 0 \Rightarrow M_S = \frac{P \cdot d\delta}{(d\alpha + d\beta)} \tag{9.21}$$

Considerando-se que a carga aplicada e a rotação infinitesimal assumam valores unitários, tem-se que o momento M_S corresponde ao valor do deslocamento virtual no ponto de aplicação da carga unitária. Com isso, demonstra-se que o princípio de Müller-Breslau também se aplica às estruturas hiperestáticas.

Como exemplo, apresenta-se na Fig. 9.81 a superestrutura em viga contínua com três vãos, placas de aproximação e uma extremidade com encontro e outra em balanço.

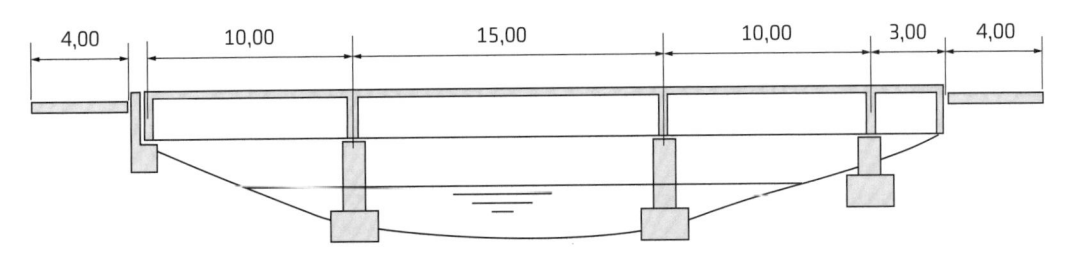

Fig. 9.81 *Superestrutura em viga contínua com extremos com encontro e em balanço*

Com a consideração da superestrutura sobre aparelhos de apoio em elastômero fretado e placas de aproximação apoiadas sobre as extremidades da ponte, admite-se o modelo estrutural unifilar ilustrado na Fig. 9.82.

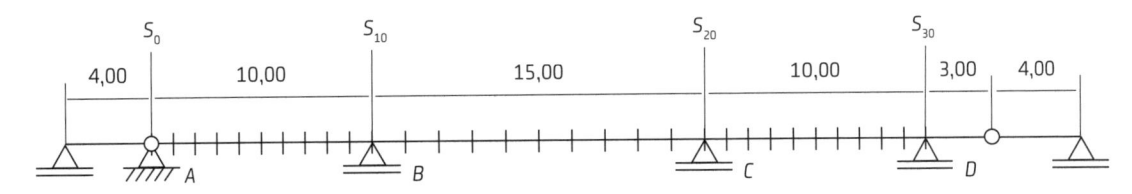

Fig. 9.82 *Modelo unifilar de viga contínua com encontro e balanço*

No caso de vigas contínuas, a determinação dos valores das ordenadas através do princípio de Müller-Breslau revela-se trabalhosa, justamente por envolver a definição da linha elástica da estrutura, que, mesmo após a ruptura de um vínculo, permanece hiperestática. Entretanto, o método permite estabelecer, com simplicidade, a *forma* das linhas de influência hiperestáticas.

Para a estimativa do traçado das linhas de influência de cortantes, consideram-se deslocamentos relativos unitários na seção com vínculo rompido a cortante, como exemplificado nas Figs. 9.83 a 9.85. Observa-se que a imposição de deslocamento unitário se faz de forma análoga à dos casos isostáticos, porém, como a estrutura permanece hiperestática, a deformada apresenta aspecto sinuoso, típico de viga contínua. É importante notar que as linhas de influência de estruturas hiperestáticas são sempre curvas, enquanto as linhas de influência de estruturas isostáticas são sempre poligonais.

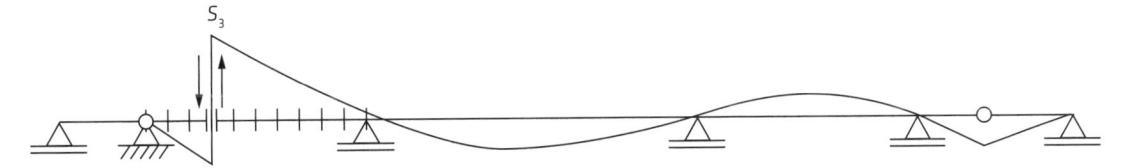

Fig. 9.83 *Aspecto da linha de influência de cortantes no vão da extremidade com encontro ($L.I.V_{S_3}$)*

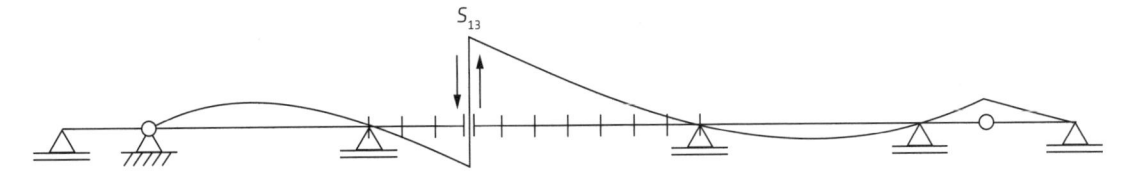

Fig. 9.84 *Aspecto da linha de influência de cortantes no vão central ($L.I.V_{S_{13}}$)*

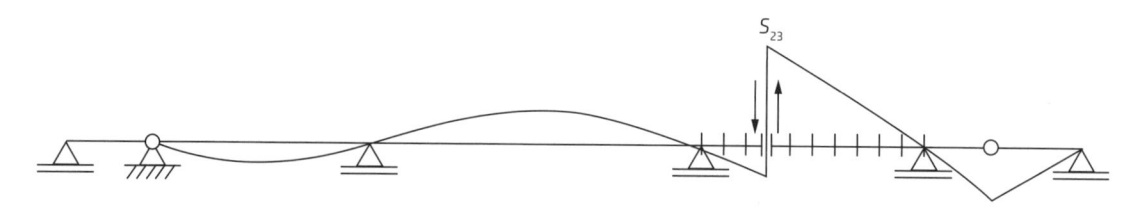

Fig. 9.85 *Aspecto da linha de influência de cortantes no vão da extremidade em balanço (L.I.$V_{S_{23}}$)*

Analogamente às vigas isostáticas, as linhas de influência de cortantes nas seções adjacentes aos apoios constituem casos particulares das linhas de seções situadas nos vãos. Isso pode ser observado nas Figs. 9.86 e 9.87, nas quais são exemplificadas as linhas de cortantes para as seções à esquerda e à direita do apoio B.

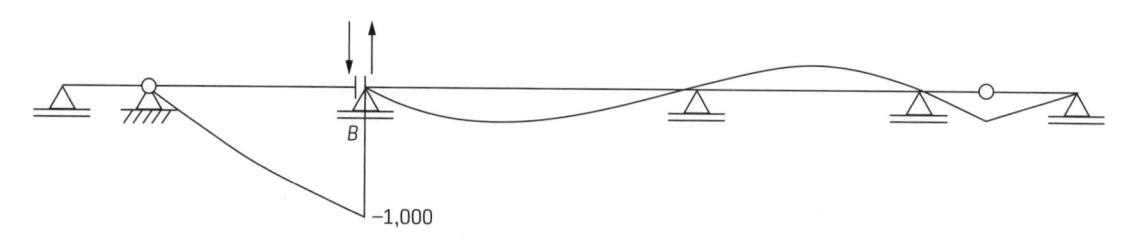

Fig. 9.86 *Aspecto da linha de influência de cortantes à esquerda do apoio B (L.I.V_B^{esq})*

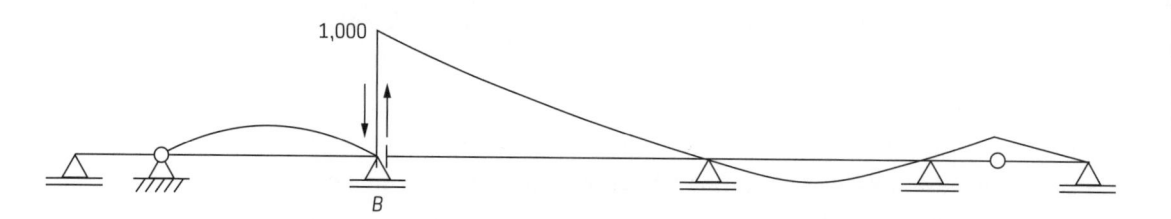

Fig. 9.87 *Aspecto da linha de influência de cortantes à direita do apoio B (L.I.V_B^{dir})*

Deve-se notar que os traçados apresentados são apenas estimativas das deformadas, resultantes da imposição dos deslocamentos unitários. Embora as ordenadas não apresentem as proporções precisas das linhas de influência reais, os traçados estimados são suficientes para definir os vãos de posicionamento das cargas móveis para despertar as solicitações máximas, positivas ou negativas.

A determinação exata das formas e dos valores das ordenadas requer a análise da estrutura hiperestática. Como exemplo, apresenta-se na Fig. 9.88 o traçado das linhas de cortantes no vão $\overline{AB}$, com os valores reais das ordenadas. Essa definição de linhas é análoga à dos traçados mostrados na viga isostática da Fig. 9.60, porém numa escala vertical mais dilatada para visualização das menores ordenadas.

Observa-se que as linhas exatas e aproximadas apresentam proporções diferentes, mas as formas estimadas definem claramente os limites das áreas positivas e negativas. Logo, baseando-se nas formas aproximadas das linhas de influência, é possível estabelecer o posicionamento das cargas móveis para a determinação dos cortantes máximos. Com isso, valida-se a aplicação do princípio de

Müller-Breslau para a estimativa do traçado das linhas de influência em estruturas hiperestáticas.

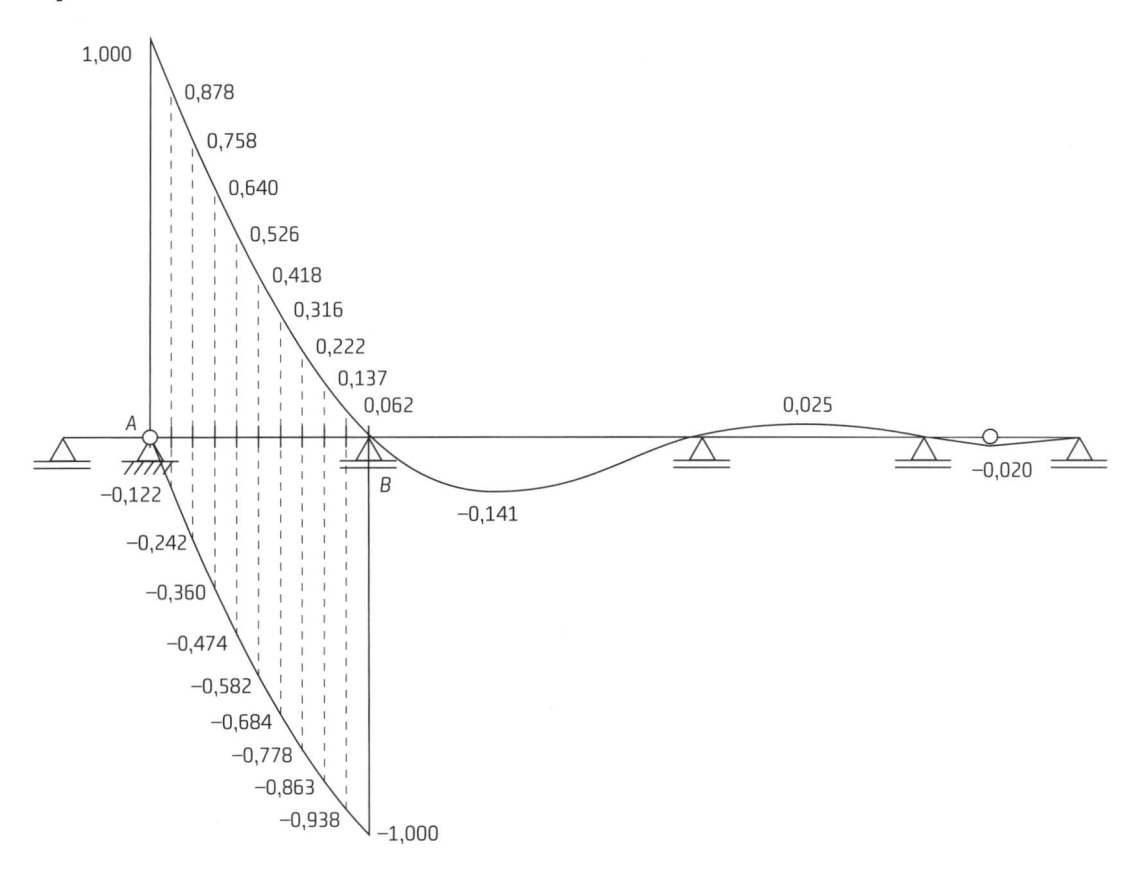

Fig. 9.88 *Definição de linhas de influência de cortantes em seções no vão $\overline{AB}$*

As linhas de influência de reação de apoio apresentam aspectos típicos, exemplificados nas Figs. 9.89 a 9.91, nas quais são indicados os deslocamentos unitários impostos na liberação dos apoios, para a aplicação do princípio de Müller-Breslau.

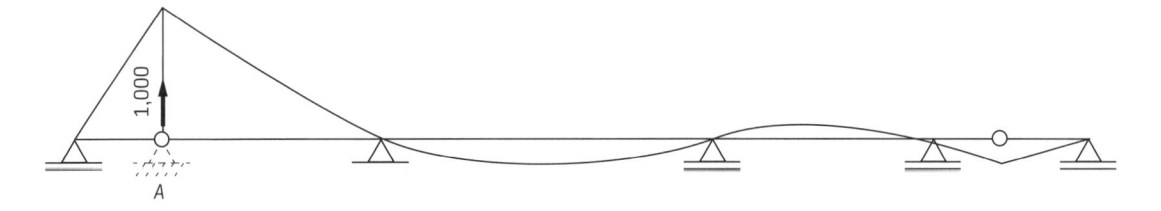

Fig. 9.89 *Aspecto da linha de influência de reação de apoio em A (L.I.R_A)*

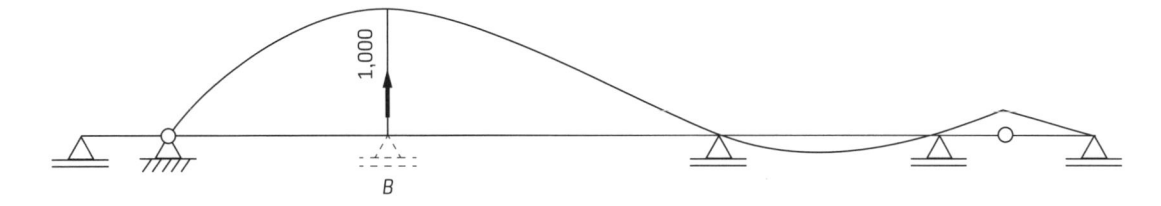

Fig. 9.90 *Aspecto da linha de influência de reação de apoio em B (L.I.R_B)*

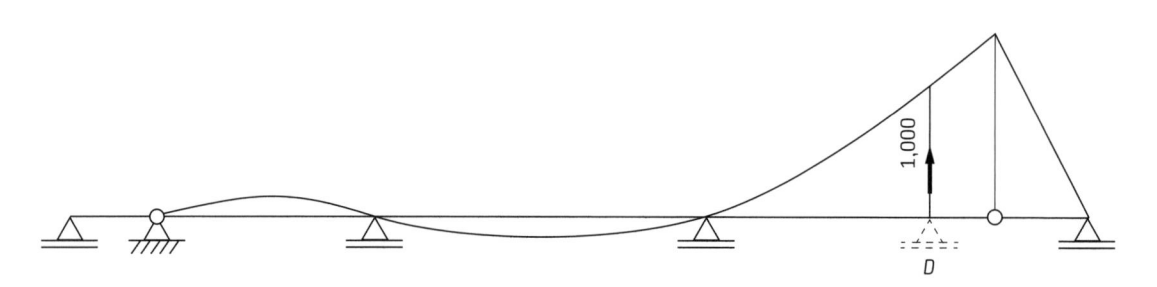

Fig. 9.91 *Aspecto da linha de influência de reação de apoio em D (L.I.R$_D$)*

O traçado das linhas de influência de momentos fletores é definido de forma análoga, estimando-se as deformadas elásticas da viga, decorrentes de uma rotação relativa unitária na seção, considerada rotulada. São assim traçadas as linhas de influência de momentos fletores mostradas nas Figs. 9.92 e 9.93, típicas das seções nos vãos de viga contínua.

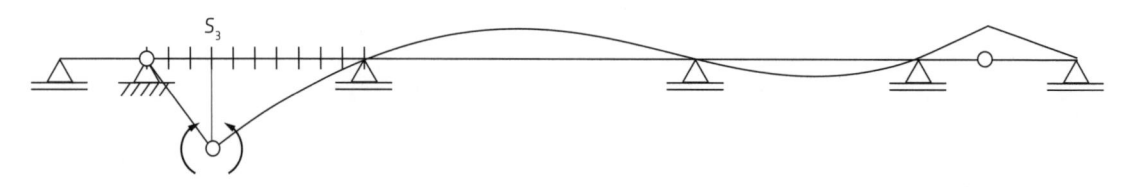

Fig. 9.92 *Aspecto da linha de influência de momentos fletores na seção S$_3$ (L.I.M$_{S_3}$)*

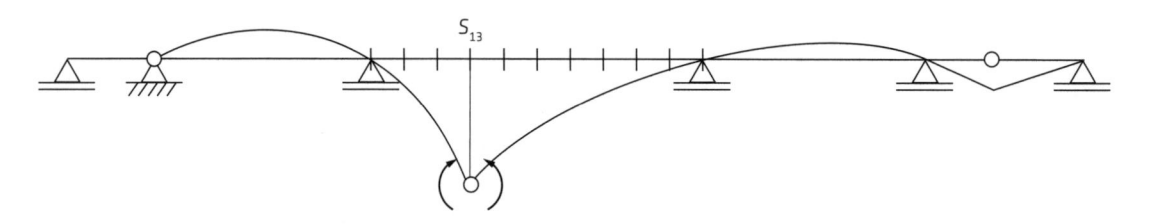

Fig. 9.93 *Aspecto da linha de influência de momentos fletores na seção S$_{13}$ (L.I.M$_{S_{13}}$)*

As linhas de influência de momentos fletores sobre apoios intermediários de viga contínua apresentam o aspecto característico indicado na Fig. 9.94, em que as maiores ordenadas, sempre negativas, são situadas no vão mais flexível, adjacente ao apoio.

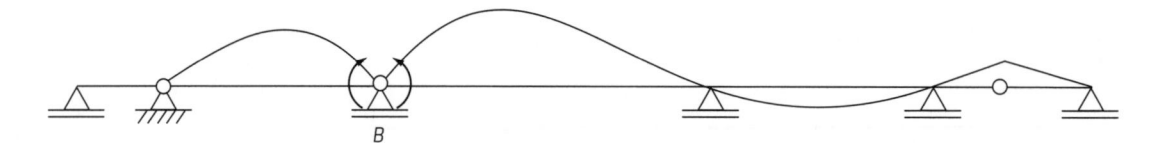

Fig. 9.94 *Aspecto da linha de influência de momentos fletores sobre o apoio B (L.I.M$_B$)*

As linhas de influência de seções mais próximas aos apoios intermediários tendem a apresentar traçado semelhante ao da seção do apoio, como mostrado nas Figs. 9.95 e 9.96. Em geral, esse aspecto fica limitado nas seções até as proximidades do décimo de vão em torno do ponto de apoio.

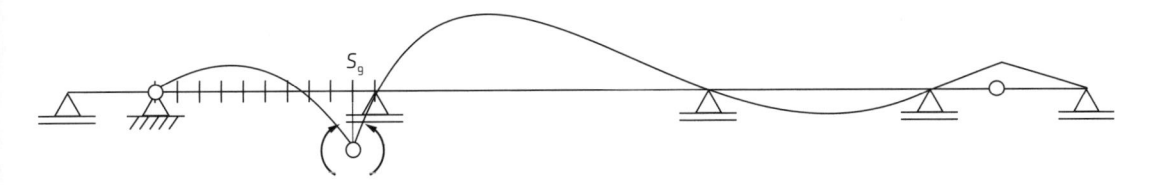

Fig. 9.95 *Aspecto da linha de influência de momentos fletores na seção S_9 (L.I.M$_{S_9}$)*

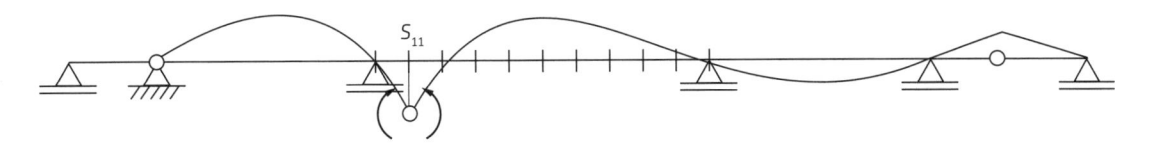

Fig. 9.96 *Aspecto da linha de influência de momentos fletores na seção S_{11} (L.I.M$_{S_{11}}$)*

É importante lembrar que, nas seções no balanço, as linhas de influência de momentos fletores (Fig. 9.97) e de cortantes (Fig. 9.98) mantêm o traçado característico, obviamente sem a influência da continuidade da viga hiperestática.

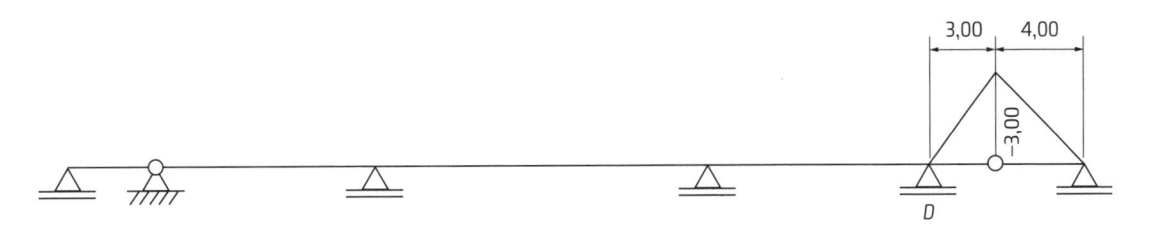

Fig. 9.97 *Linha de influência de momentos fletores no apoio D (L.I.M$_D$)*

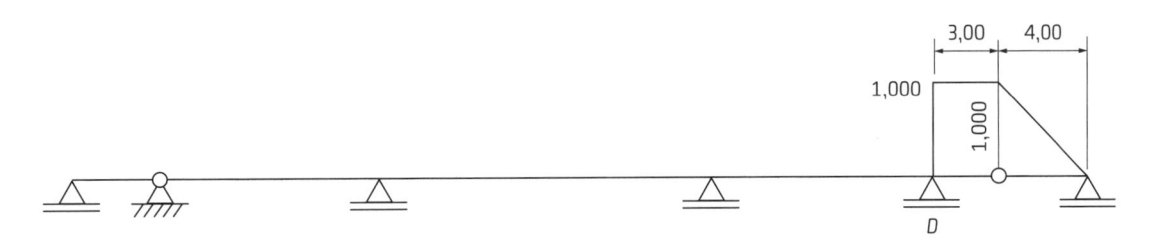

Fig. 9.98 *Linha de influência de cortantes à direita do apoio D (L.I.V$_D^{dir}$)*

9.3 Análise da torção

As ações de peso próprio estrutural e sobrecargas permanentes não despertam torção no caso mais geral de superestruturas retas. Entretanto, essas ações permanentes, mesmo que atuem simetricamente na seção transversal, resultam inevitavelmente em solicitações de torção no caso de geometria curva em planta. Por sua vez, as cargas móveis podem sempre despertar torção, independentemente de a geometria ser reta ou curva, sendo assim fundamental que se estude a definição das linhas de influência de momentos torçores.

Na prática, as solicitações de torção são importantes exclusivamente nas superestruturas em seção celular, justamente por apresentarem rigidez à torção extremamente elevada. Já nas superestruturas em seção aberta, como no caso típico de vigas múltiplas, as ações de torção da seção são equilibradas preponderantemente por flexão das vigas. Isso ocorre em virtude da baixa rigidez à torção da seção aberta. Sendo assim, as superestruturas tratadas neste item são exclusivamente em seção celular.

Para a análise da torção numa superestrutura em viga celular, torna-se essencial a identificação precisa da disposição dos apoios, devendo-se distinguir os apoios que impedem ou não a torção, conforme exemplificado na Fig. 9.99.

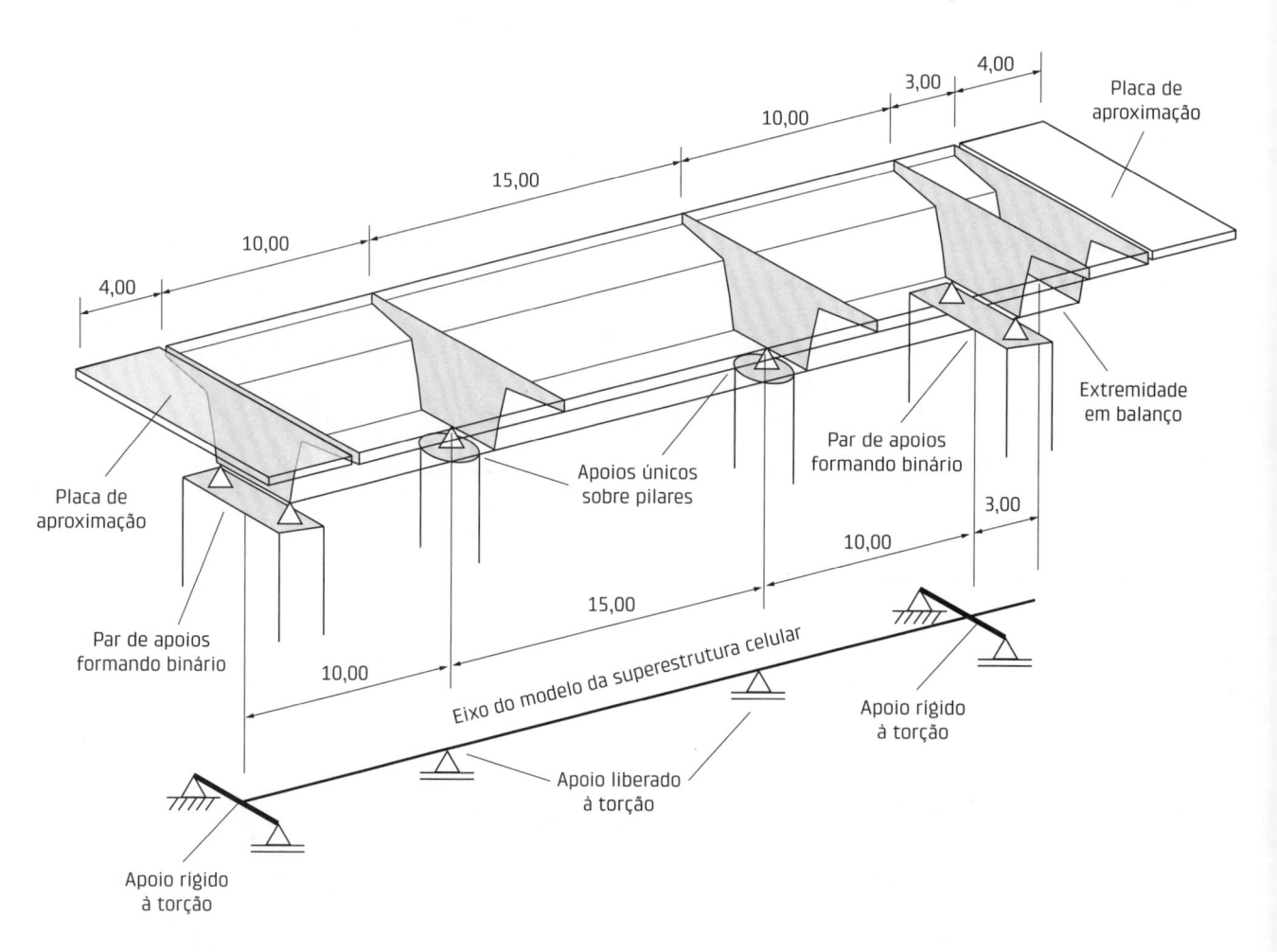

Fig. 9.99 *Superestrutura em viga contínua celular*

A partir do modelo em grelha dessa figura, são definidos modelos unifilares distintos para a análise dos efeitos de flexão (Fig. 9.100) e de torção (Fig. 9.101). Observa-se que a viga apresenta dois vãos para a análise dos efeitos de flexão, porém apenas um vão para a análise dos efeitos de torção.

Considerando-se que a viga apresente rigidez à torção constante, a análise da haste biengastada à torção torna-se estaticamente determinada. O diagrama de momentos torçores pode ser prontamente definido para a situação de torque concentrado, como indicado na Fig. 9.102.

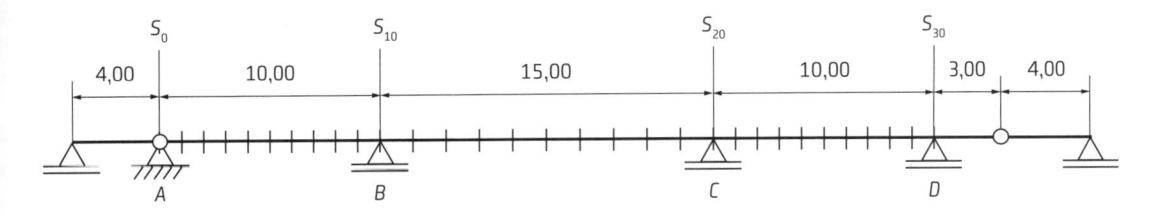

Fig. 9.100 *Modelo para análise de momento fletor e cortante*

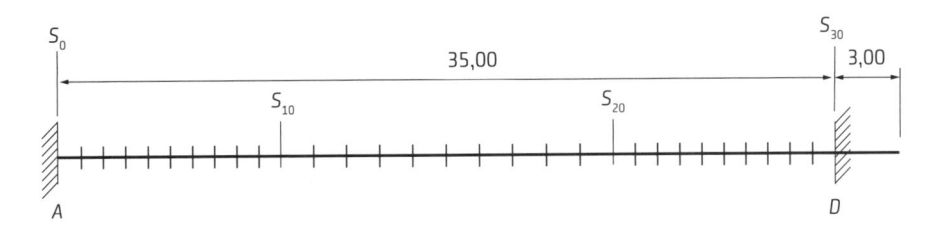

Fig. 9.101 *Modelo para análise de torção*

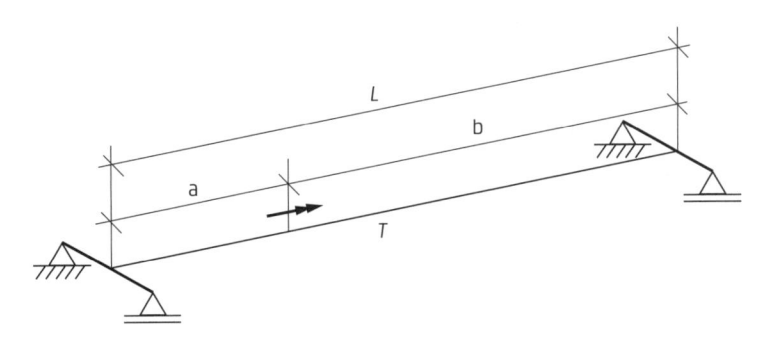

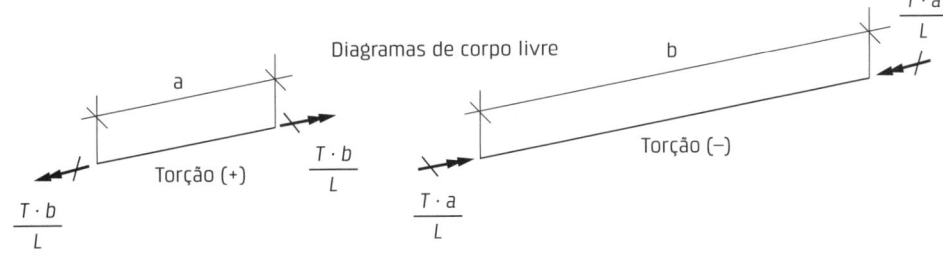

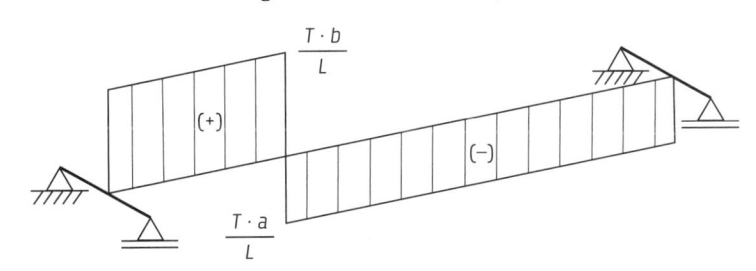

Fig. 9.102 *Análise da ação de torque concentrado em haste biengastada à torção*

Outra situação de interesse prático corresponde à ação de torque distribuído (t), expresso, por exemplo, em kN · m/m, que também pode ser analisada de forma imediata, conforme apresentado na Fig. 9.103.

Observa-se que a análise da torção em haste biengastada é inteiramente análoga à análise do cortante em viga biapoiada, como resumido na Fig. 9.104.

Fig. 9.103 *Análise da ação de torque distribuído em haste biengastada à torção*

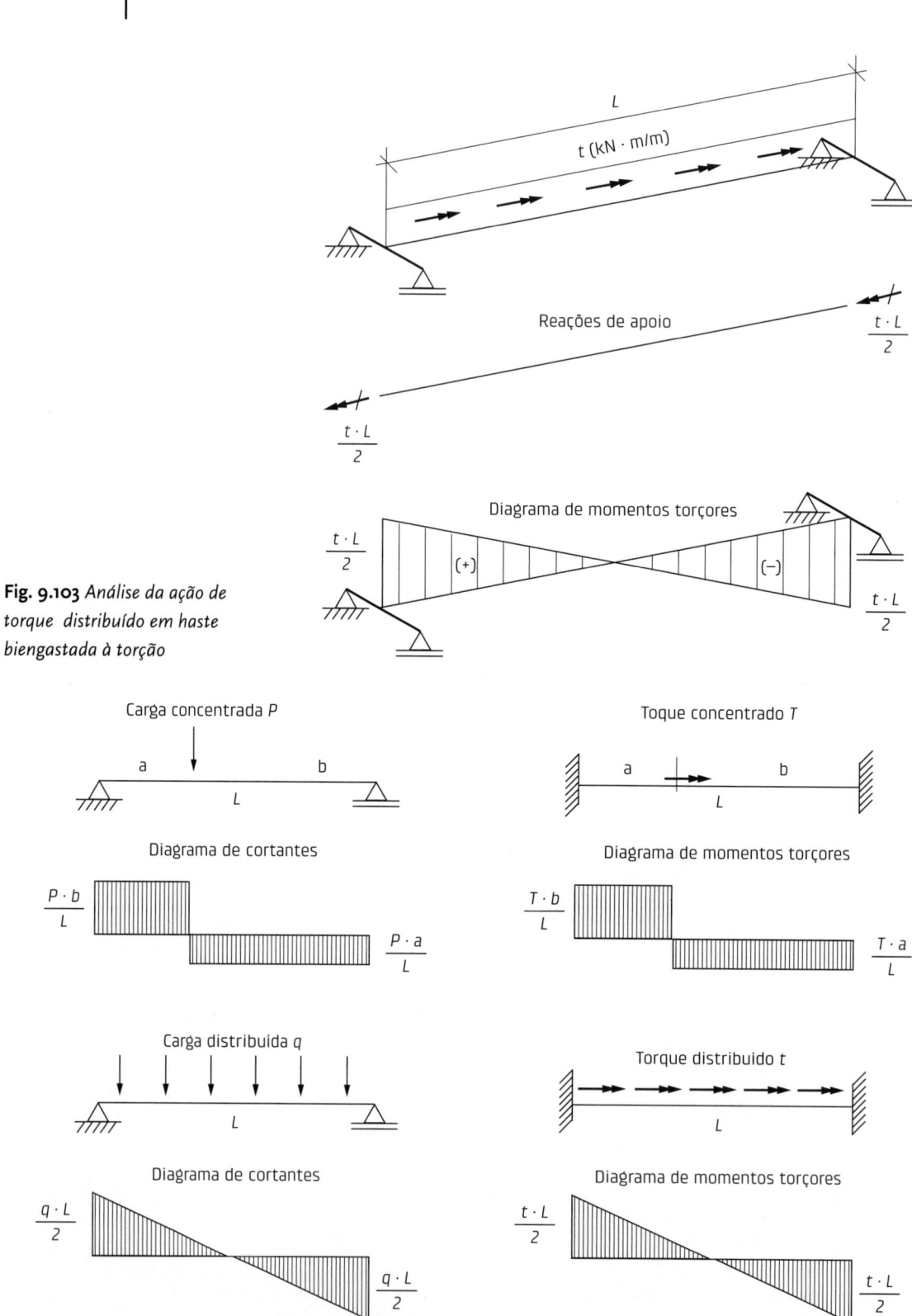

Fig. 9.104 *Analogia entre as análises de cortante e momento torçor*

Pode-se concluir então que o traçado da linha de influência de momentos torçores (L.I.T.) em uma haste biengastada deve ser análogo ao traçado da linha de influência de cortantes na mesma viga, considerada biapoiada. Na Fig. 9.105 apresenta-se resumida a correspondência entre as duas situações. É importante observar que, analogamente ao caso dos cortantes, as *linhas de influência de momentos torçores são adimensionais*. Seguindo-se a convenção de sinais já adotada, as ordenadas positivas são indicadas em cima.

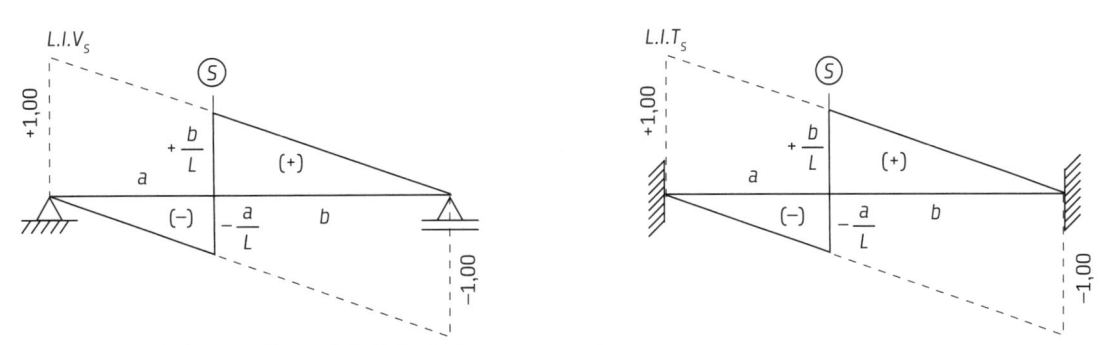

Fig. 9.105 *Analogia entre linhas de influência de cortantes e de momentos torçores*

A analogia é válida também para a análise da torção em trecho em balanço, conforme esquematizado na Fig. 9.106.

Admitindo-se que os apoios duplos se comportem como engastes perfeitos à torção, a análise da torção em superestrutura celular recai sempre na situação de haste biengastada à torção.

Para a definição do trem-tipo de torção, são consideradas as cargas móveis posicionadas em meia seção, como indicado na Fig. 9.107. Dessa forma, são normalmente determinados trens-tipos com sinais opostos, permitindo que os trechos positivos e negativos da linha de influência sejam "preenchidos".

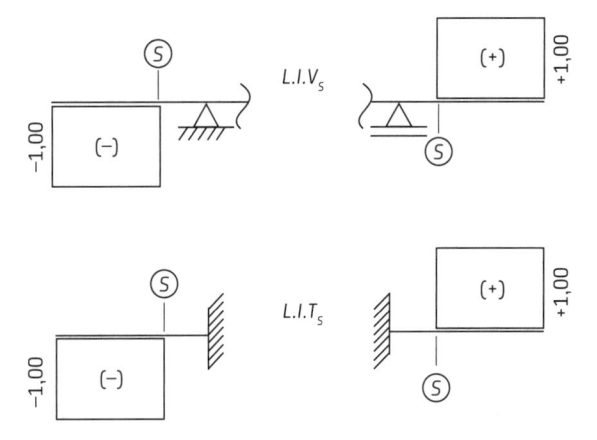

Fig. 9.106 *Analogia entre linhas de influência de cortantes e de momentos torçores em trecho em balanço*

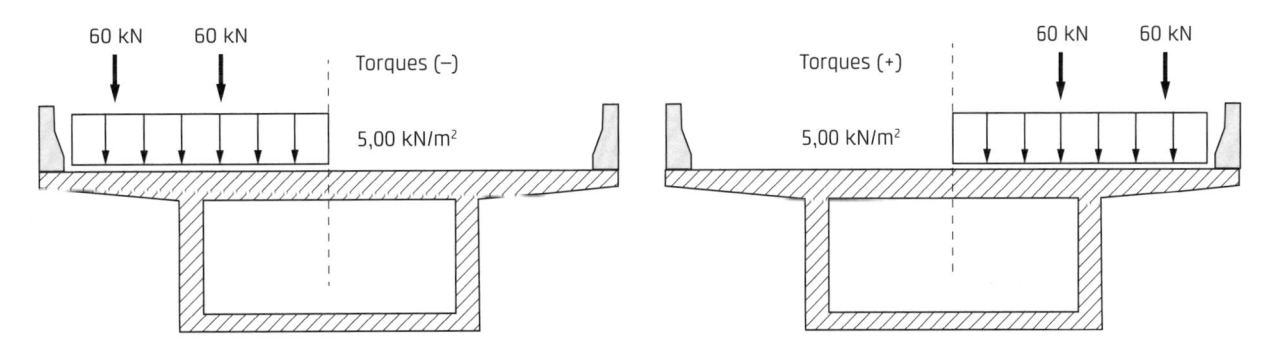

Fig. 9.107 *Posicionamento da carga móvel em meia seção*

Como exemplo, admite-se o trem-tipo de torção com torques concentrados de 200 kN · m, correspondentes aos eixos do veículo-tipo, e torque distribuído no valor de 50 kN · m/m. Como esses valores são decorrentes do posicionamento das cargas móveis em meia seção, em ambos os lados, têm-se os trens-tipos com sinais opostos indicados na Fig. 9.108.

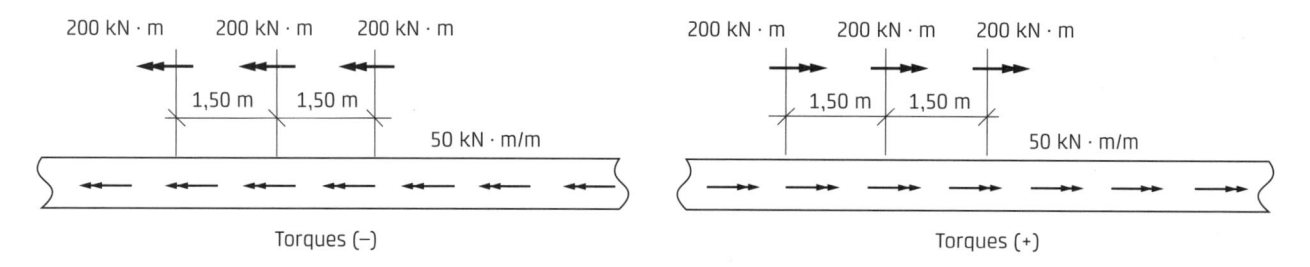

Fig. 9.108 *Trens-tipos de torção resultante do posicionamento da carga móvel em meia seção*

Toma-se como exemplo a determinação do momento torçor máximo na seção S_{13}. Nesse caso, o posicionamento do trem-tipo com torques sobre a linha de influência de torção resulta na configuração indicada na Fig. 9.109. É importante observar que só se pode considerar um único veículo-tipo, e, assim, os torques concentrados são posicionados exclusivamente sobre as três ordenadas máximas consecutivas no trecho com maior valor absoluto.

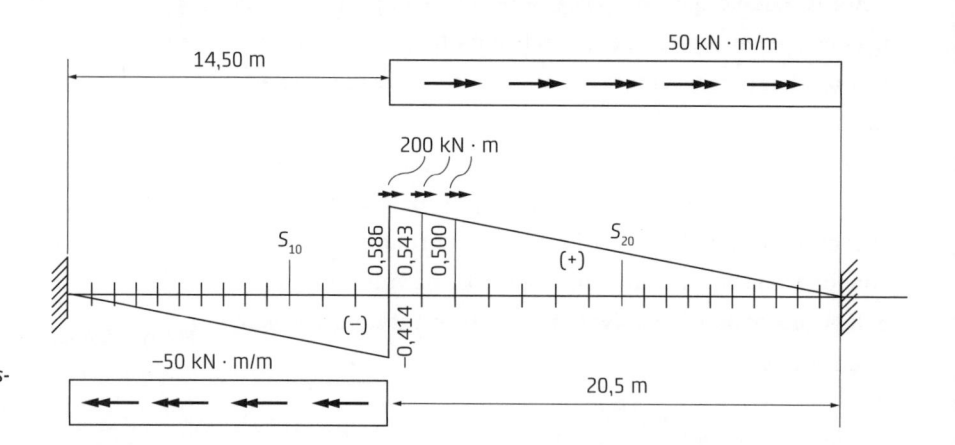

Fig. 9.109 *Posicionamento dos trens-tipos de torção sobre a L.I.T.$_{S_{13}}$*

O momento torçor máximo é então determinado como:

$$T_{S13}^{máx} = (0,586 + 0,543 + 0,500) \times 200 + \left(\frac{-0,414 \times 14,50}{2}\right) \times (-50) + \left(\frac{0,586 \times 20,5}{2}\right) \times 50$$
$$= \boxed{776 \text{ kN} \cdot \text{m}}$$

(9.22)

O posicionamento das cargas móveis para a definição de momento torçor máximo na seção S_{13}, conforme apresentado sobre a linha de influência, é indicado esquematicamente sobre a vista em perspectiva ilustrada na Fig. 9.110.

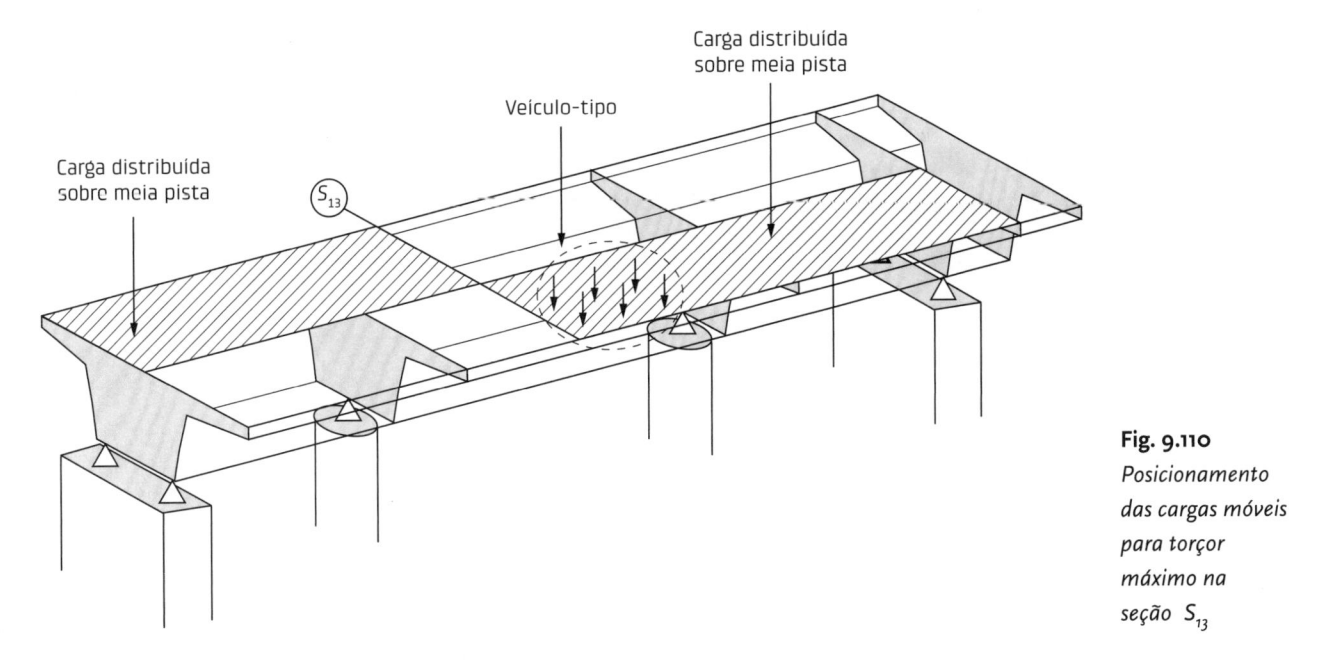

257
Linhas de influência

Carga distribuída sobre meia pista

Veículo-tipo

Carga distribuída sobre meia pista

S_{13}

Fig. 9.110
Posicionamento das cargas móveis para torçor máximo na seção S_{13}

10 | Trem-tipo rodoviário

O termo *trem-tipo* refere-se a um arranjo sequencial de forças concentradas e distribuídas, atuando de forma unidimensional ao longo do eixo da estrutura. A carga móvel ferroviária, conforme prescrição da NBR 7189 (ABNT, 1985) (Fig. 10.1), é um exemplo típico de trem-tipo, definido de forma já adequada à análise estrutural em modelo unifilar, discretizado, por exemplo, com elementos de viga, pórtico ou grelha.

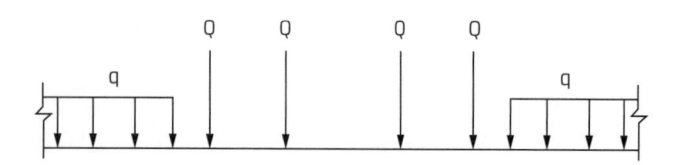

Fig. 10.1 *Trem-tipo ferroviário definido pela NBR 7189*

Diferentemente do trem-tipo ferroviário, as cargas móveis rodoviárias, definidas pela NBR 7188 (ABNT, 2013), atuam sobre a superfície da superestrutura, como indicado na Fig. 10.2.

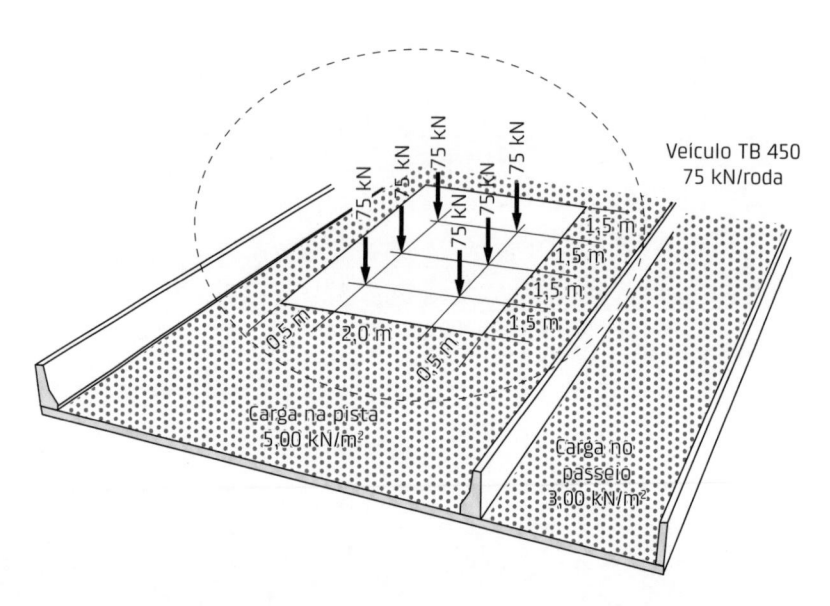

Fig. 10.2 *Carga móvel rodoviária definida pela NBR 7188*

Para a determinação do trem-tipo, aparentemente bastaria totalizar as cargas que agiriam sobre a superestrutura, considerada unifilar, como uma única viga. Na prática, somente as ações de peso próprio e sobrecarga permanente podem ser consideradas dessa forma, sendo as respectivas solicitações admitidas como igualmente divididas entre as almas das vigas existentes na seção. Porém, no caso de cargas móveis, é imprescindível que se considerem os inevitáveis efeitos da torção, despertada pelo posicionamento excêntrico das ações, tanto do veículo quanto das cargas distribuídas.

Nas superestruturas de pontes, pode-se distinguir duas situações bem distintas quanto ao comportamento sob torção, a seguir detalhadas: seção fechada (celular) e seção aberta, observada tipicamente nas soluções em vigas múltiplas.

10.1 Superestrutura em seção celular

Nas superestruturas com seção celular, a atuação de carga móvel excêntrica desperta solicitação de torção e de flexão. Em decorrência da elevadíssima rigidez à torção, é comum admitir que os efeitos de flexão e de torção podem ser completamente desacoplados, conforme esquematizado na Fig. 10.3.

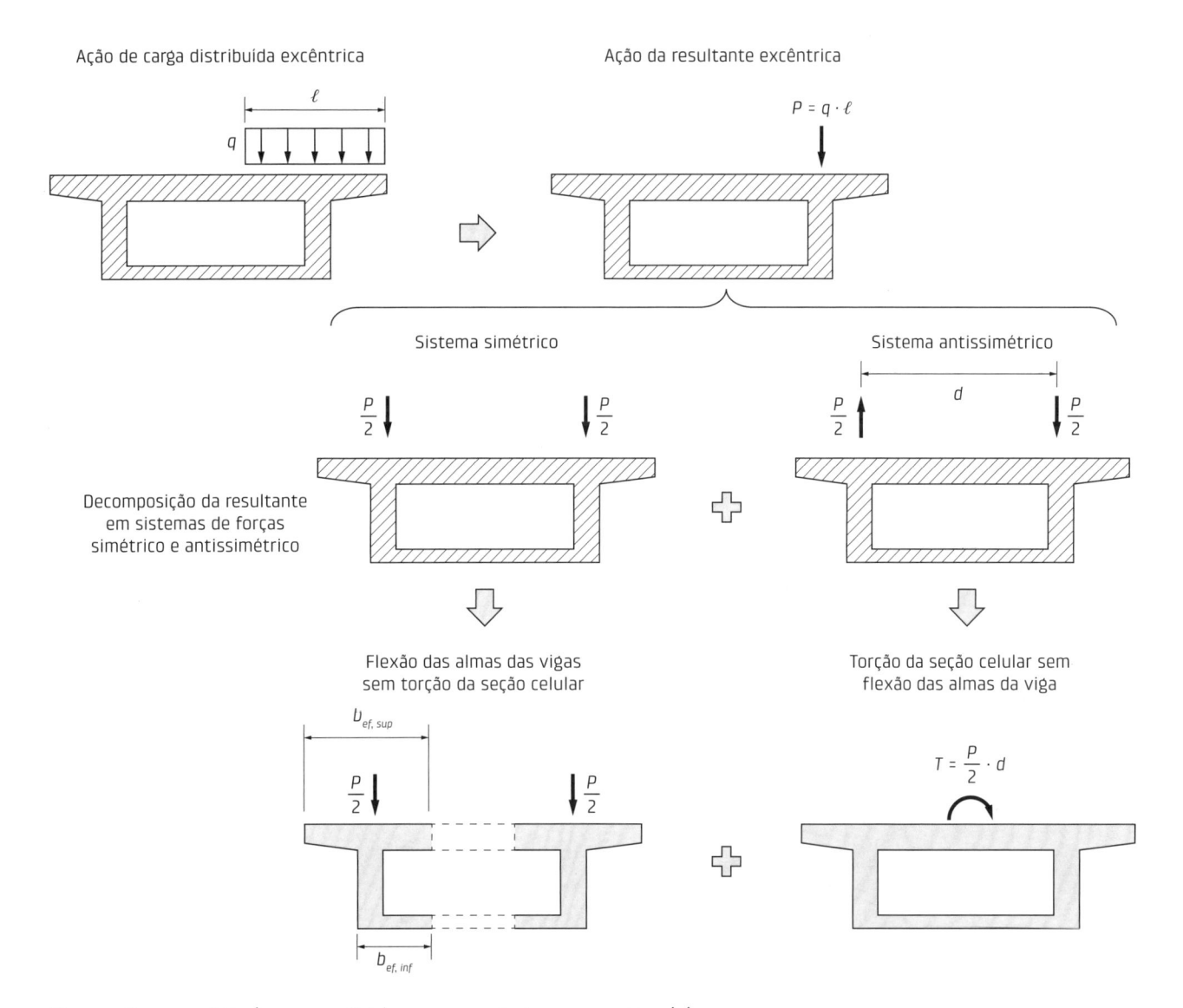

Fig. 10.3 *Decomposição de carga excêntrica em superestrutura com seção celular*

Conclui-se assim que, na superestrutura com seção celular, a ação de carga móvel, mesmo excêntrica, pode ser sempre considerada *igualmente distribuída* entre as almas. Visando a determinação das envoltórias das solicitações de flexão e de torção, são então definidas duas formas de trem-tipo:

> *Trem-tipo de flexão*, resultante de um arranjo de cargas distribuídas *sobre toda a superfície* da superestrutura, juntamente com o veículo-tipo. O trem-tipo é composto por carga distribuída (q) e três cargas concentradas (P), nas posições dos eixos, como ilustrado na Fig. 10.4A.

> *Trem-tipo de torção*, resultante do posicionamento das cargas distribuídas e do veículo-tipo *sobre metade da superfície* da superestrutura, de forma a despertar máxima torção. Pode-se, assim, despertar torção com sinais opostos ao carregar cada lado da seção. O trem-tipo resultante é composto por cargas verticais distribuídas, analogamente ao trem-tipo de flexão, simultaneamente com um arranjo de torque distribuído (t) e torques concentrados (T), como ilustrado na Fig. 10.4B.

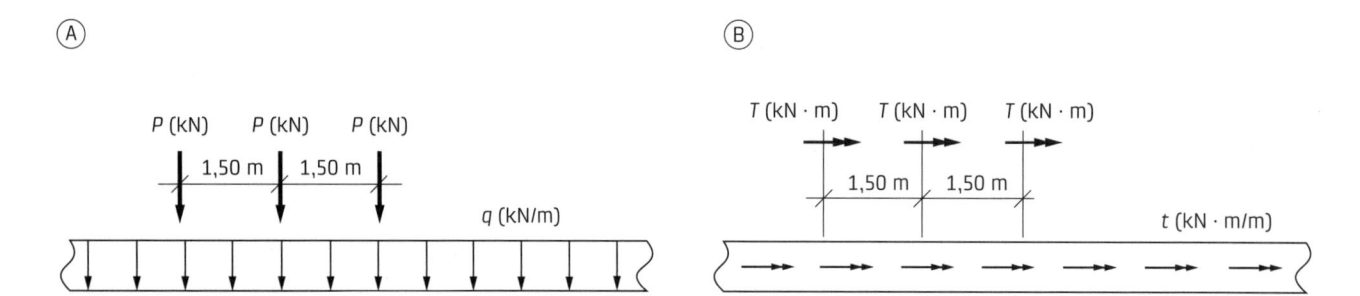

Fig. 10.4 (A) *Trem-tipo com cargas verticais e* (B) *trem-tipo com torques*

Logo, a superestrutura com seção celular apresenta um comportamento que permite a modelagem de um vão de viga na forma unifilar, como exemplificado na Fig. 10.5.

Observa-se que a consideração dos apoios na forma ilustrada visa modelar a absorção de torção através de torques de reação de apoio. É importante notar que a reação de carga permanente (R_g) é em geral superior à componente de suspensão, decorrente da torção por carga móvel (R_{CM}), e, assim, com a superposição das ações, não ocorre soerguimento de apoio, mas alívio de carga. A Fig. 10.6 esclarece o comportamento típico.

10.1.1 Seção totalmente carregada

Considerando-se a carga móvel rodoviária TB 450, já homogeneizada (60 kN/roda), um trecho genérico de superestrutura em seção celular, com pista e passeio, totalmente carregada, apresenta o aspecto ilustrado na Fig. 10.7.

Por exemplo, admitindo-se pista e passeio, respectivamente, com largura de 7,20 m e 1,50 m, tem-se a disposição de cargas móveis esquematizada na Fig. 10.8.

261
Trem-tipo rodoviário

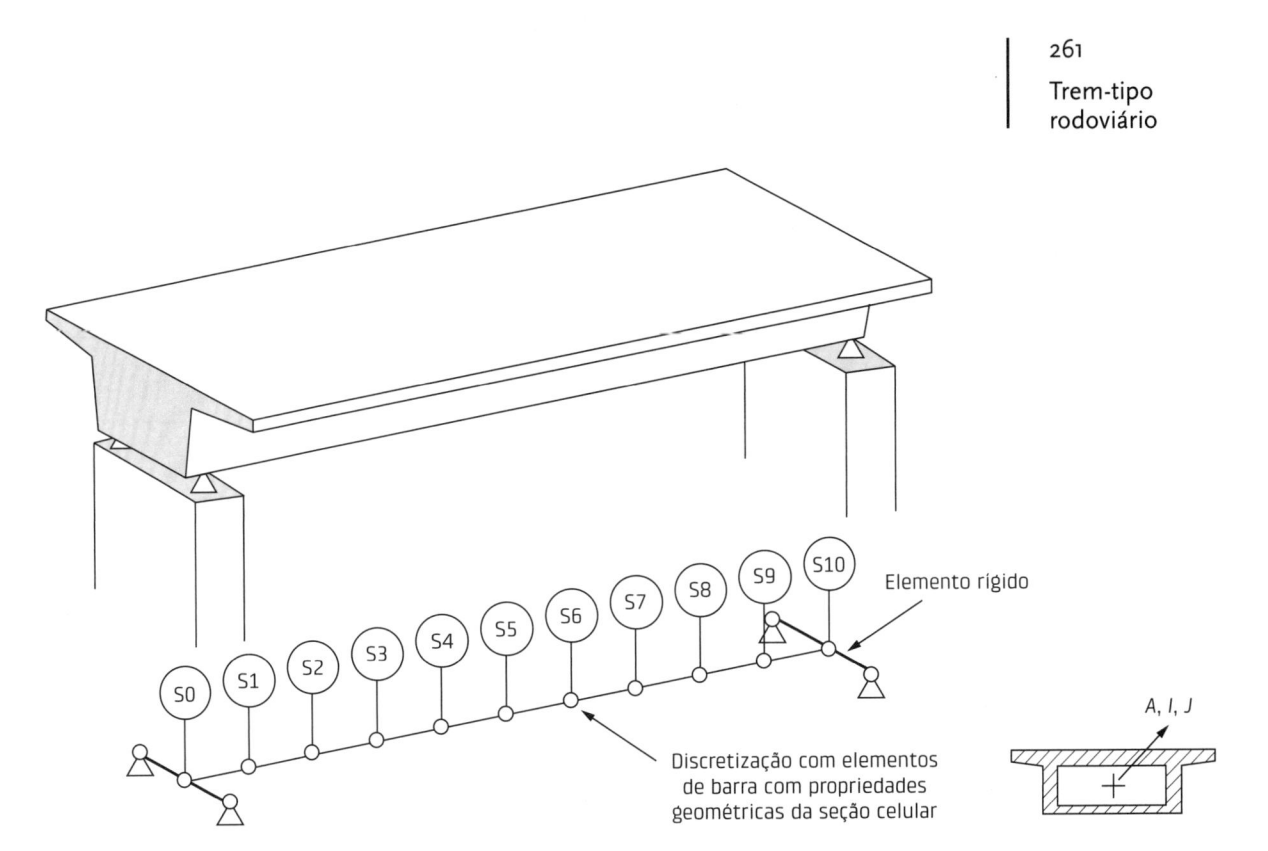

Fig. 10.5 *Exemplo de modelo unifilar de um vão de superestrutura celular*

Fig. 10.6 *Composição típica das reações de apoio em viga celular sob torção*

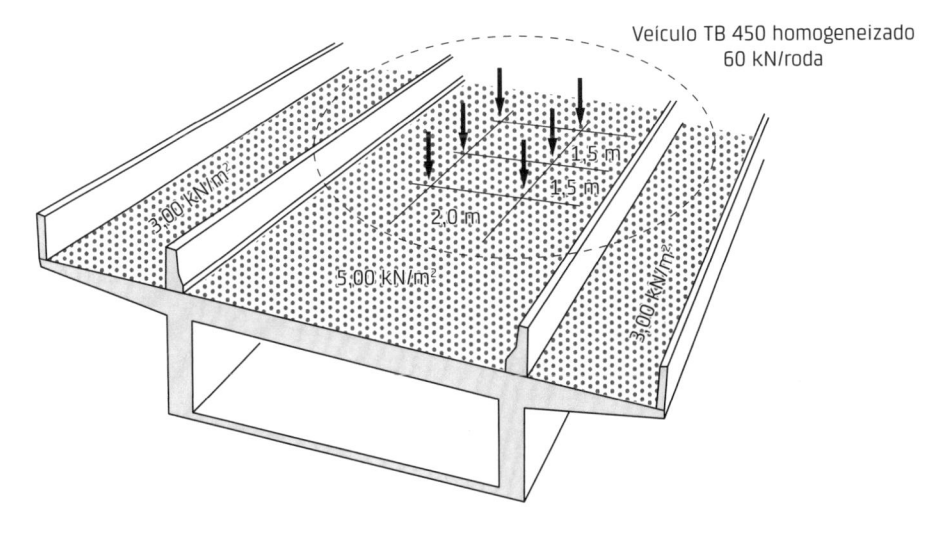

Fig. 10.7 *Superestrutura em seção celular totalmente carregada com cargas móveis*

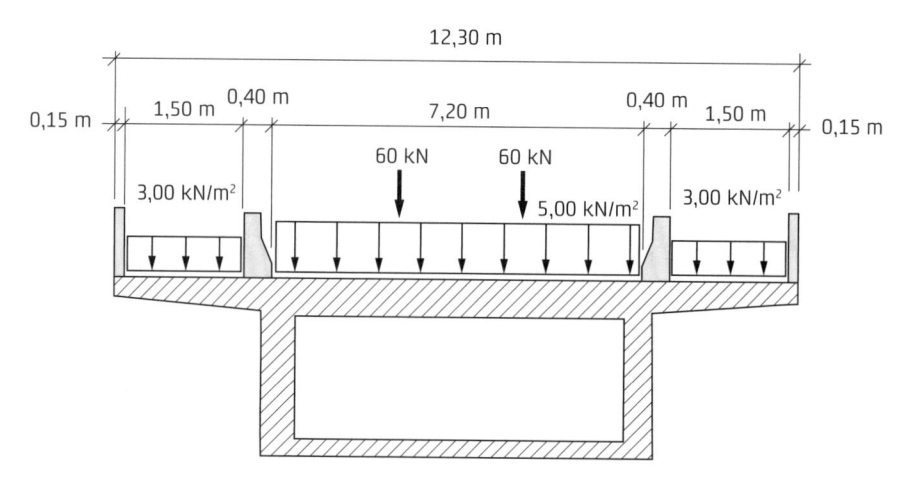

Fig. 10.8 *Disposição das cargas móveis em seção celular totalmente carregada*

A partir da disposição de cargas móveis apresentada nessa figura, podem ser determinadas as seguintes ações para a composição do trem-tipo longitudinal:

▸ Carga distribuída longitudinal:

$$q = 2 \times (3{,}00 \text{ kN/m}^2 \times 1{,}50 \text{ m}) + (5{,}00 \text{ kN/m}^2 \times 7{,}20 \text{ m}) = 45{,}0 \text{ kN/m} \quad \text{(10.1)}$$

▸ Eixo do veículo TB 450 homogeneizado:

$$P = (60{,}0 \text{ kN/roda} \times 2 \text{ rodas/eixo}) = 120{,}0 \text{ kN/eixo} \quad \text{(10.2)}$$

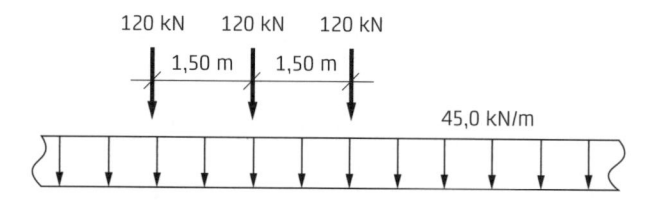

Fig. 10.9 *Trem-tipo longitudinal para seção celular totalmente carregada*

Essas ações definem o trem-tipo longitudinal rodoviário, representado na Fig. 10.9. Esse trem-tipo é utilizado na determinação das solicitações máximas de flexão, lembrando que essas cargas atuam sobre a seção completa celular, composta por duas almas. Sendo assim, os momentos fletores e as solicitações cortantes determinados com esse trem-tipo devem ser igualmente repartidos entre as duas almas para o dimensionamento destas.

10.1.2 Seção metade carregada

Para o estudo das solicitações de torção, deve-se considerar a situação de ponte metade carregada, como exemplificado na Fig. 10.10, considerando-se a carga do TB 450 homogeneizado de forma a despertar o maior momento torçor.

Admitindo-se pista e passeio com as mesmas dimensões do exemplo anterior, tem-se a disposição de cargas móveis em meia seção esquematizada na Fig. 10.11.

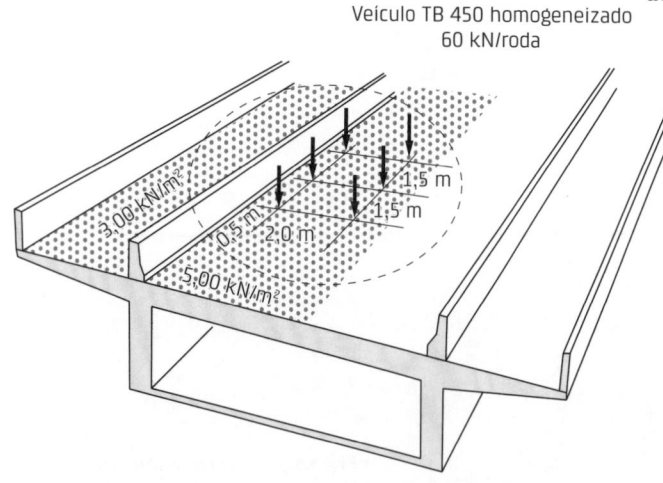

Fig. 10.10 *Superestrutura em seção celular metade carregada com cargas móveis*

Têm-se, assim, as seguintes cargas para a composição do trem-tipo longitudinal:

- Carga distribuída longitudinal:

$$q = (3{,}00 \text{ kN/m}^2 \times 1{,}50 \text{ m}) + (5{,}00 \text{ kN/m}^2 \times 3{,}60 \text{ m}) = 22{,}5 \text{ kN/m} \quad (10.3)$$

- Carga por eixo – veículo TB 450 homogeneizado:

$$P = (60{,}0 \text{ kN/roda} \times 2 \text{ rodas/eixo}) = 120{,}0 \text{ kN/eixo} \quad (10.4)$$

- Momento torçor distribuído:

$$t = 3{,}00 \text{ kN/m}^2 \times 1{,}50 \text{ m} \times 4{,}75 \text{ m} + 5{,}00 \text{ kN/m}^2 \times 3{,}60 \text{ m} \times 1{,}80 \text{ m} = 53{,}8 \text{ kN} \cdot \text{m/m} \quad (10.5)$$

- Momento torçor concentrado por eixo do veículo TB 450 homogeneizado:

$$T = 60{,}0 \text{ kN} \times 1{,}10 \text{ m} + 60{,}0 \text{ kN} \times 3{,}10 \text{ m} = 252 \text{ kN} \cdot \text{m/eixo} \quad (10.6)$$

Com essas ações, são definidas as duas formas de trem-tipo, representadas na Fig. 10.12, que são aplicadas na determinação das solicitações máximas cisalhantes, compostas por torção e cortante, atuando na seção celular completa. Os cortantes são obtidos considerando-se o trem-tipo com cargas verticais sobre a linha de influência de cortantes. A torção é calculada posicionando-se o trem-tipo com torques sobre a linha de influência de momentos torçores.

A consideração da carga móvel em meia seção, simetricamente à situação exemplificada na Fig. 10.11, resulta em trem-tipo com carga vertical idêntica (Fig. 10.12A)

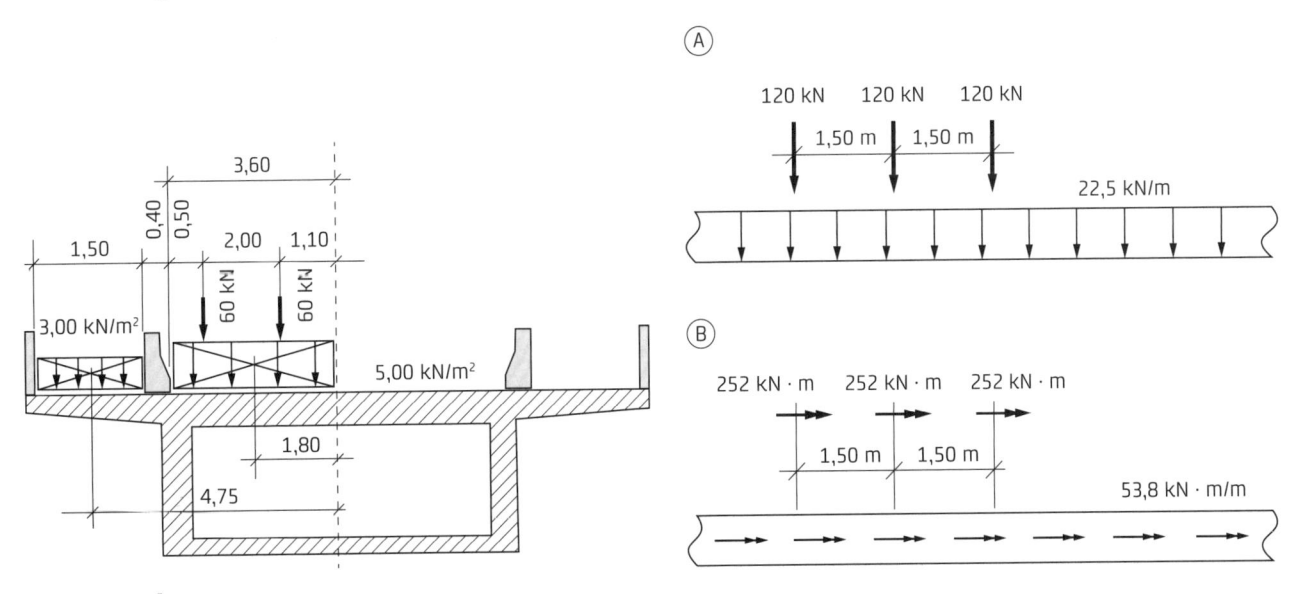

Fig. 10.11 *Disposição das cargas móveis em meia seção celular*

Fig. 10.12 *(A) Trem-tipo com cargas verticais e (B) trem-tipo com torques*

e trem-tipo com torques com valores iguais e sinais contrários, conforme indicado na Fig. 10.13.

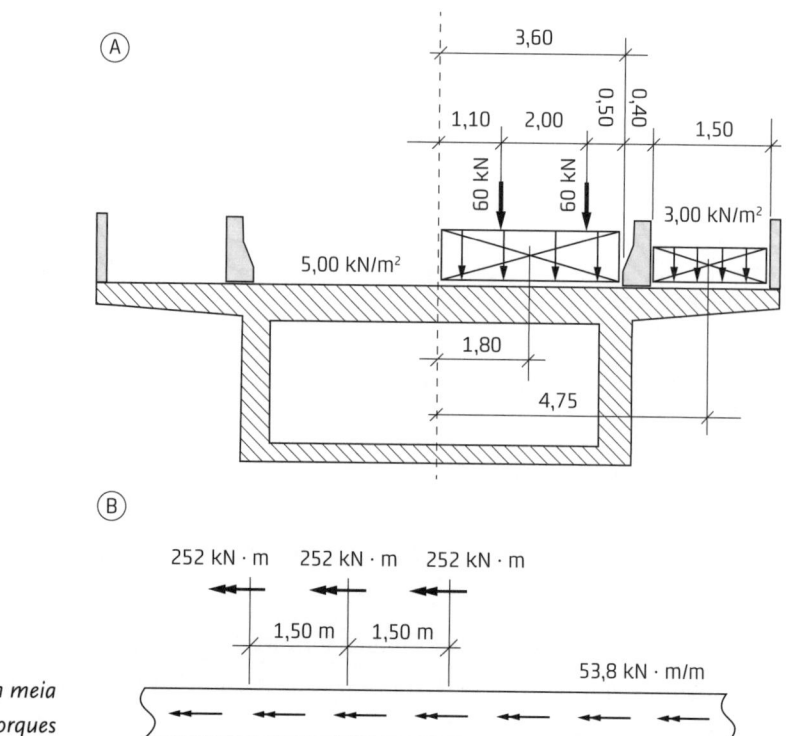

Fig. 10.13 (A) Carga móvel em meia seção e (B) trem-tipo com torques

10.2 Superestrutura em seção aberta

Na viga em seção aberta sob carga excêntrica, a baixa rigidez à torção acarreta deformações acentuadas por torção e consequente flexão das vigas. A Fig. 10.14 mostra esquematicamente o comportamento típico da superestrutura em seção aberta submetida à ação de momento torçor.

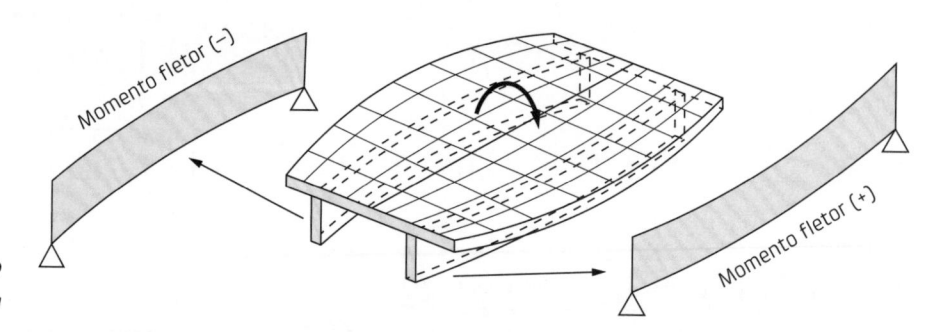

Fig. 10.14 Ação de torque aplicado em superestrutura com seção aberta

Conclui-se que a superestrutura em seção aberta, com baixa rigidez à torção, apresenta comportamento sob torção significativamente diferente da viga celular, com alta rigidez à torção. A carga excêntrica desperta solicitações de torção e de flexão que *não podem ser completamente desacopladas*, como resumido na Fig. 10.15.

Ação de carga distribuída excêntrica

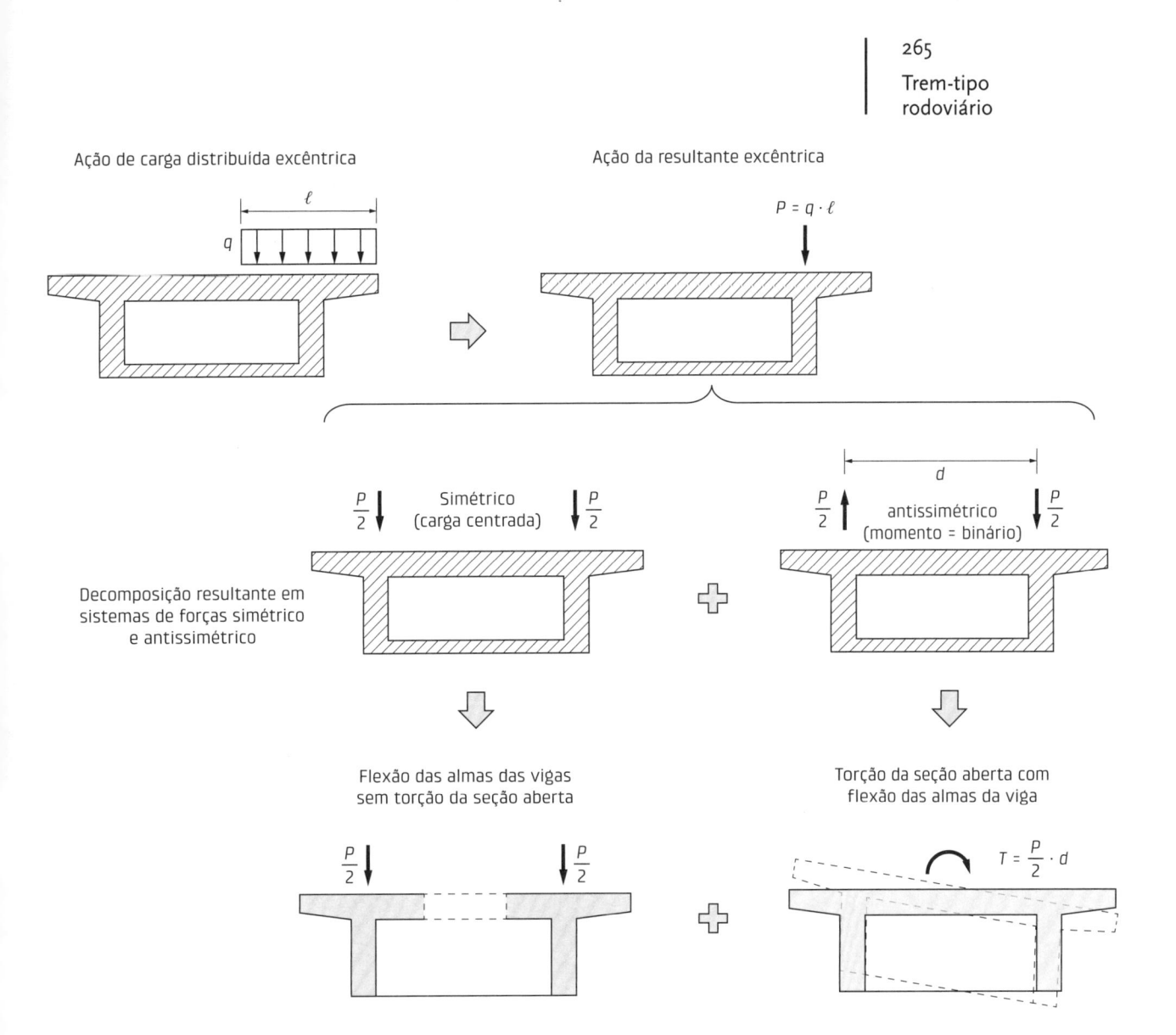

Ação da resultante excêntrica

$P = q \cdot \ell$

Decomposição resultante em sistemas de forças simétrico e antissimétrico

Simétrico (carga centrada) $\frac{P}{2}$

$\frac{P}{2}$ antissimétrico (momento = binário) $\frac{P}{2}$

Flexão das almas das vigas sem torção da seção aberta

Torção da seção aberta com flexão das almas da viga

$T = \frac{P}{2} \cdot d$

Fig. 10.15 *Decomposição de carga excêntrica em superestrutura com seção aberta*

10.2.1 Superfície de influência

Observa-se que, na seção aberta, cada longarina tende a se comportar de forma diferenciada e, assim, ao contrário da seção celular, não é mais possível a modelagem do vão como uma única barra, com propriedades geométricas da seção integral. A viga em seção aberta pode ser modelada como uma estrutura em grelha, constituída pelas longarinas e transversinas associadas excentricamente à laje. O modelo assim definido seria discretizado com elementos de pórtico, representando longarinas e transversinas, associados excentricamente a elementos finitos de placas (ou cascas), representando a laje. Por exemplo, considerando-se uma superestrutura com quatro longarinas e transversinas, nos apoios e no centro do vão, o modelo discretizado apresentaria o aspecto ilustrado na Fig. 10.16.

Para o estudo de uma determinada solicitação, aplica-se sobre esse modelo o princípio análogo ao de definição das linhas de influência, considerando-se que a carga móvel unitária se desloque sobre toda a superfície da laje. Por exemplo, tomando-se como ordenadas o valor do momento fletor despertado na seção central da viga de bordo em decorrência da carga unitária, define-se a *superfície de influência*, com o aspecto ilustrado na Fig. 10.17. Observa-se que as ordenadas destacadas nas projeções das longarinas apresentam forma semelhante à das linhas de influência de momentos fletores, com curvatura decorrente da rigidez transversal da estrutura em grelha.

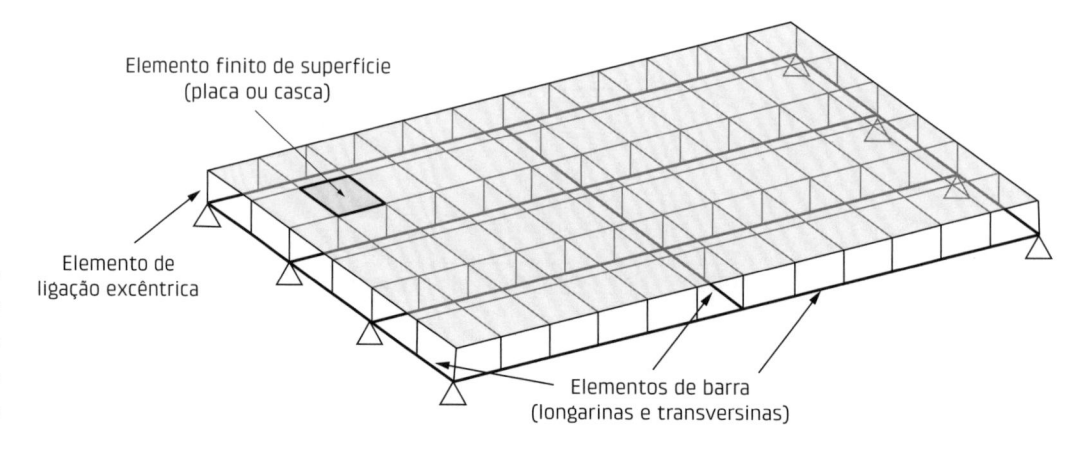

Fig. 10.16 *Modelo de superestrutura discretizado com elementos de barra e de superfície*

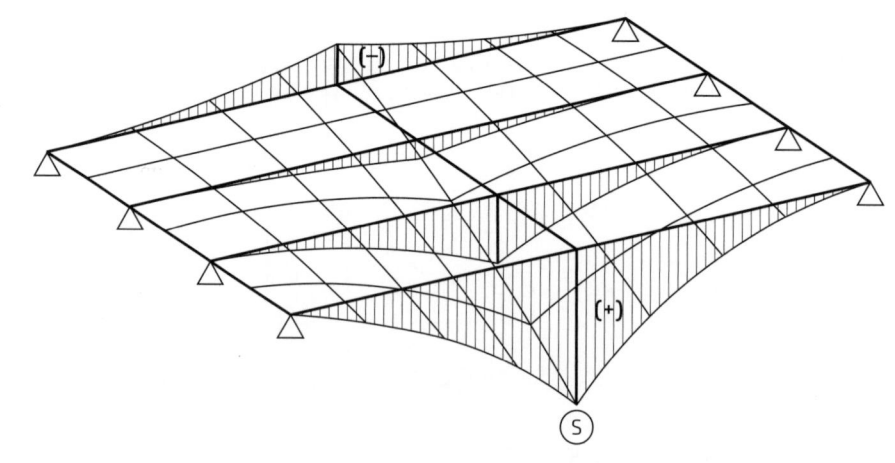

Fig. 10.17 *Superfície de influência de momentos fletores na seção central (S) da viga de bordo*

Para a determinação do momento máximo positivo na seção central da viga de bordo, deve-se então "carregar" as áreas positivas da superfície de influência. Observa-se, nos casos mais usuais de vigas igualmente espaçadas sem esconsidades ou curvaturas significativas, que a área positiva da superfície de influência pode ser determinada, com boa precisão, examinando-se exclusivamente as ordenadas ao longo da transversina central, conforme ilustrado na Fig. 10.18.

Sendo assim, pode-se admitir que o aspecto da superfície de influência para uma superestrutura em grelha seja aproximadamente definido a partir do estudo da carga unitária considerada deslocando-se exclusivamente sobre a transversina de meio de vão. Admitindo-se essa simplificação, torna-se possível determinar um trem-tipo longitudinal especificamente para uma longarina, que poderia então ser modelada e analisada como viga isolada. Ou seja, uma vez definido o trem-tipo longitudinal aproximado para cada uma das longarinas, as cargas móveis na superestrutura em seção aberta poderiam ser consideradas atuando em cada uma das vigas isoladas, admitidas como sistemas estruturais independentes.

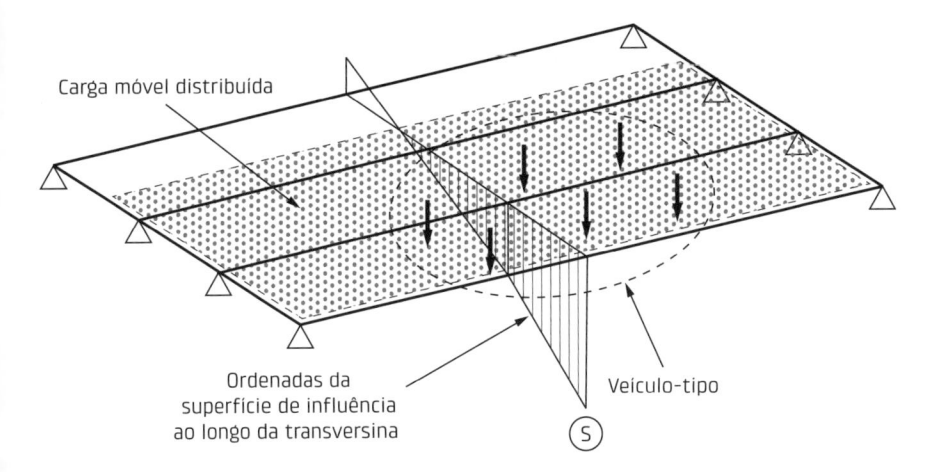

Fig. 10.18 *Posicionamento das cargas móveis para na seção central (S) da viga de bordo*

10.2.2 Linha de distribuição transversal

Para a consideração das cargas móveis atuantes nos modelos de longarinas analisadas como vigas isoladas, recorre-se ao conceito de linha de distribuição transversal, cujo princípio é similar ao da linha de influência. Considerando-se uma carga unitária deslocando-se ao longo da transversina de meio de vão, são determinadas as parcelas absorvidas por cada viga. Define-se, assim, o *coeficiente de distribuição transversal* η_{ij} ("eta") como sendo a fração absorvida pela viga i para a carga unitária posicionada sobre a viga j. Considerando-se, por exemplo, uma seção aberta com quatro longarinas, os coeficientes de distribuição transversal seriam então definidos conforme resumido na Fig. 10.19.

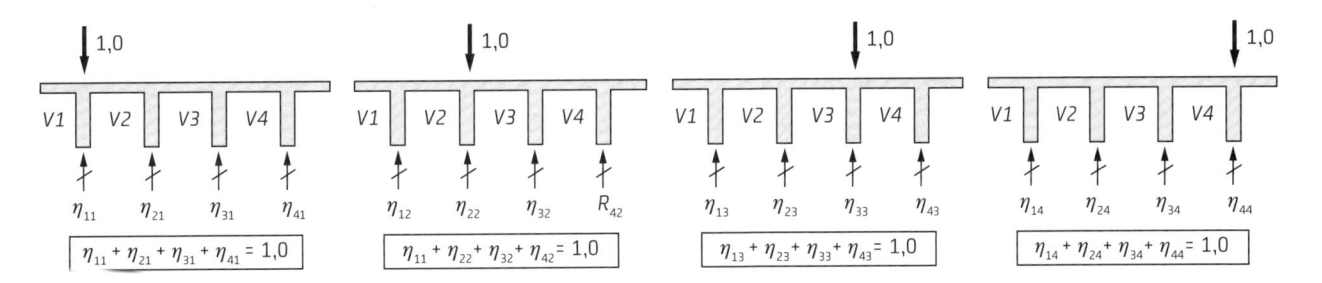

Fig. 10.19 *Definição dos coeficientes de distribuição transversal*

Analogamente às ordenadas das linhas de influência de reações e de cortantes, os coeficientes de distribuição transversal são valores adimensionais, pois representam as proporções da carga unitária absorvida por cada viga.

Obviamente, deve-se verificar se o somatório das parcelas absorvidas por cada viga corresponde a 100% da carga aplicada, ou seja, para a carga na posição j tem-se:

$$\sum_{i=1}^{i=n} \eta_{ij} = 1,00 \qquad (10.7)$$

Além disso, pelo princípio da reciprocidade tem-se que a parcela absorvida pela viga i para a carga sobre a viga j é idêntica à parcela absorvida pela viga j para a carga sobre a viga i, ou seja:

$$\eta_{ij} = \eta_{ji} \tag{10.8}$$

A partir dos coeficientes de distribuição, podem ser traçadas as linhas de distribuição transversal. Por exemplo, para as vigas V1 e V2 as linhas seriam compostas pelos coeficientes na forma de ordenadas, conforme indicado na Fig. 10.20. As ordenadas negativas, como o η_{14} exemplificado, indicam que a carga unitária nessa abscissa ocasiona suspensão da viga estudada, o que corresponde à atuação de momento fletor negativo.

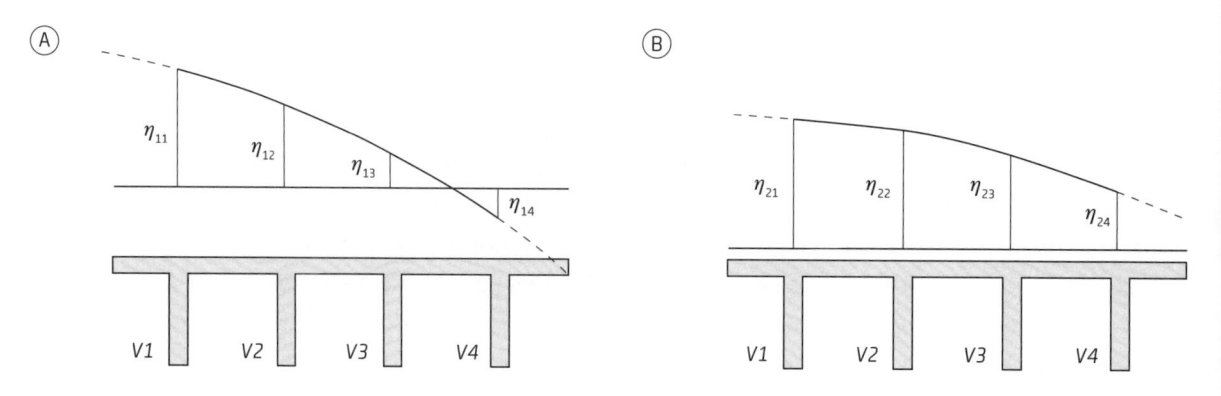

Fig. 10.20 *Exemplos de linhas de distribuição transversal das vigas (A) V1 e (B) V2*

A determinação da linha de distribuição transversal da viga j pode ser simplificada aplicando-se o princípio da reciprocidade. Por exemplo, considerando-se a carga unitária sobre a viga V4, obtêm-se os diagramas de momentos fletores, para cada longarina, com os aspectos mostrados na Fig. 10.21A. Os diagramas da i-ésima longarina apresentam momento máximo expresso como uma proporção (η_{i4}) do momento de uma viga biapoiada sob carga concentrada (P · L/4). Essa proporção corresponde justamente ao valor do coeficiente de distribuição transversal, já que, pelo princípio da reciprocidade:

$$\eta_{i4} = \eta_{4i} \tag{10.9}$$

Logo, a linha de distribuição transversal para a viga V4 pode ser definida diretamente analisando-se a situação com a carga unitária sobre a mesma viga V4, como indicado na Fig. 10.21B.

Uma vez definida a linha de distribuição transversal, torna-se imediata a determinação do trem-tipo longitudinal para uma dada longarina, que pode assim ser analisada como uma viga independente. Admitindo-se, por exemplo, uma seção viária com pista, passeios e barreiras, as rodas do veículo-tipo (60 kN) e as cargas móveis distribuídas (5,0 kN/m² na pista e 3,0 kN/m² no passeio) são posicionadas conforme mostrado na Fig. 10.22. Observa-se que as cargas são aplicadas somente sobre os trechos com ordenadas positivas.

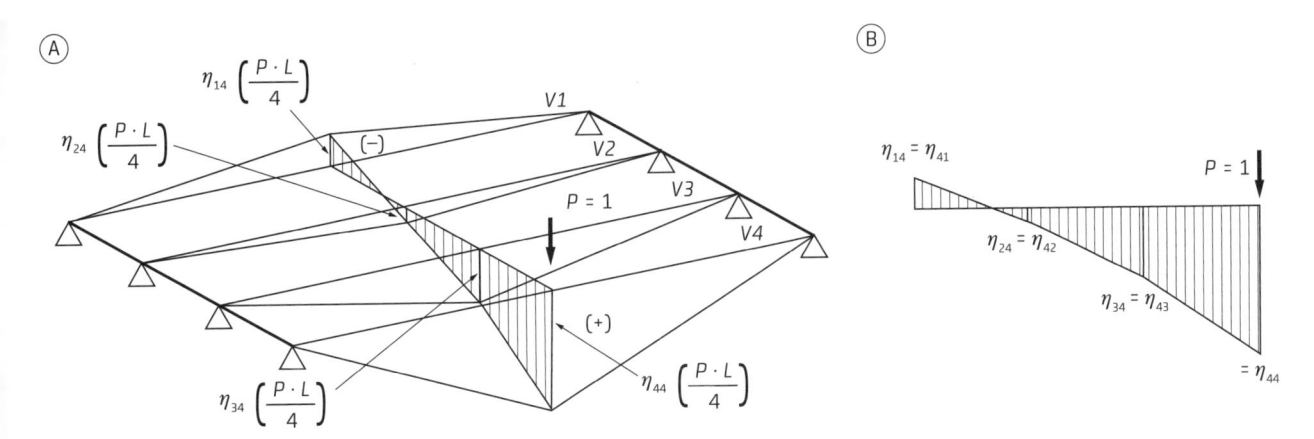

Fig. 10.21 *(A) Diagramas de momentos fletores e (B) linha de distribuição transversal*

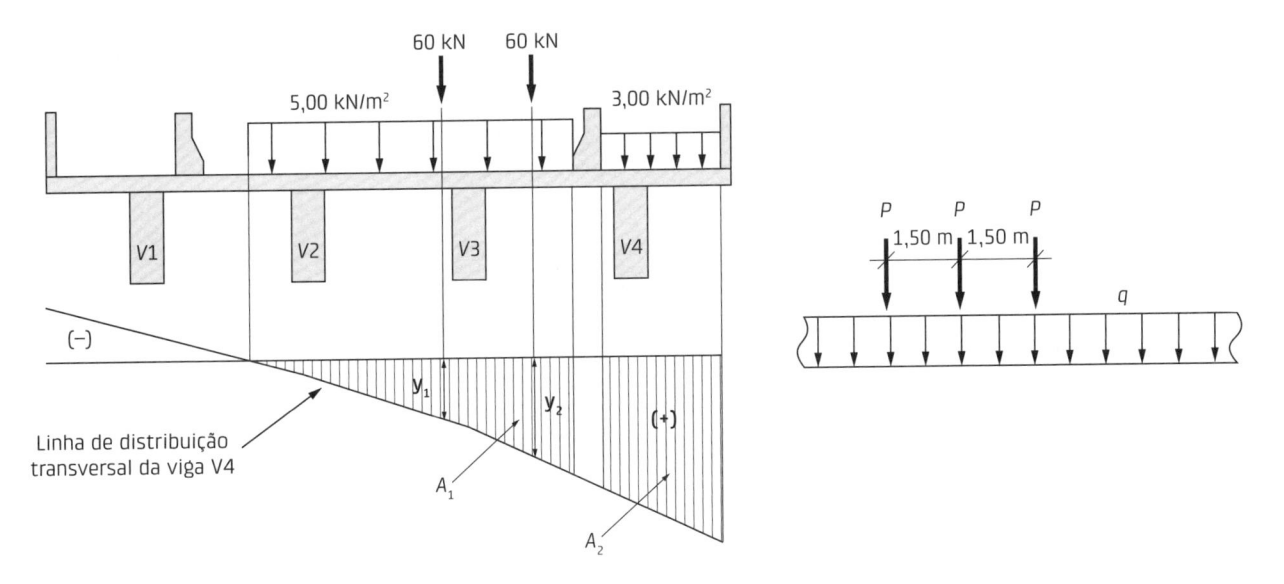

Fig. 10.22 *Áreas e ordenadas da linha de distribuição transversal para determinação do trem-tipo*

O trem-tipo longitudinal, indicado na Fig. 10.22, relativo à viga V4 é determinado como a seguir.

$$q = 5,00 \text{ kN/m}^2 \times (A_1) + 3,00 \text{ kN/m}^2 \times (A_2) \tag{10.10}$$

$$P = 60,0 \text{ kN} \times (y_1 + y_2) \tag{10.11}$$

Deve-se observar que a região negativa da linha de distribuição corresponde às posições em que as cargas verticais ocasionam suspensão da viga, isto é, despertam momento negativo. Esses trechos negativos da linha de distribuição transversal apresentam ordenadas bem reduzidas e, em geral, são desprezados. Entretanto, o carregamento dessas regiões negativas de fato resulta em um trem-tipo com cargas invertidas, ou seja, atuando de baixo para cima, contrariamente às ações gravitacionais. Esse trem-tipo "negativo" poderia ser aplicado sobre as áreas negativas das linhas de influência, gerando solicitação positiva, como indicado na Fig. 10.23A. Ou ainda, o trem-tipo "negativo" poderia ser aplicado sobre regiões positivas das linhas de influência, simultaneamente com o trem-tipo positivo sobre áreas negativas, gerando solicitações negativas, conforme mostrado na Fig. 10.23B. A consideração desse trem-tipo "negativo" não é usual e sua influência, de acordo com Santos (2016), não é relevante no momento fletor máximo positivo no meio do vão, porém tende a ser significativa na avaliação do momento mínimo.

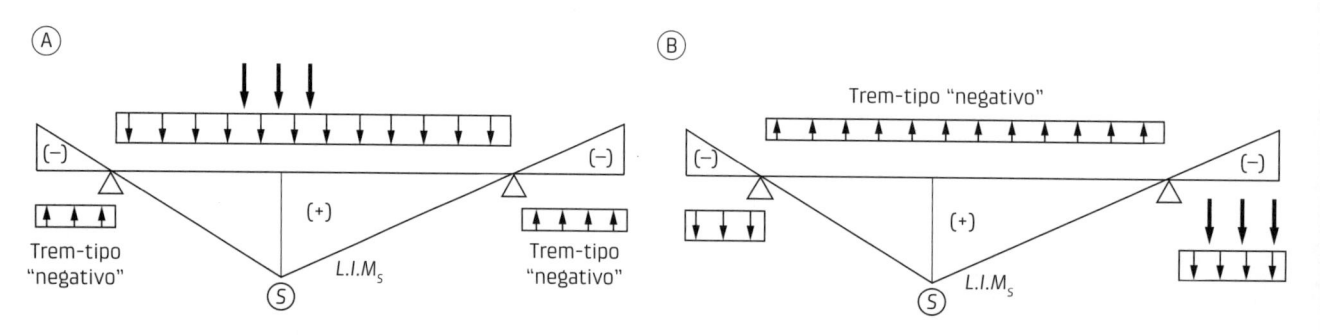

Fig. 10.23 *Carregamento para (A) $M_S^{(+)}$ e (B) $M_S^{(-)}$*

10.2.3 Modelo simplificado em grelha

Como a laje apresenta rigidez bem inferior às longarinas e transversinas, pode-se admitir que o comportamento do modelo em grelha, desconsiderando-se a laje, seja representativo de uma superestrutura em seção aberta. Visando estudar a influência da rigidez à torção das longarinas nos coeficientes de distribuição transversal numa superestrutura em seção aberta, pode-se assim admitir o modelo simplificado esquematizado na Fig. 10.24.

Para a análise do comportamento estrutural sob ação do carregamento antissimétrico indicado na Fig. 10.15, considera-se sua equivalência a um binário, que pode ser repartido entre as longarinas, na forma de momentos torçores idênticos, como ilustrado na Fig. 10.25.

Caso as longarinas se comportassem independentemente, sem a solidarização das transversinas, as cargas concentradas e os torques equivalentes despertariam momentos fletores e momentos torçores, de determinação imediata, resultando nos valores apresentados na Fig. 10.26.

Na realidade, o modelo em grelha se comporta de forma que torção e flexão se acoplem e cada diagrama apresente o mesmo aspecto da Fig. 10.27, porém com magnitude reduzida. Tomando-se como referência as solicitações nas vigas isoladas, pode-se considerar que a estrutura em grelha apresente diagramas reduzidos pelos fatores ζ ("zeta"), para os momentos fletores, e θ, para os momentos torçores.

271
Trem-tipo rodoviário

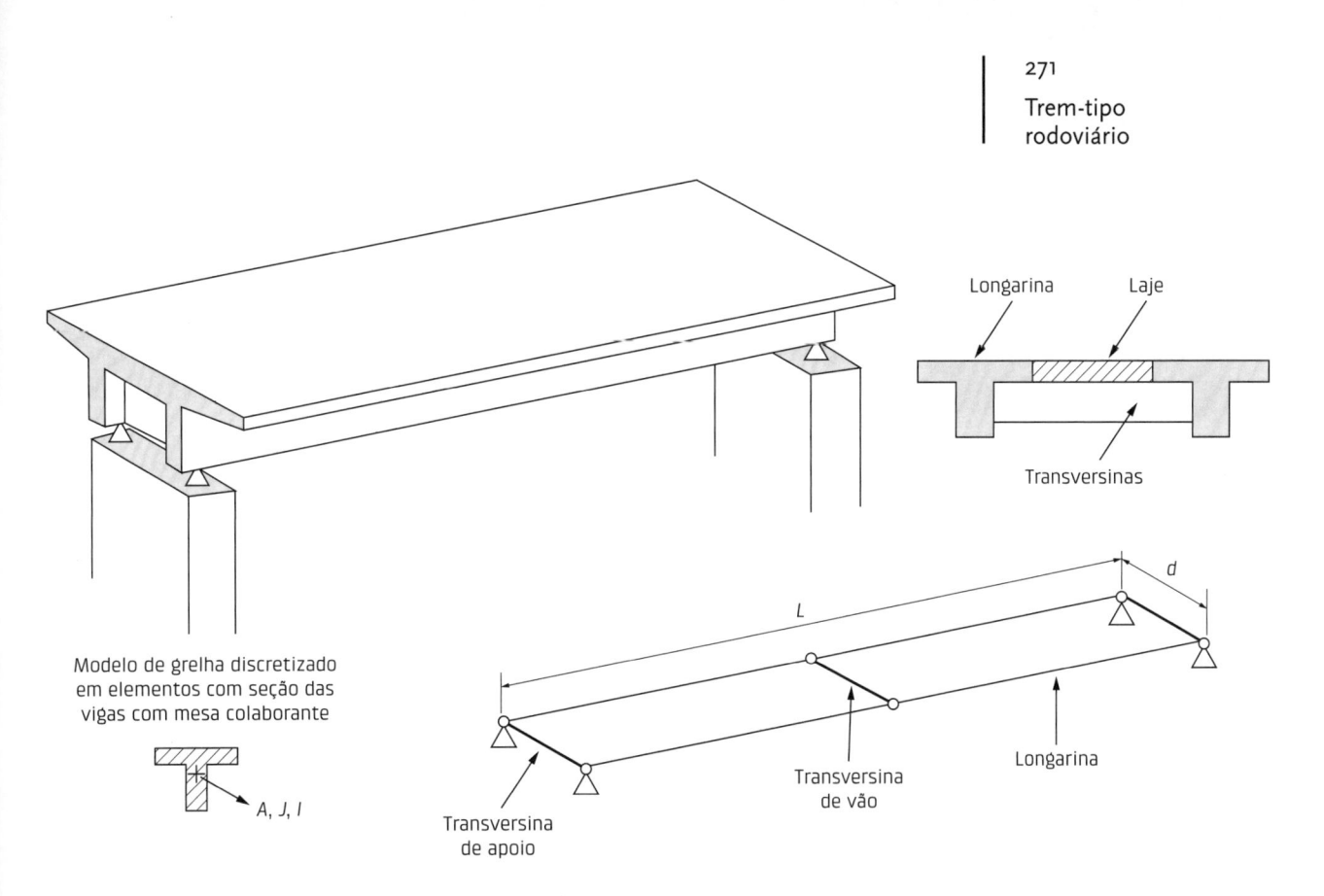

Fig. 10.24 *Superestrutura em seção aberta modelada como em grelha*

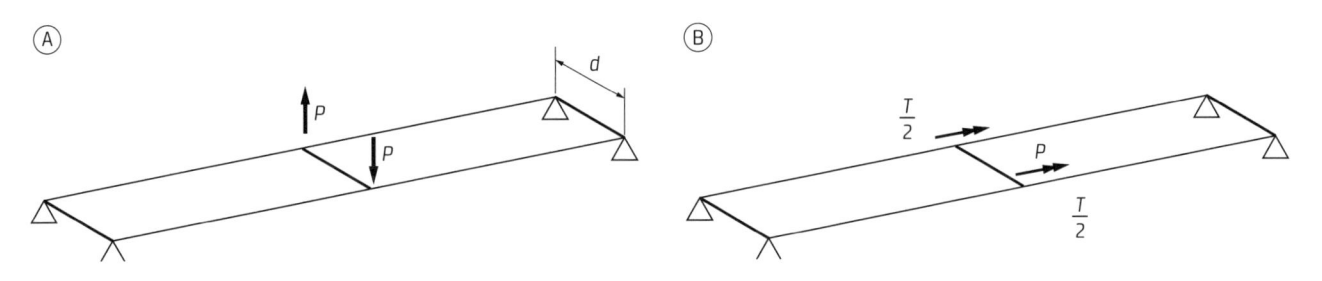

Fig. 10.25 *(A) Carregamento antissimétrico (binário) e (B) torques equivalentes (T = P · d)*

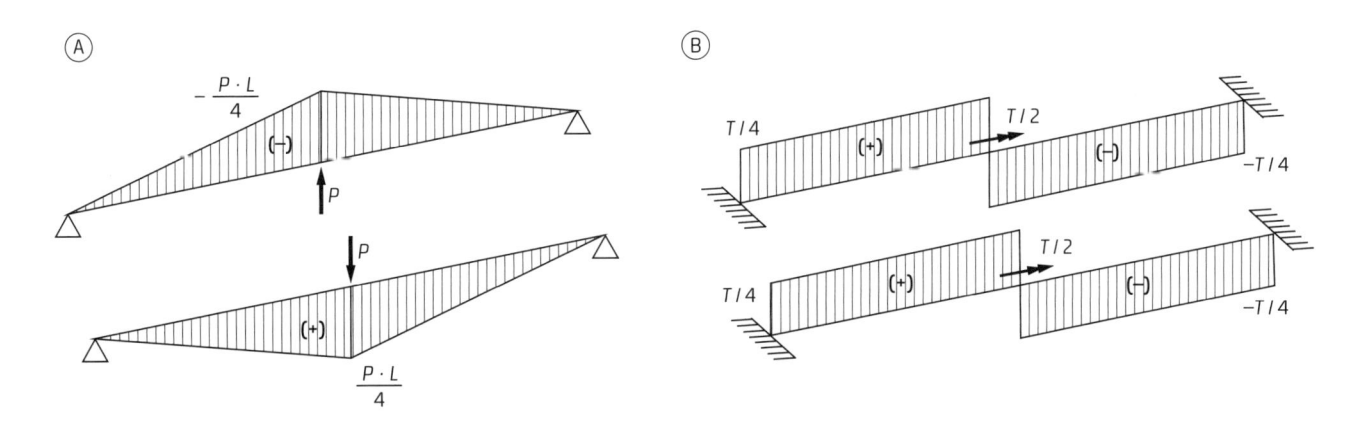

Fig. 10.26 *Comportamento de vigas isoladas sob (A) cargas concentradas e (B) torques concentrados*

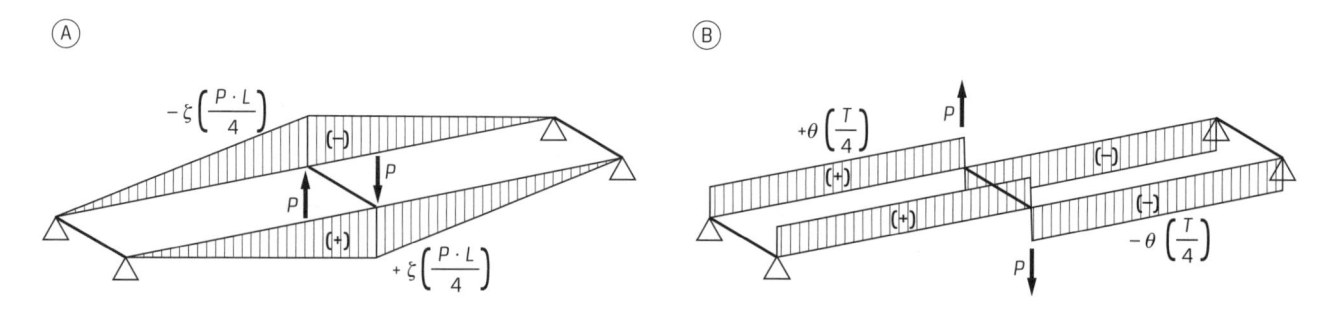

Fig. 10.27 *Comportamento de superestrutura em seção aberta sob cargas antissimétricas (binário): (A) momentos fletores absorvidos pelas longarinas e (B) momentos torçores absorvidos pelas longarinas*

Em resumo, o binário atuante (T = P · d) é absorvido de duas formas distintas e complementares:

- parcela absorvida pela flexão das vigas em sentidos opostos: $\zeta \cdot T$;
- parcela absorvida por torção da seção de cada viga: $\theta \cdot T$.

Onde ζ e θ representam as proporções (< 1,0) em que o binário é absorvido, por flexão ou por torção das vigas, de tal modo que $\zeta + \theta = 1{,}0$.

Nas vigas em seção aberta, a relação entre a rigidez à torção, representada pelo produto G · J, e a rigidez à flexão, expressa pelo produto E · I, tende a ser significantemente menor do que no caso de seção celular. Assim, as deformações por torção tornam-se bem mais acentuadas nas seções abertas e parte expressiva da ação de torção é absorvida por flexão das vigas, flexionadas em sentidos opostos.

O comportamento típico de seção aberta tende a resultar em valores $\zeta > \theta$. Ao contrário, nas seções celulares, a grande rigidez à torção resulta em valores $\theta \gg \zeta$, como esquematizado na Fig. 10.28.

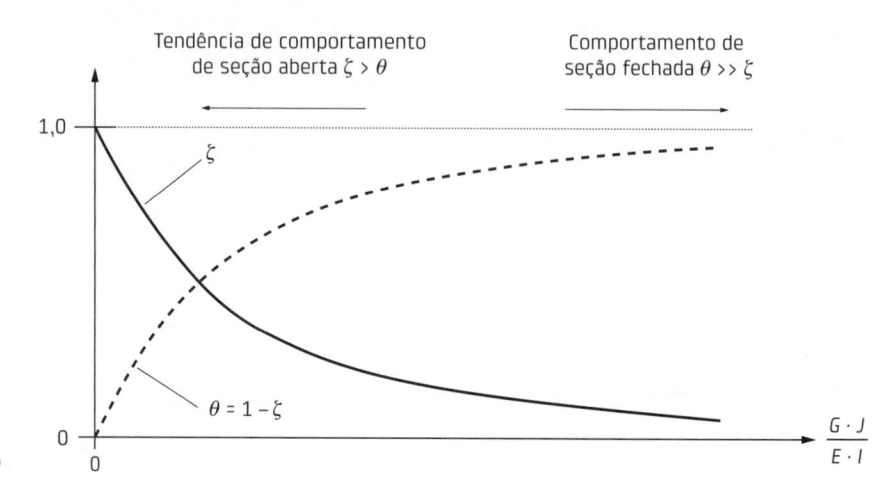

Fig. 10.28 *Aspecto típico de variação das proporções ζ e θ*

No modelo simplificado de grelha, a proporção em que o carregamento antissimétrico (binário) é absorvido por flexão das vigas (ζ) depende basicamente das seguintes variáveis:

- relação entre a rigidez à torção e a rigidez à flexão das longarinas: $G \cdot J / E \cdot I$;
- relação entre a inércia das transversinas e das longarinas: $I_{transv.}/I_{long.}$;

- relação entre as constantes de torção das transversinas e das longarinas: $J_{transv.}/J_{long.}$;
- relação entre os comprimentos das transversinas e das longarinas: d/L.

Para avaliar a ordem de grandeza da relação $G \cdot J/E \cdot I$, é possível basear-se na seção retangular, com largura b e altura h. Admitindo-se que a relação entre largura e altura seja da ordem de 10% a 25%, tem-se para a seção retangular a seguinte expressão aproximada para a constante de torção:

$$J = 0{,}3b^3 \cdot h \tag{10.12}$$

De acordo com a NBR 6118 (§ 8.2.9), pode-se definir o módulo de elasticidade transversal do concreto (G_c) em função do módulo de deformação secante (E_{cs}) através da expressão:

$$G_c = \frac{E_{cs}}{2{,}4} \tag{10.13}$$

Com as Eqs. 10.12 e 10.13, têm-se as seguintes relações para a seção retangular:

$$\frac{G \cdot J}{E \cdot I} \sim \frac{0{,}3b^3 \cdot h}{2{,}4\left(\dfrac{b \cdot h^3}{12}\right)} = 1{,}5\left(\frac{b}{h}\right)^2 \Rightarrow \begin{cases} b \sim 0{,}10h \rightarrow \dfrac{G \cdot J}{E \cdot I} \sim 0{,}015 \\ b \sim 0{,}25h \rightarrow \dfrac{G \cdot J}{E \cdot I} \sim 0{,}100 \end{cases} \tag{10.14}$$

Porém, é importante lembrar que a rigidez à torção da seção íntegra só se justifica nas estruturas em concreto protendido. Considerando-se os efeitos da fissuração nas vigas em concreto armado, a NBR 6118 (§ 14.6.6.2 e § 17.5.2.2) indica que *se tomem apenas 15% da rigidez à torção elástica*. Pode-se então admitir que as superestruturas em concreto armado ou protendido modeladas simplificadamente como grelhas apresentem relações $G \cdot J/E \cdot I$ com ordem de grandeza na faixa entre 0,001 e 0,100.

Quanto às relações $I_{transv.}/I_{long.}$ e $J_{transv.}/J_{long.}$, pode-se admitir que essas propriedades geométricas de seção transversal mantenham as mesmas proporções, representadas pelo parâmetro ξ ("csi"), expresso como a seguir.

$$\xi = \frac{I_{transv.}}{I_{long.}} = \frac{J_{transv.}}{J_{long.}} \tag{10.15}$$

Seção com duas longarinas

Ao analisar modelos simples de grelhas com duas longarinas, obtêm-se as variações das proporções ζ em função da razão $G \cdot J/E \cdot I$ com os aspectos apresentados na Fig. 10.29. Para melhor visualizar as variações na faixa representativa das seções abertas, adota-se escala logarítmica. Observa-se que, à medida que cresce a relação d/L, aumenta a absorção do binário por torção das longarinas e, consequentemente, torna-se menor o valor de ζ.

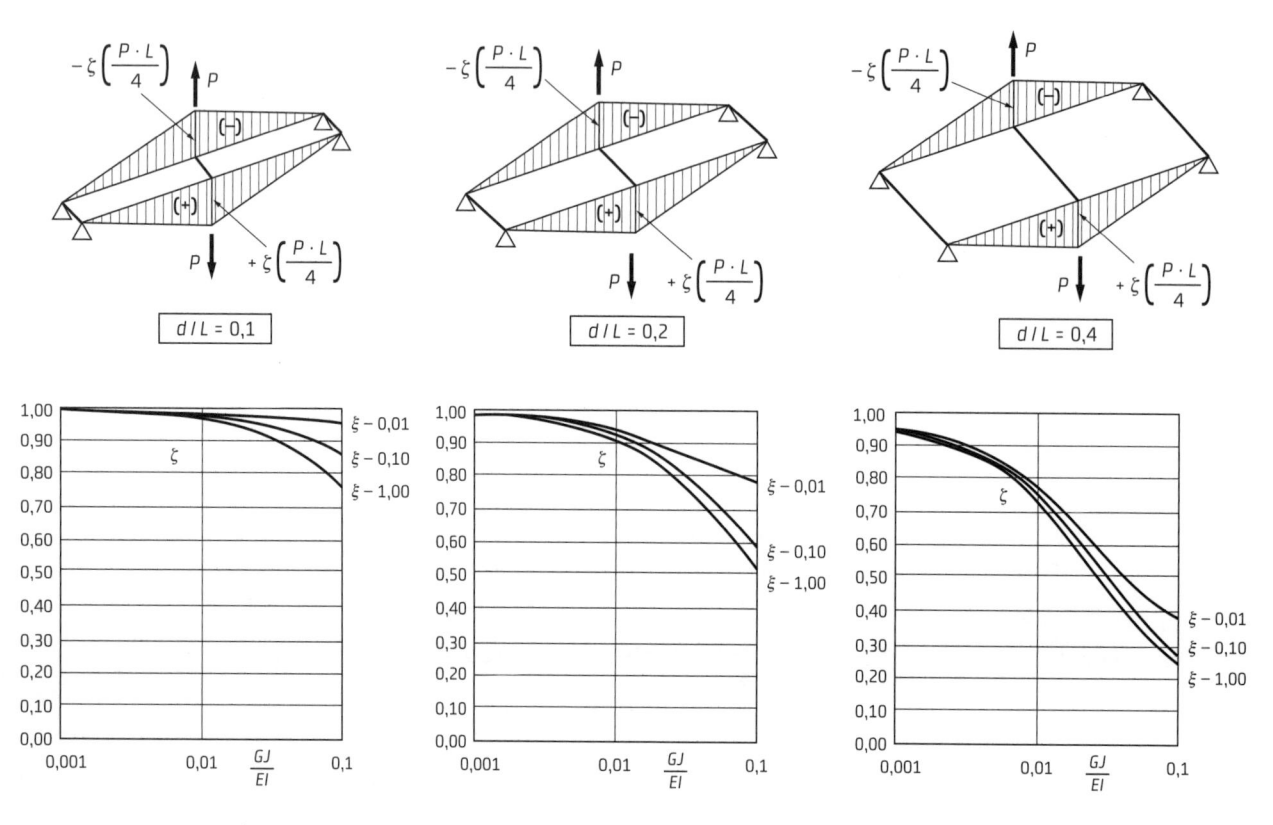

Fig. 10.29 *Variação de ζ (proporção do binário absorvido por flexão)*

Admitindo-se o modelo simplificado de grelha, os coeficientes de distribuição transversal (η_{11} e η_{12}) podem ser determinados considerando-se a decomposição da carga unitária em sistemas simétrico e antissimétrico, como resumido na Fig. 10.30.

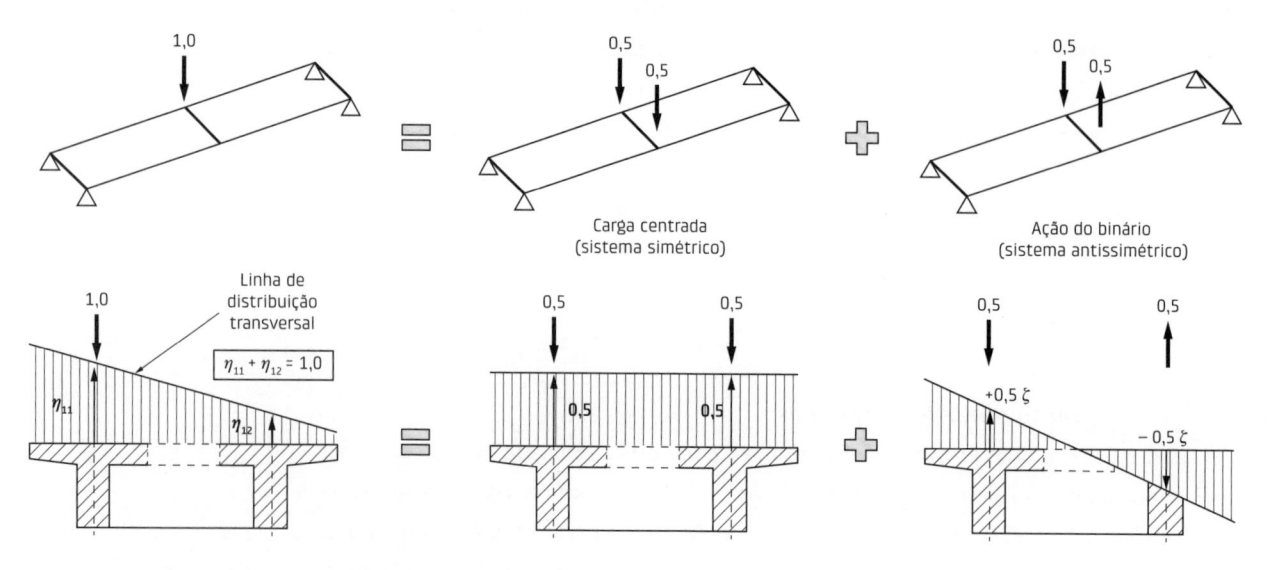

Fig. 10.30 *Definição dos coeficientes de distribuição transversal*

Têm-se, então, as seguintes expressões para os coeficientes de distribuição transversal em função da parcela do binário absorvida por flexão das longarinas:

$$\eta_{11} = 0{,}5 + 0{,}5\,\zeta \Rightarrow \boxed{\eta_{11} = \frac{1+\zeta}{2}} \quad (10.16)$$

$$\eta_{12} = 0{,}5 - 0{,}5\,\zeta \Rightarrow \boxed{\eta_{12} = \frac{1-\zeta}{2}} \quad (10.17)$$

É possível, assim, determinar os coeficientes de distribuição transversal resumidos na Fig. 10.31.

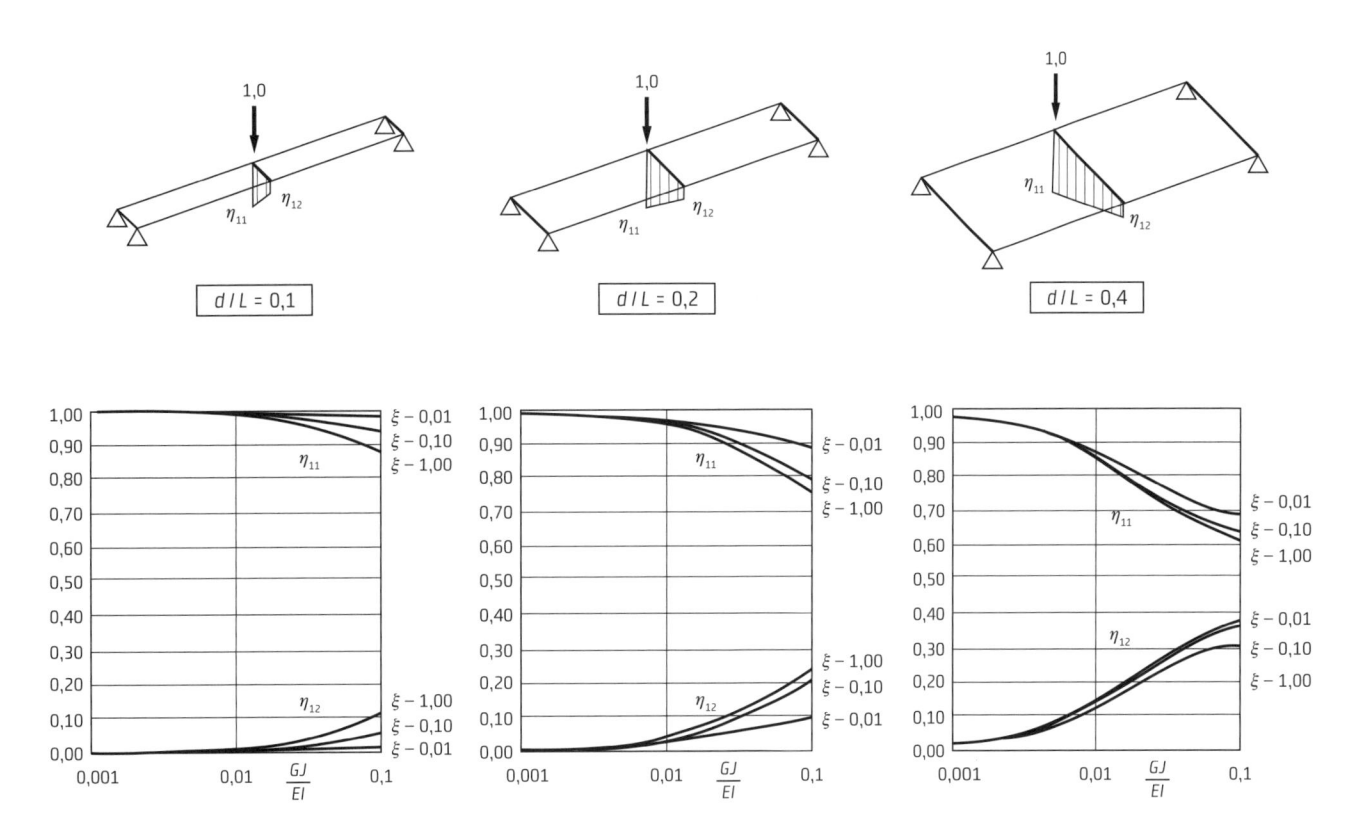

Fig. 10.31 *Coeficientes de distribuição transversal para seção com duas longarinas*

Tomando-se como exemplo longarinas com L = 20 m de extensão e transversinas com d = 4,0 m (d/L = 0,20) e admitindo-se ζ = 0,10, é possível definir as linhas de distribuição transversal considerando-se relações $G \cdot J/E \cdot I$ entre 0,001 e 0,100, como apresentado na Fig. 10.32.

Para exemplificar a determinação do trem-tipo longitudinal, considera-se uma superestrutura com duas vigas, com a mesma seção viária do exemplo anterior em seção celular, como ilustrado na Fig. 10.33. Os eixos das vigas V1 e V2, por simplicidade, coincidem com os bordos da pista.

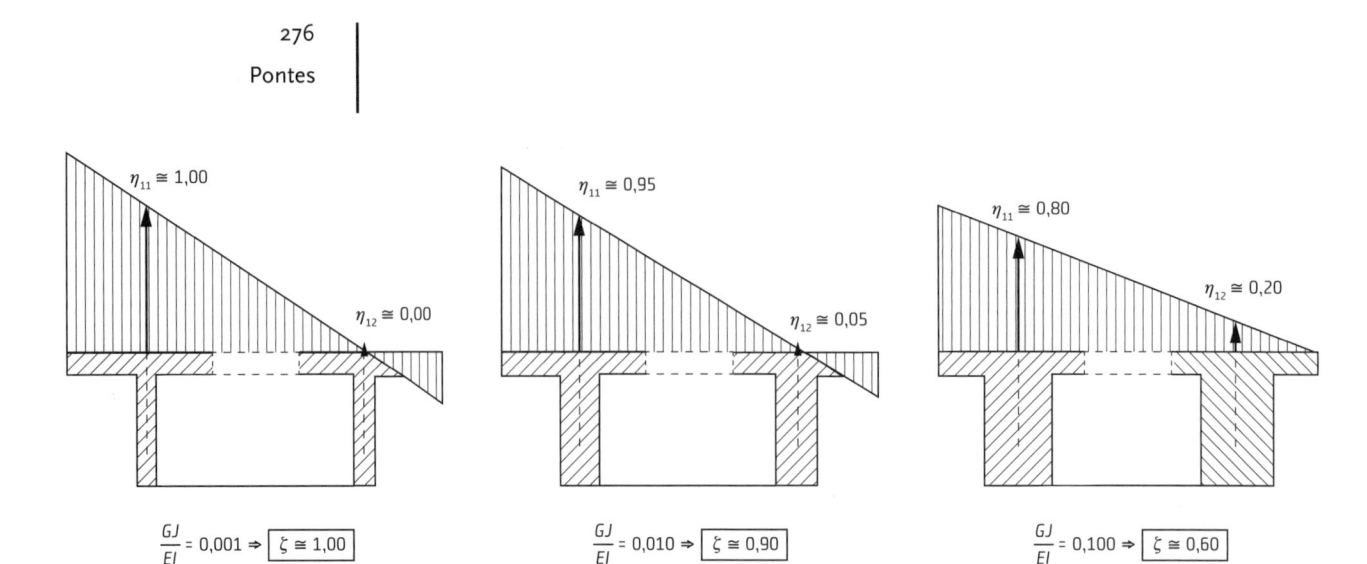

Fig. 10.32 Exemplo de linhas de distribuição transversal com $d/L = 0{,}20$ e $\zeta = 0{,}10$

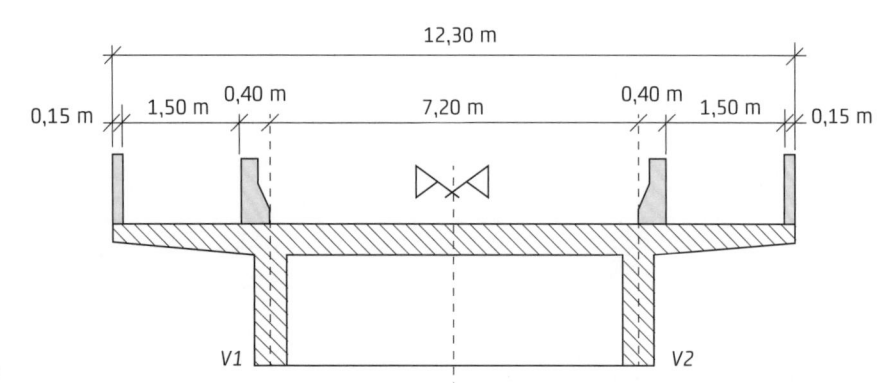

Fig. 10.33 Exemplo de seção aberta com duas longarinas

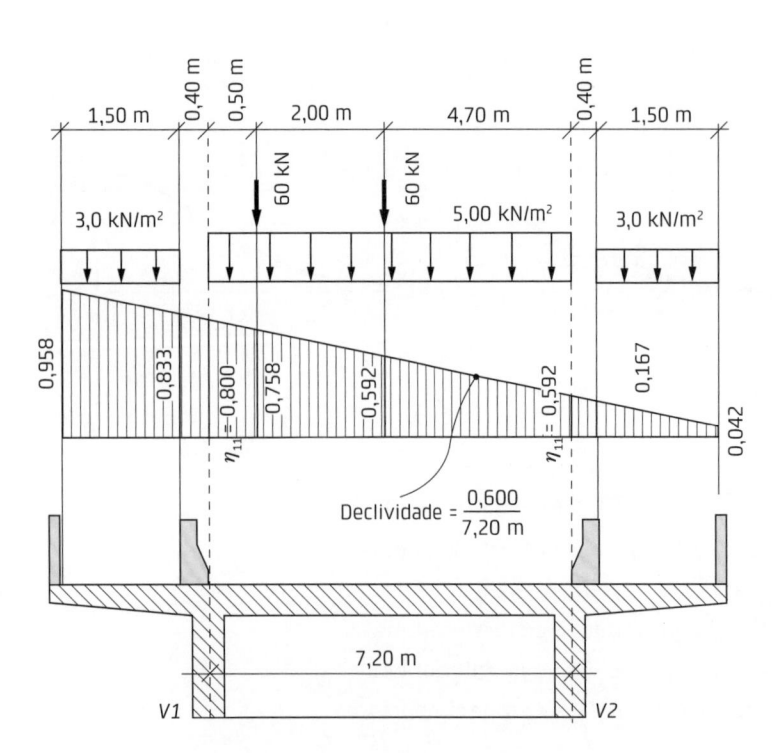

Fig. 10.34 Carregamento da linha de distribuição transversal da viga V1 ($G \cdot J/E \cdot I = 0{,}100$)

Considera-se inicialmente a situação de rigidez à torção relativamente alta ($G \cdot J/E \cdot I = 0{,}100$), que apresenta a linha de distribuição transversal com menor declividade, traçada a partir das ordenadas $\eta_{11} = 0{,}800$ e $\eta_{12} = 0{,}200$, marcadas sobre os eixos das longarinas. Para a determinação do trem-tipo longitudinal, são posicionadas as cargas distribuídas no passeio e na pista, sobre os trechos positivos da linha de distribuição. As rodas do veículo-tipo são posicionadas buscando as maiores ordenadas, conforme representado na Fig. 10.34. É importante observar que as rodas devem manter afastamento de 0,50 m da barreira e que as cargas distribuídas *não podem ser aplicadas* sobre as projeções dos guarda-corpos e barreiras.

As ordenadas nas posições das rodas e as demais, para a definição das áreas positivas, são determinadas por interpolação a partir da declividade da linha, mantendo-se precisão de três casas decimais. São então obtidas as seguintes ações do trem-tipo longitudinal:

▸ Eixo do veículo TB 450 homogeneizado:

$$P = 60{,}0 \text{ kN} \times (0{,}758 + 0{,}592) = 81{,}0 \text{ kN/eixo} \tag{10.18}$$

▸ Carga distribuída longitudinal:

$$q = 3{,}00 \text{ kN/m}^2 \times \left(\frac{0{,}958 + 0{,}833}{2} + \frac{0{,}167 + 0{,}042}{2}\right) \times 1{,}50 \text{ m} + 5{,}00 \text{ kN/m}^2 \times \left(\frac{0{,}800 + 0{,}200}{2}\right) \times 7{,}20 \text{ m} = 22{,}5 \text{ kN/m} \tag{10.19}$$

O trem-tipo longitudinal assim definido, representado na Fig. 10.35, é válido também para a viga V2 devido à simetria da seção.

Considera-se agora a situação de rigidez à torção quase desprezível ($G \cdot J/E \cdot I = 0{,}001$), que apresenta linha de distribuição transversal, definida por $\eta_{11} = 1{,}000$ e $\eta_{12} = 0{,}000\,0$, com declividade mais acentuada e ordenadas máximas maiores.. Essa linha é representada na Fig. 10.36, com o posicionamento das cargas e os valores das ordenadas necessárias para a determinação do trem-tipo.

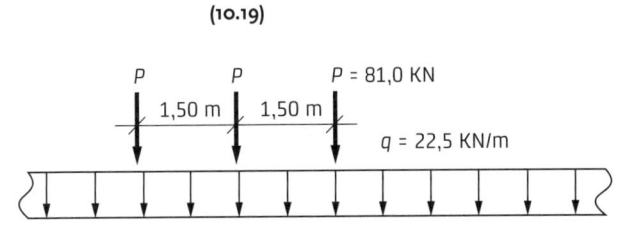

Fig. 10.35 *Trem-tipo longitudinal para uma longarina da seção aberta ($G \cdot J/E \cdot I = 0{,}100$)*

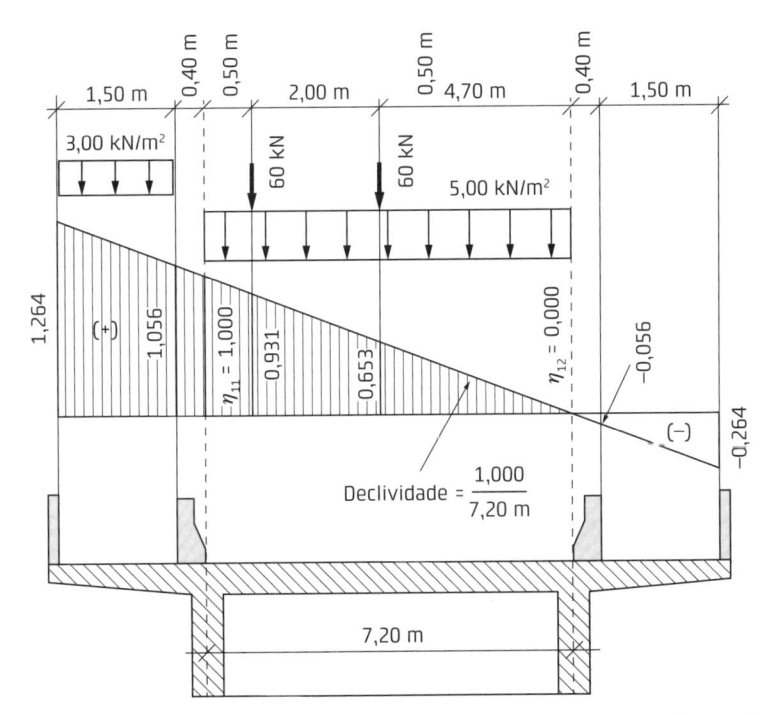

Fig. 10.36 *Carregamento da linha de distribuição transversal da viga V1 ($G \cdot J/E \cdot I = 0{,}001$)*

No caso particular do exemplo, o limite direito da pista coincide com o eixo da viga V2, simplificando a definição da área positiva. Têm-se assim as seguintes cargas do trem-tipo longitudinal:

$$P = 60,0 \text{ kN} \times (0,931 + 0,653) = 95,0 \text{ kN/eixo} \quad (10.20)$$

$$q = 3,00 \text{ kN/m}^2 \times \left(\frac{1,264 + 1,056}{2}\right) \times 1,50 \text{ m} + 5,00 \text{ kN/m}^2 \times \frac{1,000 \times 7,20 \text{ m}}{2} = 23,2 \text{ kN/m} \quad (10.21)$$

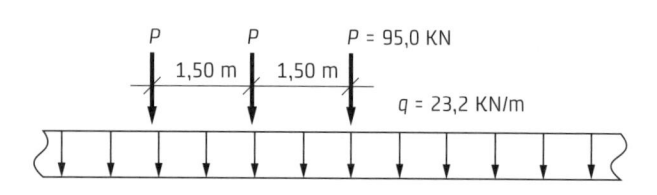

Fig. 10.37 Trem-tipo longitudinal para uma longarina da seção aberta ($G \cdot J/E \cdot I = 0,001$)

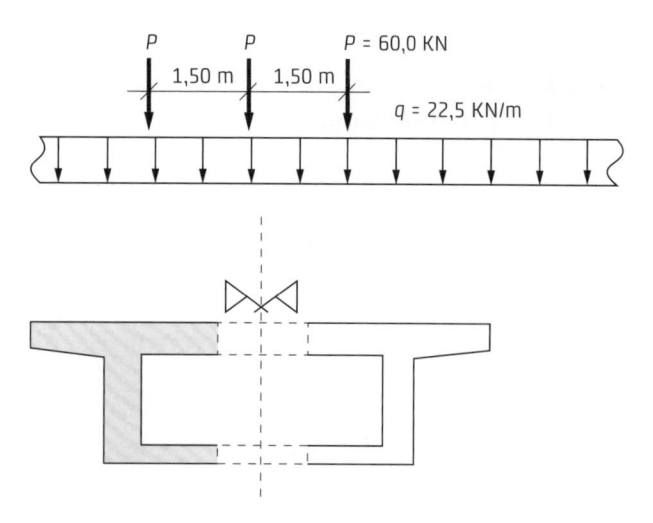

Fig. 10.38 Trem-tipo longitudinal para uma alma da seção fechada

Com essas ações, obtém-se o trem-tipo longitudinal rodoviário representado na Fig. 10.37.

Os valores apresentados nas Figs. 10.35 e 10.37 indicam variação da ordem de 15% para as cargas concentradas dos eixos e menos de 5% para as cargas distribuídas. Lembrando que esses valores resultam de situações bem distintas, com rigidez à torção expressiva (Fig. 10.35) e rigidez à torção desprezível (Fig. 10.37), pode-se concluir que as linhas de distribuição transversal do modelo simplificado de grelha não conduzem a resultados com significativas variações para a faixa de valores analisada.

Visando a comparação com o trem-tipo para seção celular (Fig. 10.9), apresenta-se na Fig. 10.38 a parcela correspondente a apenas uma alma da mesma seção celular, ou seja, metade do trem-tipo da seção completa, com duas almas.

Na Tab. 10.1, apresenta-se resumidamente a comparação entre os valores das cargas do trem-tipo para as situações de seção aberta e seção fechada.

Tab. 10.1 Comparação entre as cargas do trem-tipo

	Seção aberta $G \cdot J/E \cdot I = 0,001$	Seção aberta $G \cdot J/E \cdot I = 0,100$	Seção fechada
q (kN/m)	23,2	22,5	22,5
P (kN)	95,0	81,0	60,0

Observa-se que apenas as cargas concentradas exibem variação significativa, enquanto a carga distribuída permanece dentro da mesma faixa de valores. Isso se deve ao fato de que as linhas de distribuição transversal para a seção aberta tendem a apresentar forma triangular, próxima de $\eta_{11} = 1,0$ e $\eta_{12} = 0,0$, enquanto para a seção fechada a distribuição transversal para uma alma apresenta forma constante ($\eta_{11} = \eta_{12} = 0,5$), como esquematizado na Fig. 10.39. Observa-se que a área triangular tende a corresponder aproximadamente à área retangular, porém as ordenadas para a determinação das cargas concentradas tendem a ser significativamente maiores na linha de distribuição transversal da seção aberta. Explica-se, assim, a diferença observada na Tab. 10.1.

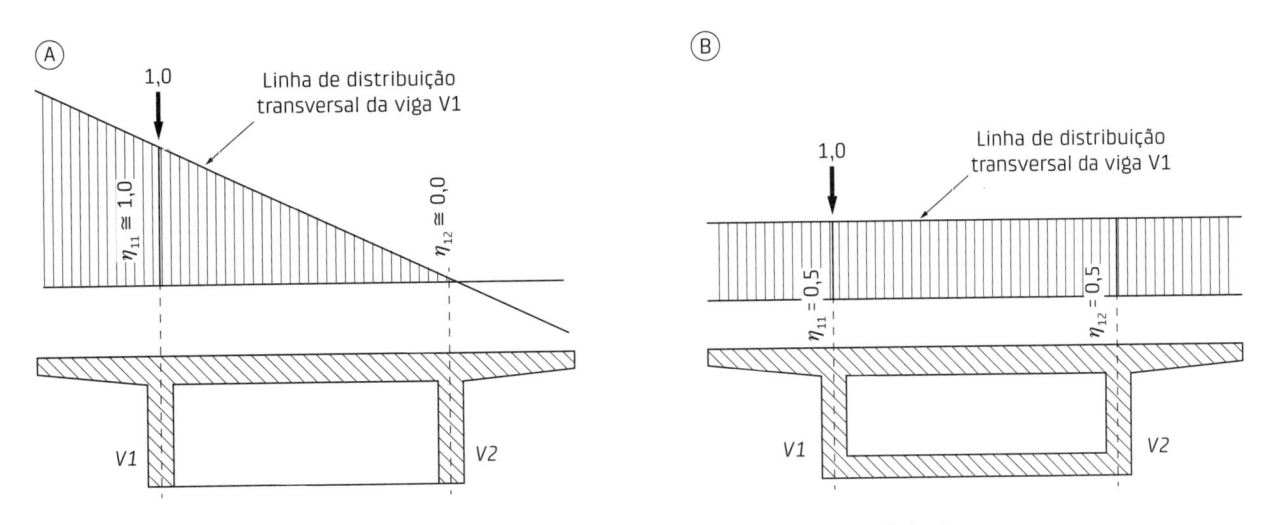

Fig. 10.39 *Aspectos das linhas de distribuição transversal em (A) seção aberta e (B) seção fechada*

Seção com três longarinas

A análise simplificada do modelo em grelha pode ser aplicada ao caso de três longarinas seguindo-se a mesma premissa de que a carga excêntrica é decomposta em carga centrada e momento aplicado, como resumido na Fig. 10.40.

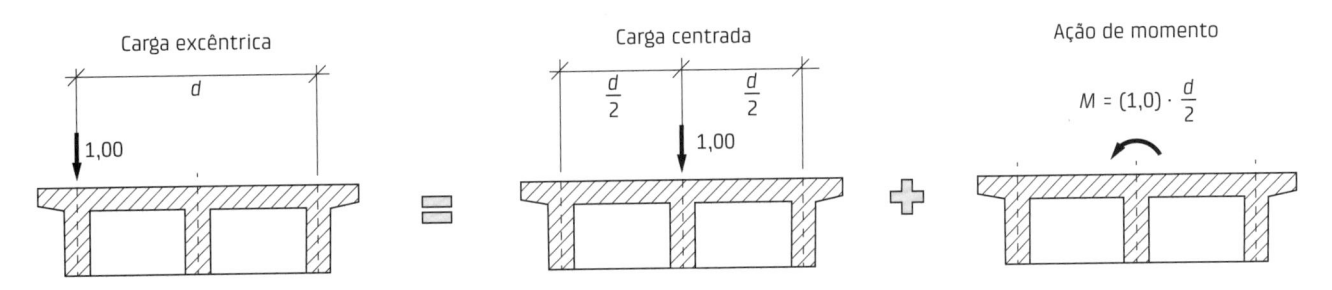

Fig. 10.40 *Decomposição da ação de carga excêntrica em seção aberta com três vigas*

A ação do momento pode ser substituída pelo binário equivalente, conforme mostrado na Fig. 10.41.

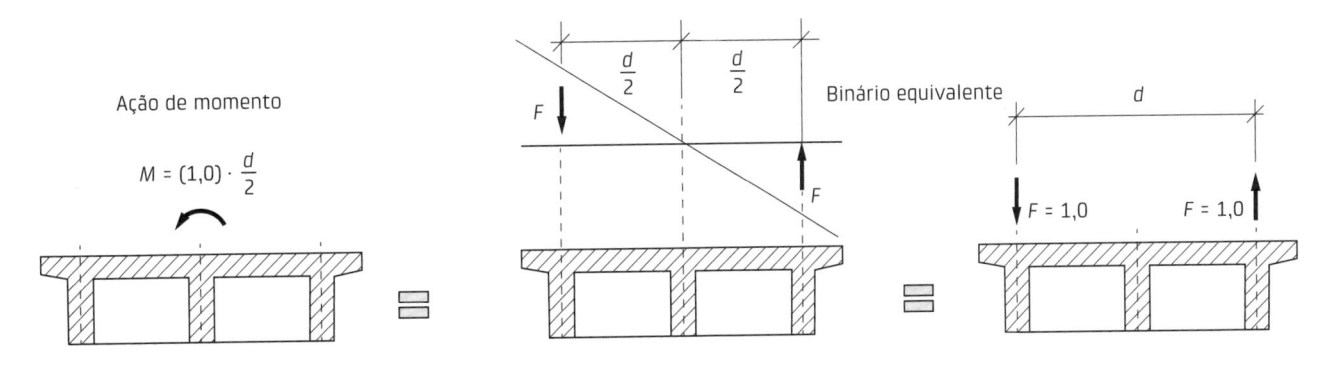

Fig. 10.41 *Decomposição da ação de momento em binário*

Admitindo-se que a transversina central apresente rigidez suficiente para manter a seção transversal indeformável, pode-se considerar que a carga centrada desperte translação de corpo rígido da seção central, sendo assim igualmente distribuída entre as três vigas. Analogamente, a ação do binário resultaria em rotação de corpo rígido da seção central e, desse modo, cada viga absorveria forças proporcionais à distância ao centro de rotação, situado no eixo da seção. Assim, os coeficientes de distribuição transversal podem ser definidos como resumido na Fig. 10.42.

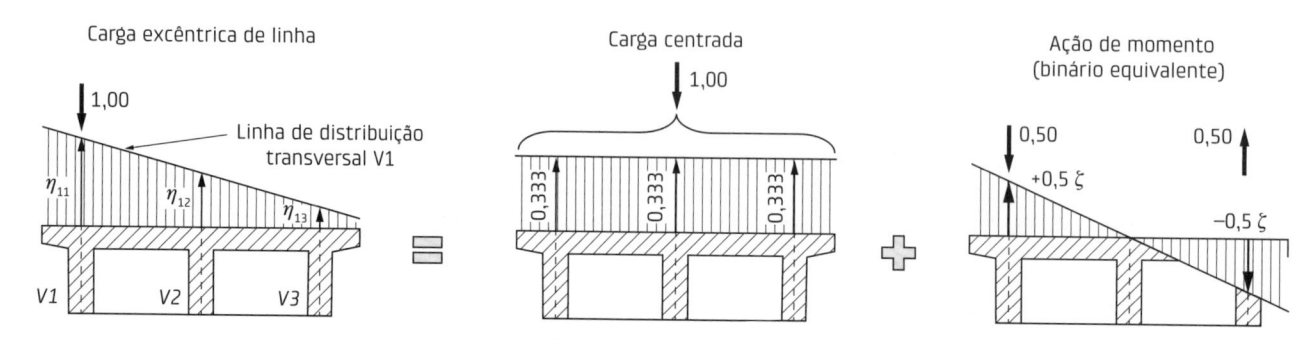

Fig. 10.42 *Composição dos coeficientes de distribuição transversal*

Admitidas essas hipóteses, os coeficientes de distribuição transversal para a viga de bordo podem então ser definidos como a seguir.

$$\eta_{11} = 0{,}333 + 0{,}50\zeta \Rightarrow \boxed{\eta_{11} = \frac{2+3\zeta}{6}} \tag{10.22}$$

$$\eta_{12} = 0{,}333 \Rightarrow \boxed{\eta_{12} = \frac{1}{3}} \tag{10.23}$$

$$\eta_{13} = 0{,}333 - 0{,}50\zeta \Rightarrow \boxed{\eta_{13} = \frac{2-3\zeta}{6}} \tag{10.24}$$

No caso-limite em que a rigidez à torção das longarinas seja desprezível, o binário seria integralmente absorvido por flexão das vigas, o valor de ζ seria unitário e os coeficientes de distribuição transversal resultariam em:

$$\eta_{11} = 0{,}333 + 0{,}500 \Rightarrow \boxed{\eta_{11} = 0{,}833} \tag{10.25}$$

$$\eta_{12} = 0{,}333 \Rightarrow \boxed{\eta_{12} = 0{,}333} \tag{10.26}$$

$$\eta_{13} = 0{,}333 - 0{,}500 \Rightarrow \boxed{\eta_{13} = -0{,}1667} \tag{10.27}$$

Para essa situação com três longarinas, esses valores dos coeficientes de distribuição transversal tendem a se aproximar do valor central (0,333) à medida que a rigidez à torção das longarinas aumenta, conforme esquematizado na Fig. 10.43.

Seção com quatro longarinas

Para a análise do modelo simplificado em grelha com quatro longarinas, tem-se a decomposição da carga excêntrica indicada na Fig. 10.44.

Para a determinação dos binários equivalentes ao momento aplicado, considera-se que a seção mantém sua forma e a seção central apresenta rotação de corpo rígido. Assim, as vigas internas recebem cargas menores, de acordo com a proporção linear indicada na Fig. 10.45.

Ao verificar o equilíbrio do momento aplicado com os dois binários, tem-se:

$$(1,0)\cdot\frac{d}{2}=\frac{F}{3}\cdot\frac{d}{3}+F\cdot d \Rightarrow \boxed{F=\frac{9}{20}} \quad \text{(10.28)}$$

Considerando-se que a seção de meio de vão apresente deslocamento e rotação de corpo rígido, os coeficientes de distribuição transversal podem ser definidos como indicado na Fig. 10.46.

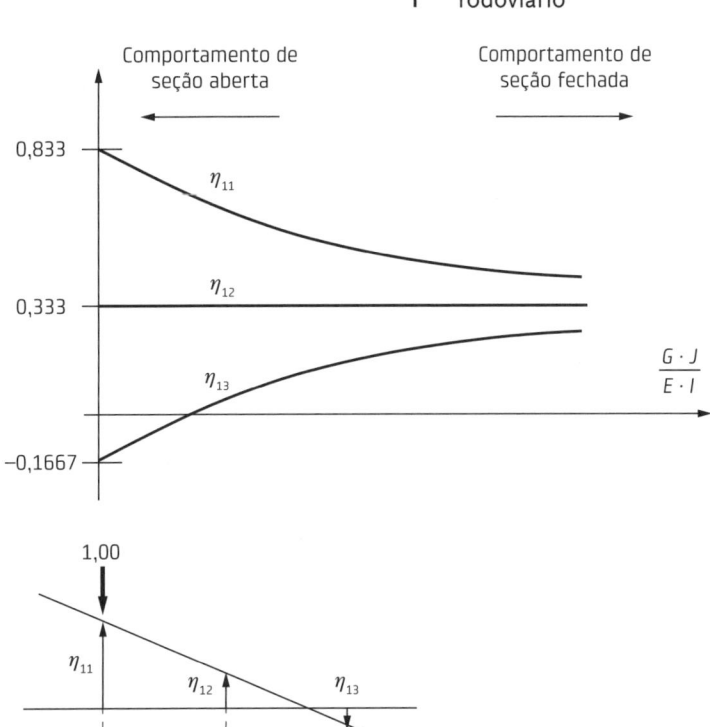

Fig. 10.43 *Aspecto da variação dos coeficientes de distribuição para a viga de bordo*

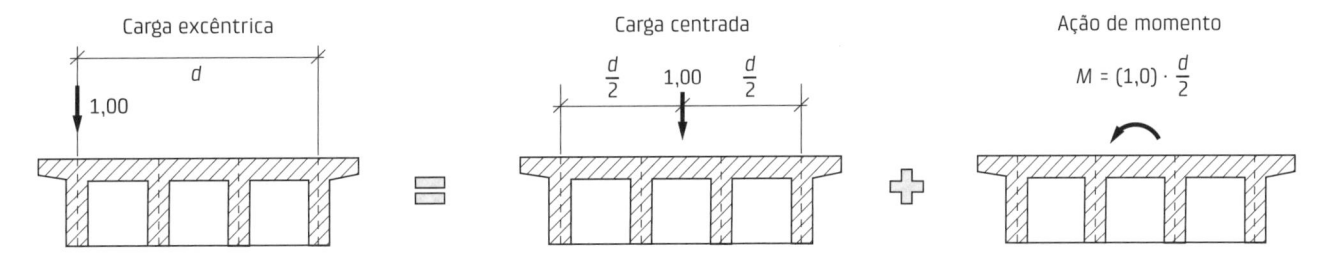

Fig. 10.44 *Decomposição da ação de carga excêntrica em seção aberta com quatro vigas*

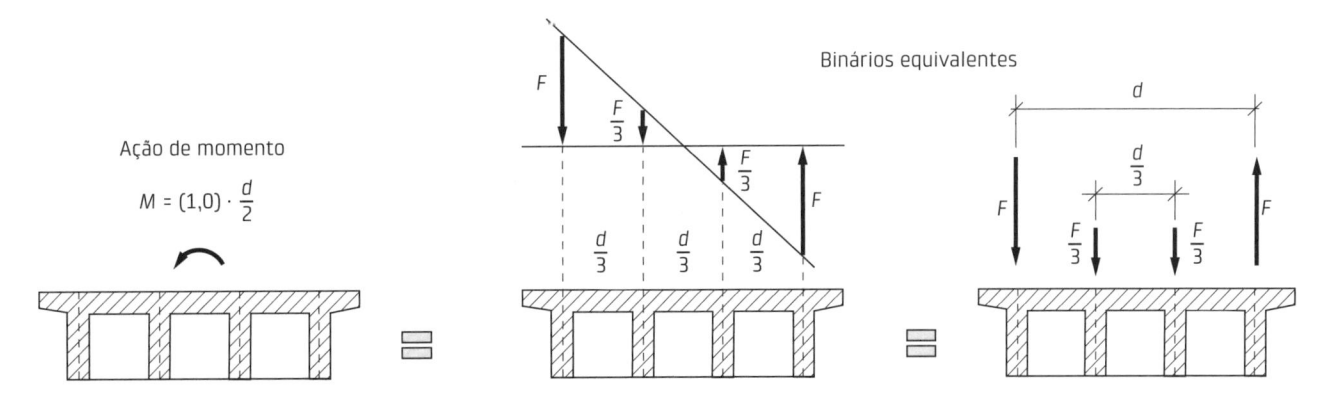

Fig. 10.45 *Decomposição da ação de momento em binário*

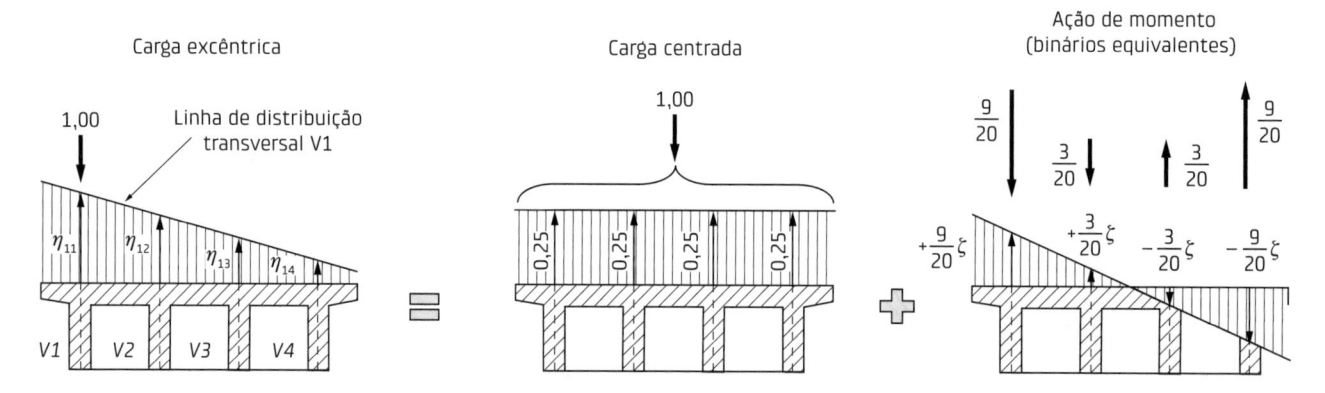

Fig. 10.46 *Composição dos coeficientes de distribuição transversal*

Têm-se então as seguintes expressões para os coeficientes de distribuição transversal para a viga de bordo:

$$\eta_{11} = 0{,}25 + \frac{9}{20}\zeta \Rightarrow \boxed{\eta_{11} = \frac{5+9\zeta}{20}} \tag{10.29}$$

$$\eta_{12} = 0{,}25 + \frac{3}{20}\zeta \Rightarrow \boxed{\eta_{12} = \frac{5+3\zeta}{20}} \tag{10.30}$$

$$\eta_{13} = 0{,}25 - \frac{3}{20}\zeta \Rightarrow \boxed{\eta_{13} = \frac{5-3\zeta}{20}} \tag{10.31}$$

$$\eta_{14} = 0{,}25 - \frac{9}{20}\zeta \Rightarrow \boxed{\eta_{14} = \frac{5-9\zeta}{20}} \tag{10.32}$$

No caso com longarinas sem rigidez à torção ($\zeta = 1{,}00$), os coeficientes de distribuição transversal apresentariam os seguintes valores:

$$\eta_{11} = 0{,}25 + \frac{9}{20} \Rightarrow \boxed{\eta_{11} = 0{,}700} \tag{10.33}$$

$$\eta_{12} = 0{,}25 + \frac{3}{20} \Rightarrow \boxed{\eta_{12} = 0{,}400} \tag{10.34}$$

$$\eta_{13} = 0{,}25 - \frac{3}{20} \Rightarrow \boxed{\eta_{13} = 0{,}100} \tag{10.35}$$

$$\eta_{14} = 0{,}25 - \frac{9}{20} \Rightarrow \boxed{\eta_{14} = -0{,}200} \tag{10.36}$$

Analogamente ao caso de três longarinas, esses valores tendem a se aproximar da distribuição uniforme (0,250) à medida que a rigidez à torção das longarinas aumenta. O gráfico da Fig. 10.47 apresenta esquematicamente essa variação.

Para as vigas intermediárias (V2 e V3), o desenvolvimento análogo resulta em linha de distribuição transversal com ordenadas menores e mais próximas, indicando a melhor divisão das cargas entre as longarinas. A Fig. 10.48 resume o comportamento da distribuição transversal para a viga intermediária.

10.2.4 Métodos de distribuição transversal

Ao longo do século XX foram desenvolvidos diversos métodos para a determinação dos coeficientes de distribuição transversal, podendo-se destacar os métodos de Gyon-Massonnet-Bares, Homberg-Trenks, Leonhardt e Courbon. Basicamente, os métodos se distinguiam por considerar ou desprezar a rigidez à torção das longarinas e a rigidez da laje. Ao se considerar a rigidez à torção, a deformação da viga em seção aberta apresenta tipicamente o aspecto esquematizado na Fig. 10.49.

No caso de seções abertas, observa-se que a rigidez à torção das vigas (produto $G \cdot J$) tende a ser menor do que a rigidez à flexão (produto $E \cdot I$). Desprezando-se completamente a rigidez à torção, a superestrutura apresentaria o comportamento indicado na Fig. 10.50. É importante observar que a validade dessa hipótese depende da presença de transversinas que mantenham a seção transversal indeformável.

A análise da superestrutura sem a consideração da rigidez à torção torna-se bem mais simples e tende a ser a favor da segurança, pois resulta em trem-tipo longitudinal mais "pesado". Conforme destacado por Hambly (1991), as vigas dimensionadas para resistir a solicitações de flexão um pouco maiores do que de fato ocorrem tendem a resultar em peças suficientemente resistentes para absorver as eventuais parcelas de torção que possam vir a atuar.

Atualmente, com a disponibilidade da análise estrutural através de programas de computador, observa-se que os métodos tradicionais de distribuição transversal tendem a perder aplicação, já que a modelagem da

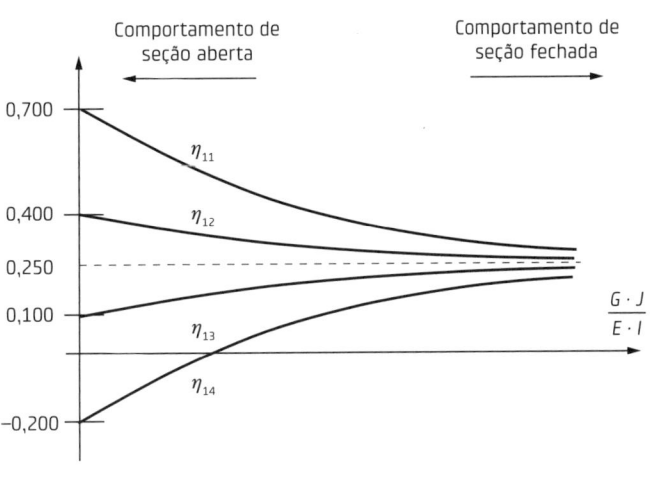

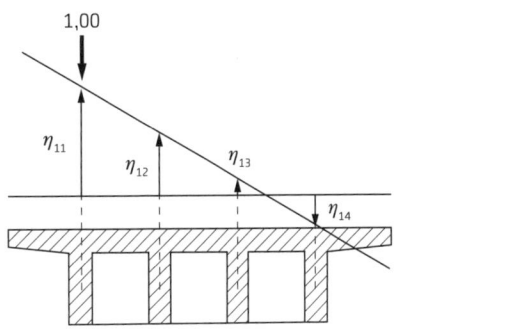

Fig. 10.47 *Aspecto da variação dos coeficientes de distribuição para a viga de bordo*

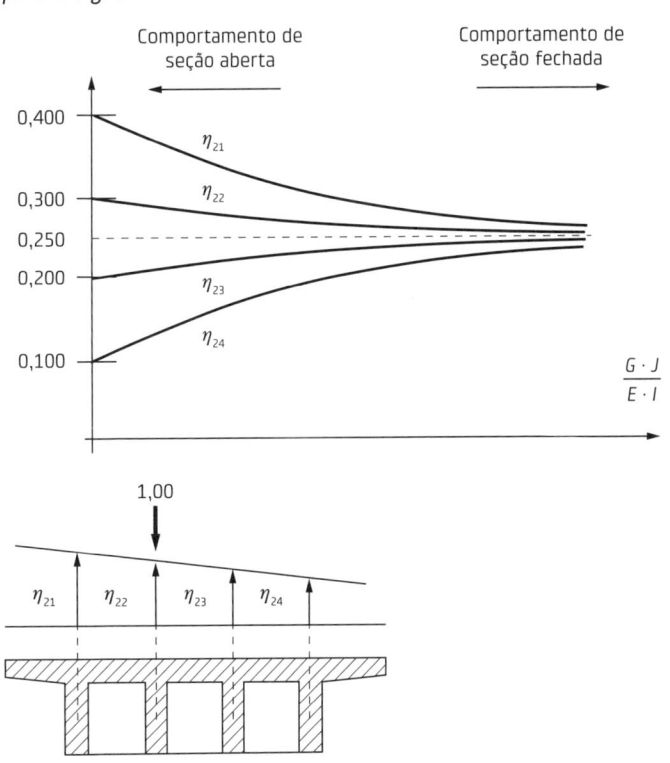

Fig. 10.48 *Aspecto da variação dos coeficientes de distribuição para a viga intermediária*

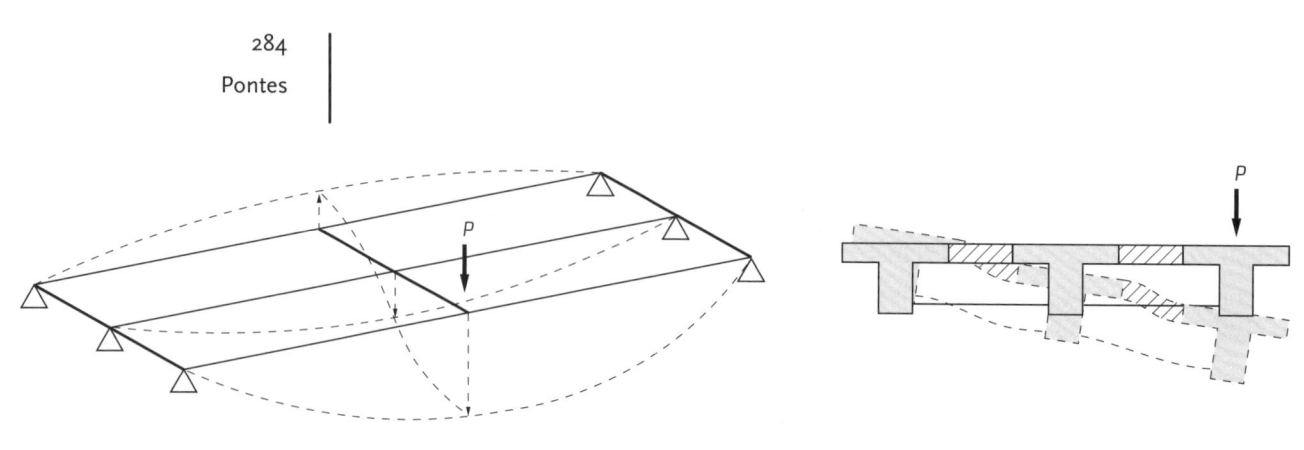

Fig. 10.49 *Comportamento considerando-se a rigidez à torção das longarinas*

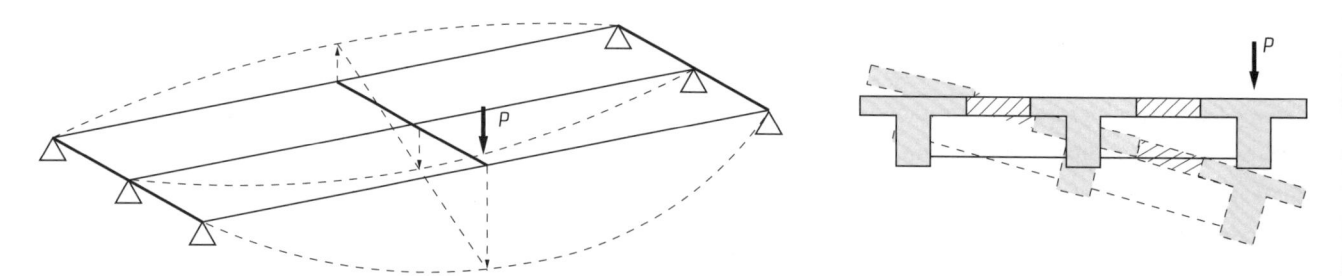

Fig. 10.50 *Comportamento simplificado desprezando-se a rigidez à torção das longarinas*

superestrutura com elementos de barras, ou mesmo em elementos finitos, tornou-se trivial.

Entretanto, para as situações mais usuais de superestrutura em seção aberta, sem curvatura ou esconsidade significantes, observa-se que o método de Courbon, a seguir detalhado, ainda se mostra interessante na prática do projeto. Isso se deve a sua simplicidade e tendência de conduzir a resultados a favor da segurança, sem comprometer a economia.

10.2.5 Método de Courbon

No método de Courbon, desconsidera-se a rigidez à torção das longarinas, o que resulta em admitir que $\zeta = 1,0$. Assim, um binário aplicado seria absorvido integralmente por flexão das vigas. Nessa situação, os diagramas de momentos fletores e de momentos torçores assumiriam as configurações indicadas na Fig. 10.51, ou seja, as longarinas passariam a se comportar como vigas independentes e nenhum momento torçor seria despertado.

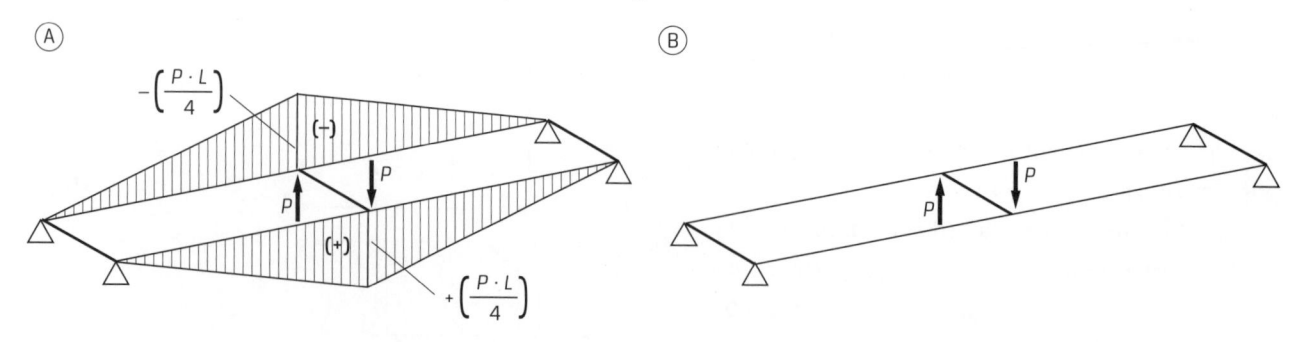

Fig. 10.51 *Binário integralmente absorvido por flexão das longarinas ($G \cdot J \cong 0$): (A) momentos fletores absorvidos pelas longarinas ($\zeta = 1$) e (B) momentos torçores nas longarinas (nulos)*

Nesse método, admite-se que a seção transversal mantém sua forma sob ação de carga excêntrica, como mostrado na Fig. 10.52A. Considerando-se que todas as longarinas apresentem a mesma rigidez à flexão e que a seção gire mantendo sua forma, pode-se admitir um modelo de corpo rígido sobre apoios elásticos com mesma rigidez k, como esquematizado na Fig. 10.52B.

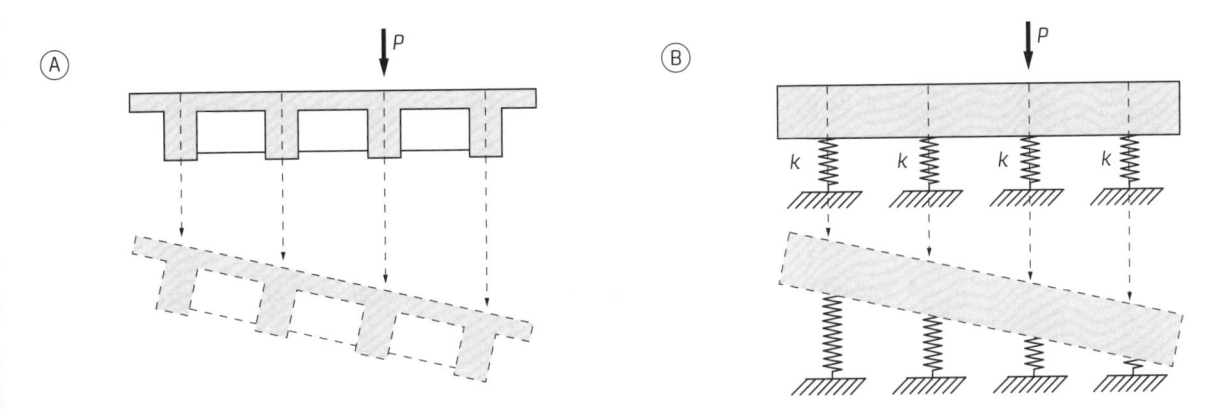

Fig. 10.52 *(A) Seção transversal indeformável e (B) modelo de corpo rígido sobre molas*

Nesse modelo simplificado, a parcela de carga absorvida por cada linha de longarina corresponde à respectiva reação de apoio, considerando-se a ação de uma carga móvel unitária, conforme a Fig. 10.53A. Para a análise, a ação da carga unitária numa posição genérica x é substituída por um sistema equivalente, composto por uma carga centrada e um momento, como indicado na Fig. 10.53B. É importante observar que a origem do *referencial para a definição das abscissas* (x_i) é tomada na linha de simetria da seção transversal.

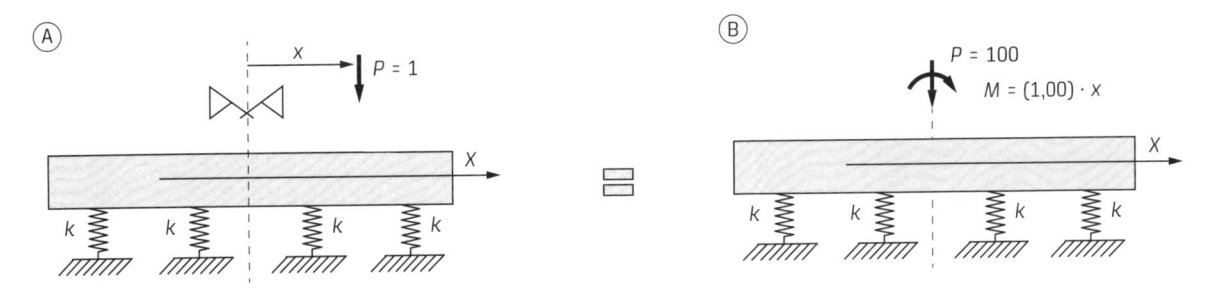

Fig. 10.53 *(A) Carga unitária na posição x e (B) sistema de forças equivalentes*

Considerando-se que a seção transversal seja perfeitamente rígida, a ação exclusiva da carga unitária centrada ocasiona translação uniforme (δ), como mostrado na Fig. 10.54.

A translação de corpo rígido (δ) é função da rigidez total das molas associadas e, num caso geral com n molas, pode ser prontamente definida por:

$$\delta = \frac{1}{n \cdot k} \qquad (10.37)$$

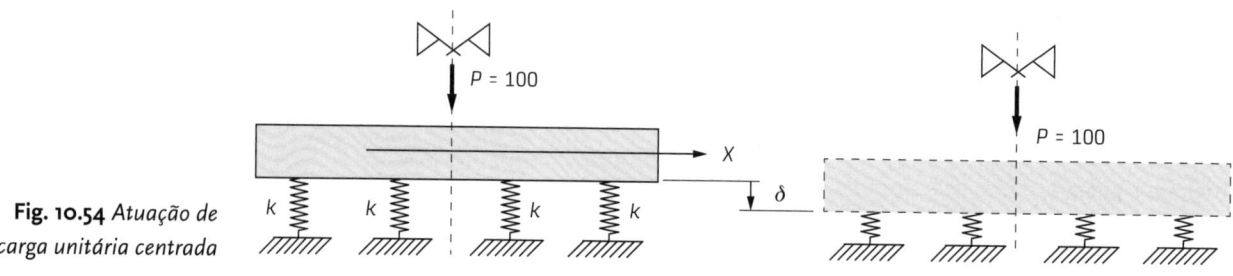

Fig. 10.54 *Atuação de carga unitária centrada*

E, assim, a reação em cada mola é determinada como a seguir expresso.

$$R_i = k \cdot \delta \Rightarrow \boxed{R_i = \frac{1}{n}} \qquad (10.38)$$

A atuação exclusiva de momento ocasiona rotação de corpo rígido, conforme ilustrado na Fig. 10.55.

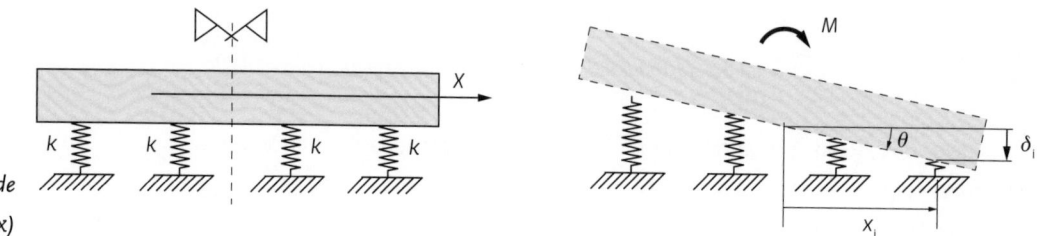

Fig. 10.55 *Atuação de carga momento (M = x)*

O deslocamento (δ_i) por rotação de corpo rígido em uma mola genérica é expresso por:

$$\delta_i = \theta \cdot x_i \qquad (10.39)$$

A reação (R_i) em uma mola é, portanto,

$$R_i = k \cdot \delta_i = k \cdot \theta \cdot x_i \qquad (10.40)$$

Verificando-se o equilíbrio entre a ação do momento e as reações nas molas:

$$M = \sum_{i=1}^{i=n} R_i \cdot x_i = \sum_{i=1}^{i=n} k \cdot \theta \cdot x_i^2 \qquad (10.41)$$

A partir da Eq. 10.41, tem-se que a rotação de corpo rígido é expressa por:

$$\theta = \frac{M}{k \cdot \sum x_i^2} \qquad (10.42)$$

Com a Eq. 10.42 na Eq. 10.40, determina-se a expressão de definição da reação na mola i genérica.

$$R_i = \frac{M \cdot x_i}{\sum x^2} \quad (10.43)$$

Com as Eqs. 10.38 e 10.43, pode-se definir a reação na viga i para uma carga unitária na posição x_j, que corresponde ao coeficiente de distribuição transversal η_{ij}, conforme resumido na Fig. 10.56.

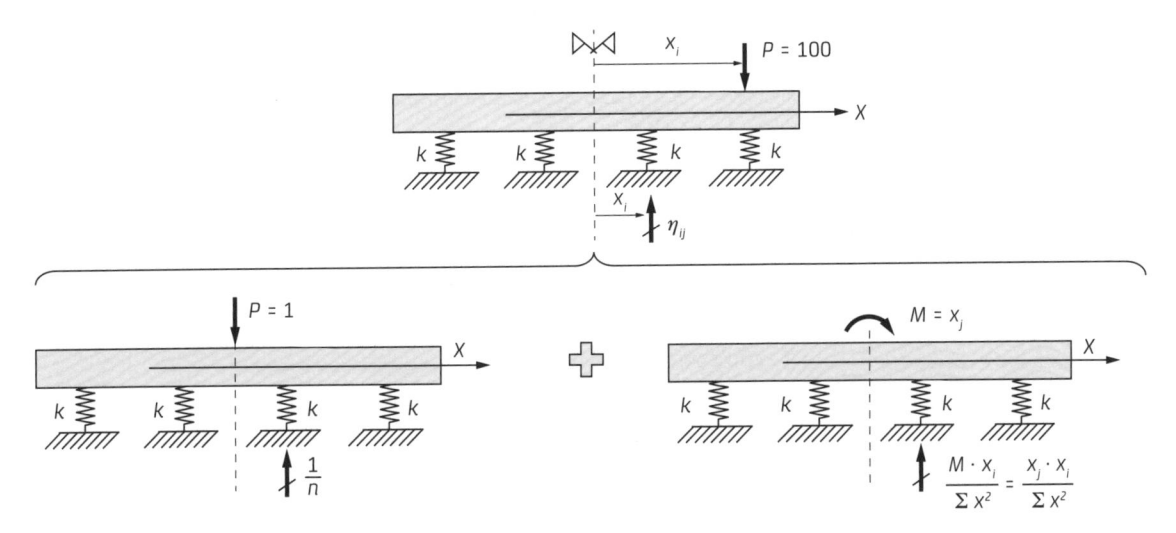

Fig. 10.56 *Composição do coeficiente de distribuição transversal pelo método de Courbon*

Tem-se, então, a seguinte expressão geral para a determinação do coeficiente de distribuição transversal relativo à viga i para carga unitária na posição j:

$$\eta_{ij} = \frac{1}{n} + \frac{x_i \cdot x_j}{\sum x_2} \quad (10.44)$$

Seção com duas longarinas

Considera-se a mesma superestrutura com duas vigas do exemplo anterior, ilustrada na Fig. 10.57 com as abscissas de definição das posições das vigas V1 e V2.

Ao aplicar a Eq. 10.44, têm-se os seguintes coeficientes de distribuição transversal:

$$\eta_{11} = \frac{1}{2} + \frac{(-3,60) \times (-3,60)}{2 \times 3,60^2} = 1,000 \quad (10.45)$$

$$\eta_{12} = \frac{1}{2} + \frac{(-3,60) \times (+3,60)}{2 \times 3,60^2} = 0,000 \quad (10.46)$$

A linha de distribuição transversal da V1, definida por $\eta_{11} = 1,000$ e $\eta_{12} = 0,000$, é idêntica àquela já determinada anteriormente no modelo em grelha para $\zeta = 1,0$ e resulta no mesmo trem-tipo já apresentado na Fig. 10.36. Por simetria, o trem-tipo da viga V2 é o mesmo.

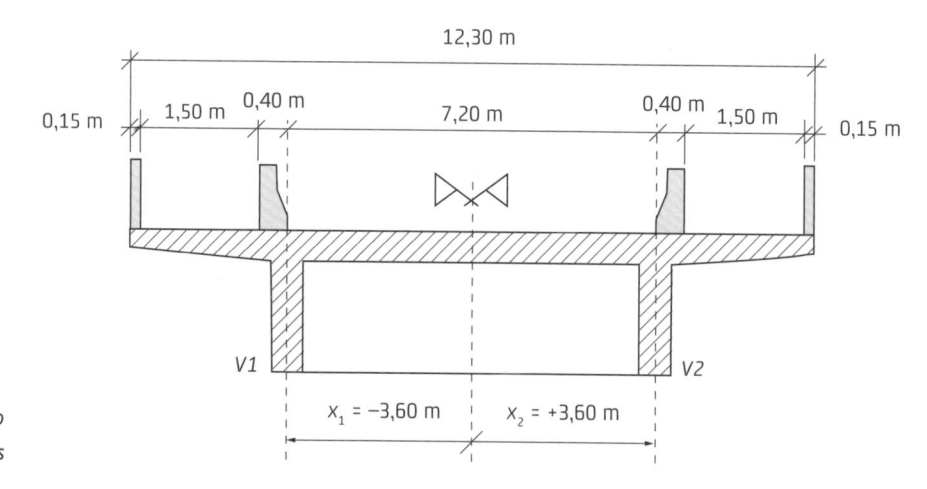

Fig. 10.57 *Exemplo de seção aberta com duas longarinas*

Seção com três longarinas

Considera-se a mesma seção viária, porém com três vigas, como ilustrado na Fig. 10.58 com as abscissas de definição das posições das vigas V1, V2 e V3.

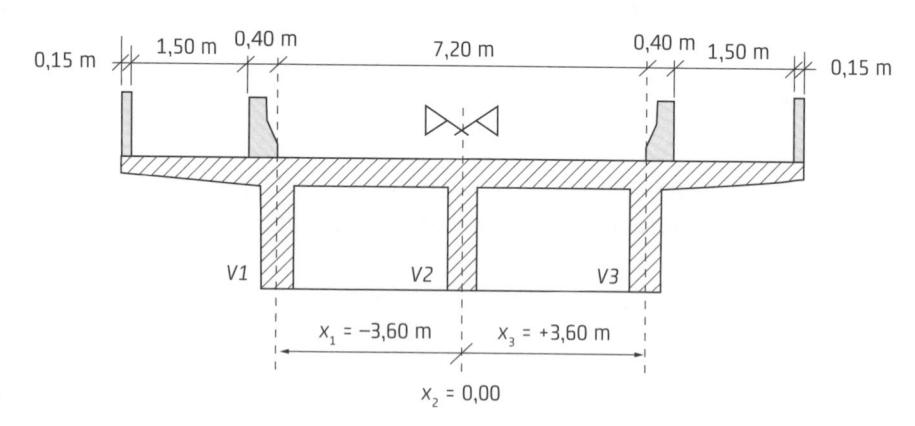

Fig. 10.58 *Exemplo de seção aberta com três longarinas*

Ao aplicar a Eq. 10.44, têm-se os coeficientes de distribuição transversal para a viga V1:

$$\eta_{11} = \frac{1}{3} + \frac{(-3,60) \times (-3,60)}{2 \times 3,60^2} = 0,833 \qquad (10.47)$$

$$\eta_{12} = \frac{1}{3} + \frac{(-3,60) \times (0,00)}{2 \times 3,60^2} = 0,333 \qquad (10.48)$$

$$\eta_{13} = \frac{1}{3} + \frac{(-3,60) \times (+3,60)}{2 \times 3,60^2} = -0,1667 \qquad (10.49)$$

Observa-se que os valores das ordenadas η_{11}, η_{12} e η_{13} coincidem com aqueles determinados anteriormente com as Eqs. 10.22 a 10.24, considerando-se $\zeta = 1,0$.

Para a definição do trem-tipo longitudinal da viga V1, segue-se o mesmo procedimento anterior, posicionando-se as cargas e determinando-se por interpolação linear as ordenadas necessárias, como ilustrado na Fig. 10.59.

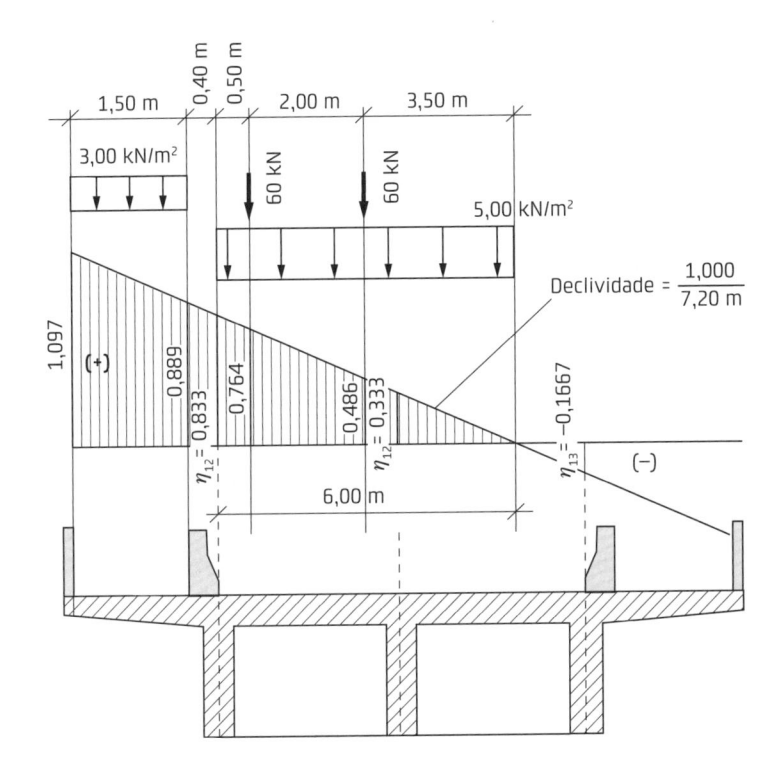

Fig. 10.59 *Linha de distribuição transversal da viga de bordo*

O trem-tipo longitudinal da viga V1, representado na Fig. 10.60, é calculado como indicado a seguir:

$$P = 60{,}0 \text{ kN} \times (0{,}764 + 0{,}486) = 75{,}0 \text{ kN / eixo} \tag{10.50}$$

$$q = 3{,}00 \text{ kN/m}^2 \times \left(\frac{1{,}097 + 0{,}889}{2}\right) \times 1{,}50 \text{ m} + 5{,}00 \text{ kN/m}^2 \times \frac{0{,}833 \times 6{,}00 \text{ m}}{2} =$$

$$= 16{,}96 \text{ kN/m} \tag{10.51}$$

Considerando-se agora a viga central, têm-se as seguintes ordenadas:

$$\eta_{21} = \frac{1}{3} + \frac{(0{,}00) \times (-3{,}60)}{2 \times 3{,}60^2} = 0{,}333 \tag{10.52}$$

$$\eta_{22} = \frac{1}{3} + \frac{(0{,}00) \times (0{,}00)}{2 \times 3{,}60^2} = 0{,}333 \tag{10.53}$$

$$\eta_{23} = \frac{1}{3} + \frac{(0{,}00) \times (+3{,}60)}{2 \times 3{,}60^2} = 0{,}333 \tag{10.54}$$

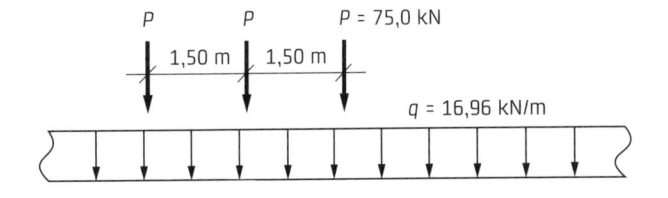

Fig. 10.60 *Trem-tipo longitudinal para as vigas de bordo (V1 e V3)*

Observa-se que, devido à simetria, a linha de distribuição transversal da viga central assume forma constante e, desse modo, as rodas do veículo podem ser posicionadas em qualquer ponto, como ilustrado na Fig. 10.61.

Têm-se, assim, as cargas para o trem-tipo longitudinal da viga V2, representado na Fig. 10.62. Observa-se que esses valores são bem menores do que os da viga de bordo.

$$P = 60,0 \text{ kN} \times (0,333 + 0,333) = 40,0 \text{ kN/eixo} \tag{10.55}$$

$$q = \left[2 \times (3,00 \text{ kN/m}^2 \times 1,50 \text{ m}) + (5,00 \text{ kN/m}^2 \times 7,20 \text{ m})\right] \times 0,333 = 15,00 \text{ kN/m} \tag{10.56}$$

Seção com quatro longarinas

Considerando-se quatro vigas na mesma seção viária, a situação é a ilustrada na Fig. 10.63. É admitido que os eixos das vigas de bordo mantêm-se alinhados com os limites da pista.

A partir da Eq. 10.44, têm-se os seguintes coeficientes de distribuição transversal para a viga V1:

$$\eta_{11} = \frac{1}{4} + \frac{(-3,60) \times (-3,60)}{2 \times (3,60^2 + 1,20^2)} = 0,700 \tag{10.57}$$

$$\eta_{12} = \frac{1}{4} + \frac{(-3,60) \times (-1,20)}{2 \times (3,60^2 + 1,20^2)} = 0,400 \tag{10.58}$$

$$\eta_{13} = \frac{1}{4} + \frac{(-3,60) \times (1,20)}{2 \times (3,60^2 + 1,20^2)} = 0,100 \tag{10.59}$$

$$\eta_{14} = \frac{1}{4} + \frac{(-3,60) \times (3,60)}{2 \times (3,60^2 + 1,20^2)} = -0,200 \tag{10.60}$$

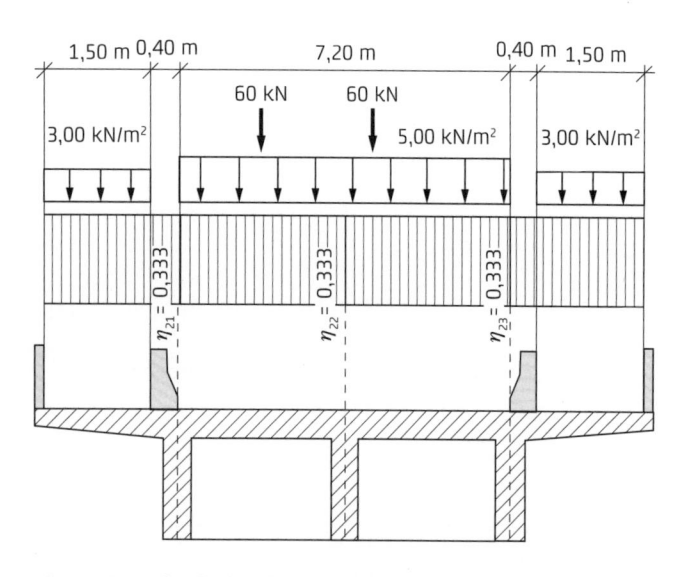

Fig. 10.61 Linha de distribuição transversal da viga central (V2)

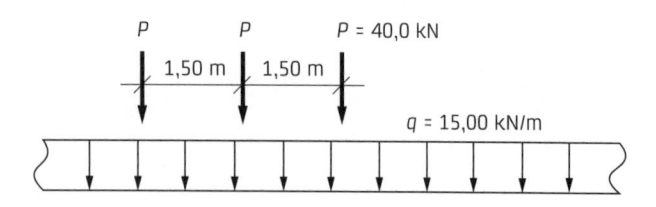

Fig. 10.62 Trem-tipo longitudinal para a viga central

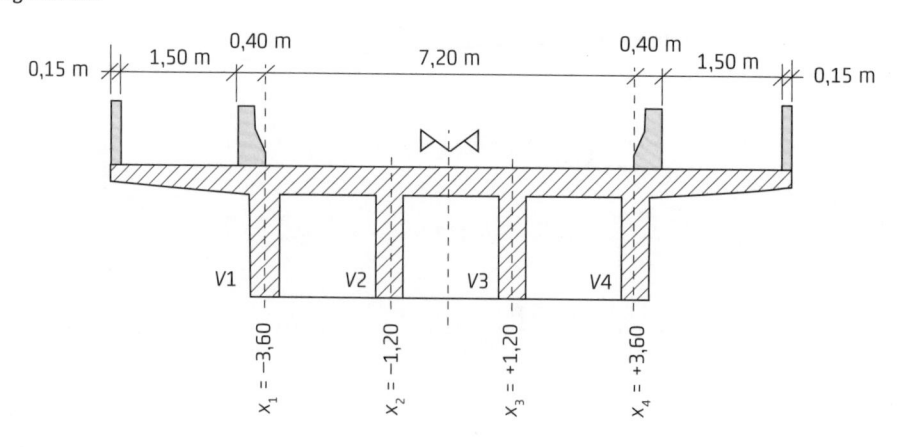

Fig. 10.63 Exemplo de seção aberta com quatro longarinas

Com essas ordenadas, obtém-se a linha de distribuição transversal mostrada na Fig. 10.64, com posicionamento das cargas e ordenadas interpoladas.

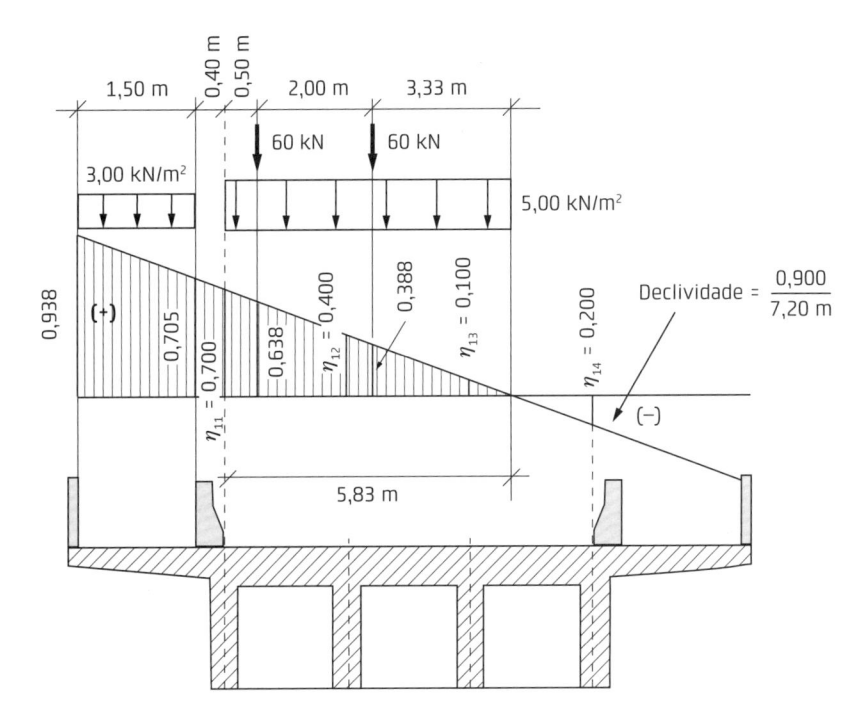

Fig. 10.64 Linha de distribuição transversal da viga de bordo (V1)

O trem-tipo longitudinal da viga V1, a seguir determinado, é representado na Fig. 10.65.

$$P = 60,0 \text{ kN} \times (0,638 + 0,388) = 61,6 \text{ kN / eixo} \tag{10.61}$$

$$q = 3,00 \text{ kN/m}^2 \times \left(\frac{0,938 + 0,705}{2}\right) \times 1,50 \text{ m} + 5,00 \text{ kN/m}^2 \times \frac{0,700 \times 5,83 \text{ m}}{2} =$$

$$= 13,90 \text{ kN/m} \tag{10.62}$$

Para a viga intermediária (V2), têm-se as ordenadas a seguir, que definem a linha de distribuição transversal representada na Fig. 10.66, com posicionamento das cargas e ordenadas interpoladas.

$$\eta_{21} = \frac{1}{4} + \frac{(-1,20) \times (-3,60)}{2 \times (3,60^2 + 1,20^2)} = 0,400 \tag{10.63}$$

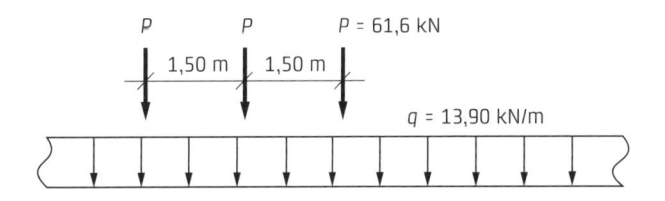

Fig. 10.65 Trem-tipo longitudinal para as vigas de bordo (V1 e V4)

$$\eta_{22} = \frac{1}{4} + \frac{(-1,20) \times (-1,20)}{2 \times (3,60^2 + 1,20^2)} = 0,300 \tag{10.64}$$

$$\eta_{23} = \frac{1}{4} + \frac{(-1,20) \times (1,20)}{2 \times (3,60^2 + 1,20^2)} = 0,200 \qquad (10.65)$$

$$\eta_{24} = \frac{1}{4} + \frac{(-1,20) \times (3,60)}{2 \times (3,60^2 + 1,20^2)} = 0,100 \qquad (10.66)$$

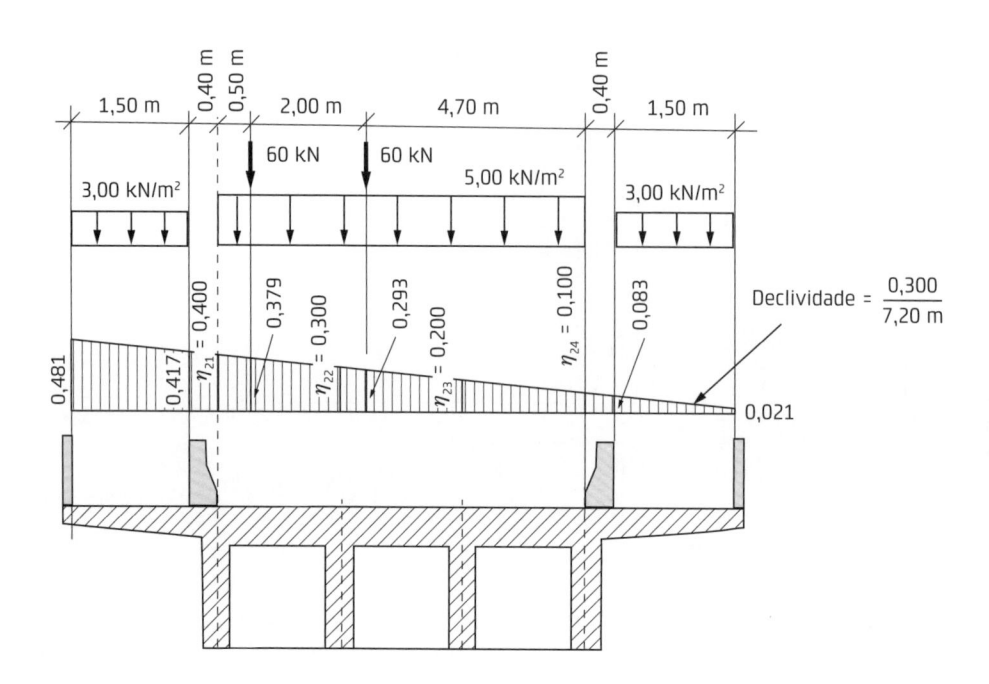

Fig. 10.66 *Linha de distribuição transversal da viga intermediária (V2)*

Chega-se, assim, ao trem-tipo longitudinal da viga V2, representado na Fig. 10.67.

$$P = 60,0 \text{ kN} \times (0,379 + 0,293) = 40,3 \text{ kN / eixo} \qquad (10.67)$$

$$q = 3,00 \text{ kN/m}^2 \times \left(\frac{0,481 + 0,417}{2} + \frac{0,083 + 0,021}{2}\right) \times 1,50 \text{ m} + 5,00 \text{ kN/m}^2 \times \left(\frac{0,400 + 0,100}{2}\right) \times$$

$$7,20 \text{ m} = 11,25 \text{ kN/m} \qquad (10.68)$$

Seção com N longarinas

Num caso com n vigas igualmente espaçadas, pode-se definir a abscissa de uma viga genérica como:

$$x_i = \left(i - \frac{n+1}{2}\right)d \qquad (10.69)$$

em que d representa o espaçamento entre vigas.

O somatório dos quadrados das abscissas pode ser definido genericamente como:

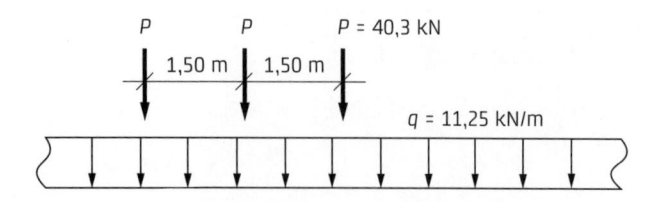

Fig. 10.67 *Trem-tipo longitudinal para as vigas intermediárias (V2 e V3)*

$$\sum x^2 = \sum_{i=1}^{i=n}\left[\left(i-\frac{n+1}{2}\right)d\right]^2 = \frac{n(n^2-1)}{12}d^2 \qquad (10.70)$$

Logo, uma ordenada da linha de distribuição transversal tem a seguinte expressão geral:

$$\eta_{ij} = \frac{1}{n} + \frac{\left[\left(i-\frac{n+1}{2}d\right)\right]\cdot\left[\left(j-\frac{n+1}{2}\right)d\right]}{\frac{n(n^2-1)}{12}d^2} \Rightarrow \boxed{\eta_{ij} = \frac{1}{n} + \frac{3(2i-n-1)(2j-n-1)}{n(n^2-1)}} \qquad (10.71)$$

Com a Eq. 10.71, os coeficientes de distribuição transversal podem ser dispostos na forma matricial, como a seguir exemplificado.

$$\begin{bmatrix} \eta_{11} & \eta_{12} \\ \eta_{21} & \eta_{22} \end{bmatrix} \begin{bmatrix} 1,000 & 0,000 \\ 0,000 & 1,000 \end{bmatrix} \qquad (10.72)$$

$$\begin{bmatrix} \eta_{11} & \eta_{12} & \eta_{13} \\ \eta_{21} & \eta_{22} & \eta_{23} \\ \eta_{31} & \eta_{32} & \eta_{33} \end{bmatrix} = \begin{bmatrix} 0,833 & 0,333 & -0,1667 \\ 0,333 & 0,333 & 0,333 \\ -0,1667 & 0,333 & 0,833 \end{bmatrix} \qquad (10.73)$$

$$\begin{bmatrix} \eta_{11} & \eta_{12} & \eta_{13} & \eta_{14} \\ \eta_{21} & \eta_{22} & \eta_{23} & \eta_{24} \\ \eta_{31} & \eta_{32} & \eta_{33} & \eta_{34} \\ \eta_{41} & \eta_{42} & \eta_{43} & \eta_{44} \end{bmatrix} = \begin{bmatrix} 0,700 & 0,400 & 0,100 & -0,200 \\ 0,400 & 0,300 & 0,200 & 0,100 \\ 0,100 & 0,200 & 0,100 & 0,400 \\ -0,200 & 0,100 & 0,400 & 0,700 \end{bmatrix} \qquad (10.74)$$

$$\begin{bmatrix} \eta_{11} & \eta_{12} & \eta_{13} & \eta_{14} & \eta_{15} \\ \eta_{21} & \eta_{22} & \eta_{23} & \eta_{24} & \eta_{25} \\ \eta_{31} & \eta_{32} & \eta_{33} & \eta_{34} & \eta_{35} \\ \eta_{41} & \eta_{42} & \eta_{43} & \eta_{44} & \eta_{45} \\ \eta_{51} & \eta_{52} & \eta_{53} & \eta_{54} & \eta_{55} \end{bmatrix} = \begin{bmatrix} 0,600 & 0,400 & 0,200 & 0,000 & -0,200 \\ 0,400 & 0,300 & 0,200 & 0,100 & 0,000 \\ 0,200 & 0,200 & 0,200 & 0,200 & 0,200 \\ 0,000 & 0,100 & 0,200 & 0,300 & 0,400 \\ -0,200 & 0,000 & 0,200 & 0,400 & 0,600 \end{bmatrix} \qquad (10.75)$$

É importante observar que o somatório das ordenadas da linha de distribuição transversal sempre deve totalizar o valor da carga unitária. Por exemplo, a partir da linha de distribuição da viga de bordo do exemplo da Fig. 10.64:

$$\eta_{11} + \eta_{12} + \eta_{13} + \eta_{14} = 0,700 + 0,400 + 0,100 - 0,200 = 1,000 \qquad (10.76)$$

Logo, o somatório de cada uma das linhas das matrizes (Eqs. 10.72 a 10.75) deve totalizar a unidade. Lembrando o princípio da reciprocidade, tem-se que todas as formas matriciais apresentam simetria, portanto o somatório de cada coluna também deve resultar na unidade.

Para esses casos de vigas igualmente espaçadas, com disposição simétrica na seção transversal, as matrizes dos coeficientes de distribuição transversal também apresentam simetria em relação à diagonal secundária. Tomando-se como exemplo a seção com quatro vigas ($n = 4$), os coeficientes de distribuição transversal são definidos como resumido na Fig. 10.68.

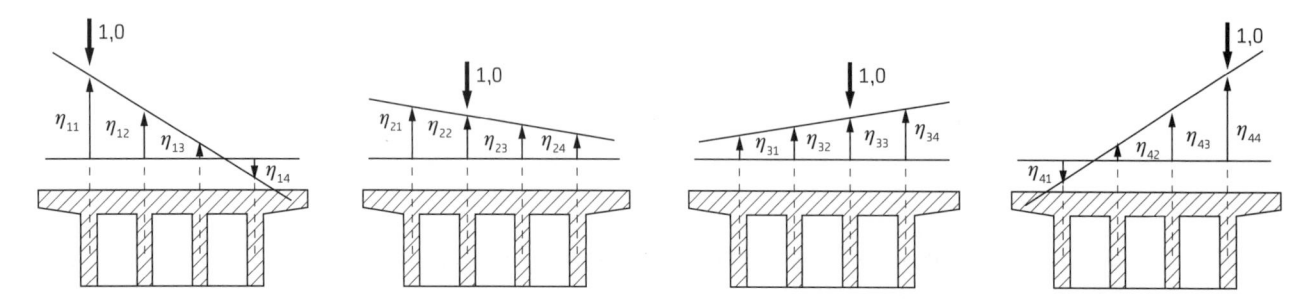

Fig. 10.68 *Linhas de distribuição transversal para seção com quatro vigas*

Têm-se, nesse caso, as seguintes relações de simetria:

$$\eta_{11} = \eta_{44} \tag{10.77}$$

$$\eta_{12} = \eta_{21} = \eta_{34} = \eta_{43} \tag{10.78}$$

$$\eta_{22} = \eta_{33} \tag{10.79}$$

$$\eta_{23} = \eta_{32} \tag{10.80}$$

$$\eta_{13} = \eta_{31} = \eta_{24} = \eta_{42} \tag{10.81}$$

$$\eta_{14} = \eta_{41} \tag{10.82}$$

As simetrias e os somatórios de linhas e colunas podem ser mais bem visualizados conforme indicado na Fig. 10.69.

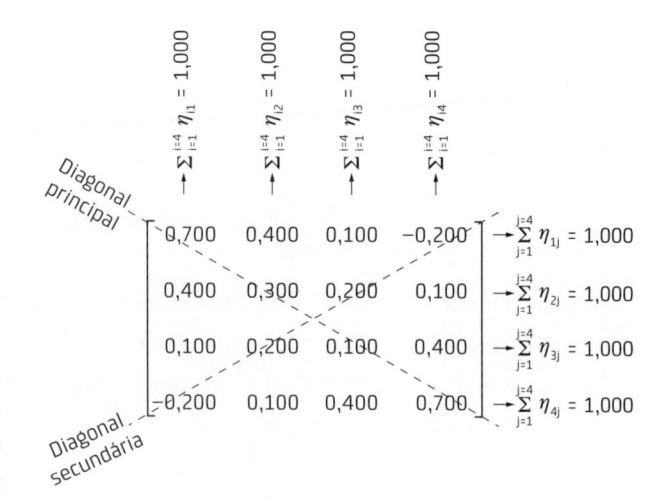

Fig. 10.69 *Simetria e somatório dos coeficientes de distribuição transversal para seção com quatro vigas*

$$\sum_{i=1}^{i=4} \eta_{i1} = 1{,}000 \quad \sum_{i=1}^{i=4} \eta_{i2} = 1{,}000 \quad \sum_{i=1}^{i=4} \eta_{i3} = 1{,}000 \quad \sum_{i=1}^{i=4} \eta_{i4} = 1{,}000$$

0,700	0,400	0,100	−0,200	$\sum_{j=1}^{j=4} \eta_{1j} = 1{,}000$
0,400	0,300	0,200	0,100	$\sum_{j=1}^{j=4} \eta_{2j} = 1{,}000$
0,100	0,200	0,300	0,400	$\sum_{j=1}^{j=4} \eta_{3j} = 1{,}000$
−0,200	0,100	0,400	0,700	$\sum_{j=1}^{j=4} \eta_{4j} = 1{,}000$

Diagonal principal / Diagonal secundária

Protensão | 11

A protensão consiste em aplicar previamente forças, com o propósito de equilibrar ou aliviar as solicitações, principalmente os momentos fletores. No caso de estruturas em concreto, a protensão é particularmente interessante, já que elimina ou reduz a um mínimo as tensões de tração.

Em geral, a protensão é aplicada tensionando-se cabos de aço especialmente produzidos para essa finalidade, denominados cordoalhas. Os cabos de protensão são dispostos ao longo do eixo longitudinal da viga, segundo trajetórias definidas pelo projetista, visando aliviar as principais solicitações.

A ideia da protensão ocorreu assim que o concreto armado se consolidou como solução estrutural, no final do século XIX. Pode-se considerar intuitivo tracionar previamente as armaduras, buscando minimizar as tensões de tração no concreto, e de fato diversas tentativas foram efetuadas, porém sem sucesso duradouro. Como eram desconhecidas a fluência do concreto e a relaxação do aço, seus efeitos eram desconsiderados, e após alguns meses a protensão se perdia completamente. O engenheiro francês Eugène Freyssinet (1879-1962) foi o responsável pela compreensão dos fenômenos reológicos, concluindo que seria necessário o uso de concreto e aço de mais alta resistência. Assim, mesmo após as inevitáveis perdas por fluência e relaxação, ainda restaria protensão suficiente. O desenvolvimento dos primeiros projetos e construções de pontes em concreto protendido ocorreu no período próximo da Segunda Guerra na Europa, sofrendo assim com interrupções e dificuldades de divulgação técnica.

Foi Freyssinet quem trouxe a técnica da protensão para o Brasil por ocasião da construção da ponte do Galeão, no Rio de Janeiro, concluída em 1949. É importante registrar que essa obra constitui a primeira estrutura protendida das Américas, tendo sido executada quase simultaneamente com as primeiras pontes protendidas na Europa após a Segunda Guerra. A empresa que Freyssinet criou em 1943, Société Technique pour l'Utilisation de la Précontrainte (STUP), manteve filial no Brasil até recentemente.

11.1 Comportamento de viga protendida

Para a compreensão do comportamento de uma estrutura protendida, toma-se como exemplo a viga biapoiada sob carga distribuída com protensão centrada, ilustrada na Fig. 11.1. Por simplicidade, considera-se que a força de protensão se mantém constante ao longo de toda a trajetória do cabo. Na verdade, sempre existem variações na força de protensão em virtude das inevitáveis perdas, que serão apresentadas mais adiante.

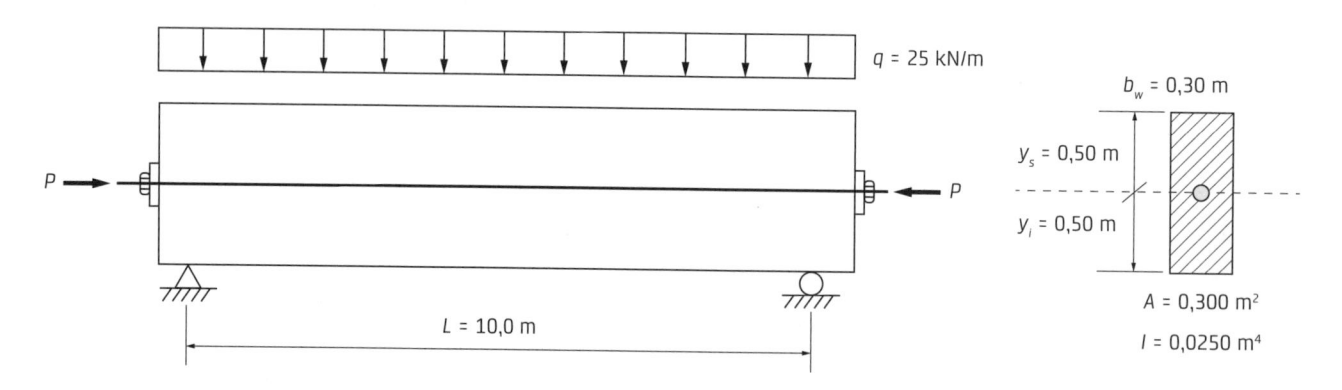

Fig. 11.1 *Viga biapoiada com protensão centrada*

$q = 25$ kN/m
$b_w = 0{,}30$ m
$y_s = 0{,}50$ m
$y_i = 0{,}50$ m
$L = 10{,}0$ m
$A = 0{,}300$ m²
$I = 0{,}0250$ m⁴

A análise estrutural da viga assim definida é imediata, bastando que se considere o modelo unifilar sob ação da carga axial de compressão correspondente à força de protensão, como indicado na Fig. 11.2.

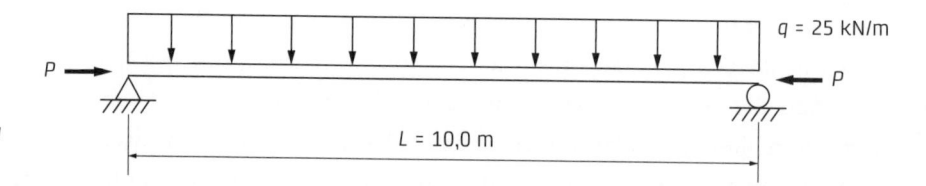

Fig. 11.2 *Modelo para análise de viga biapoiada sob protensão centrada*

As tensões normais em uma seção transversal genérica podem ser determinadas superpondo-se os efeitos dos momentos fletores despertados pela carga distribuída com a compressão uniforme decorrente da protensão, conforme resumido na Fig. 11.3 para a seção central. As tensões resultantes tendem a apresentar diagrama

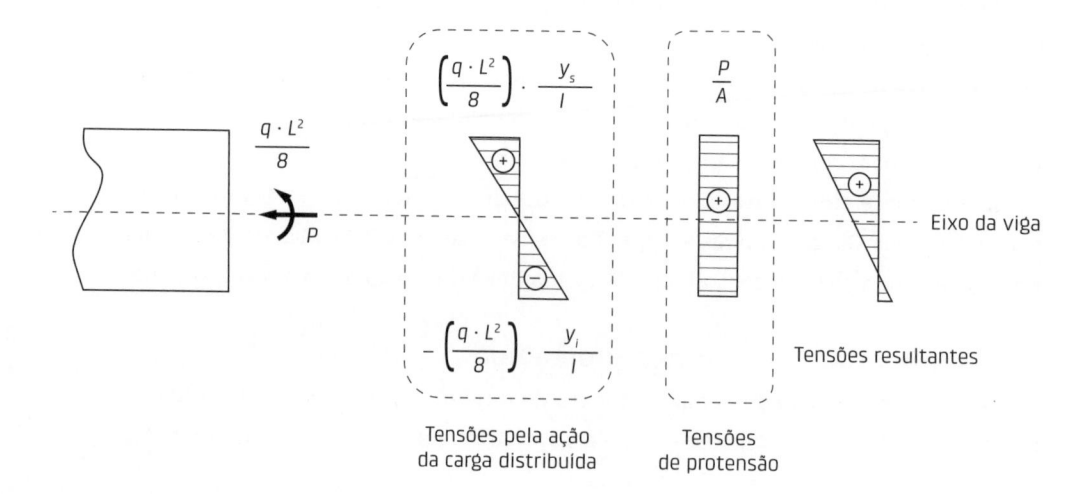

Fig. 11.3 *Distribuição de tensões normais na seção central sob protensão centrada*

$\dfrac{q \cdot L^2}{8}$

$\left(\dfrac{q \cdot L^2}{8}\right) \cdot \dfrac{y_s}{I}$

$-\left(\dfrac{q \cdot L^2}{8}\right) \cdot \dfrac{y_i}{I}$

$\dfrac{P}{A}$

Eixo da viga

Tensões pela ação da carga distribuída

Tensões de protensão

Tensões resultantes

em que a tração pode ser bastante reduzida ou mesmo eliminada. É importante notar que, ao contrário da convenção de sinais da teoria da elasticidade, é usual considerar as tensões de compressão positivas na análise de concreto protendido. Observa-se ainda que a linha neutra da seção protendida não mais coincide com o eixo centroidal da tensão, pois não se trata de flexão simples, e sim de flexão composta com força normal.

Em geral, a força de protensão é definida de forma a anular a maior tensão de tração, que nesse caso ocorre na fibra inferior (σ_{inf}) da seção central. Essa condição pode ser imposta como a seguir.

$$\sigma_{inf} = \frac{P}{A} - \left(\frac{q \cdot L^2}{8}\right) \cdot \frac{y_i}{I} = 0 \Rightarrow \frac{P}{0,300} - \left(\frac{25 \times 10^2}{8}\right) \times \frac{0,50}{0,0250} = 0 \Rightarrow \boxed{P = 1.875 \text{ kN}} \qquad (11.1)$$

As tensões normais na viga protendida podem ser resumidamente representadas pelos diagramas de normais nas seções de meio de vão e de apoio. Observa-se que na seção de apoio só atuam as tensões de protensão, como mostrado na Fig. 11.4.

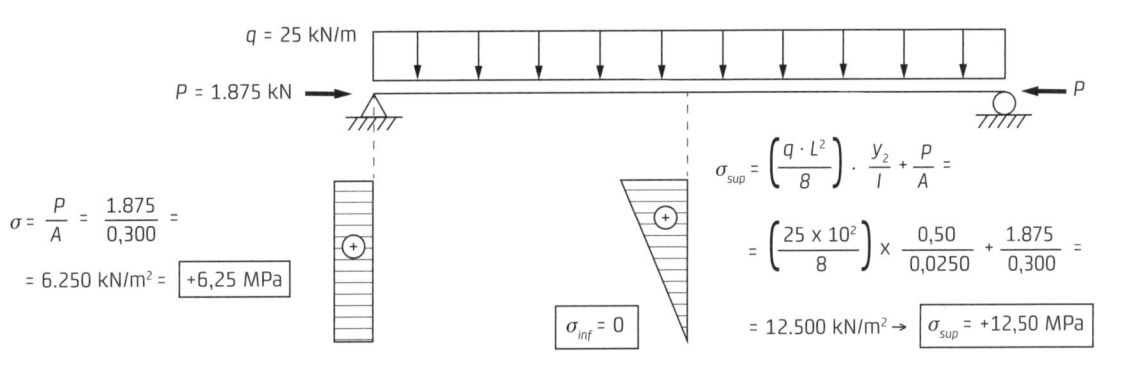

Fig. 11.4 *Distribuição de tensões normais nas seções de apoio e central*

Evidentemente, a protensão é mais eficiente se for posicionada de forma excêntrica, como exemplificado na Fig. 11.5.

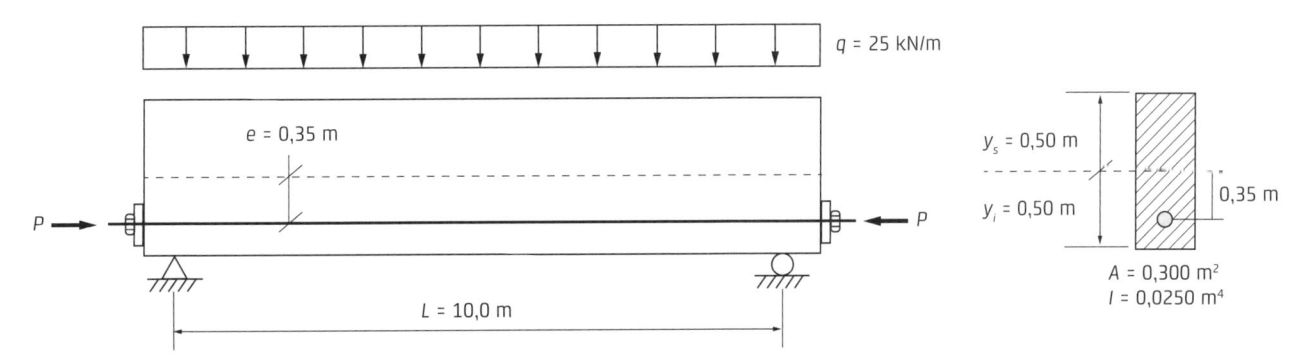

Fig. 11.5 *Viga biapoiada com protensão retilínea excêntrica*

A análise de tensões é semelhante à do exemplo anterior, bastando incluir a ação do momento de protensão, conforme indicado na Fig. 11.6.

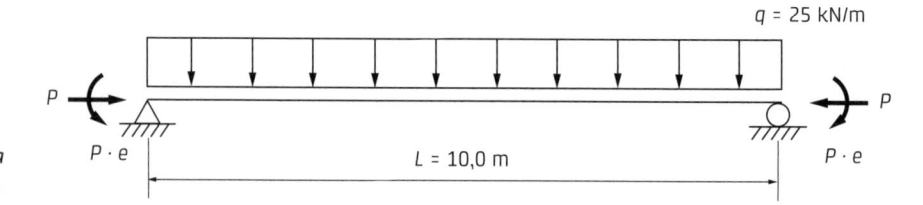

Fig. 11.6 *Modelo para análise de viga biapoiada sob protensão excêntrica*

As tensões de protensão na seção central são definidas de modo análogo ao exposto na Fig. 11.3, porém são consideradas as tensões causadas pelo momento de protensão, como apresentado na Fig. 11.7.

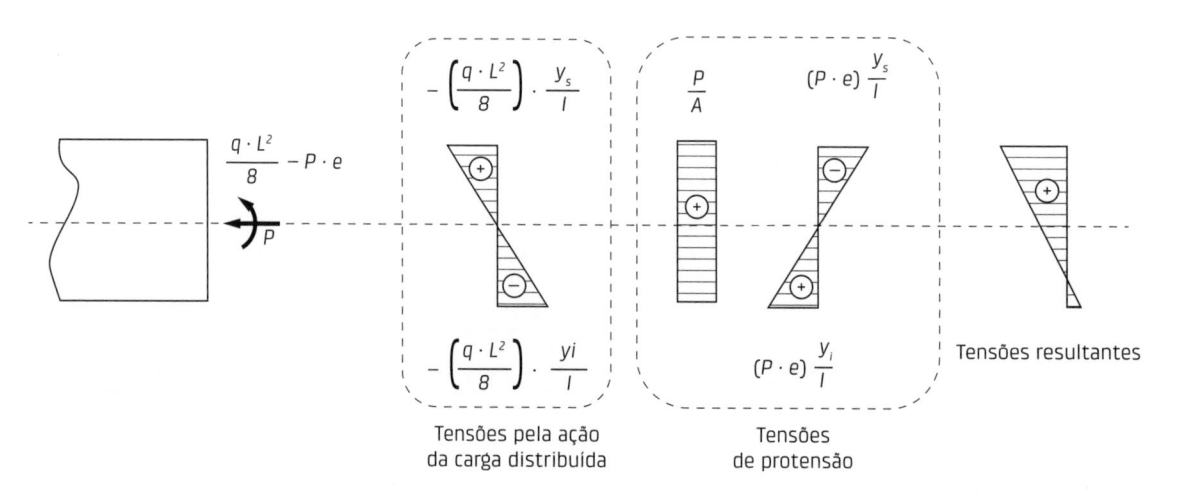

Fig. 11.7 *Distribuição de tensões normais na seção central sob protensão excêntrica*

Dimensionando-se a protensão de forma a anular a tensão de tração na fibra inferior (σ_{inf}) na seção central, tem-se:

$$\sigma_{inf} = \frac{P}{A} + \left(P \cdot e - \frac{q \cdot L^2}{8}\right) \cdot \frac{y_i}{I} = 0 \Rightarrow \frac{P}{0,300} + \left(0,35P - \frac{25 \times 10^2}{8}\right) \times \frac{0,50}{0,0250} = 0 \Rightarrow \boxed{P = 605 \text{ kN}} \quad (11.2)$$

As tensões normais nas seções de meio de vão e de apoio são resumidas na Fig. 11.8.

$$\sigma_{sup} = \frac{605}{0,300} - \frac{227,5 \times 0,50}{0,025} \rightarrow \boxed{\sigma_{sup} = -2,53 \text{ MPa}}$$

$$\sigma_{inf} = \frac{605}{0,300} + \frac{227,5 \times 0,50}{0,025} \rightarrow \boxed{\sigma_{sup} = +6,57 \text{ MPa}}$$

$$\sigma_{sup} = \frac{605}{0,300} + \left(-227,5 + \frac{25 \times 10^2}{8}\right) \times \frac{0,50}{0,0250}$$

$$\rightarrow \boxed{\sigma_{sup} = +3,72 \text{ MPa}}$$

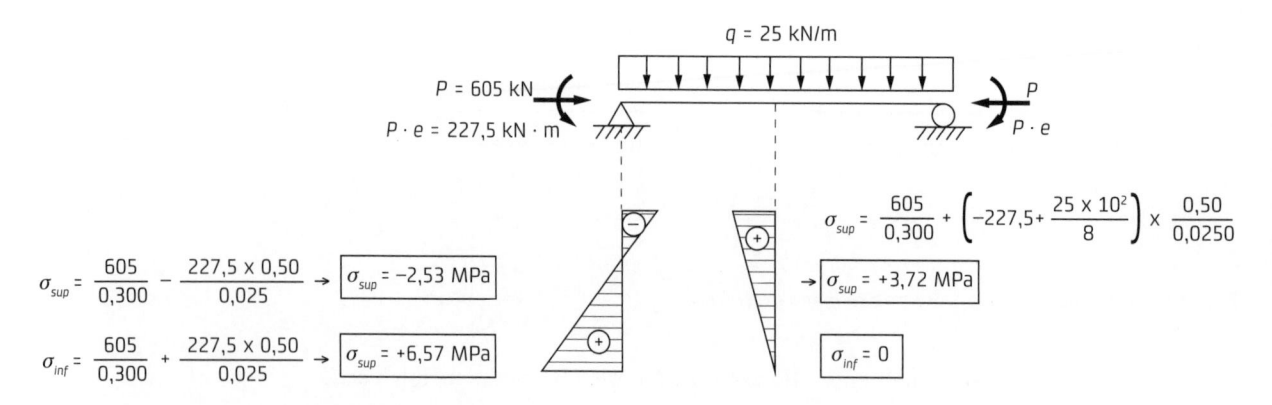

$$\boxed{\sigma_{inf} = 0}$$

Fig. 11.8 *Distribuição de tensões normais nas seções de apoio e central*

Observa-se que a protensão necessária para anular as tensões de tração na seção central mostrou-se excessiva para a seção de extremo, resultando assim em tração na fibra superior. Uma alternativa é eliminar a excentricidade da protensão nas extremidades, o que pode ser materializado adotando-se trajetória poligonal ou curva, como indicado na Fig. 11.9.

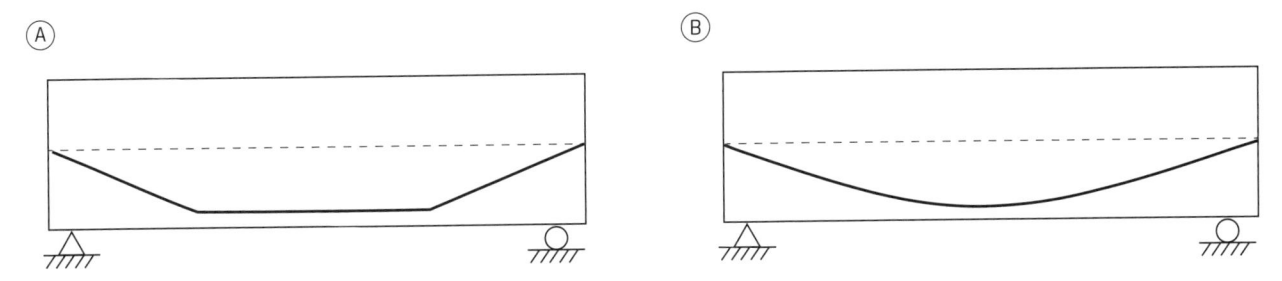

Fig. 11.9 *Viga biapoiada com protensão (A) poligonal e (B) curva*

Dessa forma, as tensões nas extremidades tornam-se de compressão pura, mantendo-se na seção central a distribuição indicada na Fig. 11.4.

11.2 Cordoalhas de protensão

Na protensão de vigas, são utilizadas quase exclusivamente as cordoalhas compostas por sete fios, produzidas no Brasil em dois diâmetros, 12,7 mm e 15,2 mm, e em dois tipos de aço, CP-190 e CP-210. As cordoalhas são formadas por seis fios que se desenvolvem em forma de hélice em torno do fio central retilíneo e podem ser nuas ou engraxadas, sendo neste caso revestidas por uma bainha plástica em polietileno de alta densidade (PEAD), como ilustrado na Fig. 11.10.

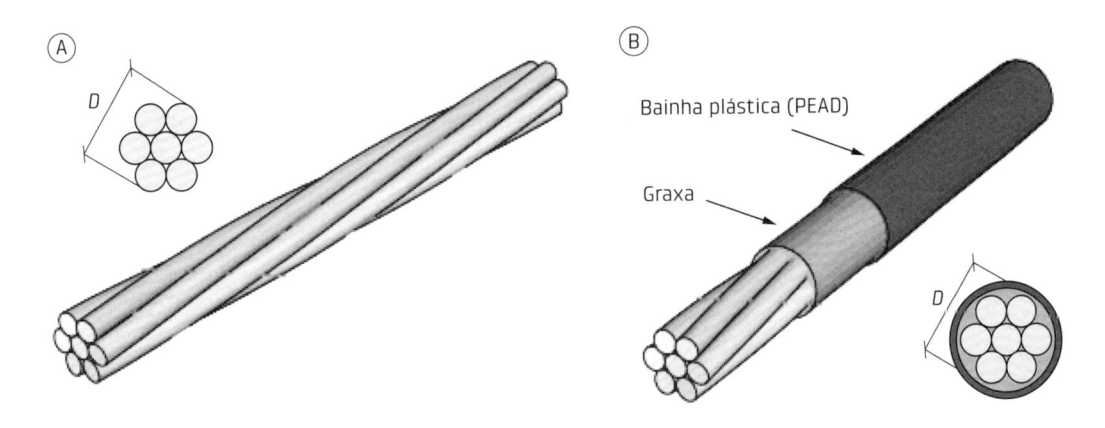

Fig. 11.10 *Cordoalha de sete fios (A) nua e (B) engraxada e plastificada*

A NBR 7483 (ABNT, 2008) define os valores das áreas da seção transversal (mínima, nominal e máxima) para os diâmetros de 12,7 mm e 15,2 mm conforme reproduzido na Tab. 11.1, considerando-se os aços CP-190 e CP-210.

Tab. 11.1   Propriedades das cordoalhas (NBR 7483)

Aço	Diâmetro nominal (mm)	Área da seção (mm²)			Carga mín. ruptura (kN) ($f_{ptk} \cdot A$)	Carga mín. 1,0% alongam. (kN) ($f_{pyk} \cdot A$)	$\dfrac{f_{pyk}}{f_{ptk}}$
		Valor mínimo	Valor nominal	Valor máximo			
CP-190 RB	12,7	98,6	100,9	102,9	183,7	165,3	0,900
	15,2	139,9	143,4	146,3	260,7	234,6	0,900
CP-210 RB	12,7	98,6	100,9	102,9	203,1	182,8	0,900
	15,2	139,9	143,4	146,3	288,2	259,4	0,900

Fonte: adaptado de ABNT (2008).

Nessa tabela são ainda definidos os valores das cargas mínimas de ruptura (f_{ptk}) e de alongamento 1,0%. Considera-se que a carga a 1,0% de alongamento coincide com o limite convencional de escoamento (f_{pyk}) e corresponde a 0,2% de deformação residual. Nos valores apresentados na NBR 7483, admite-se que 1 kgf/mm² = 9,81 MPa. Embora a norma não especifique explicitamente que a tensão convencional de escoamento seja 90% da tensão de ruptura, observa-se que é exatamente essa proporção que se obtém ao determinar o quociente entre f_{pyk} e f_{ptk}, conforme indicado na tabela.

Em relação à tensão de protensão, a NBR 6118 (ABNT, 2014, § 9.6.1.2.1) apresenta limites baseados nos valores característicos de resistência à tração (f_{ptk}) ou de escoamento convencional (f_{pyk}), como resumido na Tab. 11.2. Por questão de coerência de precisão dos dados, os limites definidos em função de f_{pyk} são determinados com dois algarismos significativos em função de f_{ptk} e, assim, observa-se que esses valores podem ser considerados coincidentes. Lembrando que a usual aproximação $g \cong 10$ m/s² já absorve aproximações da ordem de 2%, não há sentido prático em distinguir os valores com maior precisão.

Tab. 11.2   Limites de tensão de protensão (NBR 6118)

	Pós-tração aderente	Pré-tração aderente	Pós-tração não aderente
Limite em função de f_{ptk}	$0,74 f_{ptk}$	$0,77 f_{ptk}$	$0,80 f_{ptk}$
Limite em função de f_{pyk}	$0,82 f_{pyk}$	$0,85 f_{pyk}$	$0,88 f_{pyk}$
Limite em função de f_{pyk}, sendo $f_{pyk} \cong 0,90 f_{ptk}$	$0,90 \times 0,82 f_{ptk}$ $\cong 0,74 f_{ptk}$	$0,90 \times 0,85 f_{ptk}$ $\cong 0,77 f_{ptk}$	$0,90 \times 0,88 f_{ptk}$ $\cong 0,80 f_{ptk}$

Fonte: adaptado de ABNT (2014).

Considerando-se os diâmetros nominais das cordoalhas comercializadas de sete fios e as respectivas áreas nominais (Ø 12,7 mm: A_p = 1,009 cm² e Ø 15,2 mm: A_p = 1,434 cm²), têm-se os valores-limites de força, tensão e deformação de protensão resumidos na Tab. 11.3.

11.3   Barras de protensão

Entre as barras de aço especialmente destinadas para protensão, destacam-se os produtos da marca Dywidag, pioneira na produção desse tipo de aço. Embora existam outros fabricantes de barra de protensão, a marca Dywidag, por seu

Tab. 11.3 Limites das tensões, deformações e forças de protensão

			Pós-tração aderente	Pré-tração aderente	Pós-tração não aderente
	Protensão máxima		$0{,}74f_{ptk}$	$0{,}77f_{ptk}$	$0{,}80f_{ptk}$
CP-190 RB	Tensão (kN/cm²)		140,6	146,3	152,0
	Deformação (‰)		7,03	7,32	7,60
	Força máxima de protensão (kN)	Ø 12,7 mm	141,9	147,6	153,4
		Ø 15,2 mm	201,6	209,8	218,0
CP-210 RB	Tensão (kN/cm²)		155,4	161,7	168,0
	Deformação (‰)		7,77	8,09	8,40
	Força máxima de protensão (kN)	Ø 12,7 mm	156,8	163,2	169,5
		Ø 15,2 mm	222,8	231,9	240,9

pioneirismo e difusão, tornou-se sinônimo do produto, assim como ocorreu com a marca Neoprene. As barras tipo Dywidag são utilizadas preponderantemente como tirantes em sistemas de contenção ou em algumas situações de reforço estrutural. Os componentes do sistema de protensão com barra tipo Dywidag são mostrados na Fig. 11.11.

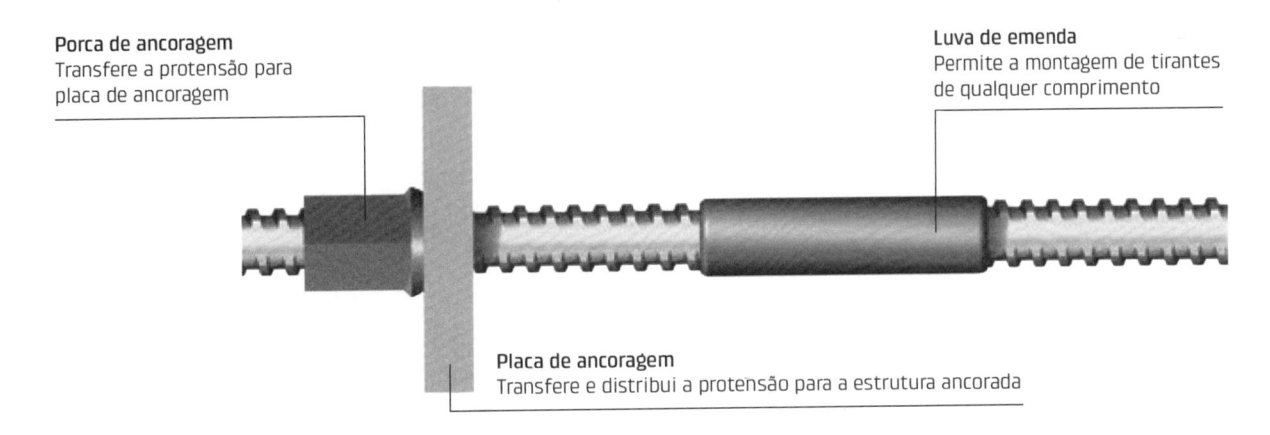

Fig. 11.11 *Sistema de protensão com barra rígida tipo Dywidag*
Fonte: Dywidag (s.d.).

Além das tradicionais barras Dywidag, o mesmo fabricante dispõe de barras denominadas Gewi, com resistência um pouco inferior, sendo diferenciadas pelo sentido da rosca. As barras Dywidag apresentam rosca à direita e as barras Gewi, rosca à esquerda. Na Tab. 11.4 tem-se um resumo das características das barras dessa marca.

11.4 Sistemas de protensão

Embora a protensão possa ser aplicada às estruturas metálicas ou mesmo em madeira, as aplicações usuais são sempre associadas às estruturas em concreto. Dessa forma, considerando-se exclusivamente as estruturas em concreto protendido, os sistemas de protensão são classificados observando-se as características a seguir.

Tab. 11.4 Barras de protensão da marca Dywidag

	Diâmetro nominal (mm)	Área da seção (mm²)	Tensão de escoamento (kN/cm²)	Tensão de ruptura (kN/cm²)
Dywidag	15	177	90	110
	32	804	95	105
	36	1.018		
	40	1.257		
	47	1.735		
Gewi	25	491	50	75
	32	804		
	50	1.963		55
Gewi Plus	25	491	67	80
	32	804		
	57,5	2.597		
	63,5	3.167		
	75	4.418		

Fonte: adaptado de Dywidag (s.d.).

Em relação à etapa de protensão dos cabos:

- *pré-tensão (ou pré-tração)* → protensão dos cabos antes da concretagem;
- *pós-tensão (ou pós-tração)* → protensão dos cabos após a concretagem.

Em relação à aderência do cabo com o concreto estrutural:

- *protensão aderente* → cabos de protensão com trajetória solidária ao concreto;
- *protensão não aderente* → cabos de protensão com trajetória desligada do concreto.

Em relação à inserção do cabo no concreto estrutural:

- *protensão interna* → cabos de protensão inseridos na massa de concreto;
- *protensão externa* → cabos de protensão posicionados externamente à massa de concreto.

Os diferentes sistemas são a seguir apresentados considerando-se apenas a situação mais usual de protensão com cordoalhas.

11.4.1 Pós-tração aderente

A pós-tração aderente é o sistema mais usual aplicado em superestruturas de pontes moldadas no local. Nesse sistema, as cordoalhas são agrupadas em conjuntos, denominados *cabos de protensão*, que seguem trajetória, em geral sinuosa, no interior de bainhas metálicas, posicionadas e fixadas antes da concretagem, no interior da viga. Os cabos de pós-tensão são protendidos por meio de cilindros hidráulicos apoiados diretamente sobre o bloco de ancoragem. São utilizados dispositivos de encunhamento (*clavetes*), de forma cônica tripartida, como apresentado no detalhe da Fig. 11.12. Após a protensão, a aderência é garantida mediante o preenchimento das bainhas com calda de cimento, injetada sob pressão.

A pós-tensão aderente pode ser caracterizada resumidamente como ilustrado na Fig. 11.13.

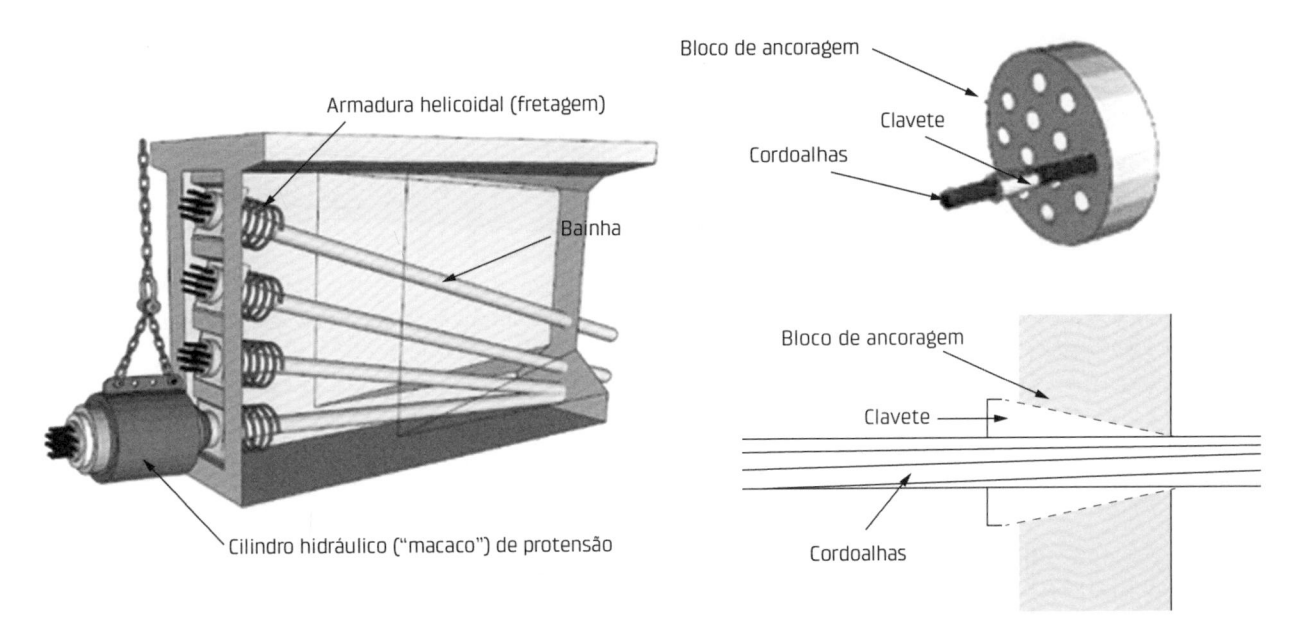

Fig. 11.12 *Detalhes de ancoragem típica de pós-tração aderente*

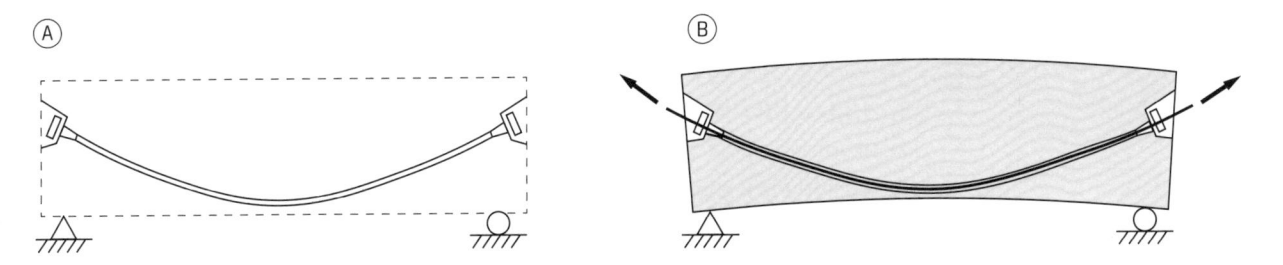

Fig. 11.13 *Sequência da protensão por pós-tração aderente: (A) posicionamento das ancoragens e bainhas no interior da forma e (B) protensão dos cabos após a cura do concreto, seguida de injeção da bainha*

11.4.2 Pós-tração não aderente

Na pós-tensão não aderente, são utilizadas normalmente as cordoalhas engraxadas, usualmente protendidas uma por vez adotando-se cilindros hidráulicos (monocordoalha) mais leves do que os da pós-tensão aderente. Os cabos de pós-tração não aderente podem ser posicionados internamente ou externamente à massa de concreto estrutural, caracterizando-se assim os sistemas de pós-tração não aderente interna ou externa.

Na pós-tração não aderente *interna*, os cabos são posicionados junto das armaduras, em geral em trajetória sinuosa, de maneira semelhante à pós-tração aderente, seguindo-se o procedimento ilustrado na Fig. 11.14.

Na pós-tensão não aderente *externa*, a trajetória do cabo assume forma poligonal, definida por desviadores que, assim como as ancoragens, são fixados na viga. A sequência da protensão externa não aderente pode ser resumida conforme ilustrado na Fig. 11.15.

Observa-se que, embora a pós-tensão não aderente externa possa ser aplicada na construção de estruturas, o sistema é mais usualmente empregado no reforço estrutural.

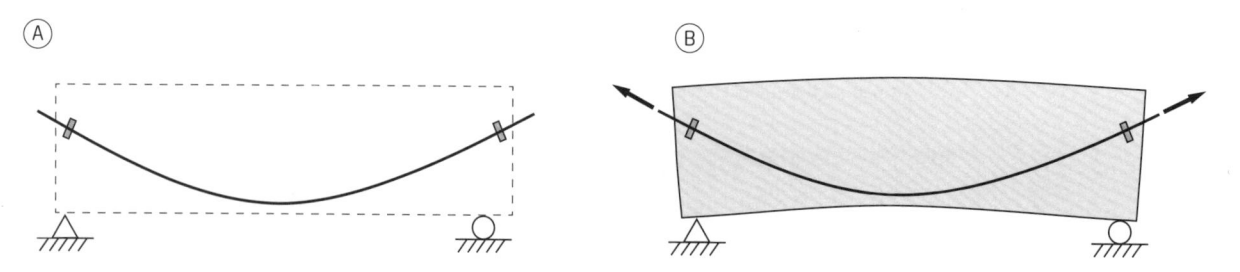

Fig. 11.14 *Protensão por pós-tração não aderente interna: (A) posicionamento das ancoragens e cordoalhas engraxadas no interior da forma e (B) protensão após a cura do concreto*

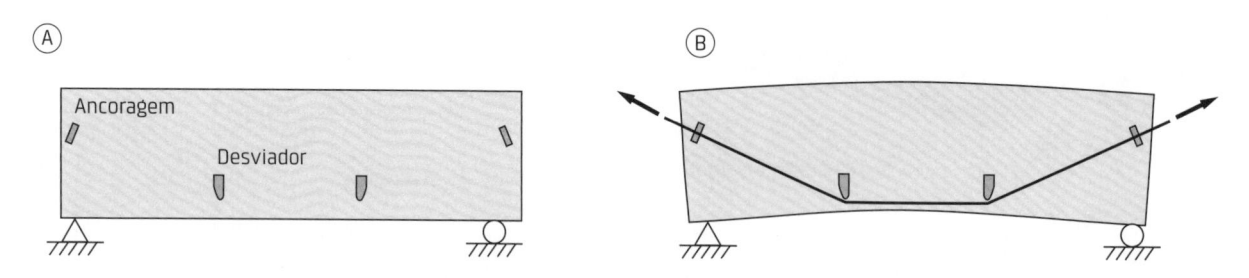

Fig. 11.15 *Protensão por pós-tração não aderente externa: (A) fixação das ancoragens e desviadores na superfície da viga e (B) posicionamento dos cabos e aplicação da protensão*

11.4.3 Pré-tração aderente

No sistema de protensão por pré-tensão, são usadas cordoalhas "nuas", previamente tensionadas, dispostas no interior das formas em pistas de protensão. As cordoalhas só são liberadas das ancoragens quando o concreto atinge resistência adequada. A protensão, assim, implanta-se por aderência, conforme resumido na Fig. 11.16. Embora haja aderência ao longo de toda a trajetória da cordoalha, a transferência da força de protensão ocorre em trechos relativamente curtos, nas extremidades dos cabos. Esse *comprimento de transferência* é definido conforme apresentado no item 9.4.5 da NBR 6118.

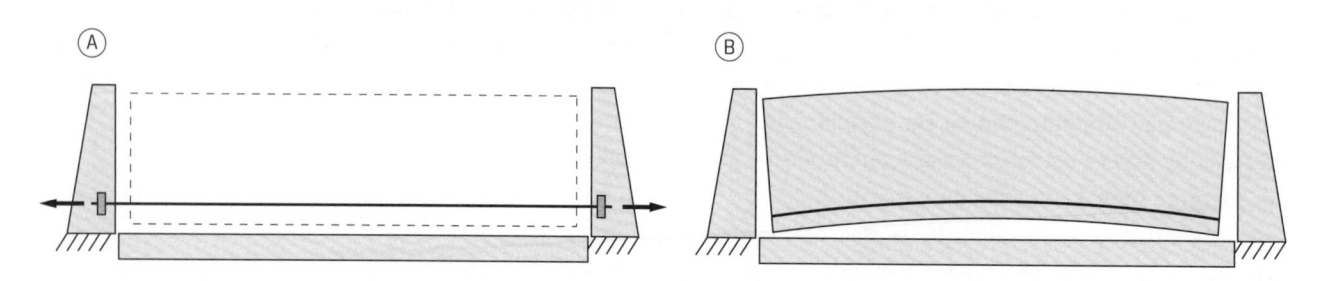

Fig. 11.16 *Protensão por pré-tração aderente (trajetória retilínea): (A) pré-tração das cordoalhas no interior das formas e (B) implantação da protensão após a concretagem e a liberação das ancoragens*

Os cabos de pré-tração podem ainda apresentar trajetória poligonal, obtida por meio de desviadores, como ilustrado na Fig. 11.17. Essa forma, típica da protensão em vigas biapoiadas, é denominada *harping* na literatura técnica em inglês.

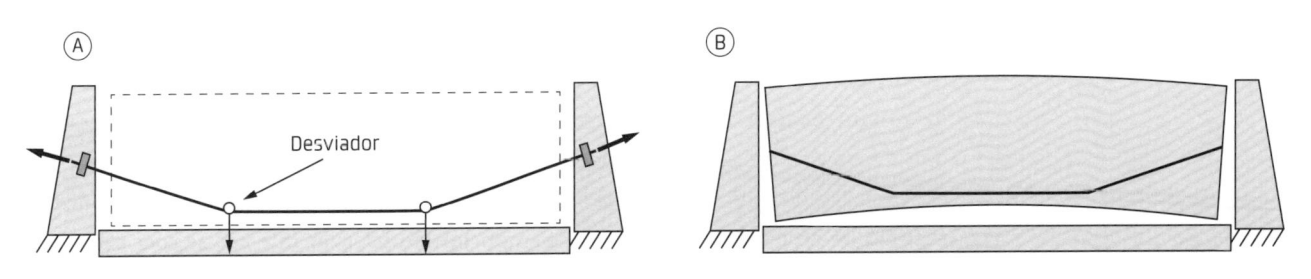

Fig. 11.17 *Protensão por pré-tração aderente (trajetória poligonal): (A) pré-tração das cordoalhas no interior das formas e (B) implantação da protensão após a concretagem e a liberação das ancoragens*

O traçado poligonal é mais eficiente, pois resulta em diagrama de momentos fletores de protensão semelhante ao de momentos solicitantes (peso próprio, sobrecarga permanente e carga móvel). Além de aliviar o momento de protensão nas seções próximas aos apoios, o traçado poligonal colabora com a resistência ao cortante. Entretanto, a materialização da trajetória poligonal é relativamente mais trabalhosa e o traçado retilíneo, apesar de menos eficiente, é mais comum.

Isolamento e alívio da protensão

O traçado retilíneo apresenta o inconveniente de despertar momentos fletores de protensão uniformes ao longo de toda a extensão da viga. Dessa forma, a protensão necessária para combater os momentos fletores atuantes nas seções centrais tende a ser excessiva para as seções extremas. Para reduzir os momentos excessivos, um recurso adotado é o isolamento das cordoalhas por envolvimento em plástico ou papelão (*debonding* ou *shielding*), como ilustrado na Fig. 11.18.

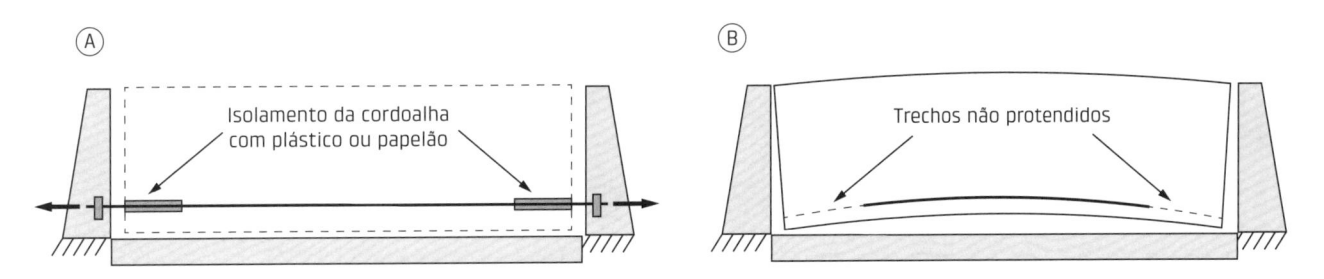

Fig. 11.18 *Isolamento das cordoalhas (debonding ou shielding): (A) pré-tração das cordoalhas nas formas com isolamento dos trechos extremos e (B) implantação da protensão somente no trecho central com aderência*

A norma brasileira não especifica limitação quanto ao isolamento de cordoalhas, porém nos Estados Unidos a AASHTO (2017) indica que apenas 25% das cordoalhas podem ser isoladas, enquanto o Departamento de Transporte da Califórnia (Caltrans, 2014) permite até 33% de isolamento. Essas limitações visam garantir uma boa ancoragem das cordoalhas ativas, além de auxiliar na resistência ao cortante. Na prática, isolar 25% ou 33% das cordoalhas tende a ser insuficiente para a seção de apoio, resultando em tensões na fibra superior além do limite de tração. A alternativa mais usual é a adoção de cordoalhas na mesa superior da viga. Assim, na prática, é comum prever, na pré-tração de vigas biapoiadas, entre duas e quatro cordoalhas na mesa superior nas seções próximas aos apoios. Além de colaborar no alívio de tensões nas seções de apoio, as cordoalhas na mesa superior combatem eventuais tensões de tração durante o manuseio e o transporte da viga. Entretanto, a protensão na mesa superior pode se tornar excessiva ou desnecessária nas seções centrais, sendo interessante que seja aliviada nelas. Para isso, pode-se usar o mesmo recurso de envelopamento, porém é importante observar que *não se pode eliminar a ação das cordoalhas na seção interna somente por isolamento*, sendo necessário o posterior corte, como indicado na Fig. 11.19.

Na prática, pode ser interessante manter as cordoalhas superiores íntegras durante o transporte e parte do processo construtivo. O projetista deve, assim, prever qual etapa é a mais adequada para proceder ao corte para o alívio das cordoalhas.

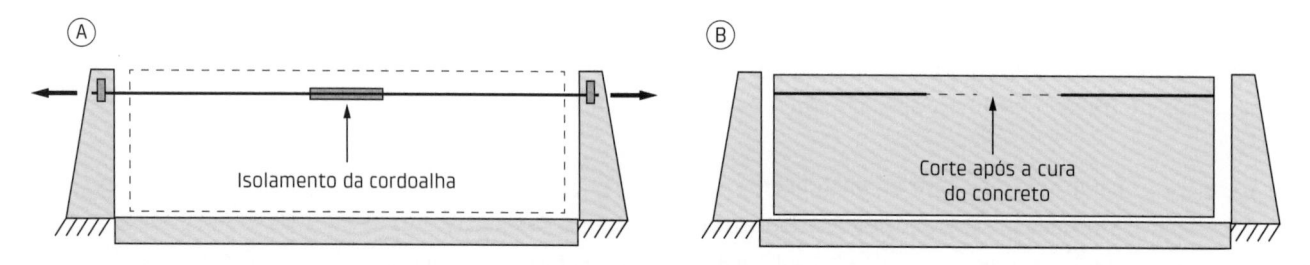

Fig. 11.19 *Alívio da protensão por corte de cordoalha isolada: (A) pré-tração das cordoalhas na mesa superior com isolamento no trecho central e (B) implantação da protensão, após o corte, somente nos trechos de extremidade*

11.5 Ação da protensão

Considerando-se uma viga biapoiada protendida, os aspectos mais típicos das trajetórias de protensão, em função do sistema, podem ser resumidos como apresentado na Fig. 11.20.

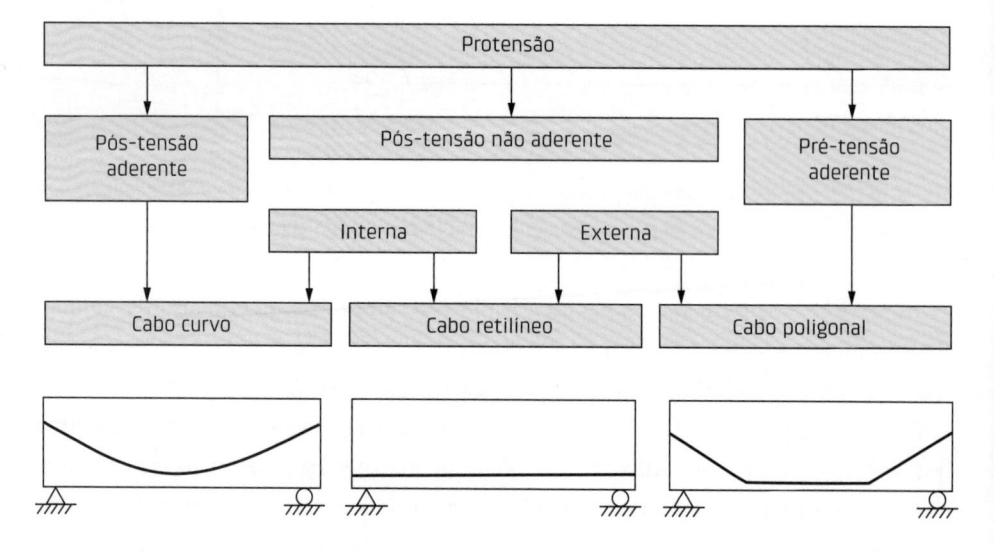

Fig. 11.20 *Aspectos típicos dos traçados da protensão em viga biapoiada*

É importante observar que a protensão sempre desperta um sistema de forças *autoequilibradas*. Admitindo-se por simplicidade que a força de protensão se mantenha constante ao longo de toda a trajetória, é possível definir os aspectos dos sistemas de forças equivalentes de protensão como a seguir resumido.

No cabo curvo, as forças equivalentes de protensão são as apresentadas na Fig. 11.21, na qual se identificam:
- forças concentradas atuantes nas ancoragens, na direção do cabo, comprimindo a viga;
- forças distribuídas na direção radial à trajetória curva, com magnitude proporcional à curvatura.

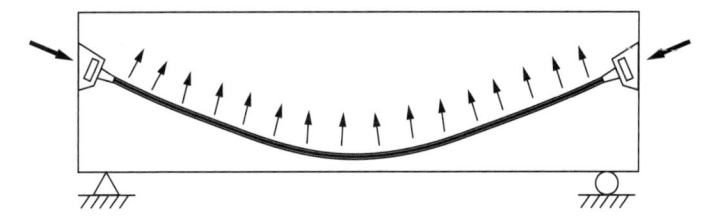

Fig. 11.21 *Sistema de forças despertadas por cabo de protensão curvo*

O traçado retilíneo resulta em forças equivalentes de protensão exclusivamente nas extremidades, na direção da trajetória, enquanto no traçado poligonal são ainda despertadas forças de desvio, como indicado na Fig. 11.22.

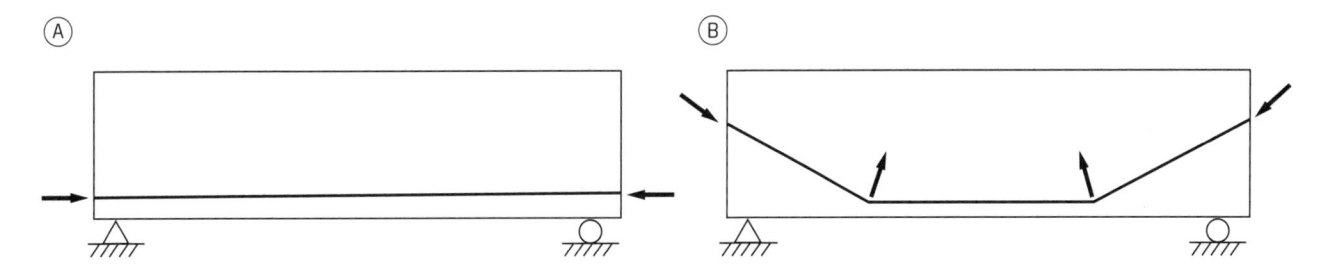

Fig. 11.22 *Sistema de forças despertadas por cabo de protensão (A) retilíneo e (B) poligonal*

11.6 Perdas de protensão

Na verdade, um cabo de protensão aderente pós-tensionado nunca apresenta tensão constante ao longo de sua trajetória. Esse fato se dá em decorrência de diversas perdas que ocorrem na operação de protensão (perdas imediatas) ou ao longo do tempo (perdas lentas), resumidamente apresentadas a seguir.

As perdas imediatas são despertadas por:
- atrito entre as cordoalhas e a bainha;
- recuo das clavetes na cravação da ancoragem;
- deformação elástica imediata do concreto.

As perdas lentas são decorrentes de:
- retração do concreto;
- fluência do concreto;
- relaxação do aço de protensão.

Para o cabo de pós-tensão apresentado na Fig. 11.21, a distribuição de tensões, considerando-se as perdas, assume o aspecto esquematizado (*fora de escala*) na

Fig. 11.23A. A avaliação das perdas requer cálculo relativamente minucioso, porém é possível estimar a *ordem de grandeza média* das perdas imediatas em 10% para fins de pré-dimensionamento. As perdas lentas podem ser estimadas em 15%. Esses valores podem variar sensivelmente dependendo do comprimento, das ancoragens e das curvaturas.

Analogamente, os cabos pré-tensionados também apresentam variações de tensão ao longo de sua trajetória em decorrência de perdas, mas nesse caso não existem perdas por atrito. Além disso, as perdas por recuo das ancoragens tendem a ser ignoradas, uma vez que a pré-tensão é em geral aplicada em pistas longas e o recuo milimétrico é desprezível. Considerando-se um cabo genérico retilíneo pré-tensionado, a distribuição de tensões pode ser representada esquematicamente conforme mostrado na Fig. 11.23B. Para a *avaliação preliminar* das perdas, pode-se adotar as ordens de grandeza de 5% para as perdas imediatas e 15% para as perdas lentas.

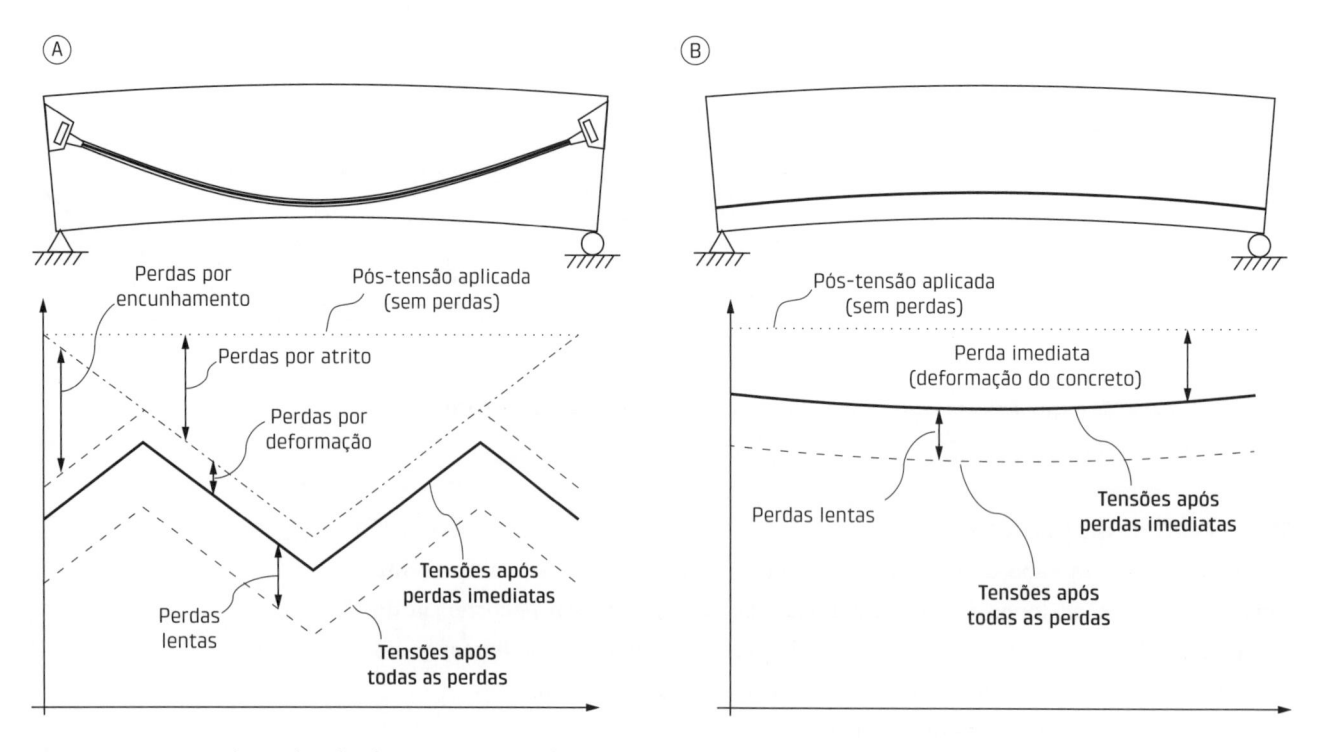

Fig. 11.23 *Tensões ao longo de cabo de (A) pós-tensão aderente e (B) pré-tensão (fora de proporção)*

11.7 Análise da protensão

Assim como os carregamentos atuantes, a ação da protensão sobre a estrutura desperta solicitações, tais como normais, cortantes e momentos fletores. A análise estrutural para a determinação dessas solicitações é fundamental para o projeto das estruturas protendidas, podendo-se identificar dois procedimentos:

▶ *análise global*: aplicação das cargas equivalentes de protensão sobre o modelo estrutural, conforme exemplificado nas Figs. 11.21 e 11.22;

▶ *análise local*: consideração da ação da força de protensão em uma seção transversal, conforme indicado na Fig. 11.24.

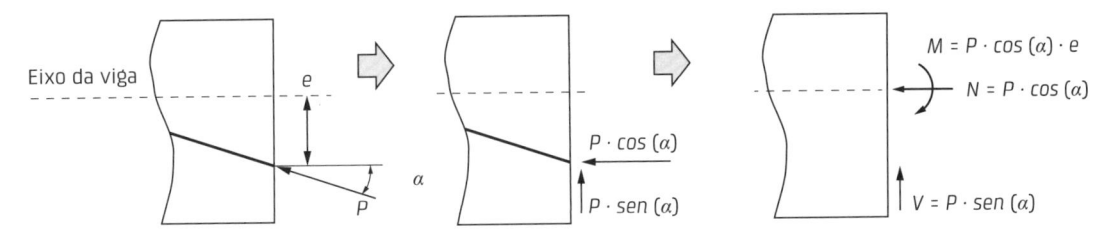

Fig. 11.24 *Solicitações de protensão: normal (N), cortante (V) e momento fletor (M)*

É importante observar que a determinação das solicitações considerando a ação da força de protensão em uma seção transversal só permite a análise de estruturas isostáticas. A eventual restrição hiperestática origina solicitações adicionais, denominadas *hiperestáticos de protensão*, que não podem ser definidas por meio dessa análise. A restrição hiperestática pode ser conceituada examinando-se os efeitos da protensão aplicada sobre uma mesma viga, nas situações de vinculação biapoiada e biengastada, como indicado na Fig. 11.25.

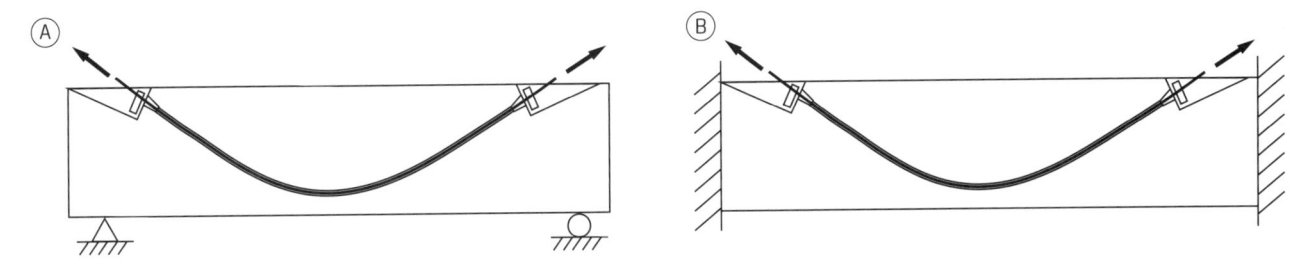

Fig. 11.25 *Protensão de viga (A) isostática e (B) hiperestática*

Nota-se que a protensão se implanta livremente na viga biapoiada e seus efeitos podem ser determinados efetuando-se a análise local em qualquer seção. Já na viga biengastada, parte da protensão é retida devido às restrições dos apoios e a análise pode ser efetuada substituindo-se a protensão por um sistema de forças equivalentes. Nessa situação de trajetória parabólica simétrica, é possível admitir que a declividade da ancoragem (α) seja pequena, valendo a aproximação:

$$\operatorname{sen}(\alpha) \cong \tan(\alpha) \cong \alpha \tag{11.3}$$

Admitindo-se ainda que a força P se mantenha constante ao longo da trajetória parabólica, pode-se definir o sistema de forças equivalentes à ação da protensão como indicado na Fig. 11.26.

Toma-se como exemplo a viga sob ação de protensão parabólica ilustrada na Fig. 11.27.

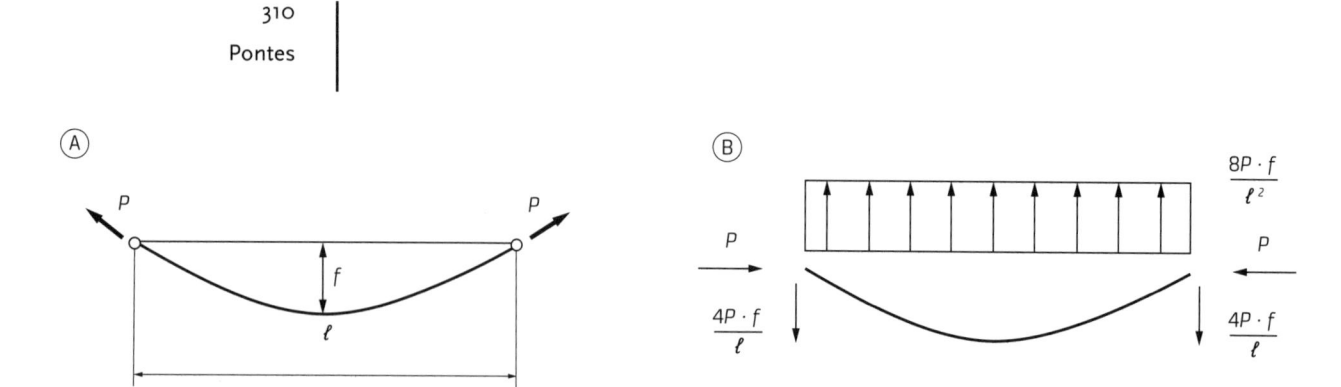

Fig. 11.26 *(A) Definição do cabo parabólico e (B) sistema de forças equivalentes à protensão parabólica*

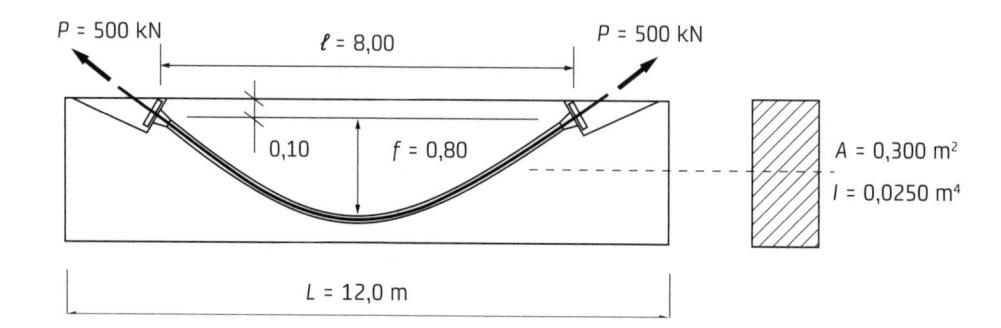

Fig. 11.27 *Sistema de forças equivalentes à protensão parabólica*

Ao aplicar o sistema de forças equivalentes conforme descrito, tem-se a sequência de modelagem resumida na Fig. 11.28.

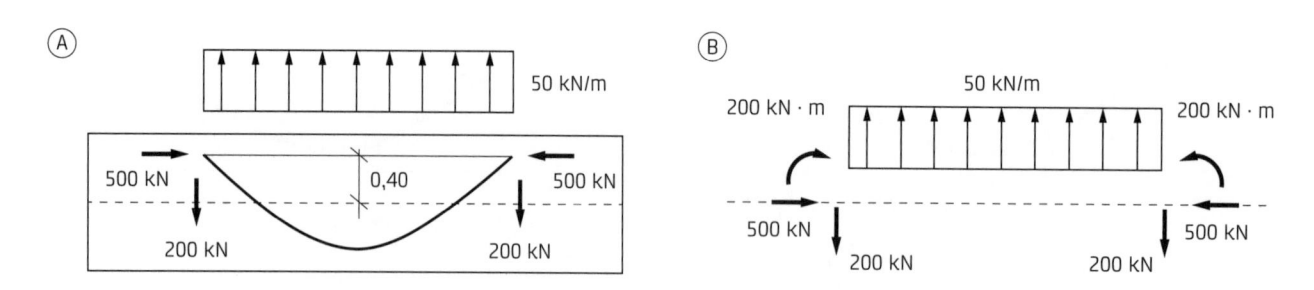

Fig. 11.28 *Sistemas de forças equivalentes à protensão (A) sobre a viga e (B) sobre o eixo do modelo*

Considerando-se as duas possibilidades de vinculação, biapoiada e biengastada, a análise com o auxílio do programa FTOOL resulta nos diagramas apresentados na Fig. 11.29. Nota-se que os efeitos das restrições hiperestáticas nos diagramas de normais e de momentos fletores são bastante expressivos.

Lembrando que o sistema resultante deve ser sempre autoequilibrado, observa-se não ser tão imediata a determinação do sistema de forças para um traçado geral sinuoso, com variações de excentricidades e declividades, considerando-se ainda as diversas perdas.

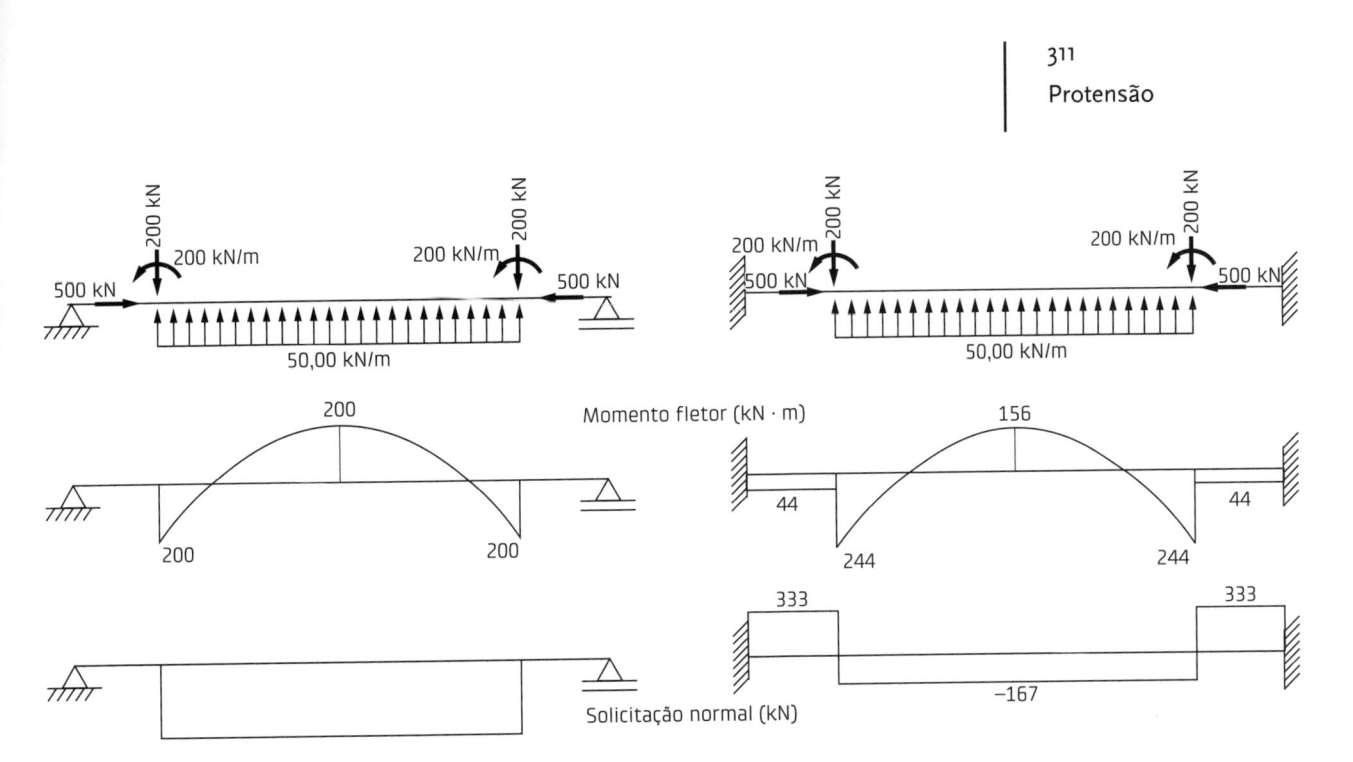

Fig. 11.29 *Análise da protensão aplicando carga equivalente em (A) viga biapoiada e (B) viga biengastada*

12 | Estados-limites e combinações

12.1 Solicitações de projeto

As solicitações determinadas na análise estrutural são denominadas solicitações características, identificadas com o subíndice k. Por exemplo, $M_{g1,k}^{S10}$ representa o momento fletor característico, na seção S_{10}, devido ao peso próprio estrutural (g_1). As solicitações características são resultantes da análise estrutural a partir de ações (F_k) tomadas em valores característicos, ou seja, não afetados por nenhum coeficiente de ponderação.

O dimensionamento de um elemento estrutural é baseado nas *solicitações de cálculo* ou *de projeto* (S_d), identificadas com o subíndice d (*design*) e definidas idealizando-se situações extremas, denominadas *estados-limites*.

De forma geral, as solicitações de projeto são resultantes de combinações das solicitações características multiplicadas por *coeficientes de ponderação das ações* (γ_f). As solicitações de cargas permanentes (S_{gi}) devem ser sempre consideradas. Havendo mais de uma ação variável, identifica-se a solicitação principal (S_{q1}), e as demais solicitações (S_{qj}) podem ser afetadas por um *coeficiente de redução* (ψ), que considera a baixa probabilidade de ocorrência simultânea.

A composição das combinações e os valores dos coeficientes de ponderação e dos coeficientes de redução dependem das ações e do estado-limite a ser considerado.

Simplificadamente, a determinação de uma solicitação de projeto pode ser representada como esquematizado na Fig. 12.1.

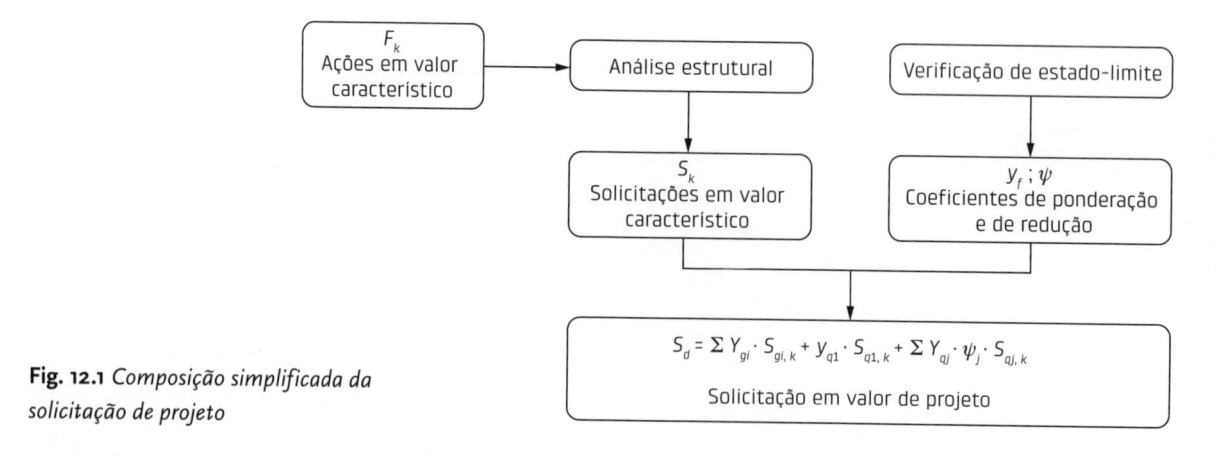

Fig. 12.1 *Composição simplificada da solicitação de projeto*

$$S_d = \Sigma \gamma_{gi} \cdot S_{gi,k} + \gamma_{q1} \cdot S_{q1,k} + \Sigma \gamma_{qj} \cdot \psi_j \cdot S_{qj,k}$$

12.2 Ações

De acordo com a NBR 8681 (ABNT, 2003b), as ações são usualmente identificadas pela letra F e classificadas da seguinte forma:

- *Ações permanentes* (F_g): apresentam valor constante ou com pequena variação em torno de sua média durante praticamente toda a vida da construção. As ações permanentes podem ser classificadas como diretas, quando forças são diretamente aplicadas, ou indiretas, no caso de deformações impostas. Exemplos:
  - *ações permanentes diretas*: peso próprio da estrutura, sobrecarga permanente, peso de aterros (não removíveis), empuxos de terra e protensão;
  - *ações permanentes indiretas*: retração e recalque de apoio.
- *Ações variáveis* (F_q): apresentam valores com variações significativas em torno de sua média ao longo da vida da construção. As ações variáveis podem ser normais, quando apresentam alta probabilidade de ocorrência (consideração obrigatória), ou especiais, no caso de natureza e/ou intensidade fora das situações previstas. Exemplos:
  - *ações variáveis normais*: carga móvel prevista em norma (trem-tipo, frenagem, aceleração, força centrífuga), variações de temperatura, pressões hidrostáticas, ações do fluxo d'água (forças hidrodinâmicas) e vento;
  - *ações variáveis especiais*: veículos de transporte de cargas pesadas especiais e ações sísmicas.
- *Ações excepcionais*: apresentam duração extremamente curta e muito baixa probabilidade de ocorrência ao longo da vida da construção. Exemplos: explosões, choques de veículos, incêndios, enchentes excepcionais e sismos excepcionais.

12.3 Estados-limites

As definições da NBR 6118 (ABNT, 2014) e da NBR 8681 podem ser resumidas como a seguir.

- *Estado-limite*: situação em que a estrutura apresenta desempenho inadequado às suas finalidades, podendo-se identificar duas possibilidades:
  - *estado-limite último (ELU)*: qualquer forma de ruína estrutural ou colapso. A verificação imprescindível de ELU corresponde à situação de ruptura ou deformação plástica excessiva;
  - *estados-limites de serviço (ELS)*: comprometimento da durabilidade ou do conforto do usuário.

12.4 Carregamentos

Carregamentos são conjuntos de ações. Sendo válido o princípio da superposição, as respostas dos carregamentos podem ser definidas através da combinação linear das solicitações de diversas ações, analisadas independentemente. A NBR 8681 define os quatro tipos de carregamentos, que podem ser caracterizados resumidamente conforme apresentado no Quadro 12.1.

Quadro 12.1 Definição dos carregamentos

Carregamento	Ações	Ocorrência	Estado-limite
Normal	Ações permanentes e variáveis previstas	Ao longo do período de referência (50 anos)	ELU e ELS
Especial	Ações variáveis de natureza ou intensidade especiais	Transitória com duração muito pequena	ELU
Excepcional	Ações excepcionais	Transitória com duração extremamente curta	ELU
Construção	Ações variáveis de construção	Transitória com duração definida em cada caso	ELU e ELS

A NBR 8681 prescreve que, para o ELU, "em geral é *considerado apenas o carregamento normal*, salvo a indicação em contrário, expressa em norma relativa ao tipo de construção e de material empregados, ou por exigência do proprietário da obra ou das autoridades governamentais nela interessadas".

12.5 Coeficientes de ponderação

A NBR 8681 e a NBR 6118 definem os coeficientes de ponderação para as combinações normais apresentados na Tab. 12.1.

Tab. 12.1 Coeficientes de ponderação para combinações normais

Ações permanentes (consideradas separadamente)		Coeficiente de ponderação	
		Desfavorável	Favorável
Protensão (exceto no ato da protensão)		$\gamma_p = 1{,}20$	$\gamma_p = 0{,}90$
Peso próprio	Estruturas metálicas	$\gamma_g = 1{,}25$	$\gamma_g = 1{,}00$
	Estruturas pré-moldadas	$\gamma_g = 1{,}30$	
	Estruturas moldadas no local	$\gamma_g = 1{,}35$	
Elementos construtivos	Industrializados	$\gamma_g = 1{,}35$	
	Industrializados com adição *in loco*	$\gamma_g = 1{,}40$	
	Elementos em geral e equipamentos	$\gamma_g = 1{,}50$	
Ações variáveis (consideradas separadamente)		Coeficiente de ponderação	
		Desfavorável	Favorável
Efeitos de temperatura		$\gamma_q = 1{,}20$	$\gamma_q = 0{,}00$
Ação do vento		$\gamma_q = 1{,}40$	
Ações variáveis em geral (inclusive carga móvel)		$\gamma_q = 1{,}50$	

Fonte: adaptado de ABNT (2003b, 2014).

O ato de aplicação da protensão é normalmente a situação mais crítica da verificação de tensões de compressão no concreto, sendo prevista uma combinação específica de ELU (*Estádio III*) com os coeficientes de ponderação apresentados na Tab. 12.2. Observar que, por se tratar de uma situação de construção, adota-se $\gamma_c = 1{,}20$.

Tab. 12.2 Coeficientes de ponderação para ELU do ato da protensão – Estádio III

Ações no ato da protensão ($\gamma_c = 1,20$) ELU – Estádio III		Coeficiente de ponderação	
		Desfavorável	Favorável
Protensão	Pré-tração	$\gamma_p = 1,00$	$\gamma_p = 0,90$
	Pós-tração	$\gamma_p = 1,10$	
Ações permanentes		$\gamma_f = 1,00$	$\gamma_f = 0,90$
Ações variáveis			$\gamma_f = 0,00$

A NBR 6118 admite ainda que a segurança ao ELU, no ato da protensão, seja verificada a partir de tensões determinadas no Estádio I. De acordo com o item 17.2.4.3.2 dessa norma, na verificação simplificada de ELU no ato da protensão, a compressão máxima, por pré-tração ou por pós-tração, é obtida considerando-se, para a protensão, o fator $\gamma_p = 1,10$ e, para as demais ações, o coeficiente $\gamma_f = 1,00$. A compressão máxima assim definida é limitada a $0,70f_{ckj}$. Lembrando que se deve observar a resistência característica do concreto na idade de j dias (f_{ckj}), pois, em geral, o ato da protensão ocorre antes do período convencional de 28 dias. O limite de $0,70f_{ckj}$ se justifica utilizando-se $\gamma_c = 1,20$ (fator de minoração da resistência do concreto) na determinação do valor $0,85f_{cdj} = 0,85f_{ckj}/1,20$, que resulta em $\cong 0,70f_{ckj}$.

12.6 Coeficientes de redução

A NBR 8681 define os seguintes valores reduzidos e os respectivos coeficientes de redução, aplicáveis somente nas ações (ou solicitações) variáveis, conforme a combinação:

- $\psi_0 \cdot S_{q,k} \to$ *valor reduzido* de solicitação variável para combinações últimas normais;
- $\psi_1 \cdot S_{q,k} \to$ *valor reduzido frequente* para combinações de solicitações em serviço que se repetem muitas vezes durante o período de vida da estrutura, da ordem de 10^5 vezes em 50 anos, ou que tenham duração total igual a uma parte não desprezível desse período, da ordem de 5%;
- $\psi_2 \cdot S_{q,k} \to$ *valor reduzido quase permanente* para combinações de solicitações em serviço que podem atuar durante grande parte do tempo de vida da estrutura, da ordem da metade desse período.

Os valores definidos por essa norma para os coeficientes de redução são apresentados na Tab. 12.3.

Tab. 12.3 Coeficientes de redução para ações (ou solicitações) variáveis

		ψ_0	ψ_1	ψ_2
Variação de temperatura		0,60	0,50	0,30
Cargas móveis	Passarelas	0,60	0,40	0,30
	Ponte rodoviária	0,70	0,50	0,30
	Ponte ferroviária não especializada	0,80	0,70	0,50
	Ponte ferroviária especializada	1,00	1,00	0,60

Fonte: adaptado de ABNT (2003b).

Para a *verificação da fadiga, a ação variável principal deve ser sempre dinâmica, sendo, portanto, definida como a carga móvel*. Especificamente para a análise da fadiga, a NBR 8681 define valores para o coeficiente ψ_1, denominado $\psi_{1,fad}$, apresentados na Tab. 12.4, para 2×10^6 ciclos. O valor 2×10^6 ciclos corresponde a uma ação que varia da ordem de 10^2 ciclos por dia ao longo do período convencional de referência de 50 anos.

Tab. 12.4 Coeficientes de redução $\psi_{1,fad}$ para cargas móveis

			$\psi_{1,fad}$
	Passarela		0,00
Ponte rodoviária	Laje da pista de rolamento		0,80
	Transversinas		0,70
	Longarinas(*)	Vão ≤ 100 m	0,50
		Vão ≥ 300 m	0,30
Ponte ferroviária	Especializada		1,00
	Não especializada		0,80

(*) Interpolar linearmente para vãos entre 100 m e 300 m.
Fonte: adaptado de ABNT (2003b).

12.7 Tipos de combinações

De acordo com a NBR 8681, as ações permanentes são consideradas em sua totalidade e as ações variáveis são consideradas apenas se produzirem efeitos desfavoráveis. As combinações podem ser últimas ou em serviço, destacando-se as seguintes:

▸ Combinações normais últimas:

$$S_d = \sum_{i=1}^{m} \gamma_{gi} \cdot S_{gi,k} + \gamma_{q1} \cdot S_{q1,k} + \sum_{j=2}^{n} \gamma_{qj} \cdot \psi_{0j} \cdot S_{qj,k} \quad (12.1)$$

▸ Combinações quase permanentes em serviço:

$$S_d = \sum_{i=1}^{m} S_{gi,k} + \sum_{j=1}^{n} \psi_{2j} \cdot S_{qj,k} \quad (12.2)$$

▸ Combinações frequentes em serviço:

$$S_d = \sum_{i=1}^{m} S_{gi,k} + \psi_1 \cdot S_{q1,k} + \sum_{j=2}^{n} \psi_{2j} \cdot S_{qj,k} \quad (12.3)$$

▸ Combinações raras em serviço:

$$S_d = \sum_{i=1}^{m} S_{gi,k} + S_{q1,k} + \sum_{j=2}^{n} \psi_{1j} \cdot S_{qj,k} \quad (12.4)$$

em que:

m = número de solicitações permanentes;

n = número de solicitações variáveis;
$S_{gi,k}$ = valor característico da i-ésima solicitação permanente, *inclusive protensão*;
γ_{gi} = coeficiente de ponderação da i-ésima solicitação permanente;
$S_{q1,k}$ = valor característico da solicitação variável principal;
γ_{q1} = coeficiente de ponderação da solicitação variável principal;
ψ_1 = coeficiente de redução frequente em serviço da solicitação variável principal;
$S_{qj,k}$ = valor característico da j-ésima solicitação variável secundária;
γ_{qj} = coeficiente de ponderação da j-ésima solicitação variável secundária;
ψ_{0j} = coeficiente de redução da j-ésima solicitação variável secundária;
ψ_{1j} = coeficiente de redução frequente em serviço da j-ésima solicitação variável;
ψ_{2j} = coeficiente de redução quase permanente em serviço da j-ésima solicitação variável.

12.8 Estados-limites últimos

Entre os ELU previstos nas normas técnicas, serão detalhados apenas os dois seguintes para o dimensionamento e as verificações das vigas de superestruturas de pontes:

- ELU de ruptura;
- ELU de fadiga.

12.8.1 ELU de ruptura

O ELU de ruptura corresponde à situação de esgotamento da capacidade resistente dos materiais, basicamente pela ação de momentos fletores e solicitações normais e cortantes. As solicitações de cálculo no ELU de ruptura são obtidas por *combinações normais últimas*, definidas genericamente como:

$$S_{d,rup} = \sum_{i=1}^{m} \gamma_{gi} \cdot S_{gi,k} + \gamma_{q1} \cdot S_{q1,k} + \sum_{j=2}^{n} \gamma_{qj} \cdot \psi_{oj} \cdot S_{qj,k} \quad (12.5)$$

O principal emprego dessas combinações é no dimensionamento das armaduras em concreto armado. No caso das vigas, deve-se identificar os valores máximos entre as possíveis combinações para momentos fletores e solicitações cortantes.

Tomando-se como exemplo as envoltórias das possíveis combinações de momentos fletores num trecho de viga contínua, tem-se tipicamente a situação exemplificada na Fig. 12.2. Para a identificação das combinações de dimensionamento mais desfavoráveis, têm-se em geral as seguintes situações:

- seções intermediárias, dimensionadas a momentos positivos e negativos;
- seções próximas dos apoios, dimensionadas a momentos negativos;
- seções próximas ao meio do vão, dimensionadas a momentos positivos.

Consideram-se como exemplo para os momentos fletores nas três situações distintas, representadas pelas seções S_4, S_{10} e S_{15}, os valores característicos apresentados na Tab. 12.5.

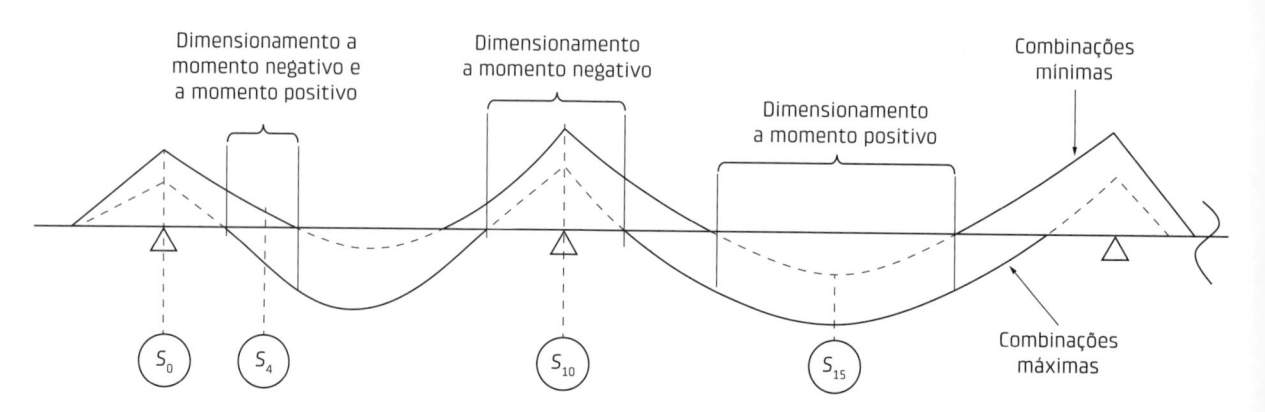

Fig. 12.2 *Aspecto típico de envoltória de combinações máximas e mínimas*

Tab. 12.5 Momentos fletores característicos em kN · m

		S_4	S_{10}	S_{15}
Ações permanentes	Peso próprio ($M_{g1,k}$)	47,9	−1.030	752
	Sobrecarga permanente ($M_{g2,k}$)	3,30	−494	378
Ações variáveis	Carga móvel — Máximo ($M_{CM(+),k}$)	2.120	479	2.067
	Carga móvel — Mínimo ($M_{CM(-),k}$)	−1.345	−1.889	−424
	Gradiente térmico ($M_{\Delta T,k}$)	286	715	715

As ações permanentes, peso próprio (g_1) e sobrecarga permanente (g_2), devem sempre ser consideradas na totalidade. Entre as ações variáveis, deve-se identificar uma única principal, a ser tomada na totalidade, sendo as demais (secundárias) consideradas reduzidas. No exemplo, com apenas duas ações variáveis (carga móvel e gradiente), a combinação normal última pode então ser expressa por:

$$M_{d,rup} = \gamma_{g1} \cdot M_{g1,k} + \gamma_{g2} \cdot M_{g2,k} + \gamma_{q1} \cdot M_{q1,k} + \gamma_{q2} \cdot \psi_{02} \cdot M_{q2,k} \tag{12.6}$$

em que:

$M_{d,rup}$ = momento fletor de projeto para dimensionamento no ELU de ruptura;

$M_{g1,k}$ = momento fletor característico devido ao peso próprio estrutural;

γ_{g1} = coeficiente de ponderação para peso próprio estrutural;

$M_{g2,k}$ = momento fletor característico devido à sobrecarga permanente;

γ_{g2} = coeficiente de ponderação para sobrecarga permanente;

$M_{q1,k}$ = momento fletor característico devido à ação variável principal;

γ_{q1} = coeficiente de ponderação da ação variável principal;

$M_{q2,k}$ = momento fletor característico devido à ação variável secundária;

γ_{q2} = coeficiente de ponderação da ação variável secundária;

ψ_{02} = coeficiente de redução da ação variável secundária.

Os coeficientes de ponderação e de redução aplicáveis nesse caso apresentam-se resumidos nas Tabs. 12.6 e 12.7.

Tab. 12.6 Coeficientes de ponderação para ações permanentes

	Coeficientes de ponderação (γ_g)	
	Desfavorável	Favorável
Peso próprio das estruturas moldadas no local	1,35	1,00

Tab. 12.7 Coeficientes de ponderação e redução para ações variáveis

	Coeficiente de ponderação (γq)	Coeficiente de redução (ψ_o)
Variação de temperatura	1,20	0,60
Cargas móveis – ponte rodoviária	1,50	0,70

Para o ELU de flexão, deve-se buscar combinações que resultem em valores máximos e mínimos com sinais opostos. Têm-se, assim, as seguintes duas possibilidades:

▸ Tomando-se a carga móvel como ação variável principal, a combinação no ELU de ruptura pode ser resumidamente expressa por:

$$M_{d,rup} = \begin{Bmatrix} 1,35 \\ 1,00 \end{Bmatrix}\left(M_{g1,k} + M_{g2,k}\right) + \begin{Bmatrix} 1,50 \\ 0 \end{Bmatrix} M_{CM(+),k} + \begin{Bmatrix} 1,50 \\ 0 \end{Bmatrix} M_{CM(-),k} + \begin{Bmatrix} 1,20 \\ 0 \end{Bmatrix} 0,60 M_{\Delta T,k}$$

(12.7)

▸ Tomando-se o gradiente térmico como ação variável principal, a combinação seria:

$$M_{d,rup} = \begin{Bmatrix} 1,35 \\ 1,00 \end{Bmatrix}\left(M_{g1,k} + M_{g2,k}\right) + \begin{Bmatrix} 1,20 \\ 0 \end{Bmatrix} M_{\Delta T,k} + 0,70\left[\begin{Bmatrix} 1,50 \\ 0 \end{Bmatrix} M_{CM(+),k} + \begin{Bmatrix} 1,50 \\ 0 \end{Bmatrix} M_{CM(-),k}\right]$$

(12.8)

Nas seções intermediárias, como a S_4 exemplificada, é possível obter combinações com valores máximo e mínimo com sinais opostos. Observando-se os valores característicos dos momentos fletores na Tab. 12.5, conclui-se que a carga móvel deve ser sempre tomada como a ação variável principal. As combinações possíveis para ELU na seção S_4, considerando-se os valores por carga móvel positivo e negativo, podem ser expressas de forma compacta indicando-se os coeficientes de ponderação entre chaves, como a seguir:

$$M_{d,rup}^{S4} = \begin{Bmatrix} 1,35 \\ 1,00 \end{Bmatrix}(47,9 + 3,30) + \begin{Bmatrix} 1,50 \\ 0 \end{Bmatrix} 2.120 - \begin{Bmatrix} 1,50 \\ 0 \end{Bmatrix} 1.345 + \begin{Bmatrix} 1,20 \\ 0 \end{Bmatrix} 0,60 \times 286 \quad (12.9)$$

Tem-se, assim, a seguinte combinação máxima positiva:

$$1,35 \times (47,9 + 3,30) + 1,5 \times 2.120 + 1,2 \times 0,6 \times 286 \Rightarrow \boxed{M_{d,rup}^{S4(+)} = 3.455 \text{ kN} \cdot \text{m}} \quad (12.10)$$

Analogamente, a combinação máxima negativa é:

$$1{,}00 \times (47{,}9 + 3{,}30) - 1{,}5 \times 1.345 \Rightarrow \boxed{M_{d,rup}^{S4(-)} = -1.966 \text{ kN} \cdot \text{m}} \qquad \text{(12.11)}$$

Para a definição das combinações na seção de apoio S_{10}, têm-se as seguintes possibilidades:

▶ Para formar a combinação com valor máximo negativo, toma-se a carga móvel como ação variável principal, conforme a Eq. 12.7, resultando em:

$$-1{,}35 \times (1.030 + 494) - 1{,}50 \times 1.889 \Rightarrow \boxed{M_{d,rup}^{S10(-)} = -4.891 \text{ kN} \cdot \text{m}} \qquad \text{(12.12)}$$

▶ Para formar a combinação com valor máximo positivo, toma-se o gradiente térmico móvel como ação variável principal, conforme a Eq. 12.8, resultando em:

$$-1{,}00 \times (1.030 + 494) + 1{,}20 \times 715 + 1{,}50 \times 0{,}70 \times 479 = -163 \text{ kN} \cdot \text{m} \qquad \text{(12.13)}$$

Observa-se que os valores positivos, por carga móvel e gradiente térmico, não são suficientes para resultar em combinação positiva e, assim, a seção de apoio S_{10} do exemplo deve ser dimensionada exclusivamente a momento negativo.

Ao examinar os valores resumidos na Tab. 12.5 para a seção S_{15}, conclui-se que a carga móvel deve ser sempre tomada como ação variável principal para as combinações. Considerando-se os valores por carga móvel positivo e negativo, as combinações possíveis na seção S_{15} podem ser expressas como:

$$M_{d,rup}^{S15} = \begin{Bmatrix} 1{,}35 \\ 1{,}00 \end{Bmatrix}(752+378) + \begin{Bmatrix} 1{,}50 \\ 0 \end{Bmatrix}2.067 - \begin{Bmatrix} 1{,}50 \\ 0 \end{Bmatrix}424 + \begin{Bmatrix} 1{,}20 \\ 0 \end{Bmatrix}0{,}60 \times 715 \qquad \text{(12.14)}$$

Prontamente, observa-se que o valor negativo da carga móvel não é suficiente para resultar em combinação negativa e, desse modo, tem-se exclusivamente a seguinte combinação para máximo positivo:

$$1{,}35 \times (752 + 378) + 1{,}5 \times 2.067 + 1{,}2 \times 0{,}6 \times 715 \Rightarrow \boxed{M_{d,rup}^{S15(+)} = 5.140 \text{ kN} \cdot \text{m}} \qquad \text{(12.15)}$$

As combinações de momentos para ELU de ruptura podem ser visualizadas graficamente, conforme ilustrado na Fig. 12.3.

A determinação da combinação para dimensionamento ao cortante no ELU é semelhante, porém tende a ser mais simples, pois basta que se defina o maior valor em módulo.

$M_{d,rup}^{S4(-)} = -1.966$ kN·m

$M_{d,rup}^{S10(-)} = -4.891$ kN·m

$M_{d,rup}^{S4(+)} = 3.455$ kN·m

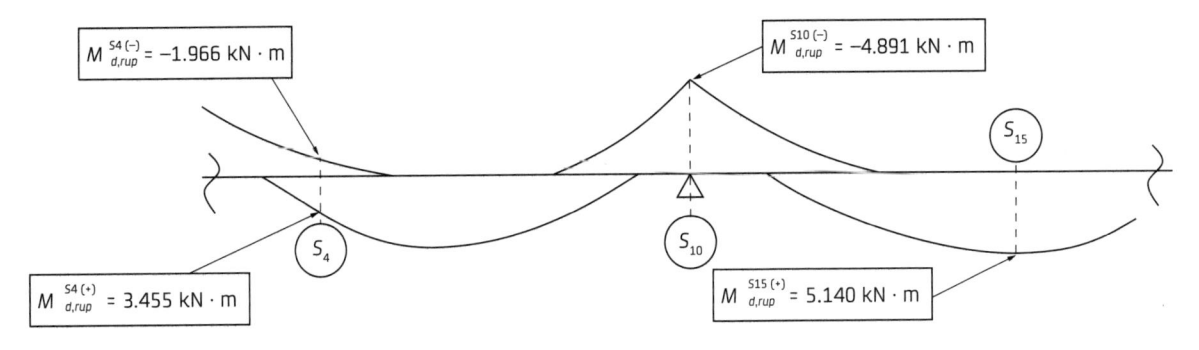

$M_{d,rup}^{S15(+)} = 5.140$ kN·m

Fig. 12.3 *Aspecto do diagrama de combinações de momentos fletores no ELU de ruptura*

Como exemplos, são apresentados na Tab. 12.8 os valores característicos dos cortantes nas seções S_4 e S_{10}^{esq}.

Tab. 12.8 Solicitações cortantes características em kN

		S_4	S_{10}^{esq}
Ações permanentes	Peso próprio ($V_{g1,k}$)	25,4	–326
	Sobrecarga permanente ($V_{g2,k}$)	17,10	–147,9
Ações variáveis	Carga móvel — Máximo ($V_{CM(+),k}$)	315	167,0
	Carga móvel — Mínimo ($V_{CM(-),k}$)	–279	–790
	Gradiente térmico ($V_{\Delta T,k}$)	57,2	57,2

Nota-se que a carga móvel deve ser sempre tomada como ação variável principal. As combinações possíveis para a seção S_4 podem ser expressas como:

$$V_{d,rup}^{S4} = \begin{Bmatrix} 1,35 \\ 1,00 \end{Bmatrix}(25,4+12,10) + \begin{Bmatrix} 1,50 \\ 0 \end{Bmatrix}315 - \begin{Bmatrix} 1,50 \\ 0 \end{Bmatrix}279 + \begin{Bmatrix} 1,20 \\ 0 \end{Bmatrix}0,60 \times 57,2 \quad (12.16)$$

Têm-se, assim, as seguintes combinações:

$$1,35 \times (25,4+12,1) + 1,5 \times 315 + 1,2 \times 0,6 \times 57,2 \Rightarrow \boxed{V_{d,rup}^{S4(+)} = 564 \text{ kN}} \quad (12.17)$$

$$1,00 \times (25,4+12,1) - 1,5 \times 279 \Rightarrow \boxed{V_{d,rup}^{S4(-)} = -381 \text{ kN}} \quad (12.18)$$

Lembrando que o sinal do cortante não influi no dimensionamento da armadura na forma de estribos, basta considerar o maior valor em módulo.

Para a seção S_{10}^{esq}, há as seguintes possibilidades de combinações:

$$V_{d,rup}^{S10,esq} = \begin{Bmatrix} 1,35 \\ 1,00 \end{Bmatrix}(-326-147,9) + \begin{Bmatrix} 1,50 \\ 0 \end{Bmatrix}167,0 - \begin{Bmatrix} 1,50 \\ 0 \end{Bmatrix}790 + \begin{Bmatrix} 1,20 \\ 0 \end{Bmatrix}0,60 \times 57,2 \quad (12.19)$$

Observa-se que os valores positivos da carga móvel e do gradiente térmico não são suficientes para resultar em combinação positiva e, assim, tem-se exclusivamente a seguinte combinação para máximo negativo:

$$1,35 \times (-326 - 147,9) - 1,5 \times 790 \Rightarrow \boxed{V_{d,rup}^{S10,esq} = -1.825 \text{ kN}} \qquad (12.20)$$

Tab. 12.9 Cortantes de projeto – ELU de ruptura

	S_4	S_{10}^{esq}
$V_{d,rup}$ (kN)	564	−1.825

Em resumo, os valores de projeto para dimensionamento no ELU de ruptura são os apresentados na Tab. 12.9.

12.8.2 ELU de fadiga

Além da ruptura provocada por tensões acima dos limites dos materiais, o aço e o concreto podem ainda apresentar ruptura por fadiga, sob tensões abaixo dos limites elásticos. O fenômeno da fadiga ocorre em decorrência das cargas dinâmicas, após repetições da ordem de milhões de ciclos. Na prática, é raro que se disponha de espectro de ações, com a definição da frequência de repetição de cada nível de carga. Dessa forma, para atender as situações mais comuns em projeto, a NBR 6118 permite que a verificação da fadiga seja efetuada considerando-se uma única variação de tensão, determinada a partir de combinações que resultem em valores máximos e mínimos, *independentemente de serem ambos de mesmo sinal*.

Embora a fadiga represente um estado-limite último, as cargas que a originam ocorrem em serviço, e a NBR 8681 indica que se considere a *combinação frequente em serviço*. Nas combinações em serviço, os coeficientes de ponderação das ações permanentes são tomados sempre com valor unitário ($\gamma_f = 1,00$), como a seguir, observando-se a aplicação do coeficiente $\psi_{1,fad}$.

$$\boxed{S_{d,fad} = \sum_{i=1}^{m} S_{gi,k} + \psi_{1,fad} \cdot S_{q1,k} + \sum_{j=2}^{n} \psi_{2j} \cdot S_{qj,k}} \qquad (12.21)$$

Considerando-se o exemplo com os valores apresentados nas Tabs. 12.5 e 12.9, deve-se tomar as ações permanentes (g_1 e g_2) na totalidade, em valor característico. Todas as ações variáveis são tomadas em valor reduzido. Para a ação variável dinâmica principal, que corresponde sempre à carga móvel, aplica-se o coeficiente de redução para valor frequente, próprio da fadiga ($\psi_{1,fad}$). Para as demais ações variáveis (secundárias), considera-se o coeficiente de redução correspondente ao valor quase permanente (ψ_2).

Na situação exemplificada, com apenas duas ações variáveis (carga móvel e gradiente), a combinação frequente em serviço para ELU de fadiga pode ser expressa por:

$$S_{d,fad} = S_{g1,k} + S_{g2,k} + \psi_{1,fad} \cdot S_{CM,k} + \psi_2 \cdot S_{\Delta T,k} \qquad (12.22)$$

em que:

$S_{g1,k}$ = solicitação característica devida ao peso próprio estrutural;

$S_{g2,k}$ = solicitação característica devida à sobrecarga permanente;

$\psi_{1,fad}$ = coeficiente de redução (frequente) da solicitação variável dinâmica principal;

$S_{CM,k}$ = solicitação característica devida à ação variável dinâmica principal (carga móvel);

ψ_2 = coeficiente de redução (quase permanente) da solicitação variável secundária;

$S_{\Delta T,k}$ = solicitação característica devida à ação variável secundária (gradiente térmico).

Os coeficientes de redução aplicáveis nesse caso são resumidos na Tab. 12.10.

Tab. 12.10 Coeficientes de redução – ELU de fadiga

Ações variáveis	
Principal (dinâmica)	Secundária
Carga móvel rodoviária (longarina < 100 m)	Gradiente térmico
$\psi_{1,fad} = 0{,}50$	$\psi_2 = 0{,}30$

Substituindo-se os valores dos coeficientes de redução, tem-se, a partir da Eq. 12.21, a seguinte expressão para a determinação das combinações para ELU de fadiga:

$$S_{d,fad} = S_{g1,k} + S_{g2,k} + \begin{Bmatrix} 0{,}50 \\ 0 \end{Bmatrix} S_{CM(+),k} + \begin{Bmatrix} 0{,}50 \\ 0 \end{Bmatrix} S_{CM(-),k} + \begin{Bmatrix} 0{,}30 \\ 0 \end{Bmatrix} S_{q2,k} \quad (12.23)$$

Aplicando-se a Eq. 12.23 para a definição das combinações de momentos fletores:

$$M_{d,fad}^{S4} = 47{,}9 + 3{,}30 + \begin{Bmatrix} 0{,}5 \\ 0 \end{Bmatrix} 2.120 - \begin{Bmatrix} 0{,}5 \\ 0 \end{Bmatrix} 1.345 + \begin{Bmatrix} 0{,}3 \\ 0 \end{Bmatrix} 286$$

$$\Rightarrow \begin{cases} \boxed{M_{d,fad}^{S4,máx} = 1.197 \text{ kN} \cdot \text{m}} \\ \boxed{M_{d,fad}^{S4,mín} = -621 \text{ kN} \cdot \text{m}} \end{cases} \quad (12.24)$$

$$M_{d,fad}^{S10} = -1.030 - 494 + \begin{Bmatrix} 0{,}5 \\ 0 \end{Bmatrix} 479 - \begin{Bmatrix} 0{,}5 \\ 0 \end{Bmatrix} 1.889 + \begin{Bmatrix} 0{,}3 \\ 0 \end{Bmatrix} 715$$

$$\Rightarrow \begin{cases} \boxed{M_{d,fad}^{S10,máx} = -1.070 \text{ kN} \cdot \text{m}} \\ \boxed{M_{d,fad}^{S10,mín} = -2.469 \text{ kN} \cdot \text{m}} \end{cases} \quad (12.25)$$

$$M_{d,fad}^{S15} = 752 + 378 + \begin{Bmatrix} 0{,}5 \\ 0 \end{Bmatrix} 2.067 - \begin{Bmatrix} 0{,}5 \\ 0 \end{Bmatrix} 424 + \begin{Bmatrix} 0{,}3 \\ 0 \end{Bmatrix} 715$$

$$\Rightarrow \begin{cases} \boxed{M_{d,fad}^{S15,máx} = 2.378 \text{ kN} \cdot \text{m}} \\ \boxed{M_{d,fad}^{S15,mín} = 918 \text{ kN} \cdot \text{m}} \end{cases} \quad (12.26)$$

As combinações para ELU de fadiga podem ser dispostas graficamente, na forma de envoltórias, como esquematizado na Fig. 12.4.

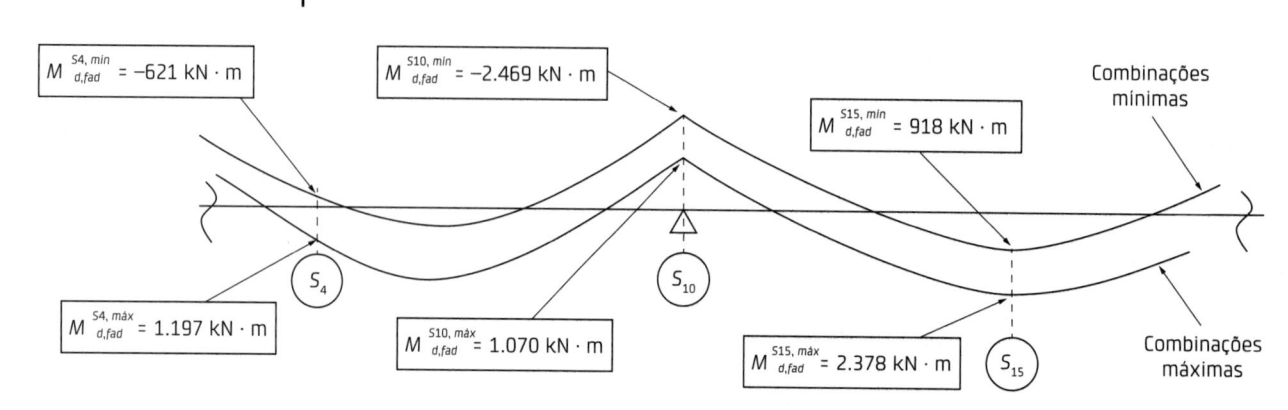

Fig. 12.4 *Aspecto típico de envoltória de momentos fletores para ELU de fadiga*

(Momentos indicados na figura:
$M_{d,fad}^{S4,\,min} = -621\ kN\cdot m$;
$M_{d,fad}^{S10,\,min} = -2.469\ kN\cdot m$;
$M_{d,fad}^{S15,\,min} = 918\ kN\cdot m$;
$M_{d,fad}^{S4,\,máx} = 1.197\ kN\cdot m$;
$M_{d,fad}^{S10,\,máx} = 1.070\ kN\cdot m$;
$M_{d,fad}^{S15,\,máx} = 2.378\ kN\cdot m$)

As combinações de cortantes são determinadas analogamente, obtendo-se os seguintes valores:

$$V_{d,fad}^{S4} = 25,4 + 12,10 + \begin{Bmatrix} 0,50 \\ 0 \end{Bmatrix} 315 - \begin{Bmatrix} 0,50 \\ 0 \end{Bmatrix} 279 + \begin{Bmatrix} 0,30 \\ 0 \end{Bmatrix} 57,2$$

$$\Rightarrow \begin{cases} V_{d,fad}^{S4,máx} = 212\ kN\cdot m \\ V_{d,fad}^{S4,mín} = -102\ kN\cdot m \end{cases} \quad (12.27)$$

$$V_{d,fad}^{S10,e} = -326 - 147,9 + \begin{Bmatrix} 0,50 \\ 0 \end{Bmatrix} 167,0 - \begin{Bmatrix} 0,50 \\ 0 \end{Bmatrix} 790 + \begin{Bmatrix} 0,30 \\ 0 \end{Bmatrix} 57,2$$

$$\Rightarrow \begin{cases} V_{d,fad}^{S10e,máx} = -373\ kN\cdot m \\ V_{d,fad}^{S10e,mín} = -869\ kN\cdot m \end{cases} \quad (12.28)$$

As combinações de cortantes para ELU de fadiga também podem ser apresentadas graficamente na forma de envoltórias de valores máximos e mínimos, como ilustrado na Fig. 12.5.

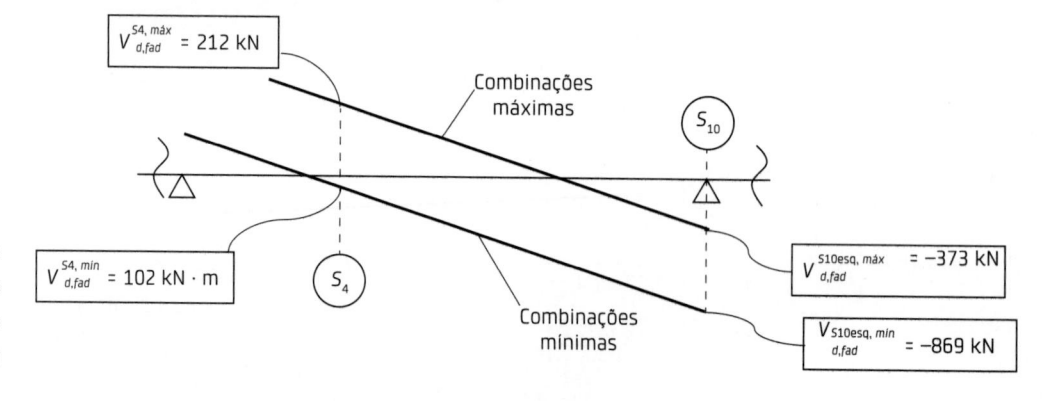

Fig. 12.5 *Aspecto típico de envoltória de cortantes para ELU de fadiga*

(Valores indicados: $V_{d,fad}^{S4,\,máx} = 212\ kN$; $V_{d,fad}^{S4,\,min} = 102\ kN\cdot m$; $V_{d,fad}^{S10esq,\,máx} = -373\ kN$; $V_{d,fad}^{S10esq,\,min} = -869\ kN$)

12.9 Estados-limites de serviço (ELS)

Entre os diversos ELS a serem estudados, o único com aplicação no projeto de estruturas em concreto armado é o de abertura de fissuras (ELS-W), que na prática é uma verificação complementar, efetuada no *Estádio II*, influindo apenas no detalhamento. Os ELS só são de fato fundamentais no projeto de estruturas em concreto protendido, constituindo as diretrizes para o dimensionamento a partir de verificações de tensões.

12.9.1 ELS de abertura de fissuras (ELS-W)

As dimensões das aberturas de fissuras podem ser estimadas através de expressões que consideram as tensões nas armaduras de flexão em decorrência da ação de momentos fletores, determinadas no Estádio II. O estado-limite de abertura de fissuras (ELS-W) é definido pela análise da *combinação frequente de ações em serviço*, limitando-se a dimensão estimada das fissuras, conforme a tabela 13.4 da NBR 6118, resumida na Tab. 12.11. Para a verificação do ELS-W, são analisadas exclusivamente as ações dos momentos fletores, a partir das quais são estimadas as tensões nas armaduras.

Tab. 12.11 Limites de aberturas de fissura (ELS-W)

			Classe de agressividade ambiental (CAA)	Limite de abertura de fissura (ELS-W)
Concreto armado			CAA I	$w_k \leq 0{,}40$ mm
			CAA II e III	$w_k \leq 0{,}30$ mm
		Protensão mínima: parcial (nível 1)	CAA IV	
Concreto protendido	Pré-tração		CAA I	$w_k \leq 0{,}20$ mm
	Pós-tração		CAA I e II	

A combinação para a verificação de abertura de fissuras em serviço (ELS-W) é semelhante à combinação para ELU de fadiga, porém aplica-se o coeficiente de redução ψ_1, e não $\psi_{1,fad}$. Para as ações variáveis do exemplo (carga móvel e gradiente), os coeficientes de redução aplicáveis são os resumidos na Tab. 12.12.

Observando-se que nesse caso $\psi_1 = \psi_{1,fad}$ e que a carga móvel é sempre a ação principal para as seções analisadas, conclui-se que as combinações para momentos fletores no ELS-W são as mesmas já definidas para o ELU de fadiga.

Analogamente ao ELU de ruptura, no ELS de abertura de fissuras também se buscam combinações que resultem em valores máximos e mínimos com sinais opostos. Logo, entre os valores das combinações já determinados (Eqs. 12.24 a 12.26), são identificados os valores resumidos na Tab. 12.13 para a verificação do ELS de abertura de fissuras.

Tab. 12.12 Coeficientes de redução para ELS-W

Ações variáveis	ψ_1	ψ_2
Variação de temperatura	0,50	0,30
Carga móvel – ponte rodoviária		

Tab. 12.13 Momentos fletores de projeto para ELS de abertura de fissuras

	S_4	S_{10}	S_{15}
$M_{d,ELS-W}$ (kN·m)	1.197 / −621	−2.469	2.378

12.9.2 ELS no concreto protendido

A consideração dos ELS é fundamental no projeto das estruturas protendidas, pois é assim que são examinados os limites de descompressão (ELS-D), fissuração (ELS-F) e compressão excessiva (ELS-CE). É a partir dessas verificações, sempre calculadas no Estádio I, juntamente com a verificação simplificada do ELU no ato da protensão, também no Estádio I, que se dimensionam, na prática, as estruturas em concreto protendido. Ao contrário do que se pratica no projeto em concreto armado, a verificação da ruptura no Estádio III é, em geral, uma verificação complementar no projeto em protendido.

Os níveis mínimos de protensão e as combinações para a verificação dos ELS em elementos estruturais em concreto protendido são resumidos no Quadro 12.2.

Quadro 12.2 Níveis mínimos de protensão e combinações para concreto protendido

Pré-tração	Pós-tração	Nível mínimo de protensão	Verificações ELS-W ELS-CE	Verificações ELS-F ELS-CE	Verificações ELS-D
CAA I	CAA I e II	Parcial (nível 1)	Combinação frequente	-	-
CAA II	CAA III e IV	Limitada (nível 2)	-	Combinação frequente	Combinação quase permanente
CAA III e IV	-	Completa (nível 3)	-	Combinação rara	Combinação frequente

Essas verificações de ELS nas vigas em concreto protendido são efetuadas analisando-se as tensões normais, decorrentes da protensão e dos momentos fletores das ações permanentes e variáveis.

ELS de formação de fissuras (ELS-F)

Em vez de limitar as dimensões das aberturas das fissuras, como no ELS-W, pode-se mais facilmente limitar a tensão na fibra mais tracionada, de forma a evitar o início da fissuração. Para isso, admite-se que o concreto resista à tração até o valor de $f_{ct,f}$ (resistência do concreto à tração na flexão), sendo definido assim o estado-limite de formação de fissuras (ELS-F). De acordo com a NBR 6118 (§ 8.2.5), para f_{ck} em MPa, tem-se a seguinte expressão para $f_{ct,f}$, também em MPa:

$$f_{ctf} = \frac{f_{ct}}{0,7} = \frac{0,3(f_{ck})^{2/3}}{0,7} \qquad (12.29)$$

As combinações para a verificação do ELS-F no concreto protendido são definidas em função do nível de protensão, conforme resumido no Quadro 12.3.

Quadro 12.3 Níveis mínimos de protensão e combinação para verificação de ELS-F

Pré-tração	Pós-tração	Nível mínimo de protensão	Verificação ELS-F
CAA II	CAA III e IV	Limitada (nível 2)	Combinação frequente
CAA III e IV	-	Completa (nível 3)	Combinação rara

ELS de descompressão (ELS-D)

No estado-limite de descompressão (ELS-D), deve-se garantir que não haja a ocorrência de tração nas seções transversais de cálculo. A NBR 6118 permite ainda que o ELS-D seja substituído pelo estado-limite de descompressão parcial

(ELS-DP), que corresponde a admitir alguma tração no concreto, porém a uma distância $a_p \geq 50$ mm da face mais próxima da cordoalha ou da bainha de protensão, conforme indicado na Fig. 12.6.

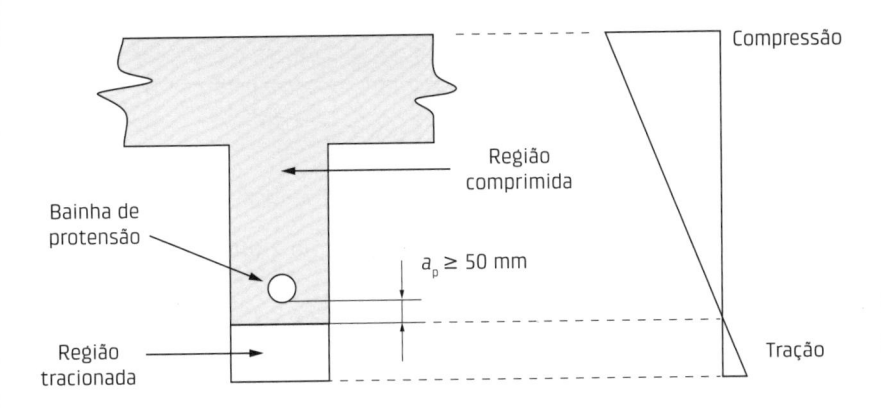

Fig. 12.6 *Definição de região tracionada para verificação de ELS-DP*

As combinações para a verificação do ELS-D são definidas em função do nível de protensão, conforme apresentado no Quadro 12.4.

Quadro 12.4 Níveis mínimos de protensão e combinação para verificação de ELS-D

Pré-tração	Pós-tração	Nível mínimo de protensão	Verificação ELS-D
CAA II	CAA III e IV	Limitada (nível 2)	Combinação quase permanente
CAA III e IV	-	Completa (nível 3)	Combinação frequente

ELS de compressão excessiva (ELS-CE)

De acordo com a NBR 6118 (§ 3.2.7), no estado-limite de compressão excessiva (ELS-CE) as tensões atingem o "limite convencional estabelecido". Embora essa norma não defina explicitamente qual é o limite convencional de compressão para o estado-limite de serviço, a antiga NBR 7187, de 1987, prescrevia o máximo de 60% f_{ck}. Esse valor é aproximadamente igual ao limite de tensão considerando-se o efeito Rüsch (0,85f_{cd} = 0,85f_{ck} ÷ 1,40) e coincide com as prescrições atuais do Eurocode (CEN, 2004), do *Código-Modelo 2010* (fib, 2013) e do ACI (2019) para a mesma situação. Entretanto, visando minimizar os efeitos da fluência no concreto, as mesmas referências indicam ser importante buscar tensões de compressão em serviço abaixo desse limite. Com esse propósito, o *Código-Modelo 2010* sugere que se adotem limites de compressão entre 40% f_{ck} e 60% f_{ck}.

A NBR 6118 admite relação tensão-deformação linear para tensões inferiores a 50% f_{ck} e, dentro desse limite, fluência e retração podem ser quantificadas de forma mais simples, por interpolação linear a partir de valores tabelados. Assim, considerando-se essas observações, a limitação de tensões de compressão em serviço em valores da ordem de 50% f_{ck} pode ser considerada apropriada, principalmente para as combinações quase permanentes ou até mesmo para as combinações frequentes.

A verificação do ELS-CE deve ser efetuada simultaneamente com a verificação dos demais estados-limites de serviço associados à descompressão (ELS-D) e à fissuração (ELS-W e ELS-F) no concreto protendido.

Exemplo

Como exemplo, considera-se a análise das tensões em uma seção celular de uma superestrutura em concreto protendido, cujas propriedades geométricas são resumidas na Fig. 12.7.

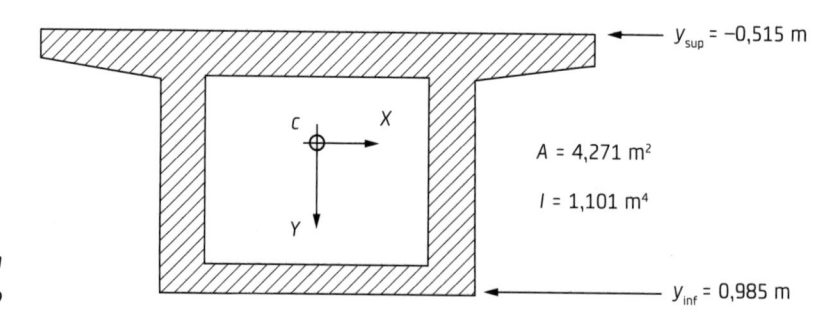

Fig. 12.7 *Propriedades de seção celular em concreto protendido*

$y_{sup} = -0{,}515$ m
$A = 4{,}271$ m²
$I = 1{,}101$ m⁴
$y_{inf} = 0{,}985$ m

Para a análise da seção de meio de vão, admitem-se as ações de peso próprio, sobrecarga permanente, carga móvel e gradiente de temperatura, que despertam os momentos fletores indicados na Tab. 12.14, em valores característicos.

Tab. 12.14 Momentos fletores em valores característicos

		M_k (kN·m)
Ações permanentes	Peso próprio (g_1)	4.950
	Sobrecarga permanente (g_2)	1.204
Ações variáveis	Carga móvel (CM)	5.556
	Gradiente térmico (ΔT)	1.962

Nesse caso de seção de meio de vão, os momentos fletores positivos causam tensões de tração na fibra inferior, desfavoráveis ao concreto, como indicado na Fig. 12.8.

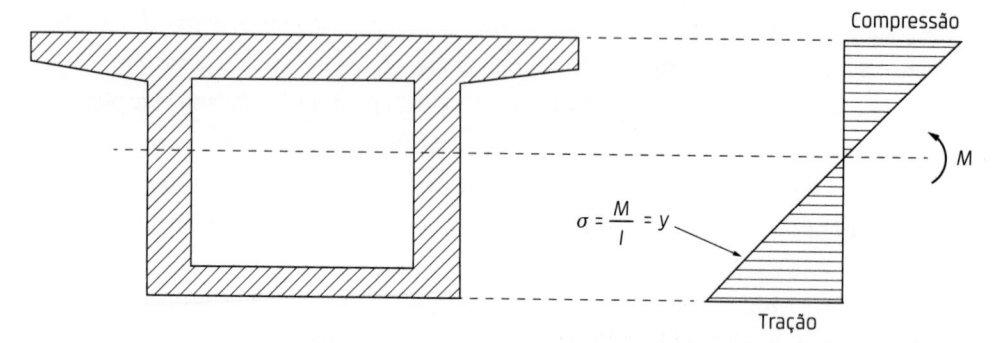

Fig. 12.8 *Tensões normais por ação dos momentos fletores positivos*

Para a determinação das tensões por flexão, aplica-se a Eq. 8.11, porém, por ser mais usual em concreto protendido adotar as tensões de tração como negativas, inverte-se o sinal da expressão. Por exemplo, as tensões por ação do peso próprio são definidas como a seguir:

$$\sigma_{sup}^{g1} = -\frac{M_{g1}}{I} y_{sup} = -\frac{4.950 \text{ kN}\cdot\text{m}}{1{,}101 \text{ m}^4}(-0{,}515 \text{ m}) = 2.315 \text{ kN}/\text{m}^2 \Rightarrow \boxed{\sigma_{sup}^{g1} = 2{,}32 \text{ MPa}} \quad \text{(12.30)}$$

$$\sigma_{inf}^{g1} = -\frac{M_{g1}}{I}y_{sup} = -\frac{4.950 \text{ kN} \cdot \text{m}}{1,101 \text{ m}^4}(0,985 \text{ m}) = -4.428 \text{ kN}/\text{m}^2 \Rightarrow \boxed{\sigma_{inf}^{g1} = -4,43 \text{ MPa}} \quad (12.31)$$

Para a seção de meio de vão, a protensão é aplicada visando eliminar ou atenuar a tensão desfavorável de tração na fibra inferior. As solicitações normais e os momentos fletores de protensão, no ato de aplicação da protensão (t = 0) e após as perdas lentas (t = ∞), são indicados na Tab. 12.15.

Tab. 12.15 Normais e momentos fletores de protensão em valores característicos

	M_k (kN · m)	N_k (kN)
Protensão em $t = 0$ (p_0)	−7.668	22.174
Protensão em $t = \infty$ (p_∞)	−6.705	19.475

A determinação das tensões por protensão é análoga, porém deve-se considerar a ação da força normal. Lembrando que as tensões de compressão são positivas, têm-se as tensões por protensão a seguir calculadas e representadas na Fig. 12.9.

$$\sigma_{sup}^{p0} = \frac{N_{p0}}{A} - \frac{M_{p0}}{I}y_{sup} = \frac{22.174}{4,271} - \frac{(-7.668)}{1,101}(-0,515) = 1.605 \text{ kN}/\text{m}^2 \Rightarrow \boxed{\sigma_{sup}^{p0} = 1,61 \text{ MPa}} \quad (12.32)$$

$$\sigma_{inf}^{p0} = \frac{N_{p0}}{A} - \frac{M_{p0}}{I}y_{inf} = \frac{22.174}{4,271} - \frac{(-7.668)}{1,101}0,985 = 12.052 \text{ kN}/\text{m}^2 \Rightarrow \boxed{\sigma_{inf}^{p0} = 12,05 \text{ MPa}} \quad (12.33)$$

$$\sigma_{sup}^{p\infty} = \frac{N_{p\infty}}{A} - \frac{M_{p\infty}}{I}y_{sup} = \frac{19.475}{4,271} - \frac{(-6.705)}{1,101}(-0,515) = 1.424 \text{ kN}/\text{m}^2 \Rightarrow \boxed{\sigma_{sup}^{p\infty} = 1,42 \text{ MPa}} \quad (12.34)$$

$$\sigma_{inf}^{p\infty} = \frac{N_{p\infty}}{A} - \frac{M_{p\infty}}{I}y_{inf} = \frac{19.475}{4,271} - \frac{(-6.705)}{1,101}0,985 = 10.558 \text{ kN}/\text{m}^2 \Rightarrow \boxed{\sigma_{inf}^{p\infty} = 10,56 \text{ MPa}} \quad (12.35)$$

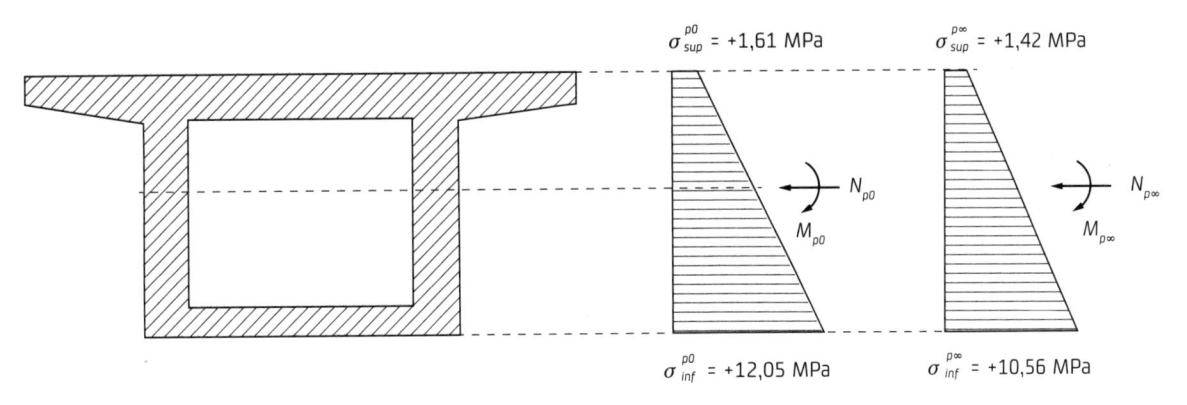

Fig. 12.9 *Tensões normais por ação da protensão*

Obtêm-se assim, para cada uma das ações consideradas, as tensões em valores característicos resumidas na Tab. 12.16.

Tab. 12.16 Tensões normais em valores característicos

		σ_{sup} (MPa)	σ_{inf} (MPa)
Ações permanentes	Peso próprio (g_1)	2,32	−4,43
	Sobrecarga permanente (g_2)	0,61	−1,17
	Protensão $t = 0$ (p_0)	1,61	12,05
	Protensão $t = \infty$ (p_∞)	1,42	10,56
Ações variáveis	Carga móvel (CM)	2,60	−4,97
	Gradiente térmico (ΔT)	0,92	−1,75

A tensão de tração na fibra inferior deve ser evitada ou limitada. Para isso, são verificados os estados-limites de serviço de descompressão (ELS-D) e de formação de fissuras (ELS-F). Nessas verificações, as ações de protensão mais desfavoráveis correspondem às solicitações mais fracas, após as perdas lentas, ou seja, deve-se considerar a protensão em (t = ∞).

Observa-se que a tensão de compressão despertada pela protensão na fibra superior se superpõe às tensões, também de compressão, despertadas por todas as demais ações, permanentes e variáveis. Deve-se, assim, examinar a possibilidade de compressão excessiva na fibra superior, verificando-se o ELS-CE. Para essa verificação, as ações de protensão mais desfavoráveis correspondem às solicitações mais fortes, antes da ocorrência das perdas lentas, ou seja, deve-se considerar a protensão em (t = 0).

Uma vez que a carga móvel é sempre a ação variável principal, podem ser definidas as seguintes combinações para a verificação dos estados-limites de serviço:

▶ Combinações quase permanentes em serviço:

$$\sigma_{d,ELS} = \sigma_{g1} + \sigma_{g2} + \sigma_p + \psi_2\left(\sigma_{CM} + \sigma_{\Delta T}\right) = \boxed{\sigma_{g1} + \sigma_{g2} + \sigma_p + 0{,}30\left(\sigma_{CM} + \sigma_{\Delta T}\right)} \quad (12.36)$$

▶ Combinações frequentes em serviço:

$$\sigma_{d,ELS} = \sigma_{g1} + \sigma_{g2} + \sigma_p + \psi_1 \cdot \sigma_{CM} + \psi_2 \cdot \sigma_{\Delta T} = \boxed{\sigma_{g1} + \sigma_{g2} + \sigma_p + 0{,}50\sigma_{CM} + 0{,}30\sigma_{\Delta T}} \quad (12.37)$$

▶ Combinações raras em serviço:

$$\sigma_{d,ELS} = \sigma_{g1} + \sigma_{g2} + \sigma_{p\infty} + \sigma_{CM} + \psi_1 \cdot \sigma_{\Delta T} = \boxed{\sigma_{g1} + \sigma_{g2} + \sigma_p + \sigma_{CM} + 0{,}50\sigma_{\Delta T}} \quad (12.38)$$

Substituindo-se os valores das tensões características, têm-se as seguintes combinações para a limitação da tração na fibra inferior, considerando-se a protensão em t = ∞:

▶ Combinações quase permanentes em serviço:

$$\sigma_{d,inf} = -4{,}43 - 1{,}17 + 10{,}56 + 0{,}30 \times (-4{,}97 - 1{,}75) = 2{,}94 \text{ MPa} \quad (12.39)$$

▶ Combinações frequentes em serviço:

$$\sigma_{d,inf} = -4{,}43 - 1{,}17 + 10{,}56 + 0{,}50 \times (-4{,}97) + 0{,}30 \times (-1{,}75) = 1{,}95 \text{ MPa} \quad (12.40)$$

▶ Combinações raras em serviço:

$$\sigma_{d,inf} = -4{,}43 - 1{,}17 + 10{,}56 - 4{,}97 + 0{,}50 \times (-1{,}75) = -0{,}89 \text{ MPa} \quad (12.41)$$

Para a verificação da tensão e da compressão na fibra superior, têm-se as seguintes combinações, considerando-se a protensão em t = 0:

- Combinações quase permanentes em serviço:

$$\sigma_{d,sup} = 2{,}32 + 0{,}61 + 1{,}61 + 0{,}30 \times (2{,}60 + 0{,}92) = 5{,}60 \text{ MPa} \qquad (12.42)$$

- Combinações frequentes em serviço:

$$\sigma_{d,sup} = 2{,}32 + 0{,}61 + 1{,}61 + 0{,}50 \times 2{,}60 + 0{,}30 \times 0{,}92 = 6{,}12 \text{ MPa} \qquad (12.43)$$

- Combinações raras em serviço:

$$\sigma_{d,sup} = 2{,}32 + 0{,}61 + 1{,}61 + 2{,}60 + 0{,}50 \times 0{,}92 = 7{,}60 \text{ MPa} \qquad (12.44)$$

Os valores das combinações para a verificação das tensões nos ELS são resumidos na Tab. 12.17 e representados na forma de diagramas na Fig. 12.10.

Tab. 12.17 Combinações para verificação dos ELS

	$\sigma_{d,sup}$ (MPa) protensão $t = \infty$	$\sigma_{d,inf}$ (MPa) protensão $t = 0$
Combinação quase permanente	5,60	2,94
Combinação frequente	6,12	1,95
Combinação rara	7,60	−0,89

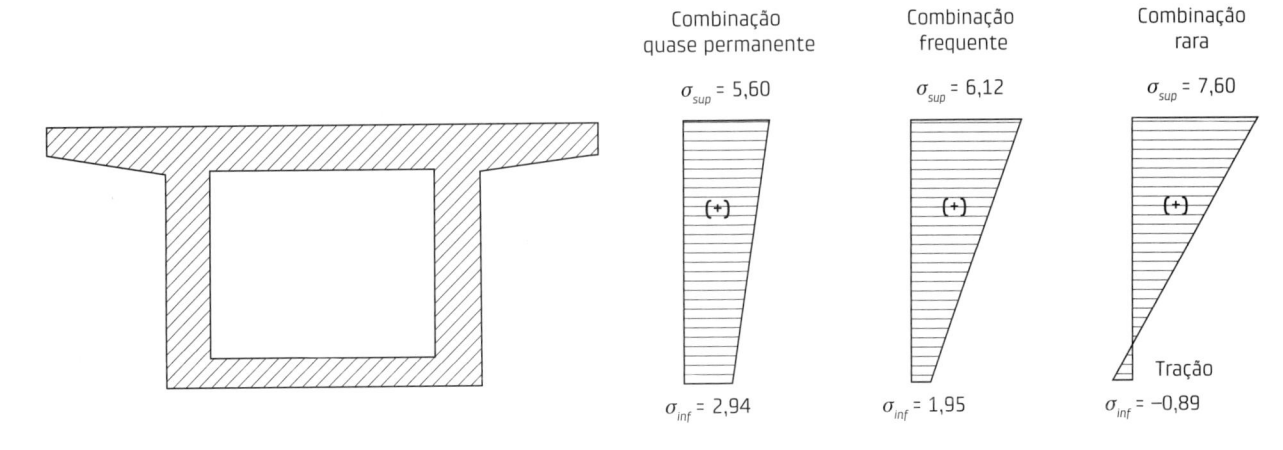

Fig. 12.10 *Combinações de tensão na seção de meio de vão*

Observa-se que a carga móvel, que apresenta valores expressivos, é considerada na proporção de 30%, 50% e 100%, respectivamente nas combinações quase permanente, frequente e rara. Logo, as combinações tendem a exibir a seguinte ordenação de valores:

$$\text{Comb. rara} > \text{Comb. frequente} > \text{Comb. quase permanente} \qquad (12.45)$$

Admitindo-se que o concreto apresente f_{ck} = 30 MPa, tem-se o seguinte limite para a verificação do estado-limite de formação de fissuras (ELS-F):

$$f_{ct,f} = \frac{0,3(30)^{2/3}}{0,7} = 4,14 \text{ MPa (tração)} \tag{12.46}$$

Considerando-se a situação de protensão limitada, deve-se verificar o ELS-F para a combinação frequente e o ELS-D para a combinação quase permanente. Simultaneamente, deve-se verificar o ELS-CE, bastando então examinar a combinação mais desfavorável, que corresponde à combinação frequente. Têm-se, assim, as seguintes verificações:

▸ ELS-F na fibra inferior (combinação frequente):

$$\sigma_{inf} = 1,95 \text{ MPa} > -4,14 \text{ MPa} \quad \checkmark \tag{12.47}$$

▸ ELS-D na fibra inferior (combinação quase permanente):

$$\sigma_{inf} = 2,94 \text{ MPa} > 0,0 \quad \checkmark \tag{12.48}$$

Tomando-se como limite de compressão o valor de 50% f_{ck} (= 15 MPa), tem-se:
▸ ELS-CE na fibra superior (combinação rara):

$$\sigma_{sup} = 6,12 \text{ MPa} < 15,0 \text{ MPa} \quad \checkmark \tag{12.49}$$

Para a protensão completa, as verificações são mais severas. Deve-se verificar o ELS-F para a combinação rara e o ELS-D para a combinação frequente. Simultaneamente, deve-se verificar o ELS-CE, bastando então examinar a combinação rara. Têm-se, assim, as seguintes verificações:

▸ ELS-F na fibra inferior (combinação rara):

$$\sigma_{inf} = -0,89 \text{ MPa} > -4,14 \text{ MPa} \quad \checkmark \tag{12.50}$$

▸ ELS-D na fibra inferior (combinação frequente):

$$\sigma_{inf} = 1,95 \text{ MPa} > 0,0 \quad \checkmark \tag{12.51}$$

▸ ELS-CE na fibra superior (combinação rara):

$$\sigma_{sup} = 7,60 \text{ MPa} > 15,0 \text{ MPa} \quad \checkmark \tag{12.52}$$

Referências bibliográficas

AASHTO – THE AMERICAN ASSOCIATION OF STATE HIGHWAY AND TRANSPORTATION OFFICIALS. AASHTO LRFD Bridge Design Specifications. 8th ed. Sept. 2017.

ABNT – ASSOCIAÇÃO BRASILEIRA DE NORMAS TÉCNICAS. NB 6: cargas móveis em pontes rodoviárias. Rio de Janeiro, 1960.

ABNT – ASSOCIAÇÃO BRASILEIRA DE NORMAS TÉCNICAS. NB 6: carga móvel em ponte rodoviária e passarela de pedestre. Rio de Janeiro, 1982.

ABNT – ASSOCIAÇÃO BRASILEIRA DE NORMAS TÉCNICAS. NBR 6118: projeto de estruturas de concreto – procedimento. Rio de Janeiro, 2014.

ABNT – ASSOCIAÇÃO BRASILEIRA DE NORMAS TÉCNICAS. NBR 6971: defensas metálicas – projeto e implantação. Rio de Janeiro, 2012.

ABNT – ASSOCIAÇÃO BRASILEIRA DE NORMAS TÉCNICAS. NBR 7187: projeto de pontes de concreto armado e de concreto protendido. Rio de Janeiro, 2003a.

ABNT – ASSOCIAÇÃO BRASILEIRA DE NORMAS TÉCNICAS. NBR 7188: carga móvel rodoviária. Rio de Janeiro, 2013.

ABNT – ASSOCIAÇÃO BRASILEIRA DE NORMAS TÉCNICAS. NBR 7189: cargas móveis para projeto estrutural de obras ferroviárias. Rio de Janeiro, 1985.

ABNT – ASSOCIAÇÃO BRASILEIRA DE NORMAS TÉCNICAS. NBR 7197: projeto de estruturas de concreto protendido. Rio de Janeiro, 1989.

ABNT – ASSOCIAÇÃO BRASILEIRA DE NORMAS TÉCNICAS. NBR 7222: concreto e argamassa – determinação da resistência à tração por compressão diametral de corpos de prova cilíndricos. Rio de Janeiro, 2011.

ABNT – ASSOCIAÇÃO BRASILEIRA DE NORMAS TÉCNICAS. NBR 7480: aço destinado a armaduras para estruturas de concreto armado. Rio de Janeiro, 2007.

ABNT – ASSOCIAÇÃO BRASILEIRA DE NORMAS TÉCNICAS. NBR 7483: cordoalhas de aço para estruturas de concreto protendido. Rio de Janeiro, 2008.

ABNT – ASSOCIAÇÃO BRASILEIRA DE NORMAS TÉCNICAS. NBR 8681: ações e segurança nas estruturas. Rio de Janeiro, 2003b.

ABNT – ASSOCIAÇÃO BRASILEIRA DE NORMAS TÉCNICAS. NBR 12142: concreto – determinação da resistência à tração na flexão de corpos de prova prismáticos. Rio de Janeiro, 2010.

ACI – AMERICAN CONCRETE INSTITUTE. *ACI 318-19*: Building Code Requirements for Structural Concrete. 2019.

ALVES, R. V.; ALVES, E. V.; REIS, F. C. Geometria estrutural em pontes com vigas múltiplas pré-fabricadas. In: CONGRESSO BRASILEIRO DE PONTES E ESTRUTURAS, 1., 2005, Rio de Janeiro. 2005.

BERNARD-GÉLY, A.; CALGARO, J. A. *Conception des Ponts*. Paris: Presses de l'École Nationale des Ponts et Chaussées, 1994.

CALGARO, J. A.; VIRLOGEUX, M. *Projet et Construction des Ponts*. 2. ed. Paris: Presses de l'École Nationale des Ponts et Chaussées, 1991.

CALTRANS – CALIFORNIA DEPARTMENT OF TRANSPORTATION. *California Amendments to the AASHTO LRFD Bridge Design Specifications*. 2014.

CARVALHO, M. P. *Curso de estradas*. Rio de Janeiro: Editora Científica, 1957.

CEN – COMITÉ EUROPÉEN DE NORMALISATION. *Eurocode 2*: Design of Concrete Structures. 2004.

CIMbéton – CENTRE D'INFORMATION SUR LE CIMENT ET SES APPLICATIONS. *Histoire du béton*: naissance et développement, de 1818 à nos jours. 2009.

DNER – DEPARTAMENTO NACIONAL DE ESTRADAS DE RODAGEM. *Manual de projeto de obras de arte especiais*. Rio de Janeiro, 1996.

DNER – DEPARTAMENTO NACIONAL DE ESTRADAS DE RODAGEM. *Manual de projeto geométrico de rodovias rurais*. Rio de Janeiro, 1999.

DNIT – DEPARTAMENTO NACIONAL DE INFRAESTRUTURA DE TRANSPORTES. *Norma DNIT 010/2004*: inspeções em pontes e viadutos de concreto armado e protendido – procedimento. Rio de Janeiro, 2004.

DNIT – DEPARTAMENTO NACIONAL DE INFRAESTRUTURA DE TRANSPORTES. *Álbum de projetos-tipo de dispositivos de drenagem*. Rio de Janeiro, 2006. Disponível em: <http://www1.dnit.gov.br/ipr_new/..%5Carquivos_internet%5Cipr%5Cipr_new%5Cmanuais%5Calbum_proj_tipos_disp_dren_versao_14.02.2007.pdf>.

DNIT – DEPARTAMENTO NACIONAL DE INFRAESTRUTURA DE TRANSPORTES. *Norma DNIT 109*: obras complementares – segurança no tráfego rodoviário – projeto de barreiras de concreto. Rio de Janeiro, 2009.

DYWIDAG. *Sistemas de protensão com barras Dywidag*: aplicações estruturais. [s.d.]. Disponível em: <https://www.dywidag.com.br/fileadmin/downloads/dywidag-com.br/dsi-protendidos-sistemas-de-protensao-com-barras-dywidag-aplicacoes-estruturais-la.pdf>.

fib – FÉDÉRATION INTERNATIONALE DU BÉTON. *fib Model Code for Concrete Structures 2010*. Berlin: Ernst & Sohn, 2013.

HAMBLY, E. C. *Bridge Deck Behaviour*. New York: Taylor & Francis, 1991.

LEVY, M. P. The Arch: Born in the Sewer, Raised to the Heavens. *Nexus Network Journal*, v. 8, p. 7-12, 2006. Disponível em: <https://link.springer.com/content/pdf/10.1007%2Fs00004-006-0014-x.pdf>.

MENN, C. *Prestressed Concrete Bridges*. Wien: Springer-Verlag, 1986.

NAKASSIS, A. The Bridges of Ancient Eleutherna. *The Annual of the British School at Athens*, British School at Athens, v. 95, p. 353-365, 2000.

PETEL, A.; LACOSTE, G.; LACOMBE, J.-M. *Projet de Pont*. Partie 1/3 – Etude Préliminaire. Paris: École Spéciale des Travaux Publics, 2012.

PIPINATO, A. *Innovative Bridge Design Handbook*: Construction, Rehabilitation and Maintenance. Oxford: Elsevier, 2016.

RÜSCH, H. Researches Toward a General Flexural Theory for Structural Concrete. *Journal of the American Concrete Institute*, v. 57, p. 1-28, 1960.

SANTOS, J. P. M. C. *Análise da carga móvel e da protensão na superestrutura de pontes biapoiadas em vigas pré-moldadas protendidas*. TCC (Curso de Engenharia Civil) – Poli/UFRJ, 2016.

SCHACHT, G.; MARX, S. Concrete Hinges – Historical development and contemporary Use. In: INTERNATIONAL fib CONGRESS, 3., 2010, Washington D.C. 2010.

TIMOSHENKO, S. P. *History of Strength of Materials*. Dover Publications, 1953.

TIMOSHENKO, S. P.; GOODIER, J. N. *Theory of Elasticity*. McGraw-Hill, 1951.